全国普通高等医学院校护理学类专业"十三五"规划教材

（供护理学类专业用）

基础护理学

主　编　颜文贞　肖洪玲

副主编　王　静　高英丽　彭丹梅　石红丽

编　者　(以姓氏笔画为序)

王　芳（广东医科大学）　　　　　　　王　静（三峡大学第一临床学院）

石红丽（徐州医学院）　　　　　　　　任忠敏（承德医学院）

李　秋（广东省湛江市中心人民医院）　肖洪玲（安徽中医药大学）

陈丽卿（汕头大学医学院）　　　　　　胡晓晴（江西中医药大学）

袁　薇（昆明医科大学第二附属医院）　高英丽（泰山医学院）

彭丹梅（承德医学院）　　　　　　　　颜文贞（广东医科大学）

秘　书　王　芳

中国医药科技出版社

内容提要

本教材为全国普通高等医学院校护理学类专业"十三五"规划教材之一。系根据全国普通高等医学院校护理学类专业"十三五"规划教材编写总体原则、要求和《基础护理学》课程教学大纲的基本要求及课程特点编写而成，其内容主要包括医院环境、入院和出院的护理、卧位与安全的护理、医院感染的预防与控制、清洁护理、休息与活动、生命体征的评估与护理、冷热疗法、饮食护理、排泄护理、临终护理、患者安全与职业防护、给药护理、静脉输液与输血、标本采集、病情观察及危重患者的管理、医疗与护理文件记录等。并在各章设有"学习目标""案例引导""知识链接""本章小结"及"目标检测"等模块。同时配套有"爱慕课"在线学习平台（包括电子教材、教学大纲、教学指南、视频、课件、题库、图片等），从而使教材内容立体化、生动化，易教易学。本教材具有传承性、科学性、先进性和实用性的特点。

供全国普通高等医学院校护理学类专业师生教学使用。

图书在版编目（CIP）数据

基础护理学/颜文贞，肖洪玲主编. —北京：中国医药科技出版社，2016.8
全国普通高等医学院校护理学类专业"十三五"规划教材
ISBN 978 - 7 - 5067 - 8246 - 3

Ⅰ. ①基… Ⅱ. ①颜… ②…肖 Ⅲ. ①护理学 - 医学院校 - 教材 Ⅳ. ①R47

中国版本图书馆 CIP 数据核字（2016）第 108317 号

美术编辑　陈君杞
版式设计　张　璐

出版　中国医药科技出版社
地址　北京市海淀区文慧园北路甲 22 号
邮编　100082
电话　发行：010 - 62227427　邮购：010 - 62236938
网址　www.cmstp.com
规格　889 × 1194mm ¹/₁₆
印张　29 ¼
字数　707 千字
版次　2016 年 8 月第 1 版
印次　2016 年 8 月第 1 次印刷
印刷　三河市汇鑫印务有限公司
经销　全国各地新华书店
书号　ISBN 978 - 7 - 5067 - 8246 - 3
定价　59.00 元

全国普通高等医学院校护理学类专业"十三五"规划教材

出 版 说 明

为面向全国省属院校本科护理学专业教学实际编写出版一套切实满足培养应用型护理学人才需求和"老师好教、学生好学及学后好用"的护理学类专业教材，在教育部、国家卫生和计划生育委员会、国家食品药品监督管理总局的支持下，根据教育部高等教育教学改革精神，以及培养临床实用型人才、提高护理实践能力等护理人才培养要求，在全国普通高等医学院校护理学类专业"十三五"规划教材建设指导委员会专家的悉心指导下，中国医药科技出版社组织全国近110所以省属高等医学院校为主体的具有丰富教学经验和较高学术水平的600余位专家教授历时1年余的编撰，本套教材即将付梓出版。

全套教材包括护理学类专业理论课程教材共计34门。将于2016年8月由中国医药科技出版社出版发行。主要供全国普通高等医学院校护理学类专业教学使用，也可供医药卫生行业从业人员学习参考。

本套教材定位清晰、特色鲜明，主要体现在以下方面：

1. 切合院校教学实际，突显教材针对性和适应性

在编写本套教材过程中，编者们始终坚持从全国省属医学院校护理学类专业教学实际出发，并根据培养应用型护理人才的需求和医疗机构对护生临床护理实践能力、沟通交流能力、服务意识、敬业精神等要求，结合国家护士执业资格考试新要求，同时适当吸收护理行业发展的新知识、新技术、新方法，从而保证教材内容具有针对性、适应性和权威性。

2. 强化护理能力培养，满足应用型人才培养需求

本套教材的内容和体系构建着眼于理论与实践相结合、人文社科及护理与医学相结合，强化培养学生实践能力、独立分析问题和解决问题的评判性思维能力，满足以能力为本位的高素质、强能力、精专业、重实践的应用型本科护理学人才培养需求。

3. 创新教材编写模式，增强内容的可读性实用性

在遵循教材"三基、五性、三特定"的建设规律基础上，引入"案例引导"模块内容，同时设计"学习目标""知识链接""知识拓展""考点提示""本章小结""目标检测"等模块，以增强教材内容的可读性和实用性，更好地培养学生学习的自觉性和主动性以及理论联系实践的能力、创新思维能力和综合分析能力。

4. 搭建在线学习平台，立体化资源促进数字教学

在编写出版整套纸质教材的同时，编者与出版社为师生均免费搭建了与每门纸质教材相配套的"爱慕课"在线学习平台（含电子教材、教学课件、图片、微课、视频、动画及练习题等教学资源），使教学内容资源更加丰富和多样化、立体化，更好地满足在线教学信息发布、师生答疑互动及学生在线测试等教学需求，促进学生自主学习，为提高教育教学水平和质量，实现教学形成性评价等和提升教学管理水平提供支撑。

编写出版本套高质量教材，得到了全国知名专家的精心指导和各有关院校领导与编者的大力支持，同时本套教材专门成立了评审委员会，数十位专家对教材内容进行了认真审定并提出了宝贵意见，在此一并表示衷心感谢。出版发行本套教材，希望受到广大师生欢迎，并在教学中积极使用本套教材和提出宝贵意见，以便修订完善，共同打造精品教材，为促进我国护理学类专业教育教学改革和人才培养作出积极贡献。

中国医药科技出版社
2016 年 7 月

全国普通高等医学院校护理学类专业"十三五"规划教材

教材建设指导委员会

全国普通高等医学院校护理学类专业"十三五"规划教材

教材评审委员会

林　秧（厦门医学院护理学院）　　　　林　萍（佳木斯大学基础医学院）

林素兰（新疆医科大学护理学院）　　　周建荣（重庆医科大学护理学院）

郎玉玲（牡丹江医学院护理学院）　　　单伟颖（承德医学院护理学院）

胡　慧（湖北中医药大学护理学院）　　袁爱华（长沙医学院护理学院）

贾秀英（贵州医科大学护理学院）　　　郭　宏（沈阳医学院护理学院）

崔香淑（延边大学护理学院）　　　　　韩　琳（兰州大学医学院护理学院）

谢　晖（蚌埠医学院护理学系）　　　　廖　力（南华大学护理学院）

鞠　梅（西南医科大学护理学院）　　　魏碧蓉（莆田学院护理学系）

全国普通高等医学院校护理学类专业"十三五"规划教材

书 目

序号	教材名称	主编	ISBN
1	护理专业英语	刘殿刚	978 – 7 – 5067 – 8239 – 5
2	医学统计学	张雪飞	978 – 7 – 5067 – 8240 – 1
3	人体解剖学	徐旭东　邹智荣	978 – 7 – 5067 – 8269 – 2
4	药理学	宋晓亮　王瑞婷	978 – 7 – 5067 – 8267 – 8
5	组织学与胚胎学	苏衍萍　吴春云	978 – 7 – 5067 – 8271 – 5
6	医学微生物学与寄生虫学	李智山　杜娈英	978 – 7 – 5067 – 8268 – 5
7	生物化学	翟　静　周晓慧	978 – 7 – 5067 – 8243 – 2
8	生理学	朱大诚	978 – 7 – 5067 – 8266 – 1
9	医学免疫学	新　燕	978 – 7 – 5067 – 8241 – 8
10	病理学	申丽娟　王娅兰	978 – 7 – 5067 – 8253 – 1
11	病理生理学	商战平　卢彦珍	978 – 7 – 5067 – 8263 – 0
12	预防医学	王春平　李　君	978 – 7 – 5067 – 8247 – 0
13	临床营养学	江育萍	978 – 7 – 5067 – 8264 – 7
14	社区护理学	李玉红	978 – 7 – 5067 – 8258 – 6
15	护理心理学	钟志兵	978 – 7 – 5067 – 8242 – 5
16	老年护理学	邓科穗　钟清玲	978 – 7 – 5067 – 8256 – 2
17	健康评估	王秀华　丁　萍	978 – 7 – 5067 – 8265 – 4
18	护理学导论	唐红英　王　萍	978 – 7 – 5067 – 8244 – 9
19	基础护理学	颜文贞　肖洪玲	978 – 7 – 5067 – 8246 – 3
20	护理伦理学	黄秀凤	978 – 7 – 5067 – 8245 – 6
21	护理管理学	李玉翠　任　辉	978 – 7 – 5067 – 8248 – 7
22	内科护理学	魏秀红　张彩虹	978 – 7 – 5067 – 8249 – 4
23	外科护理学	梁桂仙　宫叶琴	978 – 7 – 5067 – 8250 – 0
24	妇产科护理学	单伟颖　柳韦华	978 – 7 – 5067 – 8251 – 7
25	儿科护理学	张　瑛　张丽萍	978 – 7 – 5067 – 8252 – 4
26	五官科护理学	房民琴　王志英	978 – 7 – 5067 – 8254 – 8
27	精神科护理学	章新琼	978 – 7 – 5067 – 8257 – 9
28	急危重症护理学	周谊霞　田永明	978 – 7 – 5067 – 8255 – 5
29	康复护理学	姜贵云	978 – 7 – 5067 – 8259 – 3
30	中医养生康复学	金荣疆　唐　巍	978 – 7 – 5067 – 8270 – 8
31	中医临床护理学	刘建军	978 – 7 – 5067 – 8261 – 6
32	针灸推拿与护理	彭德忠	978 – 7 – 5067 – 8262 – 3
33	中医护理学基础	李　净　孟静岩	978 – 7 – 5067 – 8260 – 9
34	中医营养与食疗	朱天民	978 – 7 – 5067 – 8272 – 2

注:34 门主干教材均配套有中国医药科技出版社"爱慕课"在线学习平台。

前言

PREFACE

　　基础护理学是护理学专业课程体系中最基本、最重要的课程之一，是护生学习临床专业课的必备前期课程。基础护理学是以服务对象为中心，针对患者生理、心理、社会、精神及文化等各方面的健康问题，采取科学、有效的护理对策，解决患者的健康问题，满足患者的需要，使其尽可能恢复到健康的最佳状态。基础护理学的基本任务就是以培养护生良好的职业道德和职业情感为核心，使护生树立整体护理的观念，掌握基础护理学中的基本理论、基本知识和基本技能，并将所学的知识和技能灵活地运用于临床护理实践，履行护理人员"促进健康、预防疾病、恢复健康、减轻痛苦"的重要职责。

　　《基础护理学》教材是全国普通高等医学院校护理学类专业"十三五"规划教材，由来自全国9所院校的12位护理专业教师承担编写任务。本教程遵循满足培养应用型人才的需求为目标，转变重理论而轻实践、重医学而轻人文社科的传统观念，坚持理论与实践相结合、人文社科及护理与医学相结合，强化培养学生动手实践能力、独立分析问题和解决问题的评判性思维能力而编写。全书按照基础护理任务分为五篇，即环境与安全、基础护理、药疗护理、病情观察、文件书写，共18章。本教材的特点：①体现"三基""五性"原则。以护理学的基本理论、基本知识和基本技能为指导，教材编写符合思想性、科学性、先进性、启发性、适用性的要求。②重点突出、实用性强。本教材以"应用"为主旨，既选编"必需、够用"的理论内容，又融入足够的实践内容，使理论知识和实践技能有机结合，便于理解；同时教材编写也兼顾护士执业考试新大纲的变化及近年来国家卫生和计划生育委员会对护理工作的要求，保证编写内容新颖、实用。③注重学生能力培养。将护理程序的工作方法贯穿于整个教材编写过程，尤其在护理技术操作中，强调操作前的评估，操作中患者的舒适、安全以及操作后的整体评价，体现医疗机构对护理学人才在临床护理实践能力、沟通交流能力、服务意识和敬业精神等方面的要求。④强化学科人文精神。教材编写中有机融入人文学科的基本知识，加强护理学类专业自身人文社科类教材的建设，从解决服务对象的实际问题出发，使得人文知识与护理的联系更为密切。⑤创新编写模式。注重引入"案例引导"内容，同时设计"学习目标""知识链接""本章小结"等模块，提升学生学习能力。

　　本教材不仅可作为全国高等医学院校护理学类专业学生的教科书，还可供护理专业教师及广大护理人员学习参考。

1

本教材在编写过程中得到了编者及参编院校的配合和支持，北京大学护理学院尚少梅院长及其团队对教材内容进行了审定，在此一并致谢！尽管我们在本教材的编写过程中付出了许多辛苦和努力，但由于能力和水平有限，教材中可能会有疏漏之处，恳请使用本教材的教师、学生以及临床护理人员给予批评指正。我们一定会继续努力，不断完善，争取打造质量更高的精品教材。

编　者

2016 年 3 月

目 录

C O N T E N T S

第二篇　基础护理

第三篇 药物治疗护理

第四篇　病情观察

第五篇　文件书写

附录 中华人民共和国卫生行业标准

绪　　论

学习目标

1. 掌握　基础护理学的学习方法及要求。
2. 熟悉　基础护理学的学习内容及学习目的。
3. 了解　基础护理学课程的地位和基本任务。

护理学是一门研究维护、增进、恢复人类健康的护理理论、知识、技能及其发展规律的综合性应用科学。它是自然科学和社会科学相互渗透和交融的一门独立性学科，以基础医学、临床医学、预防医学、康复医学以及与护理相关的社会、人文科学理论为基础，为人们生老病死这一生命现象的全过程提供全面的、系统的、整体的服务。护理学包括理论与实践两大范畴，基础护理学是护理学实践范畴中重要的组成部分之一，对培养具有扎实基本知识和娴熟基本技能的合格护理专业人才起着举足轻重的作用。

第一节　基础护理学的地位和基本任务

一、基础护理学的地位

基础护理学是护理学科的核心专业基础课程，是护理专业课程体系中最基本、最重要的课程之一，也是护理专业学生的必修课程，在护理教育中起着奠基的作用。基础护理学是连接基础知识与临床护理技能的桥梁，也是护理专业学生学习临床专业课（如内科护理学、外科护理学、妇产科护理学、儿科护理学等）的必备前期课程，为临床各专科护理提供了必要的基础知识和基本技能。

基础护理学课程以满足护理服务对象生理、心理、社会需求为导向，重点学习护理专业的基本知识、基本技能与基本方法，并通过对知识、技能和实践经验的学习与积累以及人文关怀理念的整合，重点培养学生关爱和照顾患者的基本技能，在帮助学生认识护理学科专业价值、培养专业素养、发展专业技能方面具有重要的作用。

二、基础护理学的基本任务

基础护理学的基本任务是：以培养护生良好的职业道德和职业情感为核心，使护生树立整体护理的观念，掌握护理学基础中的基本理论知识和基本操作技能，并将所学的知识和技能灵活地运用于护理实践，满足人群的生理、心理和社会需要，履行护理人员"促进健康、预防疾病、恢复健康和减轻痛苦"的重要职责。

（一）促进健康

促进健康的目标是帮助服务对象维持最佳的健康水平或健康状态。基础护理学为护生提供了基本的护理专业知识和技能，可以帮助服务对象获取有关维持或增进健康所需的知识及资源。如让护理对象理解适当的运动、合理平衡的膳食、适当的睡眠以及定期身体检查等将有益于增进健康。

（二）预防疾病

预防疾病的目标是通过预防疾病达到最佳的健康状态。预防疾病的护理实践活动包括：开展妇幼保健的健康教育、增强免疫力、预防各种传染病、提供疾病自我监测的技术、评估机构、临床和社区的保健措施等。

（三）恢复健康

恢复健康是帮助人们在患病或有影响健康的问题后，改善其健康状况。这类实践活动包括：为患者提供直接护理，如执行药物治疗、生活护理等；进行护理评估，如测血压、留取标本做各类化验检查等；和其他卫生保健专业人员共同研讨患者的问题；教育患者如何进行康复活动；帮助疾病康复期的患者达到最佳功能水平。

（四）减轻痛苦

减轻个体和人群的痛苦是护士的基本职责和任务。这方面的护理实践活动涉及对各种疾病患者、各年龄段临终者的安慰和照护。包括帮助患者尽可能舒适地带病生活，提供支持以帮助人们应对功能减退、丧失，直至安宁地死亡。护理人员可以在医院、患者家中和其他卫生保健机构，如临终关怀中心开展这些护理实践活动。

学生通过学习基础护理学，能够掌握必要的知识和技能，在实践活动中协助人群达到最佳健康状态。

第二节　基础护理学的学习内容及学习目的

基础护理学是以患者为中心，针对患者生理功能、机体代谢、形体和心理状态等方面的异常变化，采取相应的科学护理对策，帮助或指导患者解除由于这些变化而带来的痛苦和不适应，使之处于协调、适应的最佳身心状态，促进患者恢复健康。

一、基础护理学的学习内容

基础护理学是临床专科护理的基础，并贯穿于满足患者对健康需求的始终，因此其内容包括患者的生活护理、患者治疗需要的满足、患者病情变化的观察以及基本的护理操作技术和健康教育等。具体内容包括：监测机体生理、心理信息，监测体温、脉搏、呼吸、血压等生命体征的变化；维持患者身体的清洁、舒适，排除物理、化学、生物等有害因子对机体的侵袭，保证治疗、护理安全；调配合理营养及膳食；改善机体的循环和代谢，及时妥善地处理机体的排泄物；保持重症患者合理、舒适的卧位，适时更换体位，预防发生压疮；改善患者的休息环境和条件，促进其睡眠；进行心理疏导，使之保持良好的精神和心理状态；指导功能锻炼，防止发生并发症，促进功能的恢复；协助执行治疗方案，配合医疗诊治工作；观察了解病情变化的信息和治疗效果，及时有效地配合急救处置；负责病区、患者管理，创造清洁、美观、安静、舒适、方便、有序的休养环境。

二、基础护理学的学习目的

基础护理是满足患者基本需要的一系列护理活动，这些基础护理活动既包括满足患者生理需要的层面，也包含满足患者心理需要的层面。同时，基础护理学的教学活动和实践活动既有助于帮助护生明确作为一名合格护士的自身价值，也有助于培养护生良好的职业道德与职业情感。其教学宗旨在于帮助护生掌握并灵活运用基础护理学理论与技术，以便为全面开展"以服务对象为中心"的高质量的整体护理服务打下坚实的基础。因此，学习基础护理学课程的主要目的是使护生在完成本课程内容的学习后，能够做到以下三点。

1. 获得满足患者生理、心理、社会需求所必备的基本知识和基本技能　包括为患者提供安全舒适的住院环境、保持患者的清洁卫生、帮助患者进行适当的活动和休息、饮食护理、排泄护理、生命体征观察、预防医院感染、临终关怀、病情观察及医疗护理文件的记录和书写等。上述基本护理知识和基本技能是护生将来从事护理工作的基础，护生应全面掌握。

通过学习基础护理学，可以帮助护生牢固地树立终生为人类的健康事业服务的思想和决心，以护理理论知识为指导，用娴熟的基础护理操作技术，为患者提供优质的护理服务，满足患者的生理、心理和社会需求，提高患者生活质量，使其尽可能地达到健康的最佳状态。

2. 认识自身价值，树立正确的价值观　认识自身价值是做好护理工作的原动力。通过学习基础护理学，帮助护生认识到护理既是一门科学也是一门艺术。科学性体现在护理专业有其相对独立的知识体系，并有一定的理论作指导；艺术性体现在护理的对象是千差万别的个体，在对服务对象进行护理时必须有意识地将所学的知识和技能加以创造和升华。

3. 具备良好的职业道德和职业情感　作为护理服务的对象和研究的对象是由生理、心理、社会、精神、文化等相统一的整体人，是环境中活动的个体和群体的人。护理服务对象的特殊性决定了从事护理工作的护理人员必须具备良好的人道主义精神，只有这样，才能为服务对象提供人道主义的护理照顾，使服务对象获得心理上的舒适并促进其疾病的康复。

通过学习基础护理学，可以培养护生高尚的职业道德和职业情感，使其树立严谨求实的工作作风和对患者高度负责的工作态度，使他们在未来的临床护理工作中，能够严格遵守护理人员的伦理道德行为规范，尊重、关心和体谅患者，维护患者的权益，做好患者的代言人。此外，通过学习基础护理学，还可以激发护生热爱护理专业、为护理专业无私奉献的热情。

第三节　基础护理学的学习方法与要求

基础护理学是一门集基础理论、基本知识和基本技能于一体的重要专业基础课。要学好本门课程，良好的学习方法能够起到事半功倍的效果。

一、系统学习与重点掌握相结合

由于服务对象是生理、心理、社会相统一的整体人，因此在学习本课程时需要对各章节学习内容全面、系统地了解，对基本知识和重点内容进行理解并掌握。通过系统、全面的评估，将各章节学习内容有机结合运用于服务对象才能达到最终目的。其中全面系统的学习具有非常重要的意义。

1. 从总体上认识和了解课程的内容　系统了解基础护理学的篇章结构和涵盖内容，形成总体印象。

2. 可以将课程前后内容进行有机的联系，便于理解和记忆　例如，在"患者的清洁卫生"一章中提到特殊口腔护理的对象有高热患者，在"生命体征的评估与护理"一章中提到高热患者要进行口腔护理，保持口腔清洁。

3. 发现重点、难点，以便重点学习　学生只有深入地理解重点和难点问题，才能以点带面，带动对一般问题的理解，从而更好地融会贯通基础护理学的基本知识。

二、理论学习和实践学习相结合

在学习基础护理知识时应与医学、临床医学知识进行有机的联系，以求从理论上弄懂护理操作的原理、机制。基础护理学是一门实践性很强的课程，在理论学习的同时，要重视实践学习。示教室操作练习，临床的见习、实习，都是十分重要的理论联系实际的学习过程，边学边做，刻苦练习护理基本操作技术，切实掌握基本功。熟练的技能技巧来源于手、脑并用，实践技能的获得依赖于反复练习。只有在大脑指挥下，感官与手密切配合，进行有目的、有组织的操作活动，在特定的动作形成条件反射之后，技术才能达到准确、规范的熟练程度。在实践中体验职业情感，培养职业的行为规范，提高基本技术的熟练程度，是学好基础护理学的重要方法和原则。

本章小结

本章主要介绍基础护理学的地位和基本任务、学习内容及学习目的、学习方法与要求。通过基础护理学学习和应用护理学基础的理论知识和技术操作，并将所学的知识和技能灵活地运用于临床护理实践，满足人群的生理、心理和社会需要，履行护理人员"促进健康、预防疾病、恢复健康和减轻痛苦"的重要职责。

（颜文贞）

目标检测

1. 护理学基础课程的基本任务有哪些？
2. 护理学基础的学习目的是什么？
3. 护理学基础的学习方法有哪些？

第一篇

环境与安全

第一章　环　境

　　人类的一切活动都离不开环境，环境是人生存和发展的基本条件。护理工作就是要充分利用环境中对人群健康有利的因素，帮助人们识别、消除和提高整体人群的健康水平，改善环境中的不利因素，创造良好的自然环境、社会环境和心理环境增进人的健康。

第一节　环境与健康

案例引导

　　案例：患者，女，26岁，搬入新装修房屋居住，3个月后出现头晕、全身乏力等症状，后其母也出现类似症状，经诊断为白血病。后经环境监测中心站对其居室内空气质量检测，室内空气中甲醛、氨、总挥发性有机化合物（TVOC）含量分别超过Ⅰ类民用建筑工程室内环境污染物限量标准的21倍、12.6倍、3.3倍。同时，经产品质量监督检验所对用于装修的细木工板检测，其甲醛释放量超过国家规定的标准。请分析下列问题。

　　提问：1. 该疾病的出现是否与室内装修而造成空气污染有关？
　　　　　2. 如何理解健康和环境的关系？

　　人类的健康与环境相互依存、相互作用。良好的环境可以促进人类的健康。恶劣的环境条件同样能威胁到人类的健康。纵观人类社会的发展史，许多疾病与环境有关。在社会经济快速发展的进程中，由于人类不合理的开采或过度使用自然资源，生态环境受到严重破坏，造成环境的污染，并直接威胁到人类的生存与健康；同时因工作、就业、婚姻、人际关系等造成的人类社会环境方面的压力增大，对人类身心健康也造成了很大的影响。因此人类在不断适应环境的同时，对环境问题的认识也逐步深入，明白人类既需要改造环境，又需要保护环境，人与环境两者要协调发展、保持平衡，才能使环境朝着有利于人类健康的方向发展，从而促进人类社会的不断进步。

知识链接

世界环境日

　　1972 年 6 月 5～16 日，在瑞典的首都斯德哥尔摩召开了有 113 个国家、1300 多名代表出席的联合国人类环境会议，这是世界各国政府共同讨论当代环境问题，探讨保护全球环境战略的第一次会议，是人类环境保护史上的重大里程碑。为纪念斯德哥尔摩会议和发扬会议精神，同年第 27 届联合国大会确定设立联合国环境规划署的同时，确定了每年的 6 月 5 日为"世界环境日"（World Environment Day）。许多国家、团体和人民群众在这一天都要开展各种活动来宣传强调保护和改善人类环境的重要性。斯德哥尔摩会议提出的口号是"只有一个地球"。参加会议的各国，共同讨论了当代的环境问题，通过了《人类环境宣言》。世界环境日，象征着全世界人类环境向更美好阶段发展，标志着世界政府要积极为保护人类生存环境做出贡献。联合国环境规划署在世界环境日这天发表世界环境现状年度报告书，宣布世界各国环境质量状况。

　　2015 年世界环境日的主题确定为"七十亿个梦想：一个地球，理性消费"。20 世纪六七十年代以来，随着世界范围内环境污染与生态破坏问题的日益严重，环境保护逐渐成为国际社会关注的重要问题。从 1974 年起，联合国环境规划署每年都为世界环境日确立一个主题，并展开相关的宣传活动——人类社会的存在和发展与自然资源密切相关。随着世界人口数量的不断增长，以及经济的快速发展，人类消耗的自然资源远远超过地球可持续供给的能力，地球的许多生态系统正在接近关键临界点。预计到 2050 年，全球人口数量将增长至 96 亿，如果不改变目前的消费和生产模式，届时人类将需要 3 个地球的资源才能满足生活和消费的需求。联合国秘书长潘基文指出，可持续发展是要提高各国人民的生活品质，但是我们不应加剧环境退化，影响人类后代对资源的需求。

一、环境概述

（一）环境的含义

　　环境（environment）是人类进行生产和生活的活动场所，是人类生存和发展的物质基础。世界卫生组织（WHO）公共卫生专家委员会对环境的定义是"环境是在特定时刻的物理、化学、生物及社会的各种因素构成的整体状态，这些因素可能对生命机体或人类活动产生直接或间接的作用，其影响可能是现时的或远期的"。环境对支持人类生命、生存及其活动十分重要，人与环境之间是辩证统一的关系。

　　在护理学中，环境是护理学的四个基本概念之一。护理学创始人南丁格尔（Nightingale F.）认为环境是"影响生命和有机体发展的所有外界因素的总和，这些因素能够缓解或加重疾病和死亡的过程"；美国护理学家韩德森（Henderson V.）认为环境是"影响机体生命与发展的所有外在因素的总和"；护理学家罗伊（Roy）把环境定义为"围绕和影响个人或集体行为与发展的所有外在因素的总和"。由此可见环境是影响人类生命和生长的所有内部因素和外界条件的总和。是护理学研究的重要要素。

（二）环境的分类

　　环境是人类生存和生活的空间，包括内环境和外环境两种，两者相互依存、相互利用，不能截然分开。

　　1. 内环境　指人体细胞所处的环境，包括生理环境和心理环境。

　　（1）生理环境　主要指人体内的各系统之间通过神经、体液的调节维持生理稳定状态，并与外环境进行着物质、能量、信息的交换，以适应外环境的改变，即身体的内环境。包括体内的不同系统，如呼吸系统、循环系统、消化系统、泌尿系统、神经系统、内分泌系统等。

（2）心理环境　是指一个人的心理状态。心理状态是指个体在某一时期心理活动综合性水平的总体概括，由于个体的先天遗传和后天成长环境的不同，从而形成不同的个性心理。它对人的健康起着很大的作用。通常，一个人虽然没有生理疾病，但精神不愉快、抑郁、沮丧等不良的心理状态，可能会导致食欲不振、活动减少、酗酒、睡眠差等，这将使其机体抵抗力下降，容易感染疾病，造成不健康状态的出现。患病也会对人的心理活动产生负面影响。同时，一些心理因素，如急性或慢性应激事件也是许多疾病的致病诱因和诱发因素，可导致机体器官产生一系列的病理生理变化。此外，心理因素对疾病的进程、患者配合治疗的程度和疗效、疾病的预后以及患者、亲属的生活质量均会产生不同程度的影响。

2. 外环境　指影响机体生命和生长的全部外界因素的总和，是人类生存和发展的物质基础。包括自然环境和社会环境。

（1）自然环境：自然环境是指围绕在人类周围的各种自然因素的总和。包括物理环境和生物环境，是人类赖以生存和发展的物质基础。物理环境包含自然界中的各种元素，如水、日光、氧气、土壤等，以及人类所建立的各种设施，如房屋、桥梁、设备等。生物环境包括各种有生命的物体，如动物、植物、微生物等。良好的自然环境为人类的生存和发展提供了物质条件，随着社会的进步和科技的发展，人类在创造美好生活的同时使生态环境遭到了破坏，如空气污染、水污染、噪音污染、辐射污染等，对人类的健康造成了直接或间接的影响。

（2）社会环境：社会环境是人类在自然环境的基础上，经过长期有意识的劳动所创造的物质生产体系，包括人类在生产、生活和社会活动中相互形成的生产关系、阶级关系、社会关系的总和，如各种经济、法律和政治制度、社会交往、宗教信仰、风俗习惯、文化生活等。社会环境可以直接影响人群或个体的健康状况，也可以通过自然环境的作用，间接影响人的健康，因此，社会环境与人类健康息息相关。

所有有生命的系统都包含一个内环境和围绕在其周围的外环境。外环境包括所有对生物体有影响的外界事物。内环境能够和外环境交换维持生命所需要的物质，并帮助有生命的系统适应外环境的改变。因此，维持内环境平衡是延续生命的必备条件，外环境对生物体的生活质量具有重要意义。

人的生理环境、心理环境、自然环境和社会环境是相互影响、相互制约的。无论任何环境中任何一个方面出现问题，都可能影响个体的健康。

二、环境因素对健康的影响

任何有生命的个体都有一个内在环境和围绕在其周围的外在环境。内环境可帮助生命系统适应外环境的改变。人体系统通过体内中枢神经系统、神经－内分泌系统、免疫系统三方面的中介作用，来调节机体内、外环境的动态平衡，使系统与周围环境不断进行物质、能量和信息的交换，并保持着动态平衡。这种平衡状态随环境变化而变化。但如果环境因素的变化超过了人体的调节范围和适应能力，就会引起疾病，这些变化的因素称为影响健康的危险因素。可以将这些危险因素概括地分为自然环境因素和社会环境因素。

（一）自然环境对健康的影响

自然环境从根本上影响人的健康。良好的自然环境也是人类生存和发展的物质基础。人类活动给环境带来污染，如开发和利用自然能源和资源的范围不断扩大，人工合成的化学物质（农药、化肥、塑料、橡胶）与日俱增，大量工业三废（废水、废气、废渣）和生活废弃物的排放，使空气、水、土壤等物理环境的生态平衡遭到破坏并威胁到人类健康。

1. 大气污染　大气污染对健康的影响，主要取决于大气中有害物质的种类、性质、浓度和持续时间，也取决于个体的敏感性。

主要来源：工业生产中排放的废气和粉尘、汽车尾气和吸烟等。

主要危害：空气污染对人体的危害是多方面的，主要是引起呼吸道疾病、生理功能障碍以及眼、鼻黏膜及组织的刺激和损伤。有刺激作用的有害物质（如烟尘、二氧化硫、硫酸雾、氯气、臭氧、硫化氢等）会刺激上呼吸道黏膜表层的迷走神经末梢，引起支气管反射性收缩和痉挛、咳嗽、喷嚏等。在低浓度毒物的慢性作用下，可引起慢性支气管炎、支气管哮喘、肺气肿及肺癌等；大气中无刺激作用的有害气体（如一氧化碳等）由于不能为人体感官所察觉，危害性更大。特别是短时间接触高浓度大气污染物，会造成急性中毒，如一氧化碳中毒。

2. 水污染　水污染是指排入水中的污染物质超过了水的自净能力，使水的组成及某些性状发生变化，从而使动植物的生长条件恶化，人类的生活和健康受到影响。水是人们生产和生活中不可缺少的物质，水环境的质量将直接影响人们的身体健康。

主要来源：工业废水、城市生活污水、医院污水、化学品的流失等。

主要危害：

（1）引起急性或慢性中毒：是水污染对人体健康危害的主要方面。

（2）致癌、致畸、致突变作用。

（3）发生以水为媒介的传染病：多为肠道传染病，如痢疾、伤寒、霍乱、肝炎（甲肝）等。

3. 土壤污染　土壤污染是指由于具有生理毒性的物质或过量的植物营养元素进入土壤而导致土壤性质恶化和植物生理功能失调的现象。

主要来源：工业废渣、废水、废气、不正确的使用化肥、农药等。

主要危害：

（1）传播传染病或寄生虫病：被病原体污染的土壤能传播伤寒、副伤寒、痢疾、病毒性肝炎、蛔虫病、钩虫病等。

（2）引起中毒：主要是人类接触被有毒化学物质污染的土壤或水而引起。

4. 噪声污染　噪声是指能引起人们不悦的声音。如车辆的发动声、高音喇叭声、人为的吵闹声等，一般是由很多没有一定周期性和节奏性的频率构成。

主要来源：工业生产、建筑、车辆、高音喇叭、人为的声音、战争等。

主要危害：噪声对健康的影响更多是心理或者说是精神上的影响，由精神影响而导致生理上的影响。其直接的影响是：引起睡眠障碍、影响休息。长时间地噪音干扰可引起头痛、头晕、耳鸣，严重者可导致听力障碍，并能导致神经、消化、心血管、内分泌等系统的疾病，如溃疡病等。

5. 吸烟污染　吸烟是导致癌症、心血管疾病、慢性支气管炎、肺气肿和胃溃疡等多种疾病的主要危险因素。吸烟不仅对吸烟者本人有害，而且危及到周围的其他人。其主要的致病物质是尼古丁，对人的神经细胞和中枢神经系统有兴奋和抑制作用。

6. 温度过高或过低　持续暴露在过高或过低的温度下可导致烫伤、中暑或冻伤。

7. 辐射　辐射源有天然的和人工的两大类，天然的辐射源来自宇宙射线和水域、矿床中的射线；人工的辐射源主要是广播站、电视塔、卫星通讯站、医用射线源、核武器试验产生的放射性沉降物以及原子能工业排放的各种放射性废物等。辐射对人体的危害在于它们可直接损伤皮肤和组织及一些潜在的伤害，如抵抗力下降、睡眠障碍、心血管系统及生殖系统受损等，还可诱发癌症及引起遗传基因突变。在妊娠期内，辐射可致胚胎畸形或死胎。大剂量辐射可使人和生物在短时间内死亡。

8. 废料　固体废料越来越多，处理越来越困难，如塑料物品。一些处理废料的方法对环境造成污染,如垃圾场是带菌的微生物和虫害的繁殖场所;垃圾转运或处理不当会影响环境,如焚烧废品会增加空气污染,或将废品倒入河、海中造成水源污染。

9. 室内空气污染 室内环境是人们接触最频繁、关系最密切的外环境之一。据统计,人们是有 80% 的时间是在室内度过的。因此,室内空气质量的优劣直接关系到每个人的健康。室内污染物的来源和种类日趋增多,如家用燃料、建筑材料、装饰材料等均可造成室内空气污染,危害人类健康。

知识链接

室内环境污染

室内环境专家的一项调查表明,现代人平均有 90% 的时间在室内,其中 65% 的时间在家里。其中儿童、孕妇、老年人和慢性病患者受到室内空气污染的危害最大。特别是儿童,比成人更容易受到室内空气污染的危害。这是因为,一方面,儿童的身体正在成长中,呼吸量按体重比成人高 50%;另一方面,儿童有 80% 的时间是生活在室内。

室内环境污染对儿童健康的危害有:①诱发血液性疾病;②增加哮喘的发病率;③导致铅中毒;④降低智力。

(二)社会环境对健康的影响

人类在改造自然、发展生产、创造文明的活动中结成不同的群体,建立了生产关系和社会关系。人生活在社会群体之中,不同的社会制度、经济状况、风俗习惯、文化背景及劳动条件等社会环境因素,均可导致人们产生不同的社会心理反应,从而影响身心健康。

1. 社会经济 经济是满足人各种需求的物质基础。经济对健康的影响常起着主导作用。人的健康水平与社会经济发展水平密切相关。社会经济的发展也离不开人群的健康水平,同时,社会经济的发展也是提高人群健康水平的根本保证。因此,人群健康与经济发展有相互促进的双向作用。在发达国家,由于生产发展、科技进步,人们有一定的经济实力来改善生活、居住和卫生条件,使健康的需求得以保证。在不发达国家,由于物质条件有限,人民生活只能求得温饱,难以满足健康需求。

2. 社会关系 人是生活在由一定社会关系结合而成的社会群体之中,包括家庭、邻里、朋友、工作团体等,这些基本社会群体共同构成社会网络。社会网络中人们之间相互关系的协调性及相互支持的程度不仅是影响健康的因素,而且也是健康的基本内容。积极的社会关系可使人热爱生活,积极向上。互相猜疑、嫉妒、专制的社会关系使人感到压抑、厌倦、苦闷。无论在家庭、学校或工作单位,人与人之间的相互关心、爱护和支持常使人精力充沛、勇于克服困难、身心处于良好状态而提高健康质量。当某个人感到健康受到威胁,或者心理上承受压力时,周围人能否予以同情或支持,常能决定其有无勇气去和疾病或困难作斗争。

3. 文化背景 文化指的是人类在社会发展过程中所创造的物质和精神财富的总和。与护理有关的文化包括:个体对症状的感知能力,治疗方式的选择以及实施营养、安全和生活的行为方式等。文化的发展促使社会更适宜群体的生存,同时也影响人群的健康状况及疾病的模式。如不同生活方式及不同的生活习惯,反映了个人的文化素养,而某些饮食习惯则与当地的传统习俗有关。如某些地区人群喜食腌制的酸菜,这种不健康的饮食习惯易导致消化道肿瘤的发生。

4. 生活方式 生活方式是人们长期受一定文化、民族、经济、社会、风俗、规范,特别是家庭的影响而形成的一系列生活习惯、生活制度和生活意识。生活方式作为一种社会因素影响健康是指各种个人和社会的行为模式。它是个人先天和习惯的倾向，是经济、文化和政治等因素相互作用所形成的。虽然生活方式受自然环境的影响，但它是一种社会行为，或者说是社会文化行为。如生产环境的安全、劳动强度的大小、工作安排的合理性，以及劳动保护条件等，对人体的身心健康的影响。

5. 卫生服务体系　卫生服务体系的主要工作是向个人和社区提供范围广泛的促进健康、预防疾病、医疗护理和康复服务，保护和改善人群的健康。由于世界各国的社会发展和经济制度的不同，卫生资源的拥有、分配和利用的差别悬殊。鉴于世界半数以上人口的健康状况并非令人满意，而且发达国家和发展中国家之间健康水平和卫生资源也存在很大的差异，世界卫生组织提出要本着社会公正的精神，采取国家和国际的有效行动，在全世界，特别是发展中国家实施初级卫生保健。

三、护理与环境的关系

环境是护理学的四个基本概念之一，是护理学研究的重要内容。1975 年国际护士会的政策声明中，概述了护理专业与环境的关系：保护和改善人类环境成为人类为生存和健康而奋斗的一个主要目标。该目标要求每一个人和每一个专业团队都要承担以下职责：保护人类环境，保护世界资源，研究他们的应用对人类的影响及如何避免人类影响。同时，也明确规定了护士的职责。

1. 帮助发现环境中对人类积极和消极的因素。

2. 护士在于个体、家庭、社区和社会接触的日常工作中，应告知他们如何预防具有潜在危害的化学制品及有放射线的废物等，并应用环境知识指导其预防和减轻潜在性危害。

3. 采取措施预防环境因素对健康所造成的危害。同时加强宣传，教育个体、家庭、社区及社会对环境资源进行保护。

4. 与卫生部门进行合作，找出宅区对环境及健康的威胁因素。

5. 帮助社区处理环境卫生问题。

6. 参与研究和提供措施，早期预防各种有害于环境的因素；研究如何改善生活和工作条件。

护士除了要履行上述职责外，还须为患者创造有利于健康的环境，并积极宣传和改变危害环境的个人行为。努力做到通过健康教育等方法，使人们重视卫生、减少污染；努力做到低碳环保、保持生态系统的平衡，使人类生存的环境向着有利于健康的方向发展。

第二节　医院环境

医院是为患者提供医疗卫生保健服务的机构，也是护理人员提高护理服务、履行护理职责的重要场所。医院环境的设置与布局，应有利于满足患者治疗、护理与休养的需要，以促进患者的康复。

一、医院环境的特点及其分类

（一）医院环境的特点

医院（hospital）是防病治病的场所，是专业人员在以疾病治疗为目的的前提下，创造的一个适合患者康复的治疗环境。个体在生命过程中都有可能接触医院环境，医院是否能为患者提供良好的治疗环境，不仅会影响患者在就医期间的心理感受，还会影响个体疾病的恢复。良好的医院环境应具备以下特点。

1. 安全性　医院是患者治疗病痛，恢复健康的场所，应首先满足患者安全的需要。医院中的工作人员需耐心热情地对待患者，建立和睦的人际关系，以增加其心理安全感。另一方面，医院的建筑、布局应符合有关标准，安全设施齐备完好，避免患者发生损伤。同时建立院内感染监控系统，健全有关制度并严格执行，避免发生院内感染。

2. 专业性 医护人员的分工需要具备精度和广度，要求其应具有全面的专业理论知识、熟练的操作能力和丰富的临床经验，科学的照顾病患的生活，提供专业的生活护理、精神护理、营养指导等服务，并在新技术、新专业不断发展的同时，进一步满足患者多方位的健康需求。

3. 舒适性 医护人员应注意为患者营造一个良好的人际关系氛围，重视患者的心理支持，满足其被尊重的需要及爱与归属的需要。另外，应注意医院的物理环境的调试，如空间、温度、湿度、空气、光线、音量等，以满足患者的需要，从而增加其舒适感。医院是患者治疗病痛、恢复健康的场所，首先应满足患者的安全需要，安全舒适性包括治疗性安全、生物环境安全及医患与护患关系和谐。

4. 整洁性 主要指病区护理单元，患者及工作人员的整洁，具体应做到：

（1）病室的陈设整齐，规格统一，物品摆放以根据患者需求及使用方便为原则。

（2）患者的皮肤、头发、口腔等要保持清洁，被服、衣裤要定期更换。

（3）工作人员应仪表端庄、服装整洁大方。

（4）治疗后用物及时撤去，排泄物、污染物及时清除。

5. 文化性 医院文化有广义和狭义之分。广义的医院文化泛指医院主体和个体在长期的医学实践中创造的特定的物质财富和精神财富的总和，包括医院硬文化和医院软文化两大方面。医院的硬文化主要指医院内的物质状态，如医院设备、医院建筑、医院环境、医疗技术水平和医院效益等有形的东西，其主体是物。医院软文化是指医院在历史发展过程中形成的具有本医院特色的思想、观念等意识形态和行为模式以及与之相适应的制度和组织结构，其主体是人。医院硬文化是医院软文化形成和发展的基础；而医院软文化一旦形成则对医院硬文化具有反作用。两者是有机整体，彼此相互制约，又相互转换。

（二）医院环境的分类

医院是为患者提供医疗卫生保健服务的机构，医院环境的创建应满足患者的需要，有利于患者治疗、休养和康复。

1. 物理环境 医院的物理环境，包括空间、设备、温度、湿度、空气、光线、音量、清洁卫生等。医院的建筑、布局、设备应符合有关法规。医院的安全设施，包括用电安全、火警安全系统、化学性和辐射线的防护设施等，应齐备完好。环境的设置应为患者提供方便，让患者感觉安全、舒适与愉快。

2. 社会环境 医院是社会的一个特殊组成部分。护士应和患者建立良好的护患关系，创建和谐的氛围，帮助患者解除不良心理反应，尽快适应医院的社会环境。

（1）**医疗服务环境** 指以医疗护理技术、人际关系、精神面貌及服务态度等为主的人文社会环境，属于软环境。医院作为治疗性环境，在为患者提供医疗卫生保健的同时，应提供心理社会方面的支持和帮助。医院中的安全舒适的心理社会环境应是工作人员具备良好的医德医风，人际关系和睦，重视心理护理，使患者在医院内感受温暖和得到安慰，满足受尊重、爱与归属感等心理需要。

（2）**医院管理环境** 包括医院的监督机制、规章制度及医院文化等，也属于软环境。在治疗性医院环境中，大部分患者的免疫功能都受到疾病的严重影响，对各种传染病致病菌和条件致病菌普遍易感，而且部分患者是带有致病菌的感染源，如果没有严格控制感染的管理制度及措施，极易发生医院感染和传染性疾病的传播。为了减少医院感染的发生，保护患者和所有工作人员免受传染，医院必须建立监控体系，健全有关制度，采取预防措施，并严格管理督促落实，以确保生物环境的安全性。

二、医院环境的调控

良好的医院环境是保证医院各项工作正常进行，促进患者身心康复的基本条件。不良的医院环境则会影响患者的健康，恶劣的医院环境还会减少就诊及住院患者的人数，影响医院的社会效益和经济效益。因此，创造与维护一个适宜的环境是护理人员的重要职责。医院作为医疗机构，肩负着预防、诊断及治疗疾病与促进健康的使命。为了确保患者能获得安全、舒适的治疗性环境，必须创造一个良好的医院环境，即医院的社会环境、物理环境与生物环境在调节和控制下都达到安全舒适的要求。

（一）医院物理环境的调控

医院的物理环境是影响患者的精神和身体舒适的重要因素，直接影响患者身心舒适、治疗效果和疾病的转归。病室的温度、湿度、安静、通风、安全等因素非患者自身所能控制，而且又与正常人的要求不同。因此，护理人员应适当地进行调节，努力避免一切不良因素，为患者创造一个安静、整洁、温湿度适宜、通风和光线良好、美观而安全、有利于康复的物理环境。

1. 空间　每个人都需要一个适合其成长、发展及活动的空间。如儿童需要游戏活动和学习的空间，以利其成长和发展的需要；成人需要休息或有会客等场所，以满足其从事社会交往活动和独处的需要。因此，为患者安排空间环境必须考虑这些因素，在医院条件许可时，尽量满足患者的需要。空间不宜太小，否则患者的隐私得不到保护，个人的活动受到限制，容易使患者产生"社交隔离感"，进而影响其休息和健康的恢复。每个病区设30～40张病床为宜，病房可设单人、双人及多人间，多人间单排一般不超过3张床，双排不超过6张床，尽量配有卫生间；每张病床占用面积6～7m²，床间距≥1.0m；床沿距墙壁面≥0.6m；单排病床通道净宽≥1.1m，双排病床（床尾端）通道净宽≥1.5m。同时，为方便治疗、护理和保证患者的个人空间，床与床之间应有围帘或移动屏风，必要时进行遮挡，以保护患者隐私。

2. 温度　一般室温保持在18～22℃较为适宜。新生儿室、老年病房以及检查、治疗时，室温应略提高，以22～24℃为佳。适宜的温度，既有利于患者休息、治疗及护理工作的进行，又可使患者感到舒适、安宁，减少消耗，利于散热，并可降低肾脏负担。室温过高会使神经系统受到抑制，干扰消化及呼吸功能，不利于体热的散发，使人烦躁，影响体力恢复。室温过低则使人畏缩，缺乏动力，肌肉紧张而产生不安，在接受诊疗、护理时也易着凉。病房应备有室温计，以便随时评估及调节室内的温度，满足患者身心舒适的需要。不同的季节，温度差异较大，护士应根据不同的季节和温度采取不同的护理措施：①夏季酷热，一般采用降低室内温度的措施有开窗通风、电风扇、空调或室内放置冰块等，达到促进舒适的目的。②冬天严寒，病室内多用暖气设备、空调来保持温度，农村和基层单位可用火炉、火墙取暖。③还应注意根据季节的变化增减患者的盖被和衣服。在执行护理活动时，应注意尽量避免不必要的暴露，防止患者受凉。

3. 湿度　湿度为空气中含水分的程度。病室湿度一般指相对湿度，即在单位体积的空气中，一定温度的条件下，所含水蒸气的量与其达到饱和时含量的百分比。湿度会影响皮肤蒸发散热的速度，从而造成人对环境舒适感的差异。人体对湿度的需要随温度不同而不同，温度越高，对湿度的需要越小。病室湿度以50%～60%为宜，气管切开患者的湿度是80%～90%。湿度过高或过低都会给患者带来不适感。当湿度过高时，蒸发作用减弱，可抑制出汗，患者感到潮湿、气闷，尿液排出量增加，加重肾脏负担。同时，湿度过高也使细菌繁殖增加，导致医院内感染的可能性增加；湿度过低，空气干燥，人体蒸发大量水分，患者感到呼吸道黏膜干燥、口干、咽痛，对气管切开、呼吸道感染、急性喉炎的患者尤为不利。

病室应配有湿度计，以便观察和调节。护士应根据病室湿度情况进行适当调节：①当室内湿度大于室外时，使用空气调节器或抽湿器进行调节是调整湿度的最好方法。无条件时可通过打开门窗使空气流通以降低湿度。②当室内湿度过低时，可在地面洒水，使用加湿器。冬天可在暖气、火炉上安放水槽、水壶等蒸发水分，以达到提高室内湿度的目的。③注意皮肤的护理，当皮肤潮湿出汗较多时，应及时给予清洁；当皮肤干燥时，可涂抹乳液增加湿度，以促进患者的舒适。

4. 通风 通风可使室内外空气进行交换，保持空气清新，并可调节室内的温、湿度，从而刺激皮肤的血液循环，刺激汗液蒸发及热量散失，增加患者的舒适感。同时，通风又是降低室内空气污染，降低空气中细菌密度，减少呼吸道疾病传播的有效途径。当室内空气污浊、氧气不足时，患者会出现烦躁、疲乏、头晕、食欲不振等症状；当室内空气中微生物的密度增加时，可导致呼吸道感染。因此，病室应每日定时通风换气或安装空气调节器，有条件者可设立生物净化室。通风效果视通风面积（门窗大小）、室内外温度差、通风时间及室外气流速度而定。当通风面积大、室内外温度差大、通风时间长、室外气流速度快时，通风效果就比较好。

护士应根据病室空气的浑浊情况进行通风：①病室内应每天定时开窗通风，通风30分钟即可达到置换室内空气的目的，一般情况下，冬季至少也要早、晚各一次；②冬季通风时要注意保暖，保护、遮挡患者，避免对流风，防止感冒的发生。

5. 噪声 凡是不悦耳、不需要的或足以引起人们心理和生理上不愉快的声音都是噪声。病房必须保持安静，避免噪声。噪声不仅使人不愉快，影响休息和睡眠，且对健康有影响，严重的噪声甚至会造成听力丧失。根据 WHO 规定的噪声标准，白天医院病区内较理想的声音强度在 35～40dB。当噪声强度达 50～60dB 时，人会感到吵闹、烦躁不安。若长时间处于 90 dB 以上的环境中，会导致神经衰弱、头晕、耳鸣、眼花、血压升高、食欲下降；使心肌缺氧，诱发冠状动脉粥样硬化性心脏病；使女性月经失调。当噪声强度 ≥120dB 时，可造成高频率的听力丧失，甚至永久性失聪。因此，病室内必须保持安静，避免噪声。医院噪声主要包括各种医疗仪器使用时所发出的机械摩擦声和人为的噪声。例如，在病区内大声喧哗，开、关门窗声，车、床、门轴处发出的响声等。医院应对噪声严加控制，应尽可能地为患者创造安静的环境。

护士在工作中应尽量为患者创造一个安静的环境：①护理人员在说话、行动和工作时应注意，尽量做到"四轻"，即说话轻、走路轻、操作轻、关门轻；②病室的门、窗、桌、椅脚应钉上橡皮垫；③推车的轮轴应定期检查是否润滑，以减少噪声的产生；④同时要向患者及家属宣传保持病室安静的重要性，共同保持病室安静，创造一个良好的休养环境；⑤在控制噪声的同时，为了避免过于安静的病房环境使患者产生孤独感，有条件的病房，可在床头增设耳机装置，医院广播室可定时向病区播放节目或按患者的喜好选择收听适当的音乐、曲艺等节目，也可利用电视、录像等调节患者的休养生活。音乐通过心理作用有助于治疗。悦耳动听的乐曲对大脑是良好的刺激，它能协调心血管系统、内分泌系统、消化系统等的功能。患者床头可设有耳机装置，供病情较轻及恢复期的患者收听新闻、音乐，以便及时接受各种信息，活跃疗养生活，提高治疗效果。

知识链接

WHO 制定的噪声标准

性　质	标　准（dB）	性　质	标　准（dB）
寝室	20～25	办公室	25～60
生活室	30～60	工厂	70～75

我国保证健康安宁的环境噪声标准

适用范围	理想值（dB）	极限（dB）
睡眠	35	50
交谈	0	75
听力保护	75	90
特别安静区（医院、疗养院）	35	45
一般住宅	45	50
工业区	50	55～60

6. 光线　病室采光有自然光源和人工光源两种。

（1）自然光源　日光是维持人体健康的要素之一。光线不足会影响患者的活动，甚至导致意外事故的发生；长期在光线不足的环境中会使人眼睛疲劳、视力受损、头痛等。自然的光照可使患者感到舒适、愉快，对康复有利。适量的日光照射可使照射部位温度升高，血管扩张，血流增快，改善皮肤和组织的营养状况，使人食欲增加。另外，日光中的紫外线有强大的杀菌作用，并可促进机体内生成维生素 D。因此，应经常开启病室门窗，使日光直接射入或协助患者到户外接受阳光照射，以增进患者身心舒适感，但应注意避免阳光直接照射患者的眼睛，以免引起目眩；休息与睡眠时可用窗帘或眼罩遮挡光线。

（2）人工光源　常用于满足夜间照明及平时特殊检查和治疗的需要。护理人员应根据不同需要对光线进行调节。楼梯间、治疗室、抢救室、监护室内的灯光要明亮；普通病室除一般吊灯外，还应有床头灯、壁灯或地灯，床头灯最好是光线可调节型，其开关应放置在患者易接触的地方；晚间熄灯后，可打开有色壁灯或地灯，既不打扰患者睡眠，又可保证巡视工作的进行。病房内还应设置一定数量的鹅颈灯，以适用于不同角度的照明，为特殊诊疗提供方便。对先兆子痫、破伤风或畏光的患者，应采取避光措施。

7. 装饰　医院中的装饰应包括整体和局部的装饰。医院的绿化、建筑的结构与色彩、室内的装饰等都应从人与健康的和谐关系的角度进行人性化设计。病室应整洁美观、陈设简单，桌椅摆放整齐划一。患者来自多色彩的生活环境，只有多色彩的病室空间环境才能使患者消除对单一的"白色"病室所产生的陌生、紧张等不良心理。不同的色彩给人带来不同的情感反应，色彩对患者的潜在作用，已被世界各国有关专家广泛注意，"色彩疗法"与众所周知的"音乐疗法"一样，越来越为医学界所重视。病室的装饰应简洁、美观、优美，应针对不同的人群，进行病室或辅助部门陈设不同色彩搭配。如手术室可选用蓝色或绿色色彩，墙壁尽量不选用全白色。儿科病区，墙壁可采用柔和的暖色，配一些可爱的卡通图案，使患儿感到温馨、甜蜜，减少恐惧心理。孕妇房间的座椅、窗帘等以紫色调为主。有研究表明，紫色环境可使孕妇感到安慰；绿色会使人安静、舒适；浅蓝色会使人心胸开阔、情绪稳定；白色会使人感到冷漠、单调，反光强，易刺激眼睛产生疲劳；奶油色给人一种柔和、悦目、宁静感。医院装饰除根据需求选用不同的色彩装饰外，在病床、桌、椅、窗帘、被套、床单的色彩上也应趋向家居化。另外，在病室、走廊还可适当摆放些鲜花、绿色植物，以美化病室环境（过敏性疾病病室除外），为患者创造一个舒适、优美的休养环境。

医院流动人群中，老弱病残的聚集比例远大于一般公共场所，因此，对包括地材在内的建材安全性能提出了很高的要求。按照防滑系数的不同，防滑等级通常分为 3 个等级：1 级是指不安全，防滑系数 <0.50；2 级是指安全，防滑系数为 0.5 ~ 0.79；3 级是指非常安全，防滑系数≥0.8。通常医院的防滑等级不应低于 1 级。对于老年人、儿童、残疾人等活动较多的室内场所，防滑等级应达到 2 级。对于室内易浸水的地面，防滑等级应达到 3 级。

📚知识链接

色彩与联想、情绪的关系

色 彩	联 想	情 绪
红色	血液	热情、活跃
红黄色	蜜柑	快活、爽朗
黄色	太阳	希望、光明
绿色	绿叶	安息、和平
蓝色	海洋	恬静、冷淡
紫色	葡萄	优美、温厚

（二）医院社会环境的调控

医院是社会的一部分，人的生老病死都与其密切相关，为了保证患者能获得安全舒适的治疗性环境，必须为患者创造和维持一个良好的环境。

1. 人际关系 是在社会交往过程中形成的、建立在个人情感基础上的彼此为寻求满足某种需要而建立起来的人与人之间相互吸引或排斥的关系。人际关系在医院环境中具有重要的作用，它可以直接或间接地影响患者的康复。人在患病时通常会伴随着情绪和行为上的改变，一般患者会感到恐惧、焦虑、急躁、缺乏信心、生气等，由于破坏了日常的生活规律，可产生被社交隔离的感觉。因此，护理人员在照顾患者时既要考虑满足患者的生理需要，又要满足心理社会方面的需要，为其提供一个安全舒适的心理社会环境。

（1）医患关系 医患关系指"医"和"患"之间的关系。"医"包括医疗机构、医务人员；"患"包括患者、患者家属以及除家属以外的患者监护人。在护理工作中，护士与患者之间产生和发展的一种工作性、专业性和帮助性的人际关系，也属于医患关系。护士与患者之间不断通过各种方式表达自己的心身感受并感知对方表达的感受，彼此产生着具有反馈作用的相互影响。护患之间相互影响的力量是不平衡的，但护士的影响力明显大于患者。主要的影响源有 4 种：①语言；②行为举止；③情绪；④工作态度。护士在实施护理活动、解除患者身心痛苦时，不论患者的民族、信仰、性别、年龄、职业、职位、亲疏及过去的经历，都应认真负责、一视同仁，并善于运用语言技巧，发挥语言的积极作用，提高患者治病的信心；医务人员的技术操作及其行为，常受到患者的关注，是患者对自己疾病和预后认识的主要信息。因此，护理人员的仪表举止应端庄稳重、机敏果断。操作时要稳、准、轻、快，从行为举止上消除患者的疑虑，增加其信任感；护理人员还应善于控制自己的情绪，时刻以积极、乐观的情绪去感染患者，为患者提供一个舒适、安全、愉悦的心理环境，并以严肃认真、一丝不苟的工作态度使患者获得安全感。

（2）病友关系　病友关系是指同病房患者之间的关系。病区中的每个人都是社会环境中的一员，在共同的治疗、康复生活中相互影响。同住一室的病友，有着共同的心理倾向，自然地构成一个新的群体。病友间的相互帮助与照顾，交流疾病的疗养常识、生活制度等，有利于消除新患者的陌生感和不安情绪，增进病友间的友谊与团结。护士应协助病友间建立良好的情感交流，并善于觉察消极情绪的出现，耐心解释，正确引导，以防蔓延。对病情轻重不同的患者，尽量分别安置，以避免不良刺激。

（3）患者与其他人的关系　除护患关系外，患者还应与病区其他工作人员之间建立一个和睦的人际关系。护理人员应主动将其他医务人员和病友介绍给患者，鼓励患者与他们接触和沟通；护理人员还应注意调整患者与其家属之间的关系。家属是患者重要的社会支持系统，亲人及好友对患者的心理支持，对患者接受治疗和护理、战胜疾病的信心会起到不可替代的作用。因此，应鼓励患者与自己喜欢的人接触。

2. 医院规章制度　医院规章制度是依据国家相关部门有关医院管理的规定并结合医院自身的特点所制订的规则。如入院须知、探视规则、陪护制度等。健全的医院规则既可以保证医疗、护理工作的正常进行，又可以预防和控制医院感染的发生，为患者创造一个安静舒适的休养环境，达到帮助患者恢复健康的目的。通过医院规则对患者进行正确的指导，保证诊疗护理工作的正常进行，使预防和控制医院内感染工作便于实施；同时，也保证了患者具有良好的休息环境，以达到帮助患者尽快恢复健康的目的。医院规则既是对患者的指导，又是对患者的一种约束，因而会对患者产生一定的影响。协助患者熟悉院规，可帮助患者适应医院环境。

（1）耐心解释，取得理解　向患者及其家属解释每一项院规的内容和执行各项院规的必要性，得到患者及其家属的理解，使其主动配合，自觉遵守各项规章制度，使其了解医院规则对其疾病康复的积极意义。

（2）细心照顾，鼓励患者　对自理能力受损、需他人照顾的患者，护理人员应多加巡视、询问，给予帮助、关心，及时解决其实际困难。同时鼓励患者参与自我照顾，帮助其恢复自信心和自护能力。

（3）满足患者需求，尊重探视人员　在病情允许的情况下，可以鼓励患者家属和朋友来探视，以减轻孤寂感。如果探视者不受患者的欢迎或探视时间不适当，影响医疗、护理工作，则要适当地劝阻和限制，并给予解释，以取得患者及其家属和探视者的谅解。

（4）提供有关信息，消除恐惧心理　向患者及其家属提供疾病相关信息，以消除其困惑、恐惧等心理反应，使其能够积极主动地配合治疗、护理。

（5）尊重患者，保护隐私　为患者做治疗、护理时，应依病情需要给予屏风遮挡、关闭门窗等，同时医护人员有义务为患者的诊断、检查结果、治疗与记录等相关信息保密，以利于患者身心健康。

本章小结

本章探讨了环境与健康、医院环境、环境对健康起到非常重要的作用。好的环境可以促进健康，如果破坏环境会损害、影响健康。作为护理人员，应时时刻刻保护人类的生存环境，在护理工作中应给患者创造有利于恢复、治疗的环境。

（肖洪玲）

目标检测

1. 试述环境与健康的关系。
2. 如果你是一名在医院工作的护士，你该如何为患者营造良好的医院社会环境？

第二章 患者入院和出院的护理

学习目标

知识要求

1. 掌握 入院护理、分级护理、人体力学的概念；分级护理的护理级别、适用对象和护理内容。
2. 熟悉 患者入院护理和出院护理工作的主要内容；人体力学在护理工作中的应用。
3. 了解 常用的力学原理。

技能要求

熟练掌握备用床、暂空床、麻醉床、卧床患者更换床单和轮椅、平车运送患者的操作方法

入院护理和出院护理是实施优质护理服务护理理念、满足患者身心需要的具体体现。患者在门诊或急诊经医师诊查、确定需要住院治疗时，需要办理入院手续。护士应掌握患者入院护理的一般程序，为其提供针对性的护理和健康教育，使患者尽快适应医院环境，积极配合医疗和护理活动，促进康复。患者通过治疗、护理，病情好转，逐渐康复，或因病情需要转院治疗，护士应协助患者办理出院手续，做好出院指导，以促进恢复健康，早日重返社会。

第一节 患者入院的护理

案例引导

案例：患者，男，49 岁。因建筑施工时自高处坠落，导致腰椎骨折来院就诊。患者经急诊科抢救后病情基本平稳，现要护送患者进入病区进一步治疗。

提问：护士应如何帮助患者做好入院护理工作？

患者入院护理（admission nursing）是指患者经门诊或急诊医师诊查后，因病情需要住院做进一步观察、检查和治疗时，经医师签发住院证，办理入院手续后，由护士为患者提供的一系列护理活动。入院护理的目的包括：①消除患者焦虑、紧张等不良心理情绪，协助其尽快适应住院环境；②评估、满足患者的各种合理需求，调动其配合治疗、护理的积极性；③做好健康教育，满足患者对疾病信息的需求。

一、入院程序

入院程序是指患者根据门诊或急诊医师签发的住院证，自办理入院手续到进入病区的过程。

（一）办理入院手续

患者或家属持医师签发的住院证到住院处办理入院手续，包括填写入院登记表格、缴纳住院保证金等。住院处为患者办理完入院手续后，立即通知病区值班护士做好迎接新患者的准备工作。对于需要立即手术的患者，可先送手术室进行手术，后补办入院手续。

（二）实施卫生处置

根据入院患者的情况和医院条件，护士需要协助患者进行卫生处置，如沐浴、更衣、修剪指（趾）甲等，危、急、重患者可酌情免浴。对于有头虱或体虱患者，应先进行灭虱，再进行卫生处置。传染病患者或疑似传染病患者应送隔离室单独进行处置。普通患者，护士可根据医院条件在患者进入病区后再为其实施卫生处置。

（三）护送患者进入病区

住院处护士视患者病情选择护送进入病区的方式，步行、轮椅或平车运送。护送患者的过程中应注意安全和保暖，不能停止必要的治疗，如给氧、输液等。护送有外伤的患者应注意其受伤部位和卧位，护送传染病患者应注意做好防护。护送患者进入病室后，要与病区值班护士交接患者的病情、已采取的或需要继续的治疗与护理措施、患者的个人清洁卫生情况及物品等。

二、患者进入病区后的初步护理

病区值班护士接到住院处通知后，立即根据患者病情需要准备床单位。将备用床改为暂空床，为患者备齐住院所需的日常用物；危、重症患者应安置在危重病室，视患者情况在床单上加铺橡胶单和中单；急诊手术患者需备好麻醉床。危、重症患者和急诊手术患者需同时准备急救药物和急救设备。

（一）门诊患者的入院护理

1. 迎接新患者 患者进入病区后，护士应热情地迎接新患者，将患者安置在指定的病室床位。同时，向患者做自我介绍，说明护士将为其提供的服务及其工作职责，为患者介绍邻床病友，并协助患者上床休息等。在初次接触患者的过程中，以自己的行动和语言消除患者的入院陌生感和紧张不安情绪，增强其对护士的信任感。

2. 通知责任医师诊查 必要时，协助医师为患者进行体检、治疗。

3. 进行入院护理评估 协助患者佩戴腕带标识，为患者测量体温、脉搏、呼吸、血压，必要时测量体重、身高并记录。收集患者的健康资料，对患者的健康状况进行评估，以了解患者的身体情况、心理需求及健康问题，为制订护理计划提供依据。

4. 填写住院病历和有关护理表格 填写患者入院登记本、诊断卡（插入住院患者一览表上）、床头（尾）卡和首次护理评估单等。

5. 介绍与指导 向患者及家属介绍病区环境、有关规章制度、作息时间、床单位及相关设备的使用方法，指导患者留取常规标本的方法、时间及注意事项。

6. 准备膳食 通知营养室为患者准备膳食。

7. 执行入院医嘱 根据医嘱执行各项治疗和护理措施。

（二）急诊患者的入院护理

1. 通知医师 接到住院处电话通知后，护士应立即通知医师做好抢救准备。

2. 做好急救准备 准备急救药物和设备，如急救车、氧气、供氧装置、负压吸引器、输液器具等。

3. 安置患者 将患者安置在已经备好的危重病室或抢救室的床单位上，为患者戴好腕带标识。

4. 入院护理评估 对于意识不清、语言障碍、听力障碍及婴幼儿等不能正确叙述病情和需求的患者，需暂留陪送人员，以便询问患者病史。

5. 配合救治 密切观察患者的病情变化，积极配合医师进行救治，并随时做好护理记录。

三、患者床单位的准备

（一）患者床单位的构成

患者床单位（patient's unit）是指由医疗机构提供给患者使用的家具和设备，它是患者住院期间休息、睡眠、饮食、排泄、活动与治疗的最基本的生活单位。护士应注意保持患者床单位的设备及管理整洁、舒适与安全，并安排足够的日常生活活动空间，有利于患者的康复。患者床单位的固定设备包括床、床垫、床褥、枕芯、棉胎或毛毯、大单、被套、枕套、橡胶单和中单（需要时）、床旁桌、床旁椅、过床桌（需要时）。另外，还包括照明灯、呼叫装置、中心供氧和负压吸引管道、多功能插座等设施（图2-1）。

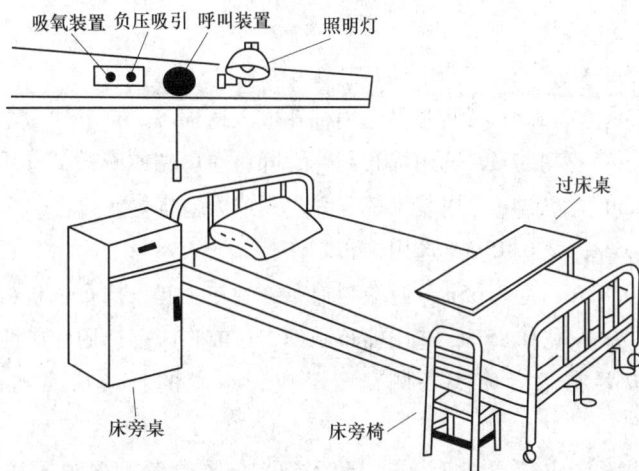

图 2-1 患者床单位

1. 病床 病床是患者睡眠和休息的用具，必须符合实用、耐用、舒适、安全的原则。普通病床（图2-2）一般为长 2m、宽 0.9m、高 0.6m，床头和床尾可抬高的手摇式床，以方便患者更换卧位。临床也可选用电动控制多功能病床（图2-3），根据患者的需要，可以改变床的高低、变换患者的姿势、调节床档等，控制按钮设置在患者可触及的范围内，便于清醒患者随时自主调节。床脚有脚轮，方便移动。

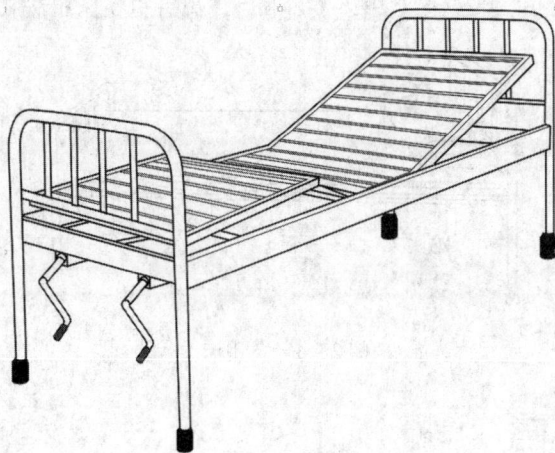

图 2-2 普通病床

图 2-3　多功能电动床

2. 床垫　长、宽与床的规格相当，厚10cm。垫芯多用棕丝、棉花、木棉、马鬃或海绵，包布应选用牢固、防滑的布料制成。患者大多数时间卧于床上，床垫宜坚硬、结实，以免承受重力较多的部位凹陷不平。

3. 床褥　长、宽与床垫的规格相同，铺于床垫上，褥芯一般选用棉花，吸水性强，并可以防床单滑动。

4. 大单　长2.5m，宽1.8m，选用棉布制作。

5. 棉胎　长2.3m，宽1.6m，胎芯多选用棉花或人造棉等。

6. 被套　长2.5m，宽1.7m，选用棉布制作，开口在尾端或侧边，有系带或拉链。

7. 枕芯　长0.6m，宽0.4m，内装木棉、荞麦皮或人造棉等。

8. 枕套　长0.65m，宽0.45m，选用棉布制作。

9. 橡胶单　长0.85m，宽0.65m，两端与棉布缝制在一起，棉布长0.4m。

10. 中单　长1.7m，宽0.85m，选用棉布制作，目前临床多选用一次性成品。

11. 床旁桌　放置在患者床头一侧，用于放置患者的日常所需物品或护理用具等（图2-1）。

12. 床旁椅　患者床单位至少有一把床旁椅，方便患者、探视家属或医务人员使用（图2-1）。

13. 过床桌（床上桌）　可为专用的移动过床桌，也可使用床尾挡板，架于床档上。方便患者进食、阅读或其他活动时使用（图2-1）。

（二）铺床法

铺床是为保持床单位整洁，定期更换床上用物，满足患者休息与治疗的需要。铺床法（bed making）的基本要求是舒适、安全、平整、紧扎、实用。常用的铺床法有备用床（图2-4）、暂空床（图2-5）、麻醉床（图2-6）和卧床患者更换床单法。

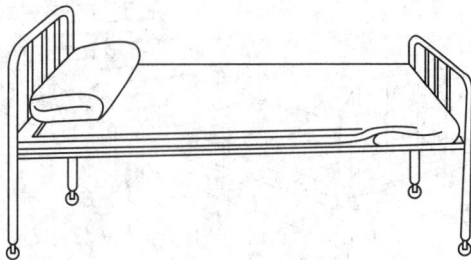

图 2-4　备用床

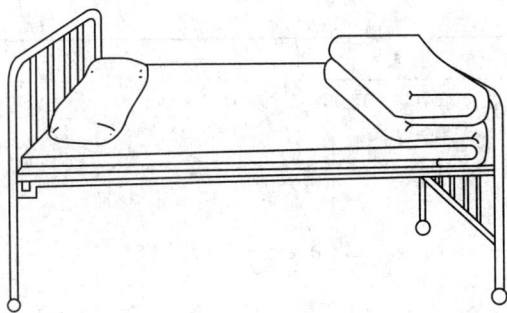

图 2 – 5 暂空床

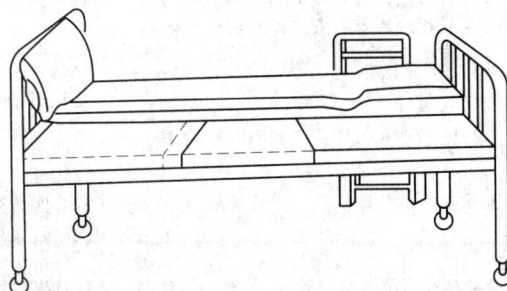

图 2 – 6 麻醉床

备用床（closed bed）

【目的】

保持病室整洁，准备接收新患者。

【计划】

1. 操作者准备 衣帽整洁，修剪指甲，洗手，戴口罩。

2. 环境准备 安静整洁，光线充足，通风良好，病室内无患者进行治疗或进餐。

3. 用物准备（以被套为例） 治疗车、床、床垫、床褥、棉胎或毛毯、枕芯、大单或床褥罩、被套、枕套。

【实施】

1. 操作方法

操 作 步 骤	要点与说明
（1）放置用物 按使用顺序放于治疗车上层，推至床旁	·提高效率，节省体力
（2）移桌椅、翻床垫：移开床旁桌距床约 20cm，移床旁椅至床尾正中，距床约 15cm。将用物放于椅上。检查床垫，根据需要翻转床垫（纵翻或横翻）	·便于操作 ·避免床垫局部经常受压致局部凹陷
（3）铺床褥 将床褥齐床头铺于床垫上，下拉至床尾，铺平床褥	
（4）铺大单	
①取大单放于床褥上，大单的中线对齐床头中线，分别向床头、床尾、近侧、对侧展开	·铺大单的顺序是：先床头，后床尾；先近侧，后对侧
②先铺近侧床头，一手托起床垫一角，另一手伸过床头中线，将大单拉平塞于床垫下	·操作时护士应双足分开，身体靠近床边，上身保持直立，两膝稍弯曲，以保持身体平稳
③在距床头约 30cm 处向上提起大单边缘，使其与床沿垂直，呈一等腰三角形，以床沿为界将三角形分为上下两部分，先将上半部分置于床上，下半部分平整塞于床垫下，再将上半部分翻下平整塞于床垫下（图 2 – 7）。移至床尾，同法铺好床尾大单	

续表

操 作 步 骤	要点与说明
④移至床中间处，双手同时下拉大单中部边缘，将其平整塞于床垫下（图2－7G）	·使大单平整、紧扎，不易产生皱褶
⑤转至床对侧，同法铺好对侧大单	
（5）套被套	
①将被套头端齐床头放于大单上，纵中线与床纵中线对齐，分别向床尾、近侧、对侧展开	
②将被套尾部开口端的上层打开至1/3处（图2－8A）	·有利于棉胎放入被套
③将"S"形折叠的棉胎放于被套开口处，底边与被套开口边缘平齐（图2－8B）。拉棉胎上缘至被套封口处，对好两上角，将竖折的棉胎依次向两边展开，与被套两侧平齐，至床尾依次拉平被套和棉胎（图2－8C）	·棉胎上端与被套的封口处平齐，保持被头充实
④系好被套尾部开口端的系带	·防止棉胎下滑出被套
⑤分别将盖被两侧边缘向内折叠与床沿平齐，并将尾端向内折与床尾平齐	·床面平整、美观
（6）套枕套　在床尾将枕套套于枕芯外，整理枕头，将枕头横放于床头盖被上	·枕头四角充实 ·枕套开口端背门，使病室整齐、美观
（7）移回桌椅　将床旁桌、床旁椅移回原位	·保持病室整齐
（8）整理用物	
①推治疗车离开病室	
②洗手	·避免交叉感染

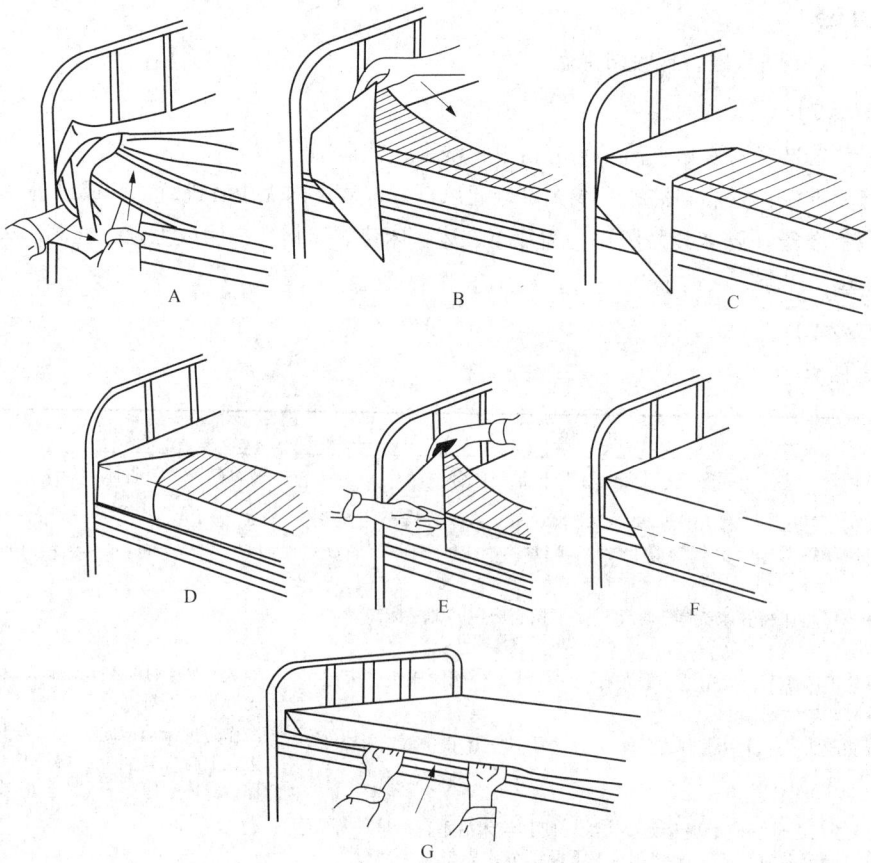

图2－7　铺床角法

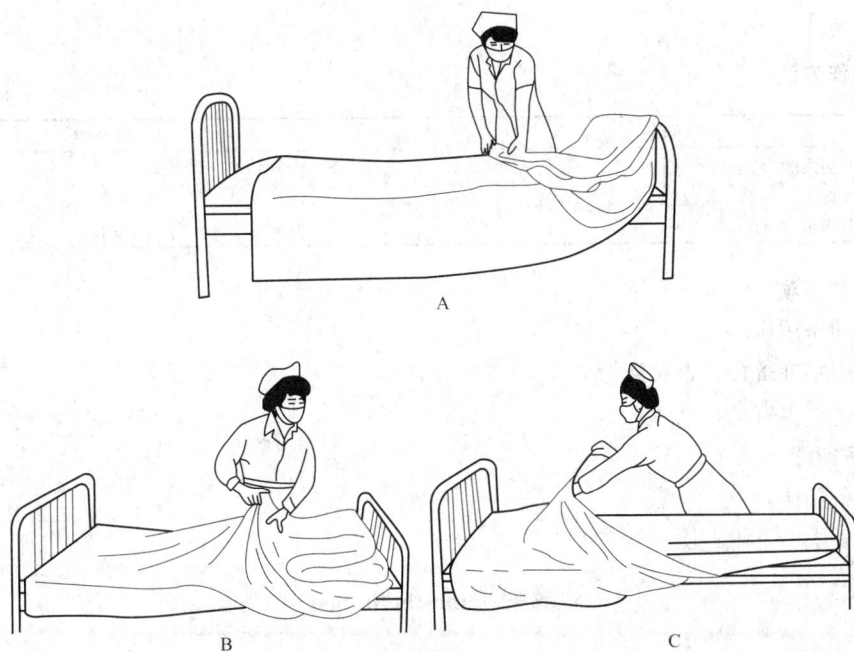

A

B   C

图 2 - 8 套被套法

2. 注意事项

（1）铺床应符合实用、耐用、舒适、安全的原则。

（2）床单中线与床中线对齐，四角平整、紧扎。

（3）被头充实，盖被平整。

（4）枕头平整、充实，开口背门。

（5）铺床时动作遵循省时、节力原则。

【评价】

1. 操作熟练，动作轻稳、规范，符合节力原理。

2. 各层中线整齐，床面平整，四角紧扎。

3. 病室及患者床单位环境整洁、美观。

暂空床（unoccupied bed）

【目的】

1. 供新入院患者或暂时离床患者使用。

2. 保持病室整洁。

【评估】

1. 患者的病情是否可以暂时离床活动或外出检查。

2. 新入院患者的意识状态、临床诊断、病情情况，是否有伤口或引流管等。

【计划】

1. 操作者准备　衣帽整洁，修剪指甲，洗手，戴口罩。

2. 环境准备　安静整洁，光线充足，通风良好，病室内无患者进行治疗或进餐。

3. 用物准备（以被套为例）　治疗车、床、床垫、床褥、棉胎或毛毯、枕芯、大单或床褥罩、被套、枕套，必要时备橡胶单、中单。

【实施】

1. 操作方法

操 作 步 骤	要点与说明
（1）同备用床步骤（1）～（5）	·提高效率，节省体力
（2）于右侧床头，将备用床的盖被三折叠于床尾，并使之平齐	·折叠整齐
（3）同备用床步骤（6）～（8）	·方便患者上、下床活动

2. 注意事项

（1）同备用床。

（2）用物准备符合患者病情需要。

（3）指导患者上、下床。

【评价】

1. 同备用床。

2. 患者上、下床方便。

麻醉床（anesthetic bed）

【目的】

1. 便于接收和护理麻醉手术后的患者。

2. 避免床上用物被污染，便于更换。

3. 使患者舒适、安全，预防并发症。

【评估】

1. 患者的诊断、病情、手术名称和部位、麻醉方式。

2. 手术后所需的治疗和护理物品，是否需要备吸痰装置和给氧装置等。

3. 床单位设施性能是否完好、安全。

【计划】

1. 操作者准备 衣帽整洁，修剪指甲，洗手，戴口罩。

2. 环境准备 安静整洁，光线充足，通风良好，病室内无患者进行治疗或进餐。

3. 用物准备

（1）治疗车、床、床垫、床褥、棉胎或毛毯、枕芯、大单或床褥罩、橡胶单2条、中单2条、被套、枕套。

（2）麻醉护理盘 ①治疗巾内：氧气导管或鼻塞管、吸痰导管、开口器、舌钳、通气导管、牙垫、治疗碗、压舌板、平镊、纱布数块；②治疗巾外：血压计、听诊器、弯盘、胶布、棉签、手电筒、护理记录单、笔。

（3）另备输液架，必要时备好吸痰装置、给氧装置、输液泵和微量注射泵等。

【实施】

1. 操作方法

操 作 步 骤	要点与说明
（1）同备用床步骤（1）～（4），铺好近侧大单	
（2）铺橡胶单和中单 ①于床中部或床尾部铺一橡胶单或中单，边缘下垂部分塞于床垫下	·根据患者的手术部位和麻醉方式铺橡胶单和中单 ·腹部手术铺在床中部，下肢手术铺在床尾 ·若需要铺在床中部，则橡胶单和中单的上缘距离床头45～50cm

操 作 步 骤	要点与说明
②于床头铺另一橡胶单，再将中单铺在橡胶单上，橡胶单和中单的上缘与床头平齐，下缘压在中部橡胶单和中单上，边缘下垂部分塞于床垫下	·非全身麻醉手术时，只需在床中部铺橡胶单和中单 ·中单应遮盖住下面的橡胶单
（3）转至对侧，依次铺好大单、橡胶单和中单	·中线应对齐，各单应铺平、拉紧，防皱褶
（4）套好被套 同备用床步骤（5）	
（5）折叠被筒 将盖被两侧边缘向内折叠与床沿平齐，尾端向内折与床尾平齐，将盖被三折叠于背门一侧床边，开口向门	·盖被三折上下对齐，外侧齐床沿，便于将患者移至床上
（6）套枕套 在床尾将枕套套于枕芯外，整理枕头，将枕头横立于床头	·防止头部撞于床头上 ·枕套开口端背门，使病室整齐、美观
（7）移回桌椅 将床旁桌移回原位，床旁椅移至盖被折叠一侧	·便于将患者移至床上
（8）放置麻醉护理盘：将麻醉护理盘放在床旁桌上，其余用物按需要放置	·便于取用，以备急救时用
（9）整理用物	
①推治疗车离开病室	
②洗手	·避免交叉感染

2. 注意事项

（1）同备用床。

（2）保证护理术后患者的用物齐全，使患者能及时得到抢救和护理。

【评价】

1. 同备用床。

2. 用物准备齐全，能满足患者术后治疗与护理的需要。

卧床患者更换床单法（change an occupied bed）

【目的】

1. 促进患者的清洁，使患者感觉舒适。

2. 观察患者的病情变化，预防压疮等并发症发生。

3. 保持病室整洁、美观。

【评估】

1. 患者的病情、意识状态、活动能力、清洁程度、有无伤口、配合程度等。

2. 患者的心理状态、理解合作程度。

【计划】

1. 操作者准备 衣帽整洁，修剪指甲，洗手，戴口罩。

2. 患者准备 患者了解更换床单的目的、操作过程及需配合的事项。

3. 环境准备 病室内无患者进行治疗或进餐等，酌情关闭门窗，必要时屏风遮挡，保持合适的室温。

4. 用物准备 大单、中单、被套、枕套、床刷及床刷套，根据患者情况需要时备清洁衣裤。将准备好的用物按使用顺序整齐地放于护理车上。

【实施】

1. 操作方法

操 作 步 骤	要点与说明
（1）核对、解释　核对患者床号、姓名，向患者解释操作目的、过程及配合方法，将护理车放于床尾正中	·确认患者并了解病情 ·酌情关好门窗
（2）放平床头和膝下支架	·便于操作
（3）移桌椅　移开床旁桌距床约20cm；移床旁椅至床尾适当处	·便于操作
（4）协助患者移至对侧　松开床尾盖被，将枕头移向对侧，再协助患者移向对侧，使其侧卧，背向护士，必要时加床档	·注意患者安全，防止坠床
（5）松近侧污单　自床头至床尾将近侧的各层床单从床垫下拉出	·注意节力
（6）扫净近侧橡胶单和床褥	
①将中单的污染面向上内卷至床中线，塞于患者身下	
②扫净橡胶单上的渣屑，并将橡胶单搭于患者身上	·清除渣屑，使患者舒适 ·清扫原则：自床头至床尾；自床中线至床边缘
③将大单污染面向上内卷至中线，塞于患者身下	
④扫净床褥	
（7）铺近侧清洁各单	·注意中线对齐
①铺清洁大单：将大单中线与床中线对齐，正面向上铺于床褥上，展开近侧大单，将对侧大单向内折后卷至床中线处，塞于患者身下，同备用床法铺好近侧大单	
②铺清洁中单：放下橡胶单铺平，清洁中单于橡胶单上，近侧部分下拉至床缘，对侧中单向内折后卷至床中线处，塞于患者身下，将近侧橡胶单与中单边缘一起拉紧塞于床垫下	
（8）协助患者移至近侧：协助患者平卧，将枕头移向近侧，并协助患者移向铺好的近侧，侧卧、面向护士，躺卧于已铺好的床单的一侧	·注意观察患者，询问患者有无不适 ·避免患者受凉，保证卧位安全
（9）松对侧污单　护士转至床对侧，自床头至床尾将各层床单从床垫下依次拉出	
（10）扫净对侧橡胶单和床褥	
①撤污中单：上卷污中单至中线处取出，放于护理车的污衣袋内	
②清扫橡胶单：扫净橡胶单并搭于患者身上	·清扫原则：自床头至床尾；自床中线至床边缘
③撤污大单：将污大单自床头向上内卷至床尾处取出，放于护理车的污衣袋内	
④扫净床褥：从床头至床尾扫净对侧床褥	·注意扫床顺序，动作轻柔，防止灰尘扬起
（11）铺对侧清洁各单 ①同铺备用床法铺好对侧大单	
②放平橡胶单，将患者身下的清洁中单拉出，将对侧橡胶单与中单边缘一起拉紧塞于床垫	·中单要全部遮盖橡胶单
（12）患者平卧　协助患者平卧于床中间，将枕头移至床中间	
（13）套被套	
①铺被套：将清洁被套平铺于盖被上，打开被尾端开口	
②撤棉胎：将污被套内的棉胎纵向三折呈"S"形，取出并放于清洁被套内	·避免棉胎接触患者皮肤 ·避免患者受凉
③撤污被套：将污被套自床头至床尾方向向下卷撤出，放于护理车的污衣袋内	·清醒患者可配合抓住清洁被套的两角，撤出污被套

操 作 步 骤	要点与说明
④系开口：将棉胎展平，系好被套尾端开口系带	·盖被头端充实
⑤折被筒：将盖被两边齐床边缘折成被筒，床尾部分向下内折与床尾平齐	·使患者舒适
（14）更换枕套	
（15）操作后处理	
①移回桌椅：将床旁桌、床旁椅移回原位	·保持病室整齐
②根据天气情况和患者病情，摇起床头和膝下支架，开窗通风	·使患者舒适 ·保持病室空气流通
③推护理车离开病室	
④洗手	

2. 注意事项

（1）同备用床。

（2）操作中爱伤观念要强，注意观察病情变化，勿过多暴露患者，以防受凉。

（3）操作中各管道安置妥当，防止折叠、脱出及管内引流液逆行。

（4）移动患者时动作轻柔，注意安全，防止患者坠床。

【评价】

1. 操作熟练，动作轻稳，运用节力原理。

2. 病室及患者床单位环境整洁、美观。

3. 患者感觉舒适、安全。

知识链接

医用过床易

医用过床易（过床器）是美国 GMDP（盈康）专利护理产品之一，利用高科技材料之间的平滑滚动来实现医护人员将患者非常平稳、安全地过床或移位。过床易是目前可以帮助患者在手术台、推车、病床、CT 台、X 线检查台之间换床、移位、护理的最佳工具，也应用在康复或重危患者的护理中，如患者被移位、侧身、清洁等，使患者平稳、安全地过床，减轻其被搬运时的痛苦，避免在搬运过程中造成不必要的损伤。过床易的使用不仅能避免患者在搬运过程中发生意外、降低风险，而且能够避免医护人员由于长期搬运患者引起的腰背疼痛的职业病症，降低医护人员的劳动强度。

四、分级护理

分级护理（levels of nursing care）是根据对患者病情的轻、重、缓、急以及自理能力的评估结果，给予不同级别的护理。分级护理级别可分为 4 个等级，即特级护理、一级护理、二级护理及三级护理。分级护理级别的适用对象及相应的护理要点见表 2 - 5。

表 2 - 5　分级护理级别的适用对象及护理内容

护理级别	适用对象	护理要点
特级护理	（1）病情危重，随时可能发生病情变化需要进行抢救的患者 （2）重症监护患者 （3）各种复杂或大手术后患者 （4）严重创伤或大面积烧伤的患者 （5）使用呼吸机辅助呼吸，并需要严密监护病情的患者 （6）实施连续性肾脏替代治疗（CRRT），并需要严密监护生命体征的患者 （7）其他有生命危险，需要严密监护生命体征的患者	（1）严密观察患者的病情变化，监测生命体征 （2）根据医嘱，正确实施治疗、给药措施，备好急救所需的药品和用物 （3）根据医嘱，准确测量出入量 （4）根据患者病情，正确实施基础护理和专科护理，如口腔护理、压疮护理、气道护理及管路护理等，实施安全措施 （5）保持患者的舒适和功能体位 （6）实施床旁交接班
一级护理	（1）病情趋向稳定的重症患者 （2）手术后或治疗期间需要严格卧床的患者 （3）生活完全不能自理且病情不稳定的患者 （4）生活部分自理，病情随时可能发生变化的患者	（1）每小时巡视患者 1 次，观察患者的病情变化 （2）根据患者的病情，测量生命体征 （3）根据医嘱，正确实施治疗、给药措施 （4）根据患者病情，正确实施基础护理和专科护理，如口腔护理、压疮护理、气道护理及管路护理等，实施安全措施 （5）提供护理相关的健康指导
二级护理	（1）病情稳定，仍需卧床的患者 （2）生活部分自理的患者	（1）每 2 小时巡视患者 1 次，观察患者的病情变化 （2）根据患者的病情，测量生命体征 （3）根据医嘱，正确实施治疗、给药措施 （4）提供护理相关的健康指导
三级护理	（1）生活完全自理且病情稳定的患者 （2）生活完全自理且处于康复期的患者	（1）每 3 小时巡视患者 1 次，观察患者的病情变化 （2）根据患者病情，测量生命体征 （3）根据医嘱，正确实施治疗、给药措施 （4）提供护理相关的健康指导

第二节　运送患者法

案例引导

　　案例： 患者，男，42 岁，右侧膝关节韧带损伤 2 周，尚不能行走，今日拟进行 X 线检查以观察治疗恢复情况。

　　提问： 根据患者情况可采用何种运送方法？在运送患者的过程中，应怎样保护患者的安全？

　　运送患者法是对不能自行移动的患者，为方便其入院、检查或治疗、出院时，根据病情选用不同运送工具运送患者的方法，有轮椅运送法、平车运送法或担架运送法等。在运送患者的过程中，护士应正确地运用人体力学原理，以避免发生损伤，减轻双方疲劳感，提高工作效率，保证患者的安全与舒适。

一、轮椅运送法

【目的】

1. 护送不能行走但能坐起的患者入院、出院、接受检查、治疗或进行室外活动。

2. 帮助患者下床活动，以促进血液循环和体力的恢复。

【评估】

1. 患者的年龄、体重、意识状态、病情与理解合作程度。

2. 患者的躯体活动能力、损伤或病变的部位，有无伤口和骨折等。

【计划】

1. 操作者准备 衣帽整洁，修剪指甲，洗手，戴口罩。

2. 患者准备 患者了解轮椅运送的目的、操作过程及需配合的事项。

3. 环境准备 环境整洁、宽敞，移开障碍物，地面防滑。

4. 用物准备 轮椅（各部件性能良好），根据季节酌情备外出衣物或毛毯，别针，必要时备软枕。

【实施】

1. 操作方法

操 作 步 骤	要点与说明
（1）检查轮椅性能，将轮椅推至患者床旁，便于患者入座，防止轮椅滑动	·检查轮椅的车轮、椅座、椅背、足踏板及制动闸等各部件性能，保证安全
（2）核对患者的床号、姓名	·确认患者，取得合作
（3）固定轮椅	
①推轮椅至床边，使椅背与床尾平齐，椅面朝向床头，扳制动闸将轮椅制动，翻起足踏板	·缩短距离，便于患者坐入 ·防止轮椅滑动
②需用毛毯时，将毛毯平铺在轮椅上，使毛毯上缘高过患者颈部约15cm	·寒冷季节应注意患者保暖
（4）协助患者坐上轮椅	
①扶患者从床上坐起，协助身体移向床缘，嘱患者以手掌支撑在床面维持坐姿，协助患者穿上衣、裤及鞋袜	·询问并观察患者有无眩晕等不适，身体虚弱者，坐起后应适应片刻，以免发生直立性低血压
②嘱患者将双手放于护士的肩上，护士双手环抱患者的腰部，协助患者下床站立	·注意观察患者的病情变化
③护士协助患者转身，嘱患者用近轮椅侧的手，扶住轮椅的把手，坐入轮椅中（图2-9）	·嘱患者抓紧轮椅扶手，如患者身体不能保持平衡则应系好安全带
④翻下足踏板，协助患者将双足踩于足踏板上	·支撑患者足部，保持舒适 ·患者如有下肢水肿、溃疡或关节疼痛，可在足踏板上垫以软枕，双足踏于软枕上
⑤嘱患者扶着轮椅扶手，身体尽量向后靠坐稳，抬头，不可前倾、自行站起或下轮椅	·保证患者安全
⑥将毛毯上端边缘向外翻折约10cm围于患者颈部，用别针固定，并用毛毯围裹双臂做成两个袖筒，各用一个别针在腕部固定，再用毛毯剩余部分围裹好上身、双下肢和双足（图2-10）	·天气寒冷时避免着凉
⑦整理床单位，铺成暂空床	·保持床单位整洁
⑧观察患者，确定无不适后，打开制动闸，推患者至目的地	·推行中注意观察患者的病情变化
（5）协助患者下轮椅	
①将轮椅推至床尾，使椅背与床尾平齐，患者面向床头	
②扳动制动闸将轮椅制动，翻起足踏板	
③解除患者固定毛毯用的别针	·收好别针，防止扎伤
④护士站立于患者面前，双足前后分开，双手置于患者腰部，患者双手置于护士肩上，协助患者站起、转身，缓慢坐于床缘	·也可协助患者利用轮椅扶手站起

操 作 步 骤	要点与说明
⑤协助患者脱去鞋子和保暖外衣,取舒适卧位,盖好盖被	
⑥整理床单位,与患者沟通和交流	·注意观察患者的病情,护患沟通,满足其需要
(6)轮椅归位 将轮椅推回原处放置	
(7)洗手,需要时做好记录	

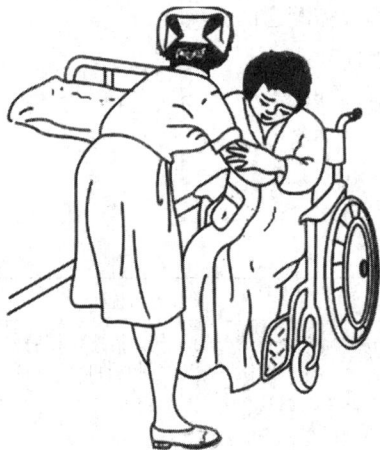

图 2-9 协助患者坐进轮椅

图 2-10 为患者包盖保暖

2. 注意事项

(1)经常检查轮椅性能,保持完好的备用状态。

(2)根据季节酌情为患者增加衣服、毛毯保暖,以免患者着凉。

(3)使用轮椅时注意动作轻稳、节力、协调。推轮椅时速度要慢,随时观察患者病情,以免发生不适和意外;下坡时应减速,嘱患者抓紧扶手,头部及身体尽量向后靠;过门槛时,翘起前轮,避免过大震动。

【评价】

1. 操作熟练,运用节力原理。

2. 病室及患者床单位环境整洁、美观。

3. 患者感觉舒适,并能适当配合上、下轮椅。

二、平车运送法

【目的】

运送病情重的卧床患者入院、出院,做各种检查、治疗、手术或转运。

【评估】

1. 患者的年龄、体重、意识状态、病情与理解合作程度。

2. 患者的躯体活动能力、损伤或病变的部位,有无伤口和骨折等。

【计划】

1. 操作者准备 衣帽整洁,修剪指甲,洗手,戴口罩。根据患者情况决定搬运人数,熟悉搬运和平车运送的操作方法。

2. 患者准备 患者了解平车运送的目的、操作过程及需配合的事项。

3. 环境准备 环境整洁、宽敞,移开障碍物,便于操作。

4. 用物准备 平车(各部件性能良好,车上置垫子和枕头),毛毯或棉被。如为骨折患者,应有木板垫于平车上,并将骨折部位固定稳妥;如为颈椎、腰椎骨折或病情较重的患者,应备帆布中单或布中单。

【实施】

1. 操作方法

操作步骤	要点与说明
(1) 检查平车性能，将平车推至患者床旁	·检查平车的车面、车轮及制动闸等各部件的性能，保证安全
(2) 核对患者的床号、姓名	·确认患者，取得合作
(3) 妥善安置好患者身上的各种导管	·避免导管受压、脱落或引流液逆流
(4) 搬运患者	·根据患者的体重及病情，确定搬运方法
▲挪动法	·适用于能在床上配合的患者
①推平车至患者床旁，移开床旁桌、椅，松开盖被	
②将平车推至床旁与床平行，大轮靠近床头，将制动闸制动	·平车贴近床缘，便于搬运 ·固定平车，防止滑动
③协助患者按上身、臀部、下肢的顺序依次向平车挪动（图 2 - 11），使患者卧于平车中央	·患者头部卧于大轮端 ·患者离开平车回床时，应协助患者先移动下肢，再移动上身
▲一人搬运法	·适用于上肢能活动、体重较轻的患者
①移床旁椅至对侧床尾，将平车推至床尾，使平车的头端（大轮端）与床尾成钝角，将制动闸制动	·缩短搬运距离，节力
②松开盖被，协助患者穿衣	
③搬运者一臂自患者近侧腋下伸至对侧肩部，另一臂伸至患者臀下；嘱患者双臂交叉于搬运者颈后以双手用力握住；搬运者抱起患者移步转身（图 2 - 12），将患者轻稳放于平车中央	·搬运者双足前后分开，扩大支撑面；略屈膝屈髋，以降低重心易于转身
▲二人搬运法	·适用于不能活动、体重较重的患者
①同一人搬运法步骤①～②	
②搬运者甲、乙二人站于患者同侧床旁，协助患者将上肢交叉于胸前	
③搬运者甲一手臂伸至患者的头、颈、肩下方，另一手臂伸至患者的腰部下方；搬运者乙一手臂伸至患者的臀部下方，另一手臂伸至患者膝部下方，两人同时抬起患者移至近侧床缘，再同时抬起患者向平车稳步移动（图 2 - 13），将患者放于平车中央	·搬运者甲应使患者头部处于较高位，以减轻不适 ·抬起患者时，应尽量使患者靠近搬运者，以减轻身体重力线的偏移，节力
▲三人搬运法	·适用于不能活动、体重超重的患者
①同一人搬运法步骤①～②	
②搬运者甲、乙、丙 3 人站于患者同侧床旁，协助患者将上肢交叉于胸前	
③搬运者甲双手臂托住患者的头、颈、肩及胸部，搬运者乙双手臂托住患者背、腰及臀部，搬运者丙双手臂托住患者的膝部及双足，由一人喊口令，三人同时抬起患者移至近侧床缘，再同时抬起患者向平车稳步移动（图 2 - 14），将患者放于平车中央	·搬运者甲应使患者头部处于较高位，以减轻不适 ·三人同时用力抬起患者，以保持平稳，减少意外伤害
▲四人搬运法	·适用于颈椎、腰椎骨折或病情较重的患者
①同挪动法步骤①～②	·搬运骨折患者，平车上应放置木板，并固定好骨折部位
②在患者的腰、臀部下方铺帆布兜或中单	·帆布兜或中单一定要能承受住患者的体重
③搬运者甲站于床头，抬起患者的头、颈、肩部；搬运者乙站于床尾，抬起患者的双足；搬运者丙、丁分别站于病床和平车两侧，紧紧抓住帆布兜或中单四角，四人同时用力抬起患者向平车移动（图 2 - 15），将患者放于平车中央	·搬运者动作必须协调一致，搬运者甲应随时观察患者的病情变化
(5) 用毛毯或盖被包裹患者，先足部，再两侧，头部盖被折成 45°	·患者保暖、舒适、整齐、美观
(6) 整理床单位，铺暂空床	·保持病室整齐、美观
(7) 松开平车制动闸，推患者至目的地	·运送患者的过程中，护士应位于患者头部，随时注意观察病情变化，以确保患者安全

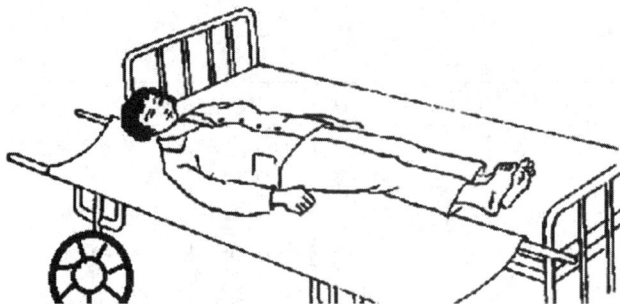

图 2 - 11　挪动法　　　　　　　　　　　　　图 2 - 12　一人搬运法

图 2 - 13　二人搬运法　　　　　　　　　　　图 2 - 14　三人搬运法

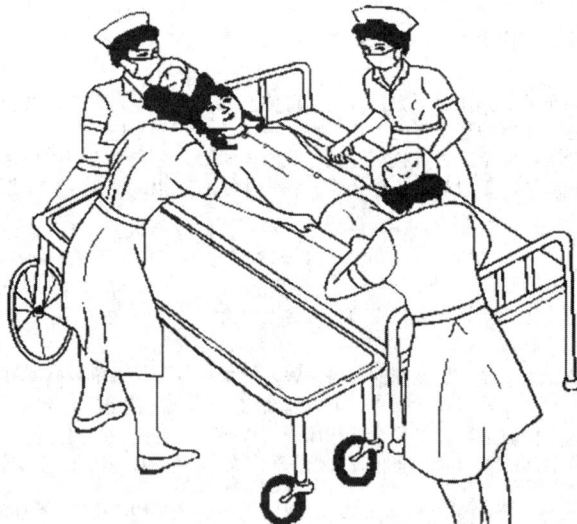

图 2 - 15　四人搬运法

2. 注意事项

（1）搬运患者时注意动作轻稳，协调一致，以确保患者安全、舒适。

（2）搬运中注意随时观察患者的病情变化，避免患者发生意外、造成损伤等。推行中，平车小轮端在前，方便转弯；速度不可过快；上、下坡时应使患者头部位于高处，以减轻患者的不适，并嘱其握紧扶手，确保安全；进出门时，避免平车碰撞房门。

（3）运送患者的过程中保证输液、引流等持续性治疗不受影响。

【评价】

1. 操作熟练，运用节力原理。
2. 病室及患者床单位环境整洁、美观。
3. 患者感觉舒适。
4. 患者在搬运和运送中安全、无意外发生。

第三节 患者出院的护理

案例引导

案例：患者，男，62岁，因频繁心前区压榨性疼痛入院，既往冠状动脉粥样硬化性心脏病病史10年。经过治疗现病情稳定，医生医嘱同意出院。

提问：护士对该患者的出院指导包括哪些内容？患者出院后，护士应如何处理用过的床单位？

患者出院护理（discharge nursing）是指患者经过治疗和护理，病情好转、稳定、痊愈需出院或需转院（科），或不愿接受医师的建议而自动离院时，护士对其进行的一系列护理工作。包括对患者进行出院指导，使其能遵医嘱继续接受治疗或定期复诊，协助其尽快适应原工作和生活；指导患者办理出院手续；处理床单位，准备迎接新患者。

一、患者出院前的护理

（一）通知患者及其家属

根据医师开具的出院医嘱，护士及时通知患者及其家属，并协助患者做好出院准备。

（二）注意患者的心理变化

对于病情无明显好转、转院、自动离院的患者，护士应特别注意其情绪、心理变化，并做好护理，如有针对性的安慰与鼓励，增强患者康复的信心，以减轻患者因即将离开医院所产生的焦虑与恐惧。自动出院的患者应在出院医嘱上注明"自动出院"，并要求患者或其家属签名认可。

（三）进行健康教育

护士根据患者的康复现状，进行有针对性的健康教育，告知患者出院后在饮食、用药、休息、功能锻炼和定期复查等方面的注意事项。必要时可为患者或其家属提供有关书面资料，便于患者或其家属掌握有关的护理知识和技能，提高自我护理能力。

（四）征求患者意见

护士应征求患者及其家属对医院医疗、护理等各项工作的意见，以便不断改进、提高医疗护理质量。

二、患者出院当日的护理

在患者出院当日，护士应根据出院医嘱停止相关治疗、护理，并处理各种医疗、护理文件，协助患者或其家属办理出院相关手续，整理病室及床单位。

（一）医疗、护理文件的处理

1. 执行出院医嘱

（1）停止一切医嘱，用红笔在各种执行单（服药单、治疗单、注射单、饮食单、护理单等）或有关表格单上填写"出院"字样，注明日期并签名。

（2）撤去"患者一览表"上的诊断卡及床头（尾）卡。

（3）填写出院登记本。

（4）患者出院后需继续服药时，护士按照医嘱处方到药房领取药物，交给患者或其家属，同时指导用药方法和注意事项。

（5）在体温单40～42℃的相应出院日期和时间栏内，用红钢笔纵行填写出院时间。

2. 填写患者出院护理记录单　按照护理程序的要求填写出院护理记录单。

3. 填写出院通知单，通知患者或其家属去办理出院手续。

4. 按要求整理病历，交病案室保存。

（二）患者的护理

1. 协助患者解除腕带标识。

2. 协助患者清理用物　归还寄存的物品，收回患者住院期间所借物品，并消毒处理。

3. 根据患者病情，选择步行护送或用平车、轮椅推送患者出院。

（三）病室及床单位的终末处理

1. 病室开窗通风，进行空气消毒。

2. 出院患者床单位处理　护士应在患者离开病室后整理床单位，避免给患者造成心理上的不舒适感。

（1）撤去病床上的污被服，放入污衣袋。根据患者的疾病种类进行清洗和消毒。

（2）病床及床旁桌、椅用消毒液擦拭。

（3）床垫、床褥、棉胎、枕芯等用紫外线灯照射消毒或使用臭氧机消毒，也可置于日光下曝晒6小时。

（4）非一次性使用的面盆或痰杯等，需用消毒液浸泡。

（5）传染性疾病患者的床单位及病室，需按传染病终末消毒法进行处理。

3. 铺好备用床，准备迎接新患者。

第四节　人体力学在护理工作中的应用

人体力学（human mechanics）是运用力学原理研究维持和掌握身体的平衡，以及人体由一种姿势变换为另一种姿势时身体如何有效协调的一门学科。正确的姿势有利于维持人体正常的生理功能，并且只需消耗较小的能量，就能发挥较大的工作效能。不正确的姿势易使肌肉产生紧张和疲劳，严重时造成损伤，影响人体健康。

护士在临床护理操作时，正确运用人体力学原理，协助患者维持正确的姿势和体位，避免肌肉过度紧张，可增进患者的舒适感，促进康复。同时，护士在工作中运用力学原理可以减轻自身肌肉紧张及疲劳，提高工作效率。

一、常用的力学原理

（一）杠杆作用

杠杆是利用直杆或曲杆在外力作用下能绕杆上一固定点转动的一种简单机械。杠杆的受力点称力点，固定点称支点，克服阻力的点称阻力点。支点到动力作用线的垂直距离称动力臂（力臂），支点到阻力作用线的垂直距离称阻力臂（重臂）。人体的活动主要与杠杆作用有关。在运动时，骨骼就如杠杆，关节是运动的支点，骨骼肌是运动的动力。它们在神经系统的调节和各系统的配合下，对身体起着保护、支持和运动的作用。根据杠杆的支点与力点、阻力点的相互位置不同，杠杆可分为3类：平衡杠杆、省力杠杆和速度杠杆。

1. 平衡杠杆 是支点位于动力点和阻力点之间的杠杆。这类杠杆的动力臂与阻力臂可等长，也可不等长。例如，人的头部在寰枕关节上进行低头和仰头的动作，寰椎为支点，支点前后各有一群肌肉收缩产生作用力（F_1，F_2），头部重量为阻力（L）。当头部支点前肌群（前颈阔肌）产生的力（F_2）与阻力（L）的力矩之和与后部肌群（胸锁乳突肌）产生的力（F_1）的力矩相等时，头部趋于平衡（图2-16）。

2. 省力杠杆 是阻力点在支点和动力点之间的杠杆。这类杠杆的动力臂总是比阻力臂长，所以省力。例如，人用足尖跷起站立时，足尖是支点，足跟后的肌肉收缩为作用力（F），体重（L）落在两者之间的距骨上。由于动力臂较阻力臂大，所以用较小的力就可以支撑体重（图2-17）。

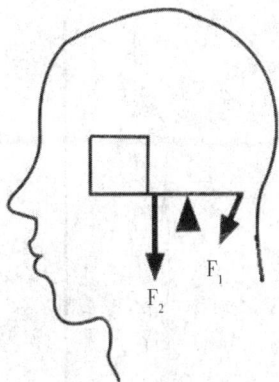

图2-16 头部平衡杠杆作用   图2-17 足部省力杠杆作用

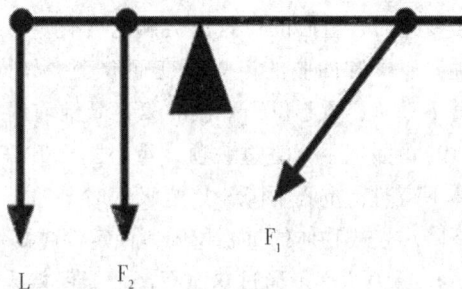

3. 速度杠杆 是动力点在支点和阻力点之间的杠杆。这类杠杆的动力臂总是比阻力臂短，因而费力，使用的目的在于工作方便。这类杠杆也是人体最常见的杠杆作用。例如，用手臂举起重物时的肘关节运动，肘关节是支点，手臂前肌群（肱二头肌）的力作用于支点和重量之间，由于力臂较短，就得用较大的力。虽然这种杠杆费力，但赢得了速度和运动的范围。手臂后肌群（肱三头肌）的力和手中的重物的力矩使手臂伸直，而肱二头肌的力矩使手臂向上弯曲，当二者相等时，手臂则处于平衡状态（图2-18）。

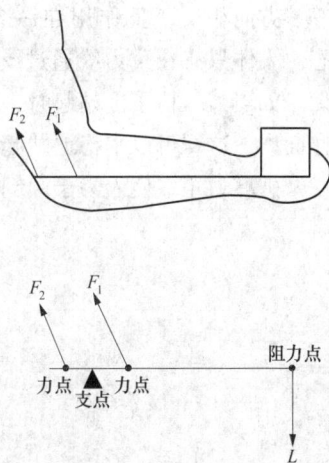

图2-18 手和前臂速度杠杆作用

（二）摩擦力

两个相互接触的物体在接触面上发生的阻碍相对滑动的力为摩擦力。摩擦力的方向与物体运动的方向相反。

1. 静摩擦力 相互接触的两个物体，在外力作用下，有滑动的趋势但尚未滑动时，作用在物体上的摩擦力称为静摩擦力。静摩擦力与使物体发生滑动趋势的力的方向相反。

2. 滑动摩擦力 一个物体在另一物体上相对滑动时，所产生的阻碍滑动的摩擦力为滑动摩擦力，其方向与物体相对运动的方向相反。

3. 滚动摩擦力 物体滚动时受到的摩擦力称为滚动摩擦力。滚动摩擦力系数较小。

在护理工作中，有时需要增加摩擦力，起到防滑的作用，如在患者手杖下端加上橡胶垫可以增加摩擦力，防止滑倒。有时则需要减少摩擦力，如在病床、轮椅、治疗车等的轮子上，定时滴入润滑油，可以减少摩擦力。

（三）平衡与稳定

物体或人体的平衡与稳定，是由物体或人的重量、支撑面的大小、重心的高低及重力线和支撑面边缘之间的距离决定的。

1. 物体的重量与稳定性成正比 物体重量越大，稳定性就越好。要推倒一较重物体所用的力比推倒一较轻物体所用的力要大。在护理操作中，如要把患者移到较轻的椅子上时，应注意用其他的力量来支撑椅子，如扶住椅子的靠背或将椅子靠墙。

2. 支撑面的大小与稳定性成正比 支撑面是人或物体与地面接触的支撑面积。支撑面小，则需要使用较大的肌肉拉力，以保持平衡稳定。如用一只脚站立时，为维持人体的平衡稳定，肌肉就必须用较大的拉力。扩大支撑面可以增加人或物体的稳定性，如老年人站立或行走时，用手杖扩大支撑面以增加稳定性。

3. 物体的重心高度与稳定性成反比 当物体的组成成分均匀时，重心位于它的几何中心。而当物体的形状发生变化时，重心的位置也会随之变化。人体重心的位置随着躯干和四肢的姿势改变而改变。如人体在直立、两臂下垂时，重心位于骨盆的第2骶椎前约7cm处（图2-19），如把手臂举过头顶，重心随之升高。同样，当身体下蹲时，重心下降，甚至吸气时膈肌下降，重心也会下降。人或物体的重心越低，稳定性越高。

4. 重力线必须通过支撑面，才能保持人或物体的稳定 重力线是重量的作用线，是通过重心垂直于地面的线。竖直向下的重力与竖直向上的支撑力，二者大小相等、方向相反，且作用在一条直线上，即处于平衡状态。人体只有在重力线通过支撑面时，才能保持动态平衡。如当人从椅子上站起时，最好先将身体向前倾，一只脚向后移，使重力线落在扩大的支撑面内，这样可以平稳地站起来（图2-20）。如果重力线落在支撑面外，人的重量将会产生一个破坏力矩，使人易于倾倒。

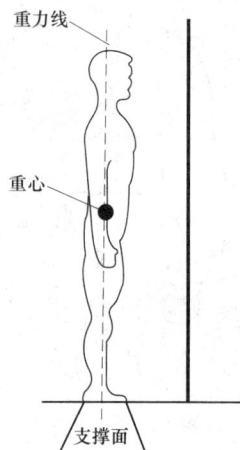

图2-19 人体直立时重心在骨盆中部

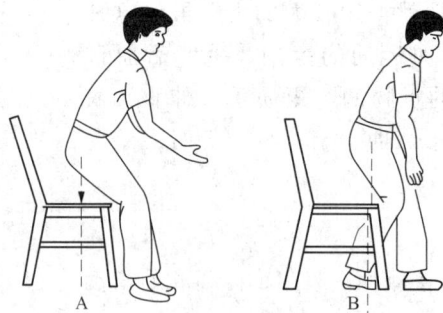

图2-20 人体自坐位变立位时，重力线的改变

二、人体力学的应用原则

（一）利用杠杆作用

在护理操作时，护士应靠近操作物体。两臂持物时，两肘紧靠身体两侧，上臂下垂，前臂和所持物体靠近身体，使阻力臂缩短而省力。在必须提取重物时，最好把重物分成相等的

两部分，分别用两手提取。若重物由一只手臂提取，另一手臂则应向外伸展，以保持平衡。

（二）扩大支撑面

护士在操作中，应根据实际需要将双下肢前后或左右分开，以扩大支撑面。协助患者摆放体位时，应尽量扩大支撑面，如患者侧卧时，应两臂屈肘，一手放于枕旁，一手放于胸前，双下肢前后分开，上腿弯曲在前，下腿稍伸直，以扩大支撑面，增加身体稳定性。

（三）降低重心

护士在进行低平面的护理操作或提取位置较低的物体时，双下肢应随身体动作的方向前后或左右分开站立，以扩大支撑面，同时屈膝屈髋，使身体下蹲降低重心，重力线在支撑面内，保持身体的稳定性。

（四）减少身体重力线的偏移

护士在提取物品时，应尽量将物体靠近身体；抱起或抬起患者时，应将患者靠近自己，以使重力线落在支撑面内。

（五）尽量使用大肌肉或多肌群操作

进行护理操作时，护士能使用整只手时，尽量避免只用手指操作；能使用躯干部和下肢肌肉的力量时，尽量避免只使用上肢的力量。如端持治疗盘时，将五指分开托住治疗盘，并与手臂一起用力，使用多肌群的力量，不易疲劳。

（六）使用最小肌力做功

护士在移动重物时，应注意平衡、有节律，并计划好重物移动的位置和方向。尽量掌握以直线方向移动重物，并尽可能以推或拉代替提取。

在护理操作中正确地运用人体力学的原理，可有效地减少护理工作中不必要的力的付出和损伤，起到省力的作用，提高工作效率；同时，运用人体力学原理保持患者良好的姿势和体位，可以增进患者的舒适感，促进康复。

本章小结

入院护理和出院护理是临床护理工作的重要内容之一。本章主要介绍了入院护理和出院护理的一般程序，护士应根据患者的需求进行评估，给予有效的护理措施。重点强调了分级护理的概念、不同级别的护理分别适用的护理对象及护理内容，以及对不同病情和体重的患者如何采取正确的运送方法。并且通过介绍人体力学的原理，强调护士在临床护理操作中应正确运用人体力学减轻疲劳，提高工作效率，增进患者的舒适感。

（高英丽）

目标检测

1. 简述特级护理的适用对象及护理内容。

2. 患者，男，42岁，于1周前在工地施工中，不慎从高空坠落而致腰椎骨折，右下肢开放性骨折。患者经急诊科抢救后病情趋于平稳，现要护送患者进入病区进一步治疗。

请问：（1）根据患者情况可采用哪种运送方法？

（2）如何搬运患者以保证患者的安全？

第三章 舒 适

学习目标

知识要求

1. **掌握** 舒适的相关概念，影响患者舒适的因素，舒适的护理措施；疼痛的概念，疼痛患者的护理评估、护理措施。
2. **熟悉** 各种卧位的适用范围及其临床意义；引起疼痛的常见原因和影响疼痛的因素。
3. **了解** 不舒适的原因，不舒适的护理原则；疼痛的发生机制。

技能要求

能根据病情及治疗的需要，为患者安置卧位并能协助其变换卧位，做到方法正确、动作轻柔，使患者感觉安全、舒适。

舒适与安全是人类的基本需要之一，其范围很广，涉及人的生理、心理、社会、物质和精神等各个方面。当个体处于最佳健康状态时，每个人都会自主或不自主地调节机体，来满足自己的舒适需要，而人处于生病时，个体正常状态时的安静、安宁受到破坏，安全感消失，常处于不舒适的状态，故护士应通过认真、细致的观察，听取护理对象的主诉，结合他们的行为与表情，评估导致患者不舒适的原因，及时采取护理措施，解除不舒适，满足其对舒适的需求。

第一节 概 述

一、舒适与不舒适的概念

（一）舒适

舒适（comfort）是个体身心处于健康、满意、没有疼痛、没有焦虑的轻松自在的主观感觉。从舒适到不舒适可以分为许多层次，个体根据自己的生理、心理、所处环境、社会的特点和经历，对舒适和舒适的层次有不同的解释和体验。舒适是患者希望通过护理得到的基本需要之一。舒适可分为以下 4 个方面。

1. 生理舒适 指个体身体上的舒适感觉。

2. 心理舒适 指信仰、信念、自尊、生命价值等精神需要的满足。

3. 环境舒适 外在物理环境中适宜的声音、光线、颜色、温度、湿度等使个体产生舒适的感觉。

4. 社会舒适 包括人际关系、家庭与社会关系的和谐。

用整体的观点来看，这 4 个方面相互联系，互为因果，当其中任何一方面出现障碍时，个体即会感到不舒适。

（二）不舒适

不舒适（discomfort）是一种自我感觉，当个体的生理需要得不到满足，周围环境不适宜，身体出现病理现象，感到疼痛，安全受到威胁和感到紧张时，会使舒适的程度逐渐下降，直至完全转变到不舒适。同舒适一样，不舒适也是个体的主观感觉，是相对的。

不舒适的表现有烦躁不安、紧张焦虑、精神不振、疲乏、失眠等，疼痛是不舒适中最为严重的形式。

二、不舒适的原因

造成患者不舒适的原因很多，常见的有以下几种。

（一）身体因素

1. 疾病因素　疾病所致的疼痛、头晕、咳嗽、发热、恶心、呕吐等，饥饿等造成机体不适。

2. 活动受限　使用约束带、石膏绷带、夹板等限制患者活动时可造成不适。

3. 姿势和体位不当　如四肢、关节过度的屈曲、伸张，或身体某部位长期受压，或由于疾病造成的强迫体位等，致使肌肉、关节疲劳、麻木、疼痛引起不适。

4. 身体不洁　如口臭、汗臭、皮肤污垢、瘙痒等，均可引起不适。

（二）心理－社会因素

1. 疾病威胁　由于疾病对身体造成的危害，生存需求得不到保证如担忧手术、疾病困扰，自我表现与发展受到干扰，家庭和社会责任无法履行，疾病对经济、家庭、工作的影响而产生焦虑或抑郁。

2. 角色适应不良　患者可能出现角色行为冲突、角色行为紊乱等角色适应不良的状态。

3. 生活习惯的改变　住院后生活习惯改变，患者一时适应不良。

4. 自尊受损　如被医护人员疏忽、冷落，感觉不被尊重或自尊心受到损害等。

（三）环境因素

1. 住院环境陌生　新入院患者对医院环境的陌生或不适应，缺乏安全感。

2. 不适的环境　通风不良或有异味；病室访客过多；治疗仪器等产生的噪声；被褥不整洁、床垫软硬不当等都可使患者感到不适。

三、不舒适的护理原则

患者由于受疾病、心理、社会、周围环境等多种因素的影响，经常处于不舒适的状态，产生不舒适的感觉，护士为了使患者达到舒适，就必须通过评估，确认患者处于不舒适的状态时，就必须及时采取有效的护理措施，解除不适，满足其对舒适的需求。

（一）预防为主，促进患者舒适

做到预防在先，促进患者舒适。如良好的服务态度，尊重患者，洞察患者的心理需求，听取患者对治疗、护理的意见，并鼓励患者积极参与护理活动。保持病室环境的整洁，保持患者身体清洁，维持适当姿势与卧位等。

（二）加强观察，发现不舒适的原因

认真倾听患者的主诉和家属提供的线索，通过患者的非语言行为如面部表情、手势、姿势及活动或移动能力、饮食、睡眠、肤色、有无出汗等，评估患者不舒适的原因和程度。

（三）采取措施，减轻不舒适

根据不同原因，有针对性地采取相应的有效措施。

（四）互相信任，给予心理支持

对心理－社会因素引起的不舒适，护士可采用不做评判的倾听方式，让患者的内心得以宣泄；或通过有效沟通的方式，正确指导患者调节情绪；或与家属及其单位联系，取得支持，共同做好患者的心理护理。

第二节　患者卧位与舒适

案例引导

案例：患者张某，男性，49岁，因车祸造成多发性损伤急诊入院，X线检查显示颈椎骨折、左下肢粉碎性骨折、血气胸。急诊手术处理，进行骨折复位、固定，术后行颅骨牵引，左下肢石膏固定，胸腔闭式引流、鼻饲和吸氧、留置导尿、静脉输液等治疗，患者自觉疼痛难忍，焦虑不安。

提问：1. 应帮助该患者采取何种卧位？如何为其安置体位？有何临床意义？

　　　　2. 工作中如何区分卧位的性质？

　　　　3. 影响该患者不舒适的原因有哪些？

卧位（lying position）是指患者休息和适应医疗、护理需要而采取的卧床姿势。正确的卧位对治疗疾病、减轻症状、进行各种检查、预防并发症、减少疲劳和增进舒适均有良好的作用。护理人员在临床护理中必须了解舒适卧位的基本要求及方法，协助或指导患者取正确、舒适和安全的卧位。

一、卧位的性质

（一）根据患者的活动能力分类

1. 主动卧位（active lying position）　是指患者自己采取的最舒适的卧位，并可自由变换卧位。

2. 被动卧位（passive lying position）　是指患者无力变换而需由他人帮助安置的卧位。

3. 被迫卧位（compelled lying position）　是指患者为了减轻疾病所致的痛苦或因治疗所需而被迫采取的卧位。

（二）根据卧位的平衡稳定性分类

1. 稳定性卧位　支撑面大，重心低，平衡稳定，患者感觉舒适、轻松，如平卧位。

2. 不稳定性卧位　支撑面小，重心较高，难以平衡。患者为保持一定的卧位会造成肌肉紧张，易疲劳，不舒适，应尽量避免患者采用此种卧位。

二、舒适卧位的基本要求

舒适卧位是指患者卧位时，身体各部位处于合适的位置，感觉轻松自在，达到完全放松的目的。维持舒适卧位的基本要求如下。

（1）卧位姿势应符合人体力学的要求，体重平均分布于身体的各部位，关节处于正常的功能位置，避免关节僵硬。

（2）经常变换体位，改变姿势，至少每 2 小时 1 次。

（3）患者身体各部位每天均应活动，改变卧位时，应做全范围关节运动，有禁忌者除外。

（4）适当遮盖患者，保护患者的隐私，促进其身心舒适。

（5）加强受压部位的皮肤护理。

三、常用卧位

（一）仰卧位

仰卧位（supine position）又称平卧位，为一种自然的休息姿势。患者仰卧，头下放一枕，两臂放于身体两侧，两腿自然放置。根据病情或检查等需要，仰卧位又可发生一些变化而分为去枕仰卧位、中凹卧位、屈膝仰卧位 3 种。

1. 去枕仰卧位

（1）姿势　患者去枕仰卧，头偏向一侧，两臂放于身体两侧，两腿自然放平。将枕头横立于床头（图 3 - 1）。

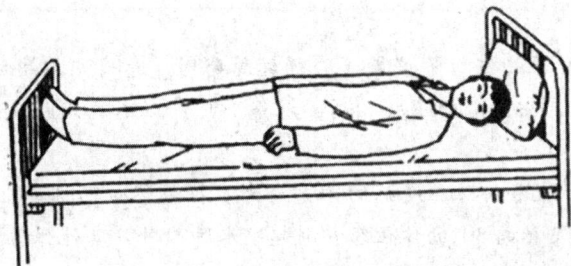

图 3 - 1　去枕仰卧位

（2）适用范围

①昏迷或全身麻醉未清醒的患者，主要为避免呕吐物误吸到呼吸道而引起窒息或肺部并发症的患者。

②用于脊椎麻醉或脊髓腔穿刺后的患者，可预防颅内压降低而引起头痛。

2. 中凹卧位（休克卧位）

（1）姿势　患者头胸部抬高 10° ~ 20°，下肢抬高 20° ~ 30°（图 3 - 2）。

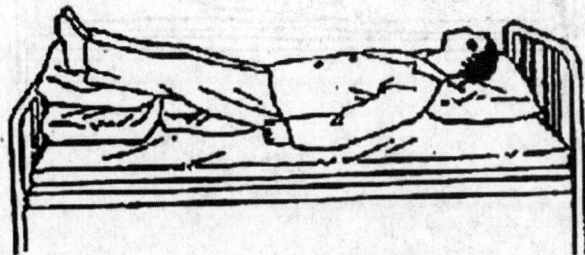

图 3 - 2　中凹卧位

（2）适用范围　休克患者。因为抬高头胸部，有利于保持气道通畅，改善呼吸及缺氧症状；抬高下肢，有利于静脉回流，增加心排血量。

休克体位

休克（shock）是由于各种致病因素引起有效循环血量下降，使全身各组织和重要器官灌注不足，从而导致一系列代谢紊乱、细胞受损及脏器功能障碍。而临床观察对休克体位问题，说法不一。现主张根据休克类型和不同的原发病具体分析。

1. 腹腔或盆腔感染引起的感染性休克，腹腔或盆腔内有大量积液，患者应取半坐卧位或头和足均抬高30°的卧位。

2. 严重失血性休克，在休克的同时伴有有效循环血量的严重不足时，应选择去枕平卧、头偏向一边，或可以把下肢抬高20°～30°的体位。若循环状态已有改善，则可以再略抬高头胸部高度，使其接近半坐卧位，可以有效预防脑水肿的发生。

3. 严重心功能不全引起的休克或伴有心肌梗死的患者，患者应取去枕平卧位，绝对卧床休息，保持环境安静。如伴有心力衰竭或呼吸困难的患者可取半坐卧位，体位要舒适。

4. 休克患者伴有脑水肿、脑外伤或胸部损伤时，患者应取头胸部抬高20°～30°、下肢抬高10°～20°的体位。

5. 休克患者伴有下肢供血不足或下肢循环障碍时，患者应取去枕平卧位或头抬高10°～20°的体位，切忌把患者的下肢抬高，以免下肢供血不足，因缺血、缺氧而引起肢体坏死。

6. 其他无特殊情况和特殊原发病的休克患者在抢救体位的选择上也没有特殊要求，除了不用头低15°、足抬高30°的体位容易引起脑水肿以外，其他体位都可以选择，并且对休克患者的抢救效果无明显的影响。

3. 屈膝仰卧位

（1）姿势　患者仰卧，头下垫枕，双臂放于身体两侧，两膝屈起，并稍向外分开。在操作时注意保暖及保护患者隐私（图3-3）。

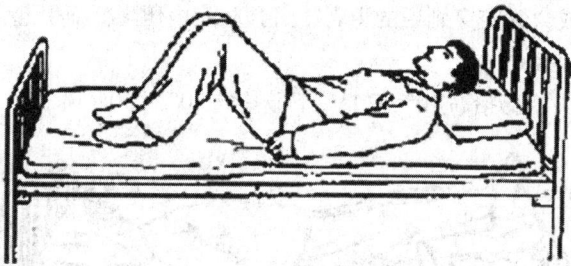

图3-3　屈膝仰卧位

（2）适用范围

①胸、腹部检查时，可使腹肌放松，便于检查。

②行导尿术及会阴冲洗时，便于暴露操作部位。

（二）侧卧位

1. 姿势　侧卧位（lateral position）是患者侧卧，两臂屈肘，一手放于胸前，一手放于枕旁，下腿稍伸直，上腿弯曲；必要时两膝之间、背后、胸腹前可放置一软枕（图3-4）。

图 3 – 4　侧卧位

2. 适用范围　灌肠、肛门检查和配合胃镜、肠镜检查等，臀部肌内注射。

（三）半坐卧位

1. 姿势　半坐卧位（fowler's position）是患者卧床上，以髋关节为轴心，上半身抬高与床水平成30°～50°（手摇床、自动床或半自动床），再摇起膝下支架（图3–5）。放平时，先摇平膝下支架，再摇平床头支架。若无摇床，可在床头垫褥下放一靠背架，将患者上半身抬高，下肢屈膝，用中单包裹膝枕垫在膝下，将两端带子固定于床两侧，以免患者下滑，放平时应先放平下肢，再放平床头。

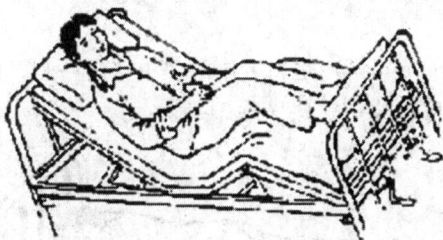

图 3 – 5　半坐卧位

2. 适用范围

（1）面部及颈部手术后患者　采取半坐卧位可减少局部出血。

（2）急性左心衰竭患者　采取半坐卧位，可使部分血液滞留在下肢和盆腔脏器内，使静脉回流减少，从而减轻肺部瘀血和心脏负担。

（3）心肺疾病所引起呼吸困难的患者　取半坐卧位，由于重力作用使膈肌下降，胸腔容积扩大，同时腹内脏器对心、肺的压力减轻，使呼吸困难得以改善。

知识链接

腹腔脏器术后体位

腹腔脏器手术后早期采取正确的半坐卧位可预防膈下脓肿；膈下血液循环丰富，并且淋巴网与腹腔脏器淋巴网吻合。如果患者术后采取仰卧位，膈下间隙处于人体腹膜腔的最低位置，腹腔渗出液、脓液、血液易积聚于此，导致膈下脓肿。因此，护士应尽早帮助和指导腹腔脏器手术后患者采取正确的半坐卧位，可防止炎症向上蔓延，以利脓液、血液及渗出液引入盆腔，使炎症局限，预防膈下脓肿的发生。

（4）腹腔、盆腔手术后或有炎症的患者　取半坐卧位时，可使腹腔渗出液流入盆腔，促使感染局限。因盆腔腹膜抗感染性较强，而吸收性能较弱，这样可达到减少炎症扩散和毒素吸收作用，减轻中毒反应。同时又可防止感染向上蔓延而引起膈下脓肿。

（5）腹部手术后患者　取半坐卧位，可减轻腹部切口缝合处的张力，缓解疼痛，促进舒适，有利于伤口愈合。

（6）恢复期体质虚弱的患者采取半坐卧位，有利于向站立过渡。

（四）端坐位

1. 姿势　端坐位（sitting position）是患者坐在床上，身体稍向前倾，床上放一小桌，桌上垫软枕，患者可伏桌休息，并用床头支架或靠背架抬高床头，使患者的背部也能向后依靠（图3-6）。

图3-6　端坐位

2. 适用范围　心力衰竭、心包积液及支气管哮喘发作的患者。

（五）俯卧位

1. 姿势　俯卧位（prone position）是患者俯卧，头转向一侧，两臂屈曲，放于头的两侧，两腿伸直，胸下、髋部及踝部各放一软枕（图3-7）。

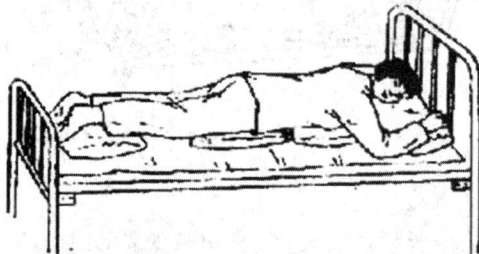

图3-7　俯卧位

2. 适用范围

（1）腰、背部检查或配合胰、胆管造影检查时。

（2）脊椎手术后腰、背、臀部有伤口，不能平卧或侧卧的患者。

（六）头低足高位

1. 姿势　头低足高位（trendelenburg's position）是患者仰卧，头侧向一侧，将枕头横立于床头，以防碰伤头部，床尾用木墩或其他支托物垫高15~30cm（图3-8）。

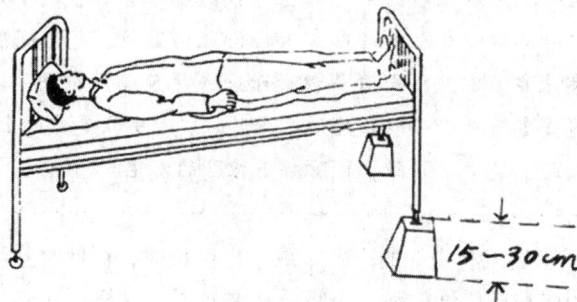

15~30cm

图3-8　头低足高位

处于这种卧位的患者会感到不适，因而不宜过长时间使用。颅内高压者禁用。

2. 适用范围

（1）肺部分泌物引流，使痰易于咳出。

（2）十二指肠引流术，有利于胆汁引流。

（3）下肢骨折牵引，利用人体重力作为反牵引力。

（4）妊娠时胎膜早破，防止脐带脱垂。

（七）头高足低位

1. 姿势　头高足低位（dorsal elevated position）是患者仰卧，床头用木墩或其他支托物垫高 15～30cm 或视病情而定，床尾横立一枕（图 3-9）。

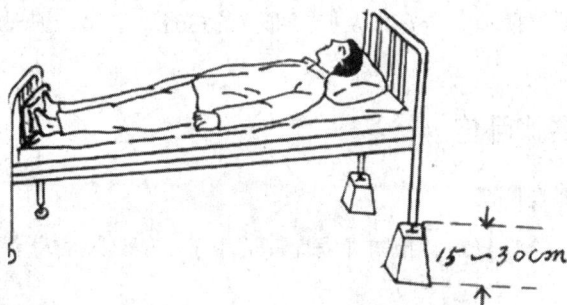

图 3-9　头高足低位

2. 适用范围

（1）颈椎骨折的患者做颅骨牵引时，用做反牵引力。

（2）减轻颅内压，预防脑水肿。

（3）颅脑手术后的患者。

（八）膝胸卧位

1. 姿势　膝胸卧位（knee-chest position）是患者跪姿，两小腿平放床上，大腿与床面垂直，两腿稍分开，胸及膝部紧贴床面，腹部悬空，臀部抬起，头转向一侧，两臂屈放于头的两侧（图 3-10）。

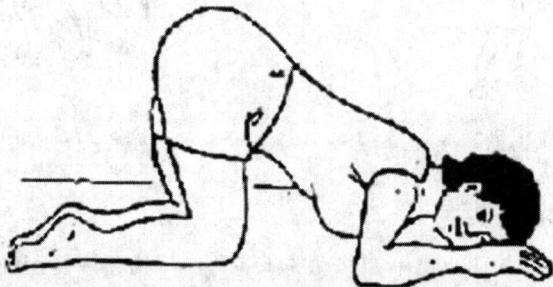

图 3-10　膝胸卧位

2. 适用范围

（1）肛门、直肠、乙状结肠镜检查及治疗。

（2）矫正子宫后倾或胎位不正。

（3）促进产后子宫复原。

（九）截石位

1. 姿势　截石位（lithotomy position）是患者仰卧于检查台上，两腿分开放在支腿架上，臀部齐床边，两手放在胸部或身体两侧（图 3 - 11）。

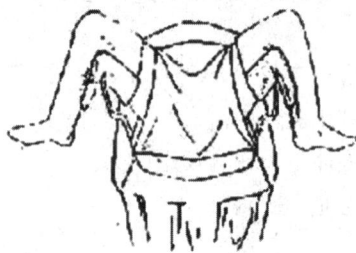

图 3 - 11　截石位

2. 适用范围

（1）患者接受会阴、阴道、子宫颈及肛门部位的检查、治疗、护理或手术。

（2）产妇分娩。

四、协助患者更换卧位

（一）协助患者翻身侧卧

1. 目的　使患者安全、舒适，预防并发症。适用于不能自理的患者。

2. 方法

（1）一人协助翻身法　先将枕头移向对侧，然后将患者肩部、腰部及臀部移向护士侧床缘，再将双下肢移近并屈膝。一手托肩，一手托膝，轻轻将患者转向对侧，使患者背对护士（图 3 - 12）。

（2）两人协助翻身法　两人站在床的同一侧，一人托住患者颈肩部和腰部，另一人托住患者臀部和膝下部，两人同时将患者移向近侧，轻轻将患者转向对侧，使患者背对护士（图 3 - 13）。

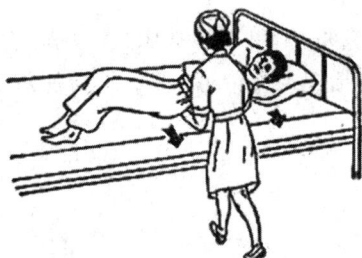

图 3 - 12　一人协助翻身法

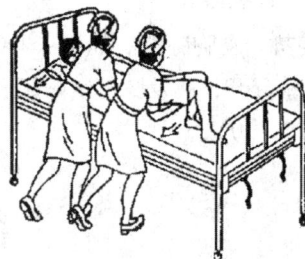

图 3 - 13　两人协助翻身法

（二）协助患者移向床头法

1. 目的　协助滑向床尾而自己不能移动的患者移向床头，恢复正确而舒适的卧位。

2. 方法

（1）一人协助移向床头法　患者仰卧屈膝，双手握住床头栏杆，护士用手稳住患者双脚，并在其臀部提供助力，同时让患者两臂用力，双足蹬床面，护士托住患者重心顺势向床头移动（图 3 - 14）。

（2）两人协助移向床头法　患者仰卧屈膝。两位护士分别站在床的两侧，交叉托住患者颈肩部和臀部，同时抬起患者移向床头。

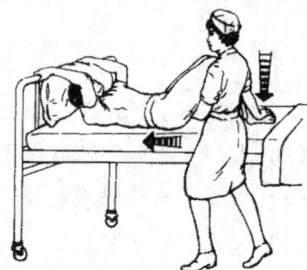

图 3 - 14　一人协助移向床头法

五、保护具的应用

保护具是用来限制患者身体或机体某部位的活动，以达到维护患者安全与治疗效果的各种器具。

（一）适用范围

为防止高热、谵妄、昏迷、躁动及危重患者因虚弱、意识不清而发生坠床、撞伤、抓伤等意外，限制患者身体或肢体的活动或为保护受压部位而采取的必要措施，以确保患者安全和治疗、护理的顺利进行。

（二）使用原则

1. 应向患者及其家属说明使用保护具的原因、目的和方法，以取得患者及其家属的同意及配合，注意保护患者的自尊，严格掌握保护具的使用指征，一般只能短期使用。

2. 预防被约束部位发生血液循环障碍或皮肤受损。

3. 约束时应注意维持患者的肢体功能位置。

4. 确定患者可以随时呼叫护士，呼叫器开关放在患者手可触及处。

5. 记录使用保护具的原因、目的、时间，每次观察的结果，执行护理措施情况及解除约束的时间。

（三）保护具的常用方法

1. 床档 保护患者以防坠床（图3-15）。

图3-15 床档

2. 约束带 用于保护躁动患者，限制失控的肢体活动，使患者免于伤害自己或他人。

（1）**宽绷带** 常用于固定手腕及踝部。使用时，先用棉垫包裹手腕或踝部，再用宽绷带打成双套结，套在棉垫外稍拉紧，使之不脱出（以不影响肢体血液循环为度），然后将绷带固定于床缘上（图3-16）。

图3-16 宽绷带

（2）**肩部约束带** 需限制患者坐起时可用肩部约束带固定。肩部约束带用宽布制成，宽8cm，长120cm，一端制成袖筒。操作时，将患者两侧肩部套进袖筒，腋窝衬棉垫，两袖筒上的细带子在胸前打结、固定，将两条较宽的长带系于床头（图3-17）。

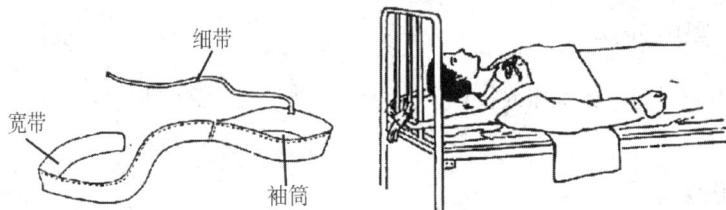

图 3 - 17　肩部约束带

（3）膝部约束带　常用于固定膝部，限制患者下肢活动。膝部约束带宽 10cm，长 280cm，宽带中部相距 15cm 分别钉两条双头带。使用时，两膝之间衬棉垫，将约束带横放于两膝上，宽带下的两头带各缚住一侧膝关节，然后将宽带两端系于床缘（图 3 - 18）。

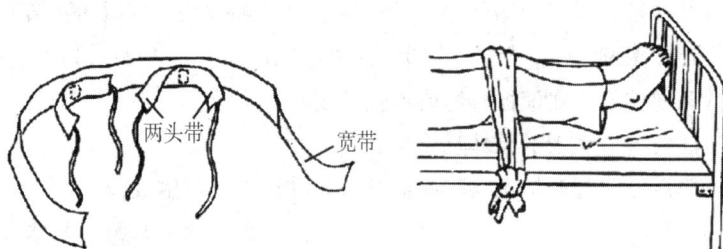

图 3 - 18　膝部约束带

使用约束带的注意事项。①用前应先向患者及其家属解释清楚，可用可不用时应尽量不用。②保护性制动措施只能宜短期应用，同时须注意患者的卧位舒适，要经常更换体位。③被约束的部位，应放衬垫，约束带的松紧要适宜，并定时放松，按摩局部以促进血液循环。④约束时应将患者的肢体置于功能位置。

3. 支被架　用于肢体瘫痪或极度衰弱者，防止盖被压迫肢体而造成不适或影响肢体的功能位置造成永久性的伤害如足下垂、足尖压疮等；也用于烧伤患者的暴露疗法需保暖时（图 3 - 19）。

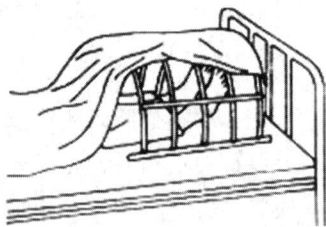

图 3 - 19　支被架

第三节　疼痛患者的护理

案例引导

　　案例：患者，张某，男性，49 岁，因车祸造成多发性损伤急诊入院，X 线检查显示颈椎骨折、左下肢粉碎性骨折、血气胸。急诊手术处理，进行骨折复位、固定，术后行颅骨牵引，左下肢石膏固定，胸腔闭式引流，鼻饲和吸氧、留置导尿、静脉输液等治疗，患者自觉疼痛难忍，焦虑不安。

　　提问：1. 应如何评估其疼痛程度？

　　　　　　2. 可采取哪些护理措施缓解患者的疼痛？

疼痛是临床上常见症状之一，是伴随现有的或潜在的组织损伤而发生的主观感受，是机体对有害刺激的一种保护性防御反应。疼痛是一种极不愉快的体验，会消耗患者大量的精力和能量，影响个体的身体功能和生活质量。作为一名护理人员，应掌握疼痛的相关知识，帮助患者避免疼痛、解除疼痛，做好疼痛的护理，促进患者舒适。

一、疼痛的概念

疼痛（pain）是一种主观感受，不适的感觉，是机体对有害刺激的一系列感觉反应，也是机体对有害刺激的一种保护性的防御反应。北美护理诊断协会对疼痛所下的定义是："个体经受或叙述有严重不适或不舒服的感受。"

疼痛具有以下3种特征：①疼痛是一种身心受到侵害的危险警告；②疼痛是一种身心不舒适的感觉；③疼痛常伴随有生理、行为和情绪的反应。

二、疼痛的原因及影响因素

（一）疼痛的原因

1. 温度刺激 过高或过低的温度作用于身体体表均会引起组织损伤，如灼伤或冻伤。受伤的组织释放组胺等化学物质，刺激神经末梢，导致疼痛。

2. 化学刺激 化学物质如强酸可直接刺激神经末梢，导致疼痛；而且会使被损失的组织释放组胺等化学物质，作用于痛觉感受器，使疼痛加剧。

3. 物理损伤 刀切割、针刺、碰撞、身体组织受牵拉、肌肉受压、痉挛等，均可使局部组织受损，刺激神经末梢引起疼痛。

4. 病理改变 疾病造成身体内某些管腔阻塞，组织缺血、缺氧，空腔脏器过度扩张、平滑肌痉挛、局部炎性浸润等可引起疼痛。

5. 心理因素 当心理状态不佳、情绪紧张或低落、愤怒、悲痛和恐惧等都能引起局部血管收缩或扩张而导致疼痛。如神经性疼痛常因心理因素引起。此外，疲劳、睡眠不足、用脑过度等都可导致功能性头痛。

（二）影响疼痛的因素

1. 患者自身的因素

（1）年龄 是影响疼痛的重要因素之一。个体对疼痛的敏感程度随年龄而有所不同，如婴幼儿不如成人对疼痛敏感；儿童对疼痛的原因不能正确理解，疼痛体验会激起恐惧和愤怒情绪。婴幼儿常不能很好地表达疼痛感受，护士对他们的疼痛反应也应充分关注。随年龄增长，对疼痛的敏感性也随着增加，老年人对疼痛的敏感性又逐渐下降。一般认为老年人疼痛阈限提高，对疼痛不太敏感。表现为患病后虽然主诉不多，但病情却比较严重，护理时应引起重视。但有时老年人对疼痛的敏感性也会增强，应根据不同情况分别对待。

（2）个人经历 曾反复经受疼痛折磨的人会对疼痛产生恐惧心理，对疼痛的敏感性会增强。他人的疼痛经历也对人有一定作用，如手术患者的疼痛会对同病室将要做相同手术的患者带来恐惧心理，增强敏感性。儿童对疼痛的体验取决于父母的态度，父母对子女轻微外伤大惊小怪或泰然处之，对儿童成年后的疼痛体验有一定影响。

（3）注意力 个体对疼痛的注意程度会影响其对疼痛的感受。当个体注意力高度集中于其他事物时，疼痛会减轻或消失。如运动员在赛场上受伤时可能对痛觉毫无感觉，比赛结束后才感到疼痛或不适。

（4）情绪 积极的情绪可减轻疼痛，消极的情绪可使疼痛加剧。如患者处于焦虑、恐惧状态时疼痛可加剧；反之，患者处于愉快、兴奋状态时疼痛可减轻。

（5）个人心理素质　个人的气质、性格可影响对疼痛的感受和表达。性格外向和稳定的人，疼痛阈限较高，耐受性较强；内向和较神经质的人，对疼痛较敏感，易受其他疼痛者的暗示。

（6）疲乏　患者疲乏时对疼痛的感觉加剧，忍耐性降低；当得到充足的睡眠、休息时，疼痛感觉减轻。

（7）社会文化背景　患者所处的社会环境和文化背景，可影响患者对疼痛的认知评价，进而影响其对疼痛的反应。若患者生活在鼓励忍耐和推崇勇敢的文化背景中，往往更能忍受疼痛。患者的文化教养也会影响其对疼痛的反应和表达方式。

（8）患者的支持系统　家属、朋友等的支持、帮助或保护，可以减轻患者的疼痛。如对患儿、分娩中的产妇来说，有父母和丈夫的陪伴尤为重要。

2. 治疗及护理的因素

（1）许多治疗和护理操作都有可能给患者带来疼痛的感觉，如注射、输液。

（2）护士是否掌握疼痛的理论知识与有无实践经验，可影响对疼痛的正确判断与处理。

（3）缺少必要的药理知识，过分担心药物的不良反应和成瘾性，使患者得不到必要的镇痛处理。

（4）评估疼痛方法不当，仅依据患者的主述来判断是否存在疼痛，使部分患者得不到及时的治疗和护理。

三、疼痛患者的护理

疼痛是一种极不愉快的体验，会消耗大量的精力和能量，影响个体的身体功能和生活质量。对疼痛的患者，护士要细心观察其行为表现，分析所得资料，查明原因，制订护理计划，采取切实可行的护理措施来减轻或缓解患者的疼痛。

（一）护理评估

1. 评估的内容

（1）疼痛的部位　了解疼痛的部位，其定位是否明确而固定，是局限性的，还是在不断扩大范围。

（2）疼痛的时间　疼痛是间歇性还是持续性的，持续有多久，有无周期性或规律性。6个月以内或短时间内可缓解的疼痛为急性疼痛；6个月以上的疼痛为慢性疼痛，常表现为持续性、顽固性和反复发作性。

（3）疼痛的性质　疼痛可分为刺痛、触痛、锐痛、隐痛、酸痛、压痛、胀痛、灼痛、剧痛和绞痛等。让患者用自己的语言来描述疼痛的性质，记录和报告时尽量采用患者使用过的字眼，才能正确表达患者的真实感受。

（4）疼痛的程度　对疼痛的忍受程度可采用疼痛评估工具来判断。

（5）疼痛的表达方式　个体差异决定了患者对疼痛的表达方式。如儿童常用哭泣、面部表情和身体动作表达，成人多用语言描述，四肢或外伤的患者一般不愿移动他们的身体，头痛时常用手指按压头部等。护士应仔细观察患者的各种反应。

（6）影响疼痛的因素　了解哪些因素可引起、加重或减轻疼痛，如温度、运动、姿势等。

（7）疼痛对患者的影响　疼痛是否伴有头晕、呕吐、便秘、虚脱等症状，是否影响睡眠、食欲、活动，是否会出现愤怒、抑郁等情绪改变。

2. 评估方法

（1）询问病史　护士应主动关心患者，认真听取患者的主述，并了解患者以往疼痛的规律以及使用镇痛药物的情况，在与患者的交流过程中，要注意患者的语言和非语言表达所传达的信息，从而获得较为客观的资料。切不可根据自己对疼痛的理解和体验来主观判断患者的疼痛程度。

（2）观察和体验　注意患者疼痛时的生理、行为和情绪反应，检查疼痛产生的部位。如有的患者疼痛时皱眉、咬牙、呻吟、哭闹等，这些都是评估疼痛的客观工具。

（3）使用疼痛评估工具　根据患者的年龄和认知水平选择相应的评估工具。

①数字式疼痛评定法：将一条直线等分为10段，一端以"0"代表没有疼痛，另一端以"10"代表极度疼痛。让患者选择其中一个能代表自己疼痛感受的数字表示疼痛的程度（图3-20）。

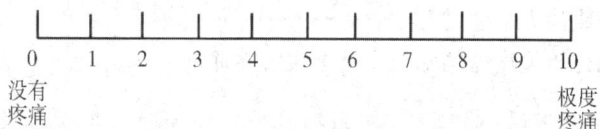

图3-20　数字式疼痛评定法

②文字描述式评定法：将一直线等分为5段，每个点均有相应的文字描述疼痛程度，0＝没有疼痛，1＝轻度疼痛，2＝中度疼痛，3＝重度疼痛，4＝非常严重的疼痛，5＝无法忍受的疼痛。请患者根据自己疼痛的程度选择合适的描述文字（图3-21）。

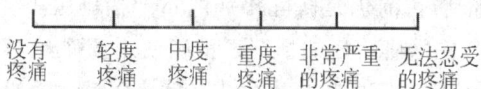

图3-21　文字描述式评定法

③视觉模拟评定法：用一条直线，不做任何划分，仅在直线的两端分别注明不痛和剧痛，请患者根据自己对疼痛的实际感觉在线上标记出某一位置，再进行测量、分析。这种评分方法灵活、方便，患者有很大的选择自由，不需要仅选择特定的数字和文字（图3-22）。

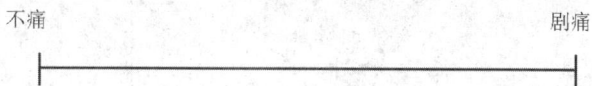

图3-22　视觉模拟评定法

④面部表情测量图：此方法适用于3岁以上的儿童。使用6个代表不同疼痛程度的面孔，儿童可从中选择一个面孔来代表自己的疼痛感受（图3-23）。

图3-23　面部表情测量图

（二）护理诊断

北美护理诊断协会（1978 年）对疼痛所下的定义是："个体经受或叙述有严重不适或不舒服的感觉"。护理诊断的表述包括问题和原因（相关因素）两个方面，如"疼痛，与心肌缺血、精神过度紧张有关"。疼痛的主观诊断依据为患者的口头描述或暗示。客观诊断依据是防卫性和保护性行为；注意力集中于自我；有感知、思维过程和社交行为的改变；有发泄性行为；痛苦面容；肌张力改变；血压、脉搏、呼吸改变以及出汗、瞳孔散大等反应。

（三）护理目标

1. 患者疼痛减轻或消失，感觉舒适。
2. 患者及家属获得相关疼痛的知识，学会缓解疼痛的方法。

（四）护理措施

1. 减轻或消除引起疼痛的原因 如外伤引起的疼痛，应酌情给予止血、包扎、固定、处理伤口等措施；胸、腹部手术后，患者常因咳嗽或呼吸引起伤口疼痛，手术前应进行健康教育，知道手术后深呼吸和有效咳嗽的方法，手术后可协助患者按压伤口后，再鼓励患者咳痰和深呼吸。

2. 合理运用缓解或解除疼痛的方法

（1）药物止痛：药物止痛目前仍是解除疼痛的重要措施之一。护士应掌握有关药理知识，了解患者身体状况和有关疼痛治疗的情况，正确使用镇痛药物。对于癌症疼痛的处理，目前临床普遍推行 WHO 所建议的三阶梯止痛疗法（图 3 - 24）。

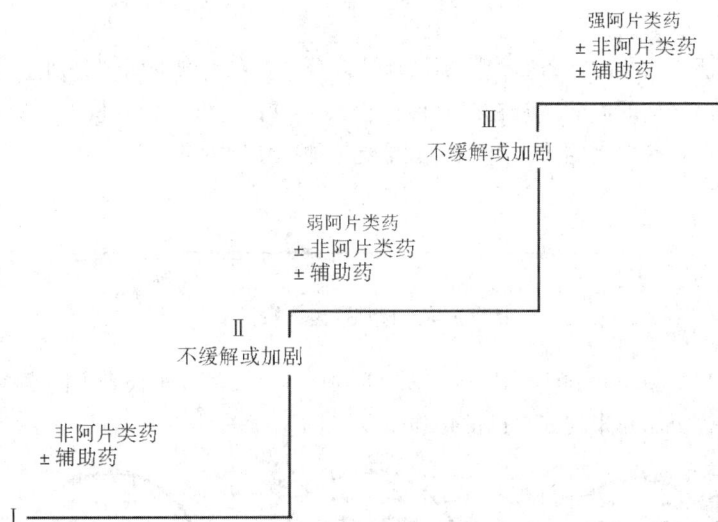

图 3 - 24 三阶梯止痛疗法

其目的是逐渐升级、合理应用镇痛药，以缓解疼痛。其应用原则是：①按药效的强弱依阶梯顺序使用；②使用口服药；③按时服药。用药剂量个性化。

使用药物止痛时应注意以下几点。

①在给止痛剂之前，护士应了解药物的基本作用、使用剂量、给药途径、不良反应和注意事项。

②在患者诊断未明确前，不能随意应用止痛药，以免延误病情。

③应在疼痛前给药，开始剂量较大，以后改为维持量，可多种止痛剂联合应用。

④如果非麻醉性止痛药能够解除疼痛，尽量不使用麻醉性药物。

⑤不同患者可能需要不同剂量的止痛药，对药物作用的反应具有个体差异。

⑥应用止痛剂时，需观察药物的不良反应。应用麻醉性药物时，要注意避免患者成瘾。

⑦给药20～30分钟后要评价和记录止痛剂效果。

（2）物理止痛：运用冷热疗法，如热水袋、冰袋、冷敷、热敷、冷水浸泡、红外线照射等物理方法，可有效减轻局部疼痛（详见第十三章）。此外，推拿、按摩等也是临床常用的物理止痛方法。

（3）针灸止痛：根据疼痛的部位，针刺不同的穴位达到镇痛的目的。针灸对神经性疼痛的效果甚至优于药物治疗。

（4）其他止痛疗法：如经皮神经电刺激疗法、神经阻滞术、硬膜外与蛛网膜下隙给药止痛，神经外科手术止痛等。

3. 恰当地运用心理护理的方法　害怕、焦虑、恐惧等均可加重疼痛的程度，反过来疼痛又会影响其情绪，形成不良循环。护士应设法减轻患者的心理压力，以同情、关心、安慰和鼓励的态度支持患者，建立相互信赖的友好关系；鼓励患者表达疼痛时的感受及对适应疼痛所做的努力；尊重患者在疼痛时的行为反应等。

（1）分散注意力

①参加活动：组织患者参加有兴趣的活动，能有效转移对疼痛的注意力。如唱歌、游戏、看电视、愉快的交谈、画画等。对于患儿来说，有趣的故事、玩具、糖果及做游戏等都能有效地将注意力转移到其他方面，从而减轻疼痛。

②选听音乐：运用音乐分散对疼痛的注意力是有效缓解疼痛的方法之一。优美的旋律对减慢心率、减轻焦虑和忧郁、缓解压力和疼痛、降低血压等都有很好的效果。可根据患者的不同个性和喜好，选择不同类型的音乐。

③有节律地按摩：嘱患者双眼凝视一个定点，想象物体的大小、形状、颜色等。同时在患者疼痛部位或身体某一部位上做环形按摩。

知识链接

疼痛疗法

对于疼痛的治疗，WHO鼓励使用非药物镇痛技术，因此一些支持性疗法得到发展，如催眠、音乐疗法、经皮肤电刺激神经、针刺等，其中催眠疗法被广泛应用于急性疼痛、慢性疼痛，并有研究者将其应用于放射介入疼痛、分娩疼痛的治疗。催眠的心理学机制目前主要有：①催眠师借助暗示的力量将患者引入催眠状态，并进一步与患者沟通展开治疗，故认为暗示是催眠的心理机制。②意识分离理论。由于疼痛知觉系统与意识监控系统的分离产生催眠后遗忘，通过自愿不报告或自愿不回忆两种反应策略来满足试验情景要求，其机制有待进一步研究及探索。

（2）松弛疗法

①深呼吸：指导患者进行有节律的腹式呼吸，用鼻深吸气，然后慢慢从口中将气体呼出，反复进行。

②躯体放松疗法：有规律的放松对于由慢性疼痛所引起的疲劳及肌肉紧张效果明显。气功、瑜伽以及心理治疗中的催眠与暗示疗法都有助于放松机体，减小肌肉张力，从而减轻疼痛。

③想象：治疗性的想象是利用一个人对某特定事物的想象而达到特定的正向效果，可引起松弛，减轻疼痛。想象的焦点不仅限于对过去愉快事情经历的叙述，而且需要尽可能地把各种知觉与这种经验结合起来，主动地去想，使个体感受到目前的行为反应就像这件愉快的

事情是现在发生的一样。

4. 促进舒适 通过护理活动促进舒适是减轻或解除疼痛的重要护理措施。帮助患者采取正确的姿势，提供舒适、整洁的病室环境是促进舒适的必要条件。此外，一些简单的技巧，如帮助患者适当活动、改变姿势、变换体位；给患者放好枕头和毯子，确保患者所需的每一样物品都触手可及；在各项治疗前，给予清楚、准确的解释，都能减轻患者的焦虑，使其感到身心舒适，从而有利于减轻疼痛。

5. 健康教育 根据患者的情况，选择教育的内容。一般应包括疼痛的机制、疼痛的原因、如何面对疼痛、减轻或解除疼痛的自理技巧等。

（五）护理评价

主要是评估患者对疼痛的行为反应，评价依据有以下几点。

1. 疼痛感觉减轻，身体状态和功能改善，自我感觉舒适，食欲增加。

2. 患者焦虑程度缓解，休息和睡眠的质量较好。

3. 患者与家属是否掌握了缓解疼痛的基本知识。

本章小结

本章主要介绍临床上常用卧位的适用范围及临床意义；疼痛的发生原因和影响因素。通过评估患者的舒适状况，确定影响舒适的因素，针对不同病情及患者需求提供恰当的护理措施，协助采取安置各种卧位。并在执行操作中能正确运用力学原理，维持患者良好的姿势和体位，促进舒适。同时对于疼痛患者，能分析其疼痛发生的原因、种类，正确评估疼痛程度，制订护理计划，采取切实可行的护理措施来减轻或缓解患者的疼痛，促进舒适。

（颜文贞）

目标检测

1. 造成患者不舒适的原因有哪些？

2. 简述不舒适患者的护理原则。

3. 常用卧位有几种？适应范围及其临床意义是什么？

4. 简述保护具的适用范围及使用原则。

5. 简述疼痛的原因及影响因素。

6. 对疼痛患者的评估内容包括哪几个方面？常用评估工具有哪些？

7. 简述疼痛患者的护理措施。

第四章 预防与控制医院感染

学习目标

知识要求

掌握 医院感染的概念；常用消毒、灭菌的种类和方法；无菌技术基本原则及隔离原则。

熟悉 医院感染的分类、形成原因及医院日常的清洁、消毒、灭菌工作；医院感染的发生条件和危险因素；隔离种类及相应的隔离措施。

了解 控制医院感染的意义和管理；供应室的工作程序。

技能要求

熟练掌握无菌技术、隔离技术和手卫生的操作方法。

医院感染管理是目前医院管理中的一项重要工作，预防和控制医院感染受到各级卫生行政部门和医院的高度重视。世界卫生组织（WHO）提出，有效控制医院感染的关键措施为：清洁、消毒、灭菌、无菌技术、隔离、合理使用抗生素、消毒与灭菌的效果监测。这些措施与护理工作密切相关，并贯穿于护理活动的全部过程。因此，护理人员必须正确掌握有关医院感染管理的知识，严格履行医院感染管理规范制度，熟练掌握预防与控制医院感染的各项操作技术。

第一节 医院内感染的概述

案例引导

案例：患者，男，26 岁，阑尾切除术后第 4 天，手术切口处疼痛、红肿。体温 39.5℃。

提问：患者是何种类型的院内感染？此类感染的预防措施是什么？

医院是患者集中的场所，病原微生物种类繁多且不断变化，为疾病的传播提供外部条件。随着现代医学科学的发展，各种新的诊断技术、治疗仪器的使用，大量抗生素和免疫抑制药的广泛应用，以及病原类型的变化，导致医院感染的发生率不断增加，而且出现了新的特点，使医院感染的控制面临着新的挑战。医院感染的发生不仅给患者的身心健康带来严重危害，而且给个人、家庭和社会造成严重的经济负担及资源浪费，妨碍了社会新技术的应用和发展，同时对医务人员自身健康也构成了很大的威胁。预防和控制医院感染已成为医学发展中的一个重要课题，引起全球医学界的广泛关注。因此，医务人员对医院感染必须有充分的认识，严格执行相关操作规范和制度，预防和控制医院感染的发生。

一、医院感染的概念与分类

（一）医院感染的概念

医院感染（nosocomial infection）又称医院获得性感染（hospital – acquired infection，HAI）和医院内感染。医院感染广义地说，是指任何人在医院活动期间遭受病原体侵袭而引起的诊断明确的感染或疾病。由于门急诊患者、探视者、陪护家属及其他流动人员在医院内停留的时间短暂，难以确定其感染是否来自医院，因此医院感染的主要对象为住院患者。我国卫生部 2006 年颁布的《医院感染管理办法》将医院感染定义为：住院患者在医院内获得的感染，包括在住院期间发生的感染和在医院内获得而出院后发生的感染；但不包括入院前已开始或入院时已处于潜伏期的感染。医院工作人员在医院内获得的感染也属于医院感染。

（二）医院感染的诊断

医院感染是指患者在入院时不存在也不处于潜伏期而在医院内发生的感染，同时也包括在医院内感染而在出院后才发病的患者。医院感染的诊断主要依靠临床资料、实验检查结果以及其他检查和临床医师的判断。临床资料包括直接观察感染部位、患者的体征和症状或通过检查病案而得出结论。实验室检查包括病原体的直接检查、分离培养及抗原体的监测。其他检查包括 X 线检查、超声波、CT 扫描、内镜、组织活检和针刺抽吸物检查等。在进行诊断时应注意以下几点。

1. 对于有明显潜伏期的疾病，自入院第 1 天算起，超过平均潜伏期后所发生的感染即为医院感染。

2. 对于无明确潜伏期的疾病，在入院 48 小时后发生的感染即为医院感染。

3. 若患者发生的感染直接与上次住院有关，亦为医院感染。

4. 在原有医院感染的基础上，出现新的不同部位的感染，或在原有感染部位已知病原体的基础上，又培养出新的病原体，这些均为医院感染。

5. 新生儿在经产道时发生的感染亦为医院感染。

下列情况不应视为医院感染。

1. 在皮肤、黏膜开放性伤口或分泌中只有细菌的定植，而没有临床症状和体征者。

2. 由损伤产生的炎性反应或由非生物性（如化学性或物理性）的刺激而产生的炎症等。

3. 婴儿经胎盘而导致的感染如单纯疱疹病毒、弓形虫、水痘带状疱疹病毒或巨细胞病毒等且在出生后 48 小时内出现感染的指征，不应列为医院感染。

（三）医院感染的分类

1. 根据病原体的来源分类　分为外源性感染和内源性感染

（1）外源性感染（exogenous infection）　又称交叉感染（cross infection），是指病原体来自患者体外，通过直接或间接的感染途径，传播给患者而引起的感染。病原微生物可以通过医院内工作人员、患者、其他人或物品和环境传播给患者而引起感染。

（2）内源性感染（endogenous infection）　又称自身感染（autogenous infection），是指导致医院感染的病原体是来自患者自身固有的病原体的感染。寄居在患者体内的正常菌群或条件致病菌通常是不致病的，只有当人的免疫功能低下、健康状况不佳时，体内的正常菌群发生移位才会发生感染。

2. 根据病原体的种类分类　可将院内感染分为细菌感染、病毒感染、真菌感染、支原体感染、衣原体感染及原虫感染等，其中细菌感染最常见。每一类感染又可根据病原体的具体名称分类，如柯萨奇病毒感染、艾柯病毒感染、铜绿假单孢菌感染、金黄色葡萄球菌感染等。

3. 根据感染发生的部位分类 全身各器官、各部位都可能发生医院感染，可分为呼吸系统医院感染、手术部位医院感染、泌尿系统医院感染、血液系统医院感染、皮肤软组织医院感染等，详见表4-1。

（1）呼吸道感染 包括上呼吸道感染和下呼吸道感染，常发生在危重患者、免疫抑制状态患者及免疫力低下等患者身上，如癌症、白血病、慢性阻塞性肺疾病或行气管切开术、安置气管导管等患者。判断呼吸道感染主要依据临床表现、X线透视或X线片及痰培养。

（2）尿路感染 患者在入院时没有尿路感染的症状，而在其住院期间24小时后出现症状如（发热、排尿困难等），尿培养有细菌生长，细菌菌落数$\geq 10^4 \, cfu/ml$ 或 $10^5 \, cfu/ml$，或虽无症状，但尿标本中的白细胞在10个/高倍视野以上，可称为尿路感染。在医院感染中，尿路感染的发生主要与导尿管的使用有关。

（3）伤口感染 伤口感染包括外科手术切口及意外伤害所致伤口的感染，判断伤口感染主要看伤口及附近组织有无炎性反应或出现脓液，更确切的方法是做细菌培养。

（4）病毒性肝炎 有输血或应用血制品史、不洁食物史、肝炎接触史，出现症状（发热、厌食、恶心、呕吐、肝区疼痛等）及肝功能检查任何两项异常，而无其他原因可解释的。病毒性肝炎可分为甲型病毒性肝炎、乙型病毒性肝炎、丙型病毒性肝炎、丁型病毒性肝炎、戊型病毒性肝炎5种。

（5）皮肤及其他部位感染 患者在住院期间发生皮肤或皮下组织化脓、各种皮炎、压疮感染、菌血症、静脉导管及针头穿刺部位感染、子宫内膜感染、腹内感染等。

表4-1 医院感染分类（按发生的部位）

发生部位	举例
呼吸系统	上呼吸道感染、下呼吸道感染、胸腔感染
泌尿系统	肾盂肾炎、膀胱炎、尿道炎
运动系统	骨髓炎、关节感染、感染性肌炎
神经系统	颅内感染、椎管内脓肿
循环系统	心内膜炎、心包炎、心肌炎
血液系统	血管相关性感染、败血症、输血相关性感染
生殖系统	急性盆腔炎、外阴切口感染、前列腺炎
腹部和消化系统	感染性腹泻、肝炎、腹腔感染
皮肤与软组织	压疮感染、疖、坏死性筋膜炎、乳腺炎、脐炎
手术部位	浅表切口感染、深部切口感染、腔隙感染
全身多个部位	多系统感染、多器官感染
其他	口腔感染、中耳炎、结膜炎

二、医院感染发生的原因

（一）主观因素

1. 医务人员对医院感染及其危害性认识不足。

2. 未严格地执行无菌技术。

3. 医院内感染管理制度不健全，如消毒、灭菌不严，医院规章制度不全，无健全的门急诊预检、分诊制度，住院部没有入院卫生处置制度，致使感染源传播。

4. 缺乏对消毒、灭菌效果的监测，不能有效地控制医院感染的发生。

（二）客观因素

1. 侵入性诊治手段增多 随着新的医疗仪器设备的临床应用，增加了医疗器械的感染发生。如内镜、泌尿系导管、动静脉导管、气管切开、气管插管、吸入装置、脏器移植、牙钻、采血针、吸血管、监控仪器探头等侵入性诊治手段，不仅可把外界的微生物导入体内，而且损伤了机体的防御屏障，使病原体容易侵入机体。

2. 使用可抑制免疫的治疗方法 因为治疗需要，使用激素或免疫抑制剂，接受化疗（化学治疗）、放疗（放射治疗）后，致使患者自身免疫功能下降而成为易感者。

3. 大量使用抗生素 治疗过程中应用多种抗生素或集中使用大量抗生素，使患者体内正常菌群失调，耐药菌株增加，致使病程延长，感染机会增多。

4. 易感患者增加 随着医疗技术的进步，过去某些不治之症可以治愈或可延长生存时间，故住院患者中患慢性疾病或恶性疾病的患者以及老年患者所占比例增加，而这些患者对感染的抵抗力相当低，易发生感染。

5. 环境污染严重 医院中由于传染源多，所以环境的污染也严重。其中，污染最严重的是感染患者的病房，厕所的污染也很严重，抽水马桶每抽一次水都可能激起大量微生物气溶胶。病区中的公共用品，如水池、浴盆、便器、手推车、拖布、抹布等，也常有污染。

6. 对探视者未进行必要的限制 对探视者放松合理和必要的限制时，以致由探视者或陪住人员把病原菌带入医院的可能性增加。

三、医院内感染的形成条件

医院内感染的形成必须具备感染源、传播途径、易感人群3个基本条件。当三者同时存在并且互相联系时就构成了感染链，导致感染的发生。感染链的3个环节中缺少任何一个，医院感染都不可能发生。因此，医务人员可通过控制传染源、切断传播途径、保护易感人群等措施来达到预防感染发生的目的（图4-1）。

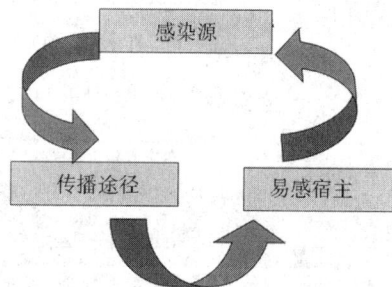

图 4-1 感染链

（一）感染源

感染源是病原体自然生存、繁殖并排出的宿主或场所。

在医院感染中主要感染源有以下4种。

1. 已感染的患者及病原携带者 已感染的患者是最重要的感染源，从感染者体内排出的微生物较多，排出的病原微生物常具有耐药性，而且容易在另一易感宿主体内定植。病原携带者包括携带病原体的患者、医务人员、陪护人员等，由于病原微生物不断生长、繁殖并经常排出体外，携带者本身无自觉症状且常被忽视，因此是医院感染另一个主要的感染源，临床意义重大。

2. 条件感染源 患者身体的特定部位，如呼吸道、口腔黏膜、胃肠道、泌尿生殖道、皮肤等寄居的人体正常菌群或来自环境并定植在这些部位的微生物，在一定条件下也可引起患者自身感染或传播感染。如免疫功能受抑制时，人的抵抗力降低而容易产生继发感染。

3. 动物感染源 各种动物都可能感染病原微生物而成为动物感染源。如鼠类不仅是沙门菌的宿主，还是鼠疫、流行性出血热等传染病的感染源；禽类可使人感染高致病性禽流感。

4. 医院环境感染源 医院的环境、设备、器械和物品、垃圾等容易受各种病原微生物的污染而成为医源性感染源。

（二）传播途径

传播途径是指病原体从感染源传播到易感者的途径。主要的传播途径如下。

1. 接触传播 指病原微生物通过感染源与易感宿主之间直接或间接的接触而进行的传播方式。接触传播是外源性感染的主要传播途径。

（1）直接接触传播 是指感染源直接将病原微生物传播给易感宿主，如母婴间疱疹病毒、柯萨奇病毒、沙眼衣原体等的传播感染。

（2）间接接触传播 是指病原体通过媒介传给易感宿主。最常见的传播媒介是医护人员的手，其次是各种侵入性器械、病室物品和生物媒介。

2. 空气传播 以空气为媒介的传播，空气中带有病原微生物的微粒子（≤5μm）通过空气流动导致的疾病传播。空气传播有3种形式。

3. 飞沫传播 带有病原微生物的飞沫核（>5μm），在空气中短距离（1m内）移动到易感人群的口、鼻黏膜或眼结膜等导致的传播。

4. 消化道传播 食物中常带有各种条件致病菌，尤其是大肠埃希菌及铜绿假单胞菌可在患者肠道定植，增加感染机会。病原体通过饮水、饮食传播常可导致感染暴发流行。

5. 输血导致的丙型肝炎等。

6. 生物媒介传播 动物或昆虫携带病原微生物，作为人类传播的中间宿主，如禽类传播致病性禽流感，蚊子传播疟疾、流行性乙型脑炎等。

（三）易感人群

易感人群是指对某种疾病或传染病缺乏免疫力的人群。医院是易感人群相对集中的场所，易发生感染且感染容易流行。病原体传播到宿主后，并非都引起感染，它取决于许多因素，如年龄、性别、种族及遗传、正常的防御功能是否健全、疾病与治疗情况、营养状态、生活型态、精神面貌和持续压力等。当宿主的免疫力下降时，在上述因素影响下极易引起感染。

医院中的易感人群主要有：①机体免疫功能严重受损或接受各种免疫抑制药治疗的患者；②长期使用广谱抗生素的患者；③接受各种侵入性诊疗方式的患者；④营养不良或精神状态差的患者；⑤长期住院的患者；⑥婴幼儿及老年患者。

知识链接

抗生素滥用及其危害

国家药品不良反应监测中心检测到的病例报道显示，抗生素的不良反应占所有中西药不良反应总数的50%以上，我国每年有20万人死于药品不良反应，其中40%死于抗菌药物的不良反应。医学专家得出结论：40%的患者死于抗生素的滥用；住院患者有75%使用抗生素，门诊患者有20%使用抗生素；儿童不合理使用抗生素造成疾病的人数多达30万。在临床上常用的众多抗生素中，青霉素类不良反应很少，孕妇可用，但其严重的过敏反应尤其是过敏性休克却不容忽视；红霉素主要是胃肠道反应、肝损害，静脉注射可导致静脉炎；林可霉素类的不良反应主要是胃肠道症状。氨基糖苷类不良反应主要是毒性反应，对第Ⅷ对脑神经的损害和肾损害，对神经接头处的阻断作用，故本类药物之间禁止合用；四环素类可影响骨骼和牙齿的生长，长期应用可引起二重感染，此外，还可引起胃肠道刺激症状、过敏反应和肝损害等；氯霉素抑制骨髓，还可引起灰婴综合征、二重感染。

世界卫生组织曾经发出警告，抗生素的滥用将意味着抗生素时代的结束，人类可能再次面临很多感染性疾病的威胁。目前，病原菌耐药菌株的形成已经是一个全球性的问题，有研究结果显示，细菌耐药性已经变迁；在控制细菌耐药方面国外的经验很值得我们借鉴。耐药菌株的形成与细菌基因突变和产生的灭活酶、纯化酶有关，并且与抗生素用量的增加呈平行关系。例如，大肠埃希菌是临床感染中最常见的致病菌，其中产超广谱β－内酰胺酶菌株所占的比例越来越高，且产β－内酰胺酶大肠埃希菌耐药严重，由其导致的各类感染临床治疗困难。过早或过量使用抗生素，当机体受到病菌侵袭时效果就不明显或是无效了。目前世界范围内的细菌耐药情况首先是耐药菌株产生速度过快；其次，许多抗生素耐药情况严重。

而且人类使用的抗生素绝大多数以活性形式排出体外，这样就污染了我们人类赖以生存的环境，这些抗生素可以出现在土壤、水质中，从而杀灭其中的有益菌，严重破坏生态平衡。

四、常见的医院感染易感人群

住院患者中凡有气管插管、多次手术或延长手术时间、留置导尿、应用化疗、放疗、免疫抑制药者，以及老年患者，均应视为预防医院感染的重点对象。

五、医院感染的预防与控制

为保障医疗安全、提高医疗质量，各级各类医院应将医院感染管理纳入到医院日常管理工作中，建立医院感染管理责任制，制订并落实医院感染管理的规章制度和工作规范，严格执行有关技术操作规范和工作规范，严格执行有关技术操作规范和工作标准，有效预防和控制医院感染，防止传染病病原体、耐药菌、条件致病菌及其他病原微生物的传播。因此，医护人员应严格遵守和落实以下各项有关制度和措施（图4-2）。

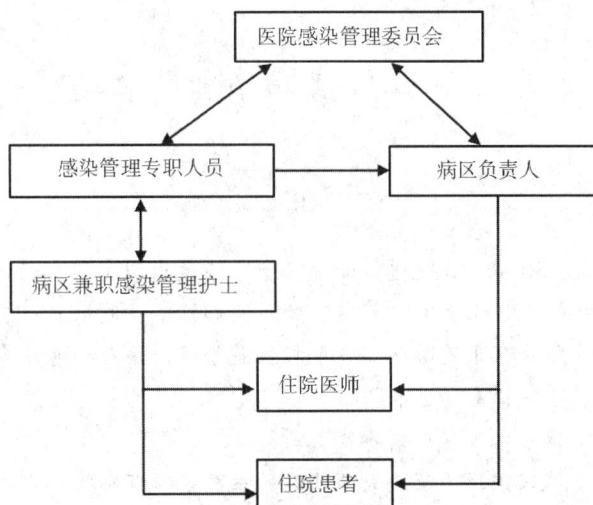

图 4 - 2 医院感染管理体系

（一）建立三级监控体系

在医院感染管理委员会领导下，建立由专职医师、护士为主体的医院感染监控办公室及层次分明的三级护理管理体系（一级管理——病区护士长和兼职监控护士；二级管理——专科护士长；三级管理——护理部副主任，为医院感染委员会副主任），负责评估医院感染发生的各种危险性，降低医院感染的发生。

（二）健全各项制度

认真贯彻落实制度是管理的保证，重视完善各项规章制度，确保医院感染管理工作落到实处。各项制度包括以下几个方面。

1. 管理制度 如清洁卫生制度、消毒隔离制度、无菌技术操作制度、探视制度以及感染管理报告制度等的健全和落实。

2. 监测制度 医院感染监测的目的是通过监测取得资料，分析医院感染的原因，发现薄弱环节，采取有效措施。包括灭菌效果、消毒剂使用效果、一次性医疗器械及门急诊常用器械的监测；对感染高发科室如手术室、供应室、分娩室、换药室、监护室（ICU）、血液透析室等消毒卫生标准的监测。

3. 消毒质量控制标准 符合国家卫生行政部门所规定的相关标准，如医护人员手的消毒及手术前手的消毒、空气的消毒、物体表面的消毒、各种管道装置的消毒等。

（三）改进医院建筑与布局

医院建筑布局合理，有利于医院功能的开展，最大限度减少患者、医务人员和其他人员在医院接触病原体的概率，对减少交叉感染至关重要。对传染病房、超净病房、手术室、监护室、观察室、供应室等，有特殊的要求。

（四）人员控制

控制感染源和易感人群，阻断传播途径。医院工作人员应定期进行健康检查。

（五）采取合理的诊断治疗方法

使用抗生素过程中应严格掌握用药指征，根据药敏试验选择敏感抗生素。对易将微生物引入体内的诊断措施要切实做好消毒、灭菌工作，严格无菌技术操作。

（六）加强医院感染专业的教育

培训工作使全体人员提高理论、技术水平，提高其预防和控制医院内感染的自觉性，在各个环节把好关。

第二节　清洁和消毒、灭菌

案例引导

案例：患者，女，30岁，夜晚进食油腻饮食后凌晨出现上腹部持续疼痛，阵发性加剧，同时向右肩部放射，呕吐3次，有内容物。腹部检查：腹肌紧张，右上腹压痛，反跳痛明显。血常规：白细胞计数增加，中性粒细胞增多。B超检查：急性胆囊炎。经患者同意在全身麻醉下行"胆囊切除术"。

提问：1. 如何进行手术室环境消毒？

2. 手术器械采用压力蒸汽灭菌法时的注意事项有哪些？

清洁、消毒、灭菌是预防和控制医院内感染的重要措施，它包括医院的室内、外环境的清洁、消毒；诊疗用具、器械、药物的消毒和灭菌等。每一个合格的护理人员都必须熟练掌握正确的清洁、消毒和灭菌的方法，以保证医院内生物环境的安全。

一、清洁、消毒、灭菌的概念

（一）清洁

清洁（cleaning）是指用物理方法清除物体表面的污垢、尘埃和有机物。常用的清洁方法有手工清洗、机械去污和超声波清洗。其目的是去除和减少微生物，但并非杀灭微生物。常用于医院的地面、墙壁、家具、医疗器械等物体表面或物品消毒、灭菌前的处理。

（二）消毒

消毒（disinfection）是指用物理或化学方法杀灭或清除医院环境中和媒介物上污染的病原微生物，不包括芽胞及滤过性病毒。

消毒的概念是相对的，它是针对病原体和其他有害微生物，并不要求杀灭或清除所有的微生物；它的作用或效果也是相对的，只要求将有害微生物的数量减少到无害的程度，而不是清除所有的微生物。

（三）灭菌

灭菌（sterilization）是指用物理或化学的方法杀灭或去除外环境中媒介物携带的一切微生物，包括致病微生物和非致病微生物，也包括细菌芽胞和真菌孢子。

二、医院清洁、消毒、灭菌工作

（一）物理消毒灭菌法

物理消毒灭菌是利用热力和辐射等物理作用，使微生物的蛋白质和酶变性或凝固，以达到消毒、灭菌的目的。

1. 热力消毒灭菌法　利用热力使微生物的蛋白质凝固变性，细胞膜发生改变，酶失去活性，以达到消毒、灭菌的目的。热力消毒灭菌法分干热法和湿热法，前者由空气导热，传热慢；而湿热由于空气和水蒸气的共同作用，导热快，穿透力强（表4-2）。

表4-2 干热法与湿热法的区别

区 别	干 热 法	湿 热 法
作用原理	由相对湿度20%以下的高热空气消毒	通过水和水蒸气进行加热消毒
消毒、灭菌对象	耐高温、无保留价值的物品，如油剂、粉剂、玻璃器具、金属制品、陶瓷类物品。无保留价值的物品，如污纸、特殊患者用过的污敷料等	耐高温、耐湿、耐高压的物品，如金属、搪瓷、玻璃、敷料、细菌培养基、橡胶类等
作用温度	较高（160~180℃）	较低（60~134℃）
作用时间	长（1~5小时）	较短（1~60分钟）
导热速度	慢	快
穿透力	弱	强
灭菌效果	较差	好
破坏性	大	小

（1）干热法 干热是指相对湿度在20%以下的高热，由空气导热，传播较慢。一般繁殖体在干热80~100℃中经1小时可以被杀死，芽胞需要160~170℃经2小时方可被杀死。

①干烤法：将物品放进特制的烤箱内，通电后进行灭菌，其热力的传播与穿透主要靠空气对流和介质的传导，灭菌效果可靠。适用于耐高温（高温下不变质、不损坏、不蒸发）而不耐湿的物品。常用于玻璃、搪瓷、金属材料器械、油脂及各种粉剂等的灭菌。灭菌条件为160℃，2小时；170℃，1小时；180℃，30分钟。干烤灭菌的温度和时间也可根据不同的物品和箱型来定（表4-3）。

表4-3 部分物品干烤消毒时间

物 品	温度（℃）	维持时间（分钟）
眼科器械、锋利的刀剪	150	60
注射油剂	150	120
甘油、液状石蜡①	150	120
凡士林、粉剂②	160	60
试管、吸管、平皿、注射器③	160	60
装在金属筒内的吸管	160	120

注：①干烤灭菌温度为160℃时，维持时间可缩短至60分钟；②厚度小于1.3cm；③干烤灭菌温度为180℃时。维持时间可缩短至30分钟。

注意事项：灭菌的物品干烤前应洗净，以防附着在表面的污物碳化。玻璃器皿干烤前应洗净并完全干燥，灭菌时勿与烤箱底、壁直接接触。灭菌后温度降到40℃以下再开箱，以防止炸裂。物品包装不可过大，安放的物品不能超过烤箱高度的2/3，物品包装不超过10cm×10cm×20cm。温度高于170℃时，有机物会碳化，故有机物品灭菌时，温度不可过高。

②燃烧法：是一种简单、迅速、彻底的灭菌方法。

焚烧法：直接在焚烧炉内焚毁，适用于污染的废弃物、病理标本、特殊感染的敷料、尸体等的灭菌。

火焰烧灼法：实验室用的试管或烧瓶可用火焰烧灼法灭菌。当开启或关闭塞子时，须在火焰上烧灼试管（瓶）口和塞子，来回旋转2~3次，避免污染。

乙醇燃烧法：搪瓷类物品和急用时的金属器械可用此法。如坐浴盆，先将盆洗净、擦干，再倒入95%的乙醇，点燃后慢慢转动容器，使其内面全部被火焰烧到，直至火焰熄灭。

燃烧法注意事项：保证安全，须远离易燃易爆物品，如氧气等；用乙醇燃烧时，不可在火焰未灭时添加乙醇，以免引起意外；贵重器械或锐利刀剪禁用此法灭菌，以免锋刃变钝或器械被破坏。

（2）湿热法　是由空气和水蒸气导热进行灭菌的方法。此方法传热快，穿透力强，比干热灭菌法所需温度低、时间短。

①煮沸消毒法：是一种经济、方便的消毒灭菌法，效果也比较可靠。将水煮沸至100℃，保持5~10分钟达到消毒效果，1~2小时达到灭菌目的。在水中加入1%~2%碳酸氢钠，沸点可达105℃，除增强杀菌作用外，还有去污、防锈作用。水的沸点受气压影响，海拔高的地区气压低，水的沸点也低，应适当延长煮沸时间。海拔每增高300m，应延长煮沸时间2分钟。煮沸消毒适用于耐热、耐高温的物品，如金属、搪瓷、玻璃、橡胶类等。（表4-4）

表4-4　各类物品煮沸时间表

物品种类	煮沸时间（分钟）
橡胶及胶木类	5~10（水沸后放入）
金属及搪瓷类	10~15（水沸后放入）
玻璃类	10~15（冷水或温水放入）
手术器械	30（水沸后放入）

方法：将物品刷洗干净，浸没于水中，然后加热煮沸，水沸后计时，如中途加入物品，则在第二次水沸后重新计时。

注意事项：煮沸消毒前应将物品洗净后放入水中，水面应高出物品3cm，煮锅应加盖。玻璃类物品用纱布包好，应从冷水或温水放入，以免突然高热或碰撞而破损。橡胶类物品用纱布包好，待水沸后放入，消毒后及时取出，以免老化。有管腔的器械先注入水，有轴节的器械或有盖的容器应先打开；大小相同的碗、盆不能重叠，使物品的各面都与水接触。较小的物品用纱布包好，使其沉入水中。

②流通蒸汽消毒法：在常压下用100℃左右的蒸汽消毒，从产生蒸汽后开始计时，15~30分钟即可达到消毒效果，常用于食具、便器的消毒。

③低温蒸汽消毒法：将蒸汽输入预先抽空的压力蒸汽灭菌器内，控制温度于73~80℃，持续10~15分钟。用于不耐高热的器材，如内镜、塑料制品等消毒，可杀灭大多数致病微生物。

④压力蒸汽灭菌法：其原理是利用高压及饱和蒸汽的高热所释放的潜热灭菌。是热力消毒灭菌中效果最为可靠、临床使用最广泛的方法。主要用于耐高温、耐高压、耐潮湿的医疗器械和物品灭菌，如各类器械、敷料、搪瓷、橡胶、玻璃制品及溶液等（表4-5）。

表4-5　部分物品的压力蒸汽灭菌压力、温度和时间

灭菌物品	表压		温度（℃）	时间（分钟）
	/（磅·时$^{-2}$）	/[kg·（cm）$^{-2}$]		
金属器械、搪瓷	20	1.40	126	30
布类敷料	20	1.40	126	20~30
玻璃类	15	1.05	121	20~30
橡胶类	15	1.05	121	15~20

方法：根据排放冷空气的方式和程度不同，分为下排气式压力蒸汽灭菌法和预真空压力蒸汽灭菌法两种。

下排气式压力蒸汽灭菌器是利用重力置换的原理，使热蒸汽在灭菌器中自上而下，将冷空气由下排气孔排出，排出的冷空气由饱和蒸汽取代，利用蒸汽释放的潜热使物品达到灭菌。其工作参数为：温度121℃，压力102.9kPa，灭菌时间敷料为30分钟，器械为20分钟。有手

提式压力蒸汽灭菌器（图4-3）和卧式压力蒸汽灭菌器（图4-4）。

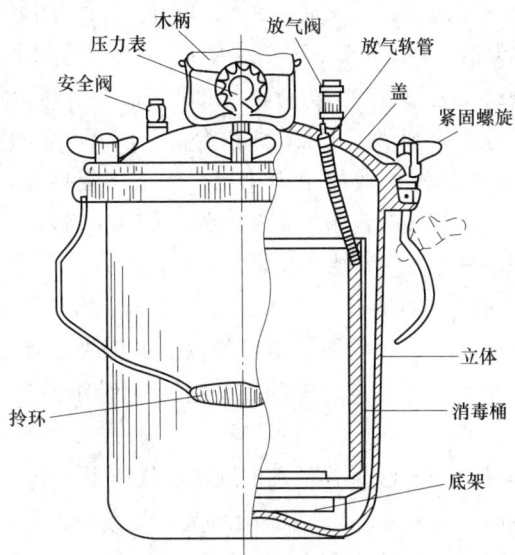

图4-3 手提式压力蒸汽灭菌器

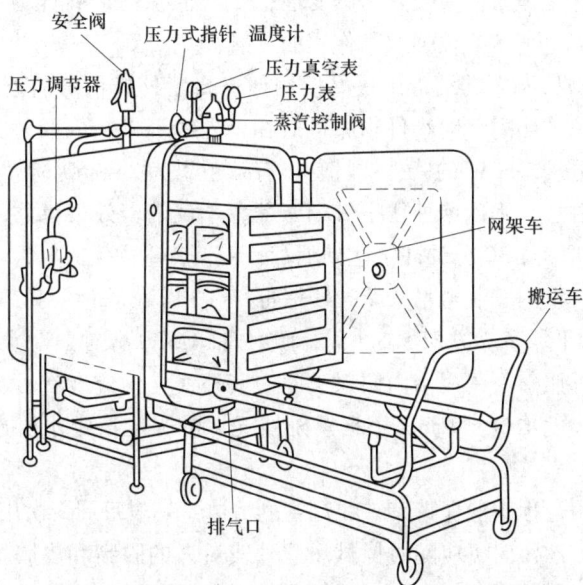

图4-4 卧式压力蒸汽灭菌器

预真空压力蒸汽灭菌器是利用机械抽真空的方法，使灭菌柜室内形成2.0~2.7 kPa的负压，蒸汽得以迅速穿透到物品内部进行灭菌。其工作参数为：温度132~134℃，压力205.8 kPa，敷料和器械灭菌时间均为4分钟。

注意事项：灭菌前须将物品彻底清洗干净、干燥并包装；灭菌包不宜过大，下排气式压力蒸汽灭菌的物品体积≤30cm×30cm×25cm，预真空压力蒸汽灭菌的物品体积≤30cm×30cm×50cm，器械包重量不宜超过7kg，敷料包重量不宜超过5kg，放置时各包之间留有空隙，以便于蒸汽流通；盛装物品的容器应有孔，消毒时将容器孔打开，以利于蒸汽进入，消毒完毕及时关上容器孔；布类物品放在金属、搪瓷类物品之上，以免蒸汽遇冷凝成水珠，使包布受潮，影响灭菌效果；被灭菌物品应待干燥后才能取出备用；随时观察压力及温度情况；定期监测灭菌效果。

压力蒸汽灭菌效果的监测：物理监测法，将甩至50℃以下的150℃或200℃的留点温度计放入待灭菌包裹内，灭菌后检查其读数是否达到灭菌温度。化学监测法，利用化学指示卡或化学指示胶带在121℃、20分钟或135℃、4分钟灭菌后观察颜色或性状的改变来判断灭菌效果（图4-5）。生物监测法，利用对热耐受力较强的非致病性嗜热脂肪杆菌芽胞作为指示剂，灭菌后取出培养，全部菌片均无细菌生长表示灭菌合格，是最可靠的监测法。

2. 辐射消毒法 主要利用紫外线的杀菌作用，使菌体蛋白光解、变性而导致细菌死亡。紫外线对杆菌的杀菌力强，对球菌较弱，真菌则更弱。对生长期细菌敏感，对芽胞敏感性差。

（1）日光暴晒法 日光由于其有热、干燥和紫外线的作用，有一定的杀菌力。常用于床垫、毛毯、衣服、书籍等物品的消毒。将物品放在直射阳光下暴晒6小时，并定时翻动，使物品各面均受到日光照射。

图4-5 化学指示胶带

（2）紫外线灯管消毒法 紫外线灯管是人工制造的低压汞石英灯管，将汞装入石英灯管内，通电后，汞气化放电而成紫外线。经5~7分钟后，受紫外线照射的氧气电离产生臭氧，增强了杀菌效果。紫外线根据波长可分为A波、B波、C波和真空紫外线。消毒使用的是C波紫外线，其波长范围是200~275nm，杀菌作用最强的波段是250~270nm。

①作用机制：破坏菌体蛋白质使其光解变性；使DNA失去转化能力；降低菌体内氧化酶的活性；使空气中的氧电离产生极强杀菌作用的臭氧。

②使用方法：对物品表面的消毒，最好使用便携式紫外线消毒器近距离移动照射方式，也可采用紫外线灯悬吊式照射，对小件物品可放在紫外线消毒箱内照射。一般照射剂量>70$\mu W/cm^2$，时间为30分钟。30W的紫外线灯管，有效距离为25~60cm。对室内空气的消毒，可选用间接照射法，首选高强度紫外线空气消毒器，不仅消毒效果可靠，而且可在室内有人活动时使用，一般开机消毒30分钟即可达到消毒目的。若室内无人时，可采用紫外线灯悬吊式或移动式直接照射。室内安装悬吊式紫外线消毒灯（30W紫外线灯，在1.0m处的强度>70$\mu W/cm^2$）的数量为平均每立方米≥1.5W，照射时间≥30分钟；对水和其他液体的消毒，可采用水内照射或水外照射，采用水内照射法时，紫外线光源应装有石英玻璃保护罩。无论采用何种方法，水层厚度均应<2cm，根据紫外线光源的强度决定水流速度。消毒后水必须达到国家规定标准。

③注意事项：使用过程中应保持紫外线灯管的清洁，一般每周2次用乙醇棉球清洁一次，发现灯管表面有灰尘、油污时，应随时擦拭。紫外线对人的眼睛和皮肤均有损伤作用，使用时不得直接照射人的眼睛或皮肤，以免引起损伤。照射过程中产生的臭氧对人体不利，故照射时人应离开房间，必要时带防护镜，肢体用被单遮盖。由于紫外线的穿透力差，消毒物品时应将物品摊开或挂起，并定时翻动。消毒时间须从灯亮5~7分钟后开始计时。关灯后，待灯管冷却3~4分钟再开灯或移动灯管，防止损坏。消毒室内空气时，室内应保持清洁、干燥，减少尘埃和水雾，温度低于20℃或高于40℃或相对湿度>60%时均应延长消毒时间。为保证消毒效果，应每隔3~6个月定时检测灯管照射强度，如灯管强度低于70$\mu W/cm^2$时，应予以更换。或建立使用时间登记卡，使用时间超过1000小时，应予以更换。定期进行空气培养，以检测消毒效果。

（3）臭氧灭菌灯消毒法 灭菌灯内装有臭氧发生管，在电场作用下，将空气中的氧气转换成高纯臭氧。臭氧以其强大的氧化作用杀菌。臭氧灭菌灯主要用于空气、医院污水、诊疗用水、物品表面等的消毒。臭氧对人体有害，消毒结束后30分钟人员方可进入。

3. 电离辐射灭菌法 电离辐射灭菌是应用γ射线或电子加速器产生的高能电子束进行辐射灭菌。由于此法是在常温下进行，又称"冷灭菌"。

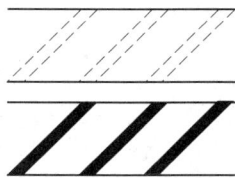

（1）优点　①灭菌彻底，无污染，无残毒；②在常温下进行灭菌，适用于不耐热的生物制品、塑料制品的消毒；③穿透力强，不受任何包装材料的限制；④适用于大批量连续生产线使用，节约能源，成本低。

（2）缺点　①灭菌所需时间长，需48～72小时；②对物品有一定损害；③放射线对人体有伤害，物品必须使用机械传送；④设备要求高，要专门训练人员操作。

（3）注意事项　①氧气与金属离子对γ射线杀菌有促进作用，故消毒不宜在无氧条件下进行；②湿度越高，杀菌效果越好，故消毒环境应保持一定湿度。

4. 微波消毒灭菌法　微波是频率高、波长短的电磁波。在电磁波的高频交流电场中，物品中的极性分子发生极化，高速运动，并且频繁改变方向，互相摩擦，使温度迅速升高，达到消毒、灭菌作用。常用于食品及餐具的处理、医疗药品及耐热非金属材料器械的消毒、灭菌。

5. 过滤除菌　通过三级空气滤过器，选用合理的气流方式，除掉空气中0.5～5μm的尘埃，达到洁净空气的目的。

（二）化学消毒灭菌法

化学消毒灭菌是利用化学药物渗入细菌体内，使菌体蛋白凝固、变性，干扰细菌酶的活性，抑制细菌代谢和生长或破坏细胞膜的结构，改变其渗透性，干扰其生理功能等，从而达到消毒、灭菌的作用。

1. 化学消毒灭菌剂的使用原则

（1）根据物品的性能及病原体的特性，选择合适的消毒剂。

（2）严格掌握消毒剂的有效浓度、消毒时间和使用方法。消毒剂应定期监测、调整浓度，易挥发的应加盖。

（3）被消毒物品要洗净、擦干，浸没在消毒液中，打开轴节和套盖。

（4）浸泡消毒后的物品，使用前用无菌生理盐水冲净；气体消毒后的物品，应待气体散发后再使用，以免药物刺激人体组织。

2. 化学消毒剂的分类

（1）高效消毒剂　能杀灭各种细菌（包括芽胞）、真菌、病毒。达到无菌要求的消毒剂，又称灭菌剂，如戊二醛、环氧乙烷、过氧乙酸、甲醛。

（2）中效消毒剂　能杀灭细菌芽胞以外各种微生物的消毒剂，如含氯制剂、碘等。

（3）低效消毒剂　只能杀死细菌繁殖体的消毒剂，如苯扎溴铵。

3. 化学消毒灭菌方法

（1）浸泡法（immersion）　是将物品浸没于消毒溶液中，在标准的浓度与时间内达到消毒、灭菌作用的方法。被浸泡的物品和消毒剂的种类不同，消毒剂的浓度和浸泡时间也不同。常用于耐湿而不耐热的物品、器械的消毒、灭菌，如锐利器械、内镜的消毒。

（2）喷雾法（nebulization）　是用喷雾器将化学消毒剂均匀喷洒于空间或物体表面进行消毒的方法，常用于地面、墙壁等的消毒。

（3）擦拭法（rubbing）　是用消毒剂擦拭物品表面或进行皮肤消毒的方法，如用含氯消毒剂擦拭桌、椅、墙壁，用2%碘酊和75%乙醇进行皮肤消毒等。宜选用易溶于水、渗透性强、无显著刺激性的消毒剂。

（4）熏蒸法（fumigation）　熏蒸法是利用消毒剂所产生的气体进行消毒的方法，常用于室内物品、空气以及不耐湿、不耐高温的物品（精密仪器、各种票证）的消毒。

知识链接

消毒溶液的配制与稀释计算

（公式计算法）

公式　　　$C1 \times V1 = C2 \times V2$

C1：稀释前溶液浓度　　　　C2：稀释后溶液浓度

V1：稀释前溶液体积　　　　V2：稀释后溶液体积

例：欲配制 0.1% 苯扎溴铵溶液 4000ml，需用 5% 苯扎溴铵溶液多少毫升？

代入公式：$5\% \times X = 0.1\% \times 4000$　　　　　　　$X = 80ml$

答：需用 5% 苯扎溴铵溶液 80ml。

4. 理想化学消毒剂应具备的条件　①杀菌谱广；②有效浓度低；③作用速度快、维持时间长；④性质稳定，易溶于水；⑤可在低温下使用；⑥不易受有机物、酸、碱及其他物理、化学因素的影响；⑦无刺激性、腐蚀性，不引起过敏反应；⑧无色、无味、无臭，而且使用后易于去除残留药物；⑨毒性低，不易燃烧、爆炸，使用无危险性；⑩用法简便，价格低廉。

知识链接

纳米皮肤消毒乳剂

　　纳米皮肤消毒乳液是结合生物技术、纳米技术与消毒技术的一种新型皮肤消毒乳液。其克服了传统的化学消毒、杀菌时效短、产生微生物耐药性、对人体和环境有不良反应等问题，可在 3～5 分钟内杀灭已知的各种病毒、细菌、真菌、衣原体、立克次体等有害微生物，广谱杀菌特征显著，对冠状病毒和艾滋病毒杀灭率均达到 100%。在人体皮肤具有长达 48 小时以上的抑菌功效【由于纳米级尺度抗菌本材料（乳滴直径为 10～30 nm）的长效性扣缓释性】。

　　纳米皮肤消毒乳液的用途：①医务人员皮肤，特别是手部的消毒；②防疫、检疫、环卫、海关、边防、银行、邮政、宾馆、饭店、商店、公共交通和文化体育娱乐馆的皮肤消毒；③按摩、美容、美发等专业人士的消毒。

5. 常用的化学消毒剂　见表 4－6。

表 4－6　常见化学消毒剂

消毒剂名称	消毒效力	作用原理	使用范围	注意事项
戊二醛 （glutaraldehyde）	灭菌剂	与菌体蛋白质反应，使之灭活	用于不耐热的医疗器械和精密仪器的消毒与灭菌。常用浸泡法，2% 碱性戊二醛（2% 戊二醛溶液加入 0.3% 碳酸氢钠），消毒需 20～45 分钟，灭菌需 10 小时	①每周过滤 1 次，每 2 周应更换消毒液 1 次；②浸泡金属类物品时，加入 0.5% 亚硝酸钠作为防锈剂；③灭菌后的物品，使用前用无菌蒸馏水冲洗；④每天使用经国家卫生行政部门批准的消毒剂浓度试纸（卡）监测浓度并记录

消毒剂名称	消毒效力	作用原理	使用范围	注意事项
过氧乙酸 (peracetic acid)	灭菌剂	能产生新生态氧，将菌体蛋白质氧化，使细菌死亡	用于耐腐蚀物品、皮肤及环境等的消毒与灭菌。常用方法有浸泡法、擦拭法、喷洒法。①0.2%过氧乙酸溶液用于皮肤消毒，作用1~2分钟；②0.02%过氧乙酸溶液用于黏膜冲洗消毒；③0.2%~1%过氧乙酸溶液用于浸泡消毒，灭菌需30~60分钟；④0.2%~0.4%过氧乙酸溶液用于环境喷洒消毒	①对金属及织物有腐蚀性，消毒后应及时冲洗干净；②易氧化分解而降低杀菌力，须加盖保存并现配现用；③浓溶液有刺激性和腐蚀性，配制时要戴口罩和橡胶手套；④存放于阴凉避光处，防止高温引起爆炸
环氧乙烷 (ethylene oxide)	灭菌剂	与菌体蛋白结合，使酶代谢受阻而导致细菌死亡	用于精密仪器、光学仪器、化纤、皮毛、金属、橡胶、一次性诊疗器械的消毒与灭菌少量物品可放入丁基橡胶袋中消毒；大量物品可放入环氧乙烷灭菌柜内，可自动调节温度、相对湿度和投药量进行消毒灭菌。常用剂量为0.12%~0.8%，温度为20~37℃，时间为6~24小时，投药量为0.4~0.8 kg/m³	①本品易燃、易爆，具有一定毒性，工作人员要严格遵守操作程序；②存放在阴凉通风、无火源处；③储存温度不可超过40℃，相对湿度要求在60%~80%，以防爆炸；④灭菌后的物品，清除环氧乙烷残留量后方可使用，由于环氧乙烷遇水后可形成有毒的乙二醇，故不能用于食品类、油脂类的灭菌；⑤每次消毒、灭菌时，均应进行效果检测及评估
37%~40%甲醛溶液 (福尔马林，formalin)	灭菌剂	使菌体蛋白变性，酶失去活性；具有广谱杀菌作用	用于耐腐蚀，对湿热敏感的物品消毒、灭菌。①40%甲醛2~10 ml/m³加水4~20 ml加热，做室内物品及空气消毒，密闭门窗，需6小时以上；②40%甲醛2~10 m l/m³加高锰酸钾1~5 g/m³，先将高锰酸钾倒入盆内，加等量水拌成糊状，再将40%甲醛倒入，密闭门窗，熏蒸6~12小时；③40%甲醛40~60 ml/m³，加高锰酸钾20~40 g/m³，柜内熏蒸，密闭6~12小时	①熏蒸的蒸汽穿透力弱，因此物品应挂起消毒；②熏蒸效果易受温度、湿度影响，要求室温在18℃以上，相对湿度在70%以上；③对人有一定的毒性和刺激性，使用时注意防护
含氯消毒剂 (chlorinated dis—infectant)（常用的有漂白粉（含氯石灰）、漂白粉精、氯胺T钠、二氯异氰尿酸钠等）	高、中效	在水溶液中释放出有效氯，破坏细菌酶的活性而致死亡	用于餐具、环境、水、疫源地等的消毒常用方法有浸泡法、擦拭法、喷洒法、干粉消毒。①0.5%漂白粉溶液、0.5%~1%氯胺T钠溶液用于浸泡餐具、便器等，时间30分钟。②1%~3%漂白粉溶液、0.5%~3%氯胺T钠溶液喷洒或擦拭地面、墙壁及物品表面。③排泄物消毒：干粪5份加漂白粉1份搅拌，放置2小时；尿液100 ml加漂白粉1 g，放置1小时	①消毒剂保存在密闭容器内，置于阴凉、干燥、通风处，减少有效氯的丧失；②配制的溶液性质不稳定，应现配现用；③有腐蚀及漂白作用，不宜用于金属制品、有色衣服及油漆家具的消毒；④消毒液应定期更换，每天使用经国家卫生行政部门批准的消毒剂浓度试纸监测浓度
碘酊 (iodine, tincture)	中效	使细菌蛋白质氧化、变性，用于皮肤消毒	①2%碘酊溶液用于皮肤消毒，作用1分钟后，用70%~75%乙醇脱碘；②2.5%碘酊溶液用于脐带断端的消毒，搽久待干，再用70%~75%乙醇脱碘	①对皮肤有较强的刺激性，不能用于黏膜的消毒；②对金属有腐蚀性，不可用于金属器械的消毒；③对碘过敏者禁用

消毒剂名称	消毒效力	作用原理	使用范围	注意事项
碘伏（iodophor）	中效	使细菌蛋白质氧化、变性	适用于皮肤、黏膜等消毒。①0.5%～2.0%碘伏溶液用于外科手术及注射部位的皮肤消毒，涂搽2遍，作用时间为2～3分钟；②0.05%碘伏溶液用于冲洗伤口黏膜和阴道黏膜，时间为3～5分钟，可达到消毒作用；③0.05%～0.1%碘伏溶液用于浸泡消毒，作用时间为30分钟	①碘伏稀释后稳定性差，宜现用现配；②避光密闭保存，放阴凉、干燥处；③皮肤消毒后不用乙醇脱碘；④对二价金属有腐蚀性，故不用于相应金属制品的消毒
乙醇（alcohol）	中效	使菌体蛋白凝固变性，对肝炎病毒及芽胞无效。用于皮肤、物品表面及医疗器械的消毒	①70%～75%乙醇溶液作为消毒剂，用于消毒皮肤、物品表面；②75%乙醇溶液对细菌繁殖体污染的物品浸泡消毒，时间为10分钟以上	①使用浓度不超过80%，因乙醇杀菌需一定量的水分，浓度过高或过低均影响杀菌效果；②不适于手术器械灭菌，因不能杀灭芽胞；③易挥发、易燃，需加盖并避火保存，定期测量比重，保持有效浓度；④有刺激性，不宜用于黏膜及创面的消毒
苯扎溴铵（benzalkonium bromide）	低效	是阳离子表面活性剂，能吸附带阴电的细菌，破坏细胞膜，导致菌体自溶死亡，又可使菌体蛋白变性而沉淀	用于皮肤、黏膜、物品的消毒。常用方法有浸泡、擦拭、喷洒消毒。①0.01%苯扎溴铵溶液用于创面消毒；②0.1%苯扎溴铵溶液用于皮肤及黏膜消毒；③0.05%～0.1%苯扎溴铵溶液用于手术前洗手用浸泡，时间5分钟；④手术器械消毒用0.1%苯扎溴铵溶液煮沸15分钟，再浸泡30分钟	①对肥皂、碘、高锰酸钾等阴离子表面活性剂有拮抗作用；②有吸附作用，会降低药效，所以溶液内不可放入纱布、棉花等；③对铝制品有破坏作用，不可用铝制品容器盛装
氯己定（洗必泰，chlorhexidine hibitane）	低效	能破坏细胞膜的酶活性，使细胞的胞质膜破裂	用于皮肤、黏膜、物品的消毒。①0.02%氯己定溶液用于手消毒，浸泡3分钟；②0.05%氯己定溶液用于创面消毒；③0.1%氯己定溶液用于物体表面消毒	同苯扎溴铵①、②

第三节　手　卫　生

在临床实践中，各种诊疗、护理工作都离不开医务人员的双手，如不加强手卫生就会直接或间接地导致医院感染的发生。为保障患者安全、提高医疗质量，防止交叉感染，医院应加强医务人员手卫生的规范化管理，提高医务人员手卫生的依从性。

手卫生定义：为医务人员洗手、卫生手消毒和外科手消毒的总称。

一、洗手

【目的】清除医务人员手上的污垢和致病微生物，切断通过手传播感染的途径。

【评估】非紧急情况下，医务人员在下列情况应认真洗手。

（1）进入隔离病房前。

（2）接触清洁物品前、处理污染物品后。

（3）上厕所前、后。

（4）无菌操作前、后。

（5）护理特殊易感患者前、后。

（6）接触伤口前、后。

（7）护理感染患者或可能携带病原微生物的患者后。

【计划】

1. 用物准备 洗手池设备、皂液或含杀菌成分的洗手液、擦手纸或毛巾或热气干手机、盛放擦手纸或毛巾的容器。

2. 环境准备 安全、宽敞、清洁。

【实施】

1. 操作方法

操作步骤	要点与说明
（1）取下手上的饰物及手表，卷袖过肘。打开水龙头，调节合适水流，如有冷、热水供应，应调至温水的温度	·水龙头最好是感应式或用肘、足踏、膝控制的开关 ·水流不可过大，以防溅湿工作服 ·太热或太冷的水会使皮肤干燥
（2）湿润双手并取肥皂或洗手液涂抹 （3）揉搓双手，持续15秒，范围为双手、手腕及腕上10cm	·皂液要求质量好、刺激小，并保持干燥 ·注意指尖、指缝、拇指、指关节等处清洗干净
（4）打开水龙头，流水冲净 （5）关闭水龙头，以擦手纸或毛巾擦干双手或在烘干机下烘干双手	·用流水，可避免污水污染双手 ·关闭水龙头时手不可直接接触水龙头

七步洗手法（图4-6）：①搓手掌；②搓手背；③搓指缝；④搓指关节；⑤搓拇指；⑥搓指尖；⑦搓手腕。

手的冲洗与擦干见图4-7。

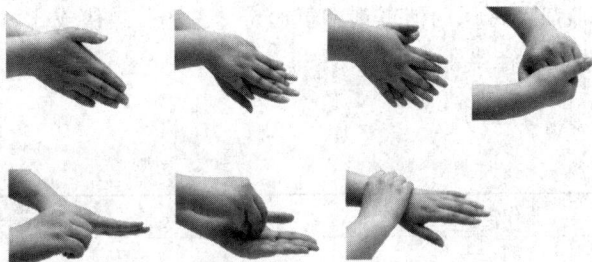

图4-6 七步洗手法

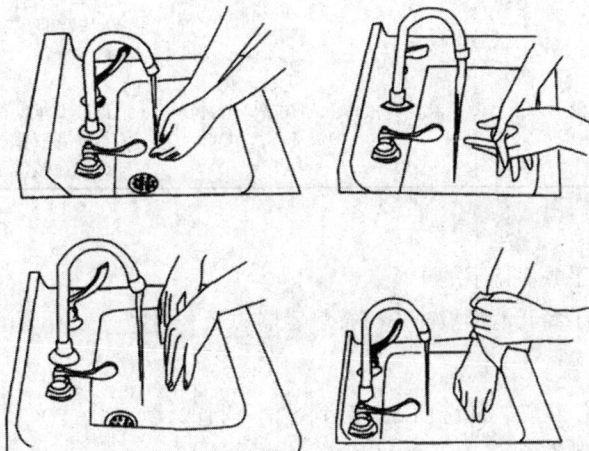

图4-7 手的冲洗与擦干

2. 注意事项

（1）肥皂应保持清洁、干燥。

（2）洗手时不可溅湿工作服，不可污染周围环境。

（3）擦手毛巾应保持清洁、干燥，每日消毒。

【评价】

（1）手的清洗方法正确。

（2）工作服未被溅湿。

二、手的消毒

医务人员接触污染品或感染患者后，手被大量细菌污染，仅一般洗手尚不能达到预防交叉感染的要求，必须在洗手后再进行手的消毒。

【目的】 预防感染与交叉感染，避免污染清洁物品。

【评估】 医务人员在下列情况下必须进行手的消毒。

（1）实施插入性操作前。

（2）护理免疫力低下的患者或新生儿前。

（3）接触血液、体液和分泌物后。

（4）接触被致病性微生物污染的物品后。

（5）护理传染患者后。

【计划】

1. 操作者准备　衣帽整洁，修剪指甲，洗手，戴口罩。

2. 环境准备　环境清洁、宽敞，物品放置合理、取用方便。

3. 用物准备　消毒剂（常用的消毒剂有氯己定、乙醇、碘伏或含氯消毒剂等）或消毒液、盛放消毒剂或消毒液的容器。

【实施】

1. 操作方法

操作步骤	要点与说明
（1）涂擦消毒法 ①用消毒剂依次涂擦双手，按洗手方法搓擦，每一步骤来回3次 ②任其自干 （2）浸泡消毒法 ①双手完全浸入消毒液的液面以下，双手在消毒液中互相揉搓2分钟 ②任其自干	·消毒剂要求作用速度快、不损伤皮肤、不引起过敏反应 ·注意指尖、拇指、指缝 ·涂擦时间约2分钟，达到消毒手的目的 ·消毒液要求同消毒剂 ·消毒液要浸没肘部及以下 ·揉搓顺序按洗手方法

2. 注意事项

（1）消毒前应洗手并保持手的干燥。

（2）消毒完毕，手离开消毒液时不可接触容器边缘。

【评价】

（1）手的消毒方法正确，冲洗彻底，达到手消毒目的。

（2）工作服未被溅湿。

第四节 无菌技术

一、无菌技术的概念

（一）概念

1. 无菌技术（aseptic technique） 是指在执行医疗、护理操作过程中，防止一切微生物侵入人体和防止无菌物品、无菌区域被污染的操作技术。

2. 无菌区（aseptic area） 指经过灭菌处理未被污染的区域。

3. 非无菌区（non—aseptic area） 指未经过灭菌处理，或虽经过灭菌处理但又被污染的区域。

4. 无菌物品（aseptic supply） 指经过物理或化学方法灭菌后保持无菌状态的物品。

二、无菌技术操作原则

无菌技术是预防医院感染的一项基本而重要的技术，其操作规程是根据科学原则制订的。在进行各种无菌技术操作过程中，护理人员必须熟练掌握并严格遵守。

1. 护士准备 进行无菌操作时，衣帽穿戴要整洁。帽子要把全部头发遮盖，口罩须遮住口鼻，并修剪指甲，洗手。必要时穿好无菌衣，戴好无菌手套。

2. 操作环境 清洁、宽敞并定期消毒。进行无菌技术操作前半小时，须停止清扫地面等工作，避免不必要的人群流动，减少人员走动，以降低室内空气中的尘埃。防止尘埃飞扬。操作台清洁、干燥、平坦，物品放置合理。治疗室每日用紫外线照射消毒 1 次，时间 20 ~ 30 分钟即可，也可适当延长消毒时间。

3. 物品管理 ①无菌物品必须与非无菌物品分开放置，且有明显标志；②无菌物品不可暴露于空气中，应存放于无菌包或无菌容器内；③无菌包外需标明物品名称、灭菌日期，按失效日期先后顺序摆放，无菌包有效期由包装材料决定，使用纺织品材料包装的无菌物品有效期为 7 ~ 14 天，医用一次性纸袋包装的无菌物品，有效期 1 个月，一次性医用皱纹纸、医用无纺布包装的无菌物品，有效期 6 个月。

4. 操作要求

（1）进行无菌操作时，应首先明确无菌区和非无菌区。

（2）进行无菌操作时，操作者身体应与无菌区保持一定距离。

（3）取、放无菌物品时，应面向无菌区。

（4）取用无菌物品时应使用无菌持物钳。

（5）无菌物品一经取出，虽未使用，也不得放回无菌容器内。

（6）手臂应保持在腰部或治疗台面以上，不可跨越无菌区，手不可接触无菌物品。

（7）避免面对无菌区谈笑、咳嗽、打喷嚏。

（8）物品疑有或已被污染，即不可使用，应给予更换并重新灭菌。

（9）一套无菌物品只能供一位患者使用一次，以防止发生交叉感染。

三、无菌技术基本操作法

（一）无菌持物钳的使用

【目的】取用和传递无菌物品。

【评估】

1. 根据夹取物品的种类选择合适的持物钳（镊）。

2. 操作环境是否整洁、宽敞、安全；操作台是否清洁、干燥、平坦。

3. 无菌物品存放是否合理，无菌包或容器外标签是否清楚、有无失效。无菌包无破损、潮湿。

【计划】

1. 操作者准备 着装整洁，剪指甲，洗手，戴口罩。熟悉操作方法。

2. 用物准备 无菌持物钳、无菌浸泡容器。

（1）无菌持物钳的种类 无菌持物钳有三叉钳、卵圆钳和长摄子、短镊子4种（图4-8）。其中卵圆钳前端有两个卵圆形小环，可用来夹取刀、剪、镊、治疗碗及弯盘等；三叉钳前端较粗，呈三叉形并以弧度向内弯曲，用于夹取较重或较大物品；镊子尖短细小，轻巧方便，用于夹取针头、棉球、纱布等。

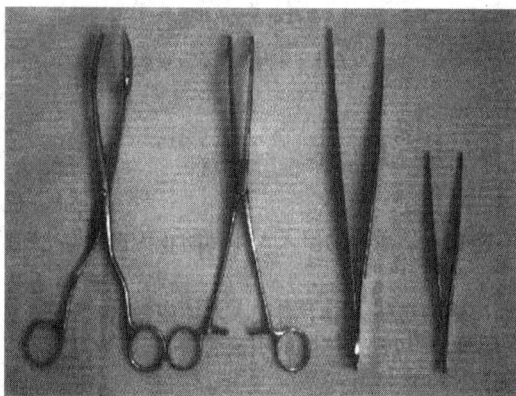

图4-8 无菌持物钳的种类

（2）无菌持物钳的存放方法 有2种存放方法。①湿式保存法：持物钳经灭菌后浸泡在盛有消毒液的广口有盖容器内，消毒液液面应浸没轴节上2~3cm或镊子的1/2处。每个容器内只能放置一把无菌持物钳（图4-9）。无菌持物钳和容器应每周更换1次，同时更换消毒液，在使用频率较高的手术室、门诊换药室、注射室应每日更换1次。②干式保存法：无菌持物钳灭菌后放入干燥广口有盖容器内，一般放置在无菌包内的持物钳应在使用前开包，4小时更换1次。多用于使用频率较高的科室。

4-9 无菌持物钳的浸泡与存放

3. 环境准备 光线适宜，整洁、宽敞。

【实施】

1. 操作方法

操作步骤	要点与说明
（1）备齐用物	·护士着装整洁，洗手、戴口罩。根据操作目的准备环境及用物
（2）取持物钳	·将浸泡无菌持物钳的容器盖打开 ·操作者手固定在持物钳上 1/3 部分，使钳端闭合，垂直取出。以防钳端触及容器口边缘及液面以上的容器内壁，造成污染 ·保持钳端向下取出持物钳，在容器上方滴尽消毒液（图 4 - 10）
（3）用持物钳	·保持钳端向下，且持物钳只能在持物者的胸、腹部水平移动，不可过高或过低
（4）放持物钳	·使用后，应闭合钳端垂直放入容器内，然后打开钳端，使钳端与消毒液充分接触浸泡待消毒，以保持无菌

正确　　　　　不正确

图 4 - 10　无菌持物钳的取放

2. 注意事项

（1）无菌持物钳只能用于夹取无菌物品，不能用于夹取油纱布或换药。

（2）使用无菌持物钳时，钳端不可高举，手不可触及无菌持物钳的浸泡部分。

（3）无菌持物钳使用后应立即放回容器内，不得在空气中暴露过久。

（4）如到远处夹取物品，应将持物钳放入容器内一同搬移。

（5）无菌持物钳一经污染或疑有污染时，不得再放回容器内，应重新消毒。

（6）无菌持物钳和存放容器要定期消毒。浸泡保存时，一般病房可每周更换 1 次，使用频率高的要缩短更换周期，甚至每天 1 次。另有干燥法保存，每 4～8 小时更换 1 次。

【评价】

1. 无菌持物钳及无菌物品未被污染。

2. 取用无菌持物钳时钳端闭合，未触及溶液面以上部分及容器口边缘。使用过程中保持钳端向下，未触及非无菌区。使用完毕立即放回容器内，并将钳端打开。

3. 用无菌持物钳取物时，钳及物品未触及容器口边缘，手未触及无菌容器盖的内面及边缘。

（二）无菌容器的使用

【目的】　无菌容器用于盛放无菌物品，并保持其无菌状态。

【评估】

1. 操作环境是否整洁、宽敞、安全；操作台是否清洁、干燥、平坦。

2. 无菌容器的种类和有效期。

【计划】

1. 操作者准备　着装整洁，剪指甲，洗手，戴口罩。

2. 用物准备 常用无菌容器，如无菌盒、贮槽、罐。

3. 环境准备 光线适宜，整洁、宽敞。

【实施】

1. 操作方法

操作步骤	要点与说明
（1）备齐用物	·护士着装整洁，洗手，戴口罩，备齐用物
（2）检查核对	·查对无菌物品名称及灭菌有效期
（3）开容器盖	·打开无菌容器盖，平移离开容器，内面向上置于稳妥处或拿在手中（图4－11）。防止盖内面触及桌面及任何非无菌区域
（4）取出物品	·用无菌持物钳从容器中取出无菌物品。注意手不可触及盖的内面。取毕无菌物品立即将容器盖严。避免容器内物品在空气中暴露过久，造成污染

2. 注意事项

（1）夹取无菌容器内的物品时，无菌持物钳及无菌物品不可触及容器的边缘。

（2）移动无菌容器（如治疗碗）时，托住底部，手不可触及无菌容器内的边缘（图4－12）。

（3）从无菌容器内取出的无菌物品，虽未使用，也不得再放回无菌容器内。

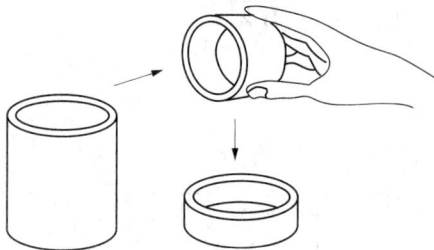

图4－11　打开无菌容器

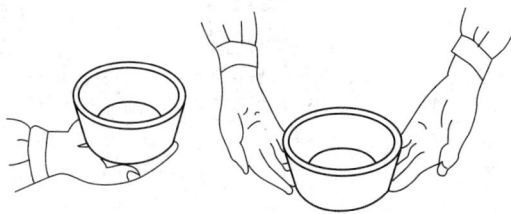

图4－12　手持无菌容器

【评价】无菌容器及无菌物品未被污染。

（三）无菌包的使用

【目的】使包内无菌物品在规定时间内保持无菌状态。

【评估】

1. 操作环境是否整洁、宽敞、安全；操作台面是否清洁、干燥、平坦。

2. 无菌包的名称及有效期。

【计划】

1. 操作者准备 熟悉操作方法，着装整洁，剪指甲，洗手，戴口罩。

2. 用物准备 无菌持物钳、无菌包包布（由质厚、致密、未脱脂的双层棉布制成）、治疗巾、标签、化学指示胶带、签字笔。

3. 环境准备 光线适宜，整洁、宽敞、干燥。

【实施】

1. 操作方法

操作步骤	要点与说明
（1）备齐用物	·护士着装整洁，洗手，戴口罩，备齐用物
（2）包无菌包	·将清洁、干燥物品放于包布中央，内置化学指示卡，用包布一角盖住物品，左、右两角先后盖上并将角尖向外翻折，盖上最后一角后以"＋"字形扎妥或用化学指示胶带贴妥（图4－13）。如包玻璃物品，先用棉垫包裹再包扎。消毒后成为无菌包
（3）开无菌包	·检查无菌包的名称、灭菌有效期及无菌指示胶带；查看无菌包有无破损及潮湿等不能使用的情况 ·将无菌包放在清洁、干燥、平坦处，解开系带 ·打开无菌包外角，再揭开左、右两角，最后打开内角 ·检查化学指示卡是否达到灭菌效果
（4）取出物品	·用无菌持物钳取出所需物品，放在事先准备的无菌区域内 ·如需要一次将包内物品全部取出，可将无菌包托在手上打开，另一只手抓住包布四角，稳妥地将包内物品放入事先准备的无菌区域内，将包布折叠放妥（图4－14） ·如包内用物一次用不完，则按原折痕包起、扎好，并注意开包日期及时间

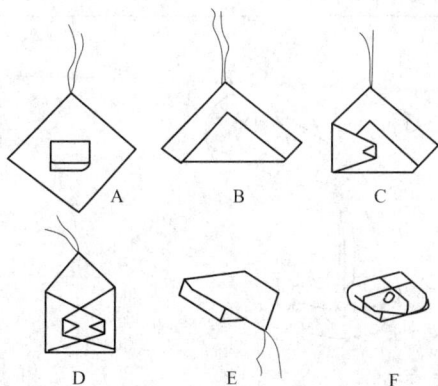

图4－13　无菌包包扎方法

图4－14　无菌物品放无菌区

2. 注意事项

（1）无菌包包布通常选择质厚、致密、未脱脂的棉布制成。

（2）用纺织品材料包装的无菌包的有效期为7～14天，过期或受潮湿应重新灭菌。

（3）开无菌包时应选择清洁、干燥处，防止潮湿环境因毛细现象而造成污染。

（4）无菌包若横向包扎表示此包已开过，所剩物品未受潮湿、未被污染的情况下有效期为24小时。

【评价】

1. 包扎无菌包方法准确，松紧适宜。打开或还原无菌包时，手未触及包布内面及无菌物品。

2. 操作时，手臂未跨越无菌区。

3. 开包日期及时间记录准确。

（四）无菌溶液取用法

【目的】保持无菌溶液的无菌状态，供治疗、护理用。

【评估】

1. 操作环境是否整洁、宽敞、安全；操作台面是否清洁、干燥、平坦。

2. 无菌溶液的名称及有效期是否符合操作要求。

【计划】

1. 操作者准备　衣帽整洁，修剪指甲，洗手，戴口罩。

2. 用物准备 无菌溶液、启瓶器、弯盘、盛装无菌溶液的容器、棉签、消毒液、记录纸、笔等，必要时备盛有无菌持物钳的无菌罐、无菌纱布罐。

3. 环境准备 清洁、宽敞、明亮，定期消毒。

【实施】

1. 操作方法

操作步骤	要点与说明
（1）备齐用物	·护士着装整洁，洗手，戴口罩，备齐用物
（2）检查核对	·取盛有无菌溶液的密封瓶，擦净瓶身外灰尘，检查无菌溶液的名称及有效期，瓶盖有无松动，瓶体及瓶底有无裂痕，查看无菌溶液有无沉淀、浑浊、絮状物、变色等不能使用的情况，确定质量可靠方可使用
（3）开瓶盖及塞	·用启瓶器撬开瓶盖，然后用两拇指将瓶塞边缘向上翻起，再用一手拇指和示指拉出瓶塞，手不可触及瓶口及瓶塞的塞入部分
（4）倒取溶液	·另一手拿溶液瓶，瓶签朝向掌心，倒出少量溶液冲洗瓶口后，再由原处倒出无菌液至无菌容器中（图4-15） ·塞进瓶塞，消毒后盖好，并注明开瓶日期及时间

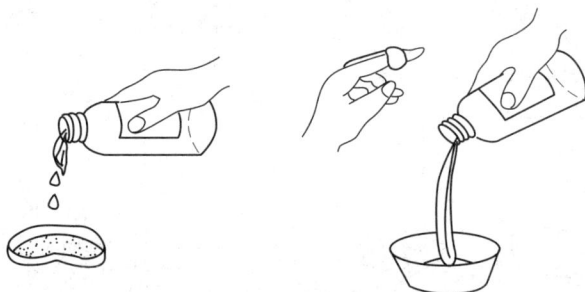

图4-15 取用无菌溶液法

2. 注意事项

（1）检查溶液质量时要倒转瓶体，对光检查。

（2）翻盖瓶塞时，手不可触及瓶口及瓶塞的塞入部分。

（3）倒溶液时，瓶口不可触及无菌容器，亦不能将无菌敷料堵塞瓶口或伸入瓶内蘸取溶液。瓶签应朝向掌心以防沾湿瓶签，影响查对。

（4）已倒出的溶液，虽未使用也不得倒回瓶内。

（5）剩余溶液如继续使用，有效期为24小时。

【评价】

1. 无菌溶液未被污染，取用无菌溶液时手未触及瓶口及瓶内面。

2. 瓶签未浸湿，瓶口未污染，液体未溅到桌面。

（五）铺无菌盘

【目的】 将无菌治疗巾铺在清洁、干燥的治疗盘内，形成一无菌区域，放置无菌物品，供检查、治疗、护理用。

【评估】

1. 操作环境是否整洁、宽敞、安全。

2. 无菌物品是否存放合理，无菌包或容器外标签是否清楚，是否在有效期内。

3. 检查与护理项目。

【计划】

1. 操作者准备 着装整洁，剪指甲，洗手，戴口罩，熟悉操作方法。

2. 用物准备　无菌持物钳、无菌包（内置无菌治疗巾）、治疗盘、无菌物品及容器、标签、弯盘、签字笔。

3. 环境准备　光线适宜，整洁、宽敞。

【实施】

1. 操作方法

操作步骤	要点与说明
（1）备齐用物	·护士着装整洁，洗手，戴口罩，备齐用物
（2）检查核对	·检查无菌物品名称、包装是否完整及灭菌有效期，确保质量可靠才能使用
（3）取治疗巾	·打开无菌治疗巾包，按无菌包的使用法取出治疗巾，包内治疗巾的折叠方法 　　纵折法：治疗巾纵折两次，再横折两次，开口边向外（图4-16） 　　横折法：治疗巾横折后纵折，再重复一次（图4-17） ·如包内治疗巾未用完则按原折痕包好，注明开包日期和时间
（4）铺治疗巾	·单层底铺法：双手捏住上层外面两角将其双折平铺于治疗盘上，将上层扇行折叠至对侧，开口向外（图4-18）。手不可触及治疗巾内面。放入无菌物品后，上层盖上，上、下层边缘对齐。开口处向上翻折两次，两侧边缘分别向下折一次，露出治疗盘边缘 ·双层底铺法：双手捏住治疗巾一边外面两角，轻轻抖开，从远到近3折成双层底，上面呈扇形折叠，开口向外（图4-19）。放入无菌物品后，拉平扇形折叠层，盖于物品上，边缘对齐
（5）整理用物	·注明铺盘名称及时间，整理用物。保持盘内无菌，4小时内有效

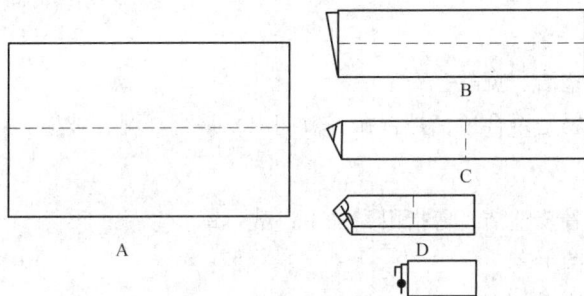

图4-16　治疗巾纵折法

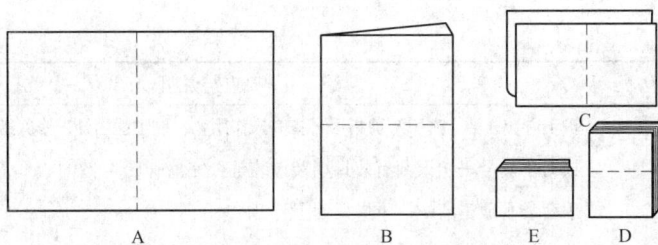

图4-17　治疗巾横折法

2. 注意事项

（1）操作时，非无菌物品和身体应与无菌盘保持适当的距离，身体部位不可跨越无菌区。

（2）铺治疗盘时手不可触及治疗巾的内面。

（3）无菌盘应保持干燥，避免潮湿污染。

（4）已铺好的无菌盘应尽早使用，保留时间不得超过4小时。

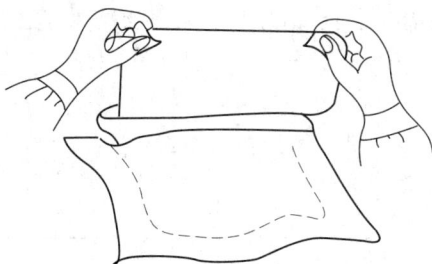

图 4 – 18 单层铺巾

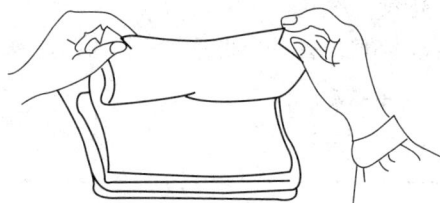

图 4 – 19 双层铺巾

【评价】

1. 无菌物品及无菌区域未被污染。

2. 无菌巾上物品放置有序，使用方便。

3. 夹取、放置无菌物品时，手臂未跨越无菌区，无菌巾内面未受到污染。

（六）无菌手套的使用

【目的】 在某些医疗、护理操作时为确保无菌效果，操作者需戴无菌手套。另外，在接触患者的体液和血液时应戴手套，以加强自我保护。

【评估】

1. 操作环境是否整洁、宽敞、安全。

2. 无菌手套的号码是否合适，是否在有效期内，是否潮湿、破损。

【计划】

1. 操作者准备 着装整洁，剪指甲，洗手，戴口罩。

2. 用物准备 无菌手套。

3. 环境准备 光线适宜，整洁、宽敞。

【实施】

1. 操作方法

操作步骤	要点与说明
（1）护士准备	·护士着装整洁、洗手、剪指甲，备齐操作用物，放于适当处，修剪指甲，防止刺破手套
（2）检查核对	·核对手套号码，灭菌有效日期及包装是否完整（图 4 – 20）
（3）开手套袋	·手套袋平放于清洁、干燥桌面上打开
（4）戴上手套	·分次提取法：一手掀开手套袋开口处，另一只手捏住手套反折部分（手套内面）取（图 4 – 21）出手套，对准五指戴上；未戴手套的手掀起另一袋口，再以带好手套的手指插入另一只手套的反折内面（手套外面），取出手套，同法戴好 ·一次性提取法：两手同时掀开手套袋开口处，分别捏住两只手套的反折部分，取出手套；将两手套五指对准，先戴一只手，再以戴好手套的手指插入另一只手套的反折内面，同法戴好（图 4 – 22）
（5）脱下手套	·操作毕，一手捏住另一手套的腕部外面，翻转脱下；再以脱下手套的手伸入另一只手套内将其往下翻转脱下
（6）污物处理	·将用过的手套放入医用垃圾袋内

2. 注意事项

（1）未戴手套的手不可接触无菌手套的外面，已戴手套的手不可触及未戴手套的手及手套内面。

（2）戴手套时防止手套外面（无菌面）触及任何非无菌的物品。

（3）戴手套后，手臂不可下垂，应保持在腰以上、肩以下范围内活动。如发现破损或不慎污染，应立即更换。

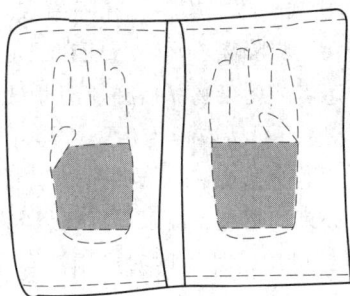

图 4 - 20　无菌手套存放法

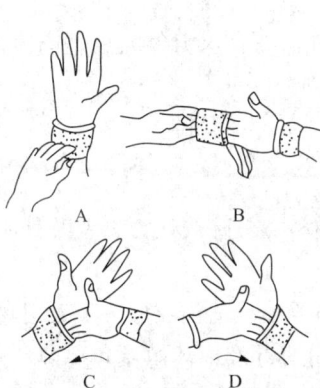

图 4 - 21　分次取戴手套法　　　　图 4 - 22　一次取戴手套法

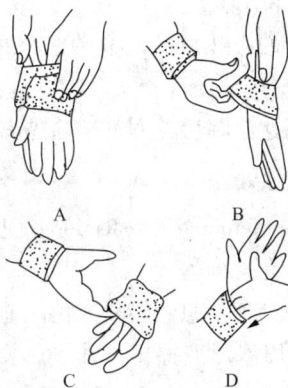

【评价】

（1）戴无菌手套后，在操作过程中无菌物品和无菌区域未被污染。

（2）操作始终在腰部以上、肩以下范围内进行。

第五节　隔离技术

案例引导

　　案例：患者，男，37 岁。因近 3 天出现食欲减退、恶心伴油腻感，畏寒、发热，遂
步行入院。入院诊断为"急性乙型病毒性肝炎"。体查：巩膜及皮肤黄染。血液检查：
抗 HBV - IgM 阳性、抗 HBV - IgG 阳性。

　　提问：1. 对此患者应采取何种隔离？

　　　　　2. 其隔离的主要措施有哪些？

　　隔离（isolation）是将传染病患者、高度易感者安置在指定的地点和特殊环境中，暂时避
免和周围人群接触。对前者采取的是传染病隔离，防止传染病病原体向外传播；对后者采取
的是保护性隔离，保护高度易感人群免受感染。

一、隔离原则

（一）一般消毒隔离

（1）根据隔离种类，在每个隔离单位前挂隔离标志。门口设置消毒擦鞋垫，洗手、消毒

手的设备及隔离衣悬挂架等。

（2）工作人员进入隔离单位须戴口罩、帽子，穿隔离衣。穿隔离衣前，备齐所用物品，不易消毒的物品放入塑料袋内避污。穿隔离衣后，只能在规定范围活动。一切操作严格按照隔离规程。医务人员每接触一位患者或污染物品后必须消毒双手。

（3）患者接触过的物品或落地的物品应视为污染，消毒后方可给他人使用；患者的衣物、稿件、钱币等经熏蒸消毒后才能交给患者家属带回；患者的排泄物、分泌物、呕吐物须经消毒后方可排放；需送出病区处理的物品，放置于污物袋内，袋外有明显标记。

（4）病室每日进行空气消毒，可用紫外线照射或用消毒液喷雾消毒；每日晨间护理后，用消毒液擦拭床旁桌、椅等物品。

（5）严格执行陪伴和探视制度。必须陪伴和探视时，应向患者及探视者做宣教及解释工作，遵守隔离要求和制度。

（6）了解患者的心理情况，满足患者的心理需要，尽力解除患者因隔离而产生的孤独、自卑等心理反应。

（7）经医师下达医嘱后，方可解除隔离。

（二）终末消毒处理

终末消毒处理（terminal disinfection）是对转科、出院或死亡患者及其所住病室、用物和医疗器械等进行的消毒处理。

1. 患者的终末处理　患者转科或出院前应洗澡，换清洁衣服。个人用物须消毒后方能带出。若患者死亡，用消毒液擦拭尸体，必要时用消毒液棉球填塞口、鼻、耳、肛门等孔道，伤口处更换敷料，然后用一次性尸单包裹尸体，送传染科太平间。

2. 隔离单位的终末处理　患者用过的物品需分类消毒处理（表4-7）。关闭门窗，打开床旁桌，摊开棉被，竖起床垫，用消毒液熏蒸。熏蒸后打开门窗，用消毒液擦拭家具。被服类放入标明"隔离"字样的污物袋内，经消毒处理后再清洗。床垫、棉被和枕芯还可用日光暴晒处理。

二、隔离种类及措施

病原微生物进入人体的途径有多种形式，在隔离期间，针对不同传播途径，采取不同的隔离措施。

（一）严密隔离

凡具有强烈传染性，其病原体经飞沫、分泌物或排泄物直接或间接传染给他人，病死率高的传染病应执行严密隔离，如鼠疫、霍乱，隔离措施如下。

表4-7　终末处理方法

类　别	消毒方法
病室房间	熏蒸
病室地面、墙壁、家具	消毒剂喷洒、擦拭
医疗用的金属、橡胶、搪瓷、玻璃类物品	消毒剂浸泡，煮沸及压力蒸汽消毒、灭菌等
血压计、听诊器、手电筒	甲醛熏蒸、环氧乙烷气体消毒、消毒剂擦拭
体温计	1%过氧乙酸溶液浸泡30分钟，连续2次，也可用20%碘伏浸泡30分钟
餐具、茶具、药杯	消毒剂浸泡，煮沸，微波消毒，环氧乙烷气体消毒
信件、书报、票证	甲醛熏蒸，环氧乙烷气体消毒
布类、衣物	消毒剂浸泡，环氧乙烷气体消毒，煮沸，压力蒸汽消毒、灭菌
枕芯、被褥、毛纺织品	日光暴晒6小时以上，环氧乙烷气体消毒

续表

类别	消毒方法
排泄物和分泌物	排泄物用漂白粉或生石灰消毒，痰盛于蜡纸盒内焚烧
剩余食物	煮沸 30 分钟后倒掉
垃圾	焚烧

1. 患者应住单间病室（同类患者可合住一室），通向走廊的门窗应关闭，以防飞沫向外散播。室内物品力求简单并耐消毒，室外有醒目标志。禁止患者走出病室，禁止探视患者。

2. 接触此类患者，必须戴好口罩和帽子，穿隔离衣和隔离鞋，必要时戴橡胶手套。消毒措施要特别严格。

3. 患者的分泌物、呕吐物和排泄物应严格消毒处理。

4. 病室每日用 1% 氯胺 T 钠溶液或其他消毒液喷雾消毒一次，也可用紫外线进行空气消毒。

（二）呼吸道隔离

凡由患者的飞沫和鼻咽分泌物经呼吸道传播的疾病须执行呼吸道隔离，如流行性感冒、流行性脑脊髓膜炎、麻疹、百日咳、肺结核等，隔离措施如下。

1. 同种疾病可安置一室，有条件的医院应使此种患者远离其他病区。病室通向走廊的门窗须关闭，出入应随手关门，以防病原体随空气向外传播。

2. 接触患者需戴口罩（并保持口罩干燥）、帽子及穿隔离衣。

3. 病室内每日用紫外线照射或过氧乙酸喷雾消毒 1 次。

4. 患者的口鼻分泌物及痰需经严格消毒处理后才能排放。

（三）肠道隔离

凡由患者的排泄物直接或间接污染食物或水源而引起传播的疾病须执行肠道隔离，如伤寒、痢疾、传染性肝炎等，隔离措施如下。

1. 不同病种最好能分室居住，如条件不许可时，也可同居一室，但必须做好床边隔离，每一病床应加隔离标记。患者之间禁止交换物品、书报或互赠食物。

2. 患者的食具和便器专用，其排泄物、呕吐物和剩余食物均须消毒处理后再排放。

3. 护理人员在接触患者时，须按病种分别穿隔离衣，并消毒双手。

4. 病室应有防蝇设备，保持无蝇、无蟑螂。

（四）接触隔离

凡病原微生物经体表或患部排出（如分泌物、皮肤脱屑等），由于直接或间接地接触皮肤或黏膜破损处而引起的传染病应执行接触隔离，如破伤风、气性坏疽、炭疽等，隔离措施如下。

1. 患者应住单间病室，不接触他人。

2. 密切接触患者时须穿隔离衣，工作人员的手或皮肤有破损者应避免做伤口换药等护理操作，必要时应戴橡胶手套。

3. 被伤口分泌物或皮肤脱屑所污染的物品、器械、敷料等必须严格消毒处理。

4. 凡患者接触过的一切污染物品如被单、衣服等，应严格灭菌后才可清洁、消毒处理。

（五）血液－体液隔离

凡直接或间接接触传染性血液或体液而感染的疾病应执行血液或体液隔离，如乙型病毒性肝炎、艾滋病、梅毒等，隔离措施如下。

1. 同种病原感染者可同室隔离。

2. 为防血溅，应戴口罩、护目镜；血液、体液可能污染工作衣时应穿隔离衣；接触血液、体液时应戴手套。

3. 注意洗手，若手被血液、体液污染或可能污染，应立即洗手并使用快速手消毒液。

4. 被血液或体液污染的物品，应装入标记污染袋，送出销毁或消毒处理。

5. 血液污染的室内物品表面，立即用5.25%氯酸钠溶液消毒。

（六）昆虫隔离

凡以昆虫（蚊、虱、螨等）为媒介而传播的疾病须执行昆虫隔离，如流行性乙型脑炎、流行性出血热、疟疾、斑疹伤寒、回归热等。

1. 流行性乙型脑炎、疟疾由蚊传播，故患者入院后须防蚊、灭蚊，室内应设纱门、纱窗、蚊帐，并喷洒灭蚊药。

2. 流行性出血热，其传染源是野鼠，是通过螨叮咬而传播，故患者入院后须沐浴、更衣，并将其衣服煮沸或高压消毒灭螨。病室用杀虫剂喷洒，患者的被褥须勤晒，加强防鼠、灭鼠工作。

3. 斑疹伤寒、回归热是由虱类所传播，此类患者须经灭虱处理，沐浴、更衣后才能进入病室，患者的衣服也须经灭虱处理。

（七）保护性隔离

对某些免疫力特别低下或易传染的患者须执行保护性隔离，如严重烧伤、早产儿、血液病、脏器移植等患者，隔离措施如下。

1. 患者住单间病室。

2. 接触此类患者时，医护人员须先清洗双手，戴口罩、帽子，穿隔离衣（外面接触患者为清洁面，内面为污染面）。

3. 病室内每天用紫外线进行空气消毒1～2次，每次30分钟，每日用0.1%过氧乙酸溶液擦拭床旁桌、椅和地面等用物。

4. 患呼吸道疾病或咽部带病原菌者，避免接触患者。禁止探视患者。

三、隔离区域的设置和划分

1. 隔离区域的设置 传染病隔离区域与市区或普通病区应保持一定的距离（相邻病房大楼相距30m，侧面防护距离为10m），远离食堂、水源、学校等公共场所。隔离区域入口处应有工作人员更衣、换鞋的过渡区，并备有足够的隔离衣、口罩、帽子、手套、洗手设备等必需品。还应有单独的接诊室、观察室、卫生处置室、化验室、消毒和污物处置等设施。

隔离单位的设置有两种。一种是以患者为单位进行隔离，每位患者有独立的环境和用具，与其他患者及不同病种间进行隔离。另一种是以病室为单位进行隔离，同一疾病患者安置在同一病室内。病原体不同者，应分室收治。凡未能确诊或发生混合感染及烈性传染病者，应住单间隔离室。

2. 隔离区域的划分 整个传染病区按患者所接触的环境分为清洁区、半污染区和污染区，以便执行隔离技术。

（1）清洁区 凡未和患者直接接触、未被病原微生物污染的区域为清洁区，如更衣室、配餐室、库房、值班室等工作人员使用的场所。

（2）半污染区 凡有可能被病原微生物污染的地方为半污染区，如医护办公室、治疗室、病区的走廊和化验室等。

（3）污染区 凡和患者接触、被病原微生物污染的地方为污染区，如病室、厕所、浴室。

四、隔离技术操作法

（一）口罩、帽子的使用

【目的】 口罩保护患者和工作人员，避免互相传染，并防止飞沫污染无菌物品或清洁食物；帽子防止工作人员的头发、头屑散落或被污染。

【评估】 患者病情、目前采取的隔离种类。

【计划】

1. 操作者准备 熟悉操作方法，着装整洁，剪指甲，洗手。

2. 用物准备 备好清洁纱布口罩（一般病房用6~8层、传染病房用12层纱布制成）或一次性外科口罩（用过氯乙烯纤维滤纸制成，宽14cm，长16~18cm，带长30cm）、布帽或一次性帽、污物袋。

3. 环境准备 整洁、宽敞。

【实施】

1. 操作方法

操作步骤	要点与说明
（1）洗净双手	·戴、脱口罩前均应洗净双手
（2）穿戴整齐	·帽子应遮住全部头发，口罩应遮住口鼻（图4-23）
（3）口罩折放	·口罩用后，及时取下并将污染面向内折叠，放入胸前小口袋或小塑料袋内（图4-24）
（4）用后处理	·离开污染区前将口罩、帽子放入特定污物袋内，以便集中处理

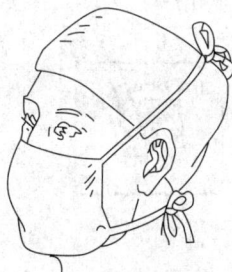

图4-23 帽子、口罩使用法

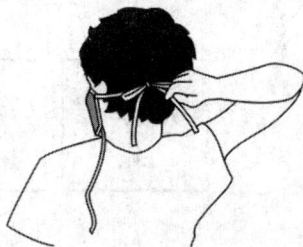

图4-24 摘口罩

2. 注意事项

（1）帽子、口罩应勤换洗，保持清洁。

（2）戴上口罩后不可用污染的手触摸口罩。

（3）口罩不能挂在胸前，手不可触摸口罩污染面；口罩潮湿应立即更换；每次接触严密隔离患者后应立即更换口罩；使用一次性口罩不超过4小时。

【评价】

1. 帽子、口罩戴法正确，保持清洁、干燥，无污染发生。

2. 取下的口罩放置妥当。

（二）护目镜、防护面罩的使用

护目镜能防止患者的血液、体液等具有感染性物质溅入人体眼部；防护面罩能防止患者的血液、体液等具有感染性物质溅到人体面部。下列情况应使用护目镜或防护面罩。

1. 在进行诊疗、护理操作，可能发生患者血液、体液、分泌物等喷溅时。

2. 近距离接触经飞沫传播的传染病患者时。

3. 为呼吸道传染病患者进行气管切开、气管插管等近距离操作，可能发生患者血液、体液、分泌物喷溅时，应使用全面型防护面罩。

戴护目镜、防护面罩前应检查有无破损，佩戴装置有无松动；佩戴后应调节舒适度；摘下护目镜、防护面罩时应捏住靠头或耳朵的一边，放入医疗垃圾袋内，如需重复使用，放入回收容器内，以便清洁、消毒。

知识链接

N95 口罩佩戴

"N95 口罩"的最大特点是可以预防由患者体液或血液飞溅引起的飞沫传染，可滤过直径小至 $0.3\mu m$ 的微粒。其中，N 代表"Not resistant to oil"，可用来防护非油性悬浮微粒。95 表示最低过滤效率至≥95%。测试中，隔滤直径 $0.0075\mu m$ 的微粒，成功率为 95%。

正确戴"N95 口罩"的方法（图 4-25）如下。

1. 将口罩置于手心中，鼻梁夹朝向手指位置，头带自然下垂于手掌外。

2. 用单手将口罩置于下颌，鼻梁夹置于鼻梁位置固定不动，再分别将上头带与下头带拉至脑后及颈后。

3. 双手指尖沿着鼻梁夹，由中间至两边，慢慢向内按压，直至紧贴鼻梁。

4. 进行正压及负压测试（正压测试：双手遮住口罩，用力呼气。如空气从口罩边缘溢出，说明佩戴不当，需要再次调整头带和鼻梁夹。负压测试：双手遮住口罩，用力吸气。口罩中央会陷下，如果有空气从口罩边缘进入，说明佩戴不当，需要再次调整头带和鼻梁夹）。

图 4-25　N95 口罩佩戴图

（三）手的清洁与消毒

手的消毒是切断传播途径、预防感染的最重要、最简单的方法。具体方法见本章第三节。

（四）避污纸的使用

避污纸即清洁纸片。在病室内准备避污纸及污物桶，用避污纸垫着拿取物品或做简单操作，保持双手或物品不被污染，以省略消毒手续。如可以用清洁的手拿污染的物品、开关电灯等；或用污染的手拿取清洁的物品。取避污纸要从页面抓取，不可掀页撕取（图 4-26），以保持清洁。避污纸用后弃在污物桶内，定时焚烧。

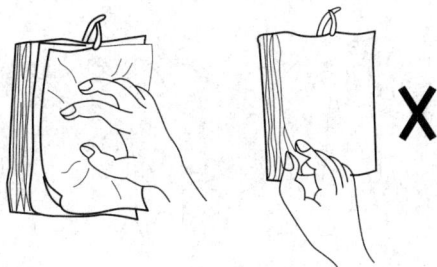

图4-26 取避物纸法

(五) 穿、脱隔离衣

【目的】保护工作人员和患者，免受其他病原体的侵袭，防止交叉感染。

【评估】

1. 核对医嘱 操作前认真核对医嘱，了解患者病情、目前采取的隔离种类和护理措施。

2. 环境评估 环境是否宽敞，符合穿隔离衣的要求。

3. 用物评估 检查隔离衣大小是否合适，有无破洞、潮湿，挂放是否得当。洗手液浓度是否合适。

【计划】

1. 操作者准备 熟悉操作方法及注意事项，穿好工作服，修剪指甲，洗手，戴隔离帽、口罩，取下手表、首饰，卷袖过肘（冬季卷过前臂中部）。

2. 用物准备 隔离衣、挂衣架、刷手及洗手设备、污物袋。

3. 环境准备 环境整洁、宽敞、干燥、安全，用物摆放合理。

【实施】

1. 操作方法

操作步骤	要点与说明
(1) 穿隔离衣（图4-27） ①用物准备	·工作人员衣、帽穿戴整齐，取下手表，卷袖过肘
②取隔离衣	·手持衣领取下隔离衣（衣领和隔离衣内面为清洁面） ·将隔离衣污染面向外，衣领两端向内折齐，对齐肩缝，露出肩袖内口，使清洁面朝向自己
③穿好衣袖	·一手持衣领，另一手伸入袖内，举起手臂，将衣袖上抖，换手持衣领，同法穿好另一袖
④系领、袖口	·两手持衣领，由前向后理顺领边，扣上领扣。再扣好袖带或系袖带。需要时套上橡皮圈束紧袖口
⑤系好腰带	·自一侧衣缝顺带下5cm处将隔离衣后身向前拉，见到衣边则捏住，再依法将另一边捏住。两手在背后将边缘对齐，向一侧折叠，按住折叠处，将腰带在背后交叉，回到前面打活结
(2) 脱隔离衣（图4-28） ①解开腰带	·解开腰带，在前面打活结
②解开袖口	·解开袖口，在肘部将部分衣袖塞入工作衣袖内
③消毒双手	·按手的清洁和消毒法刷洗双手
④解开领口	·解开领口
⑤脱下衣袖	·一手伸入另一侧袖口内，拉下衣袖过手（遮住手），再用衣袖遮住的手在外面拉下另一衣袖，两手在袖内使袖子对齐。双臂逐渐退出
⑥挂隔离衣	·双手持衣领，将隔离衣两边对齐，挂在衣钩上；不再穿的隔离衣，脱下后清洁面向外，卷好投入污物袋中

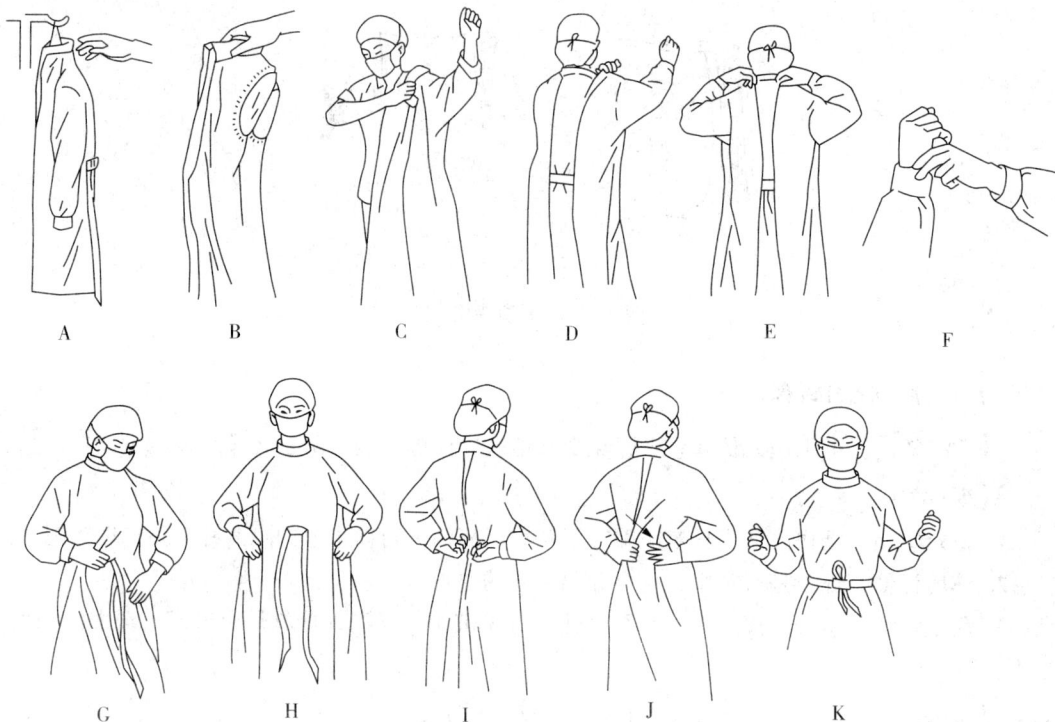

图 4 - 27　穿隔离衣法

A. 取隔离衣；B. 清洁面朝向自己；C. 穿上一袖；D. 穿上另一袖子；

E. 系领口；F. 扣袖口；G. 将一侧衣边捏至前面；H. 同法捏另一边；

I. 将两侧衣边对齐；J. 向另一侧折叠；K. 系好腰带

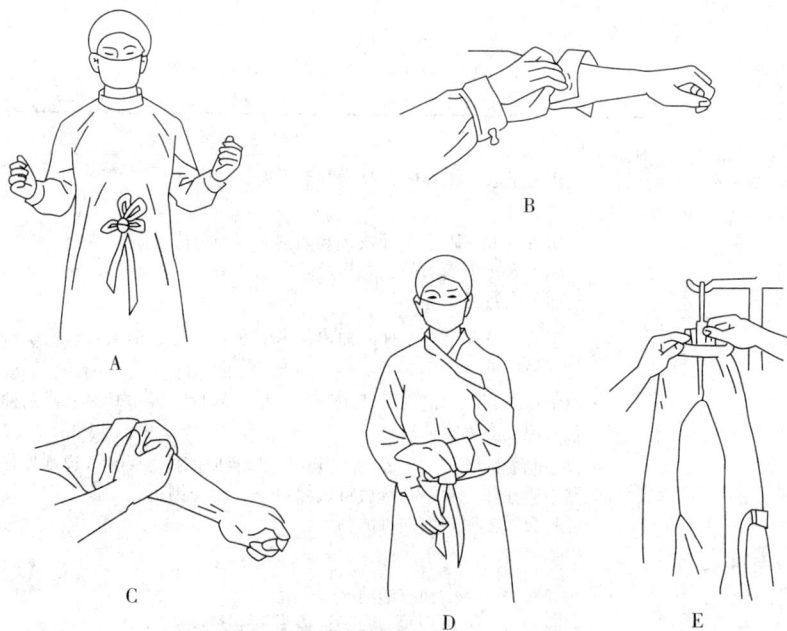

图 4 - 28　脱隔离衣法

A. 松开腰带，在前面打一活结；B. 将衣袖向上拉，塞在上臂衣袖下；

C. 用清洁手拉袖口内的清洁面；D. 用衣袖遮位的手拉另一袖的污染面；

E. 提起衣领，对齐衣边拉在衣钩上

2. 注意事项

（1）隔离衣的长短要适合，须全部遮盖工作服；如有破损，应补好后再穿。隔离衣应每日更换，若潮湿或严重污染应立即更换。

（2）手不能触及隔离衣的污染面，系领子时污染的袖口不可触及衣领、面部和帽子。

（3）穿好隔离衣后，双臂保持在腰部以上、视线范围内。穿着隔离衣不得进入清洁区，避免接触清洁物品。

（4）隔离衣挂在半污染区，清洁面向外；挂在污染区则污染面向外。

【评价】

1. 戴口罩、帽子方法正确。口罩不戴时未悬挂胸前。保持口罩、帽子的清洁和干燥，并定时更换。

2. 刷手时未污染干净的刷子、水龙头、洗手液；刷洗有序、全面，隔离衣未溅湿，也未污染水池。

3. 穿隔离衣长短合适。扣领扣时衣袖未污染面部、颈部。后侧边缘对齐，折叠处不松散，衣领始终未被污染。

（六）鞋套、防水围裙的使用

鞋套应具有良好的防水性能，并一次性使用。应在规定区域内穿鞋套，离开该区域时应及时脱掉并放入医疗垃圾袋内；发现鞋套破损应及时更换。一般从潜在污染区进入污染区时和从缓冲间进入负压病室时应穿鞋套。

防水围裙主要用于可能受到患者的血液、体液、分泌物及其他污染物质喷溅、进行复用医疗器械的清洗时。防水围裙分为两种：①重复使用的围裙，每班使用后应及时清洗与消毒；遇到破损或渗透时，应及时更换。②一次性使用的围裙，应一次性使用，受到污染时应及时更换。

本章小结

医院感染伴随着医院的建立而产生，并随着现代医学的发展逐渐成为各级医疗机构所面临的突出的公共卫生问题。医院感染的发生不仅影响着患者的身心健康，也威胁着医务人员的健康状况，同时还造成医疗资源的浪费，给个人、家庭和社会带来沉重的负担。因此，护理人员应从思想上高度重视，严格管理，将各项防护措施落实到位，掌握医院感染的知识和技术，以避免医院感染的发生。

（肖洪玲）

目标检测

1. 清洁、消毒、灭菌、医院感染的概念。

2. 何谓无菌技术？其原则是什么？

3. 简述医院感染管理办法对医疗器械、器具消毒的要求。

4. 什么是标准预防？

5. 手消毒的指征是什么？

第二篇

基础护理

第五章 患者的清洁卫生

第一节 口腔护理

案例引导

案例：患者，女，65岁，因发热7天伴昏迷1天门诊以"肺部感染"收入院。体检可见口腔黏膜破溃，创面上附有白色膜状物，拭去附着物可见创面轻微出血。询问病史，患者曾接受抗生素治疗7天。

提问：1. 患者口腔出现了什么问题？

2. 应选择何种口腔护理溶液为患者进行口腔护理？

口腔由牙齿、牙龈、舌、颊、软腭及硬腭等组成，其内有由鳞状上皮细胞构成的黏膜及唾液腺等组织。口腔具有摄取、咀嚼、吞咽、消化、味觉、辅助呼吸和发音等重要功能。因口腔的温度、湿度以及食物残渣适宜微生物的生长、繁殖，正常人口腔中常存有大量的微生物。同时，由于口腔与外界相通，也是病原微生物入侵人体的重要途径之一。机体处于健康状态时，由于机体抵抗力强、唾液中溶菌酶的杀菌作用，以及经常饮水、进食、刷牙、漱口等活动，可达到减少和清除致病菌的作用而不会出现口腔异常。当机体抵抗力下降、进食、饮水减少、唾液分泌不足，口腔清洁能力下降时，病原体可乘机在湿润、温暖的口腔迅速繁殖，引起口腔卫生不洁，出现口臭，甚至出现口腔局部炎症和溃疡等疾病。导致食欲减退、消化和吸收功能下降，并给个体社会交往带来消极影响。因此，口腔卫生对保持机体的健康十分重要。良好的口腔卫生可促进机体的健康和舒适，护士应认真评估患者的口腔卫生状况，指导患者重视并掌握正确的口腔清洁技术，根据患者需求协助完成口腔护理（oral care）。

一、口腔评估

（一）全身情况及自理能力评估

1. 评估患者的年龄、生命体征、精神、意识状况、治疗情况。

2. 评估患者自行清洁口腔的能力，判断需完全协助还是部分协助。如对高热、昏迷的患者，护理人员应做好患者的口腔护理；对于记忆功能减退或丧失的患者，需提醒或指导；而对于具有自我照顾能力的患者，应鼓励其发挥自身潜能，自我完成口腔清洁活动。

（二）健康指导需求评估

1. 评估患者日常清洁口腔习惯，对保持口腔卫生重要性、影响口腔卫生的因素以及预防口腔出现异常情况等知识的了解程度。

2. 评估患者对清洁口腔的正确方法的认识和掌握程度，如刷牙方法、口腔清洁用具的选用、牙线使用方法、清洁义齿的方法、合理的清洁。

3. 评估患者对口腔疾病、全身疾病相关知识的了解情况。

4. 评估患者的心理状况如有无紧张、焦虑等情绪异常，合作程度。

（三）口腔卫生状况评估

评估患者口腔清洁状况，包括：①口唇、口腔黏膜、牙龈、舌苔有无异常；②口腔有无异味；③牙齿有无松动等。对于存在特殊口腔问题的患者如佩戴义齿者，应先评估患者义齿佩戴是否合适，有无义齿连接过紧或过松现象，取下义齿后，需观察义齿内套有无结石、牙斑、食物残渣等，检查义齿表面有无破损、碎裂；因口腔或口腔附近的治疗、手术等戴有特殊装置或管道的患者，应注意评估佩戴状况，对口腔功能的影响及是否存在危险因素。具体评估内容见表5-1，分值范围为12～36分。分值越高，表明患者口腔卫生状况越差，越需加强对口腔的护理。

表5-1 口腔护理评估表

部位/分值	1分	2分	3分
唇	滑润，质软，无裂口，无疱疹	干燥，有少量痂皮，有裂口，有出血倾向	干燥，有大量痂皮，有裂口，有分泌物，易出血
黏膜	湿润，完整	干燥，完整	干燥，黏膜擦破，有溃疡面或有不正常的渗出液
唾液	中量，透明	少量或量过多	半透明或黏稠
腭	湿润，无或有少量碎屑	干燥，有少量或中量碎屑	干燥，有大量碎屑
舌	湿润，少量舌苔	干燥，有中量舌苔	干燥，有大量舌苔或覆盖黄色舌苔
牙龈	无出血及萎缩	轻微萎缩，出血	有萎缩，容易出血、肿胀
牙（或义齿）	无龋齿，义齿合适	无龋齿，义齿不合适	有许多空洞，有裂缝，义齿不合适，齿间流脓液
牙垢（或牙石）	无牙垢或有少许牙石	有少量至中量牙垢或中量牙石	大量牙垢或牙石
气味	无味或有味	有难闻气味	有刺鼻气味
损伤	无	唇有损伤	口腔内有损伤
自理能力	全部自理	需部分帮助	需全部帮助
健康知识	大部分知识来自于实践，刷牙有效，使用牙线清洁牙齿	有些错误观念，刷牙有效，未使用牙线清洁牙齿	有许多错误观念，很少清洁口腔，刷牙无效，未使用牙线清洁牙齿

二、口腔清洁的护理措施

（一）口腔卫生指导

与患者讨论口腔卫生的重要性，指导患者养成每日晨起、晚上临睡前刷牙，餐后漱口或刷牙，睡前不进食对牙齿有刺激性或腐蚀性的食物，少进甜食等良好的口腔卫生习惯，提高口腔健康水平。护士要定时检查患者的口腔卫生情况，对患者口腔卫生做以下指导。

1. 口腔清洁用具的正确选择和使用

（1）选用的牙膏不应具有腐蚀性，以防损伤牙齿。药物牙膏能抑制细菌生长，预防龋齿和治疗牙齿过敏，可根据需要选用。牙膏不宜常用同一品种，应轮换使用。

（2）尽量选用外形较小、表面平滑、刷柄扁平而直、刷毛质地柔软且疏密适宜的尼龙牙刷，刷头较小的牙刷能在口腔内灵活扭转，可保证牙齿的各部位都能触及。已磨损或硬毛刷易损坏牙龈，清洁效果也不佳，故不宜使用。

（3）牙刷在使用间隔时应保持清洁、干燥，使用后要彻底清洗，刷头朝上，存放在通风干燥处，防止细菌生长，至少每隔3个月更换1次。

2. 正确的刷牙方法　刷牙是保持口腔清洁的重要方法，通过刷牙可减少微生物的数量，清除食物残渣，减少牙菌斑，同时可起到按摩牙龈的作用。刷牙通常于晨起或就寝前进行，每次餐后也建议刷牙，每次刷牙不少于3分钟。正确的刷牙的方法有两种，颤动刷牙法和纵向刷牙法。

（1）颤动刷牙法　颤动刷牙时，将牙刷毛面轻放于牙齿及牙龈沟上，牙刷毛面与牙齿呈45°，使刷毛进入龈沟和相邻牙缝内，做短距离的快速环形颤动。每次只刷2~3颗牙齿，刷完一个部位后再刷相邻部位。刷前排牙齿内面时，可用牙刷毛面的顶端环形颤动刷洗；刷牙齿咬𬌗面时，将刷毛压在咬𬌗面上，使毛端深入裂沟区做短距离的前后来回颤动（图5-1）。

（2）竖刷法　一种较简单的刷牙方法，将牙刷刷毛末端置于牙龈和牙冠交界处，沿牙齿方向轻微加压，并顺牙缝纵向刷洗（图5-2）。应避免采用横刷法，即刷牙时做左右方向拉锯式动作，会损害牙体与牙周组织。

刷完牙齿后再由内向外刷洗舌面，指导其伸出舌头，握紧牙刷并与舌面呈直角，用较小力量先刷向舌面尖端，再刷舌的两侧面。刷牙后彻底漱口，必要时重复刷洗和漱口，之后用清水洗净牙刷。

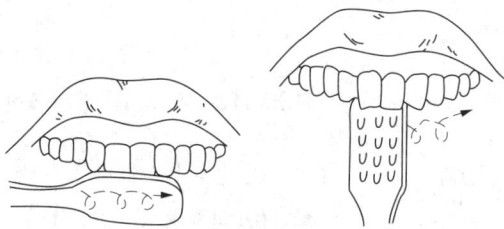

图5-1　颤动刷牙法

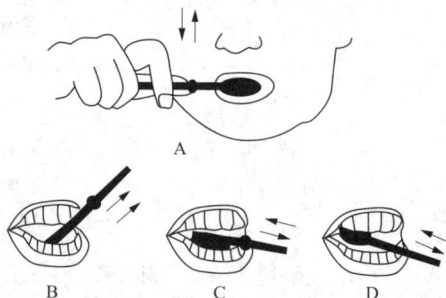

图5-2　竖刷法

3. 正确使用牙线剔牙　牙线（flossing）是一种十分理想的洁牙工具，多用尼龙线、丝线、涤纶线制成。对牙刷不能达到的邻面间隙或牙龈乳头处，可使用牙线清除牙间隙食物残渣，去除齿间牙菌斑，预防牙周病。建议每日使用牙线剔牙2次，餐后立即进行。正确的使用方法见图5-3。

（1）抽出一段牙线约30cm，将牙线两端分别缠于双手示指或中指，用拇指或示指控制牙线，以拉锯式将其嵌入牙间隙。

（2）拉住牙线两端使其呈"C"形，滑动牙线至牙龈边缘，绷紧牙线，沿一侧牙面前后移动牙线以清洁牙齿侧面，然后用力弹出，再换另一侧，反复数次直至牙面清洁或清除嵌塞食物为止。

（3）拉锯式动作取出牙线后，彻底漱口，以清除食物残渣及遗留下来的菌斑。操作中注意对牙齿侧面施加压力时，施力要轻柔，以免损伤牙龈。

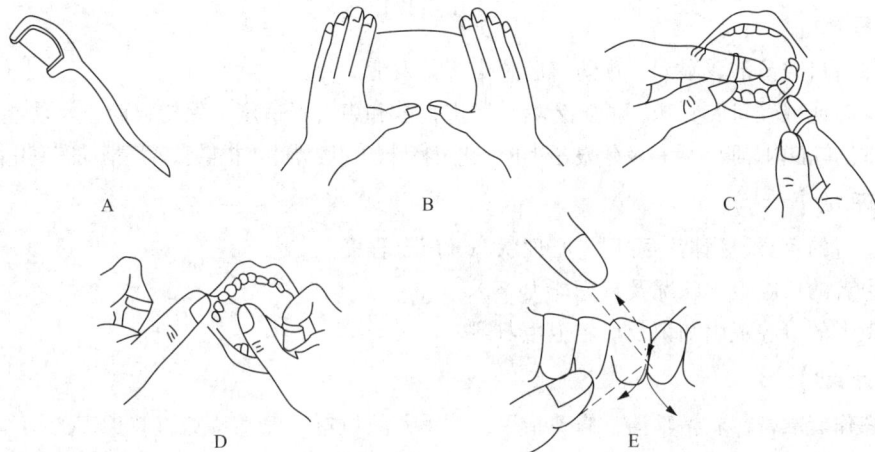

图1-3　牙线使用

（二）义齿的清洁与护理

义齿（denture）又称假牙，牙齿缺失者通过佩戴义齿可促进食物咀嚼，便于交谈，维持良好的口腔外形和个人外观。白天应佩戴义齿，因其会积聚食物碎屑、牙菌斑及牙石，故应在餐后取下义齿进行清洗，其清洗方法与刷牙法相同。夜间休息时，应将义齿取下，使牙龈得到充分休息，防止细菌繁殖，并按摩牙龈。取下的义齿应浸没于帖有标签的冷水杯中保存，每日换水1次。注意勿将义齿浸于热水或乙醇中，以免变色、变形及老化。当患者不能自行清洁口腔时，护士应协助患者完成义齿的清洁护理。操作时护士戴好手套，取下义齿，清洁义齿并保持义齿湿润以减少摩擦，进行口腔护理，协助患者佩戴好义齿。

知识链接

洁　牙

洁牙，俗称洗牙，是指用洁治器械去除牙石、牙菌斑、色渍以及食物残渣等，以延迟牙菌斑和牙石再沉积。洁牙是牙齿保健的有效手段，定期洁牙可以保护牙齿健康。但是，以下人群不适合洁牙。

1. 患有各种出血性疾病的患者，如血小板减少症患者、白血病患者、未控制的三型糖尿病患者、未控制的甲状腺功能亢进症患者等。

2. 患有某些急性传染病的患者，如急性病毒性肝炎活动期、结核病等患者。

3. 患有活动性心绞痛、半年内发作过的心肌梗死以及未能有效控制的高血压和心力衰竭等的患者不易接受常规洁牙治疗。

4. 口腔局部软、硬组织炎症处于急性期的患者（急性坏死性牙龈炎除外），应该待急性期过后再用超声波洁牙，以避免炎症沿血液播散。

5. 患有牙龈部恶性肿瘤的患者，不易接受常规洁牙，以避免肿瘤扩散。

（三）特殊口腔护理

特殊口腔护理适用于高热、昏迷、危重、禁食、鼻饲、口腔疾病、术后、生活不能自理的患者。一般每日 2～3 次，据病情酌情增加次数。

【目的】

1. 保持口腔清洁、湿润，预防口腔感染等并发症。

2. 预防或减轻口腔异味，清除牙垢，增进食欲和患者舒适度，保持口腔正常功能。

3. 评估口腔内黏膜、舌苔及牙龈等处的变化及特殊的口腔异味，提供患者病情动态变化的信息。

【评估】

1. 患者的年龄、病情、意识、心理状态、配合程度。

2. 患者的口腔卫生状况及自理能力。

3. 患者的口腔卫生知识及口腔卫生习惯。

【计划】

1. 操作者准备 衣帽整洁，修剪指甲，洗手，戴口罩，熟悉特殊口腔护理的操作技术及注意事项。

2. 患者准备 患者了解口腔护理的目的、方法、注意事项及配合要点，取安全、舒适且易于操作的体位。

3. 环境准备 宽敞，光线充足或有足够的照明。

4. 用物准备

（1）治疗盘内备 治疗碗 2 个（分别盛漱口溶液和浸湿的无菌棉球或无菌大头棉签）、镊子、弯止血钳、弯盘、压舌板、吸水管、棉签、液状石蜡、手电筒、纱布数块、治疗巾、一次性手套。必要时备开口器。或选用一次性口腔护理包。

（2）治疗盘外备 根据对口腔评估情况选择合适的口腔护理溶液（表 5-2）、口腔外用药（按需准备，常用的有口腔溃疡膏、西瓜霜、维生素 B_2 粉末、锡类散等）、手消毒液、治疗卡，必要时备盛冷水的治疗碗。

（3）治疗车下层 生活垃圾桶、医用垃圾桶。

表 5-2　口腔护理常用溶液

口腔 pH	名　称	浓　度	作用及适用范围
中性	生理盐水	0.9%	清洁口腔，预防感染
中性	呋喃西林溶液	0.02%	清洁口腔，广谱抗菌
中性	复方硼酸溶液（朵贝尔溶液）		轻度抑菌，除臭
偏酸性	过氧化氢溶液	1%～3%	防腐除臭，适用于口腔感染有溃烂、坏死组织者

（续　表）

口腔 pH	名　称	浓　度	作用及适用范围
偏酸性	碳酸氢钠溶液	1%～4%	碱性溶液，适用于真菌感染
	氯已定溶液（洗必泰溶液）	0.02%	清洁口腔，广谱抗菌
偏碱性	醋酸溶液	0.1%	用于铜绿假单胞菌感染等
偏碱性	硼酸溶液	2%～3%	酸性防腐溶液，有抑制细菌的作用
	甲硝唑溶液	0.08%	适用于厌氧菌感染

【实施】

1. 操作方法

操作步骤	要点与说明
（1）核对　两人核对医嘱无误；携治疗卡至患者床旁核对床号、姓名（询问患者）、住院号，即三核对：患者、床头（尾）卡、腕带	·严格核对：落实反查对和两种以上方式核对患者身份
（2）评估　评估患者的病情、意识和配合程度。观察口唇、口腔黏膜、牙龈、舌有无异常；口腔有无异味；牙齿有无松动，有活动性义齿者应先取下。向患者解释口腔护理的目的、方法及注意事项，并取得配合	·尊重患者，耐心解释，取得合作
（3）准备　用七步洗手法洗手，戴口罩；准备用物，清点棉球数量，根据病情选择合适的口腔护理溶液	
（4）再次核对　备齐用物至患者床旁，再次三核对：患者、床头（尾）卡、腕带	
（5）体位　协助患者侧卧或仰卧，头偏向一侧，面向护士	·便于操作 ·便于分泌物及多余水分从口腔内流出，防止反流造成误吸
（6）铺巾置盘　铺治疗巾于患者颌下、胸前，置弯盘于患者口角旁（图 5-4）	·防止床单、枕头及患者衣服被浸湿
（7）润唇漱口　用棉签湿润口唇；协助患者用吸水管吸水漱口，指导正确的漱口方法，避免呛咳或误吸。必要时用纱布擦净口唇周围；戴一次性手套	·防止口唇干裂者直接张口时破裂、出血
（8）观察口腔　嘱患者张口，护士一手持手电筒，一手持压舌板观察口腔情况，昏迷患者或牙关紧闭者可用开口器协助张口	·便于全面观察口腔内状况（溃疡、出血点及特殊气味） ·开口器应从白齿处放入，牙关紧闭者不可使用暴力助其张口，以免造成损伤 ·有活动性义齿者，取下义齿并用冷水刷洗，浸于冷水中备用
（9）按顺序擦拭　用弯止血钳夹取含有无菌溶液的棉球或用大头棉球，拧干棉球 ①嘱患者咬殆上、下齿，用压舌板轻轻撑开左侧颊部，擦洗左侧牙齿的外面。沿纵向擦洗牙齿，按顺序由白齿洗向门齿。同法擦洗右侧牙齿的外面 ②嘱患者张开上、下齿，擦洗牙齿左上内侧面、左上咬殆面、左下内侧面、左下咬殆面，弧形擦洗左侧颊部。同法擦洗右侧牙齿 ③擦洗舌面、舌下（从内向外纵向擦洗）和硬腭	·棉球应包裹止血钳尖端，防止钳端直接触及口腔黏膜和牙龈 ·每次更换一个棉球，一个棉球擦洗一个部位 ·擦洗过程中动作应轻柔，特别是对凝血功能障碍的患者，应防止碰伤黏膜和牙龈 ·勿触及软腭、咽部以免引起恶心
（10）再次漱口　协助患者用吸水管吸水漱口，将漱口水吐入弯盘，用纱布擦净口唇	·保持口腔清爽 ·有义齿者，协助患者佩戴义齿
（11）再次评估口腔状况　用手电筒观察口腔情况，如未清洗干净应重新擦洗	·确定口腔清洁是否有效
（12）润唇　口唇涂液状石蜡或润唇膏，酌情涂药	·防止口唇干燥、破裂 ·如有口腔黏膜溃疡，可局部涂口腔溃疡膏
（13）操作后处理 ①撤去弯盘及治疗巾 ②再次核对并清点棉球数量，脱手套 ③协助患者取舒适卧位，整理床单位 ④询问感受及需求，告知相关知识；并将呼叫器置于患者可触及的位置；感谢患者配合 ⑤处理用物，洗手，取口罩 ⑥记录口腔卫生状况及护理效果	·确保患者舒适、安全 ·注重人文关怀，沟通流畅 ·弃口腔护理用物于医用垃圾桶内 ·利于评价

图 5-4 特殊口腔护理

2. 注意事项

（1）擦洗时动作要轻柔，操作弯钳应避免触及牙龈或口腔黏膜，特别是对凝血功能障碍的患者，应防止损伤出血。

（2）昏迷患者禁止漱口，以免引起误吸，使用的棉球不可过湿，以不能挤出液体为宜，以防止患者将溶液吸入呼吸道。牙关紧闭者不可使用暴力助其张口，以免造成损伤。

（3）观察口腔时，对长期使用抗生素和激素的患者，应注意观察口腔内有无真菌感染。

（4）一个棉球只能擦洗一个部位，擦洗时须用血管钳夹紧棉球，勿将其遗留在口腔内。

（5）传染病患者的用物需按消毒隔离原则进行处理。

【评价】

1. 患者及其家属理解口腔护理的目的及重要性，能主动配合。

2. 患者口唇湿润，口腔清洁、无异味，无无感染、溃疡及牙龈出血。

3. 操作熟练，操作过程无损伤、无污染。

第二节　头　发　护　理

案例引导

案例：患者，女，32岁，半个月前因外伤致左胫、腓骨骨折，行跟骨结节牵引。患者偏好长发，因油脂分泌过多黏结成缕、打结、有异味。

提问：应如何处理？

头发护理（hair care）是维持患者舒适的重要护理措施之一。头皮表面是人体皮脂腺分布最多的部位，皮脂、汗腺常伴灰尘黏附于头发、头皮中，形成污垢。因此，经常梳理和清洁头发，可及时清除头皮屑和灰尘，保持头发清洁、易梳理，促进头部血液循环，增进上皮细胞营养，促进头发生长，预防感染发生。健康的头发浓密适度、分布均匀，清洁、光泽、无头屑，与健康、自尊、自信密切相关。对于病情较重、生活自理能力下降的患者，护士应协助进行头发护理，保持患者头发的清洁与舒适。

一、护理评估

（一）全身情况及自理能力评估

1. 评估患者的年龄、生命体征、病情及治疗情况，是否存在因治疗妨碍患者头发清洁的因素。

2. 评估患者的自理能力，有无关节活动受限，有无肌张力减弱或共济失调，判断需完全协助还是部分协助。

（二）健康指导需求评估

1. 评估患者及家属对有关头发清洁及相关护理知识的了解程度。
2. 评估患者清洁护理头发的习惯、心理状况及合作程度。

（三）头发及头皮状况评估

1. 评估患者的头发状况　观察头发的分布、浓密程度、长度、颜色、韧性与脆性及清洁状况，注意头发有无光泽、发质是否粗糙、尾端有无分叉、头发有无脱落等现象，头发的生长和脱落与机体营养状况、内分泌状况、遗传因素、压力及某些药物的应用等因素有关。

2. 评估患者的头皮状况　头皮有无瘙痒、抓痕、头皮屑及皮疹等情况。

二、头发清洁的护理措施

（一）床上梳头（combing hair in bed）

【目的】

1. 按摩头皮，刺激头部血液循环，促进头发的生长和代谢。
2. 去除头皮屑和脱落的头发，保持头发清洁和整齐，减少感染机会。
3. 维护患者良好的个人形象，增加自尊和自信，建立良好的护患关系。

【评估】

1. 患者的年龄、病情、意识状态、生活自理能力、理解合作程度。
2. 患者的个人习惯。
3. 患者头发的分布、浓密程度、长度、卫生状况，头皮有无损伤。

【计划】

1. 操作者准备　操作者衣帽整洁，修剪指甲，洗手，戴口罩，熟悉床上梳头操作流程及注意事项。

2. 患者准备　患者了解梳头的目的、方法、注意事项及配合要点。

3. 环境准备　宽敞，光线充足或有足够的照明，无异味。

4. 用物准备

（1）治疗盘内备梳子（可患者自备）、治疗巾、纸袋，必要时备发夹、橡皮圈或套（可患者自备）、30% 乙醇。

（2）治疗盘外备手消毒液、护理单。

（3）治疗车下层备生活垃圾桶、医用垃圾桶。

【实施】

1. 操作方法

操作步骤	要点与说明
（1）核对　两人核对护嘱无误；携护理单至患者床旁核对床号、姓名（询问患者）、住院号，即三核对：患者、床头（尾）卡、腕带	·严格核对：落实反查对和两种以上方式核对患者身份
（2）评估　评估患者的病情、意识和配合程度。头发的分布、浓密度、长度、卫生状况，梳头习惯，头皮有无损伤。向患者解释头发护理的目的及配合方法	·尊重患者，耐心解释，取得合作
（3）准备　修剪指甲，用七步洗手法洗手，戴口罩	
（4）再次核对　备齐用物至患者床旁，再次三核对：患者、床头（尾）卡、腕带	
（5）体位　根据病情协助患者取坐位、半卧位、侧卧位或平卧位，头偏向一侧	
（6）铺巾　坐位或半卧位患者，铺治疗巾于患者肩上；卧床患者，铺治疗巾于枕上	·避免碎发和头皮屑掉落在枕头或床单上

（续　表）

操作步骤	要点与说明
（7）梳头　将头发从中间分成两股，护士一手握住一股头发，一手持梳子，由发梢逐渐梳向发根。长发或遇有打结不易梳理时，可将头发绕在手指上，也可用30%乙醇湿润打结处，再慢慢梳理。同法梳好对侧	·梳头时尽量使用圆钝齿的梳子，以防损伤头皮；如发质较粗或烫成卷发，可选用齿间较宽的梳子 ·避免强行牵拉，造成患者疼痛
（8）编辫子　根据患者喜好，将长发编辫或扎成束	·发辫不宜扎得太紧，以免引起疼痛
（9）操作后处理 ①将脱落的头置于纸袋中，撤去治疗巾 ②协助患者取舒适卧位，整理床单位 ③询问感受及需求，告知相关知识；并将呼叫器置于患者可触及的位置；感谢患者配合 ④整理用物，洗手，取口罩 ⑤记录执行时间及护理效果	·促进患者舒适 ·注重人文关怀，沟通流畅 ·将纸袋弃于生活垃圾桶内 ·减少致病菌传播 ·利于评价

2. 注意事项

（1）梳理头发时动作要轻柔，避免强行牵拉，造成患者疼痛。梳理过程中，可用指腹按摩头发，促进头部血液循环。

（2）发辫不可扎得太紧，以免阻碍血液循环或产生疼痛，对于将头发编成辫的患者，每天至少将发辫松开一次，经梳理后再编好。

（3）注意患者的个人喜好，尊重患者的习惯。

3. 健康教育

（1）指导患者及家属正确选择梳头器具，尽量使用圆钝齿的梳子，头发较多或烫发者可选用齿间较宽的梳子，以防损伤头皮。

（2）指导患者了解经常梳理头发的重要性及掌握正确梳理头发的方法，促进头部血液循环和头发的生长与代谢，保持头发整齐和清洁。

（3）维持良好的个人外观，改善心理状态，保持乐观心情。

【评价】

1. 患者及其家属理解床上梳头的目的，能主动配合。

2. 操作轻柔，患者感觉舒适。

（二）床上洗头

洗头频率取决于个人日常习惯和头发卫生状况。对于出汗较多或头发上沾有各种污渍的患者，应酌情增加洗头次数。

根据患者健康状况、体力和年龄，可采用多种方式为患者洗头。身体状况好的患者，可在浴室内采用淋浴方法洗头；不能淋浴的患者，可协助患者坐于床旁椅上行床边洗头；卧床患者可行床上洗头（shampooing in bed）。总之，洗头时应以确定患者安全、舒适及不影响治疗为原则。长期卧床患者，应每周洗发1次。有头虱的患者，须经灭虱处理后再洗发。

护士在实际工作中可根据医院的现有条件为患者进行床上洗头，如采用马蹄形垫床上洗头法、扣杯式床上洗头法或洗头车床上洗头法等。

【目的】

1. 按摩头皮，促进头部血液循环及头发的生长和代谢。

2. 去除头皮屑和污秽，清洁头发，减少感染机会。

3. 使患者舒适、美观，维护患者的自尊、自信，建立良好的护患关系。

【评估】

1. 患者的年龄、病情、生命体征、意识状态。

2. 患者的头发卫生状况，有无头皮瘙痒、损伤及虱、虮等。

3. 患者的自理能力、心理状态及配合程度。

4. 患者对头发卫生知识了解程度及个人日常卫生习惯。

【计划】

1. 操作者准备 衣帽整洁，修剪指甲，洗手，戴口罩。熟悉护发相关知识、床上洗头操作流程及注意事项。

2. 患者准备 患者了解洗头的目的、方法、注意事项及配合要点；按需协助患者排便。

3. 环境准备 关好门窗，调节室温至22～26℃，安全、保暖。必要时使用床帘及屏风。

4. 用物准备

（1）治疗盘内备橡胶单、浴巾、毛巾、别针、眼罩或纱布、耳塞或棉球（以不吸水棉球为宜）、量杯、洗发液、梳子。

（2）治疗盘外备橡胶马蹄形垫或自制马蹄形卷、水壶（内盛43～45℃热水或按患者习惯调制）、脸盆或污水桶、手消毒液、护理单，需要时备电吹风。扣杯式洗头法另备搪瓷杯、橡胶管。

（3）治疗车下层备生活垃圾桶、医用垃圾桶。

【实施】

1. 操作方法

操作步骤	要点与说明
（1）核对 两人核对护嘱无误；携护理单至患者床旁核对床号、姓名（询问患者）、住院号，即三核对：患者、床头（尾）卡、腕带	·严格核对：落实反查对和两种以上方式核对患者身份
（2）评估 评估患者的病情、体力、意识和配合程度。个人日常习惯，选择可采用的洗头方式，向患者解释洗头的目的、方法及注意事项	·尊重患者，耐心解释，取得合作
（3）准备 调节室温、水温，按需协助排便	·根据季节保暖，防止患者着凉
（4）再次核对 洗手，戴口罩，备齐用物至患者床旁，再次三核对：患者、床头（尾）卡、腕带	
（5）铺单、围巾 铺橡胶单和浴巾于枕上，将衣领松开向内折，将毛巾围于颈下，用别针固定	·保护床单、枕头及盖被不被沾湿
（6）选择合适的体位 ①马蹄形垫床上洗头法：协助患者取仰卧位，上半身斜卧床边，移枕于肩下。置马蹄形垫于患者后颈下，使患者颈部枕于马蹄形垫的突起处，头置于水槽中。马蹄形垫下端置于脸盆或污水桶中（图5-5） ②扣杯式床上洗头法：协助患者取仰卧位，枕垫于患者肩下。铺橡胶单和浴巾于患者头部位置。取脸盆一只，盆底放一条毛巾，倒扣搪瓷杯于盆底，杯上垫折成四折并外裹防水薄膜的毛巾，将患者头部枕于毛巾上，脸盆内置一根橡胶管，下接污水桶（图5-6） ③洗头车床上洗头法：协助患者取仰卧位，上半身斜向床边，移枕于肩下。头部枕于洗头车的头托上，将接水盘置于患者头下（图5-7）	·如无马蹄形垫，可自制马蹄形卷替代 ·防止水倒流 ·利用虹吸原理，将污水引入桶内
（7）保护 眼、耳用棉球或耳塞塞好双耳，用纱布或眼罩遮盖双眼	·防止操作中水流入眼部和耳部
（8）洗发 ①松开头发，先用少许温水试温，确认符合患者习惯后再充分湿润头发 ②取适量洗发液于掌心，均匀涂遍头发，由发际、耳后至脑后部反复揉搓，同时用指腹轻轻按摩头皮 ③一手抬起头部，另一手洗净脑后部头发 ④用温水边冲边揉搓头发，直至冲净	·询问患者感受，注意观察患者面色及病情变化，以防意外 ·按摩可促进头部血液循环 ·头发上若残留洗发液，会刺激头发和头皮，并使头发变得干燥
（9）擦干头发 解下颈部毛巾，洗净面部及耳部，擦去头发水分。取下眼部的眼罩和耳内的棉球。用毛巾包好头发	·及时擦干，避免着凉

操作步骤	要点与说明
（10）操作后处理 ①撤去洗发用物 ②将枕移向床头，协助患者取舒适体位 ③解下包头毛巾，用浴巾擦干头发，用梳子梳理整齐，翻出衣领。用电吹风吹干头发，梳理成型 ④协助患者取舒适卧位，整理床单位 ⑤询问患者的感受及需求，告知相关知识；并将呼叫器置于患者可触及的位置；感谢患者配合 ⑥整理用物，洗手，取口罩 ⑦记录执行时间及护理效果	·确保患者舒适、整洁 ·减少致病菌传播 ·利于评价

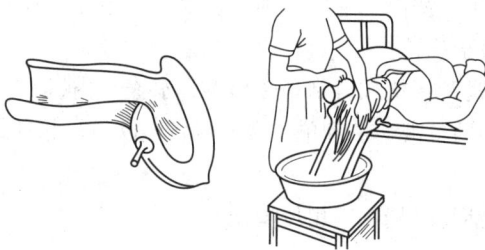

图 5-5　马蹄形垫床上洗头法

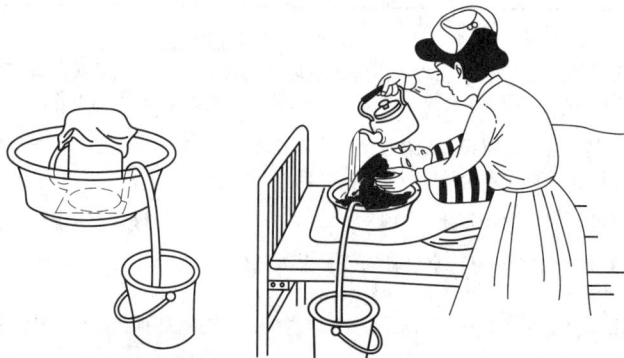

图 5-6　扣杯式床上洗头法

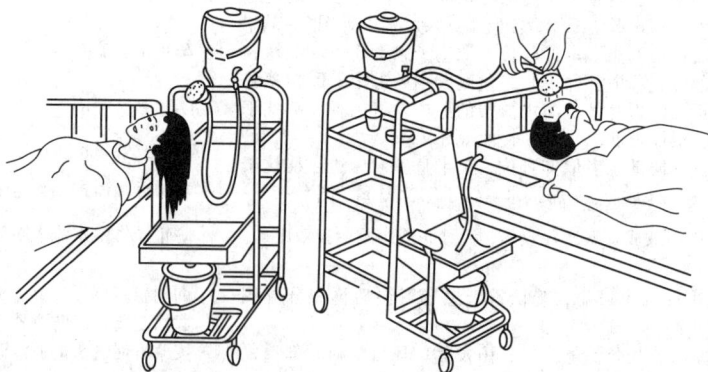

图 5-7　洗头车床上洗头法

2. 注意事项

（1）护士在为患者洗头时，应运用人体力学原理，身体尽量靠近床边，保持良好姿势，避免疲劳。

（2）洗头过程中，应注意询问患者的感受，观察患者面色及病情变化，如面色、脉搏及呼吸的改变，如有异常，应停止操作。揉搓力度适中，避免用指甲搔抓，以防损伤头皮。

（3）操作过程中注意保持患者舒适体位，保护伤口及各种管路，防止水流入耳和眼内。

（4）洗发时间不宜过久，避免引起患者头部充血或疲劳不适。

（5）病情危重和极度衰弱患者不宜洗发。

3. 健康教育

（1）告知患者清洁头发的意义，可保持头发卫生，防止产生虱、虮，促进头部血液循环和头发生长，保持良好的外观形象，维护自信。

（2）指导患者及其家属养成定期洗发的卫生习惯，选择适宜的洗发、护发用品。

（3）指导患者家属掌握卧床患者洗头的知识和技能。

【评价】

1. 患者及其家属理解床上梳头的目的，能主动配合。

2. 洗发后，患者感到清洁、舒适，心情愉快。

3. 操作熟练，操作过程无污染。

（三）灭头虱、虮法

虱是一类体形很小的昆虫，根据寄生的部位不同，可分为头虱、体虱和阴虱。头虱生长于头发和头皮，呈卵圆形，浅灰色。其卵（虮）外观似头屑，实为固态颗粒，紧密黏附于头发，不易去掉。虱通过接触传播，患者的衣服、床单、梳子及刷子等是其传播媒介。虱的产生与卫生不良、环境拥挤或接触感染者有关，寄生于人体后导致皮肤瘙痒，抓伤后可导致感染，同时还可传播疾病，如流行性斑疹伤寒、回归热等。若发现患者感染头虱、虮应立即采取消灭头虱、虮的措施。有体虱、阴虱的患者，应剃去腋毛、阴毛，用纸包裹后焚烧，并换下衣服进行处理，对有头虱者行灭头虱、虮法。

【目的】

消灭头虱和虮，预防患者间传染和疾病传播。

【评估】

1. 患者的年龄、病情、生命体征、意识状态。

2. 患者有无头皮损伤，头发的长短，虱、虮分布等。

3. 患者的自理能力、心理状态及配合程度。

4. 患者对灭虱、虮法及头发卫生知识了解程度。

【计划】

1. 操作者准备　穿隔离衣，修剪指甲，洗手，戴口罩、手套。熟悉灭头虱、虮法的操作流程及注意事项。

2. 患者准备　患者了解灭头虱、虮的目的、方法、注意事项及配合要点，必要时剪短头发，剪下的头发应用纸袋包裹焚烧。

3. 环境准备　环境宽敞、明亮，关好门窗，调节室温至22～26℃。

4. 用物准备

（1）治疗盘内备洗头用物1套、治疗巾2～3块、篦子（齿内嵌少许棉花）、治疗碗（内盛灭虱药液）、纱布数块、塑料帽子、纸袋、一次性手套、隔离衣、布口袋（或枕套）、清洁衣裤、清洁大单、被套、枕套。

（2）治疗盘外备常用灭虱、虮药液，手消毒液，护理单。

（3）治疗车下层备生活垃圾桶、医用垃圾桶。

（4）常用药物

①30%含酸百部酊剂：取百部30g放入瓶中，加50%乙醇100ml，再加入纯乙酸1ml，盖

严，48 小时后方可使用。

②30% 百部含酸煎剂：取百部 30g，加水 500ml 煎煮 30 分钟，以双层纱布过滤，将药液挤出，将药渣再加水 500ml 煎煮 30 分钟，再以双层纱布过滤，挤出药液。将两次药液合并浓缩至 100ml，冷却后加入纯乙酸 1ml 或食醋 30ml，即制得 30% 百部含酸煎剂。

【实施】

1. 操作方法

操作步骤	要点与说明
（1）准备　两人核对医嘱无误；备齐用物，修剪指甲，用七步洗手法洗手，戴口罩、手套，穿隔离衣	·遵循隔离原则，防止病原体传播
（2）核对　携用物至患者床旁核对床号、姓名（询问患者）、住院号，即三核对：患者、床头（尾）卡、腕带	·严格核对：落实反查对和两种以上方式核对患者身份
（3）评估　评估患者的病情、体力、意识和配合程度。检查头皮有无损伤及虱、虮分布，向患者解释灭头虱、虮的方法及注意事项	·尊重患者，耐心解释，取得合作
（4）体位　按洗头法做准备，选择合适的体位	
（5）擦拭药液　将头发分成若干小股，用纱布蘸灭虱药液，按顺序擦遍头发，并反复揉搓 10 分钟，使之湿透全部头发	·询问患者的感受，注意观察局部皮肤情况及病情变化 ·彻底发挥灭虱药的作用
（6）戴帽子　包住头发	·避免挥发，保证作用
（7）篦虱和虮　24 小时后取下帽子，用篦子篦去死虱和虮卵，并清洗头发	·如发现仍有活虱须重复用药
（8）消毒　灭虱完毕，协助患者更换衣裤、被服，将污衣裤和被服放入布口袋内，扎好袋口，按隔离原则处理	·防止虱虮传播
（9）操作后处理 ①协助患者取舒适卧位，整理床单位 ②除去篦子上的棉花，用火焚烧，将梳子和篦子消毒后用刷子刷净 ③询问患者的感受及需求，告知相关知识；并将呼叫器置于患者可触及的位置；感谢患者配合 ④整理用物，洗手，脱手套，取口罩，脱隔离衣 ⑤记录执行时间及护理效果	·彻底消灭虱、虮，避免传播 ·减少致病菌传播 ·利于评价

2. 注意事项

（1）防止药液溅入患者面部及眼部。

（2）操作中注意观察患者局部及全身反应。

（3）灭虱要彻底，注意观察有无活虱，如有须重复用药。

（4）严格执行消毒隔离制度，注意保护自己，避免污染周围环境，防止病原体传播。

3. 健康教育

（1）指导患者注意保持头部清洁卫生，经常洗头，注意自身用物的清洁、消毒。日常生活中应避免与感染虱、虮者接触。

（2）指导患者注意观察头发有无虱、虮，如有应采用灭虱、虮法去除，衣物、用具应单独使用并进行消毒处理。

（3）指导患者及其家属掌握灭头虱、虮的方法。

【评价】

1. 患者及其家属理解灭头虱、虮的目的，能主动配合。

2. 患者及其家属掌握灭头虱、虮的方法，虱、虮彻底灭除。

3. 操作熟练，操作过程无污染。

知识链接

百部

百部草的有效成分为多种生物碱，能降低呼吸中枢兴奋性，抑制咳嗽反射，对支气管痉挛有松弛作用。外用有杀虫、止痒、灭虱的功能，游离的生物碱一般不溶或难溶于水。将乙酸或醋加入百部酊剂和煎剂中，能提高百部的溶解度，破坏虱的黏附性，并可使虱蛋白变性。50%乙醇对百部的有效成分提取较多，且对虱外膜渗透力较强。温度在35℃时虱的发育最快，故以35℃药液处理虱，可加快虱中毒。百部、黄精、乙醇浸泡15天，治疗足癣效佳；百部用乙醇浸泡治疗酒齄鼻有效。

第三节 皮肤护理

案例引导

案例：患者，女，78岁，截瘫，长期卧床。近期发现骶尾部皮肤呈紫色，皮下有结节，表皮出现水疱。

提问：1. 患者皮肤出现了什么问题？

2. 可能原因有哪些？如何正确处理？

一、皮肤的解剖与生理

（一）皮肤的结构与功能

皮肤由表皮、真皮及皮下组织组成，覆盖在人体表面，是人体最大的器官。完整的皮肤具有保护机体、调节体温、吸收、分泌、排泄及感觉等功能。

1. 表皮 是皮肤最外面的一层组织，可分为五层。角质层是表皮的最外层，由多层紧密重叠的扁平无核细胞组成，形成坚韧而有弹性的板层结构，含有角蛋白和角质脂肪，能耐受一定的摩擦，抵抗化学物质的渗透。角质层在掌跖部位最厚；眼皮、腹部、肘窝、腘窝等部位较薄。基底层是表皮细胞最下面的底层，其中夹杂着一些黑色细胞，能产生色素，防止光线对皮肤的损伤。

2. 真皮 由胶原纤维、弹性纤维、网状纤维与基质组成。胶原纤维和弹性纤维有一定的张力和弹性，可以抵御外力的冲击，是皮肤组织的支柱，并储存水分、电解质及一定量的血液。

3. 皮下组织 位于真皮下面，由疏松的结缔组织和脂肪小叶构成。脂肪层的厚薄，因个人的营养状况、性别、年龄及部位的不同有较大差异。皮下组织和真皮没有明显分界，内含有较大血管、淋巴管、神经、毛囊和汗腺。由于有许多感觉神经和终末器，故皮肤有冷、热、触、痛等感觉。皮下组织有防止热的扩散、储藏脂肪的功能，且能抵御外来机械冲击。

（二）皮肤的附属器

毛发和指（趾）甲，是皮肤上的表皮衍生物，与皮脂腺、汗腺合称为皮肤的附属器，皮肤与其附属物构成皮肤系统。

二、评估

完整的皮肤具有天然屏障的作用，皮肤状况可反映个体健康状态。健康的皮肤温暖、光滑、柔嫩、不干燥、不油腻，且无发红、无破损、无肿块和其他疾病征象。自我感觉清爽、舒适，无任何刺激感，对冷、热及触摸等感觉良好。护士在评估患者皮肤时，应仔细检查皮肤的色泽、温度、柔软性、厚度、弹性、完整性、感觉及清洁性，通过视诊、触诊和嗅诊了解患者皮肤状况，同时应注意体位、环境（如室温）、汗液量、皮脂分泌、水肿及色素沉着等因素对准确评估的影响。

（一）皮肤的颜色

肤色因人而异，与种族和遗传有关。此外，身体的不同部位或身体的同一部位因姿势和环境因素的影响也存在差别。临床上常见的异常皮肤颜色如下。

1. 皮肤苍白　常见于休克或贫血患者，由于血红蛋白减少所致。

2. 皮肤发红　由于毛细血管扩张充血，血流速度加快及红细胞含量增高所致。生理情况见于运动、饮酒后；疾病情况见于发热性疾病，如大叶性肺炎、败血症及伤寒等。

3. 皮肤发绀　皮肤黏膜呈青紫色，主要为单位容积血液中还原血红蛋白量增高所致，常见于口唇、耳廓、面颊、肢端。

4. 皮肤黄染　皮肤、黏膜发黄称为黄染。皮肤黏膜乃至体液和其他组织黄染时，称为黄疸，是由于胆道阻塞、肝细胞损害或溶血性疾病导致血中胆红素浓度增高所致。早期或轻微黄疸常见于巩膜，较明显时才见于皮肤。

5. 色素沉着　由于皮肤基底层黑色素增多而导致局部或全身皮肤色泽加深。

（二）皮肤的温度

皮肤温度来自真皮层的循环血量，与血液的循环状况和有无感染有关。如皮肤局部炎症或全身发热时，循环血量增多，局部皮温增高；休克时由于微循环灌注不良，皮温降低，表现为四肢湿冷。另外，皮肤温度受气温影响而伴随皮肤颜色的变化。皮肤苍白表明环境较冷或有循环障碍；皮肤发红表明环境较热或有炎症存在。

（三）皮肤的弹性

皮肤的营养主要由血液供给，若液体及食物摄入不足，患者会出现皮肤干燥、松弛。老年人的皮肤由于油脂分泌减少，皮肤干燥、易脱皮，常出现松弛、粗糙而有皱纹。检查皮肤弹性时可从前臂内侧提起一点皮肤，再放松时如果皮肤很快复原，表明皮肤的弹性良好。

（四）皮肤的柔软性和厚度

皮肤柔软性受皮肤含水量、皮下脂肪量、质地、饱满性、真皮层纤维的弹性以及皮肤水肿等因素的影响。皮肤厚度受身体部位、年龄及性别等因素的影响。如手掌、足掌皮肤较厚，而眼睑、大腿内侧皮肤则较薄；婴儿皮肤一般平滑、柔软、较薄，而老年人皮肤则较干燥、粗糙；男性皮肤较女性皮肤厚。

（五）皮肤的完整性

检查患者皮肤有无破损及损伤的状况，如皮肤损伤部位、损伤范围等。注意观察皮肤有无斑点、丘疹、水疱和硬结。

（六）皮肤的感觉

护士通过触诊评估患者皮肤的感觉功能。用适度的压力触摸患者的皮肤，询问患者的皮肤感觉。同时让患者描述对你手指温度的感受。若对温度、压力及触摸存在感觉障碍，表明患者皮肤有广泛性或局限性损伤。皮肤有瘙痒感，表明皮肤干燥或有过敏情况。

（七）皮肤的清洁度

护士通过嗅诊了解患者身体的气味，通过视诊观察患者皮肤的湿润、污垢和皮脂情况来评估皮肤的清洁度。

评估中应注意不易触及的皮肤隐匿部位，如女性乳房下及会阴部、男性阴囊部位。对营养不良、供血不足、感觉功能障碍、肢体障碍卧床的患者，应加强其皮肤评估。对发现的皮肤问题，应及时进行处理，并指导患者学习相关皮肤护理技术。

三、皮肤清洁的护理措施

（一）皮肤清洁卫生指导

1. 选择合理的清洁方法　患者沐浴的范围、方法和需要协助的程度取决于患者的自理能力、健康状况和个人习惯等。对于有一定自理能力的患者鼓励自行沐浴，预防因机体长期不活动而引起并发症。一般全身状况良好者，可行淋浴或盆浴。妊娠 7 个月以上的孕妇、月经期、阴道出血、产褥期（产后 6~8 周）禁用盆浴；创伤、体质衰弱和患心脏病需卧床休息的患者不宜淋浴和盆浴；传染病患者应根据病情和隔离原则进行沐浴；对于活动受限的患者可采用床上擦浴。对存在体力依赖或认知障碍的患者，护士在为其提供皮肤护理时应更加注意观察皮肤状况。

2. 沐浴应遵循的原则

（1）提供私密空间　关闭门窗或拉上隔帘。为患者擦浴时，只暴露正在擦洗的部位，注意适时遮盖身体其他部位，保护患者隐私。

（2）保证安全　沐浴区域应配备必要的安全措施，如防滑地面、扶手等；在离开患者床单位时，需妥善安放床栏（特别是不能自理或意识丧失的患者）；在临时离开病室时，应将呼叫器放于患者易取位置。

（3）注意保暖　关闭门窗，控制室温，避免空气对流。皮肤潮湿时，空气对流易导致热量大量丧失。洗浴过程中尽量减少患者身体暴露，避免患者着凉。

（4）按需给予必要的协助，鼓励患者尽可能参与沐浴过程，提高患者的自理能力。

（5）预期患者需求　事先将换洗的清洁衣服和卫生用品置于患者床边或浴室内。

3. 选择正确的清洁用品　根据患者皮肤的状况、个人喜好及清洁用品的性质、使用目的和效果选择洗浴用品和护肤用品。

（1）浴皂　可有效清洁皮肤，对于皮肤易过敏者，应使用低过敏性浴皂，对于皮肤特别干燥或有破损者，应使用温水清洗，避免使用浴皂。

（2）润肤剂　在体表形成油脂面，可防止水分蒸发，具有软化皮肤的作用。常用的润肤剂包括羊毛脂和凡士林类护肤品。

（3）爽身粉　可减少皮肤摩擦，吸收多余水分，并抑制细菌生长。

（二）淋浴和盆浴

对于有自理能力、全身状况较好、病情许可离床沐浴的患者，应鼓励和协助患者进行淋浴或盆浴（shower and tub bath）。

【目的】

1. 去除皮肤污垢，保持皮肤清洁，促进身心舒适，建立良好的护患关系。
2. 促进皮肤血液循环，维持皮肤的正常功能，预防皮肤感染和压疮等并发症的发生。
3. 促进患者身体放松，增进健康，维持良好的精神状态。
4. 观察患者皮肤有无异常变化，了解病情。

【评估】

1. 患者的年龄、病情、意识状态、生活自理能力、心理状态、配合程度。
2. 患者的皮肤清洁状况，有无异常改变。
3. 患者的日常沐浴习惯及对清洁卫生知识的了解程度。

【计划】

1. 操作者准备　衣帽整洁，修剪指甲，洗手，戴口罩。熟悉沐浴的注意事项。

2. 患者准备 患者了解沐浴的目的、方法、注意事项，根据需要协助患者排便。

3. 环境准备 调节室温至 22~26℃，水温保持在 41~46℃，也可按患者的习惯调节。浴室内配备防跌倒设施（防滑垫、浴凳、扶手、紧急呼救器等）。

4. 用物准备 脸盆、毛巾、浴巾、浴皂（根据皮肤情况选择酸碱度适宜的浴皂或浴液）、洗发液、清洁衣裤、拖鞋、手消毒液。治疗车下层备生活垃圾桶、医用垃圾桶。

【实施】

1. 操作方法

操作步骤	要点与说明
（1）核对 两人核对护嘱无误；携护理单至患者床旁核对床号、姓名（询问患者）、住院号，即三核对：患者、床头（尾）卡、腕带	·严格核对：落实反查对和两种以上方式核对患者身份
（2）评估 评估患者的病情、生命体征、意识和配合程度。向患者解释沐浴的目的、方法及注意事项，并取得配合	·尊重患者，耐心解释，取得合作
（3）准备 检查浴盆或浴室是否清洁，浴盆放置防滑垫。协助患者准备洗浴用品和护肤用品，将用物放于浴盆或浴室易取处。妥善保存贵重物品	·防止患者在取用物时出现意外性跌倒
（4）指导 协助患者穿好浴衣和防滑拖鞋入浴室。指导患者使用水温调节开关及浴室紧急呼救器，沐浴中患者感到虚弱无力、眩晕时应马上按铃呼救。嘱患者勿用湿手接触电源开关，进、出浴室扶好安全把手，浴室勿锁门，将"正在使用"标记挂于浴室门外	·防跌倒 ·避免患者受凉或意外性烫伤 ·注意观察，以防意外 ·在确保安全的前提下，保护患者隐私
（5）沐浴 患者沐浴时，护士应在可呼唤到的地方，并每隔 5 分钟检查患者的情况，注意观察患者在沐浴过程中的反应	·注意患者入浴时间，浴盆浸泡时间不应超过 20 分钟，浸泡过久易导致疲倦 ·确保患者安全
（6）操作后处理 ①如患者采用盆浴，应根据情况协助患者移出浴盆，帮助患者擦干皮肤 ②根据情况协助患者穿好清洁衣裤和拖鞋。协助患者回病室，取舒适卧位 ③询问患者的感受及需求，告知相关知识；并将呼叫器置于患者可触及的位置；感谢患者配合 ④清洁浴盆或浴室，将用物放回原处。将"未用"标记挂于浴室门外 ⑤整理用物，洗手 ⑥记录执行时间及护理效果	·护士进入浴室应先敲门，保护患者隐私 ·保暖，防止患者受凉 ·减少致病菌传播 ·利于评价

2. 注意事项

（1）沐浴应在进食 1 小时后进行，以免影响消化功能。

（2）注意沐浴时间，时间不宜过长，防止患者受凉、烫伤、晕厥。

（3）必须采取防跌倒措施，防止患者跌倒。

（4）若遇患者发生晕厥，应立即将患者抬出浴室、平卧并保暖，通知医师并配合处理。

3. 健康教育

（1）沐浴可清除积聚于皮肤上的油脂、汗液、死亡的表皮细胞和一些细菌，刺激皮肤的血液循环。热水浴可促进表皮小动脉扩张，为皮肤供应更多的血液和营养物质。因此，护士应指导患者养成良好的皮肤卫生习惯，确定合适的沐浴次数和方法。

（2）正确选择洗浴用品和护肤用品。

（3）指导患者沐浴时预防意外跌倒和晕厥的方法。

【评价】

1. 患者及其家属理解沐浴的目的及重要性，能主动配合。

2. 沐浴后，患者安全、清洁、舒适，无受凉、跌倒等不良事件发生。

3. 操作熟练，无污染，保护好患者的隐私。

（三）床上擦浴

床上擦浴（bed bath）适用于病情较重、长期卧床、制动或活动受限（如使用石膏、牵引）及身体衰弱而无法自行沐浴的患者。

【目的】

1. 保持患者的皮肤清洁，促进患者舒适。

2. 促进皮肤的血液循环，增强皮肤的排泄功能，预防感染和压疮等并发症的发生。

3. 活动肢体，防止肌肉挛缩和关节僵硬等并发症的发生。

4. 观察患者病情，建立良好的护患关系。

【评估】

1. 患者的年龄、病情、意识状态、生活自理能力、心理状态、配合程度。

2. 患者的皮肤卫生状况，有无异常改变，如皮肤有无出血点、破损及感染等情况。

3. 患者日常沐浴习惯及对皮肤清洁卫生知识的了解程度。

【计划】

1. 操作者准备　衣帽整洁，修剪指甲，洗手，戴口罩。熟悉床上擦浴操作技术及注意事项。

2. 患者准备　患者了解床上擦浴的目的、方法、注意事项及配合要点，能主动配合。

3. 环境准备　调节室温至 24～26℃，关好门窗，拉上床帘或使用屏风遮挡。

4. 用物准备

（1）治疗盘内备浴巾 2 条、毛巾 2 条、浴皂或浴液、小剪刀、梳子、浴毯、50% 乙醇、护肤用品（润肤剂、爽身粉）。

（2）治疗盘外备脸盆 2 个、水桶 2 个（一桶用于盛 50～52℃ 热水，并按年龄、季节和个人习惯增减水温；另一桶用于接盛污水）、清洁衣裤和被服、手消毒液、护理单。另备便盆、便盆巾和屏风。

（3）治疗车下层备生活垃圾桶、医用垃圾桶。

【实施】

1. 操作方法

操作步骤	要点与说明
（1）核对　两人核对医嘱无误；携护理单至患者床旁核对床号、姓名（询问患者）、住院号，即三核对：患者、床头（尾）卡、腕带	·严格核对：落实反查对和两种以上方式核对患者身份
（2）评估　评估患者的病情、生命体征、意识和配合程度。检查患者伤口、管道情况，皮肤有无损伤，个人沐浴习惯。向患者解释擦浴的目的、方法及注意事项，并取得配合	·尊重患者，耐心解释，取得合作
（3）准备　关好门窗，调节室温，使用床帘或屏风遮挡，按需协助排便	·防止患者受凉 ·保护患者隐私
（4）再次核对　洗手，戴口罩，备齐用物至患者床旁，再次三核对：患者、床头（尾）卡、腕带。	
（5）体位　松开床尾盖被，根据病情放平床头及床尾支架，协助患者移近护士，取舒适卧位。盖被移至床尾，用浴毯遮盖患者	·确保患者舒适，同时避免操作中护士身体过度伸展，减少肌肉紧张和疲劳 ·浴毯用于保暖和维护患者隐私
（6）调节水温　将脸盆和浴皂放于床旁桌上，倒入温水约2/3 满	

续表

操作步骤	要点与说明
（7）擦洗面部和颈部 ①将一条浴巾铺于患者枕上，另一条浴巾盖于患者胸部。将毛巾叠成手套状，包于护士手上（图5-8）。将包好的毛巾放入水中，彻底浸湿 ②先用温水擦洗患者眼部，由内眦至外眦，使用毛巾不同部位轻轻擦干眼部 ③按顺序擦洗前额、面颊、鼻翼、人中、耳后、下颌直至颈部，根据患者需求使用浴皂。用较干毛巾依次再次擦干皮肤	·避免擦浴时弄湿床单和盖被 ·折叠毛巾，保持擦浴时毛巾的温度 ·眼部有分泌物的患者应先用温湿毛巾软化后再擦洗，防止眼部分泌物进入鼻泪管 ·避免交叉感染 ·注意擦净耳廓、耳后及皮肤皱褶处 ·除眼部外，其他部位一般采用清水和浴皂各擦洗一遍后，再用清水擦净及浴巾擦干的顺序擦洗
（8）擦洗上肢和手 ①为患者脱去上衣，盖好浴毯。先脱近侧后脱远侧。如有肢体外伤或活动障碍，应先脱健侧，后脱患侧 ②移去近侧上肢浴毯，将浴巾纵向铺于患者上肢下面 ③将毛巾涂好浴皂，擦洗患者上肢，直至腋窝，而后用清水擦净，并用浴巾擦干 ④将浴巾对折，放于患者床边处。置脸盆于浴巾上。协助患者将手浸于脸盆中，洗净并擦干。根据情况修剪指甲。操作后移至对侧，同法擦洗对侧上肢	·先脱健侧，便于操作，避免患侧关节过度活动 ·从远心端向近心端擦洗 ·注意擦洗力度适中。保持浴巾覆盖于暴露处 ·注意洗净腋窝等皮肤皱褶处 ·浸泡可软化皮肤角质层，便于清除指甲污垢
（9）擦洗胸、腹部 ①根据需要换水，测试水温 ②将浴巾盖于患者胸部，浴毯向下折叠至患者脐部。护士一手掀起浴巾一边，用另一包有毛巾的手擦洗患者胸部。擦洗女性患者乳房时应环形用力，必要时，可将乳房抬起以擦洗皱褶处皮肤。彻底擦干胸部 ③将浴巾纵向盖于患者胸、腹部（可使用两条浴巾）。将浴毯向下折叠至会阴部。护士一手掀起浴巾一边，用另一包有毛巾的手擦洗患者腹部一侧，同法擦洗腹部另一侧。彻底擦干腹部皮肤	·擦洗过程中应保持浴巾盖于患者胸、腹部，保护患者隐私，防止受凉 ·乳房下垂者，注意观察皮肤摩擦处有无破损 ·询问患者的感受，注意观察患者的病情变化 ·注意洗净脐部和腹股沟处皮肤
（10）擦洗背部 ①协助患者侧卧，背向护士 ②将浴巾纵向铺于患者身下，浴毯盖于患者肩部和腿部 ③依次擦洗后颈部、背部、臀部，进行背部按摩（见背部按摩护理） ④协助患者穿好清洁上衣 ⑤将浴毯盖于患者胸、腹部	·注意观察患者有无面色改变、寒战等病情变化，注意保暖 ·注意擦净臀部和肛门部位皮肤皱褶处，此处常有粪便，易于细菌滋生 ·先穿对侧或患侧衣袖，再穿近侧或健侧
（11）擦洗下肢、足部及会阴 ①协助患者平卧，脱裤、换盆、换水、换毛巾 ②将浴毯至床中线处，盖于远侧腿部，确保遮盖会阴部位。将浴巾纵向铺于近侧腿部下面 ③依次擦洗踝部、膝关节、大腿，洗净后彻底擦干 ④移盆于足下，盆下垫浴巾 ⑤一手托起患者小腿部，将足部轻轻置于盆内，浸泡后擦洗足部。根据情况修剪趾甲。彻底擦干足部。若足部过于干燥，可使用润肤剂 ⑥护士移至床对侧。将浴毯盖于洗净腿，同法擦洗近侧腿部和足部。擦洗后，用浴毯盖好患者。换水 ⑦用浴巾盖好上肢和胸部，将浴毯盖好下肢，只暴露会阴部，清洗会阴（见会阴部护理） ⑧协助患者穿好清洁裤子	·换水可防止微生物从肛门传播到会阴部 ·先脱健侧或近侧，再脱对侧或患侧 ·由远心端向近心端擦洗，可促进静脉回流 ·确保足部接触盆底，以保持稳定 ·浸泡可软化角质层，注意洗净趾间 ·保护患者隐私 ·先穿对侧或患侧衣裤，再穿近侧或健侧
（12）操作后处理 ①按需更换床单，协助患者取舒适卧位，整理床单位 ②询问感受及需求，告知相关知识；并将呼叫器置于患者可触及的位置；感谢患者配合 ③整理用物，洗手，脱口罩 ④记录执行时间及护理效果	·为患者提供清洁环境 ·减少致病菌 ·利于评价

图 5 - 8　包毛巾法

2. 注意事项

（1）擦浴过程中，应动作敏捷、轻柔，注意遵循节力原则。通常于 15 ~ 30 分钟完成擦浴。

（2）注意控制室温、水温，及时为患者盖好浴毯，尽量减少翻动次数，天冷时可在被内操作。防止受凉。

（3）擦浴过程中应注意观察患者的病情变化及皮肤情况，如出现寒战、面色苍白、脉速等征象，应立即停止擦浴，并给予适当处理。

（4）擦浴过程中，注意保护伤口和管路，避免伤口受压、管路打折或扭曲。

（5）碱性残留液可破坏皮肤正常菌群生长，使用浴皂或浴液的患者需用清水擦净。

（6）擦浴时注意保护患者隐私，尽可能减少暴露。

3. 健康教育

（1）向患者及家属讲解保持皮肤清洁卫生的意义、重要性及相关知识。

（2）指导患者经常观察皮肤，预防感染和压疮等并发症的发生。

（3）指导家属掌握床上使用便器、穿脱衣服及擦浴等技能。

【评价】

1. 患者及其家属理解皮肤护理的意义、方法及进行床上擦浴时的注意事项，能主动配合。

2. 患者安全、清洁、舒适，无皮肤破损、受凉等不良事件发生。

3. 患者及其家属获得皮肤护理相关知识和技能，护患关系良好。

（四）背部按摩

背部按摩（back massage）可促进背部皮肤的血液循环，有利于护士观察患者皮肤情况。背部按摩通常于患者沐浴后进行，可通过协助患者取舒适体位和减少噪声，促进患者放松。

【目的】

1. 促进皮肤血液循环，预防压疮等并发症的发生。

2. 活动背部肌肉，减少疲劳及背部酸痛。

3. 观察患者的皮肤及一般情况，满足患者的身心需要。

【评估】

1. 患者的年龄、病情、意识状态、生活自理能力、心理状态、配合程度。

2. 患者的卧位、卧床时间、有无各种管道。

3. 患者的皮肤完整性、颜色、温湿度、弹性、感觉等背部皮肤情况。

4. 患者对疾病及背部按摩知识的了解程度。

【计划】

1. 操作者准备　衣帽整洁，修剪指甲，洗手，戴口罩。熟悉背部护理技术及注意事项。

2. 患者准备　患者了解背部按摩的目的、方法、注意事项及配合要点。

3. 环境准备　调节室温至 24 ~ 26℃，关好门窗，拉上床帘或使用屏风遮挡。

4. 用物准备　清洁衣裤、毛巾、浴巾、50% 乙醇或按摩膏、脸盆（内盛 50 ~ 52℃的热水或根据季节、患者的习惯调节）、手消毒液、护理单，必要时备屏风。治疗车下层备生活垃圾桶、医用垃圾桶。

【实施】

1. 操作方法

操作步骤	要点与说明
（1）核对　两人核对医嘱无误；携护理单至患者床旁核对床号、姓名（询问患者）、住院号，即三核对：患者、床头（尾）卡、腕带	·严格核对：落实反查对和两种以上方式核对患者身份
（2）评估　评估患者的病情、生命体征、意识和配合程度。检查患者伤口、管道、皮肤情况。向患者解释背部按摩的目的、方法及注意事项，并取得配合	·尊重患者，耐心解释，取得合作
（3）准备　关好门窗，调节室温，使用床帘或屏风遮挡，按需协助排便	·保护患者隐私
（4）再次核对　洗手，戴口罩，备齐用物至患者床旁，再次三核对：患者、床头/（尾）卡、腕带。将盛有温水的脸盆置于床旁桌或床旁椅上	
（5）体位　协助患者取俯卧位或侧卧位，背向操作者	·有利于背部按摩 ·指导患者放松，保护患者隐私
（6）俯卧位背部按摩 ①铺巾：暴露患者背部、肩部、上肢及臀部，将身体其他部位用盖被盖好。将浴巾一半纵向铺于患者身下，一半盖于患者上身 ②清洁背部：用毛巾依次擦洗患者的颈部、肩部、背部及臀部 ③全背按摩：两手掌蘸少许50%乙醇或按摩膏，从骶尾部开始，用手掌大、小鱼际以环形方式按摩，沿脊柱两侧向上按摩至肩部，按摩肩胛部位时应用力稍轻；再从上臂沿背部两侧向下按摩至髂嵴部位。如此有节律地按摩数次 ④用拇指指腹蘸50%乙醇或按摩膏，由骶尾部开始沿脊柱旁按摩至肩部、颈部，再继续向下按摩至骶尾部（图5-9） ⑤用手掌大、小鱼际蘸50%乙醇或按摩膏紧贴皮肤按摩其他受压处，按向心方向按摩，由轻至重，再由重至轻 ⑥背部轻叩3分钟	·防止液体浸湿床单 ·减少不必要的身体暴露 ·询问患者感受，观察患者的病情变化 ·促进肌肉组织放松 ·促进皮肤血液循环 ·手勿离开患者皮肤，按摩至少持续3分钟 ·促进皮肤血液循环 ·按摩3~5分钟
（7）侧卧位背部按摩 ①同俯卧位背部按摩①~⑥ ②协助患者转向另一侧卧位，按摩另一侧髋部	
（8）局部按摩压疮的好发部位的按摩，包括枕部、耳郭、肩部、肘部、髂前上棘、膝部、踝部、足跟等。用手掌大、小鱼际（或用拇指指腹）蘸50%乙醇或按摩膏紧贴皮肤按摩其他受压处，按向心方向按摩，由轻至重，再由重至轻	·按摩3~5分钟
（9）更换衣服　用浴巾擦净背部乙醇，撤去浴巾后协助患者穿好衣服	·过多乙醇可刺激皮肤
（10）操作后处理 ①协助患者取舒适卧位，整理床单位 ②询问患者的感受及需求，告知相关知识；并将呼叫器置于患者可触及的位置；感谢患者配合 ③整理用物，洗手，脱口罩 ④记录执行时间及护理效果	·舒适卧位可增加背部按摩的效果 ·减少致病菌传播 ·利于评价

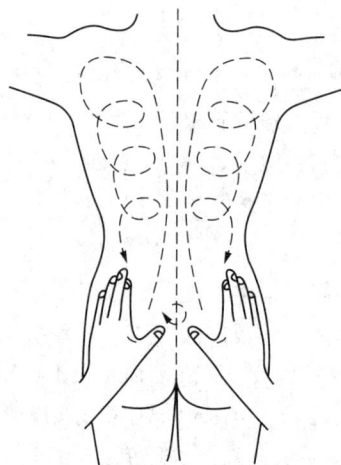

图5-9　背部按摩

2. 注意事项

（1）遵循人体力学原则，注意节时省力。

（2）操作过程中，注意监测患者的生命体征，如有异常应立即停止操作。

（3）按摩力量适中，避免用力过大造成皮肤损伤。

（4）背部手术或肋骨骨折的患者禁止进行背部按摩。

3. 健康教育

（1）指导患者经常自行检查皮肤；于卧位或坐位时采用减压方法，对受压处皮肤进行合理按摩；并有计划、适度地活动全身。

（2）指导患者及家属掌握背部按摩的方法。

（3）指导患者保持皮肤及床褥的清洁卫生，积极参与自我护理。

【评价】

1. 患者及其家属了解背部按摩对预防压疮发生的重要性，能主动配合。

2. 患者安全、背部皮肤清洁，无皮肤破损、受凉等情况。

3. 操作熟练，保护好患者隐私。

四、压疮的预防与护理措施

压疮（pressure ulcer）又称压力性溃疡，是身体局部组织长期受压，血液循环障碍，局部组织持续缺血、缺氧，营养缺乏，致使皮肤失去正常功能而引起的组织破损和坏死。压疮通常发生于长期躺卧或长期坐位（如坐轮椅）的患者，引起压疮最基本、最重要的因素是由于压力而造成局部组织缺血、缺氧，许多影响因素或混杂因素也与压疮有关。美国压疮咨询委员会（NPUAP）和欧洲压疮咨询委员会（EPUAP）联合定义压疮为：压疮是指皮肤和（或）皮下组织的局部损伤，通常位于骨隆突处，由压力或压力联合剪切力所致。一些相关的或不易区分的因素也与压疮有关，而这些因素的意义还有待进一步阐明。

美国压疮咨询委员会和欧洲压疮咨询委员会联合定义压疮的意义在于：首先，明确了压疮发生的主要原因有助于临床护士采取预防措施，即减少压力，避免摩擦力和剪切力对皮肤造成的损伤；其次，明确了压疮的好发部位，即"骨隆突处的皮肤和/或皮下组织"，有助于临床护士对压疮好发部位进行重点观察和预防；再次，明确了损伤的性质为局限性损伤，有助于临床护士将压疮与弥漫性蜂窝织炎、散在性的胶带撕脱伤、失禁相关性皮炎等进行鉴别；最后，指出有很多相关因素与压疮有关，说明压疮是一个多因素综合作用的结果，提示临床护士应综合考虑压疮的风险因素，尚有未明确的问题需进一步探讨，有助于扩展临床护士的思维，开展持续性研究。

压疮本身并不是原发疾病，大多是由于其他原发病未能很好地护理而造成的皮肤损伤。一旦发生压疮，将增加患者的痛苦、加重病情、延长病程，严重时还会因继发感染引起败血症而危及生命。因此，必须加强患者的皮肤护理，预防和减少压疮的发生。

（一）压疮发生的原因

1. 力学因素 引起压疮发生的力学机制中，主要是垂直压力、摩擦力和剪切力3种物理力，通常是2~3种力联合作用所导致。

（1）垂直压力（pressure） 对局部组织的持续性垂直压力是引起压疮的最重要原因。压疮形成与压力的强度和持续时间有密切关系。单位面积内所受压力越大、持续的时间越长，发生压疮的概率越高，当持续性垂直压力超过毛细血管压（正常为16~32mmHg）2小时以上时，即可阻断毛细血管对组织的灌注，引起组织缺血、缺氧，血管通透性增加和水肿等相继出现，最终导致组织坏死，产生压疮。此外，压疮发生与组织耐受性有关，肌肉和脂肪组织因代谢活跃，较皮肤对压力更为敏感，因此最先受累且较早出现变性和坏死。垂直压力常见于长时间采用某种体位，如卧位、坐位者。

（2）摩擦力（friction）　是由两层相互接触的表面发生相对移动而产生。摩擦力作用于皮肤时，易损害皮肤的角质层而使皮肤屏障作用受损，增加皮肤的敏感性；使皮肤温度升高，加快皮肤的新陈代谢而增加耗氧量，增加患者对压疮的易感性。摩擦力主要来源于皮肤与衣、裤或床单表面逆行的阻力摩擦，如床单或衣裤有皱褶或床单有渣屑，搬运患者时拖、拽、拉、扯或皮肤潮湿都会产生较大的摩擦力而使患者皮肤受到损伤。如果此时组织受压缺血、缺氧或皮肤擦伤后受汗、尿等浸渍时易发生压疮。

（3）剪切力（shearing force）（图5-10）　是由两层组织相邻表面间的滑行，产生的进行性相对移位所引起。两层组织间发生剪切力时，血管被拉长、扭曲、撕裂，阻断局部皮肤、皮下组织、肌层等全层组织的血液供应，引起血液循环障碍而发生深层组织坏死。剪切力由压力和摩擦力相加而成，与体位有密切关系。如半坐卧位时，由于床头抬高而使身体下滑，骨骼及深层组织由于重力作用向下滑行，但皮肤及表层组织与床单间存在摩擦力，使皮肤和皮下组织仍停留在原位，从而导致两层组织间产生牵张而形成剪切力。此力能切断较大区域的小血管供应，多表现为口小底大的潜行伤口，而造成的严重伤害早期不易被发现。

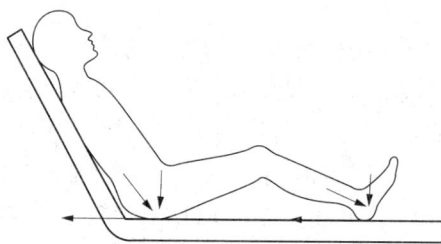

图5-10　剪切力形成图

2. 局部潮湿或排泄物刺激　因汗液、尿液、粪便及各种渗出引流液等使局部皮肤潮湿，并出现酸碱度改变，致使表皮角质层的保护力下降，皮肤的屏障作用削弱，皮肤组织破溃，且容易继发感染。值得注意的是，潮湿所致皮损并非压疮，但潮湿所致皮损的存在可增加压疮风险。此外，皮肤潮湿会增加摩擦力，进而加重皮肤损伤。

3. 全身营养不良或水肿　营养状况是影响压疮形成的重要因素。全身出现营养障碍时，营养摄入不足，蛋白质合成减少，出现负氮平衡，皮下脂肪减少，肌肉萎缩。一旦受压，骨隆突处皮肤要承受外界压力和骨隆突本身对皮肤的挤压力，受压处因缺乏肌肉和脂肪组织保护而容易引起血液循环障碍，出现压疮；水肿患者皮肤弹性和顺应性下降而易受损伤，同时组织水肿使毛细血管与细胞间距离增加，氧和代谢产物在组织细胞间的溶解和运送速度减慢，使皮肤血液循环不良致压疮发生。而机体脱水时皮肤弹性变差，在压力或摩擦力作用下容易变形和受损，也可引起压疮发生；贫血使血液输送氧气的能力降低，一旦循环受阻更易造成组织缺氧，由此引发压疮；过度肥胖者卧床时体重对皮肤的压力较大，容易发生压疮。

4. 体温升高　机体体温升高时，新陈代谢率也会增高，组织细胞对氧的需求量增加。使受压的局部组织缺氧更加严重。因此，伴有高热的严重感染患者存在组织受压情况时，压疮发生率明显增高。

5. 年龄增长　老年人皮肤松弛、干燥，缺乏弹性，皮下脂肪萎缩、变薄，皮肤抵抗力下降，皮肤易损性增加。同时，老年人随着年龄的增长机体各方面出现衰退现象，对外部环境反应迟钝，皮肤血流速度下降且血管脆性增加，发生压疮的概率增高。

6. 机体活动和（或）感觉障碍 患者因意识减退、镇静状态、感觉受限等原因可致机体对伤害性刺激反应障碍，保护性反射迟钝，长时间受压后局部组织坏死而发生压疮。活动障碍多由神经损伤、手术麻醉或制动造成，自主活动能力减退或丧失使局部组织长期受压，血液循环障碍而导致压疮发生。

7. 矫形器械使用不当 应用石膏绷带、夹板或牵引时，限制患者身体或肢体活动。特别是夹板内衬垫放置不当、石膏内不平整或有渣屑、矫形器械固定过紧或肢体有水肿时，致使肢体血液循环受阻，导致组织缺血、坏死，也可因摩擦使皮肤破损。

8. 急性应激因素 急性应激使机体对压力的敏感性增加，导致压疮发生率增高。此外，急性应激引起体内代谢紊乱，应激激素大量释放，中枢神经系统和神经内分泌传导系统发生紊乱，机体内环境的稳定性被破坏，机体组织失去承压能力，从而引发压疮。

（二）压疮分类（期）

根据由美国压疮咨询委员会（NPUAP），欧洲压疮咨询委员会（EPUAP）及泛太平洋压力损伤联盟（PPPIA）共同制定的《压疮的预防与治疗：快速参考指南》压疮的病理可分为以下 6 类（期）见图 5-11。

1. I 类（期） 指压不变白的红斑。局部皮肤完好，出现压之不变白的红斑，常位于骨隆突处等易受压部位。与周围组织相比，这一区域可能会有疼痛、硬肿或松软、皮肤发热或发凉。肤色较深的患者可能难以识别 I 类（期）压疮迹象。因深色皮肤可能见不到指压变白现象，但其颜色可能与周围皮肤不同。此类皮肤完整性未被破坏，仅出现暂时性血液循环障碍，为可逆性改变，如及时去除致病原因，可阻止压疮进一步发展。

2. II 类（期） 部分皮层缺失。表皮和部分真皮缺损，表现为完整的或开放（破损）的血清性水疱。也可表现为一个浅表开放的粉红色创面、周围无坏死组织的溃疡，有时甚至较干燥。此类压疮应与皮肤撕裂、医用胶布所致损伤、会阴部炎症、失禁性皮炎、皮肤浸渍糜烂或表皮脱落相鉴别。如出现局部组织瘀血、肿胀，表明疑似有深部组织损伤。

3. III 类（期） 全皮层缺失。全层皮肤缺失，可见皮下脂肪，但骨骼、肌腱、肌肉未外露或不可探及，伤口床可能存在坏死组织或腐肉，但并未掩盖组织缺失的深度。可出现窦道和潜行。此类压疮的深度依解剖学位置而不同。鼻、耳、枕部和足踝等部位因缺乏皮下组织，可表现为浅表溃疡。相反，脂肪多的区域如臀部可以发展成非常深的 III 类（期）压疮。

4. IV 类（期） 全层组织缺失。全层组织缺失，伴骨骼、肌腱或肌肉外露。可显露或探及外露的骨骼或肌腱，在创面基底某些区域可有腐肉和焦痂覆盖。通常会有窦道和潜行。此类压疮的深度取决于其解剖位置。鼻、耳、枕部和足踝部没有皮下组织，这些部位发生的压疮可为浅表型。IV 类（期）压疮可深及肌肉和（或）支撑结构（如筋膜、肌腱或关节囊），严重时可导致骨髓炎。

5. 不可分期压疮 深度未知。全层组织缺失，但溃疡的实际深度完全被创面腐肉（呈黄色、棕褐色、灰色、绿色或棕色）和（或）焦痂（呈棕褐色、棕色或黑色）覆盖。无法判断实际深度，除非去除足够多的腐肉和（或）焦痂以暴露伤口基底部，否则也无法分类（期）。足跟部固定的焦痂（干燥、附着紧密、完整且无红斑或波动感）可起到"机体天然（生物性）屏障"的作用，不应去除。

6. 可疑深部组织损伤 深度未知。由于压力和（或）剪切力造成皮下软组织受损，在完整且褪色的局部区域出现紫色或栗色，或形成充血的水疱。与邻近组织相比，该区域的组织先出现痛感、硬肿、糜烂、松软、发热或发凉。深部组织损伤在深肤色的个体身上很难辨识。此类也包括在深色创面上形成的水疱，可能会发展为被一层薄的焦痂覆盖。即便接受最佳的治疗方法，也会迅速出现深层组织的暴露。

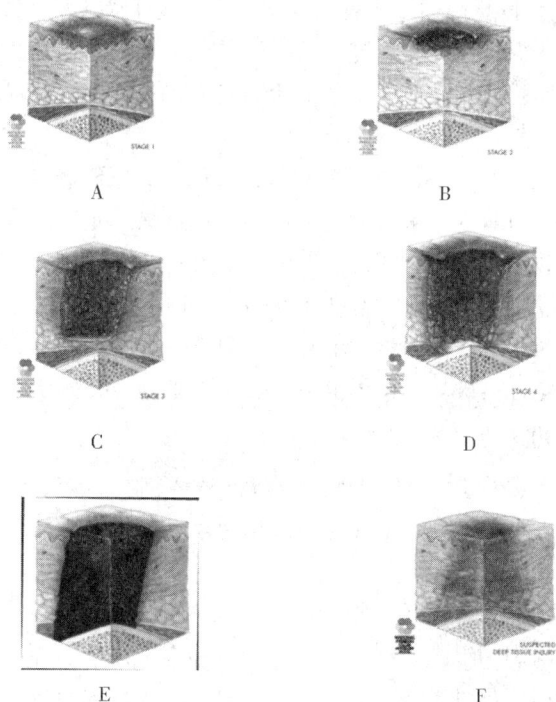

图 5 – 11　压疮的病理分类/期
A. 指压不变白的红斑；B. 部分皮层缺失；C. 全皮层缺失；
D. 全层组织缺失；E. 不可分期压疮；F. 可疑深部组织损伤

（三）压疮的预防

绝大多数压疮是可以预防的，但并非所有的压疮均可预防，某些患者由于特殊的自身条件使压疮在所难免，如严重负氮平衡的恶液质患者，因软组织过度消耗失去了保护作用，损伤后自身修复亦困难，难以预防压疮的发生。另外，因某些疾病限制翻身，也难以预防压疮的发生。如神经外科患者需用镇静药以减少颅内压增高的危险，翻身不利于颅内压稳定；成人呼吸窘迫综合征患者改变体位时可引起缺氧。综合、动态、客观、有效地评估压疮发生的高危人群、高危因素、易患部位及皮肤组织状况对压疮的预防起到积极作用，尤其对压疮高危人群采取针对性的护理措施是有效预防压疮发生的关键。

1. 高危人群评估　压疮发生的高危人群包括以下几种。①神经系统疾病患者：如昏迷、瘫痪者，其自主活动能力丧失及感觉障碍，长期卧床导致身体局部组织长期受压；②老年患者：老年人皮肤松弛、干燥，缺乏弹性，皮下脂肪萎缩、变薄，皮肤抵抗力下降，皮肤易损性增加；③肥胖患者：过重的机体使承重部位压力增加；④营养不良患者：受压处缺乏肌肉、脂肪组织保护；⑤发热患者：体温升高致排汗增多，汗液可刺激皮肤；⑥水肿患者：水肿降低皮肤抵抗力，并增加承重部位压力；⑦疼痛患者：为避免疼痛而处于强迫体位，使局部受压过久；⑧大、小便失禁患者：皮肤经常受到污物、潮湿的刺激；⑨使用矫形器械的患者：如石膏固定、牵引及应用夹板的患者，体位更换、活动受限；⑩使用镇静药的患者：自主活动减少。

2. 高危因素及风险评估　对于压疮风险评估，目前尚无普遍接受的最佳方法。但专家共识指出，这种评估方法应该是"结构化"的，以便于对所有相关风险因素予以考虑。结构化方法进行风险评估是通过使用风险评估量表，并结合全面的皮肤评估和临床诊断而实现。使用结构化方法进行压疮风险评估包括对机体活动性和可移动性的评估；对任何皮肤完整性改变而进行的全面皮肤评估，是通过对主要危险因素的理解而得出的临床判断。有证据表明，引入这些元素，并协同建立皮肤护理小组，教育项目以及护理协议，可以减少压疮的发生。

（1）高危因素　压疮风险因素评估应充分考虑以下高危因素对患者压疮形成风险的潜在影响。①患者移动和活动受限；②影响机体组织灌注及氧合的因素，如低血压、糖尿病、心血管系统不稳定或使用去甲肾上腺素等；③较差的营养状态，包括贫血、营养摄入、体重等；④皮肤潮湿度增加；⑤体温升高；⑥年龄增长；⑦感官认知障碍；⑧血液学指标和总体健康状态。患者移动和活动受限是压疮出现的必要条件，若患者无移动和活动受限，其他的风险因素应该不会导致压疮发生。

（2）风险评估工具　护士可通过应用风险评估量表对患者发生压疮的危险因素进行定性和定量的综合分析，由此判断其发生压疮的危险程度。目前常用的危险因素评估表包括 Braden 危险因素评估表、Norton 压疮风险评估量表、Waterlow 压疮风险评估量表及 Adersen 危险指标记分法等。应用风险因素评估表时需根据患者的具体情况进行动态评估，同时注意选择的工具应该适用于该人群，是有效而可靠的。需强调的是，无论选择何种压疮风险评估量表作为压疮结构化工具进行风险评估均应考虑其他因素（如灌注、皮肤状态和其他相关风险），作为综合性风险评估的组成部分。不可仅依赖风险评估工具的结果，无论怎样进行风险评估的结构化处理，临床判断都是最重要的。

①Braden 危险因素评估表：是目前国内外用来预测压疮发生的较为常用的方法之一（表5-3），对压疮高危人群具有较好的预测效果，且评估简便、易行。Braden 危险因素评估表的评估内容包括感觉、潮湿、活动力、移动力、营养、摩擦和剪切力6个部分。总分值范围为6～23分，分值越少，提示发生压疮的危险性越高。15～18分，轻度危险；13～14分，中度危险；<12分，重度危险。若评分≤18分，提示患者有发生压疮的危险，建议采取预防措施。

表 5-3　Braden 压疮危险因素评估表

因素（分值）	1分	2分	3分	4分
感觉：对压力相关不适的反应能力	完全受限：对疼痛刺激没有反应（无呻吟、退缩或紧握）	非常受限：只对疼痛刺激有呻吟或躁动。或机体一半以上的部位对疼痛或不适感觉障碍	轻度受限：对语言指令有反应，但不能用语言表达不适或需求	无感知障碍：机体未对疼痛或不适的感觉缺失
潮湿：皮肤处于潮湿状态的程度	持续潮湿：由于出汗、尿液等原因使皮肤总处于潮湿状态，每当移动患者或给患者翻身时均能观察到潮湿	潮湿：皮肤经常但不是总处于潮湿状态，每班至少换一次床单	有时潮湿：每天需至少一次更换床单	极少潮湿：皮肤经常性保持干燥，常规更换床单
活动能力：身体活动程度	卧床，限制于床上	坐位：行走能力严重受限或没有行走能力。必须在协助下坐在椅子或轮椅上	偶尔行走：协助下能步行一段距离，大部分时间卧床或坐位	经常行走：每天至少户外活动2次，白天每2小时活动1次
移动能力：改变或控制身体位置的能力	完全无法移动：没有帮助时，身体及四肢不能做任何轻微的移动	严重受限：身体或四肢偶尔能轻微移动，不能独立做频繁移动或做明显的动作	轻度受限：身体和四肢能独立进行小的频繁移动	不受限：独立完成经常性的大幅度的体位改变
营养：日常食物摄入模式	非常差：从未吃完1份食物。很少能进食超过1/3份食物。饮水很少。未进流质饮食或禁食，或仅饮水或静脉补液>5天	可能缺乏：通常只能进食1/2份食物。偶尔能吃完1份食物或可进食略低于理想量的流质或者是管饲	充足：可进食1/2份以上食物。如果供给食品通常会吃掉。或者管饲或TPN的以维持营养所需	丰富：能进食整份食物，从来不拒绝食物。两餐间偶尔进食。不需要其他补充食物
摩擦力和剪切力	有问题：移动时需要中到大量的帮助。不借助床单的摩擦，不能完全抬起身体的某部位。经常滑落在床上或椅子上。痉挛或挛缩或躁动不安常导致摩擦	有潜在问题：身体移动乏力或需要一些帮助。移动时，皮肤在一定程度上可能与床单、椅、约束带或其他设施摩擦。大部分时间在床上或椅子上可保持良好的位置，偶尔会滑落下来	无明显问题：能独立在床上和椅子上移动，在移动时肌肉有足够的力量支持。在床上和椅子上总能保持良好的位置	

②Norton 压疮风险评估量表：也是目前公认用于预测压疮发生的有效评分方法（表5－4），特别适用于老年患者的评估。Norton 压疮风险评估量表评估 5 个方面的压疮危险因素，即身体状况、精神状态、活动能力、灵活程度及失禁情况。总分值为 5～20 分，分值越少，表明发生压疮的危险性越高。评分≤14 分，提示易发生压疮。由于此评估量表缺乏营养状态的评估，故临床使用时需补充相关内容。

表5－4 Norton 压疮风险评估量表（分值）

身体状况	精神状态	活动能力	灵活程度	失禁情况
良好 4	思维敏捷 4	可以走动 4	行动自如 4	无失禁 4
一般 3	无动于衷 3	需协助 3	轻微受限 3	偶有失禁 3
不好 2	不合逻辑 2	坐轮椅 2	非常受限 2	经常失禁 2
极差 1	昏迷 1	卧床 1	不能活动 1	二便失禁 1

3. 皮肤及组织评估　对于压疮的预防、分类、诊断及治疗，皮肤及组织的评估十分重要。

（1）压疮易患部位　压疮多发生于长期受压及缺乏脂肪组织保护、无肌肉包裹或肌层较薄的骨隆突处。卧位不同，受压点不同，好发部位亦不同（图5－12）。

仰卧位：好发于枕骨粗隆、肩胛部、肘部、脊椎体隆突处、骶尾部及足跟部。

侧卧位：好发于耳郭、肩峰、肋骨、肘部、髋部、膝关节内外侧及内外踝处。

俯卧位：好发于面颊部、耳郭、肩部、女性乳房、男性生殖器、髂嵴、膝部及足尖处。

坐位：好发于坐骨结节处。

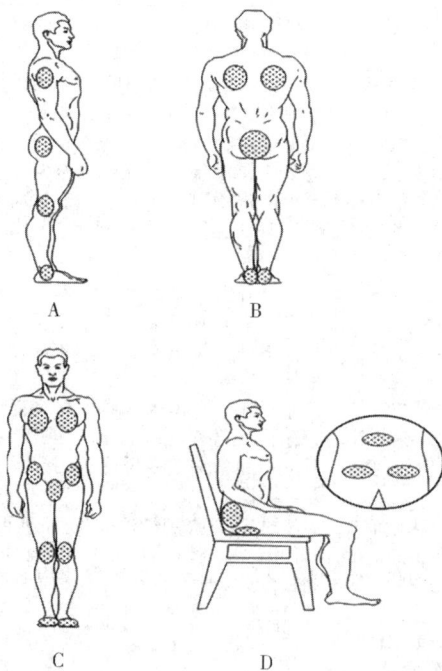

图5－12 压疮好发部位
A. 侧卧位；B. 仰卧为；C. 俯卧位；D. 坐位

（2）评估要素　每次皮肤、组织评估时要纳入如下要素。

①皮温、水肿：局限热感、水肿，受检组织相对于周围组织硬度的改变（如硬结或硬化）是早期压疮所致皮损的重要指标。所以，进行皮肤、组织评估时应注意指压变白反应，

有无局部热感、水肿和硬结。鉴别皮肤发红区域是否指压不变白，可使用指压法或透明压板法来评估皮肤是否可变白。

指压法：将一手指压在红斑区域3秒，移开手指后，评估皮肤变白情况。

透明压板法：使用一个透明板，向红斑区域施以均匀压力，受压期间可见透明压板之下的皮肤有变白现象。

②局部疼痛的评估：每次皮肤评估时都进行局部疼痛的评估，尽可能让患者指出可能因为压力损伤导致的不适区域或疼痛区域。

4. 预防措施　压疮预防的关键在于加强管理，消除危险因素。

（1）评估　积极评估是预防压疮的关键。患者入院8小时内均应进行系统的全身皮肤评估，其频率应根据首次皮肤评估的结果及患者病情而定。评估内容包括压疮发生的危险因素（如患者病情、意识状态、营养状况、肢体活动能力、自理能力、排泄情况及合作程度等）和易患部位等。

（2）避免局部组织长期受压

①体位安置与更换：变换体位是长期卧床患者最简单而有效地解除压力的方法。通过体位变换间歇性解除局部组织承受的压力或使压力再分布，缩短身体易发生压疮部位的受压时间，减轻受压程度，有助于患者舒适、清洁及维持肢体功能位。体位更换的频率根据患者病情、活动及移动能力、组织耐受度、皮肤状况而定，一般每2小时1次，必要时每30分钟1次。体位变换时应观察患者受压部位的皮肤情况和病情变化。摆放体位应避免使有指压不变白红斑的骨隆突处受压，使用30°倾斜侧卧位（右侧、仰卧、左侧交替进行）或在患者能够耐受且其病情允许时使用俯卧位，避免将患者直接放置在管路、引流设备或其他异物上。建立床头翻身记录卡，记录翻身时间、体位变化及皮肤情况。若患者需要完全式辅助装置来移动位置，一般使用抬举床单等简易装备，但需确保患者及医护人员双方的安全。也可使用分腿式吊带机械抬高装置和电动翻转床协助患者变换多种体位，可使长期坐轮椅的患者应至少每小时更换姿势1次或至少每15分钟改变重力支撑点，以缓解坐骨结节处压力，不要让患者留在便盆上过久。

②保护骨隆突处和支持身体空隙处：协助患者变换卧位后，可采用软枕或表面支持性产品垫于身体空隙处，使支持面积加大，压力分散并受力均匀，从而减少骨隆突处所承受的压力，保护骨隆突处皮肤。临床上可供选择的表面支持性产品包括泡沫垫、凝胶垫、气垫、医用羊皮垫等，可用于减少或舒缓局部压力。值得注意的是，应避免使用环状或圈形体位装置，如以往经常使用的橡胶气圈，这些器械的边缘产生的高压区域会损害皮肤组织。也不推荐使用合成羊皮垫、静脉输液袋、充水手套来抬高足跟，上述产品经显示均有缺陷。

③应用减压用品：根据患者的实际情况，选择减压敷料敷于压疮好发部位以局部减压，如可选择泡沫类敷料或水胶体类敷料，裁剪后固定于骨隆突处。同时，护士也可根据患者的具体情况及减压床垫的适用范围，及时、恰当地应用气垫床、水床等全身减压设备以分散压力，预防压疮发生。尤其对于难处理的疼痛或由翻身引起疼痛的患者可使用减压床垫以降低局部压力。但应指出的是，尽管采用全身或局部减压装置，为解除压力并使患者舒适，仍需要进行体位变换，但体位变换的频率会有所改变。

④正确选择和使用医疗器械：对于使用梯度压力袜、护颈圈、吸氧导管、经鼻导管、气管插管及其固定支架、血氧饱和度检测器、无创面罩、石膏、绷带、夹板、支架等医疗器械患者应确保选择型号正确，佩戴合适，以免过度受压。密切关注与皮肤接触的相关部位，按需要为医疗器械提供支撑；通过为患者调整体位和（或）重新放置医疗器械（若是气管插管，始终确保气管插管深度不会随着插管操作而发生变化）降低或再分布压力，减小剪切力；放置预防性敷料来保护皮肤，保持医疗器械下面的皮肤清洁、干燥，但要注意敷料过多

会增加皮肤－器械接触面的压力。

（3）避免或减少摩擦力和剪切力的作用　为避免剪切力的产生，患者需采取有效体位。半卧位时，如无特殊禁忌，床头抬高≤30°，为防止身体下滑，可在足底部放置一木垫，并屈髋30°，于腘窝下垫软枕。长期坐轮椅的患者，应保持正确坐姿，尽量坐直并紧靠椅背，必要时垫软枕；两膝关节屈曲90°，双足平放于踏板上，可适当给予约束，防止身体下滑。为避免摩擦力的形成而损伤患者皮肤，体位变换时应注意掌握移动技巧，抬举而不要拖动患者，避免拖、拉、推等动作。使用便器时，便器不应有损坏；使用时应协助患者抬高臀部，不可硬塞、硬拉，必要时在便器边缘垫以软纸、布垫或撒滑石粉，防止擦伤皮肤。此外，保持床单和被褥清洁、平整、无碎屑，避免皮肤与床单、衣服皱褶、碎屑产生摩擦而损伤皮肤。

（4）潮湿管理　保持患者皮肤和床单的清洁干燥、避免不良刺激是预防压疮的重要措施。加强基础护理，对皮肤易出汗的部位如腋窝、腘窝及腹股沟等，应及时擦干汗液。对大、小便失禁者，应及时擦洗皮肤和更换床单、衣物，并根据患者皮肤情况采取隔离防护措施，如使用隔绝潮湿和保护皮肤的护理用品，使用吸收垫或干燥垫控制潮湿等，以保护局部皮肤免受刺激。根据需要用温水或 pH 平衡的皮肤清洗剂清洁患者皮肤。避免使用肥皂或含乙醇的清洁用品，以免引起皮肤干燥或使皮肤残留碱性残余物而刺激皮肤。擦洗动作应轻柔，不可用力过度，防止损伤皮肤。皮肤干燥者可适当使用润肤品以保持皮肤湿润。应该指出的是，潮湿所致皮损并非压疮，但潮湿所致皮损的存在可增加压疮风险。

（5）营养管理　营养不良既是导致压疮发生的原因之一，也是直接影响压疮进展和愈合的因素。因此，对每个有压疮风险或有压疮的患者都应进行全面的营养评估。营养评估应充分发挥学科团队协助，由营养师根据患者的体重状况、独立进食的能力、营养摄取是否充足（即食物、液体、口服补充营养、肠内营养或肠外营养）等方面全面系统评估，根据营养学评估，判断出患者的营养需求、进食途径和护理目标，并制订个体化营养干预计划。合理膳食是改善患者营养状况、促进创面愈合的重要措施。在病情允许的情况下，给予压疮高危人群高热量、高蛋白及高维生素饮食，保证正氮平衡，增强机体抵抗力和组织修复能力，并促进创面愈合。经评估有营养不良风险且有压疮风险的成人，每天提供 30～35 kcal/kg 的热量，1.25～1.5 g/kg 的蛋白质。维生素 C 及锌对伤口愈合具有重要作用，对于易发生压疮的患者应适当给予补充。另外，水肿患者应限制水分和盐的摄入，脱水患者应及时补充水分和电解质。

（6）鼓励患者活动　对长期卧床患者，应每日进行主动或被动的全范围肢体功能练习，以维持关节活动性和肌肉张力，促进肢体血液循环。在病情许可的情况下，鼓励患者尽早离床活动，预防压疮发生。施行温水浴，在清洁皮肤的同时可刺激皮肤血液循环。患者变换体位后，对局部受压部位进行适当按摩，改善该部位血液循环，预防压疮发生。但需注意的是，不可按摩或用力擦洗有压疮风险的皮肤，摩擦性按摩不仅很痛，而且可导致轻微组织损伤或引发炎性反应，对年老体弱者尤其如此。尽可能避免给患者使用约束带和应用镇静药。

（7）实施健康教育　确保患者和家属的知情权，使其了解自身皮肤状态及压疮的危害，指导其掌握预防压疮的知识和技能，如营养知识、减压装置的选择、体位安置与更换技巧及皮肤清洁技巧等，从而鼓励患者及其家属有效参与或独立采取预防压疮的措施。

（四）压疮的治疗与护理

1. 评估　对患者及其压疮进行全面评估，通过评估制订最合适的处理方案，并对伤口愈合进行持续监测。

（1）对有压疮的患者进行评估　评估患者的病情、意识状况、营养状况等全身情况，有无灌注不足、感觉缺损、全身感染等影响压疮愈合的因素。同时对患者的心理卫生、行为及认知、有关压疮预防与治疗的知识与信心、社会支持系统进行评估，有利于制订个体化的治疗、护理计划。

（2）压疮评估 评估并记录压疮特征，包括部位、分类（分期）、大小、组织类型、有无窦道、潜行、瘘管、伤口边缘及周围皮肤状况，伤口有无感染、疼痛，伤口渗液及渗液的颜色、性质、量等情况。对于肤色较深者Ⅱ~Ⅳ类（期）压疮和不可分期压疮，应优先评估皮肤温度、皮肤压痛、组织硬度改变、疼痛等特征。护士在评估压疮时要注意始终选择统一的方法来测定伤口的面积和深度，注意患者的体位，不同的体位有可能扭曲软组织，导致伤口测定值偏大或偏小，一般采用居中位，便于伤口的评估。

2. 压疮的治疗与护理 压疮采取以局部治疗为主、全身治疗为辅的综合性治疗措施。

（1）全身治疗 积极治疗原发病，补充营养和进行全身抗感染治疗等。良好的营养是创面愈合的重要条件，可提高患者抵抗力和组织修复能力，因此应给予平衡饮食，增加蛋白质、维生素及微量元素的摄入。对长期不愈的压疮，可静脉滴注复方氨基酸溶液。低蛋白血症患者可静脉输入血浆或人血清蛋白，提高血浆胶体渗透压，改善皮肤血液循环。不能进食者采用全胃肠外营养治疗，保证每日营养物质供给以满足机体代谢的需要。此外，遵医嘱给予抗感染治疗，预防败血症的发生。同时加强心理护理，消除不良心境，促进身体早日康复。

（2）局部治疗与护理 根据压疮分类（分期）的不同和伤口情况，采取针对性的治疗和护理措施。

①Ⅰ类（期）指压不变白的红斑：此期皮肤的完整性未破坏，为可逆性改变，护理重点是去除致病原因，加强翻身、局部减压，防止压疮继续发展。为减小局部摩擦力，局部可使用半透膜敷料或水胶体敷料加以保护，需密切观察局部皮肤颜色的变化。由于此时皮肤已存在损伤，故不提倡局部皮肤按摩，防止造成进一步伤害。

②Ⅱ类（期）部分皮层缺失：此期护理的重点是保护皮肤，预防感染。除继续加强上述措施以避免损伤继续发展外，应注意对出现水疱的皮肤进行护理。未破的小水疱（直径＜5mm）应尽量减少和避免摩擦，防止水疱破裂、感染，使其自行吸收，可粘贴透明薄膜敷料或水胶体敷料，5~7天水疱吸收后撕除敷料；大水疱（直径＞5mm）可在无菌操作下用无菌注射器抽出疱内液体，不必剪去表皮，粘贴透气性薄膜敷料，水疱吸收后撕除敷料。若水疱已破溃并露出创面，需消毒创面及创周皮肤，并根据创面类型选择合适的伤口敷料。

③Ⅲ类（期）全皮层缺失：此期护理的重点为清洁伤口，通过清除表面残留物和敷料残留物对压疮创面进行清理，促进组织再生，并预防和控制感染。

根据伤口类型选择伤口清洗液。大多数压疮采用对健康组织无刺激的生理盐水进行冲洗；伤口或伤口愈合存在易感染因素的压疮，使用消毒技术处理；带有残留物、确诊感染、疑似感染或疑似严重细菌定植的压疮选用带有表面活性剂和（或）抗菌剂的清洗溶液清洗。如可选用1:5000呋喃西林溶液清洗创面；对于溃疡较深、引流不畅者，可用3%过氧化氢溶液冲洗，抑制厌氧菌生长。进行创面清创处理时需根据患者的病情和耐受性、局部伤口坏死组织情况和血液循环情况选择清创方式，如外科清创、自溶清创、酶促清创、生物清创、机械清创（包括超声和水刀），并于清创期间动态观察伤口渗液量、组织类型和面积变化。

根据伤口组织类型及渗出液特点，选择适当的湿性敷料，确定换药频率。伤口有黄色腐肉、渗液多，可使用高吸收的敷料如藻酸盐敷料、美盐敷料等，根据渗液情况每1~2天换药1次；当红色伤口面积大、渗液较多时可选用藻酸盐敷料、AQUCEL敷料、胶原蛋白敷料等填充伤口，根据渗液每天或每2~3天换药1次；感染性伤口可选择抗菌敷料如银离子敷料填塞或覆盖伤口，根据选择的敷料特性和伤口渗液情况决定换药次数。另外，为控制感染和增加局部营养供给，可于局部创面采用药物治疗（如胰岛素、碱性成纤维因子等）或采用具有清热解毒、活血化瘀、去腐生肌的中草药治疗。

④Ⅳ类（期）全层组织缺失：此期除继续加强上述治疗和护理措施外，采取清创术清除焦痂和腐肉，处理伤口潜行和窦道以减少无效腔，并保护暴露的骨骼、肌腱和肌肉。

对深达骨质、保守治疗不佳或久治不愈的压疮可采取外科手术治疗，如手术修刮引流、植皮修补缺损或皮瓣移植术等。护士需加强围术期护理，如术后体位减压，密切观察皮瓣的血供情况和引流物的性状，加强皮肤护理，减少局部刺激等。

⑤不可分期压疮：伤口表面被坏死组织、腐肉、硬痂覆盖，坏死组织的存在影响伤口评估、促进细菌的生长、产生臭味、影响伤口的愈合，因此，通常需彻底清创，去除坏死组织，减少感染。临床上需根据患者与家属的意愿、患者的全身情况、伤口的状况来决定是否需要进一步的治疗，然后选择合适的清创方法。清创后根据伤口的状况选择合适的敷料，可借鉴Ⅲ类（期）和Ⅳ类（期）压疮的伤口处理方法。

⑥可疑深部组织损伤：怀疑深层组织受损的压疮病变发展快速，即使给予合适的护理，伤口也通常很快恶化。因此，对此期的伤口反对剧烈和快速的清创，建议使用无黏性的、无创伤的敷料如硅胶泡末敷料、无黏泡沫类的敷料，提供一个安全、温和的环境，需仔细观察伤口，观察有无伤口的恶化如红肿、气味、疼痛、发热等，必要时给予清创等处理。

压疮是全身因素、局部因素综合作用所引起的皮肤组织变性、坏死的病理过程。护士只有认识到压疮的危害性，了解其病因和发生、发展规律，掌握其防治技术，才能自觉、有效地做好压疮防治工作。护理中应抓住"预防为主，立足整体，重视局部"的观念，使压疮护理走向科学化、制度化、程序化和人性化。

知识链接

压疮预防的新兴疗法

美国压疮咨询委员会（NPUAP）、欧洲压疮咨询委员会（EPUAP）及泛太平洋压力损伤联盟（PPPIA）共同制定的《压疮的预防与治疗：快速参考指南》在进行压疮的评估、诊断、预防和治疗相关检索之时对最佳可用证据做出了全面综述与评价。该指南介绍了压疮预防的新兴疗法，包括微环境控制、特定设计的织物降低剪切力和摩擦力、预防性敷料和对脊髓受损患者进行的肌肉电子刺激。

1. 微环境控制 任何与皮肤接触的表面都有可能影响微环境。经特别设计的、与皮肤接触的支撑面，可能通过改变水分蒸发率和皮肤散热率来改变微环境，因此，选择支撑面时，应考虑是否需要温、湿度控制；不要将热装置（如热水瓶、热垫、电褥子）直接放在皮肤表面或压疮上，热会提高代谢率，引起出汗，并降低组织对压力的耐受程度。

2. 预防性敷料 在经常受到摩擦力与剪切力影响的骨隆突处（如足跟、骶尾部）使用预防性敷料来预防压疮。选择预防性敷料时要充分考虑敷料控制微环境的能力、去除的容易程度、能否定期反复打开等，选择适合于患者个体及临床应用的敷料。

3. 纺织面料 使用丝质面料而非棉质或棉类混纺面料来降低剪切力与摩擦力。

4. 使用肌肉电刺激预防压疮 新证据表明，电刺激（ES）可诱发间歇性强制肌肉收缩，并降低身体的风险部位出现压疮的危险，脊髓受损（SCI）的患者尤为如此。因此，对于脊髓受损患者，考虑在有压疮形成风险的解剖部位使用电刺激。

第四节 会阴部护理

案例引导

案例：患者，男，72岁，因脑出血卧床2个月。大小便失禁，生活不能自理。

提问：1. 护士应采取怎样的护理措施维护患者清洁卫生？

2. 护理时需注意哪些问题？

会阴部护理（perineal care）包括清洁会阴部位及其周围皮肤。会阴部温暖、潮湿、通风较差，适宜病菌的滋生，且由于其特殊的生理结构有许多孔道，成为病原微生物侵入人体的主要途径。故护士应根据患者的自理能力督促或协助做好会阴部清洁护理，预防感染及增进患者舒适，特别是对于生殖系统及泌尿系统炎症、大小便失禁、留置尿管、产后及会阴部术后的患者尤为重要。

一、护理评估

（一）全身情况及自理能力评估

1. 评估患者的年龄、生命体征、病情及治疗情况，患者有无大小便失禁、留置尿管、泌尿生殖系统感染或手术等情况。

2. 评估患者的自理能力、有无活动受限、日常会阴部清洁情况，判断需完全协助还是部分协助。

（二）健康指导需求评估

1. 评估患者及其家属对会阴部清洁卫生重要性的了解程度，会阴部清洁方法是否正确

2. 评估患者的心理反应及合作程度。

（三）会阴部卫生状况

观察患者会阴部有无感染症状、有无破损、有无异味及分泌物情况。

二、会阴部清洁的护理措施

（一）便器使用法

患者由于疾病限制无法入厕，需要在床上排便时，护士需要指导患者正确使用便器，并给予适当协助。常用便器包括便盆（图5-13）、尿壶，便器的材质有搪瓷、塑料盒和金属3种。

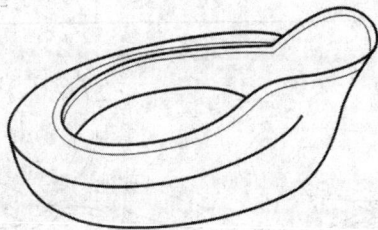

图 5-13 便盆

【目的】

满足患者排便需求，促进患者舒适。

【评估】

患者的年龄、病情、意识、心理状态、配合程度及自理能力。

【计划】

1. 操作者准备 衣帽整洁,修剪指甲,洗手,戴口罩。

2. 患者准备 患者了解便盆的使用方法、注意事项及配合要点。

3. 环境准备 关闭门窗,拉上床帘或使用屏风遮挡。

4. 用物准备 便盆、便盆巾、卫生纸、手消毒液。治疗车下层备生活垃圾桶、医用垃圾桶。

【实施】

1. 操作方法

操作步骤	要点与说明
(1) 核对 携便盆至患者床旁,核对患者床号和姓名,做好解释以取得合作	
(2) 准备 拉上床帘或使用屏风遮挡。便盆内放少许水	·保护患者隐私 ·使大便后易清洗 ·搪瓷和金属便盆需用热水加温
(3) 铺单 铺橡胶单和中单于患者臀下,协助患者脱裤、屈膝	·保护床单位,防止排泄物污染
(4) 置便盆(图5-14) 协助患者脱裤,能配合的患者,嘱其双足向后蹬床,抬起背部和臀部,护士一手协助患者托起腰骶部,一手将便盆置于臀下。若患者不能配合,先协助患者侧卧,放置便盆于患者臀部后,护士一手紧按便盆,另一手帮助患者恢复平卧位;或二人协力抬起患者臀部后放置便盆。女患者用卫生纸折成长方形,放于耻骨联合上,男患者同时置尿壶	·不可强行塞、拉便盆,以免损伤患者骶尾部皮肤 ·病情允许时,可尊重患者的排便习惯,抬高床头 ·注意保护患者安全,防止坠床 ·便盆阔边端朝向患者头部 ·防止溅湿被褥
(5) 检查 检查患者是否坐于便盆中央	
(6) 协助排便 尊重患者意愿,酌情守候床旁或暂离病室。离开病室前,应将卫生纸、呼叫器等放于患者身边易取处	·尊重患者隐私需要
(7) 擦肛门 排便完毕,护士戴手套并协助患者擦净肛门	
(8) 撤出便盆 放平床头,嘱患者双腿用力,将臀部抬起,护士一手抬高患者的腰和骶尾部,一手取出便盆,盖便盆巾	
(9) 操作后处理 ①协助患者穿裤、洗手、取舒适卧位 ②整理床单位 ③撤去床帘或屏风遮挡,开窗通风 ④观察大便性状及量,及时倒掉排泄物,冷水冲洗盆器。必要时留取标本送检 ⑤脱手套,丢放于医用垃圾桶内,洗手 ⑥询问患者的感受及需求,告知相关知识;并将呼叫器置于患者可触及的位置;感谢患者配合 ⑦记录执行时间和排泄情况	·保证良好的病室环境 ·热水清洗,易使蛋白质凝固而不易洗净 ·减少致病菌传播 ·利于评价

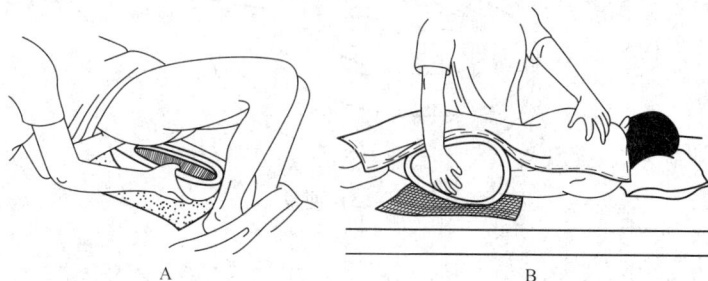

图5-14 便盆使用法

2. 注意事项

（1）尊重并保护患者隐私。

（2）便盆应清洁，且不可使用破损便盆，防止皮肤损伤。

（3）金属便盆使用前需倒入少量热水加温，尤其是气候寒冷时，避免太凉而引起患者不适。

3. 健康教育　指导患者及其家属正确使用便盆，切忌硬塞或硬拉便盆，以免损伤骶尾部皮肤。

【评价】

1. 患者及其家属学会正确使用便盆，能主动配合。

2. 操作熟练，未损伤患者的皮肤。

（二）会阴部清洁护理

【目的】

1. 去除会阴部异味，预防和减少感染。

2. 防止皮肤破损，促进伤口愈合。

3. 增进舒适，指导患者清洁的原则。

【评估】

1. 患者的年龄、病情、意识、生活自理能力、心理状态、配合程度。

2. 患者会阴部清洁程度，皮肤黏膜情况，有无伤口、流血及流液；有无尿失禁或留置导尿管。

3. 患者会阴部清洁习惯及对相关知识的了解程度。

【计划】

1. 操作者准备　衣帽整洁，修剪指甲，洗手，戴口罩。

2. 患者准备　患者了解会阴部护理的目的、方法、注意事项及配合要点。

3. 环境准备　调节室温至 24～26℃，关闭门窗，使用床帘或屏风遮挡，减少暴露。

4. 用物准备

（1）治疗盘内备毛巾、浴巾、清洁棉球、无菌溶液、大量杯、镊子、橡胶单、中单、一次性手套、浴毯、卫生纸。

（2）治疗盘外备橡胶单、中单、水壶（内盛 50～52℃ 的温水）、便盆、手消毒液、护理单、屏风（必要时）。

（3）治疗车下层备生活垃圾桶、医用垃圾桶。

【实施】

1. 操作方法

操作步骤	要点与说明
（1）核对　两人核对医嘱无误；携护理单至患者床旁，核对床号、姓名（询问患者）、住院号，即三核对：患者、床头（尾）卡、腕带	·严格核对：落实反查对和两种以上方式核对患者身份
（2）评估　评估患者的病情、生命体征、意识和配合程度。检查患者伤口、管道、皮肤情况。向患者解释会阴部清洁护理的目的、方法及注意事项，并取得配合	·尊重患者，耐心解释，取得合作
（3）准备　关好门窗，调节室温，使用床帘或屏风遮挡	·保护患者隐私
（4）再次核对　洗手，戴口罩，备齐用物至患者床旁，再次三核对：患者、床头（尾）卡、腕带。	
（5）体位　协助患者取仰卧位。将盖被折于会阴部以下，将浴毯盖于患者胸部	·便于暴露会阴部 ·保暖，促进舒适

操作步骤	要点与说明
（6）备水　脸盆内放温水，将脸盆和卫生纸放于床旁桌上，将毛巾放于脸盆内。戴手套，协助患者暴露会阴部	·水温适宜，避免会阴部烫伤 ·预防交叉感染
（7）擦洗会阴部	·
▲男性（图5-15） ①擦洗大腿上部：将浴毯上半部反折，暴露阴茎部位。用患者衣服盖于患者胸部。清洗并擦干两侧大腿上部	·保护患者隐私，保暖
②擦洗阴茎头部：轻轻提起阴茎，将浴巾铺于下方。由尿道口向外环形擦洗阴茎头部。更换毛巾，反复擦洗，直至擦净阴茎头部	·铺浴巾可防止操作中多余水分流入腹股沟处 ·擦洗方向为从污染最小部位至污染最大部位，防止细菌向尿道口传播
③擦洗阴茎体部：沿阴茎体由上向下擦洗，注意阴茎下皮肤	·注意观察患者的病情变化
④擦洗阴囊部：小心托起阴囊，擦洗阴囊下皮肤皱褶处	·轻柔擦拭，防止阴囊部位受压引起患者疼痛
▲女性（图5-16） ①体位：协助患者取仰卧位，屈膝，两腿分开	·便于会阴部护理
②擦洗大腿上部：将浴毯上半部反折，暴露会阴，用患者衣服盖于患者胸部。清洗并擦干两侧大腿上部	·保暖，并保护患者隐私
③擦洗阴唇部位：一手轻轻合上阴唇；另一手擦洗阴唇外黏膜部分，从会阴部向直肠方向擦洗（从前向后）	·皮肤皱褶处容易存留会阴部分泌物，造成致病菌滋生和繁殖
④擦洗尿道口和阴道口部位：一手分开阴唇，暴露尿道口和阴道口。一手从会阴部向直肠方向轻轻擦洗各个部位，彻底擦净阴唇、阴蒂及阴道口周围部分	·先清洗尿道口，减少致病菌向尿道口传播 ·每擦一处，更换毛巾的不同部位 ·女性月经期或留置导尿时，可用棉球清洁
⑤置便盆：先铺橡胶单、中单于患者臀下，再置便盆于患者臀下	·为女性进行会阴冲洗
⑥冲洗：护士一手持装有温水的大量杯，一手持夹有棉球的大镊子，边冲洗边擦洗会阴部。从会阴部冲洗至肛门部，冲洗后，将会阴部彻底擦干	·将用过的棉球弃于便盆中 ·询问患者感受，观察患者的病情变化
⑦整理：撤去便盆、中单及橡胶单。协助患者放平腿部，取舒适卧位	
⑧取侧卧位　将浴毯放回原位，盖于会阴部位。协助患者取侧卧位	·便于护理肛门部位
（9）擦洗肛门	·特别注意肛门部位的皮肤情况。必要时在擦洗肛门前，可先用卫生纸擦净
（10）观察　清洗后观察会阴部及其周围部位的皮肤状况。如患者有大、小便失禁，可在肛门和会阴部位涂凡士林或氧化锌软膏	·保护皮肤
（11）协助患者穿好衣裤　脱去一次性手套，协助患者穿好衣裤	·将一次性手套弃于医用垃圾桶内
（12）操作后处理 ①协助患者取舒适卧位，整理床单位	·促进患者舒适，减轻对操作的应激
②撤去浴毯和脏单，整理用物	
③询问患者的感受及需求，告知相关知识；将呼叫器置于患者可触及的位置；感谢患者配合	
④洗手	·减少致病菌传播
⑤记录执行时间及护理效果	·利于评价

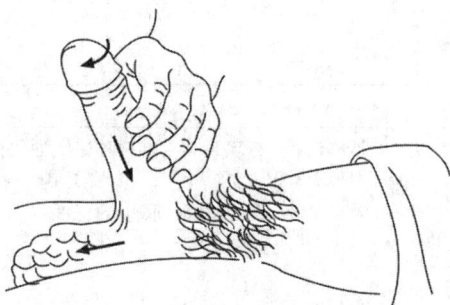

图5-15　男性患者会阴清洁护理　　　　图5-16　女性患者会阴清洁护理

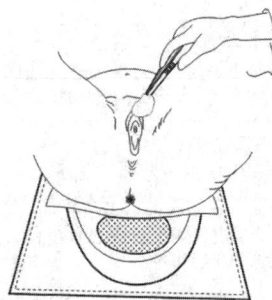

2. 注意事项

（1）擦洗过程中，动作要轻柔，注意遵循节力原则。每擦洗一处需变换毛巾部位。如用棉球擦洗，每擦洗一处应更换一个棉球。

（2）注意保护伤口和管路。如患者有会阴部或直肠手术，应使用无菌棉球擦净手术部位及会阴部周围；留置尿管者，由尿道口处向远端依次用消毒棉球擦洗。

（3）操作中减少暴露，保护患者隐私，防止受凉。

（4）女性患者月经期宜采用会阴冲洗。

3. 健康教育

（1）指导患者经常检查会阴部卫生情况，及时做好清洁卫生，预防感染。

（2）指导患者掌握会阴部清洁方法。

【评价】

1. 患者及其家属理解会阴部护理的目的，能主动配合。

2. 操作熟练，操作过程无污染。

第五节　晨晚间护理

护士根据人们的日常生活习惯，为满足患者日常清洁和舒适需要而于晨起和就寝前执行的护理措施，称为晨晚间护理。病情较轻患者的晨晚间护理，可在护士的指导下进行，危重、昏迷、瘫痪、高热、大手术后或年老体弱等自理能力受限的患者，护士需根据其病情协助进行晨晚间护理，以满足患者的身心需要，促进舒适。

一、晨间护理

晨间护理（morning care）是基础护理的重要工作内容，一般于晨间诊疗工作前完成，以促进患者身心舒适，预防并发症。对于能离床活动、病情较轻的患者，应鼓励其自行洗漱，整理好床单位。对于病情较重、不能离床活动的患者，如危重、高热、昏迷、瘫痪、大手术后或年老体弱者，护士应协助其完成晨间护理。

（一）晨间护理的目的

1. 促进患者清洁、舒适，预防压疮、肺炎等并发症的发生。

2. 保持病室和病床的清洁、整齐，促进患者舒适、安全。

3. 观察和了解病情，为诊断、治疗及调整护理计划提供依据。

4. 开展健康教育和卫生指导，满足患者的心理需求，促进护患沟通。

（二）晨间护理内容

1. 问候患者，了解患者夜间睡眠、疼痛及呼吸情况，肠功能恢复情况，以及活动能力。

2. 根据患者病情和自理能力，协助患者排便、洗漱及进食等。

3. 根据患者病情合理摆放体位，如腹部手术患者采取半卧位。检查全身皮肤有无受压变红，进行背部及受压骨隆突处皮肤的按摩。

4. 根据需要给予叩背、协助排痰，必要时给予吸痰，指导有效咳嗽。

5. 检查各种管道的引流、固定及治疗完成情况。

6. 开展健康教育，进行疾病相关知识和卫生指导。

7. 检查床、椅的功能是否完好，整理床单位，采用湿式扫床法清洁并整理床单位，必要时更换被服。

8. 整理病室环境，保持病室整齐，酌情开窗通风，保持空气新鲜。

二、晚间护理

晚间护理（hour of sleep care）是指晚间入睡前为患者提供的护理，以促进患者清洁而舒适地入睡。通过必要的晚间护理，可为患者提供良好的夜间睡眠条件，使患者舒适入睡。同时，还能了解患者的病情变化和心理动态。

（一）晚间护理的目的

1. 保持病室、病床安静、清洁，维护患者清洁、舒适，促进睡眠。

2. 观察和了解病情变化，满足患者的身心需求，促进护患沟通。

3. 预防并发症。

（二）晚间护理内容

1. 调节室温，保持空气流通。整理病室环境，保持床单位清洁、整齐，必要时更换被服，酌情增减盖被。

2. 根据患者病情和自理能力，协助患者排便、洗漱等，女性患者给予会阴冲洗。

3. 协助患者取舒适卧位，检查患者全身皮肤，行背部按摩，观察患者的皮肤情况。

4. 检查各种管道的引流、固定及治疗完成情况。

5. 疼痛患者遵医嘱给予镇痛措施。

6. 保持病室安静，病室内电视机应按时关闭，督促家属离院。夜间护理和巡视病房，护士要注意做到"四轻"（走路轻、说话轻、操作轻及关门轻）。

7. 保持病室光线适宜，危重病室保留廊灯，便于观察患者夜间的病情变化。

8. 经常巡视病室，了解患者的睡眠情况，对于睡眠不佳的患者应按失眠给予相应的护理；注意观察患者的病情变化。

本章小结

清洁卫生是确保患者舒适、安全及健康的重要保证。清洁卫生包括口腔护理、头发护理、皮肤护理、会阴部护理及晨晚间护理。为使患者在住院期间身心处于最佳状态，护士应及时评估患者的卫生状况，并根据患者自理能力、卫生需求及个人习惯协助患者进行卫生护理，确保患者清洁和舒适，预防感染和并发症的发生。护士在为患者提供卫生护理时，通过与患者密切接触，与患者建立治疗性的护患关系；同时，护理时应尽可能确保患者的独立性，保护患者隐私，尊重患者并促进患者身心舒适。

（王　静）

目标检测

1. 为患者行口腔护理前应从哪几个方面评估患者的卫生状况？如何选用漱口液？

2. 如何指导患者选择合适的沐浴范围和方法？沐浴时应注意什么？

3. 易发生压疮的高危人群有哪些（至少说出 7 种）？其发生的原因是什么？

4. 患者陈某，男，70 岁，因脑血管意外导致右侧肢体偏瘫，大、小便失禁，不能自行翻身。近日发现患者骶尾部皮肤出现压之不变白的红斑，触之局部疼痛，有硬结，且皮肤表面有大小不等的血清性水疱。该患者皮肤出现了什么问题？已发展到什么程度？目前应采取哪些护理措施进行预防及护理？

第六章 休息与活动

学习目标

知识要求

1. 掌握 睡眠各时相的特点，促进患者睡眠的护理措施；活动受限的原因及对机体的影响。

2. 熟悉 协助患者休息的护理措施；睡眠时相周期的构成，影响睡眠的因素及各种睡眠障碍；住院患者睡眠的特点；肌力和机体活动能力的级别、肌力训练的注意事项。

3. 了解 休息、活动的意义；满足休息的条件。

技能要求

熟悉对患者活动的指导方法（能为模拟患者正确实施关节活动范围练习，方法正确）。

休息与活动是人类最基本的生理需要之一，适当的休息与活动可以消除疲劳、促进身心健康，是维持人体健康的必要条件。患者通过适当的休息与活动，可以减轻病痛，促进舒适，有利于疾病的康复。护士应掌握协助患者休息与活动的有关知识，并在实际工作中根据患者的具体情况，协助和指导患者进行适当的休息与活动，满足患者的需要，预防并发症的发生，促进疾病康复。

第一节 休息与睡眠

案例引导

案例：患者，女，56岁，3个月前丈夫因病去世。患者主诉近3个月来一直夜间入睡困难，睡眠质量差，白天感到疲乏无力、急躁易怒、注意力不集中、健忘，工作明显受到影响。

提问：1. 患者目前的主要问题是什么？

2. 出现该问题的主要原因是什么？

3. 如何帮助患者解决目前的主要问题？

一、休息

休息（rest）是指通过改变当前的活动方式，减轻疲劳、缓解紧张情绪，使身心放松，处于一种没有紧张和焦虑的松弛状态。休息包括身、心两个方面的放松，通过适当的休息，可以减轻或消除疲劳，缓解精神紧张。休息的方式因人而异，受个体的年龄、生活方式、健康状况和工作性质等因素的影响。无论采取何种方式，只要达到缓解疲劳、减轻压力、促进身心舒适的目的，就是有效的休息。

（一）休息的意义

1. 休息与健康的关系 对健康人来说，充足的休息是维持机体身心健康的必要条件。良好的休息可以维持机体生理调节的规律性，促进体力和精力的恢复，有助于学习、工作和生活。休息不足则可导致疲倦、注意力不集中、反应迟钝甚至紧张、焦躁、易怒等，严重时造成机体免疫力下降，导致身心疾病。

2. 休息与康复的关系 充足的休息是促进疾病康复的必要措施。休息可以减少能量的消耗，促进蛋白质的合成，利于组织的修复和器官功能的恢复，提高治疗效果，缩短病程，促进疾病康复。如人体处于卧位时，肝脏及肾脏的血流量较站立时增加50%，可使其获得充足的血液供应，利于组织、器官的修复。

（二）休息的条件

1. 生理上的舒适 身体舒适是保证有效休息的重要条件。包括各组织器官功能良好，皮肤完整、无破损，身体各部位清洁、无异味，卧位舒适，疼痛得以控制或减轻，无感觉异常等，才能得到充分有效的休息。

2. 心理上的放松 心情愉悦、精神放松是保证休息质量的关键。个体患病时，难以适应疾病给自身及家庭带来的各种问题，通常会出现害怕、焦虑、烦躁不安、抑郁、沮丧、依赖等情绪变化和精神压力，从而影响患者的休息和睡眠。

3. 环境的和谐 医院的物理环境对患者的休息起着重要作用，环境性质可以影响患者的情绪与心理状态。医院环境中的空间、温度、湿度、声音、光线、色彩、空气等对患者的休息、疾病康复均有不同程度的影响。因此，应积极为患者创造一个和谐、舒适的环境。

4. 睡眠的充足 充足的睡眠是保证休息的最基本条件。虽然个体之间所需要的睡眠时间有较大的差异，但都有最低限度的睡眠时间，个体只有满足一定的睡眠时间才能得到真正的休息，否则会出现烦躁易怒、精神紧张、注意力分散并伴有全身疲劳等，影响患者的休息和疾病的康复。

（三）协助患者休息的措施

1. 增加身体的舒适 身体舒适对促进患者休息非常重要，在休息之前护士必须将患者身体上的不舒适程度降至最低。及时评估并去除各种不良刺激源，如疼痛、恶心、呕吐、咳嗽、饥饿、口渴、体温异常、卧位或姿势、个人卫生等，是保证患者有效休息的基础。在协助患者休息时，护士应帮助患者采取舒适的体位，减轻或消除影响患者休息的因素。

2. 促进心理的放松 只有有效地控制和减少患者的紧张和焦虑，使其保持情绪稳定、精神放松，才能得到良好的休息。因此，护士应主动与患者沟通，分析导致患者焦虑或紧张的因素，有针对性地为患者提供护理服务，并调动患者的家庭和社会支持系统，帮助患者调节不良情绪，以积极、乐观的心态正确面对疾病。

3. 保证环境的和谐 护士应充分考虑患者的舒适与方便，尽量为患者提供一个安全、安静、整洁和舒适的环境，舒适的病床、合理的空间、适宜的温度和湿度及光线等都有利于患者得到良好的休息。医务人员应做到走路轻、说话轻、关门轻、操作轻。对患者的医疗及护理活动应相对集中，除特殊情况外，各种治疗及护理项目应集中在白天进行，尽量避免占用患者的休息时间。合理安排探视及陪伴时间。危重患者的抢救应尽量安排在单间，以免影响其他患者的休息。

4. 保证充足的睡眠 充足的睡眠在患者的康复过程中具有非常重要的作用。护士在协助患者休息的过程中，要全面评估影响患者睡眠的因素，结合患者个人的睡眠习惯，综合制订促进睡眠的措施，保证患者睡眠的时间和质量，以达到有效的休息。

二、睡眠

睡眠是休息的一种重要形式，人的一生中有三分之一的时间是在睡眠中度过的，可见睡眠是人重要的生理需要之一。睡眠（sleep）是周期发生的知觉的特殊状态，由不同时相组成，对周围环境可相对的不做出反应。睡眠可以使人的精力和体力得到恢复，对于脑发育、记忆信息在脑内的整合及激素的分泌有重要的作用。因此，睡眠对于维持人类的健康，尤其是促进疾病的康复，具有十分重要的意义。

（一）睡眠的生理

1. 睡眠的发生机制 睡眠是由位于脑干尾端的睡眠中枢控制，其向上传导冲动作用于大脑皮质（也称上行抑制系统），与控制觉醒状态的脑干网状结构上行激动系统的作用相拮抗，从而调节睡眠与觉醒的相互转化。生理学理论认为，睡眠并非脑活动的简单抑制，而是中枢神经系统发生的主动过程。研究还表明，睡眠时有中枢神经介质的参与，如腺苷、前列腺素 D_2 可促进睡眠，而 5 - 羟色胺则可抑制睡眠。

2. 睡眠时相（sleep phase） 睡眠可分为两种时相：慢波睡眠（slow wave sleep，SWS）和快波睡眠（fast wave sleep，FWS）。慢波睡眠又称非快速眼动睡眠（non rapid eye movement sleep，NREMS）或正相睡眠（orthodox sleep，OS）；快波睡眠又称快速眼动睡眠（rapid eye movement sleep，REM sleep）或异相睡眠（paradoxical sleep，PS）。睡眠过程中两个时相相互交替进行。成人由清醒进入睡眠后，首先是慢波睡眠，持续 80 ~ 120 分钟后转入快波睡眠，持续 20 ~ 30 分钟后，又转入慢波睡眠。整个睡眠过程中有 4 ~ 5 次交替，越接近睡眠后期，快波睡眠期持续的时间越长。

（1）慢波睡眠 为正常人所必需。在此睡眠阶段，机体的耗氧量降低，但脑的耗氧量不变，并且腺垂体分泌的生长激素明显增多。因此，慢波睡眠有利于促进个体的生长和体力的恢复。当个体长期睡眠不足时，如果任其自然睡眠，则慢波睡眠，尤其是深度睡眠将明显增加，以补偿之前的睡眠不足。此期睡眠分为以下 4 个时期。

第 I 期（入睡期）：为清醒与睡眠的过渡时期，仅维持几分钟，是所有睡眠期中睡得最浅的一期，很容易被外界声响唤醒。此期个体的生理活动速度开始降低，新陈代谢逐渐减慢，全身肌肉松弛，呼吸均匀，脉搏减慢。

第 II 期（浅睡期）：此期睡眠程度逐渐加深，但仍容易被唤醒，身体生理活动速度继续减慢，全身肌肉松弛，呼吸均匀，脉搏减慢，血压、体温下降。此期持续 10 ~ 20 分钟。

第 III 期（中度睡眠期）：此期持续 15 ~ 30 分钟。主要表现为肌肉完全放松，呼吸均匀，心率缓慢，血压、体温继续下降，但仍然规律，身体很少移动，很难被唤醒。

第 IV 期（深度睡眠期）：此期全身完全松弛且无任何活动，脉搏、体温继续下降，呼吸缓慢均匀，体内分泌大量生长激素，人体组织愈合加快。此期极难被唤醒，可出现梦游和遗尿，持续 10 ~ 15 分钟。

（2）快波睡眠 快速睡眠也成为正常人所必需。此期特点是眼肌活跃，眼球转动迅速，脑电波活跃，与觉醒时很难区分。机体各种感觉在慢波睡眠基础上进一步减退。唤醒阈值提高，骨骼肌反射和肌肉紧张度进一步减弱，肌肉完全松弛，可有间断的阵发性表现，如部分躯体抽动、心率加快、呼吸加快且不规则、血压升高、肾上腺素大量分泌。在快波睡眠中，脑耗氧量及血流量增加，且脑内蛋白质合成加快，但生长激素分泌减少。同时，快波睡眠与幼儿神经系统的成熟有密切关系，有利于建立新的突触联系，促进学习记忆和精力恢复。做梦是快波睡眠的特征之一。快波睡眠有利于维持精神和情绪上的平衡，因为充满感情色彩的梦境可以舒缓精神压力。但某些容易在夜间发作的疾病，如心绞痛、哮喘等，可能与快波睡眠中出现间断的阵发性表现有关。

3. 睡眠周期（sleep cycle） 在正常情况下，睡眠是按照一定的睡眠时相顺序不断重复出现的周期现象。每一个睡眠周期都包含有 60～120 分钟的有顺序的睡眠时相，平均为 90 分钟。在成人每次 6～8 小时的睡眠中，平均包含 4～6 个睡眠时相周期（图 6-1）。

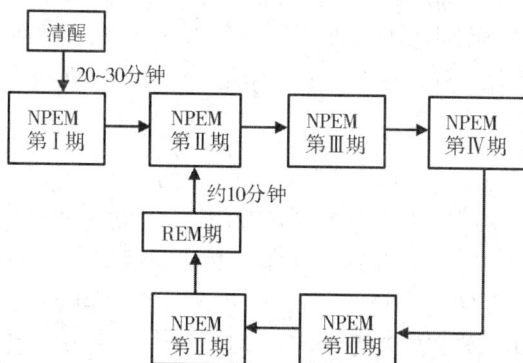

图 6-1　睡眠时相周期

正常睡眠在入睡最初的 20～30 分钟，从慢波睡眠的入睡期顺序进入浅睡期和中度睡眠期，再由深度睡眠期返回至中度睡眠期和浅睡期，再从浅睡期进入快波睡眠期，约持续 10 分钟，又进入浅睡期。在睡眠周期中由于进出快波睡眠期都需要经过慢波睡眠第Ⅱ期，故称此期为"入门时相"。在每一个睡眠周期中，每一时相所占的时间也会随睡眠的进行而发生变化。刚入睡时，慢波睡眠的中度睡眠和深度睡眠约占 90 分钟，快波睡眠期持续不超过 30 分钟；进入深夜，快波睡眠会延长到 30～60 分钟，而慢波睡眠的中度睡眠和深度睡眠时间则会相应缩短。越接近睡眠后期，快波睡眠持续时间越长。因此，大部分慢波睡眠发生在上半夜，快波睡眠则多发生在下半夜。两种时相状态均可从睡眠直接转为觉醒状态，但在觉醒状态下，一般只能进入慢波睡眠，然后转入快波睡眠，而不能直接进入快波睡眠。睡眠周期在白天小睡时也会出现，且各期的睡眠时间由小睡的时间而定。一般认为，上午小睡是后半夜睡眠的延续，快波睡眠所占的比例较大；下午小睡，慢波睡眠所占比例增大，因此会影响夜间睡眠时慢波睡眠时间的长短。

在睡眠周期交替过程中，个体如果在任何一期被唤醒，再继续睡眠时，不会回到将其唤醒的那个睡眠时相中，而是从睡眠最初的状态开始。若患者夜间的睡眠经常被中断，患者将无法获得深度睡眠和快波睡眠，因此患者被迫通过增加睡眠总时数来补充缺乏的深度睡眠和快波睡眠，以至于造成其睡眠形态紊乱。因此，护士应要了解睡眠的规律和特点，全面评估患者睡眠的需要及影响睡眠的因素，有针对性地采取护理措施，保证患者的睡眠质量。

（二）睡眠的需要

对睡眠的需要因人而异。睡眠量不仅受年龄影响，还与个体健康状况、职业等因素有关。通常新生儿 24 小时中大多时间处于睡眠状态，1 周以后为 16～20 小时；婴儿为 14～15 小时；幼儿为 12～14 小时；学龄儿童为 10～12 小时；青少年为 8～9 小时；成人为 7～8 小时；50 岁以上一般平均 7 小时。体力劳动者需要的睡眠时间比脑力劳动者长；肥胖者对睡眠的需要量多于消瘦者；当个体处于疲劳、妊娠或患病状态时，其睡眠需要量会有明显增加。各睡眠时相所占时间的比例也随年龄的变化而发生改变。快波睡眠的比例在婴儿期大于儿童期，青年期和老年期逐渐减少。新生儿的睡眠约 50% 为快波睡眠，以后快波睡眠逐渐下降；到学龄期儿童时，快波睡眠基本稳定在 20% 左右；到了老年阶段，快波睡眠进一步减少。深度睡眠的时间随年龄的增长而减少，入睡期和浅睡期的时间随年龄的增长而增加。老年人的睡眠表现出早睡、早醒且中途多醒。因此，随着年龄的增长，睡眠的特点是总的睡眠时间减少，首先为慢波睡眠中的第Ⅳ期所占时间减少；睡眠过程中醒来的次数增多；而慢波睡眠第Ⅰ、第Ⅱ期所占的睡眠时间相应增加。

（三）睡眠的评估

1. 影响睡眠因素的评估

（1）生理因素

①年龄：年龄是影响睡眠的重要作用。通常睡眠时间与年龄成反比，即随着年龄的增长，个体的睡眠时间逐渐减少。

②昼夜性节律：睡眠是一种周期循环现象，一般发生在昼夜性节律的最低期，与人的生物钟保持一致。如果人的睡眠长时间不能与昼夜节律相同步，如长时间频繁夜间工作，会造成生物节律失调，使个体产生疲劳和焦虑、沮丧等不良情绪，严重时会降低生活质量。

③内分泌的变化：女性在月经期会感到疲乏、嗜睡，需要增加睡眠时间来补充体力。绝经期妇女由于内分泌的变化会引起睡眠紊乱，激素补充疗法可改善睡眠质量。

④疲劳：适度的疲劳有助于入睡，但过度疲劳反而会造成入睡困难。

（2）心理因素 任何原因导致个体情绪焦虑、压抑、愤怒、喜悦等，都可能影响正常睡眠。住院患者由于对疾病的诊治及预后、经济压力、角色转变等感到焦虑不安，都可能造成睡眠障碍。

（3）环境因素 睡眠的物理环境对睡眠的发生和维持有重要作用。良好的通风、柔和的光线、适宜的温度及安静的环境通常是高质量睡眠所必需的。环境的改变会直接影响睡眠，多数人在陌生的环境下难以入睡。医院工作性质的昼夜连续性、环境的复杂性和特殊性等都是影响患者睡眠的重要因素。此外，患者睡眠时的体位、持续进行的治疗、身体的各种引流管等都会影响睡眠质量。

（4）病理因素 几乎所有的疾病都会影响到睡眠。疾病引起的疼痛、心悸、呼吸困难、恶心、呕吐、发热、尿频等，均会造成入睡困难或睡眠质量改变；神经衰弱、精神分裂症、抑郁症等精神疾病的患者，可伴有中枢交感和胆碱能活动平衡紊乱，影响大脑对睡眠的调节功能而出现失眠。

（5）药物因素 药物会影响睡眠的型态，不同类型的药物对睡眠的影响也有差异。如β受体阻滞药可使患者出现失眠、睡眠中断及噩梦等；利尿药使患者夜尿增多而影响睡眠；安眠药可加速睡眠，但只能在短时间增加睡眠量，长期不适当地应用安眠药，可导致患者产生药物依赖或出现戒断反应，停药后睡眠障碍将更加严重。

（6）食物因素 饮食也会影响个体的睡眠状况。肉类、乳制品和豆类等含有较多 L - 色氨酸的食物，可促进入睡，缩短入睡时间。少量饮酒可促进睡眠，过量饮酒则会干扰睡眠结构，使睡眠变浅。睡前饮浓茶、咖啡及可乐等含咖啡因的饮料会使人兴奋、难以入睡，对睡眠不好者应注意限制摄入。

（7）个人睡前习惯 个体睡前的一些习惯有助于舒适和放松，如洗热水澡、听音乐、阅读等均有助于睡眠，如果这些习惯被改变，就有可能影响睡眠。

（8）生活方式 个体日常的生活规律可影响睡眠模式。长期处于紧张、忙碌工作状态的人，其生活缺乏规律，或长期处于单调的生活环境中的人，缺乏必要的刺激，都会影响其正常的睡眠质量。

2. 睡眠障碍的评估 睡眠障碍（sleep disorder）是指睡眠量和质的异常或睡眠时出现某些临床症状，也包括保持正常睡眠能力的障碍，以及异常的睡眠相关行为。

（1）失眠（insomnia） 是临床上最常见的睡眠障碍，主要表现为入睡困难和难以维持睡眠状态，是睡眠质量或数量不能满足正常需求的一种主观体验。患者常主诉有失眠，包括难以入睡、睡眠中易醒早醒、多梦、醒后不易再睡等。清醒时或白天感觉昏昏欲睡、疲乏无力、情绪易激动、注意力不集中、健忘，妨碍社会或职业功能等。根据有无诱发因素，失眠可分为原发性失眠与继发性失眠。原发性失眠，是一种以失眠为主的睡眠质量不满意状况，且会引起其他心理及身体的不适症状，如疲乏或白天困倦等。继发性失眠是由心理、生理、环境或药物等因素引起的短暂失眠。

（2）发作性睡眠（narcolepsy）　发作性睡眠是一种特殊的睡眠障碍，属于快波睡眠障碍。特点是无法控制的突然发生的短时间嗜睡，发作时患者可由清醒状态直接进入快波睡眠。一般睡眠程度不深，易唤醒，脑电图亦呈正常的睡眠波形。猝倒症是发作性睡眠最危险的并发症，常因情绪急剧变化，如过度兴奋或悲伤而引起。约有70%的患者会出现猝倒现象，发作时意识清晰，躯体肌张力部分或全部失去，导致严重的跌伤，一般持续1~2分钟。约有25%的患者在发作性睡眠时会出现生动的、充满色彩的幻觉或幻听，发作过后，患者常感到精力得到恢复。

（3）睡眠过度（hypersomnia）　睡眠过度是指睡眠时间过多或长期处于想睡的状态，可持续几小时或几天，难以唤醒。一般情况下，睡眠过度的患者，其睡眠周期仍然是正常的，但睡眠总时数多。睡眠过度可发生于脑血管疾病、脑外伤、脑炎、脑瘤等多种脑部疾病，也可见于糖尿病、镇静药过量，还可见于严重的忧郁、焦虑等心理疾病的患者。

（4）睡眠呼吸暂停（sleep apnea）　是以睡眠中呼吸反复停顿为特征的一组综合征，每次停顿≥10秒，通常每小时停顿次数>20次，临床表现为时醒时睡，并伴有动脉血氧饱和度降低、低氧血症、高血压及肺动脉高压。睡眠呼吸暂停可分为中枢性睡眠呼吸暂停和阻塞性两种类型。中枢性睡眠呼吸暂停是由于中枢神经系统功能不良造成的，见于颅脑损伤、药物中毒等。阻塞性睡眠呼吸暂停常发生在严重、频繁、用力打鼾或喘息之后，与吸气过程中上气道塌陷、狭窄和呼吸中枢控制功能失调有关系。

（5）睡眠剥夺（sleep deprivation）　是指睡眠时间和睡眠时相的减少或损失。睡眠剥夺是目前许多人尚未认识到的一种常见公共健康问题，疾病（如疼痛、发热或呼吸困难）、情绪应激、药物、环境干扰等因素均可导致睡眠剥夺。研究发现，可能有1/3或1/3以上的人因睡眠剥夺而罹患嗜睡。睡眠剥夺可引起睡眠不足综合征，出现心理、认知、行为等方面的异常表现。住院患者容易发生外源性和昼夜节律性睡眠紊乱，从而导致睡眠剥夺。医护人员因长时间工作和频繁轮班，更容易发生睡眠剥夺。对睡眠剥夺最有效的治疗措施是去除或纠正干扰睡眠模式的因素。

（6）梦游症（noctambulism）　梦游症又称夜游症、睡行症或梦行症，常发生于NREM睡眠的第Ⅲ、第Ⅳ期。主要见于儿童，以男性多见，病因尚不明确。研究发现，该病与遗传、性格和神经失调有关。梦游发作时，患者于睡眠中在床上爬动或下地走动，甚至到室外活动，面无表情，能完成一些复杂动作，每次发作持续数分钟，又继续上床睡觉。梦游者可被强烈的刺激惊醒，醒后对所进行的活动不能回忆。

（7）梦魇（nightmare）　是指睡眠中被噩梦突然惊醒，梦中多处于危险境地，如被猛兽或鬼怪追赶、突然跌落悬崖等，使患者惊叫、呻吟、紧张、恐惧或动弹不得直至惊醒，醒后仍惶恐不安、心有余悸、面色苍白或出冷汗等。对梦中的内容能回忆片段，发作后仍可入睡。梦魇常发生于REM期睡眠，常由于白天受到惊吓，经历应激事件后，过度兴奋或胸前受压、呼吸道不畅，长期服用镇静催眠药或突然停药后均可出现梦魇。偶尔发生的梦魇多为暂时性的，不需特殊处理，若发作频繁应予以重视。

（8）睡惊症（night terrors）　是在睡眠中突然惊醒，两眼直视，大声喊叫伴有惊恐表情和动作，以及呼吸急促、心率增快、出汗、瞳孔扩大等自主神经兴奋症状，一般持续1~5分钟，发作后又复入眠，难以唤醒，醒后对发作情况不能回忆。研究发现，睡惊常发生于NREM期睡眠，在睡眠开始后15~30分钟出现，常见于儿童，大多数随着年龄的增长而自愈，偶有成年人病例。

（9）遗尿（enuresis） 是指 5 岁以上的儿童仍不能自主控制排尿，在日间或夜间反复出现不自主的排尿。引起遗尿的因素主要有遗传因素、睡眠机制障碍、泌尿系统功能障碍及控制排尿的中枢神经系统功能发育迟缓。

（四）住院患者的睡眠特点

患者住院期间往往出现睡眠需要不能满足的情况，一方面可能与疾病影响其睡眠质量有关；另一方面，可能由于生活环境的改变及频繁的治疗与护理干扰了患者的睡眠。因此，患者原有的睡眠形态会受到影响，主要表现为以下两个方面。

1. 睡眠节律改变 表现为患者正常的昼夜性节律遭到破坏，睡眠与昼夜性节律不协调，称为昼夜性节律去同步化（desynchronization），又称节律移位。要维持机体处于最佳功能状态，必须将休息与活动的时间安排与昼夜性节律相同步。

由于疾病的发展演变，住院患者的各项诊疗及护理活动可能被安排在一天 24 小时内的任何时间，因此不可避免地造成患者昼夜性节律去同步化，导致患者觉醒阈值降低，极易被惊醒，表现出不安、躁动、焦虑、沮丧、易激动等症状，严重降低患者的生活质量。当患者的睡眠规律改变时，机体就会通过"再同步"来适应新的睡眠形态，重新获得同步化的时间至少需要 3 天以上，同时会伴有倦怠和不适。

2. 睡眠质量改变 睡眠质量是各睡眠时相持续的时间、睡眠深度及睡眠效果三方面协调一致的综合体现。影响住院患者睡眠质量的主要是睡眠剥夺、睡眠中断和诱发补偿现象。

（1）睡眠剥夺（sleep deprivation） 住院患者的入睡时间延长，睡眠多数较短、较频繁，总睡眠时数往往比在家所习惯的睡眠时间少，尤其是快波睡眠减少。

（2）睡眠中断（sleep fragmentation） 由于治疗和护理工作的影响，患者的睡眠很容易被中断，使睡眠时相转换次数增多，破坏了睡眠的连续性。睡眠中各时相转换次数的增多，会对交感神经和副交感神经的刺激改变，特别在快波睡眠期间，很可能会发生致命性的心律失常，从快波睡眠阶段突然醒来还会造成心室颤动，同时也会影响正常的呼吸功能。

（3）诱发补偿现象（vulnerability to rebounds） 当患者的睡眠经常被中断时，造成慢波睡眠的第Ⅲ、第Ⅳ期和快波睡眠减少，会在下一个睡眠周期中得到补偿，特别是慢波睡眠的第Ⅳ期优先得到补偿，同时机体分泌大量生长激素，以弥补因觉醒时间增加所消耗的能量。但快波睡眠不足的现象更加严重，会导致患者知觉及人格方面的紊乱。

（五）促进睡眠的护理措施

1. 创造良好的睡眠环境 应为患者创造整洁、安静、安全、舒适的睡眠环境。根据患者的个人习惯，调节好病室的温度、湿度、光线、音响及通风，减少外界环境对患者感官的不良刺激，保证床铺的安全、舒适，有计划地安排护理工作，尽量减少对患者睡眠的干扰。此外，护士应将器械碰撞声、开关门声等影响睡眠的噪声降低到最小限度。夜间尽量熄灯或使用地灯，避免光线直接照射患者眼睛而影响睡眠。及时清理病室中的血、尿、便、呕吐物、排泄物等，消除异味对患者睡眠的影响。

2. 满足患者身体舒适的需要 机体的舒适和放松是保持正常的睡眠的前提。护士应积极协助患者睡前完成个人卫生护理，选择合适的卧位，放松关节和肌肉，保证呼吸的通畅，注意观察身体各部位可能会引起患者不适的情况（如各引流管道、伤口、敷料、牵引等），并相应给予处理。对主诉疼痛的患者，应根据医嘱给予止痛药。

3. 减轻患者的心理压力 患者住院后因环境陌生、离开亲人的孤独，患病而产生的焦虑、不安等情绪，都会影响患者的睡眠。护士要善于观察，及时发现和了解患者的心理变化，找出影响患者睡眠的因素，多与患者沟通，耐心倾听患者的主诉，了解患者尚未满足的心理需要，有针对性地帮助患者消除焦虑、恐惧等不良情绪，提高休息和睡眠的质量。

4. 合理使用药物 药物可以用来改善患者的睡眠，但须注意防止患者产生药物依赖性和抗药性。护士必须掌握安眠药的种类、性能、使用方法及不良反应，并注意观察患者在服药期间的睡眠情况及身心反应，以保证安全、有效地应用药物。

苯二氮草类为目前临床最常用而又相对安全的一类镇静、催眠、抗焦虑药，如地西泮（安定）、硝西泮（硝基安定）、氯氮草（利眠宁）、艾司唑仑（舒乐安定）等。但长期服用可产生耐受性和依赖性，停用后易出现戒断症状，如焦虑、失眠、兴奋、心动过速、呕吐、震颤、甚至惊厥等，因此不宜长期服用。老年人应慎用，以免用药后产生共济失调、意识模糊、幻觉、反常运动、呼吸抑制以及肌无力等症状。对妊娠期和哺乳期妇女，因此类药物有导致畸胎的危险并通过乳汁排泄，应避免使用。

5. 养成良好的睡眠习惯 护士应鼓励患者建立良好的生活方式和睡眠习惯，如养成相对规律的作息时间，避免熬夜；每天适度运动，避免睡前剧烈运动；睡前沐浴或热水泡脚、短时间的阅读、听音乐、做放松操等，对患者合理的、良好的睡眠习惯要尽量给予满足，以促进患者的睡眠。

6. 睡眠障碍患者的护理 对于发作性睡眠的患者应选择药物治疗，护士应指导患者学会自我保护，注意发作前兆，减少意外发生，告诫患者禁止驾车、从事高空及水上作业等工作，避免发生危险；对睡眠呼吸暂停的患者，护士应指导其采取正确的睡眠姿势，以保证呼吸道通畅；对梦游症的患者，应注意采取各种防护措施，将病室内危险物品移开、锁门，避免发生意外。

知识链接

世界睡眠日

国际精神卫生和神经科学基金会于 2001 年发起了一项全球睡眠和健康计划的全球性活动，将每年的 3 月 21 日定为"世界睡眠日"。此项活动的重点在于引起人们对睡眠重要性和睡眠质量的关注，提醒我们要关注睡眠健康及质量。2003 年中国睡眠研究会把"世界睡眠日"正式引入中国。

历届世界睡眠日主题：

2001 年：睁开眼睛睡

2002 年：开启心灵之窗，共同关注睡眠

2003 年：睡出健康来

2004 年：睡眠，健康的选择

2005 年：睡眠与女性

2006 年：健康睡眠进社区

2007 年：科学的睡眠消费

2008 年：健康生活，良好睡眠

2009 年：科学管理睡眠

2010 年：良好睡眠，有益健康

2011 年：关注中老年睡眠

2012 年：科学管理睡眠

2013 年：关注睡眠，关爱心脏

2014 年：健康睡眠，平安出行

2015 年：健康心理，良好睡眠

第二节 活 动

案例引导

案例：患者，男，64 岁，脑梗死住院治疗 10 天，现意识清晰，患者右下肢无力，肢体可移动位置但不能抬起，关节活动范围缩小。

提问： 1. 患者目前的机体活动能力为几级？

2. 患者目前的状况对机体的主要影响有哪些？

3. 护士应采取哪些护理措施提高患者的活动能力？

凡是有生命的物体均需要活动，且都有着与生俱来的活动能力。活动是人类的基本需要之一，是个体维持身心健康的最基本条件。适当的活动可以保持良好的肌张力，保持关节的弹性和灵活性，增强运动系统的强度和耐力，增强全身的协调性，控制体重，避免肥胖；适当的运动可以促进血液循环，提高机体的氧合能力，增强心肺功能，同时还可以促进消化功能、预防便秘；适当的活动还可以缓解心理压力，促进休息和睡眠。当个体因疾病导致活动能力受限或丧失时，会在不同程度上影响机体各系统的生理功能和患者的心理状态。因此，护士应观察发现影响患者活动的因素，从患者身心需要出发，协助患者适当的运动，以预防各种并发症的发生。

一、活动受限的原因及对机体的影响

（一）活动受限的原因

活动受限是指身体的活动能力或任何部位的活动由于某些原因而受到限制。导致活动受限的常见原因有以下几种。

1. 疼痛 许多疾病引起的的疼痛往往限制患者相应部位的活动，如胸、腹部手术后，患者因伤口疼痛不愿进行咳嗽和深呼吸等活动。或因相应关节的疼痛而被动减少活动，缩小关节活动范围，如类风湿关节炎患者。

2. 运动、神经系统功能受损 脊髓损伤、脑血管意外等所致的中枢性神经功能受损，因运动神经元无法支配相应的肌肉而造成严重的甚至是永久性的运动障碍；重症肌无力、肌肉萎缩的患者可出现明显的活动受限，甚至不能活动。

3. 损伤 关节、肌肉、骨骼的器质性损伤，如扭伤、挫伤、骨折等，都可导致受伤的肢体活动受限。

4. 残障 肢体的先天性畸形或其他残障等，均可造成机体活动受限。另外，疾病所造成的关节肿胀、增生、变形等，也会直接或间接地限制正常活动。

5. 营养状况 某些疾病所致的严重营养不良、虚弱无力或过度肥胖都可能会引起身体活动受限。

6. 医疗护理措施的影响 由于某些疾病的治疗需要采取必要的医护措施，限制患者的活动，如为预防意识不清、躁动不安的患者出现意外，需采取必要的约束；骨折患者因牵引和使用石膏绷带，而被限制其活动范围；脑出血患者在急性期为防止加重出血，需要绝对卧床休息。

7. 精神心理因素 压力过大、极度忧郁、遭受重大的精神打击或某些精神病患者，会因沮丧、悲伤、抑郁等不愿接触他人，使正常活动减少。

（二）活动受限对机体的影响

1. 对皮肤的影响 长期卧床或活动受限患者，对皮肤最主要的影响是形成压疮。内容详见第五章第三节。

2. 对运动系统的影响 机体长期处于活动受限状态，会导致骨骼、关节和肌肉的改变，引起腰背痛、肌肉萎缩、骨质疏松、关节僵硬、挛缩或变形等，严重时会导致运动系统功能的丧失。

3. 对心血管系统的影响

（1）直立性低血压（orthostatic hypotension） 是指患者由卧位转为坐位或直立位时，或长时间站立血压突然下降超过 20mmHg，并伴有眩晕、视物模糊、心悸、虚弱无力等表现。主要是由于长期卧床使患者全身肌肉张力和神经血管反射降低，影响血液回流。

（2）静脉血栓形成（venous thrombosis） 是一种静脉急性非化脓性炎症，病变主要累及四肢浅静脉或下肢深静脉。患者卧床的时间越长，发生深静脉血栓的危险性越高，尤其是肥胖、脱水、贫血及休克的卧床患者发生率更高。深静脉血栓形成的主要原因是静脉血流滞缓、血液高凝状态和血管内膜受损，三因素并存就极有可能形成静脉血栓。深静脉血栓的主要危险是血栓脱落栓塞于肺部血管，导致肺动脉栓塞，严重时引起死亡。

4. 对呼吸系统的影响 长期卧床导致呼吸系统的主要并发症是坠积性肺炎和二氧化碳潴留。患者长期卧床，全身肌肉无力，呼吸肌运动能力减弱，不能进行有效的深呼吸，无力将痰液咳出，致使呼吸道内分泌物蓄积，并因重力作用流向肺底，若该情况持续存在，将造成肺内感染，导致坠积性肺炎。此外，长期卧床患者，因肺部扩张受限，有效通气减少，影响氧气的正常交换，导致二氧化碳潴留，甚至出现呼吸性酸中毒。

5. 对消化系统的影响 主要由于活动量减少和疾病的影响，患者常出现食欲下降、营养物质摄入不足、蛋白质代谢紊乱，导致负氮平衡，甚至出现严重的营养不良。长期卧床使患者摄入的水分和纤维素减少，胃肠道蠕动减弱，辅助排便的腹肌和肛提肌张力下降，加之床上排便姿势的不习惯，使患者出现便秘。

6. 对泌尿系统的影响 长期卧床可导致患者排尿困难、尿潴留、泌尿系结石和感染等。正常情况下，当处于站姿或坐姿时，能使会阴部肌肉放松，同时肌肉下压有助于尿液的排出。卧床时由于排尿姿势的改变，会影响正常的排尿活动，出现排尿困难。若长期存在，膀胱膨胀可造成逼尿肌过度伸展，机体对膀胱胀满的感觉性减弱，形成尿液潴留。加之机体活动量减少，尿液中的钙、磷浓度增加，因同时伴有尿液潴留，进而可形成泌尿道结石。此外，由于尿液潴留，正常排尿对泌尿道的冲洗作用减少，大量细菌易在尿道口聚集，导致致病菌上行到膀胱、输尿管和肾，造成泌尿系统感染。

7. 对心理、社会方面的影响 长期卧床往往会给患者带来一些社会心理方面的问题。由于活动受限，患者脱离了原来的生活状态，社会交往机会减少，使患者出现消极和社会退化的态度，常出现焦虑、恐惧、失眠、愤怒、挫折感等。此外，由于疾病的影响，部分患者无法就业，面临经济困难，这些都会对其心理产生重要影响。

知识链接

骨质疏松

骨质疏松（osteoporosis，OP）是一种以骨量低下，骨微结构损坏，导致骨脆性增加，以发生骨折为特征的全身性骨病（世界卫生组织，WHO）。2001年美国国立卫生研究院（NIH）提出骨质疏松是以骨强度下降、骨折风险性增加为特征的骨骼系统疾病，骨强度反映骨骼的两个主要方面，即骨矿密度和骨质量。

骨质疏松可发生于不同性别和年龄，但多见于绝经后妇女和老年男性。骨质疏松分为原发性和继发性两大类。原发性骨质疏松又分为绝经后骨质疏松（Ⅰ型）、老年骨质疏松（Ⅱ型）和特发性骨质疏松（包括青少年型）3类。绝经后骨质疏松症一般发生在妇女绝经后5~10年；老年骨质疏松一般指老年人70岁后发生的骨质疏松；继发性骨质疏松是指由任何影响骨代谢的疾病和（或）药物导致的骨质疏松；而特发性骨质疏松主要发生在青少年，病因尚不明。

临床表现：疼痛、脊柱变形和发生脆性骨折是骨质疏松最典型的临床表现。但许多骨质疏松患者早期常无明显的症状，往往在骨折发生后经X线或骨密度检查时才发现已有骨质疏松。①疼痛：患者可有腰背疼痛或周身骨骼疼痛，负荷增加时疼痛加重或活动受限，严重时翻身、起坐及行走有困难。②脊柱变形：骨质疏松严重者可有身高缩短和驼背，脊柱畸形和伸展受限。胸椎压缩性骨折会导致胸廓畸形，影响心肺功能；腰椎骨折可能会改变腹部解剖结构，导致便秘、腹痛、腹胀、食欲减退和过早饱胀感。③骨折：脆性骨折是指低能量或非暴力骨折，如从站高或小于站高跌倒或因其他日常活动而发生的骨折为脆性骨折。发生脆性骨折的常见部位为胸、腰椎，髋部，桡、尺骨远端和肱骨近端。其他部位亦可发生骨折。发生过一次脆性骨折后，再次发生骨折的风险明显增加。

二、患者活动的评估

长期卧床不仅影响机体正常的生理活动，引起许多系统的并发症，而且还有可能加重原有疾病。因此，应对患者的活动能力进行全面、系统的评估，根据患者的实际情况制订相应的活动计划，指导患者进行适当的活动，促进患者康复，减少并发症的发生。

（一）一般资料

一般资料包括患者的年龄、性别、文化程度、职业等。对患者活动状况的评估，首先应考虑患者的年龄，不同的年龄阶段，活动能力有不同的特点，年龄是决定机体所需活动量及能耐受活动程度的重要因素之一；性别不同使运动方式及运动强度不同，通常女性选择的运动不如男性激烈；文化程度和职业可以帮助护士分析和预测患者对活动的态度和兴趣。

（二）心肺功能状态

活动使机体耗氧量增加，出现代偿性心率及呼吸加快、血压升高，给呼吸和循环系统带来压力，不恰当的活动会加重原有的循环系统或呼吸系统疾病，甚至会发生心搏骤停。因此，在患者活动前应对心率、呼吸、血压等指标进行正确的评估，根据心肺功能确定活动负荷量的安全范围，并密切观察患者的反应，及时调整活动量。

（三）骨骼肌肉状态

肌力是肌肉的收缩力量，可以通过机体收缩特定肌肉群的能力来判断肌力。肌力正常时，触摸肌肉有实感，当肌力减弱时，触摸肌肉松软，被动运动时阻力减退，关节运动的范围扩大。肌力一般分为6级。

0级：完全瘫痪，肌力完全丧失。

1级：可见肌肉轻微收缩，但无肢体活动。

2级：机体可移动位置，但不能抬起。

3级：机体能抬离床面，但不能对抗阻力。

4级：能做对抗阻力的运动，但肌力减弱。

5级：肌力正常。

（四）关节功能状态

关节功能状态的评估主要根据疾病和卧床对关节的具体影响来进行。通过患者自己活动关节的主动运动和护士协助患者移动关节的被动运动，观察关节活动范围有无异常，是否僵硬、变形，活动时是否有声响或疼痛、不适等症状。

（五）机体活动能力

通过对患者日常活动情况及自理能力的评估来判断其活动能力，如观察其行走、穿衣、洗漱、如厕等活动的完成情况进行综合评价。机体活动功能可分为5级。

0级：完全能独立，可自由活动。

1级：需要使用设备或器械。

2级：需要他人的帮助、监护和教育。

3级：既需要帮助，也需要设备和器械。

4级：完全不能独立，不能参加活动。

（六）活动耐力

活动耐力（activity tolerance）是指个体对活动与运动的生理和心理耐受力。当活动的时间和强度超过耐受力时，机体会出现疲劳、心悸、胸闷、呼吸困难、头晕、四肢和腰背痛等症状。

（七）目前的患病情况

评估患者疾病的性质、严重程度和对机体活动的影响，有助于合理安排患者的活动量及活动方式。如为慢性病或疾病恢复期，病情对活动的影响较小；截瘫、昏迷、骨折、大手术后等患者的活动完全受限。另外，在评估患者疾病的同时，护士还应考虑到疾病治疗的特殊要求，正确处理肢体活动与制动的关系，在制订护理计划时应全面考虑。

（八）社会心理状况

心理状况对活动的完成具有重要影响。如患者积极乐观，对疾病的治疗充满信心，则能很好地配合完成各种活动，达到恢复功能和健康的目的，反之患者情绪低落、焦虑，对活动缺乏热情，甚至产生厌倦或恐惧心理时，会严重影响活动的进行及预期效果。此外，家属的态度和行为也会影响患者的心理状态。因此，护士在制订和实施活动计划前，还应教育家属给予患者充分的理解和支持，共同完成护理计划。

三、协助患者活动

根据患者的年龄、身心发育特点和疾病情况选择适宜的活动方式，帮助患者进行关节和肌肉的主动练习或被动练习，防止并发症的发生，促进疾病康复。

（一）协助患者变换体位

长期卧床的患者，由于活动减少或长时间处于不适当的被动体位或强迫体位，患者可能出现局部疼痛、肌肉僵硬等症状。另外，长期卧床和缺乏活动使机体组织长时间受压，则会出现血液循环障碍，导致压疮形成。因此，卧床患者若病情允许，护士应协助患者经常变换体位，进行关节和肌肉的活动，促进局部血液循环，以保持关节和肌肉的正常生理功能和活动范围，预防压疮等并发症的发生。

（二）关节活动度练习

关节活动范围（range of motion，ROM）是指关节运动时所能达到的最大运动弧，常以度数表示，也称关节活动度。关节活动度练习（range of motion exercises）简称 ROM 练习，是指根据每一特定关节可活动的范围，通过应用主动活动或被动活动的练习方法，维持关节正常的活动度，恢复和改善关节功能的有效锻炼方法。由患者独立完成的称为主动性 ROM 练习，适用于躯体能够移动的患者；依靠医务人员才能完成的称为被动性 ROM 练习，对于活动受限的患者应尽早进行 ROM 练习，在为患者进行清洁护理、翻身和更换卧位时完成，既节省时间，又可同时观察患者的病情变化。

1. 目的

（1）维持关节活动度。

（2）预防关节僵硬、粘连和挛缩。

（3）促进血液循环，利于关节营养的供给。

（4）恢复关节功能。

（5）维持肌张力。

2. 操作方法

（1）护士协助患者采取自然放松的姿势，使其面向操作者，并尽量靠近操作者。

（2）根据患者各关节的活动形式和范围，依次对颈关节、肩关节、肘关节、腕关节、手指关节、髋关节、膝关节、踝关节、趾关节做屈曲、伸展、过伸、外展、内收、内旋、外旋等关节活动练习，并注意观察患者的身心反应。各关节的活动形式和范围参照表6-1、图6-2和图6-3。

表6-1　各关节的活动形式和范围

部位	屈曲	伸展	过伸	外展	内收	内旋	外旋
脊柱	颈段前曲35° 腰段前曲45°	后伸35° 后伸20°			左、右侧屈30°		
肩关节	前屈135°	后伸45°		90°	左、右侧屈30° 45°	135°	45°
肘关节	150°	0°	5°~10°				
前臂						旋前80°	旋后100°
腕关节	掌屈80°	背伸70°		桡侧偏屈50°		尺侧偏屈35°	
指关节	掌指关节90° 近侧指间关节120° 远侧指间关节 60°~80°			拇指屈曲50°		过伸45° 屈曲80° 外展70°	
髋关节	150°	0°	15°	45°		40°	60°
膝关节	135°	0°	10°		30°		
踝关节	背屈25°	趾屈45°					

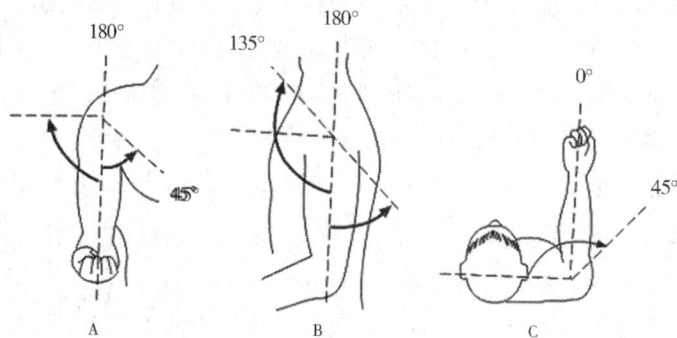

图 6-2　肩关节活动范围

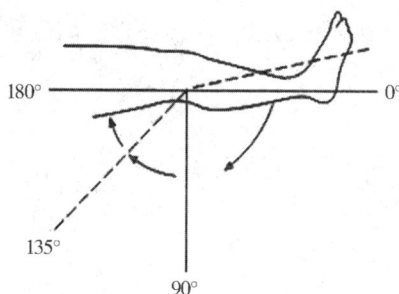

图 6-3　膝关节活动范围

（3）活动关节时，关节前后应予支托，操作者用手做环状或支架支撑关节远端的身体（图 6-4）。

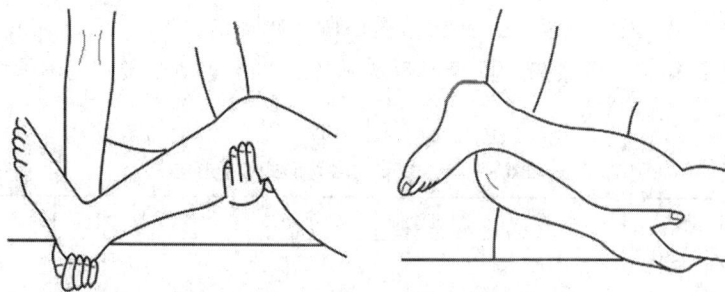

图 6-4　以手做环状或支架支托腿部

（4）每个关节每次可有节律地进行 5~10 次完整的 ROM 练习，练习过程中若患者出现疼痛、疲劳、痉挛或抵抗反应时，应停止操作。

（5）运动结束后，测量生命体征，记录每日运动的时间、项目、次数、关节活动度及患者的反应，协助患者采取舒适的卧位，整理床单位。

3. 注意事项

（1）全面评估患者的疾病情况、机体活动能力、关节功能状态及心肺功能，根据患者的具体情况制订活动计划。

（2）保持病室环境舒适，帮助患者更换宽松、舒适的衣服，便于活动，注意保暖和保护患者的隐私。

（3）活动过程中，关节的移动应缓慢、平稳，注意观察患者对活动的反应及耐受性，以引起关节的适度疲劳、抵抗且无疼痛为度。如出现关节僵硬、疼痛、痉挛等不良反应，应及时报告医师并给予处理。

（4）对急性关节炎、骨折、肌腱断裂、关节脱位的患者，应在医师的指导下完成 ROM 练习，避免再次损伤。

（5）对有心脏病的患者，活动时应特别注意观察患者有无胸痛、心率、心律、血压等的变化，避免意外发生。

（6）护士应向患者及其家属介绍关节活动的重要性，鼓励患者积极配合锻炼，并最终达到由被动练习转变为主动练习。

（7）及时、准确地记录运动的时间、内容、次数、关节的活动度及患者的反应，定期总结，为制订下一步的护理计划提供依据。

（三）肌肉练习

肌肉收缩有等长收缩和等张收缩两种形式。因此，可将肌肉运动分为等长练习和等张练习。

1. 等长练习（isometric exercises）　是指肌肉收缩时张力明显增加而肌肉长度不改变，因不伴有明显的关节活动，又称静力练习。如膝关节完全伸直固定后，做股四头肌的收缩、松弛锻炼即属于等长练习。等长练习的主要优点是不引起明显的关节活动，可在肢体被固定的早期应用或在关节内损伤、积液、炎症存在时应用，以预防肌肉萎缩，增加肌肉张力。

2. 等张练习（isotonic exercises）　是指肌肉收缩时肌纤维缩短，即肌肉长度改变，对抗一定的负荷进行的关节活动锻炼，故伴有大幅度关节运动，又称动力练习。等张练习的优点是符合大多数日常活动的肌肉运动方式，同时有利于改善肌肉的神经控制，提高关节的活动性。

进行肌肉锻炼时应注意以下几点。

（1）严格掌握运动量与频率，使每次练习达到肌肉适度疲劳而不出现明显疼痛为原则。每次运动后有适当的间歇让肌肉充分复原，一般每日或隔日练习 1 次。

（2）肌肉锻炼效果与练习者的主观努力密切相关，因此，帮助患者认识活动的重要性，使其能够积极配合，达到运动的目的。练习中经常给予鼓励，及时显示练习效果，以增强其信心。

（3）肌肉练习前后应做充分的准备及放松运动。

（4）注意肌肉等长收缩引起的升压反应及增加心血管负荷的作用，患有高血压、冠状动脉粥样硬化性心脏病或其他心血管疾病者慎用肌肉练习，有较严重心血管病变者禁忌肌肉练习。

本章小结

休息与活动是人类的基本需要，是维持人体健康的必备条件。本章主要介绍了休息及活动的意义、患者的睡眠特点及常见的睡眠障碍、活动受限对机体的影响，要求护士能对患者的睡眠及活动进行全面评估，重点掌握协助患者休息、睡眠与活动的方法及注意事项，在实际工作中能根据患者的具体情况，发现并解决患者休息与活动方面存在的问题，满足患者的需要，以促进患者早日康复。

（高英丽）

目标检测

1. 护士应采取哪些护理措施促进患者的睡眠?
2. 活动受限对机体的主要影响有哪些?

第七章 生命体征的评估与护理

学习目标

知识要求

1. **掌握** 体温、脉搏、呼吸、血压的定义、正常范围和测量方法；异常体温、脉搏、血压、呼吸的类型及护理措施；清理呼吸道分泌物的护理措施及氧疗方法。

2. **熟悉** 正常体温、脉搏、血压、呼吸的生理变化及影响因素，发热过程及症状，缺氧分类、程度及氧气疗法的适应证。

3. **了解** 体温、脉搏、血压、呼吸的形成与调节，产热与散热过程。

技能要求

熟练掌握生命体征、吸氧的操作方法；学会应用所学知识对生命体征异常患者进行护理及健康教育。

生命体征是体温、脉搏、呼吸、血压的总称。生命体征受大脑皮质控制、自主神经调节，是机体内在活动的客观反映，是衡量生命活动的重要指标，也是护士评估患者心身状态的基本资料。正常情况下，生命体征在一定范围内相对稳定；而在病理情况下会出现不同程度的变化，且极其敏感。观察、测量和记录生命体征是护理工作中重要的基本技能。因为生命体征的变化往往是患者病情变化的先兆。因此，护士对患者生命体征的评估，可以感知患者病情的细微变化，为疾病的诊断和治疗、制订护理措施提供依据。

第一节 体温的评估与护理

案例引导

案例： 患者，女，76岁，发热2天。测体温39.7℃，皮肤潮红，脉搏加快，已用药物退热。

提问： 1. 患者大量出汗时应给予的护理措施是什么？

2. 退热时，为防止发生虚脱应重点观察哪些方面？

机体温度分为体核温度和体表温度。体温（temperature，T）又称体核温度（core temperature），是指身体内部即胸腔、腹腔和中枢神经的温度，其特点是相对稳定且较皮肤温度高。身体表层的温度称体表温度（shell temperature），易受环境温度的影响，低于体核温度。

一、正常体温及其生理变化

（一）体温的形成及调节

1. 体温的形成 体温是由糖、脂肪、蛋白质三大营养物质氧化分解而产生。三大营养物质在体内氧化分解时所释放的能量，其50%左右迅速转化为热能，以维持体温，并不断地散发到体外；其余50%左右的能量储存于腺苷三磷酸（ATP）内，供机体利用，最终仍转化为热能散发到体外。

2. 产热与散热

（1）产热过程　机体以化学方式产热，主要的产热器官为肝脏和骨骼肌。通过骨骼肌的运动，食物的氧化分解，交感神经兴奋，甲状腺素分泌增多等产生热量。

（2）散热过程　机体以物理方式散热。最主要的散热器官是皮肤，呼吸和排泄也能散发少部分热量。散热的重要方式有辐射、传导、对流和蒸发。

①辐射（radiation）：是指热量由一个物体表面通过电磁波传到另一个与其不接触的物体表面的散热方式。在低温环境中，辐射是主要的散热方式。影响辐射散热的因素包括环境的温度、有效的辐射面积、皮肤的温度及衣着的情况等。

②传导（conduction）：是指热量直接传递给与之相接触物体的一种散热方式。其散热效果与所接触物体的导热性能、体积及温差大小有关。临床上根据传导散热的原理，常用冰袋、冰帽给高热患者降温。

③对流（convection）：是指通过气体或液体流动来交换热量的一种散热方式。对流是传导散热的一种特殊方式，对流依空气和液体的密度差异决定流速。

④蒸发（evaporation）：是指液体变为气体的过程中吸收热量的一种散热方式。人体的呼吸道、皮肤随时都在进行蒸发散热，尤其汗液蒸发可散发大量的体热。临床上利用此原理采用温水或乙醇拭浴为高热患者降温。

3. 体温的调节　在正常情况下，人体有调节体温相对恒定的能力。其调节方式分为生理性调节和行为性调节两类。

（1）生理性调节　是在下丘脑体温调节中枢控制下，随机体内、外环境温度刺激，通过生理反应，调节机体产热、散热，控制产热与散热效应器的活动，将体温维持在相对恒定的体温调节方式。机体以生理性体温调节为主，其方式包括温度感受器和体温调节中枢。

①温度感受器：外周温度感受器分布于皮肤、黏膜、腹腔内脏，包括温觉感受器和冷觉感受器，分别将冷、热信息传向中枢。中枢温度感受器是指存在于神经系统内的对温度敏感的神经元，分布于下丘脑等部位，包括热敏神经元和冷敏神经元，可将冷、热刺激传向中枢。机体的温度感受器能经常感受体温的高低并发出反馈信息到达下丘脑的体温调节中枢，体温调节中枢根据这些反馈信息，不断地调整产热与散热活动。如通过血管的舒缩、骨骼肌及汗腺的活动，使体温维持恒定，与调定点一致。

②体温调节中枢：位于下丘脑，前部为散热中枢，生理作用为扩张皮肤血管，增加皮肤血流量，辐射散热；增加出汗和加速呼吸，蒸发散热；降低细胞代谢，减少肌肉活动，减少产热。后部为产热中枢，生理作用为促使血管收缩，减少辐射；通过交感神经直接抑制汗腺，减少出汗；提高组织代谢率，增加组织氧化率；产生寒战，增加产热。

（2）行为性调节　是以生理性体温调节为基础，根据环境温度与个人对冷、热的感觉来进行调节。如通过增减衣服，调整身体的活动量和姿势，开关门窗及使用空气调节器等行为调节体温。

（二）正常体温及生理变化

1. 正常体温　通常所说的正常体温不是一个具体的温度点，而是一定的温度范围。临床上测量体温常以口腔温度、直肠温度、腋下温度为标准（表7-1）。其中，直肠温度最接近于体核温度，但在日常工作中，测量口腔温度和腋下温度更为方便。

表7-1 健康成人不同部位的体温范围及平均值

部 位	正 常 范 围	平均值
口腔（舌下）	36.3~37.2℃ （97.3~99.0°F）	37.0℃ （98.6°F）
腋下	36.0~37.0℃ （96.8~98.6°F）	36.5℃ （97.7°F）
直肠	36.5~37.7℃ （97.7~99.9°F）	37.5℃ （99.5°F）

温度可用摄氏温度（℃）或华氏温度（°F）来表示。摄氏温度与华氏温度的换算公式为：

$$℃ = （°F - 32） ×5/9$$

$$°F = ℃ ×9/5 +32$$

2. 体温的生理性变化 体温可随昼夜、年龄、性别、运动、用药等因素而出现生理性波动，但其变化范围很小，一般不超过0.5~1.0℃。

（1）昼夜 正常人体温在24小时内呈周期性波动，一般清晨2~6时体温最低，午后1~6时体温最高，但波动范围不超过平均值±0.5℃。这种昼夜节律性波动，与人体代谢活动、血液循环等周期性变化有关，如长期从事夜间工作的人员，可出现夜间体温升高、日间体温下降的情况。

（2）年龄 由于基础代谢水平的不同，各年龄阶段的体温也不同。新生儿因体温调节中枢发育尚未完善，体温易受环境温度的影响而发生变化。儿童由于新陈代谢率高，体温略高于成人。老年人由于代谢率低、运动少，体温略低于成人。

（3）性别 一般成年女性体温稍高于男性约0.3℃，可能与女性皮下脂肪较男性厚、散热减少有关。成年女性的基础体温随月经周期出现规律性的变化，与孕激素的周期性分泌有关，即排卵后，由于孕激素水平上升，体温会升高0.2~0.3℃。

（4）活动 剧烈活动可使骨骼肌紧张并强烈收缩，产热增加，体温可暂时性升高，所以，应在患者安静状态下测量体温。

（5）环境 在炎热或寒冷的环境下，机体的散热受到抑制或加强，体温可暂时性地升高或降低。

（6）情绪 强烈的情绪反应会造成生理和心理上的压力，导致体温发生变化，如情绪激动、紧张时会出现体温升高现象。

（7）其他 日常生活中沐浴、进食、药物等因素均可使体温发生变化，在测量体温时也应考虑。

二、异常体温的评估与护理

（一）体温过高

体温过高（hyperthermia）是指体温调节中枢在致热原的作用下或体温调节中枢功能障碍等原因，使体温调节中枢的调定点上移，产热增加而散热减少，体温升高超过正常范围，又称发热（fever）。

1. 发热的原因 发热的原因大致可分为两类，即感染性发热和非感染性发热。感染性发热较为常见，是由各种病原微生物如病毒、细菌等感染引起的；非感染性发热包括如免疫反应性发热、无菌性坏死组织的吸收引起的吸收热以及体温调节中枢功能失常引起的中枢性发热等。

发热是临床常见的症状，也是机体抵抗致病因子侵袭的生理性防御反应。此时，机体白细胞增加，抗体增多，肝脏解毒功能增强，物质代谢速度加快，从而使机体抵抗力增强，促使机体早日康复。但是，若高热持续不退，会使机体调节功能发生紊乱，从而导致神经系统、循环系统、呼吸系统、消化系统等各系统的功能及物质代谢发生变化，出现一系列的临床症状和体征。严重者可导致脑细胞的不可逆性损害，引起严重的后遗症。

2. 发热的临床分级 以口腔温度为标准，发热程度可分为4种：①低热，37.3~38.0℃（99.1~100.4°F）；②中度热，38.1~39.0℃（100.6~102.2°F）；③高热，39.1~41.0℃（102.4~105.8°F）；④超高热，41.0℃以上（105.8°F以上）。

3. 发热过程及症状 一般发热过程包括3个分期。

（1）体温上升期　其特点是产热大于散热。主要表现为畏寒、皮肤苍白、无汗、疲乏不适，有时伴有寒战。体温上升的方式有骤升和渐升两种，如体温在数小时内升至高峰称骤升，见于肺炎球菌性肺炎；如体温在数小时内逐渐上升，数日内达到高峰称为渐升，见于伤寒等。

（2）高热持续期　其特点是产热和散热在较高水平上趋于平衡，体温维持在较高状态。主要表现为颜面潮红、皮肤灼热、口唇干燥、呼吸和脉搏加快、尿量减少，甚至惊厥、谵妄、昏迷。高热持续时间可因病情及治疗效果而异，持续数小时、数天，甚至数周不等。

（3）退热期　其特点是散热增加而产热趋于正常，体温恢复至正常的调节水平。此期主要表现为大量出汗和皮肤温度降低。退热的方式有骤退和渐退两种，骤退时由于体温急剧下降，大量出汗，液体丢失过多，对于年老体弱和心血管疾病患者易出现血压下降、脉搏细速、四肢厥冷等循环衰竭的症状，应严密观察并及时给予处理。渐退是指体温在数日内或更长时间内退至正常。

4. 临床常见热型　热型（fever type）是根据患者体温波动描制的曲线特点划分的。某些疾病的热型具有特征性，观察热型有助于疾病的诊断。常见的热型有以下4种（图7-1）。

（1）稽留热（constant fever）　是指体温持续在39.0~40.0℃，达数日或数周，24小时波动范围不超过1℃。常见于肺炎球菌性肺炎、伤寒等。

（2）弛张热（remittent fever）　是指体温在39.0℃以上，24小时波动范围在1℃以上，但最低体温仍高于正常水平。常见于败血症、风湿热等。

（3）间歇热（intermittent fever）　是指体温骤然升至39.0℃以上，持续数小时或更长时间，又突然下降至正常或正常以下，经过一个间歇，又反复发作，即高热期和无热期交替出现，常见于疟疾、成人肺结核等。

（4）不规则热（irregular fever）　是指发热无一定规律，且持续时间不定。常见于流行性感冒、肿瘤等发热。

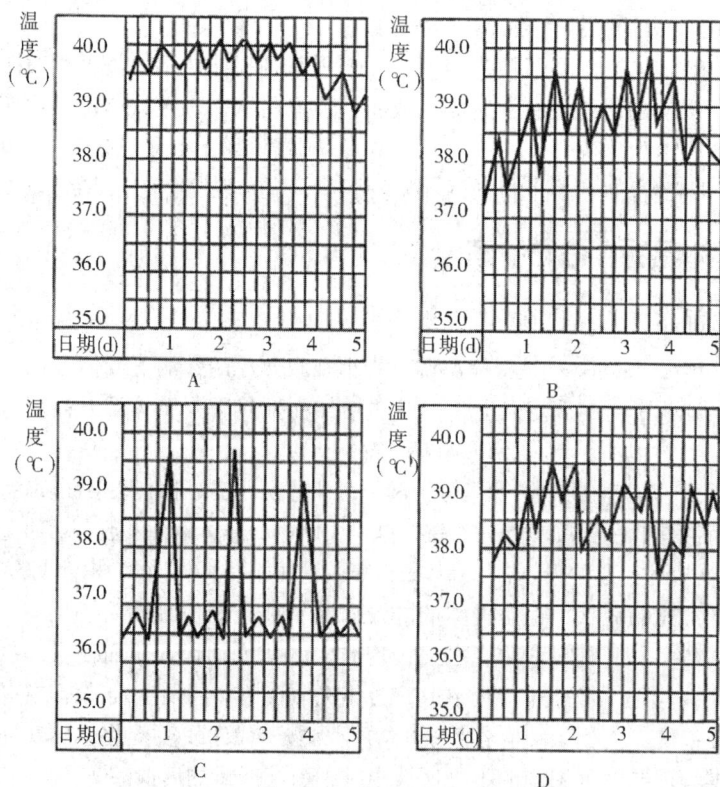

图7-1　常见的热型
A. 稽留热；B. 弛张热；C. 间歇热；D. 不规则热

5. 体温过高患者的护理

（1）降低体温　可根据患者情况采用物理降温或药物降温的方法。物理降温的方法有局部冷疗和全身冷疗两种方法。体温超过 39.0℃，选用局部冷疗法，采用冰袋、冰毛巾、化学制冷袋等，通过传导方式散热；体温超过 39.5℃，选用全身冷疗法，可采用温水擦浴、乙醇拭浴或大动脉冷敷等方式，达到降温目的。药物降温是通过降低体温调节中枢的兴奋性及血管扩张、出汗的方式促进散热而达到降温的目的。实施降温措施 30 分钟后应测量体温，并做好记录和交班。

（2）病情观察　根据患者的病情定时测量体温，高热者每 4 小时测量 1 次，待体温恢复正常 3 日后，改为每日 2 次。观察患者的面色、呼吸、脉搏、血压、发热类型及伴随症状，如有异常反应及时与医师联系；观察治疗效果，比较治疗前、后全身症状及实验室检查结果；观察饮水量、饮食摄取量、尿量及体重变化。

（3）补充营养和水分　高热患者对食物的消化、吸收功能降低，而机体的分解代谢增强，消耗增加，应给予高热量、高蛋白、高维生素、易消化的流质或半流质饮食，并做到少量多餐。高热时因呼吸加快、出汗增多，机体丢失大量水分，应鼓励患者多饮水，不能进食者按医嘱给予静脉输液或鼻饲，以补充水分、营养物质及电解质，并促进毒素和代谢产物的排出。

（4）促进患者安全、舒适　①高热患者有时会躁动不安、谵妄，应防止坠床、舌咬伤，必要时使用保护具保护患者。②体温上升期，患者出现寒战时，应适当保暖，如调节室温、加盖棉被等。③发热时口腔唾液分泌减少，黏膜干燥，加之机体抵抗力下降，极易引起口腔炎和黏膜溃疡。护士应在清晨、餐后、睡前协助患者漱口或每日 2 次为患者进行口腔护理，保持口腔清洁卫生。④退热时大量出汗，应及时为患者擦干汗液，更换衣被，保持皮肤清洁干燥，以免着凉，并及时更换舒适体位，防止压疮形成。

（5）保证充足的休息与睡眠　高热时新陈代谢率增高，患者能量消耗多、进食少、体质虚弱，应安排安静的休息环境、舒适的体位，确保患者充足的休息和睡眠，从而减少能量的消耗，有利于机体康复。

（6）心理护理　护士经常巡视病房，对高热患者进行有针对性的心理护理，对体温变化及伴随症状等给予耐心解答，尽量满足患者的需要，给予精神安慰，以缓解其紧张、焦虑情绪。

（7）健康教育　针对患者情况制订相应的健康教育计划，给予必要的知识教育，如教会患者测量体温的方法，如何进行物理降温以及科学安排饮食和休息等。

（二）体温过低

体温低于正常范围称为体温过低（hypothermia）。当体温低于 35.0℃时称为体温不升。

1. 体温过低的原因　体温中枢发育未成熟，常见于早产儿；散热过多，如长时间暴露在低温环境中，使机体散热过多、过快；在寒冷环境中大量饮酒，使血管过度扩张而致热量散失；产热减少，如重度营养不良、极度衰竭，使机体产热减少；体温调节中枢受损，如颅脑外伤、脊髓受损；重症疾病或创伤，如败血症、大出血；药物中毒，如麻醉药、镇静药等。

2. 体温过低的临床分级（以口腔温度为标准）　①轻度，32.1 ~ 35.0℃（89.8 ~ 95.0°F）；②中度，30.0 ~ 32.0℃（86.0 ~ 89.6°F）；③重度，<30.0℃（86.0°F），瞳孔散大，对光反射消失；④致死温度，<25.0℃（77.0°F）。

3. 体温过低的症状　体温过低时患者常表现为寒战，面色苍白，口唇、耳垂呈紫色，四肢厥冷，心率、呼吸减慢，血压下降，尿量减少，甚至出现意识障碍导致昏迷。

4. 体温过低的护理

（1）加强监测　密切观察患者的生命体征，至少每小时测量体温 1 次，直至体温恢复正常并稳定，同时注意呼吸、脉搏、血压的变化。对治疗性体温过低者，应注意防止冻伤。

（2）注意保暖　采取适当的保暖措施，提高室温，以 24.0 ~ 26.0℃为宜；可采取局部保暖措施，如加盖棉被、给予热饮料、足部放置热水袋等方法，以提高机体温度；新生儿、早产儿置温箱中保暖。

（3）积极进行病因治疗　去除引起体温过低的原因，随时做好抢救准备。

（4）心理护理　多与患者接触，及时发现其情绪变化，做好心理疏导工作。

（5）健康教育　教会患者及其家属使用热水袋的方法，积极配合护士做好相关的护理工作。

三、体温的测量

（一）体温计的种类及构造

1. 玻璃汞柱式体温计　又称水银体温计（mercury thermometer），为临床上最常用的体温计。分口表、腋表和肛表3种（图7-2）。它是一种真空毛细玻璃管外带有刻度的玻璃管，玻璃管末端球部为贮银槽，当贮银槽受热后，水银沿毛细管上行，其上行高度与受热程度成正比，毛细管与贮银槽之间的凹陷处可使水银柱遇冷时不致下降，以便检视温度。根据体温计的刻度不同可分为摄氏体温计（centigrade thermometer）和华氏体温计（fahrenheit thermometer）。摄氏体温计刻度为35.0 ~ 42.0℃，每一度之间分成10个小格，每小格为0.1℃，在0.5℃和1.0℃处用较粗的线标记，37.0℃处以红线标记以示醒目。华氏体温计的刻度为94 ~ 108°F，每小格0.2°F。

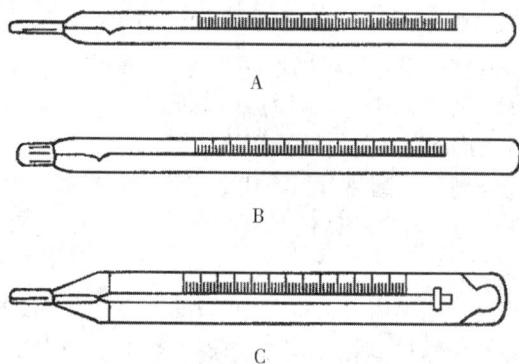

图7-2　玻璃体温计的种类
A. 口表；B. 肛表；C. 腋表

2. 可弃式体温计（disposable thermometer）　是一次性使用的体温计，其构造为一含有对热敏感的化学指示点薄片，测温时能在45秒内按特定的温度改变体温表上的点状颜色，当颜色从白色变成墨绿色或蓝色时，即为所测得的体温（图7-3）。

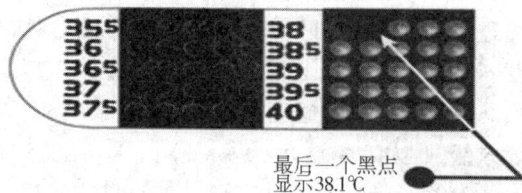

最后一个黑点
显示38.1℃

图7-3　可弃式化学体温计

3. 电子体温计（electronic thermometer）　是采用电子感温探头测量体温，测得的温度值由数字显示器显示，具有使用方便、测量准确、灵敏度高等特点。电子体温计有个人用电子体温计和集体用电子体温计两种（图7-4）。个人用电子体温计形状小巧，携带方便。集体用电子体温计使用时须将探头放入一次性塑料护套中，单人单套使用，可防止交叉感染；测温时开启电源键，显示屏上出现"L℃"符号，然后将探头置于测温部位，当电子蜂鸣器发出蜂鸣音后，再持续3秒，显示屏上即可出现所测得的体温数值。

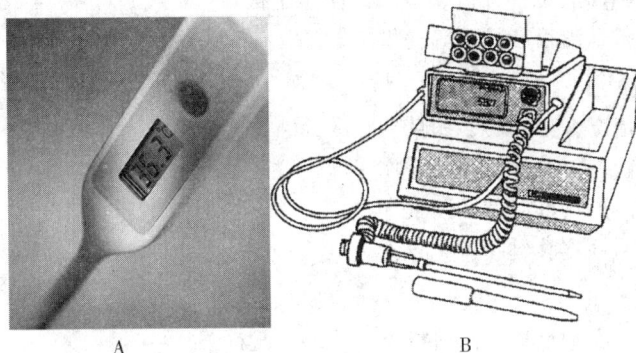

图7-4　电子体温计的种类
A. 个人用电子体温计；B. 集体用电子体温计

4. 其他

（1）感温胶片　是对温度敏感的胶片，此感温胶片需紧贴于前额和腹部15秒以上，用后即弃，无须消毒。可根据胶片上颜色的改变而获知体温的变化，但只能判断体温是否在正常范围，不能显示具体的温度数值。适用于正常的新生儿及幼儿。

（2）红外线体温计　有前额式红外线体温计、耳式红外线体温计（图7-5）及医用红外热成像仪。红外线耳式体温计可测量耳温。该体温计将红外线感应到的耳膜温度数据在1秒内经微计算机的精密调校后显示出来。测出的耳温是比较准确的体温。使用前必须先套上干净的膜套于耳镜上，若为1岁以内的婴儿测温，最好使其平躺，头偏向一侧并固定，使耳部朝上。将耳向后轻拉（枕骨方向），轻轻将耳镜插入耳道。较大的儿童及成人测耳温时则需将耳向上向后轻拉，以便测得较准确的数据。测量全程需持续轻拉耳直至测量完毕。

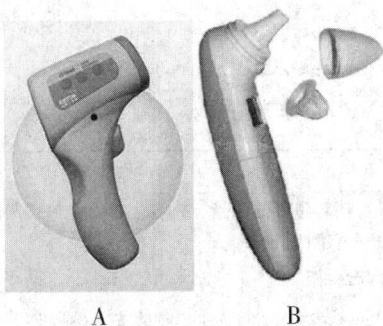

图7-5　红外线体温计
A. 前额式红外线体温计；B. 耳式红外线体温计

（二）体温计的消毒与检查

1. 体温计的消毒　为防止交叉感染，保证体温计的清洁，测量体温后的体温计应进行消毒处理。常用的消毒溶液可选用75%乙醇、1%过氧乙酸或含氯消毒剂等。消毒液应每天更换1次。浸泡体温计的消毒容器可选用有盖塑料盒，离心机应每周消毒1次。

方法：①测温使用的口表体温计、腋表体温计，用后立即浸泡于消毒液容器中，5分钟后取出并用清水冲净，擦干后用离心机将体温计的水银柱甩至35℃以下，再放入另一消毒容器中浸泡30分钟后取出，用清水冲净，擦干，放入清洁容器中备用。如果是患者单独使用的口表体温计、腋表体温计，用后放入专用消毒液容器中浸泡，测量前取出，用清水冲净，擦干后使用。②肛表体温计，测温取出后用消毒液纱布擦净肛表，再用上法另行消毒。

2. 体温计的检查　为保证测量的准确性，应定期对体温计进行检查。

方法：先将全部体温计的水银柱甩至35℃以下，再同时放入已测好的40℃以下（36～40℃）的水中，3分钟后取出检查，若体温计相差0.2℃或以上，水银柱自行下降、玻璃管有裂隙等，则不能再使用。将合格的体温计用消毒纱布擦干，放入清洁的容器中备用。

（三）体温的测量方法

【目的】

1. 判断体温有无异常。

2. 动态监测体温的变化，分析热型及其伴随症状。

3. 为诊断、预防、治疗和护理等提供依据。

【评估】

1. 患者的一般情况，如年龄、病情、临床诊断、治疗等。

2. 患者的意识状态、心理状况及合作程度，以确定测量的方法。

3. 有无影响体温测量准确性的因素存在。

4. 检查测量体温处皮肤黏膜有无异常。

【计划】

1. 操作者准备　衣帽整洁，修剪指甲，洗手，戴口罩。

2. 患者准备　患者了解测量体温的目的、方法，愿意配合；测量前30分钟避免激动、情绪紧张及沐浴、运动、进食、冷热疗、灌肠等活动；根据不同的测量方法取舒适体位。

3. 环境准备　病室安静、整洁、光线充足，必要时关闭门窗、拉床帘或用屏风遮挡。

4. 用物准备

（1）体温测量盘内备已消毒的体温计、消毒纱布，另备一盛有消毒液的容器（初次消毒体温计用）。

（2）记录本、笔、有秒针的表。

（3）如测肛温，另备润滑剂、棉签、卫生纸。

【实施】

1. 操作方法

操 作 步 骤	要点与说明
（1）核对患者的床号、姓名，向患者解释操作的目的及方法	·确认患者
（2）测量体温	·根据病情选择合适的测温方法
▲口腔测温法	·测量方法方便
①将口表水银端斜放于患者的舌下热窝处（图7－6）	·舌下热窝在舌系带两侧，靠近舌动脉，是口腔中温度最高的部位
②嘱患者闭唇含住口表，用鼻呼吸，勿用牙咬体温计，勿讲话	·避免体温计被咬碎，造成损伤
③测量时间为3分钟	·获得正确的测量结果
▲腋温测量法	·适用于口腔疾病、口鼻手术、呼吸困难者，极度消瘦者不宜采用
①协助患者取舒适体位，解开衣扣，擦干腋下汗液	·汗液会影响体温的准确性
②将体温计水银端放入患者腋窝，紧贴皮肤	
③嘱患者屈臂过胸，夹紧体温计（图7－7）	·嘱患者保持姿势，防表脱落而导致测量不准确或破损。不合作者协助夹紧上臂
④测量时间为10分钟	·需较长时间，才能使腋下体腔内的温度接近机体内部温度
▲肛温测量法	·适用于婴幼儿、昏迷、精神异常者，直肠疾病、手术、腹泻、心肌梗死者不宜测肛温
①协助患者取侧卧位、俯卧位或仰卧位，暴露臀部	·便于测量
②用棉签蘸取润滑油润滑肛表水银端	·便于插入，避免擦伤或损伤肛门及直肠黏膜
③用手分开臀部，将肛表轻轻插入肛门3～4cm并固定	
④测量3分钟（图7－8）	
（3）测毕，取表	
①取下体温计用消毒液纱布擦拭（肛表先用卫生纸擦拭）	·使刻度清晰
②读数	·评估体温是否异常，如与病情不符应重新测量，有异常及时处理
（4）协助患者取舒适卧位，整理床单位及用物	·合理解释测温结果，感谢患者合作
（5）洗手、记录	·将体温值记录在记录本上
（6）绘制	·绘制体温曲线

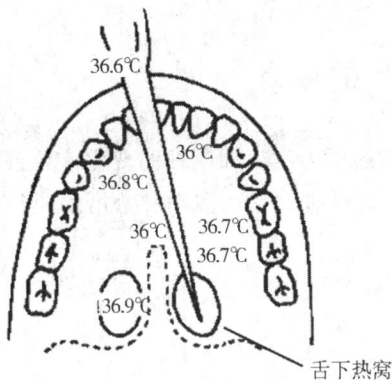

图7-6 舌下热窝

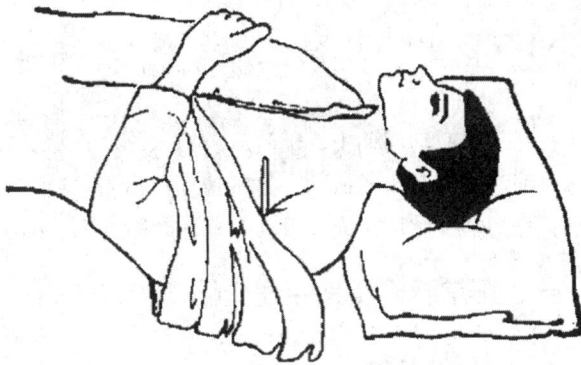

图7-7 腋温测量法

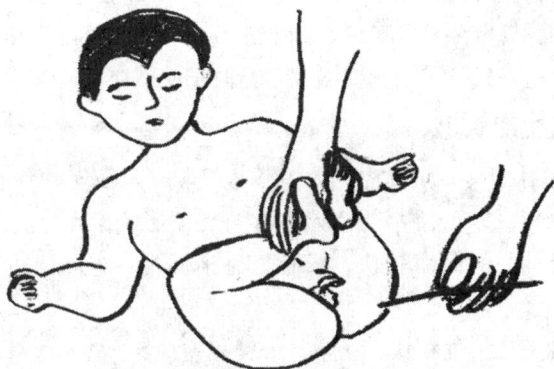

图7-8 肛温测量法

2. 注意事项

（1）避免影响测温的因素。如进食、饮水、吸烟或面颊部冷热敷、沐浴、坐浴或灌肠、腋窝局部冷热敷者，须待30分钟后方可测量相应部位的体温。

（2）合理选择测量部位。精神异常、昏迷、婴幼儿、口鼻腔手术或呼吸困难及不能合作者，均不宜口腔测温。腋下有创伤、手术、炎症，腋下出汗较多者，肩关节受伤或过度消瘦不易夹紧体温计者均不宜腋窝测量。腹泻、直肠或肛门手术、心肌梗死者不宜直肠测温。

（3）为婴幼儿、意识不清或不合作的患者测体温时，应设专人守护，防止出现意外。

（4）如患者不慎咬破水银温度计，应立即清除口腔内玻璃碎片，以免损伤口腔及食管黏膜，再口服蛋清或牛奶，以延缓汞的吸收。若病情允许，可食用富含粗纤维食物，以促进汞的排出。

（5）发现体温与病情不相符合时，应在病床旁监测，必要时做对照复测。

3. 健康教育

（1）向患者及其家属解释体温监测的重要性，学会正确测量体温的方法，以保证测量结果的准确性。

（2）介绍体温的正常值及测量过程中的注意事项。

（3）教会患者及其家属对体温的动态观察，提供体温过高、体温过低的护理指导，增强自我护理能力。

【评价】

1. 患者及其家属理解测量体温的目的，能主动配合。

2. 操作熟练，操作过程沟通良好，患者舒适。

3. 达到预期护理目的。

第二节　脉搏的评估与护理

在每一个心动周期中，随着心脏的收缩和舒张，动脉内的压力发生周期性的变化，导致动脉管壁产生有节律的搏动，这种搏动可沿着管壁向周围动脉传播，在表浅动脉上可触摸到搏动，称为动脉脉搏（arterial pulse），简称脉搏（pulse，P）。

一、正常脉搏及其生理变化

（一）脉搏的形成

心脏窦房结的自律细胞发出兴奋冲动，传至心脏各部，致使心脏收缩。当心脏收缩时，左心室将血射入主动脉，主动脉内压力骤然升高，动脉管壁随之扩张。当心脏舒张时，动脉管壁弹性回缩。这种动脉管壁随着心脏的舒缩而出现的周期性的起伏搏动形成动脉脉搏。正常情况下，脉率与心率是一致的，当脉搏微弱不易测定时，应测心率。

（二）正常脉搏及生理变化

1. 脉率　即每分钟脉搏搏动的次数（频率）。正常成人在安静状态下，脉率为60～100次/分，与呼吸之比为4:1～5:1，脉率易受各种生理因素影响而发生变化。

（1）年龄　一般婴幼儿的脉率较快，成年人逐渐减慢，老年人的脉率则稍微加快（表7-2）。

（2）性别　女性脉率比男性稍快，通常每分钟相差约5次。

（3）活动、情绪　运动、情绪激动可使脉率增快；休息、睡眠时则脉率减慢。

（4）药物、饮食　使用兴奋药、进食、饮浓茶或咖啡能使脉率加快；使用镇静药、洋地黄类药物、禁食可使脉率减慢。

（5）体型　身体瘦高者常较矮胖者脉率慢。

表7-2　各年龄组脉率的正常范围与平均脉率

年　龄	正常范围（次/分）		平均脉率（次/分）	
出生至1个月	70～170		120	
1～12个月	80～160		120	
1～3岁	80～120		100	
3～6岁	75～115		100	
6～12岁	70～110		90	
	男	女	男	女
12～14岁	65～105	70～110	85	90
14～16岁	60～100	65～105	80	85
16～18岁	55～95	60～100		80
18～65岁	60～100		72	
65岁以上	70～100		75	

2. 脉律　是指脉搏跳动的节律性。它一定程度上反映了心脏的功能，正常脉律搏动均匀、规则，间隔时间相等。但正常小儿、青少年和一部分成人中，有时可出现与呼吸周期相关的窦性心律失常，即吸气时加快，呼气时减慢，一般无临床意义。

3. 脉搏的强弱　是指血流冲击血管壁的力量程度，是触诊时血液流进血管的一种感觉。

脉搏的强弱取决于心排血量的多少、动脉的充盈程度和周围血管的阻力等，以中等力量按压即可获得。

4. 动脉壁的情况　触诊时可感觉到动脉壁的性质。正常动脉壁光滑、柔软，富有弹性。

二、异常脉搏的评估与护理

（一）异常脉搏的评估

1. 脉率异常

（1）心动过速（tachycardia）　又称速脉，即成人在安静状态下脉率超过100次/分。常见于发热、甲状腺功能亢进、大出血、心力衰竭等患者。它是机体的一种代偿机制，心脏通过代偿增加排血量来增加心排出量、满足机体新陈代谢的需要。一般体温每升高1℃，成人脉率每分钟约增加10次，儿童则增加15次。

（2）心动过缓（bradycardia）　又称缓脉，即成人在安静状态下脉率<60次/分。常见于颅内压增高、房室传导阻滞、甲状腺功能减退等，也可见于服用某些药物如地高辛、普尼拉明（心可定）等患者。

2. 节律异常

（1）间歇脉（intermittent pulse）　在一系列正常、规则的脉搏中，出现一次提前而较弱的脉搏，其后有一较正常延长的间歇（即代偿性间歇），称间歇脉，亦称过早搏动。发生机制是心脏异位起搏点过早地发生冲动而引起的期前收缩。如每隔1个或2个正常搏动后出现1次期前收缩，则称二联律或三联律。常见于各种器质性心脏病，如心肌病、心肌梗死、洋地黄中毒等。

（2）脉搏短绌（pulse defict）　是指单位时间内脉率少于心率。其特点是心律完全不规则，心率快慢不一，心音强弱不等，称脉搏短绌，又称绌脉。发生机制是由于心肌收缩力强弱不等，有些心排血量少的搏动可产生心音，但不能引起周围血管的搏动，造成脉率低于心率。常见于心房颤动的患者。

3. 强弱异常

（1）洪脉（bounding pulse）　当心肌收缩力增强，心排血量增加，动脉充盈度增高，脉压较大时，则脉搏搏动强大有力，称洪脉。常见于高热、甲状腺功能亢进、主动脉瓣关闭不全等患者。

（2）丝脉（thready pulse）　又称细脉（small pulse）。当心肌收缩无力，心排血量减少，动脉充盈度降低时，脉搏搏动细弱无力，扪之如细丝，称丝脉。常见于心功能不全、大出血、休克、主动脉瓣狭窄等患者。

（3）交替脉（alternating pulse）　节律正常而强弱交替出现的脉搏，称交替脉。主要是由于心室收缩强弱交替出现而引起的，常是左心衰竭的重要体征，见于高血压心脏病、冠状动脉粥样硬化性心脏病等患者。

（4）奇脉（paradoxical pulse）　平静吸气时脉搏明显减弱或消失称为奇脉。奇脉的产生主要与病理情况下吸气时左心室排血量减少有关，它是心脏压塞的重要体征之一。常见于心包积液和缩窄性心包炎的患者。

（5）水冲脉（water hammer pulse）　当心排血量增加，脉压增大时，出现脉搏骤起骤降，急促有力，触诊时感到有力的冲击，称为水冲脉。常见于甲状腺功能亢进、主动脉瓣关闭不全等。

（6）重搏脉（dicrotic pulse）　正常脉搏波在其下降期中有一重复上升的脉搏波，但较脉搏的上升支低，不能触及。在某些病理情况下，此波增高可触及，称重搏脉。发生机制可能与血管紧张度降低有关。常见于伤寒、梗阻性肥厚型心肌病。

4. 动脉壁异常　动脉硬化时管壁可变硬，失去弹性，有紧张条索感，如按琴弦。严重时可有动脉迂曲甚至出现结节。其原因为动脉壁的弹性纤维减少，胶原纤维增多，使动脉管壁变硬，呈条索状、迂曲状。

（二）脉搏异常的护理

1. 休息与活动　指导患者增加卧床休息的时间，适当活动，避免过度劳累，减少心肌耗氧量。

2. 密切观察病情　观察有无频率和节律的异常，脉搏搏动强弱和动脉壁情况。定时测量患者的生命体征，按医嘱用药并注意观察药物疗效和不良反应。如用起搏器，应做好相应的护理。

3. 备好急救物品　如给氧装置、抗心律失常药物、除颤器等。

4. 心理护理　经常巡视患者，了解其心理需求，进行有针对性的心理护理，以缓解患者的紧张、焦虑和恐惧情绪。

5. 健康教育　教育患者要情绪稳定，戒烟限酒，饮食清淡、易消化，勿用力排便，并指导患者及其家属认识脉搏监测的重要性，掌握正确的监测方法，学会自我护理。

三、脉搏的测量

（一）脉搏测量部位

脉搏测量的部位多选择浅表、靠近骨骼的大动脉，如桡动脉、颞动脉、颈动脉、肱动脉、腘动脉、足背动脉、胫后动脉和股动脉等，临床上最常选用的诊脉部位是桡动脉（图7-9）。

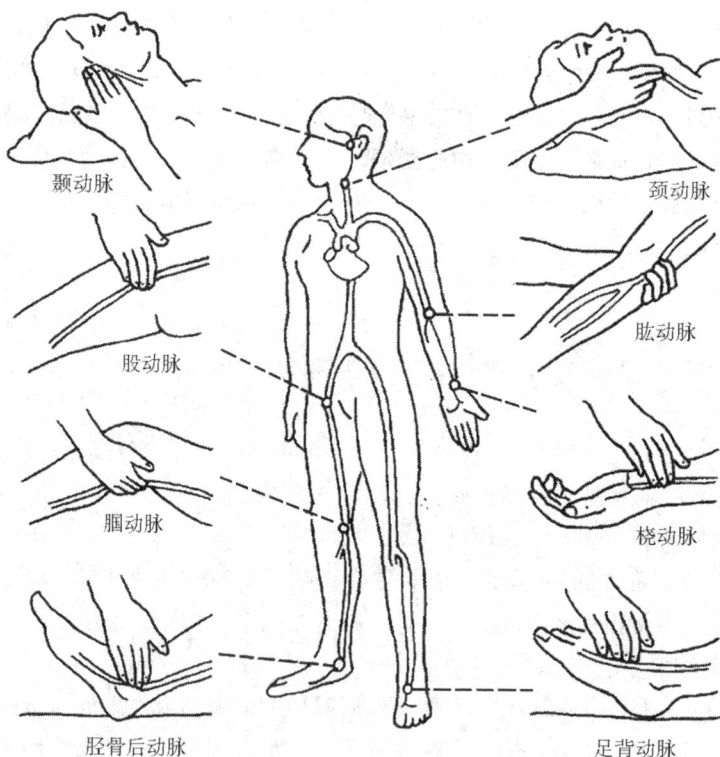

颞动脉　颈动脉　肱动脉　股动脉　腘动脉　桡动脉　胫骨后动脉　足背动脉

图7-9　常用的诊脉部位

（二）脉搏测量方法（以桡动脉为例）

【目的】

1. 判断脉搏有无异常。

2. 动态监测脉搏变化，间接了解心脏、动脉管壁、血容量等状况。

3. 为诊断、预防、治疗和护理提供依据。

【评估】

1. 患者的年龄、病情、临床诊断、治疗等。

2. 测量部位的皮肤完整性及肢体活动度等。

3. 有无影响脉搏测量准确性的因素存在。

4. 患者的心理状态及合作程度。

【计划】

1. 操作者准备　衣帽整洁，修剪指甲，洗手，戴口罩。

2. 患者准备　患者了解测量脉搏的目的及配合方法；测量前保持安静，避免过度劳累、情绪激动等；患者体位舒适，手臂放松，腕部伸展。

3. 环境准备　病室安静、整洁，光线充足。

4. 用物准备　治疗盘内备有秒针的表、记录本和笔，必要时备有听诊器。

【实施】

1. 操作方法

操作步骤	要点与说明
（1）核对患者的床号、姓名，向患者解释操作的目的及方法	·确认患者
（2）患者取坐位或卧位，手臂放于舒适位置，腕部伸展	·偏瘫患者应选择健侧肢体测量
（3）测量脉搏	
①一般患者测量脉搏：护士以食指、中指和无名指指端按在桡动脉搏动处，压力大小以能清楚触及脉搏搏动为宜，测量时间为30秒，将所测数值乘以2，即为每分钟脉率（图7-10）	·不可用拇指诊脉，因拇指小动脉的搏动易与患者的脉搏相混淆 ·按压过轻无法感觉动脉搏动，按压过重则会阻断动脉搏动
②异常脉搏、垂危患者应测1分钟	·同时应注意脉搏的节律、强弱及动脉管壁的弹性
③脉搏短绌的患者，应由两名护士同时测量，一人听心率，另一人测脉率。由听心率者发出"开始"和"停止"口令，测1分钟	·如脉搏细弱触摸不清时，可用听诊器测心率1分钟
（4）记录测量数值	·次/分；绌脉的记录方法：心率/脉率/分
（5）协助患者取舒适卧位，整理床单位及用物	
（6）洗手、记录　将测量结果绘制在体温单上	

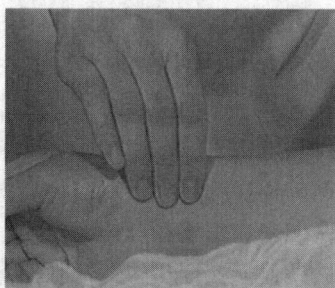

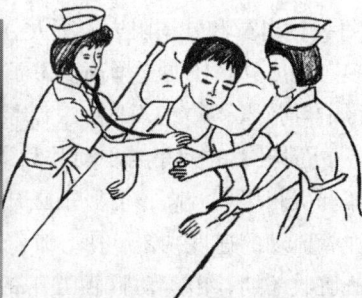

图7-10　脉搏、脉搏短绌的测量方法

2. 注意事项

（1）测量脉搏前如有剧烈运动、紧张、恐惧、哭闹等，应休息20～30分钟后再测。

（2）勿用拇指诊脉，因拇指小动脉的搏动较强，易与患者的脉搏相混淆。

（3）异常脉搏应测量1分钟；脉搏细弱难以触诊时，应测心尖冲动1分钟。

3. 健康教育

（1）向患者及其家属解释脉搏监测的重要性及正确的测量方法，并指导其对脉搏进行动态观察。

(2）教会患者自我护理的技巧，提高患者对异常脉搏的判断能力。

【评价】

1. 患者及其家属理解测量脉搏的目的，能主动配合。

2. 操作熟练，操作过程沟通有效，患者舒适。

3. 达到预期诊疗的目的。

第三节　血压的评估与护理

血压（blood pressure，BP）是血管内流动着的血液对血管壁的侧压力。在不同血管内，血压被称为动脉血压、毛细血管压和静脉血压，而一般所说的血压是指动脉血压。在一个心动周期中，动脉血压随着心室的收缩和舒张而发生规律性的波动。在心脏收缩时，血液射入主动脉，此时动脉管壁所受的压力最大，称为收缩压（systolic pressure）；心脏舒张时，动脉管壁弹性回缩，此时动脉管壁所受的压力最小，称为舒张压（diastolic pressure）。收缩压与舒张压之差称为脉压（pulse pressure）。

一、正常血压及其生理变化

（一）血压的形成

心血管系统是一个封闭的管道系统，在这个系统中足够量的血液充盈是形成血压的前提，心脏射血与外周阻力是形成血压的基本因素，同时大动脉的弹性贮器作用对血压的形成也有重要作用。心室射血时所产生的能量一部分以动能的形式克服阻力推动血液流动，一部分以势能的形式使主动脉弹性扩张而储存起来。当心室舒张时，主动脉壁回位再将势能转变为动能来推动心舒期血液流动。外周阻力可以使血液滞留于血管内而构成压力。

（二）影响血压的因素

1. 每搏输出量　在心率和外周阻力不变时，如果每搏输出量增大，心脏收缩期射入主动脉的血量增多，收缩压明显升高，而舒张压变化不大，因而脉压增大。因此，收缩压的高低主要反映每搏输出量的大小。

2. 心率　在每搏输出量和外周阻力不变时，心率增快，心脏舒张期缩短，舒张末期主动脉内存留血量增多，造成舒张压明显增高。由于收缩压升高不如舒张压明显，因而脉压减少。因此，心率主要影响舒张压。

3. 外周阻力　外周阻力的大小与小动脉和微血管的口径有关。在心输出量不变而外周阻力增大时，收缩压和舒张压均升高，但舒张压升高的幅度明显大于收缩压。因外周阻力增大时，血液向外周血管流动的速度减慢，使心脏舒张期末存留于动脉内的血量增多，因而舒张压明显升高。而心脏收缩期，由于动脉血压升高，使血流速度加快，动脉内增多的血量相对较少，所以收缩压的升高不如舒张压明显。因此，舒张压的高低主要反映外周阻力大小。

4. 循环血容量　当循环血容量增加时，收缩压和舒张压均上升；反之，出血会使血压下降。失血量占全身血容量的20%时，收缩压会下降30mmHg（4.0kPa）左右。

5. 血液的黏滞度　血液的黏滞度由组成血液的成分所决定。血液越黏稠，血流越缓慢，血压越高。

6. 动脉管壁的弹性　大动脉管壁的弹性对动脉血压有缓冲作用，当动脉血管硬化弹性降低时，缓冲能力下降，可致收缩压升高，舒张压降低，脉压增大。随着年龄的增长，血管弹性降低，收缩压升高，舒张压降低，因而脉压增大。

（三）正常血压及生理变化

1. 正常血压 测量血压，一般以肱动脉血压为标准。正常成人安静状态下的血压范围为收缩压 90～139mmHg，舒张压 60～89mmHg，脉压 30～40mmHg。测量血压时，是以血压和大气压做比较，用血压高于大气压的数值表示血压的高度。血压的计量单位为千帕（kPa）或毫米汞柱（mmHg）。两者的换算公式为：1kPa＝7.5mmHg，1mmHg＝0.133kpa。

2. 生理变化

（1）年龄 随年龄增长，收缩压和舒张压均有增高的趋势，但以收缩压升高更为明显（表7-3）。

表7-3 各年龄组血压的平均值

年龄	血压	
	毫米汞柱（mmHg）	千帕（kPa）
1个月	84/54	11.2/7.2
1岁	95/65	12.7/8.7
6岁	105/65	14/8.7
10～13岁	110/65	14.7/8.7
14～17岁	120/70	16/9.3
成人	120/80	16/10.7
老年人	140～160/80～90	18.7～21.3/10.7～12

（2）性别 一般成年男性的血压略高于成年女性，当更年期后，女性血压逐渐增高，与男性差别不大。

（3）昼夜和睡眠 血压呈明显的昼夜波动。表现为夜间血压最低，清晨起床活动后血压逐渐升高，至傍晚血压最高。睡眠不佳时血压可略有升高，睡眠的不同时相对血压也有影响。

（4）环境 在寒冷环境中，由于末梢血管收缩，血压可略有上升；高温环境下皮肤血管扩张，血压可略下降。

（5）体型 同年龄高大、肥胖者的血压偏高。

（6）体位 不同的体位，人体的血压可在一定的范围发生变化。立位血压高于坐位血压，坐位血压高于卧位血压，此种情况与重力引起的代偿机制有关。对于长期卧床或使用某些降压药物的患者，若由卧位突然改为立位时，可出现头晕、心慌、站立不稳甚至晕厥等直立性低血压的表现。

（7）部位 一般右上肢血压高于左上肢血压10～20mmHg，其原因为右侧肱动脉来自主动脉弓的第一大分支无名动脉，左侧肱动脉来自主动脉弓的第三大分支左锁骨下动脉，右侧比左侧做功少，消耗的能量少，故右侧血压偏高。下肢血压高于上肢血压20～40mmHg，其原因与股动脉管径粗、血流量大有关。

此外，情绪激动、剧烈运动、吸烟可使血压升高，以收缩压升高为主，舒张压无明显变化。饮酒、摄盐过多、应用药物等对血压也有影响。

二、异常血压的评估与护理

（一）异常血压的评估

正常人血压波动范围较小，保持相对稳定状态。当血压超过了正常范围即为异常血压。

1. 高血压 在未使用降压药物的情况下，18岁以上的成人收缩压（SBP）≥140mmHg和（或）舒张压（DBP）≥90mmHg，称为高血压（hypertension）。根据引起高血压的原因不同，将高血压分为原发性高血压与继发性高血压两大类。95%的患者高血压的病因不明称为原发性高血压，约5%的患者血压升高是其某种疾病的一种临床表现，称为继发性高血压。由于高血压患病率高，且常引起心、脑、肾等重要脏器的损害，是医学界重点防治的疾病之一。中国高血压分类标准（2010版）见表7-4。

表7-4　中国高血压分类标准

分级	收缩压（mmHg）		舒张压（mmHg）
正常血压	<120	和	<80
正常高值	120~139	和（或）	80~89
高血压	≥140	和（或）	≥90
1级高血压（轻度）	140~159	和（或）	90~99
2级高血压（中度）	160~179	和（或）	100~109
3级高血压（重度）	≥180	和（或）	≥110
单纯收缩期高血压	≥140	和	<90

注：若收缩压、舒张压分属不同等级，则以较高的分级为准

2. 低血压（hypotension）　血压低于90/60mmHg称为低血压。常见于大量失血、休克、急性心力衰竭等。

3. 脉压异常

（1）脉压增大　常见于主动脉硬化、主动脉瓣关闭不全、动静脉瘘、甲状腺功能亢进。

（2）脉压减小　常见于心包积液、缩窄性心包炎、末梢循环衰竭等。

（二）异常血压的护理

1. 良好环境　提供适宜温度，湿度，通风良好，合理照明，整洁、安静、舒适的环境。

2. 合理饮食　选择易消化、低盐、低脂、低胆固醇、高维生素、富含纤维素的饮食，避免辛辣刺激性食物。高血压患者应减少钠盐的摄入，逐步降至WHO推荐的每人每日食盐6g的要求。

3. 生活规律　良好的生活习惯是保持健康、维持正常血压的重要条件。如保证足够睡眠，养成定时排便的习惯，注意保暖，避免冷、热刺激等。

4. 控制情绪　精神紧张、情绪激动、烦躁、焦虑、忧愁等都是诱发高血压的精神因素，因此，高血压患者应加强自我修养，随时调整情绪，保持心情舒畅。

5. 坚持运动　积极参加力所能及的体力劳动和适当的体育运动，以改善血液循环，增强心血管功能。鼓励高血压患者采用每周3~5次、每次持续30分钟左右中等强度的运动，如步行、快走、慢跑、游泳、太极拳等，应注意量力而行，循序渐进。

6. 加强监测　对需要密切观察血压者应做到"四定"，即定时间、定部位、定体位、定血压计；合理用药，注意药物治疗效果和不良反应的监测；观察有无并发症的发生。

7. 健康教育　教会患者测量和判断异常血压的方法；生活有度、作息有时、修身养性、合理营养、戒烟限酒。

三、血压的测量

血压测量可分为两种方法，即直接测量法和间接测量法。直接测量法是将溶有抗凝剂的长导管经皮插入动脉内，导管与压力传感器连接，显示实时的血压数据，可连续监测动脉血压的动态变化。数值精确、可靠，但它属于一种创伤性检查，临床仅限于急危重患者、特大手术及严重休克患者的血压监测。间接测量法是应用血压计间接测量血压，它是根据血液通过狭窄的血管形成涡流时发出响声而设计，其原理是用加压气球向缠缚于测量部位的袖带加压，使动脉完全闭塞，然后缓缓放气，当袖带内的压力与心脏收缩压相等时，血液将通过袖带，此时便能听到血液流过的声响，称为收缩压；继续放气，当袖带内压力低于心收缩压，

但高于心舒张压这一段时间内，心脏每收缩一次，均可听到一次声音；当袖带压力降低到等于或稍低于舒张压时，血液恢复通畅，伴随心跳所发出的声音便突然变弱或消失，此时血压计所指的刻度即为舒张压。间接测量法是目前临床上广泛应用的方法。

（一）血压计的种类与构造

1. 血压计的种类　常用的血压计主要有水银血压计（立式和台式两种，立式血压计可调节高度，图7-11）、无液血压计（图7-12）和电子血压计（图7-13）3种。

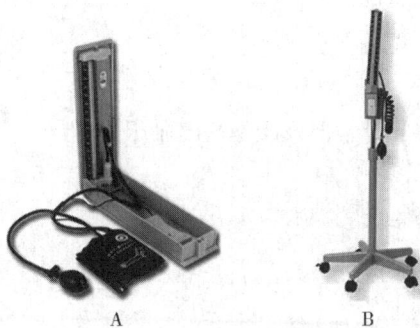

A　　　　　　B

图7-11　水银血压计

A. 台式水银血压计；B. 立式水银血压计

图7-12　无液血压计

A　　　　　　B

图7-13　电子血压计

A. 臂式；B. 腕式

（二）血压计的构造

血压计由以下3个部分组成。

1. 加压气球及压力活门　加压气球可向袖带气囊充气；压力活门可调节压力大小。

2. 袖带　由内层长方形、扁平的橡胶气囊和外层布套组成。使用时应选用大小合适的气囊袖带，气囊至少应包裹80%的上臂。大多数成人的臂围为25~35cm，可使用气囊长22~26cm、宽12cm的标准规格袖带（目前国内商品水银柱血压计的气囊的规格：长22cm，宽12cm）。肥胖者或臂围大者应使用大规格气囊袖带；儿童应使用小规格气囊袖带。若袖带太窄，须加大力量才能阻断动脉血流，故测得数值偏高；袖带太宽，大段血管受阻，则测得数值偏低。袖带上有两根橡胶管，一根与加压气球相连，另一根与压力表相通。

3. 血压计

（1）水银血压计（mercury manometer）　又称汞柱血压计。由玻璃管、标尺、水银槽三部分组成。在血压计盒盖内壁上固定有一根玻璃管，管面上标有双刻度（标尺）为0~300mmHg（0~40kPa），每小格相当于2mmHg（0.5kPa），玻璃管上端和大气相通，玻璃管下端和水银槽相通。

（2）无液血压计（aneroid manometer）　又称弹簧式血压计、压力表式血压计。外形呈圆盘状，正面盘上标有刻度及读数，盘中央有一指针，以指示血压数值。

（3）电子血压计（electronic manometer）　袖带内有一换能器，有自动采样计算机控制数字运算及自动放气程序，数秒内即可得到收缩压、舒张压和脉搏数值。

（三）血压的测量

【目的】

1. 判断血压有无异常。

2. 动态监测血压变化，间接了解循环系统的功能状况。

3. 协助诊断，为预防、治疗、康复和护理提供依据。

【评估】

1. 患者的一般情况，如年龄、病情、临床诊断、治疗情况及既往基础血压值。

2. 被测肢体功能情况及测量部位皮肤状况。

3. 有无影响血压测量准确性的因素。

4. 患者的心理状态与合作程度。

【计划】

1. 操作者准备　衣帽整洁，修剪指甲，洗手，戴口罩。

2. 患者准备　患者了解测量血压的目的及配合方法；测血压前嘱患者安静休息 20～30 分钟；患者根据病情取坐位或仰卧位。

3. 环境准备　病室安静、整洁，光线充足。

4. 用物准备　治疗盘内备血压计、听诊器、记录本及笔。如为水银血压计，应检查血压计玻璃管有无裂损，水银有无漏出，输气球与橡胶管有无漏气。

【实施】

1. 操作方法

操 作 步 骤	要点与说明
（1）核对患者的床号、姓名，向患者解释操作的目的及方法	·确认患者
（2）测量方法	
▲上肢血压测量	·偏瘫患者选健侧测量
①患者取坐位或仰卧位，被测肢体（肱动脉）与心脏位于同一水平。坐位：平第 4 肋软骨。仰卧位：平腋中线	·若肱动脉位置低于心脏水平，测得血压值偏高；反之则偏低
②卷袖，露臂，手掌向上，肘部伸直	·袖口不易过紧，以免阻断血流，影响血压值的准确性
③放平血压计于上臂旁，驱尽袖带内的空气，将袖带平整地缠于上臂中部。袖带下线距肘窝 2～3cm（图 7-14），松紧以能放入一指为宜	·袖带宽窄应合适，过宽使血压偏低；过窄使血压偏高。袖带过松，呈球状，有效测量面积变窄，致血压测量值偏高；袖带过紧，使血管在未注气时已受压，使血压测量值偏低
④戴听诊器，将听诊器胸件放在肱动脉搏动最明显处，以一手稍加固定（图 7-15）	·胸件勿塞入袖带内，以免增加局部压力
⑤打开水银槽开关，关闭输气球气门，打气至肱动脉搏动音消失，再升高 20～30mmHg（2.6～4kPa），后以每秒 4mmHg（0.5kPa）左右的速度缓慢放气，视线应与汞柱所指刻度保持同一水平	·打气不可过猛过快，以免引起患者不适；放气快慢适宜，过快测得的血压偏低，过慢则测得的血压偏高。注意水银柱刻度和肱动脉搏动音的变化
⑥当听诊器听到第一声搏动时，汞柱所指刻度即为收缩压；当搏动音突然变弱或消失时，汞柱所指刻度即为舒张压	·第一声搏动音出现，表示袖带内的压力降至与心脏收缩压相等，血流能通过被压迫的肱动脉；当搏动音有改变时，袖带内的压力降至与心脏舒张压相等。WHO 规定，以动脉消失音为舒张压，当变音与消失音之间有差异时或危重患者应记录两个读数

续表

操 作 步 骤	要点与说明
▲下肢血压测量（图7-16）：	
①患者取仰卧位、俯卧位或侧卧位，露出大腿部	
②将袖带缠于大腿下部，其下缘距腘窝3～5cm，将听诊器胸件贴于腘动脉搏动处，余同上肢测量法	·妥善整理袖带，放置要平，输气球放在固定位置，以免压碎玻璃管，并防止水银槽内水银溢出
（3）驱尽袖带内的空气，解开袖带，整理好并放入盒内，将盒盖右倾45°，关闭水银槽开关	·解释测量结果，感谢患者合作
（4）协助患者穿衣，取舒适体位，整理床单位及用物	
（5）洗手、记录：收缩压/舒张压 mmHg（kPa）	·将测量结果记录在体温单上

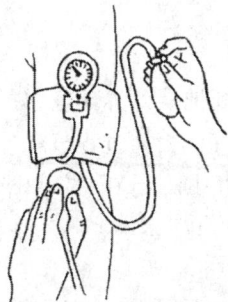

图7-14　听诊器胸件的位置　　　　图7-15　上肢血压测量法

2. 注意事项

（1）定期检测、校对血压计。测量前，检查血压计：玻璃管无裂损，刻度清晰，加压气球和橡胶管无老化、不漏气，袖带宽窄合适，水银充足、无断裂；检查听诊器：橡胶管无老化、衔接紧密，听诊器传导正常。

（2）发现血压听不清或异常时，应重测。重测时，需待水银柱降至"0"点，稍等片刻后再测量。必要时，做双侧对照。

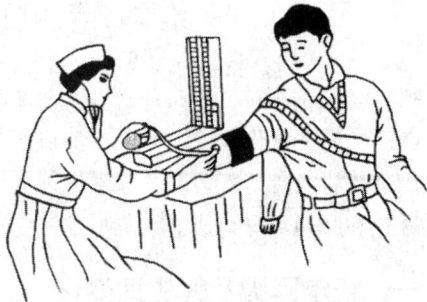

图7-16　下肢血压测量法

（3）注意测压装置（血压计、听诊器）、测量者、受检者、测量环境等因素引起血压测量的误差，以保证测量血压的准确性。

（4）中国高血压防治指南（2010版）对血压测量的要求：应相隔1～2分钟重复测量，取2次读数的平均值记录。如果收缩压或舒张压的2次读数相差5mmHg以上，应再次测量，取3次读数的平均值记录。首诊时要测量两上臂血压，以后通常测量较高读数一侧的上臂血压。

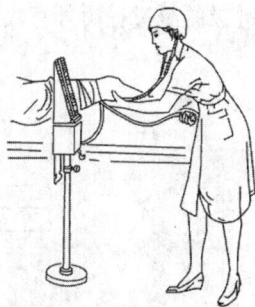

3. 健康教育

（1）向患者及其家属解释血压的正常值及测量过程中的注意事项。

（2）教会患者正确使用血压计和测量血压，帮助患者创造在家中自测血压的条件，以便患者能够及时掌握自己血压的动态变化。

（3）教会患者正确判断降压效果，及时调整用药。

（4）指导患者采用合理的生活方式，提高自我保健能力。

中心静脉压

中心静脉压（central venous pressure，CVP）是指右心房及上腔静脉、下腔静脉胸腔段的压力。它可判断患者血容量、心功能与血管张力的综合情况，有别于周围静脉压力。临床上常用此监测外周循环与心泵功能状态。连续观察其数值变化，对处理休克有重要指导意义。适用于严重休克，原因判断困难；尿少或无尿，原因不明；严重水、电解质紊乱，难以保持平衡时；大量补液，输血时，即可作为有效的进液途径，又可监护进液量及速度。

第四节　呼吸的评估与护理

呼吸（respiration，R）是指机体在新陈代谢过程中，不断地从外界环境中摄取氧气，并把自身产生的二氧化碳排出体外，即机体与外界环境之间的气体交换过程。呼吸是维持机体新陈代谢和功能活动所必需的基本生理过程之一。呼吸系统由呼吸道（鼻腔、咽、喉、气管、支气管）和肺两部分组成。

一、正常呼吸及其生理变化

（一）呼吸过程

呼吸的全过程由外呼吸、气体运输、内呼吸 3 个相互关联的环节组成（图 7 – 17）

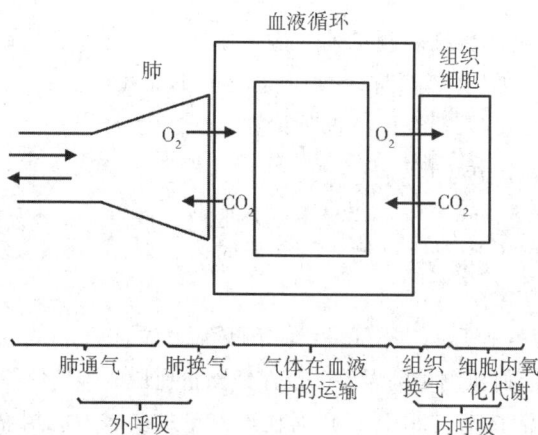

图 7 – 17　呼吸的过程

1. 外呼吸（external respiration）　又称肺呼吸，是指外界环境与血液之间在肺部进行的气体交换，包括肺通气和肺换气两个过程。

肺通气是指通过呼吸运动使肺与外界环境之间进行的气体交换。实现肺通气的动力来自呼吸肌收缩引起的胸腔与肺内压的改变，使气体有效地进入或排出肺泡。临床上衡量肺的通气功能的常用指标有每分通气量、肺泡通气量和最大通气量。

肺换气是指肺泡与血液之间的气体交换。气体交换的主要动力为气体在肺泡与血液之间的分压差，即气体从高分压处向低分压处扩散。肺循环毛细血管的血液不断地从肺泡中获得氧，放出二氧化碳。影响肺换气的主要因素为呼吸膜的面积和弥散性能、肺通气与肺血流比例，以及呼吸膜两侧的气体分压差。

2. 气体运输（gas transport） 是指通过血液循环将氧气由肺运输到组织细胞，同时将二氧化碳由组织细胞运回到肺的过程。

3. 内呼吸（internal respiration） 又称组织换气。是指血液与组织细胞之间的气体交换过程。交换方式同肺换气，交换的结果使动脉血变成静脉血，体循环毛细血管内的血液不断从组织中获得二氧化碳，释放出氧气。

（二）呼吸运动的调节

1. 呼吸中枢 在中枢神经系统内，产生呼吸节律和调节呼吸运动的神经细胞群称为呼吸中枢。它们分布于大脑皮质、间脑、脑桥、延髓、脊髓等部位。在呼吸运动调节过程中，各级中枢发挥着不同的作用，并且相互协调和制约。脊髓和脑桥是产生基本呼吸节律性的部位，大脑皮质可随意控制呼吸运动。

2. 呼吸的反射性调节

（1）肺牵张反射（pulmonary stretch reflex） 由肺的扩张或缩小引起的吸气的抑制或兴奋的反射，又称黑-伯反射。即当肺扩张时可抑制吸气动作而产生呼气，当肺缩小时可引起呼气动作的抑制而产生吸气。它是一种负反馈调节机制，其生理意义是使吸气过程不致过长，促使吸气及时向呼气转化，以维持正常的呼吸节律。

（2）呼吸肌本体感受性反射 呼吸肌中存在着本体感受器肌梭，在受到牵张刺激时，可反射性引起受牵拉的同一肌肉收缩，此为本体感受性反射。呼吸肌本体感受性反射参与正常呼吸运动的调节，当呼吸道阻力增加时，可通过该反射加强呼吸肌的收缩力量，增强呼吸运动，以维持肺通气量。

（3）防御性呼吸反射 包括咳嗽反射（cough reflex）和喷嚏反射（sneezing reflex）。当喉、气管、支气管黏膜上皮的感受器受到机械或化学刺激时，可引起咳嗽反射。当鼻黏膜受到刺激时，可引起喷嚏反射。咳嗽反射和喷嚏反射是对机体有保护作用的呼吸反射，以排除呼吸道内的异物和有害刺激物。

3. 呼吸的化学性调节 是指动脉血中氧分压（PaO_2）、二氧化碳分压（$PaCO_2$）以及氢离子浓度 [H^+] 的改变对呼吸运动的影响，称为化学性调节。当血液中 $PaCO_2$、[H^+] 升高，PaO_2 降低时，刺激化学感受器，从而作用于呼吸中枢，反射性地使呼吸加深加快，以维持动脉血中 PaO_2、$PaCO_2$ 及 [H^+] 的相对稳定。其中 $PaCO_2$ 是调节呼吸运动中最重要的生理性化学因素。$PaCO_2$ 下降，出现呼吸运动减弱或暂停；$PaCO_2$ 升高，使呼吸加深加快，肺通气增加；如果 $PaCO_2$ 超过一定水平，则抑制中枢神经系统活动，表现为呼吸困难、头痛、头晕甚至昏迷，即二氧化碳麻醉。

（三）正常呼吸及生理性变化

1. 正常呼吸 正常成人安静状态下的呼吸频率为 16~20 次/分，节律规则，呼吸运动均匀、无声且不费力。呼吸与脉搏的比例为 1：4。男性及儿童以腹式为主（膈肌舒缩引起的呼吸运动伴以腹壁的起伏），女性以胸式为主（由肋间肌舒缩使肋骨和胸骨运动所产生的呼吸运动）。

2. 生理变化

（1）年龄 年龄越小，呼吸频率越快。如新生儿呼吸约 44 次/分。

（2）性别 同年龄的女性比男性呼吸频率稍快。

（3）运动 剧烈运动时呼吸加深加快，休息、睡眠时呼吸则减慢。

（4）情绪 强烈的情绪改变，如激动、愤怒、恐惧时会刺激呼吸中枢，导致屏气或呼吸加快。

（5）其他 如血压变化较大时，可反射性影响呼吸，血压升高，呼吸减慢、减弱，血压降低，呼吸加快、加强；环境温度升高或海拔增加，也可使呼吸加深加快。高原环境空气稀薄，氧分压降低，呼吸加深、加快。

二、异常呼吸的评估与护理

（一）异常呼吸的评估

1. 频率异常

（1）呼吸过速（tachypnea）　成人呼吸频率每分钟超过 24 次称为呼吸过速，又称气促（polypnea）（表 7 - 5）。常见于发热、疼痛、缺氧、甲状腺功能亢进等。一般体温每升高 1℃，呼吸频率每分钟增加 3 ~ 4 次。

（2）呼吸过缓（bradypnea）　成人呼吸频率每分钟低于 12 次，称为呼吸过缓。常见于颅内压增高、催眠药中毒等。

2. 节律异常

（1）潮式呼吸　又称陈 - 施呼吸（Cheyne - Stokes respiration）。是一种周期性的呼吸异常，周期可长达 30 秒至 2 分钟，表现为呼吸由浅慢逐渐加深加快，达高峰后，又逐渐变浅变慢，再达到一段呼吸暂停（5 ~ 20 秒）后，又重复上述过程的呼吸，如此周而复始，其形态如潮水起伏，称潮式呼吸。其发生机制是由于呼吸中枢兴奋性减弱或缺氧严重时，血液中的正常浓度二氧化碳已不能引起呼吸中枢兴奋，故呼吸逐渐减弱以至暂停。当呼吸暂停时，血中二氧化碳分压逐渐增高，增至一定程度时，则通过颈动脉体和主动脉体的化学感受器反射性地刺激呼吸中枢引起呼吸。随着呼吸的进行，体内的二氧化碳排出使二氧化碳分压逐渐降低，呼吸再次变慢以致暂停，从而形成周期性的变化。多见于中枢神经系统疾病，如脑炎、脑膜炎、颅内压增高、巴比妥类药物中毒等。

（2）毕奥呼吸（Biot respiration）　又称间断呼吸，表现为呼吸与呼吸暂停交替出现。其特点为有规律地呼吸几次后，突然停止呼吸，间隔一个短时间后又开始呼吸，如此周而复始。产生机制同潮式呼吸，但比潮式呼吸更为严重，预后更为不良。常见于颅内病变或呼吸中枢衰竭的患者。

3. 深度异常

（1）库斯莫尔呼吸（Kussmaul respiration）　又称深度呼吸，是一种深而规则的大呼吸。常见于糖尿病酮症酸中毒和尿毒症酸中毒患者等，以便机体排出较多二氧化碳，调节血中的酸碱平衡。

（2）浅快呼吸　是一种浅表而不规则的呼吸，有时呈叹息样。可见于呼吸肌麻痹、某些肺与胸膜疾病者，也可见于濒死的患者。

4. 声音异常

（1）蝉鸣样呼吸　表现为吸气时产生一种极高的似蝉鸣样音响，多因声带附近阻塞、空气吸入困难所致，常见于喉头水肿、痉挛、喉头异物等。

（2）鼾声呼吸　由于气管或支气管内有较多的分泌物积蓄所致，表现为呼吸时发出一种粗大的鼾声。多见于昏迷和神经系统疾病。

5. 呼吸困难（dyspnea）　是指呼吸频率、节律和深浅度的异常，主要是由于气体交换不足、机体缺氧所致。患者主观上感到空气不足，呼吸费力；客观上表现为呼吸活动用力，呼吸频率、深度与节律异常。严重者出现张口抬肩、鼻翼翕动、端坐呼吸、发绀，辅助呼吸肌也参与呼吸活动。根据临床表现可分为 3 类。

（1）吸气性呼吸困难　由各种原因引起的喉、气管、大支气管的狭窄与阻塞所致。临床特点为吸气显著困难，吸气时间明显延长，严重者于吸气时胸骨上窝、锁骨上窝、肋间隙出现明显的凹陷，称为"三凹征"。常伴有干咳及高调的吸气性喉鸣音。

（2）呼气性呼吸困难　主要是由于肺泡弹性减弱和（或）小支气管痉挛狭窄、炎症阻塞所致。临床特点为呼气费力，呼气时间明显延长而缓慢，常伴哮鸣音。见于支气管哮喘、慢性阻塞性肺气肿。

（3）混合性呼吸困难　由于肺部病变广泛或胸腔病变压迫肺组织使呼吸面积减少，影响换气功能所致。临床特点为吸气与呼气均感费力，呼吸浅快，常伴呼吸音减弱或消失，可有病理性呼吸音。见于重症肺炎、大量胸腔积液、广泛性肺纤维化等。

表 7 - 5　正常呼吸和异常呼吸对比

呼吸名称	呼吸形态	特　点
正常呼吸	∿∿∿∿∿	规则、平稳
呼吸增快	∿∿∿∿∿∿	规则、快速
呼吸减慢	⌢⌢⌢	规则、缓慢
潮式呼吸	⩙⩙	潮水般起伏
比奥呼吸	⌢⌢ ⌢	呼吸和呼吸暂停交替出现
库斯莫尔呼吸	⩙∿∿	规则、深而大
浅快呼吸	⩙∿∿	不规则、浅快、夹有深大
吸气性呼吸困难	吸气延长 ∿∿∿	吸气延长
呼气性呼吸困难	呼气延长 ∿∿∿	呼气延长

（二）呼吸异常的护理

1. 提供舒适环境　保持环境整洁、安静、舒适，室内空气流通、清新，温度、湿度适宜，有利于患者放松和休息。

2. 加强观察　观察呼吸的频率、深度、节律、声音、形态有无异常；有无咳嗽、咳痰、咯血、发绀、呼吸困难及胸痛表现。观察药物的治疗效果和不良反应。

3. 提供营养和水分　选择营养丰富、易于咀嚼和吞咽的食物，并注意补充水分，避免过饱及产气食物，以免膈肌上升影响呼吸。

4. 吸氧　必要时给予氧气吸入。

5. 心理护理　护士给予安慰、疏导，消除患者的紧张、恐惧心理，稳定患者的情绪，使患者积极配合治疗和护理。

6. 健康教育　指导患者养成良好的生活习惯，戒烟限酒，教会患者自我护理的方法，如有效的咳嗽、排痰。

三、呼吸的测量

【目的】

1. 判断呼吸有无异常。

2. 动态监测呼吸变化，了解患者的呼吸功能情况。

3. 协助诊断，为预防、治疗、康复和护理提供依据。

【评估】

1. 患者的一般情况如年龄、病情、临床诊断、治疗及呼吸状况。

2. 有无影响呼吸测量准确性的因素。

3. 患者的心理状态及合作程度。

【计划】

1. 操作者准备 衣帽整洁，修剪指甲，洗手，戴口罩。

2. 患者准备 患者了解测量呼吸的目的及配合方法；测量前嘱患者保持安静，自然呼吸；患者根据病情取舒适体位。

3. 环境准备 病室安静、整洁，光线充足。

4. 用物准备 治疗盘内备有秒针的表、记录本和笔，必要时备少许棉花。

【实施】

1. 操作方法

操 作 步 骤	要点与说明
（1）携用物至患者床旁，核对患者的床号、姓名	·确认患者
（2）协助患者取舒适体位	·精神放松，避免引起患者的紧张
（3）护士将手放在患者的诊脉部位似诊脉状，眼睛观察患者的胸、腹部起伏状况	·男性多为腹式呼吸，女性多为胸式呼吸，一呼一吸为1次呼吸
（4）一般患者测30秒，将所测数值乘以2即为每分钟呼吸频率	·如呼吸不规则或婴儿应测1分钟
（5）协助患者取舒适卧位，整理床单位及用物	·合理解释测量结果，感谢患者的合作
（6）洗手、记录测量值：次/分	
（7）将测量结果绘制在体温单上	

2. 注意事项

（1）呼吸的频率会受到意识的影响，测量前不必告诉患者，在测量过程中不被患者察觉。

（2）如患者有紧张、剧烈运动、哭闹等，需稳定后测量。

（3）危重患者呼吸微弱，可用少许棉花置于患者鼻孔前，观察棉花被吹动的次数，计时应1分钟（图7-18）。

3. 健康教育

（1）向患者及其家属解释呼吸监测的重要性，学会正确测量呼吸的方法。

（2）指导患者精神放松，并使患者具有识别异常呼吸的判断能力。

（3）教会患者对异常呼吸进行自我护理。

图7-18 危重患者呼吸测量

【评价】

1. 患者未察觉，并能主动配合。

2. 操作熟练，操作过程沟通有效。

3. 达到预期诊疗目的。

知识链接

心电监护

心电监护是监测心脏电活动的一种手段。普通心电图只能简单观察、描记心电图当时短暂的心电活动情况。而心电监护则是通过显示屏连续观察、监测心脏电活动情况的一种无创的监测方法，可适时观察病情，提供可靠的有价值的心电活动指标，并指导实时处理。

心电监护仪是能24小时监护患者的动态心电图形、呼吸、体温、无创血压、血氧饱和度、脉率等生理参数，除测量和监护生理参数外，还包括监视和处理用药及手术前后的状况，检出变化趋势，指出临危情况，为应急处理、治疗、护理提供依据。

四、改善通气功能的护理技术

当患者由于各种原因导致呼吸道的通气功能降低时，护士应采取适当的改善通气功能的护理技术，促进患者痰液的咳出，改善其通气功能。

（一）有效咳嗽

咳嗽是一种防御性的呼吸反射，可排出呼吸道内的异物、分泌物，具有清洁、保护和维持呼吸道通畅的作用。促进有效咳嗽的措施为：患者取坐位或半坐卧位，屈膝，上身前倾，双手抱膝或在胸部和膝盖上置一枕头用两肋夹紧，深吸气后屏气3秒（有伤口者，护士应将双手压在伤口两侧），然后患者腹肌收缩，用力做爆破性咳嗽，将痰咳出，咳嗽间歇应让患者休息。适用于神志清醒尚能咳嗽的患者。

（二）叩击

叩击（percussion）是指用手叩打胸背部，借助振动，使分泌物松脱而排出体外。其方法为：患者取坐位或侧卧位，操作者将手固定成背隆掌空状态，即手背隆起，手掌中空，手指弯曲，拇指紧靠食指，有节奏地自下而上，由外向内轻轻叩打，边叩击边鼓励患者咳嗽或间隔进行体位引流，叩击力量以患者不感疼痛为宜，不可在裸露的皮肤、肋骨上下、脊柱、乳房等部位叩击。适用于长期卧床、久病体弱、排痰无力的患者。

（三）体位引流

将患者置于特殊体位，借助重力作用使肺与支气管内所积存的分泌物，流入大气管并咳出体外，称体位引流（postural drainage）。体位引流主要适用于支气管扩张、肺脓肿等大量浓痰者，对严重高血压、心力衰竭、极度衰弱以及使用人工呼吸机等患者应禁用，其方法如下。

1. 根据病变部位的不同采取相应的体位进行引流（图7-19），要求患者患肺处于高位，其引流的支气管开口向下，便于分泌物顺体位引流而咳出。

2. 嘱患者间歇深呼吸并尽力咳痰，护士协助轻叩相应部位，可提高引流效果。

3. 痰液黏稠者，可给予蒸汽吸入、超声雾化吸入或祛痰药物等，以助排痰。

4. 引流可每日2~4次，每次15~30分钟，宜在空腹时进行。

5. 体位引流时应密切监测引流情况，如患者出现头晕、面色苍白、出冷汗、血压下降等，应停止引流。记录引流液的色、质、量，如引流液大量涌出，应注意防止窒息。

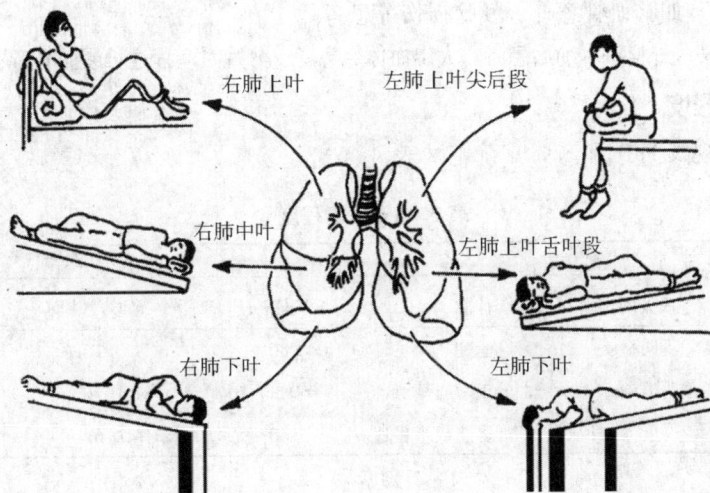

右肺上叶　左肺上叶尖后段

右肺中叶　左肺上叶舌叶段

右肺下叶　左肺下叶

图7-19　体位引流

（四）湿化和雾化

通过湿化空气，可减少呼吸道黏膜的刺激，保持气管和支气管黏膜不因干燥而受损。雾化时加入药物，还可起到抗炎、镇咳、祛痰、改善通气作用，维持呼吸系统的正常生理功能。

五、氧气疗法

氧气疗法（oxygenic therapy）是指通过给氧，提高动脉血氧分压和氧饱和度，纠正因各种原因导致的缺氧状态，以维持机体生命活动的一项抢救治疗技术。

（一）缺氧的分类

1. 低张性缺氧　由于吸入气体中氧分压过低，肺泡通气不足，气体弥散障碍，静脉血分流入动脉而引起的缺氧。主要特点是动脉血氧分压（PaO_2）降低，动脉血氧饱和度（SaO_2）减少，组织供氧不足，常见于慢性阻塞性肺疾病、先天性心脏病、高山病等。

2. 血液性缺氧　由于血红蛋白数量减少或性质改变而引起的缺氧。主要特点是动脉血氧含量（CaO_2）降低，PaO_2一般正常。常见于严重贫血、一氧化碳中毒、高铁血红蛋白血症。通过吸入高浓度氧气或纯氧，可增加血浆中溶解的氧量，从而提高向组织的供氧。

3. 循环性缺氧　由于动脉血灌流不足，静脉血回流障碍引起的缺氧。主要特点是 PaO_2、SaO_2、CaO_2 均正常，而动 - 静脉血氧含量差增加。常见于休克、心力衰竭、心肌梗死、脑血管意外等，可给予高浓度氧吸入。

4. 组织性缺氧　由于组织细胞利用氧障碍而导致的缺氧。主要特点是：PaO_2、SaO_2、CaO_2 均正常，而动 - 静脉血氧含量差降低，常见于氰化物中毒。可通过氧疗提高血浆和组织间的氧分压梯度，使氧向组织间的弥散增加，以纠正组织性缺氧，但疗效有限。

以上 4 类缺氧中，低张性缺氧（除静脉血分流入动脉外）由于患者 PaO_2 和 SaO_2 明显低于正常，吸氧能提高 PaO_2、SaO_2 和 CaO_2，使组织供氧增加，因而疗效最好。

（二）氧气疗法的适应证

1. 肺活量减少　因呼吸系统疾病而影响肺活量者，如哮喘、支气管肺炎、气胸等患者。

2. 心肺功能不全　使肺部充血而致呼吸困难者，如心力衰竭时出现的呼吸困难。

3. 各种中毒引起的呼吸困难　使氧不能由毛细血管渗入组织而产生缺氧，如一氧化碳中毒、巴比妥类药物中毒等。

4. 昏迷患者　如脑血管意外、颅脑损伤等患者。

5. 其他　如某些外科手术前后患者、大出血休克患者、分娩时产程过长或胎心音不良的产妇。

（三）缺氧程度

根据临床表现及 PaO_2 和 SaO_2 来确定（表 7 - 6）。

表 7 - 6　缺氧程度

程度	临床表现			血气分析		
	发绀	呼吸困难	神志	SaO_2	PaO_2（kPa）	$PaCO_2$（kPa）
轻度	无或轻微	不明显	清楚	>80%	9.3 ~ 6.6	>6.6
中度	明显	明显	正常或烦躁	60% ~ 80%	4 ~ 6.6	>9.3
重度	显著	严重、三凹征明显	昏迷或半昏迷	<60%	<4.6	>12

（四）氧气疗法的种类

动脉血二氧化碳分压（$PaCO_2$）是评价通气状态的指标，是决定以何种方式给氧的重要依据。临床上根据吸氧浓度将氧疗分为低浓度氧疗、中浓度氧疗、高浓度氧疗及高压氧疗 4 类。

1. 低浓度氧疗 吸氧浓度低于40%，应用于低氧血症伴二氧化碳潴留的患者。如慢性肺源性心脏病患者，应给予低流量、低浓度持续吸氧，氧流量为1～2L/min，浓度在25%～29%。由于该患者长期缺氧与二氧化碳潴留，使呼吸中枢对二氧化碳的反应减弱，如果给予高浓度的氧气吸入，低氧血症迅速解除，但同时也解除了缺氧兴奋呼吸中枢的作用，导致呼吸进一步抑制，加重二氧化碳的潴留，甚至发生二氧化碳麻痹。

2. 中浓度氧疗 吸入氧浓度为40%～60%。主要适用于有明显通气与灌流比例失调或显著弥散障碍的患者，如肺水肿、休克、心肌梗死等患者。

3. 高浓度氧疗 吸入氧浓度为60%以上，主要适用于单纯缺氧而无二氧化碳潴留的患者。如心肺复苏后的生命支持阶段、成人呼吸窘迫综合征等患者。

4. 高压氧疗 是指在特定的加压舱内，以2～3kg/cm²的压力给予100%的氧吸入。主要适用于一氧化碳中毒、气性坏疽等患者。

氧浓度和氧流量的换算公式为：吸氧浓度（%）＝21＋4×氧流量L/min

（五）供氧装置

1. 氧气筒及氧气表供氧装置（图7-20）

（1）氧气筒 为圆柱形无缝钢筒，筒内耐高压达14.71MPa（150kg/cm²），能容纳氧约6000L。氧气筒顶部有一总开关，可控制氧气的进出。在氧气筒顶部的侧面，有一气门与氧气表相连，是氧气自筒内输出的途径。

（2）氧气表 由压力表、减压器、流量表、湿化瓶及安全阀等部分组成。①压力表：可测知筒内氧气的压力，以Mpa或kg/cm²表示，压力越大，则说明氧气储存量越多。②减压器：是一种弹簧自动减压装置，可将来自氧气筒内的压力减低至0.2～0.3MPa（2～3kg/cm²），使流量保持平稳，保证安全。③流量表：能测量每分钟氧气的流出量。流量表内装有浮标，当氧气通过流量表时，即将浮标吹起，从浮标上端平面所指刻度，可得知每分钟氧气的流出量，用L/min表示。④湿化瓶：瓶内装1/3～1/2冷开水，通气管浸入水中，出气橡胶管和鼻导管相连。用于湿化氧气，以免呼吸道黏膜被干燥的气体所刺激。湿化瓶应每天换水1次。⑤安全阀：用于防止发生意外。当氧气流量过大、压力过高时，安全阀的内部活塞即自行上推，使过多的氧气由四周小孔流出，以保证安全。

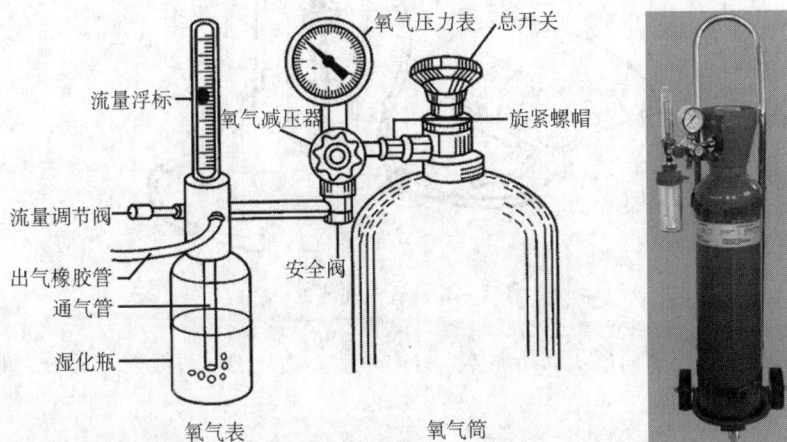

图7-20 氧气筒、氧气表装置

（3）装氧气表法 将氧气表装在氧气筒上，以备急用。装氧气表的步骤如下。①冲气门：将氧气筒置于架上，打开总开关，使小量气体从气门流出，随即迅速关好总开关，以达到清洁气门的目的，避免灰尘吹入氧气表内；②装表：将氧气表连接于氧气筒的气门上，用手初步旋紧，然后将氧气表稍向后倾，再用扳手旋紧，使氧气表直立于氧气筒旁，接好湿化瓶；③接管与检查：将橡胶管一端接氧气表，先检查流量表开关是否关好，然后旋开总开关，再开流量表开关，检查氧气流出是否通畅、有无漏气，最后关上流量表开关，推至病室备用。

（4）卸氧气表法　氧气筒内氧气快用尽时，可将氧气表卸下，准备再次充气。卸氧气表的步骤如下。①放余气：旋紧总开关，打开流量表开关，放出余气，再关好流量表开关，卸下湿化瓶和橡胶管；②卸表：用扳手旋松氧气表的螺帽，然后再用手旋开，将氧气表卸下。

$$氧气筒内的氧气量 = \frac{氧气筒容积（L）\times 氧气表指示的压力（kg/cm^2）}{1kg/cm^2}$$

$$氧气筒内氧气可供应时间 = \frac{（压力表压力 - 5）\times（kg/cm^2）\times 氧气筒容积(L)}{1kg/cm^2 \times 氧流量(L/min)\times 60min}$$

2. 氧气管道装置　即中心供氧装置。医院可设立氧气供应站集中供氧（图7-21），由管道通至各个病区、门诊及急诊室。供氧站有总开关控制，各用氧单位有分开关，并配有氧气表，患者需用氧时，打开床头流量表开关，调整好流量即可使用。

装表法：①将流量表安装在中心供氧管道氧气流出口处，接上湿化瓶；②打开流量开关，调节流量，检查指标为浮标能达到既定流量，全套装置无漏气后备用。

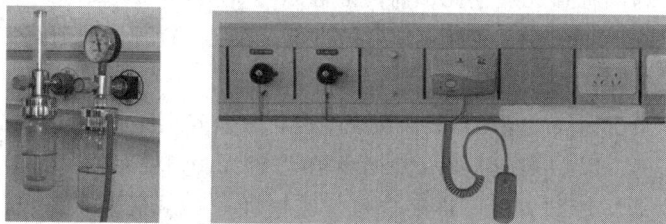

图7-21　氧气管道化装置

3. 氧气枕　为一长方形的橡皮枕，枕的一角连接橡胶管，其上有调节器调节流量，氧气枕内充满氧气后，连接湿化瓶和鼻导管，调节好流量即可使用（图7-22）。使用时让患者头部枕于氧气枕上，借重力使氧气流出。主要用于家庭氧疗、危重患者的抢救和转移途中。

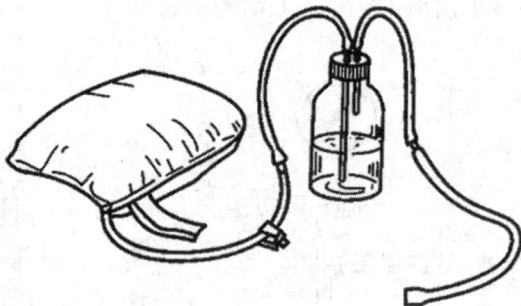

图7-22　氧气枕装置

4. 高压氧舱　为一圆筒形耐高压舱体，分手术舱、治疗舱、过渡舱三部分，舱内充满高压氧气。

（六）氧疗的方法

鼻导管给氧法

鼻导管给氧法有单侧鼻导管给氧法和双侧鼻导管给氧法两种，单侧鼻导管给氧法是将鼻导管从患者一侧鼻腔插入鼻咽部（鼻尖至耳垂的2/3）吸入氧气的方法。此法节省氧气，但长时间吸氧可刺激鼻腔黏膜，患者感觉不适。双侧鼻导管给氧法是将鼻导管插入两侧鼻腔约1cm，导管环固定稳妥后吸入氧气的方法。此法比较简单，患者感觉比较舒适，容易接受，因而是临床上常用的方法之一。

【目的】

1. 纠正各种原因造成的缺氧状态，提高动脉血氧分压和动脉血氧饱和度，增加动脉血氧含量。
2. 促进组织新陈代谢，维持机体生命活动。

【评估】

1. 患者的病情、意识状态、治疗和护理情况。
2. 患者的缺氧状况，血气分析结果。
3. 患者呼吸道是否畅通、鼻腔黏膜情况以及有无鼻中隔偏曲。
4. 患者的心理状况及合作程度。

【计划】

1. 操作者准备　衣帽整洁，修剪指甲，洗手，戴口罩。

2. 患者准备　患者及家属了解吸氧的目的及配合方法；帮助患者取舒适体位。

3. 环境准备　整洁、安全（无火源、高温）、光线充足。

4. 用物准备　供氧装置一套（氧气筒或供氧管道装置）。治疗盘内备有鼻导管、弯盘、小药杯（内盛有冷开水）、棉签、手电筒、氧气记录单、笔等。

【实施】

1. 操作方法

操作步骤	要点与说明
（1）核对患者的床号、姓名，向患者解释操作的目的及方法	·确认患者，取得患者配合，并缓解其紧张情绪
（2）协助患者取半坐卧位或仰卧位，头偏向护士一侧	·使患者舒适
（3）用湿棉签清洁鼻孔	·清除鼻腔分泌物，便于插管
（4）将鼻导管与湿化瓶的出口相连接	
（5）调节氧流量	·根据病情调节
（6）湿润鼻导管	·鼻导管前端放入小药杯冷开水中湿润，并检查是否通畅
（7）插管　将鼻导管插入患者鼻孔约1cm	·动作轻柔，以免引起黏膜损伤
（8）固定　将导管环绕患者耳部向下放置并调节松紧度	·松紧适宜，防止因导管太紧引起皮肤受损
（9）洗手，记录用氧时间、氧流量、患者反应	·便于对照
（10）交代注意事项	·注意用氧安全
（11）观察缺氧症状、实验室指标、氧气装置有无漏气并通畅、有无氧疗不良反应、皮肤颜色及呼吸情况、湿化瓶中水量等	·有异常及时处理
（12）停止用氧，先取下鼻导管	·避免错开开关，造成组织损伤
（13）安置患者	·体位舒适、整理床单位
（14）卸表	
①氧气筒：关闭总开关，放余气，关流量开关，再卸表	·观察氧气压力表指针，在 0.5MPa（5kg/cm^2）时即不可再用，以防再次充氧时引起爆炸
②中心供氧：关流量开关，取下流量表	
（15）分类清洁、消毒用物	·物品应分类消毒，以防交叉感染
（16）洗手、记录	·停止用氧时间及效果

2. 注意事项

（1）严格遵守操作规程，注意用氧安全，切实做好"四防"，即防震、防火、防热、防油。氧气筒搬运时避免倾倒、撞击。氧气筒应放于阴凉处，周围严禁烟火和易燃品。氧气表及螺旋口上勿涂油，也不可用带油的手拧螺旋，避免引起爆炸的危险。

（2）用氧过程中，正确评估患者的脉搏、血压、精神状态、皮肤颜色、温度与呼吸方式等有无改善，从而衡量氧疗效果，同时还可测定动脉血气分析判断疗效，选择适当的用氧浓度。

（3）使用氧气时，应先调节流量后应用。停用氧气时，应先拔出导管，再关闭氧气开关。中途改变流量，先分离鼻氧管与湿化瓶连接处，调节好流量后再接上。

（4）氧气筒内的氧气不可用尽，压力表上指针降至$5kg/cm^2$时即不可再用，以防灰尘进入筒内，于再次充气时引起爆炸。

（5）对未用完或已用空的氧气筒，应分别悬挂"满"或"空"的标志，便于及时调换，并避免急用时搬错而影响抢救速度。

3. 健康教育

（1）向患者及其家属解释氧疗的重要性。

（2）指导正确使用氧疗的方法及注意事项。

（3）积极宣传呼吸道疾病的预防保健知识。

【评价】

1. 患者及其家属理解氧疗的目的，能主动配合。

2. 操作熟练，操作过程沟通有效。

3. 达到预期诊疗目的。

鼻塞给氧法

鼻塞给氧法是一种用塑料制成的球状物，有单腔和双腔的。用鼻塞代替鼻导管供氧，此法刺激性小，患者感觉舒适且使用方便，适用于长时间用氧的患者，但张口呼吸或鼻腔堵塞者效果差。

面罩给氧法

面罩给氧法是将面罩置患者口鼻部，用松紧带固定，再将氧气管接于面罩的氧气进孔上，调节流量，成人为 $6 \sim 8L/min$，小儿为 $1 \sim 3L/min$（图 7 - 23）。此法适用于躁动不安、病情较重或鼻导管给氧效果不佳者。

头罩给氧法

头罩给氧法适用于新生儿、婴幼儿的供氧。将患儿的头部置于氧气头罩内，将氧气接于进孔上。此法安全、简单、有效、舒适，透明的头罩易于观察病情变化（图 7 - 24），能根据病情需要调节罩内氧气浓度，长期给氧不会产生氧中毒。头罩内有一层淡淡的薄雾为合适的湿度。

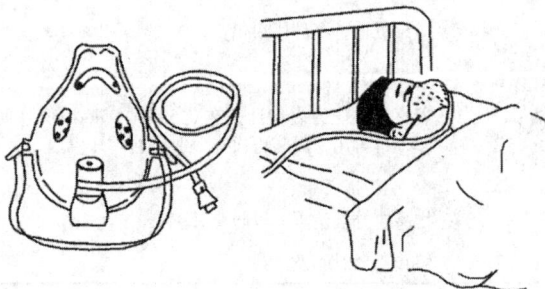

图 7 - 23　面罩给氧法

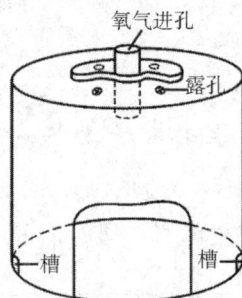

图 7 - 24　头罩给氧法

高压氧疗法

高压氧疗的过程分为加压、稳压、减压 3 个阶段。在加压阶段，用压缩气体输入舱内，以升高舱内压，一般以 10～15 秒速度加至预定的压力（2～3kg/cm²）。舱内患者通过呼吸面罩间歇吸入高压氧，即吸氧 30 分钟后，休息 10 分钟，吸氧时间不超过 90 分钟。进入减压阶段，应注意用减压表监测，并观察患者的全身情况，确保安全。适用于脑外伤等患者的恢复期。

家庭供氧方法

随着便携式供氧装置的面世和家庭用氧源的发展，一些慢性呼吸系统疾病和持续低氧血症的患者可以在家中进行氧疗。家庭氧疗一般采用制氧器、小型氧气瓶及氧气枕等方法，对改善患者的健康状况、提高他们的生活质量和运动耐力有显著疗效。

1. 氧立得　是一种便捷式制氧器，于 1990 年问世。原理为制氧剂 A 和催化剂 B 在反应仓中与水发生化学反应制造出氧气。优点是①纯度高：制氧纯度高，完全符合医用标准，纯度＞99.9％；②供氧快：立用立得，方便快捷；③易操作：制氧器结构简单，易学易会；④易携带：制氧器小巧轻便（加水后仅 500g），便于携带。缺点是：维持时间短（一次反应制出的氧气仅维持 20 分钟）患者如需反复用氧，则要不断更换制剂。

2. 小型氧气瓶　小型瓶装医用氧，同医院用氧一样，系天然纯氧。具有安全、小巧、经济、实用、方便等特点。有各种不同容量的氧气瓶，如 2L、2.5L、4L、8L、10L、12L、15L 等。尤其适用于冠状动脉粥样硬化性心脏病、肺源性心脏病、哮喘、支气管炎、肺气肿等慢性疾病患者的家庭氧疗。

（七）氧疗监护

1. 缺氧症状　患者由烦躁不安转为安静，心率变慢，血压上升，呼吸平稳，皮肤红润、温暖，发绀消失，说明缺氧症状改善。

2. 实验室检查　实验室检查指标可作为氧疗监护的客观指标。主要观察氧疗后 PaO_2（正常值 95～100mmHg 或 12.6～13.3kPa）、$PaCO_2$（正常值 35～45mmHg 或 4.7～5.0kPa）、SaO_2（正常值 95％）等。

3. 氧气装置　有无漏气，管道是否通畅。

4. 氧疗的副作用　当氧浓度高于 60％、持续时间超过 24 小时，可出现氧疗副作用。常见的副作用有以下几种。

（1）氧中毒　患者吸氧浓度超过 60％，持续时间超过 24h 以上，就有可能发生氧中毒。氧中毒患者常表现为胸骨后灼热感、干咳、恶心、呕吐、烦躁不安、面色苍白、进行性呼吸困难等。预防氧中毒的关键是避免长时间的高浓度吸氧，应定期监测血气分析，根据血气分析结果调节氧流量。

（2）肺不张　吸入高浓度氧气后，肺泡内氮气被大量置换，一旦支气管被阻塞时，其所属肺泡内的氧气被肺循环血液迅速吸收，引起吸入性肺不张。患者表现为烦躁、呼吸及心率增快、血压上升，继而出现呼吸困难、发绀、昏迷。预防措施是鼓励患者做深呼吸，经常改变体位、姿势，加强排痰，防止分泌物阻塞，并控制吸氧浓度。

（3）呼吸抑制　多见于慢性缺氧伴二氧化碳潴留的患者吸入高浓度的氧气之后反而出现呼吸抑制。预防措施是对此类患者应采用低流量、低浓度持续用氧，并监测患者 PaO_2 的变化，维持 PaO_2 在 60mmHg（8kPa）左右。

（4）晶状体后纤维组织增生　仅见于新生儿，尤以早产儿多见。与吸氧浓度过高，持续时间过长有关。眼球的视网膜血管对高氧分压非常敏感，由于视网膜血管收缩，引起晶状体后纤维组织增生，从而导致不同程度的视力丧失或失明。因此，新生儿给氧要控制氧浓度和吸氧时间，吸氧浓度应低于40%以下。

（5）呼吸道分泌物干燥 如持续吸入未经湿化且浓度较高的氧气，支气管黏膜则因干燥气体的直接刺激而产生损害，使分泌物黏稠、结痂、不易咳出，特别是气管切开患者更易发生。预防措施是加强对吸入氧气的湿化，定期做雾化吸入。

本章小结

本章主要介绍了与生命体征相关的概念，正常与异常生命体征的测量与护理。要求学生重点掌握相关的概念、定义，操作步骤、注意事项等。会运用各种技能操作解决临床实践问题。

（石红丽）

目标检测

1. 试述用氧过程中的注意事项。
2. 试述测量血压时产生误差的原因及预防措施。
3. 试述护士为患者清理呼吸道分泌物可采取的护理措施。

第八章 冷、热疗法

学习目标

知识要求

1. 掌握 冰袋、冰槽、冰帽、热水袋、烤灯的使用；冷湿敷、热湿敷、热水浴、湿水擦浴、乙醇拭浴法等；冷、热疗法的禁忌证。
2. 熟悉 冷、热疗法的护理评估；冷、热疗法的作用；影响冷、热疗法效果的因素。
3. 了解 冷、热疗法的效应和继发效应。

技能要求

能根据病情及治疗的需要，为患者实施各种冷、热疗法，做到方法正确、动作轻柔，在操作中能体现人文关怀，使患者感觉安全、舒适，获得治疗效果。

冷、热疗法是临床常用的治疗方法，是利用低于或高于人体的温度作用于局部或全身，使之产生不同效应，从而达到一定的治疗目的。作为冷、热疗法的实施者，护理人员应了解冷、热疗法的相关知识，掌握正确的使用方法，防止不良反应发生，达到治疗目的和确保患者安全。

第一节 概　述

一、冷、热疗法目的

人体的皮肤内分布着大量的神经末梢，可以感受各种不同的刺激。冷、热刺激作用于皮肤表面时，神经末梢发出冲动，通过传入神经纤维传到大脑皮质，大脑皮质对冲动进行识别并通过传出神经纤维发出指令，使皮肤和内脏器官的血管收缩或扩张，改变机体各系统的体液循环和代谢活动，使机体免受损伤或达到局部和全身舒适、治疗的目的。

二、冷、热疗法的效应

（一）生理效应

冷、热应用使机体产生不同的生理效应（表8-1），其效应是相对的。

表8-1　冷热效应的生理效应

生理效应	用热	用冷	生理效应	用热	用冷
细胞代谢	增加	减少	血液流动	增快	减慢
需氧量	增加	减少	淋巴流动	增快	减慢
血管	扩张	收缩	结缔组织伸展性	增强	减弱
毛细血管通透性	增加	减少	神经传导速度	增快	减慢
血液黏滞度	降低	增加	体温	上升	下降

（二）继发效应

机体为了组织免受损伤而产生的防御作用，转换机体对冷或热刺激所产生的生理作用，而出现短暂的相反作用，这种现象称为继发效应。如热疗可使小动脉扩张，持续用热 30 ~ 45 分钟后，则会引起局部小动脉的收缩。同样，持续用冷 30 ~ 60 分钟后，则会发生局部小动脉的扩张，这是机体避免长时间用冷或用热对组织的损伤而引起的防御反应。因此，冷、热治疗应有适当的时间，以 20 ~ 30 分钟为宜，如需反复使用，中间必须给予 30 ~ 60 分钟的休息时间，让组织有一个复原过程，防止产生继发效应而抵消应有的生理效应。

三、影响冷、热疗法效果的因素

（一）方式

冷、热应用方式不同，效果也不同。因为水是一种良好的导体，其传导能力及渗透力比空气强，所以同样的温度，湿冷、湿热的效果优于干冷、干热。临床应用中应根据病变部位和治疗要求进行选择，同时注意防止冻伤、烫伤。

（二）部位

不同厚度的皮肤对冷、热反应的效果不同，皮肤较厚的区域，如足底、手心，对冷、热的耐受性大，冷、热疗法的效果比较差；而皮肤较薄的区域，如前臂、颈部，对冷、热的敏感性强，冷、热疗法的效果比较好。不同深度的皮肤对冷、热反应也不同，皮肤浅层，冷觉感受器较温觉感受浅表且数量较多，故浅层皮肤对冷较敏感。血液循环良好的部位，可增强冷、热应用的效果。因此，临床上为高热患者物理降温，将冰袋、冰囊放置在颈部、腋下、腹部、腹股沟等体表大血管流经处，以增加散热。

（三）面积

冷、热疗法的效果与应用和面积大小有关。冷、热应用面积较大，则冷、热疗法的效果就较强；反之，则较弱。但须注意使用面积越大，患者的耐受性越差，且会引起全身反应，如大面积热疗法，导致广泛性周围血管扩张，血压下降，若血压急剧下降，患者容易发生晕厥；而大面积冷疗法，导致血管收缩，并且周围皮肤的血液分流至内脏血管，使患者血压升高。

（四）时间

冷、热应用的时间对治疗效果有直接影响，在一定时间内其效果应是随着时间的增加而增强，以达到最大的治疗效果。如果时间过长，则会产生继发效应而抵消治疗效应，甚至还可引起不良反应，如疼痛、皮肤苍白、冻伤、烫伤等。

（五）温度

冷、热疗的温度与机体体表的温度相差越大，机体对冷、热刺激的反应越强；反之则越小。其次，环境温度也可影响冷热效应，如环境温度高于或等于身体温度时用热，传导散热被抑制，热效应会增强；而在干燥冷环境中用冷，散热会增加，冷效应会增强。

（六）个体差异

年龄、性别、身体状况、居住习惯、肤色等可以影响冷、热治疗的效应。婴幼儿由于神经系统发育尚未成熟，对冷、热的适应能力有限；而老年人由于其功能减退，对冷、热刺激反应的敏感性降低，反应比较迟钝。对冷、热刺激女性较男性敏感。对昏迷、血液循环障碍、血管硬化、感觉迟钝等患者，因其对冷、热的敏感性降低，尤其注意防止烫伤与冻伤。长期居住在热带地区者对热的耐受性较高，而长期居住寒冷地区者对冷的耐受性较高。浅肤色者比深肤色者对冷、热的反应更强烈。

四、冷、热疗法的护理评估

护理人员应运用护理程序的工作方法，在应用冷疗或热疗法之前，首先评估患者的身心状况，分析收集的主、客观资料后做出判断，为采取适当的护理措施提供依据。

（一）患者身体评估

护理人员通过护理查体与患者交谈获得以下资料。

1. 测量生命体征，以了解患者目前体温、脉搏、呼吸和血压的准确数值。一方面作为用冷或用热的指征，另一方面作为与治疗后效果进行比较的标准。

2. 检查患者体表有无感染情况，如红、肿、热、痛、活动受限、感染部位；询问患者感染发生的时间等。如感染部位有破溃，护理人员应按无菌技术操作应用冷疗法或热疗法，并给予恰当的护理。

3. 检查患者肌腱、韧带、关节有无扭伤，活动是否受限及其自理程度；询问患者扭伤的时间等。

4. 检查患者身体疼痛的部位、性质，引起的原因，活动是否受限等。

5. 了解患者对冷、热敏感程度，如敏感、正常、感觉丧失等。

6. 询问并检查患者体内有无金属移植物，如金属假关节、固定钢钉或钢板、起搏器。若有，使用冷疗法或热疗法时须慎用或不用。

（二）患者的心理社会评估

1. 患者的心理评估

（1）评估患者对所提出的治疗（用冷或用热）的反应和态度，如接受还是拒绝。

（2）患者对用冷或用热的知识了解程度，以前是否接受过类似的治疗，能否配合治疗。

（3）了解患者是否有恐惧、害怕的心理，担心用冷或用热后出现意外，以及对护理人员的信任程度。

（4）评估患者的意识状态，是否合作。

（5）了解患者平时用冷或用热的习惯。

2. 家属或陪护人的能力

（1）家属或陪护人的态度，如能否接受患者用冷或用热的治疗方法，是否了解治疗目的，有无焦虑情绪，是否能对同意使用该项措施负责等。

（2）家属或陪护人的能力，如有无用冷或用热的知识或经验，有无能力发现和制止可能会发生的不良反应等。

第二节　冷、热疗法的应用

案例引导

　　案例：患者，男，36岁，运动时不慎扭伤踝关节，立即来院就诊，体检发现局部疼痛、肿胀、活动受限，摄X线片确定没有骨折。

　　提问：1. 应立即帮患者采取什么处理方法？

　　　　　　2. 48小时后护士应指导患者采取什么处理方法？

　　冷、热疗法分为干法（干冷及干热）和湿法（湿冷及湿热）两大类。湿热法和干热法比较，湿热法具有穿透力强、不易使患者皮肤干燥、体液丢失较少，且患者的主观感觉较好等特点，而干热法具有保温时间较长、不会浸软皮肤、烫伤危险性较小及患者更易耐受等特点。在临床护理工作中，应了解冷、热应用的特点，熟悉冷、热疗法的目的、方法、禁忌，确保患者安全有效地使用冷、热疗法。

一、冷、热疗法的作用

（一）冷疗法的作用

1. 控制炎症扩散　冷疗可使局部血管收缩，血流减少，细胞的新陈代谢和细菌的活力降低，从而限制炎症的扩散。适用于炎症早期。

2. 减轻疼痛　冷疗可抑制细胞的活动，减慢神经冲动的传导，降低神经末梢的敏感性而减轻疼痛；同时冷疗使血管收缩，毛细血管的通透性降低，渗出减少，从而减轻由于组织肿胀压迫神经末梢所引起的疼痛。适用于急性损伤初期、牙痛、烫伤等。

3. 减轻局部充血或出血　冷疗可使局部血管收缩，毛细血管通透性降低，减轻局部充血；同时，冷疗还可使血流减慢，血液的黏稠度增加，有利于血液凝固而控制出血。适用于局部软组织损伤的初期、扁桃体摘除术后、鼻出血等。

4. 降低体温　冷直接与皮肤接触，通过传导与蒸发的物理作用，使体温降低，患者舒适。适用于高热、中暑。

（二）热疗法的作用

1. 促进炎症的消散和局限　热疗使局部血管扩张，血液循环速度加快，促进组织中毒素、废物的排出；同时血量增多，白细胞数量增多，吞噬能力增强和新陈代谢增加，使机体局部或全身的抵抗力和修复力增强。因而炎症早期用热，可促进炎性渗出物吸收与消散；炎症后期用热，可促进白细胞释放蛋白溶解酶，使炎症局限。

2. 减轻疼痛　热疗可降低痛觉神经兴奋性，又可改善血液循环，加速致痛物质排出和炎性渗出物吸收，解除对神经末梢的刺激和压迫，因而可减轻疼痛。同时热疗可使肌肉松弛，增强结缔组织伸展性，增加关节的活动范围，减轻肌肉痉挛、僵硬和关节强直所致的疼痛。

3. 减轻深部组织的充血　热疗使皮肤血管扩张，使平时大量呈闭锁状态的动静脉吻合支开放，皮肤血流量增多。由于全身循环血量的重新分布，减轻深部组织的充血。

4. 保暖与舒适　热疗可使局部血管扩张，促进血液循环，将热带至全身，使体温升高，并使患者感到舒适。适用于年老体弱、早产儿、危重、末梢循环不良患者。

知识链接

肿瘤热疗

　　肿瘤热疗（hyperthermia）是将热应用于肿瘤治疗的一种方法。它是一种纯物理性治疗，热源包括高频电磁波、红外线、超声波、热水浴等。它不但能直接杀死癌细胞，而且可作为辅助治疗方法提高放射治疗、化学治疗的效果，被称为除手术治疗、化学治疗、放射治疗和生物治疗之外的第5种肿瘤治疗方法。其作用机制如下。

　　1. 对肿瘤细胞直接杀伤作用。①破坏肿瘤细胞膜；②改变肿瘤细胞骨架；③抑制脱氧核糖核酸（DNA）合成。

　　2. 对肿瘤血管的影响。研究表明，当肿瘤邻近组织加热至41.5℃时肿瘤的温度可达到43～48℃，使肿瘤血管易遭受损伤。还通过抑制肿瘤源性的血管内皮生长因子及其产物的表达，阻碍肿瘤血管内皮细胞增生及细胞外基质的再塑，抑制肿瘤生长及转移。

　　3. 引起肿瘤细胞的凋亡。热疗能加速肿瘤细胞的凋亡，高热可以抑制DNA、核糖核酸（RNA）及蛋白质的合成；高热可以损害细胞膜的正常功能，使细胞膜的通透性发生改变，引起蛋白外溢，核染色质结构发生改变，导致癌细胞死亡。

　　4. 局部热疗可提高机体免疫力。

　　5. 加热可以提高热休克蛋白的表达。

　　6. 热疗可与化学治疗、放射治疗、中药联合作用。

二、冷、热疗法应用的禁忌

（一）冷疗法应用的禁忌证

1. 血液循环障碍 常见于大面积组织受损、全身微循环障碍、休克、周围血管病变、动脉硬化、糖尿病、神经病变、水肿等患者，因循环不良、组织营养不足，若使用冷疗，进一步使血管收缩，加重血液循环障碍，导致局部组织缺血、缺氧而变性、坏死。

2. 慢性炎症或深部化脓病灶 因冷疗使局部血流减少，妨碍炎症吸收。

3. 组织损伤、破裂 因冷疗降低血液循环，增加组织损伤，且影响伤口愈合。尤其是大范围组织损伤，应禁止用冷。

4. 对冷过敏 患者使用冷疗可出现红斑、荨麻疹、关节疼痛、肌肉痉挛等过敏症状。

5. 麻疹患儿出疹期 高热时禁用全身用冷降温，以防疹子出不透影响毒素排出。

6. 禁忌部位

（1）枕后、耳廓、阴囊等处禁忌用冷，以防冻伤。

（2）心前区禁忌用冷，以防反射性心率减慢、心房纤颤、心室纤颤及房室传导阻滞。

（3）腹部用冷易导致腹泻。

（4）足心禁忌用冷，以防反射性末梢血管收缩而影响散热或一过性冠状动脉收缩。

（5）昏迷、感觉异常、年老体弱者慎用。

（二）热疗法应用的禁忌证

1. 未明确诊断的急性腹痛 热疗虽能减轻疼痛，但易掩盖病情真相，贻误诊断和治疗，有引发腹膜炎的危险。

2. 面部危险三角区的感染 因该处血管丰富，面部静脉无静脉瓣，且与颅内海绵窦相通，热疗可使血管扩张，血流增多，导致细菌和毒素进入血液循环，促进炎症扩散，造成严重的颅内感染和败血症。

3. 各种脏器出血 热疗可使局部血管扩张，增加脏器的血流量和血管通透性而加重出血。

4. 软组织损伤或扭伤的初期（48 小时内） 可促进血液循环，加重皮下出血、肿胀、疼痛。

5. 其他

（1）心、肝、肾功能不全者 大面积热疗使皮肤血管扩张，减少对内脏器官的血液供应，加重病情。

（2）皮肤湿疹 热疗可加重皮肤受损，热疗也使患者增加痒感而不适。

（3）急性炎症如牙龈炎、中耳炎、结膜炎，热疗可使局部温度升高，有利于细菌繁殖及分泌物增多，加重病情。

（4）孕妇 热疗可影响胎儿的生长。

（5）金属移植物部位 金属是热的良好导体，用热易造成烫伤。

（6）恶性病变部位 热疗可使正常与异常细胞加速新陈代谢而加重病情，同时又促进血液循环而使肿瘤扩散、转移。

（7）麻痹、感觉异常者慎用。

三、各种冷、热疗法

（一）冷疗法

冰袋的使用

【目的】降温、消炎、止痛、止血。

【评估】

1. 评估患者的年龄、病情、体温、治疗情况，局部皮肤状况，活动能力和合作程度。

2. 向患者解释使用冰袋的目的、方法、注意事项及配合要点。

【计划】

1. 患者准备

（1）了解冰袋使用的目的、方法、注意事项及配合要点。

（2）体位舒适，愿意合作。

2. 操作者准备　衣帽整洁，修剪指甲，洗手，戴口罩。

3. 用物准备

（1）治疗盘内备冰袋（图 8 - 1）或冰囊（图 8 - 2）、布套、毛巾。

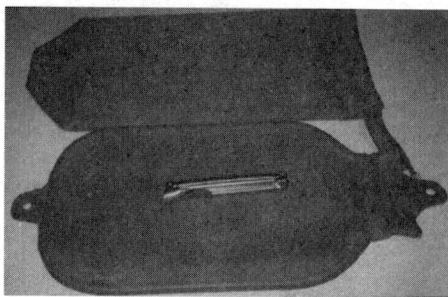　　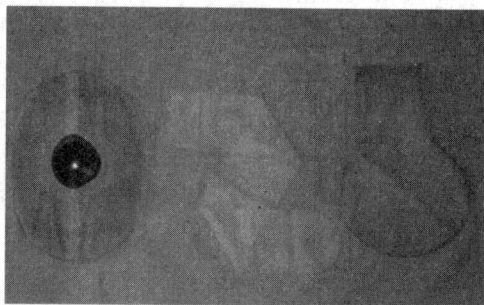

　　　　图 8 - 1　冰袋　　　　　　　　　　　　　图 8 - 2　冰囊

（2）治疗盘外备冰块、帆布袋、脸盆、冷水及勺、木槌（图 8 - 3）。

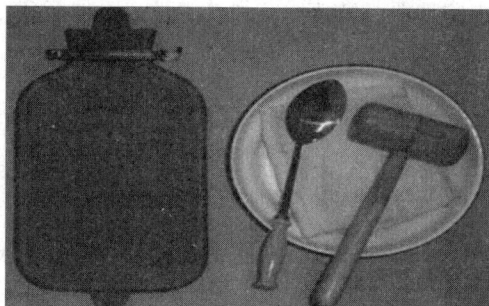

图 8 - 3　勺、木槌

4. 环境准备　室温适宜，酌情关闭门窗，避免对流风直吹患者。

【实施】

1. 操作方法

（1）核对　携用物至患者床旁，核对患者的床号、姓名。

（2）准备冰袋

①备冰：将冰块放入帆布袋内，用锤子敲碎（图 8 - 4），放入盆中，用水冲去棱角（图 8 - 5）。

②装袋：将冰块装入冰袋或冰囊内 1/2～2/3 满（图 8 - 6）。

③驱气：排出冰袋内空气并夹紧袋口（图 8 - 7）。

④检查：用毛巾擦干冰袋，倒提，检查有无漏水（图 8 - 8）。

⑤加套：将冰袋装入布套（图 8 - 9）。

图 8-4　碎冰

图 8-5　冲棱角

图 8-6　装冰袋

图 8-7　驱气

图 8-8　检查

图 8-9　加套

(3) 放置位置　高热患者可置冰袋于前额、头顶部和体表大血管处（颈部两侧、腋窝、腹股沟等部位）。扁桃体摘除术后将冰囊置于颈前颌下。

(4) 放置时间　不超过 30 分钟。

(5) 观察　效果与反应。

(6) 用物处理。

(7) 记录　部位、时间、效果、反应。

2. 注意事项

(1) 注意观察冷疗部位血液循环情况，如局部皮肤出现苍白、青紫、麻木感等，须立即停止用冷。

(2) 冷疗过程中，应注意随时观察冰袋有无漏水，冰块是否融化，以便及时更换或添加。

(3) 用冷时间须准确，最长不超过 30 分钟，如需再用应间隔 60 分钟。

(4) 用于降温时，应在冰袋使用后 30 分钟测体温并记录。

【评价】

1. 达到冷疗的目的，患者感觉舒适、安全。

2. 操作方法正确，患者未发生冻伤等。

3. 护士动作轻稳，护患沟通有效，患者配合良好。

冰帽的使用

【目的】用于头部降温，采用以头部降温为主、体表降温为辅的方法，为防止脑水肿，降低脑细胞的代谢率，减少其耗氧量，提高脑细胞对缺氧的耐受性，从而减轻脑细胞的损害。

【评估】

1. 评估患者的年龄、病情、体温、治疗情况，头部状况、合作程度。

2. 向患者解释使用冰帽的目的、方法、注意事项及配合要点。

【计划】

1. 患者准备

（1）了解冰帽使用的目的、方法、注意事项及配合要点。

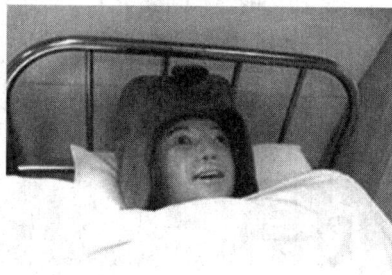

（2）体位舒适，愿意合作。

2. 操作者准备 衣帽整洁，修剪指甲，洗手，戴口罩。

3. 用物准备 冰帽或冰槽、冰块、帆布袋、木槌、盆及冷水、勺、海绵、水桶、肛表。若用冰槽降温，备不脱脂棉球及凡士林纱布。

4. 环境准备 室温适宜，酌情关闭门窗，避免对流风直吹患者。

图 8 - 10　冰帽

【实施】

1. 操作方法

（1）核对　携用物至患者床旁，核对患者的床号、姓名。

（2）备冰（同冰袋法）。

（3）降温　①冰帽降温：头部置冰帽（图 8 - 10）中，后颈部、双耳郭垫海绵；排水管放水桶内。②冰槽降温：头部置冰槽中，双耳塞不脱脂棉球，双眼覆盖凡士林纱布。

（4）观察效果与反应

（5）用物处理。

（6）记录时间、效果、反应。

2. 注意事项

（1）掌握冷疗时间，每次不超过 30 分钟。

（2）观察局部皮肤变化，每 10 分钟 1 次，如发现皮肤苍白、青紫、麻木感应及时停止。

（3）随时检查冰块融化情况，及时更换。

（4）使用冰槽时，须密切观察病情变化：①每 30 分钟测量生命体征 1 次，肛温不低于 30℃，以防心室颤动等并发症出现；②注意心率变化，防止心房颤动、心室颤动或房室传导阻滞的发生。

【评价】

1. 达到冷疗的目的，患者感觉舒适、安全。

2. 关心爱护患者，护患沟通有效，满足患者的身心需要。

冷湿敷

【目的】多用于降温、镇痛、止血及早期扭伤、挫伤的水肿。

【评估】

1. 评估患者的年龄、病情、体温、治疗情况，局部皮肤状况、活动能力和合作程度。

2. 向患者解释使用冷湿敷的目的、方法、注意事项及配合要点。

【计划】

1. 患者准备

（1）了解冷湿敷使用的目的、方法、注意事项及配合要点。

（2）体位舒适，愿意合作。

2. 操作者准备　衣帽整洁，修剪指甲，洗手，戴口罩。

3. 用物准备

（1）治疗盘内备长钳2把、敷布2块、凡士林、纱布、棉签、橡胶单、治疗巾。

（2）治疗盘外备盛放冰水的容器。必要时备屏风、换药用物。

4. 环境准备　室温适宜，酌情关闭门窗，必要时屏风遮挡。

【实施】

1. 操作方法

（1）核对　携用物至患者床旁，核对患者的床号、姓名。

（2）患处准备　暴露患处，垫橡胶单和治疗单于受敷部位下，受敷部分涂凡士林，上盖一层纱布。

（3）冷湿敷　①敷布浸入冰水中，用长钳夹起并拧至半干（图8-11）；②抖开并敷于患处；③每3~5分钟更换一次敷布，持续15~20分钟。

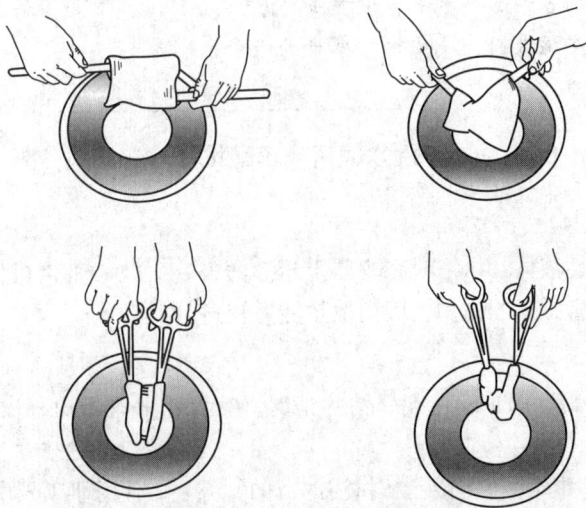

图8-11　拧敷布法

（4）观察　局部皮肤变化及患者反应。

（5）操作后处理　①擦干冷敷部位，整理床单位；②用物处理；③洗手，记录（冷敷部位、时间、效果、患者反应）。

2. 注意事项

（1）观察局部皮肤的变化及患者全身反应。

（2）敷布浸泡需彻底，以拧至不滴水为度，并及时更换敷布。

（3）冷敷部位如为开放性伤口，应按无菌技术操作原则处理。

【评价】

1. 冷敷过程顺利，患者感觉舒适、安全。

2. 局部疼痛减轻，起到降温、止血作用。

3. 护士关心爱护患者，动作轻稳，护患沟通有效，患者配合良好。

知识链接

传统的冷敷方法是将大块冰块打碎，磨平棱角后灌入橡胶冰袋或冰囊。由于橡胶冰袋、冰囊体积、重量较大，使用时舒适度差；且与患肢接触面积小，不易固定，患者更换体位时冰袋容易移位，稍微活动就会造成冰袋滑落及破损。近年来，在冷敷方法等方面做了许多改进，提高冷敷的有效性。

1. 盐水冰袋　一次性输液袋，灌装20%盐水，放入冰箱冷冻室冷冻2~4小时，取出后外观成霜状液体或冰水混合物，取出即可应用。冷冻后成霜状液体或冰水混合物，表面软硬适度，与患肢接触面积增大，患者舒适度增加。

2. 医用彩色盐水冰袋　取25g食盐添加自来水250ml软包装液体袋中，滴入0.1ml纯蓝墨水，用50ml注射器抽取淡蓝色盐水注入软包装液体袋，将该软包装盐水袋置于50℃冰箱内预冷1小时，再置-20℃（或-18℃）冰箱内24小时后即成冰袋。冰袋呈冰霜状，在融化过程中其形态为霜水混合物，冰袋松软，能充分接触体表面积，易于固定，避免给患者造成不适和压伤，并且标识明显、醒目，杜绝了差错隐患。

3. 袖带式冷敷装置　冷敷装置材料防用雨绸布料，制作为28cm（长）×15.5cm（宽）大小相等的3个连接布袋为子袋，袋口用子母扣封闭，两边分别用长为10cm的两条子母扣固定，分别容纳3个冰袋。该方法冰袋放置牢固、不易滑落，应用防雨绸布料可防止冰块融化后浸湿敷料，减少切口感染的概率。

温水擦浴或乙醇拭浴

【目的】　为高热患者降温。

乙醇是一种挥发性液体，拭浴时在皮肤上迅速蒸发，吸收和带走机体大量的热，而且乙醇又具有刺激皮肤血管扩张的作用，因而散热能力较强。

【评估】

1. 评估患者的年龄、病情、体温、治疗情况，有无乙醇过敏史，皮肤状况、活动能力、合作程度及心理反应。

2. 向患者解释使用温水擦浴或乙醇拭浴的目的、方法、注意事项及配合要点。

【计划】

1. 患者准备

（1）了解温水擦浴或乙醇拭浴使用的目的、方法、注意事项及配合要点。

（2）体位舒适，愿意合作。

2. 操作者准备　衣帽整洁，修剪指甲，洗手，戴口罩。

3. 用物准备

（1）治疗盘内备大毛巾、小毛巾、热水袋及套、冰袋及套。

（2）治疗盘外备脸盆，内盛放32~34℃温水，2/3满；或盛放30℃、25%~35%乙醇200~300ml。必要时备衣裤、屏风、便器。

4. 环境准备　室温适宜，酌情关闭门窗，必要时用屏风遮挡。

【实施】

1. 操作方法

操 作 步 骤	要点与说明
（1）解释　备齐用物携至床旁，核对床号、姓名，向患者解释，以取得合作	· 确认患者
（2）按需要给予便器	
（3）必要时关闭门窗，以屏风遮挡患者	
（4）冰袋置头部、热水袋置足底。如病情许可，放平床上支架	· 头部放冰袋，以助降温并防止由于擦浴时体表血管收缩，血液集中到头部，引起充血而致头痛；热水袋置足底，以促进足底血管扩张而减轻头部充血，并使患者感到舒适
（5）拭浴　大毛巾垫擦拭部位下，小毛巾浸入温水或乙醇中，拧至半干，缠于手上成手套状，以离心方向擦拭，拭浴毕，用大毛巾擦干皮肤（图8-12） 顺序 双上肢：患者取仰卧位，脱上衣，擦拭毕，穿好上衣。按顺序擦拭颈外侧→上臂外侧手背，侧胸→腋窝→上臂内侧→手心 腰背部：患者取俯卧位，从颈下→肩部→臀部 双下肢：患者取仰卧位，脱裤，擦拭毕穿好裤子。按顺序擦拭。外侧，髂骨→大腿外侧→足背；内侧，腹股沟→大腿内侧→内踝；后侧，臀下→大腿后侧→腘窝→足跟	· 避免擦浴时弄湿床单和盖被 · 充分暴露擦洗部位，以便于擦拭。先脱健侧，可便于操作，避免患侧关节的过度活动
（6）每侧部位（四肢、背腰部）可擦拭3分钟，擦拭完毕，用大毛巾擦干皮肤	· 尽量减少患者身体不必要的暴露。注意保护患者的隐私
（7）擦拭完毕，取下热水袋，整理床单位	· 擦拭中注意观察患者有无出现寒战、面色苍白、脉搏、呼吸异常等情况。及时处理，停止擦拭
（8）用物处理	· 擦拭全过程不宜超过20分钟，以防产生继发效应
（9）洗手，记录	
（10）擦浴后30分钟测体温。若体温降至39℃以下，取下头部冰袋	· 记录时间、效果、反应 · 体温绘制于体温单上

2. 注意事项

（1）擦拭过程中，应观察局部皮肤及患者反应，如有寒战、面色苍白，脉搏、呼吸异常，应立即停止，通知医师。

（2）胸前区、腹部、后颈、足底为拭浴的禁忌部位。新生儿及血液病高热患者禁用乙醇拭浴。

（3）拭浴时，以拍拭（轻拍）方式进行，避免摩擦方式，因摩擦易生热。

【评价】

1. 达到冷疗的目的，患者感觉舒适、安全。

2. 操作程序、方法正确，患者未发生不良反应。

3. 护士动作轻稳，护患沟通有效，保护患者自尊，能满足患者的身心需要。

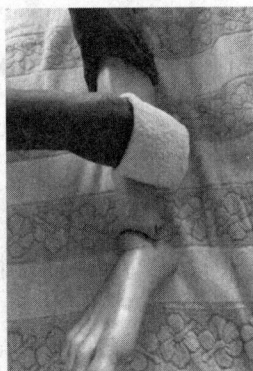

图8-12　拭浴手法

冰毯机降温法

医用冰毯全身降温仪（简称冰毯机）降温法是利用半导体制冷原理，将水箱内蒸馏水冷却，然后通过主机工作与冰毯内的水进行循环交换，促使毯面接触皮肤进行散热，达到降温的目的。

【适应证】

冰毯机全身降温法分单纯降温法及亚低温治疗法两种。单纯降温法适用于高热及其他降温效果不佳的患者；亚低温治疗适用于重型颅脑损伤。

【计划】

用物准备

（1）单纯降温法　冰毯机1台，肛温传感器，传感器防护膜，肛表1支，液状石蜡少许，蒸馏水8L。

（2）亚低温治疗法　同单纯降温法的物品，另备人工呼吸机1台，肌松剂（琥珀胆碱、卡肌宁等），微电脑输液泵，床边监护仪1台。

【实施】

1. 操作方法

▲单纯降温法

（1）将冰毯机置患者床尾，将主机左侧溢水口旋盖拧下，经注水口向水箱注入蒸馏水约8L，直到见溢水口有水溢出为止，然后将旋盖拧上。毯面上覆盖一层保护层，如薄层尿垫或中单等。脱去患者上衣，将冰毯置于患者整个背部。

（2）先用肛表测肛温1次，并记录。连接肛温传感器（有的机器肛温传感器已直接安排在主机上），将传感器防护膜套于肛温传感器顶端后，置于肛门内，约10cm深，用胶布固定于会阴部及大腿内侧。

（3）接通电源，打开主机开关4~6分钟，待装置循环稳态后，进行下一步操作。

（4）用测得的肛温进行校对，方法详见冰毯机使用说明。

（5）校对完毕，待肛温正确显示后，设置机温上、下限，一般单纯用于降温，上限设37℃，下限设36℃。将指示灯调节在"制冷"上，冰毯机将根据肛温自动切换"制冷"开关，当肛温＞37℃时，机器开始"制冷"，当肛温＜36℃时，机器自动停止"制冷"。

▲亚低温治疗法

（1）方法同单纯降温法，但设置机温上限为35℃，下限为32℃。

（2）静脉滴注加有肌松弛药的液体，同时应用人工呼吸机辅助呼吸。肌松弛药剂量视患者个体差异及病情而定。一般为生理盐水500ml加阿曲库铵（卡肌宁）400mg，用输液泵控制恒速，速度视病情、体温变化而定。诱导降温时，滴速一般为20~40ml/h，待肛温降至35℃以下，改维持速度，一般为10~20ml/h。

（3）复温方法　复温时停用冰毯降温仪，采取自然复温法，复温过程中，必要时可适当使用肌松弛药及镇静药。

2. 注意事项

（1）及时观察生命体征，尤其是呼吸情况。亚低温治疗时应用肌松弛药的同时需要呼吸机辅助呼吸。

（2）注意颅内压情况，在条件许可下应放置颅内压监护装置，动态观察颅内压变化，防止脑灌流不足，维持脑压在20mmHg（2.7kPa）以下，脑灌注压在60mmHg（8.0kPa）以上。

（3）观察、记录降温的时间、肌松弛程度及肌松弛药滴入速度，根据肛温随时调节肌松弛药的滴速。必要时用肛表测肛温进行重新校对，及时调整机温上、下限。

（4）观察降温仪的工作情况，保持降温仪处于正常运转状态。

（5）肛温传感器须固定确实，防止脱落或滑出，影响测温效果。

（6）注意并发症及预防。

【评价】

达到冷疗的目的，操作方法正确，患者未发生不良反应。

（二）热疗法

热水袋的使用

【目的】 保暖、解痉、镇痛。

【评估】

1. 评估患者的年龄、病情、意识、治疗情况，局部皮肤状况，活动能力及合作程度。
2. 向患者解释使用热水袋的目的、方法、注意事项及配合要点。

【计划】

1. 患者准备

（1）了解热水袋使用的目的、方法、注意事项及配合要点。

（2）体位舒适，愿意合作。

2. 操作者准备　衣帽整洁，修剪指甲，洗手，戴口罩。

3. 用物准备

（1）治疗盘内备热水袋及套、水温计、毛巾。

（2）治疗盘外备水罐、热水。

4. 环境准备　调节室温，酌情关闭门窗，避免对流风直吹患者。

【实施】

1. 操作方法

（1）核对　携用物至患者床旁，核对患者的床号、姓名。

（2）测量调节水温　成人60~70℃，昏迷、老年人、婴幼儿、感觉迟钝、循环不良等患者，水温应低于50℃（图8-13）。因老年人体温调节能力差、婴儿体温调节中枢未发育完成，因此，对老、幼等患者应用冷、热疗法时要慎重。

图8-13　测水温

（3）备热水袋

①灌袋：放平热水袋、去塞，一手持袋口边缘，一手灌水。灌水1/2~2/3满（图8-14）。如灌注过满，热水袋呈球形，与敷部接触面积小而影响疗效，过度充盈则使袋内张力增大，使患者感觉坚硬不适，且稍用外力易胀裂破损。

②驱气：热水袋缓慢放平，排出袋内空气并拧紧塞子。因空气有隔温作用，如袋内气体未驱尽会影响冷或热的传导。

③检查：用毛巾擦干热水袋，倒提，检查是否漏水。

④加套：将热水袋装入布套，可避免热水袋与患者皮肤直接接触，增进舒适感。

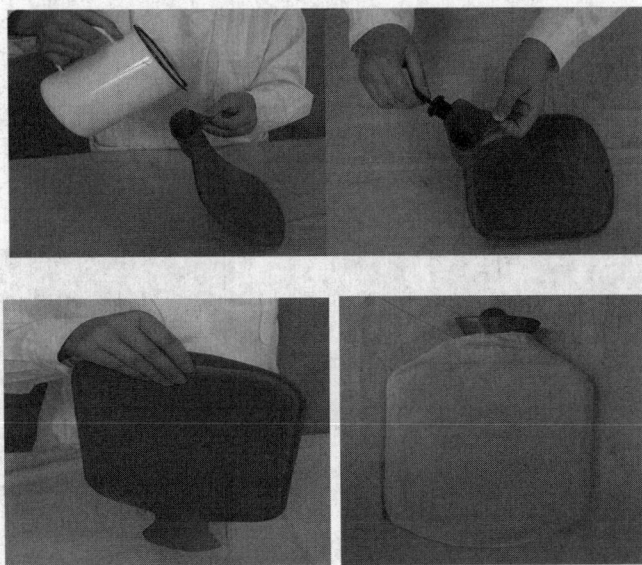

图8-14　灌热水袋法

191

（4）放置　将热水袋放置所需部位，袋口朝身体外侧。

（5）时间　热敷时间不宜超过 30 分钟，以防产生继发效应。

（6）观察　观察效果与反应，如皮肤潮红、疼痛，停止使用热水袋，并在局部涂凡士林以保护皮肤。

（7）用物处理　将热水倒空，倒挂、晾干、吹气、旋紧塞子，放阴凉处；将布袋洗净以备用。

（8）洗手，记录　记录使用的部位、时间、效果、患者反应，以便于评价。

2. 注意事项

（1）经常检查热水袋有无破损，热水袋与塞子是否配套，以防漏水。

（2）炎症部位热敷，热水袋灌水 1/3 满，以免压力过大，引起疼痛。

（3）特殊患者使用热水袋时，应再包一块大毛巾或放于两层毯子之间，以防烫伤。

（4）加强巡视，定期检查局部皮肤情况，严格执行交接班制度。

【评价】

1. 达到热疗的目的，患者感觉舒适、安全。

2. 操作方法正确，患者未发生烫伤等。

3. 护患沟通有效，保护患者自尊，能满足患者的身心需要。

烤灯的使用

【目的】消炎、镇痛、解痉，促进创面干燥结痂，保护肉芽组织生长。

【评估】

1. 评估患者的年龄、病情、意识、治疗情况，局部皮肤状况，活动能力及合作程度。

2. 向患者解释使用烤灯的目的、方法、注意事项及配合要点。

【计划】

1. 患者准备

（1）了解烤灯使用的目的、方法、注意事项及配合要点。

（2）体位舒适，愿意合作。

2. 操作者准备　衣帽整洁，修剪指甲，洗手，戴口罩。

3. 用物准备　同红外线灯或鹅颈灯。必要时备有色眼镜、屏风。

4. 环境准备　调节室温，酌情关闭门窗，必要时用屏风遮挡。

【实施】

1. 操作方法

（1）核对　携用物（图 8 - 15）至患者床旁，核对患者的床号、姓名。

（2）暴露　暴露患处，必要时用屏风遮挡，以维护患者隐私，患者体位舒适。

（3）调节　调节灯距（图 8 - 16）、温度，一般灯距为 30 ~ 50cm，温热为宜（用手试温），防止烫伤。

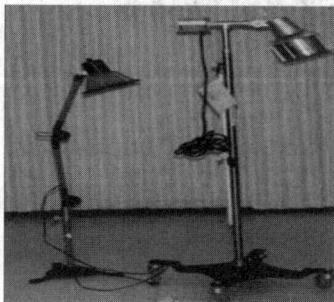

图 8 - 15　烤灯

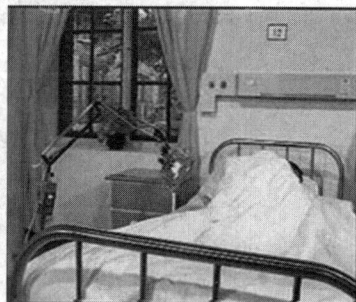

图 8 - 16　烤灯距离

（4）照射　每次照射时间为20~30分钟，以防产生继发效应，同时注意保护，如前胸、面颈照射时应戴有色眼镜或用纱布遮盖，以保护眼睛。

（5）观察效果与反应　观察有无过热、心慌、头晕感觉及皮肤反应，皮肤出现红斑为合适。

（6）照射完毕　关闭开关，嘱咐患者休息15分钟后再离开治疗室，以防感冒。

（7）用物处理　清理用物，整理床单位。

（8）洗手，记录　记录使用部位、时间、效果、患者反应，以便于评价。

2. 注意事项

（1）根据治疗部位选择不同功率的灯泡：胸、腹、腰、背部为500~1000W，手、足部250W（鹅颈灯40~60W）。

（2）由于眼内含有较多的液体，对红外线吸收较强，一定强度的红外线直接照射可引发白内障。因此，前胸、面颈照射时，应戴有色眼镜或用纱布遮盖。

（3）意识不清、局部感觉障碍、血液循环障碍、瘢痕者，治疗时应加大灯距，防止烫伤。

（4）红外线多次治疗后，治疗部位皮肤可出现网状红斑，色素沉着。

【评价】

1. 患者了解烤灯使用的目的、方法、注意事项，并配合操作。

2. 操作方法正确，患者未发生烫伤等。

3. 关心爱护患者，护患沟通有效，满足患者的身心需要。

热湿敷

【目的】解痉、消炎、消肿、镇痛。

【评估】

1. 评估患者的年龄、病情、治疗情况，局部皮肤、伤口状况，活动能力及合作程度。

2. 向患者解释热湿敷的目的、方法、注意事项及配合要点。

【计划】

1. 患者准备

（1）了解热湿敷使用的目的、方法、注意事项及配合要点。

（2）体位舒适，愿意合作。

2. 操作者准备　衣帽整洁，修剪指甲，洗手，戴口罩。

3. 用物准备

（1）治疗盘内备长钳2把、敷布2块、凡士林、纱布、棉签、橡胶单、治疗巾、棉垫、水温计。

（2）治疗盘外备热水瓶或电炉，脸盆内盛放热水。必要时备大毛巾、热水袋、屏风、换药用物。

4. 环境准备　调节室温，酌情关闭门窗，必要时用屏风遮挡。

【实施】

1. 操作方法

（1）核对　携用物至患者床旁，核对患者的床号、姓名。

（2）患处准备　暴露患处，必要时用屏风遮挡，维护患者的隐私，垫橡胶单和治疗单于受敷部位下，受敷部位涂凡士林，上盖一层纱布。

（3）湿热敷

①将敷布浸入热水中（水温为 50～60℃，拧至不滴水为宜，放在手腕内侧试温，以不烫手为宜），用长钳夹起敷布并拧至半干。

②抖开，折叠敷布并敷于患处，上盖棉垫，若患者感觉过热，可揭开敷布一角以散热。

③每 3～5 分钟更换一次敷布，持续 15～20 分钟，以防产生继发效应。

（4）观察效果及反应　观察皮肤颜色、全身情况，以防烫伤。

（5）操作后处理

①敷毕，擦干热敷部位，整理床单位。

②用物处理。

③洗手，记录湿热敷部位、时间、效果及患者反应，以便于评价。

2. 注意事项

（1）若患者热敷部位不禁忌压力，可用热水袋放置在敷布上再盖以大毛巾，以维持温度。

（2）面部热敷者，热敷完毕，应嘱患者休息 30 分钟后方可外出，以防感冒。

（3）有伤口的部位做湿热敷时，应按无菌操作进行，敷后伤口按换药法处理。

【评价】

1. 热敷过程顺利，未发生烫伤。

2. 局部皮肤颜色正常，疼痛减轻，炎症消散。

3. 护士动作轻稳，护患沟通有效，患者配合良好。

热水坐浴

【目的】消炎、消肿、镇痛，用于会阴部、肛门疾病及手术后。

【评估】

1. 评估患者的年龄、病情、治疗情况。

2. 向患者解释热水坐浴的目的、方法。

【计划】

1. 患者准备

（1）了解热水坐浴的目的、方法、注意事项及配合要点。

（2）排尿、排便，并清洗局部皮肤。

2. 操作者准备　衣帽整洁，修剪指甲，洗手，戴口罩。

3. 用物准备　坐浴椅（图 8-17）、消毒坐浴盆、热水瓶、水温计、药液（遵医嘱）、毛巾、无菌纱布。必要时备屏风、换药用物。

4. 环境准备　调节室温，关闭门窗，必要时用围帘或屏风遮挡。

【实施】

1. 操作方法

（1）核对　携用物至患者床旁，核对患者的床号、姓名。

（2）配药、调温　配制药液并置于浴盆内 1/2 满，调节水温（水温 40～45℃），浴盆置于坐浴椅。

（3）遮挡、暴露　用围帘或屏风遮挡，暴露患处，维护患者隐私。

（4）坐浴

①协助患者取坐姿，便于操作，舒适。

②协助患者将裤子脱至膝盖部。

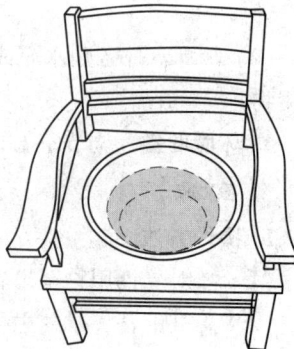

图 8-17　坐浴椅

③嘱患者用纱布蘸药液清洗外阴部皮肤。

④待适应水温后，坐入浴盆中，臀部完全泡入水中，持续 15～20 分钟，随时调节水温，尤其冬季注意室温与保暖，防止患者着凉。

（5）观察效果与反应　若出现面色苍白、脉搏加快、晕眩、软弱无力，应停止坐浴。

（6）操作后处理

①坐浴毕用纱布擦干臀部，协助患者穿裤子，卧床休息。

②用物处理。

③洗手，记录坐浴的时间、药液、效果、患者反应，以便于评价。

2. 注意事项

（1）热水坐浴前先排尿、排便，因热水可刺激肛门、会阴部，易引起排尿、排便反射。

（2）坐浴部位若有伤口，坐浴盆、溶液及用物必须无菌；坐浴后应用无菌技术处理伤口。

（3）女性患者经期、妊娠后期、产后 2 周内及阴道出血、盆腔器官有急性炎症时，不宜坐浴，以免引起感染。

（4）坐浴过程中，注意观察患者的面色、脉搏、呼吸，倾听患者的主诉，有异常应停止坐浴，扶患者上床休息。

【评价】

1. 患者了解热水坐浴的目的、方法、注意事项及配合要点。

2. 局部疼痛减轻，炎症消散。

3. 护患沟通有效，保护患者的自尊，能满足患者的身心需要。

温水浸泡

【目的】　消炎、镇痛、清洁、消毒创口，用于手、足、前臂、小腿部感染。

【评估】

1. 评估患者的病情、治疗情况，局部皮肤、伤口状况，活动能力及合作程度。

2. 向患者解释温水浸泡的目的。

【计划】

1. 患者准备

(1) 了解温水浸泡的目的、方法、注意事项及配合要点。

(2) 坐姿舒适，愿意合作。

2. 操作者准备　衣帽整洁，修剪指甲，洗手，戴口罩。

3. 用物准备

(1) 治疗盘内备长镊子、纱布。

(2) 治疗盘外备热水瓶、药液（遵医嘱）、浸泡盆（根据浸泡部位选用）。必要时备换药用物。

4. 环境准备　调节室温，酌情关闭门窗。

【实施】

1. 操作方法

(1) 核对　携用物至患者床旁，核对患者的床号、姓名。

(2) 配药、调温　配制药液并置于浸泡盆内 1/2 满，调节水温（水温 43～46℃）。

(3) 暴露患处，取坐姿，便于操作。

(4) 浸泡　将肢体慢慢放入浸泡盆，必要时用长镊子夹纱布轻擦创面，使之清洁。

（5）持续时间 30 分钟，以防发生继发效应。

（6）观察效果与反应　如局部皮肤有无发红、疼痛等。

（7）操作后处理

①浸泡毕用纱布擦干浸泡部位。

②用物处理。

③洗手，记录浸泡的时间、药液、效果、患者反应，以便于评价。

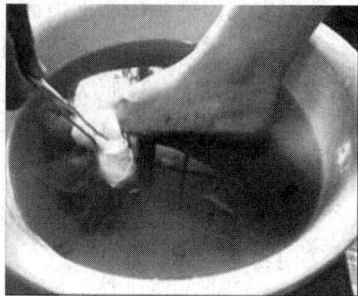

2. 注意事项

图 8 - 18　温水浸泡

（1）浸泡过程中，应注意观察患者局部皮肤情况，如出现发红、疼痛等反应，应及时处理。

（2）浸泡过程中，应随时添加热水或药液，以维持所需温度；添加热水时，应将患者肢体移出盆外，以防烫伤。

（3）有伤口的患者，需用无菌浸泡盆及浸泡液，且浸泡后按换药法处理伤口。

【评价】

1. 患者了解温水浸泡的目的并配合。

2. 操作程序、方法正确，患者无不良反应。

3. 护士动作轻稳，护患沟通有效，患者配合良好。

本章小结

本章主要介绍了冷、热疗法的效应作用、影响效应的因素，通过学习掌握冷、热疗法的禁忌及应用，学生学会热水袋、热湿敷、热坐浴、红外线灯的使用，通过学习、考核，对乙醇拭浴方法有了一个全面认识，在今后的临床护理工作中应根据不同患者的病情需要，选择合适的应用方法以达到满意的治疗效果，实施过程中确保患者安全。

（颜文贞）

目标检测

1. 影响冷、热疗法效果的因素有哪些？

2. 冷、热疗法的禁忌证有哪些？

3. 冷、热疗法的作用机制是什么？

4. 全身拭浴时，哪些部位禁忌用冷？为什么？

5. 为什么用冷或用热不能持续时间过长？

6. 装热水袋时水温是多少？实施过程中应注意什么？

第九章 饮食与营养

第一节 概   述

案例引导

　　案例：患者，男，34岁，主诉连续加班3个月后眼睛干涩难受，昨晚停电突发视物不清，今日门诊求治。体检查无眼部疾病，视力正常。医师诊断：营养不良，夜盲症（维生素A缺乏症）。

　　提问：根据诊断护士应如何指导患者饮食？

　　饮食是人的基本需要，营养是人体摄取、消化、吸收、代谢和利用食物中营养物质的生物学过程。饮食与营养是维持机体正常生理功能、生长发育和新陈代谢等生命活动的基本条件。机体患病时，根据患者的病情，护士科学合理地调节饮食，选择适宜的营养制剂和营养给予途径，可达到治疗或辅助治疗的目的，促进疾病痊愈、恢复健康。因此，护士具备一定的饮食和营养知识，才能正确评估患者的饮食状况和需要，指导患者合理饮食，并采取有效的护理技术满足患者的饮食和营养需要。

一、人体对营养的需要

　　人体为了维持生命和健康保证正常的生长发育和活动，每日须通过饮食摄取足够的营养物质。

（一）能量

　　能量（energy）是一切生物维持生命和生长发育及从事各种活动所必需的。食物在体内经酶的作用进行生物氧化所释放出来的人体所需要的能量，通常以焦耳（J）表示，营养学上常用兆焦（MJ）表示。根据2008年"中国居民膳食营养素参考摄入量"，我国成年男子的能量供给量为 11.29MJ/d，成年女子为 9.62 MJ/d。糖类（碳水化合物）、蛋白质和脂肪是提供能量的主要营养素。故此三者被称为产能营养素（calorigenic nutrients）。根据年龄、性别、劳动量、环境等因素的不同，人体能量的需要量也各异。

理想状态下，人体的能量需要等于能量消耗。成人的能量消耗主要包括基础代谢、体力活动和食物热效应，人体每日摄入的能量应能满足这 3 个方面的需要，以此保证健康的体质和良好的工作状态。基础代谢（basal metabolism，BM）是维持生命的最低能量消耗，即人体在安静、恒温（18～25℃）条件下，禁食12小时后，静卧、放松且清醒时的能量消耗。食物热效应（thermic effect of food，TEF）又称食物特殊动力作用，即在对食物中的营养素的消化、吸收和代谢转化等时额外消耗的能量。孕妇和乳母的能量消耗还包括胎儿生长、母体组织储备和哺乳所需的能量。儿童的能量消耗还包括生长发育所需的能量。患者受损组织的修复也需要能量。

（二）营养素

营养素（nutrients）指食物中能被人体消化、吸收和利用的成分。人体需要的营养素主要包括六大类：碳水化合物（carbohydrate）、蛋白质（proteins）、脂肪（fat）、水（water）、维生素（vitamin）和矿物质（mineral）。营养素的主要功能（表 9 - 1）是供给能量、构成及修补组织、调节生理功能等。

表 9 - 1　各种营养素的生理功能、来源

营养素		生理功能	来　源
碳水化合物		储存和供给能量，构成机体组织，节约蛋白质，抗生酮作用	谷类、薯类、根茎类、豆类、食糖、水果等
蛋白质		供给能量，参与构成和修复人体细胞、组织，构成酶、激素、免疫物质等，维持血浆胶体渗透压	禽、肉类、水产类、豆类、蛋类及乳类等
脂肪		存储和供给能量，参与构成机体组织，维持体温，保护脏器，促进脂溶性维生素吸收，增加饱腹感	食用油、肉类、黄油及奶油等
水		构成人体组织，参与体内物质运输与代谢，调节体温，溶解营养素和代谢物，维持消化、吸收功能	代谢产生的水、食物中含有的水、饮用水
维生素	维生素 A（视黄醇）	参与正常视觉活动和上皮生长，促进骨骼发育，过量可致中毒	动物肝脏、鱼肝油、鱼卵、奶制品、禽蛋类、胡萝卜、绿叶蔬菜、水果等
	维生素 D	调节钙、磷代谢，促进钙、磷吸收，过量可致中毒	鱼肝油、海鱼、动物肝脏、蛋黄、奶油、乳酪、日光照射等
	维生素 E（生育酚）	抗氧化作用，保存红细胞完整性，参与 DNA 的合成	植物油、谷类、豆类、坚果类、绿叶蔬菜等
	维生素 K	参与凝血因子的合成	菠菜、白菜等，肠道菌群可合成
	维生素 B_1（硫胺素）	构成辅酶，参与碳水化合物代谢和能量生成，调节神经生理活动，维持心脏、神经及肌肉的正常功能	动物内脏、肉类、豆类、花生及未加工的谷类等
	维生素 B_2（核黄素）	构成体内多种氧化酶，激活维生素 B_6，与体内铁代谢有关	动物肝脏、动物肾脏、动物心、乳类、蛋类、豆类、蔬菜等
	维生素 B_6	参与多种酶系代谢，尤其是氨基酸代谢	禽类、动物肝脏、鱼类、坚果及豆类
	维生素 B_{12}（钴胺素）	形成辅酶，提高叶酸利用率，促进红细胞发育和成熟	肉类、鱼类、禽类、蛋类、贝壳类

续表

营养素		生理功能	来　源
矿物质	维生素 C（抗坏血酸）	促进胶原、抗体合成，参与胆固醇代谢，防治维生素 C 缺乏病，保护细胞膜，治疗贫血，促进铁吸收	新鲜蔬菜和水果
	叶酸	参与各种代谢，促进红细胞生成以及 RNA、DNA、蛋白质的合成	绿叶蔬菜、动物肝脏、动物肾脏、蛋类、牛肉、菜花及马铃薯等
	钙	构成骨骼和牙齿，维持肌肉、神经的正常兴奋性，激活酶反应，血液凝固，调节激素分泌	乳类及乳制品、豆类、芝麻酱、小虾米、海带、鱼类、坚果类
	磷	构成骨骼、牙齿、软组织的重要成分，调节能量释放，参与多种酶、辅酶的合成，调节酸碱平衡	瘦肉、禽类、蛋类、鱼类、坚果、海带、蔬菜、豆类
	铁	构成血红蛋白、肌红蛋白、细胞色素 A 的成分，与红细胞形成和成熟有关，促进抗体的产生及药物在肝脏的解毒	动物内脏、动物全血、禽类、肉类及鱼类
	锌	酶的组成成分或酶的激活剂，促进生长发育和组织再生，促进食欲，促进维生素 A 代谢，参与免疫功能	贝壳类海产品、红色肉类及动物内脏、蛋类、豆类及坚果
	碘	主要参与甲状腺素合成，缺乏可致呆小病（克汀病）或地方性甲状腺肿	海产品、碘盐

中国居民膳食营养参考日摄入量（2013 版）见表 9－2。

表 9－2　中国居民膳食营养素参考日摄入量 2013 版

元　素	单位	EAR1	RNI	AI1	PI1	UL1	NRV2
能量	kcal	2250	2400				2000
蛋白质	g	60	75				60
脂肪	g		75				<60
碳水化合物	g	120					300
水总摄入量	L			3			
钙	mg	650	800			2000	800
磷	mg	600	720			3500	700
钾	mg			2000	3600		2000
铁	mg	9	12			42	15
碘	ug	85	120			600	150
锌	mg	10.4	12.5			40	15
维生素 A	ugRE	560	800			3000	800
维生素 D	ug	8	10			50	5
维生素 E	MgaTE			14		700	14
维生素 K	ug			80			80
维生素 B_1	mg	1.2	1.4				1.4
维生素 B_2	mg	1.2	1.4				1.4
维生素 B_6	mg	1.2	1.4			60	1.4
维生素 B_{12}	ug	2	2.4				2.4
维生素 C	mg	85	100		200	2000	100
叶酸	ugDFE	320	400			1000	400

注：1. 数据适用 18～50 岁男性轻度活动水平，来源《中国居民膳食营养素参考摄入量速查手册 2013》，数字缺失处表示未制定该参考值。

平均需要量（EAR），推荐摄入量（RNI），宜摄入量（AI），预防非传染性慢性病的建议摄入量（PI），可耐受最高摄入量（UL）。当人群平均摄入量达到 EAR 水平时，人群中的半数个体的需要量得到满足；当摄入量达到 RNI 水平时，几乎所有个体都没有发生缺乏症的危险；RNI – UL 间为安全摄入范围；摄入量超过 UL 水平再继续增加，则产生毒副作用的可能性就随之增加。

2. 数据来源《食品营养标签管理规范》（卫生部 2008 年印发）营养素参考值（NRV）。

（三）膳食纤维

长期以来，人们只认为水、蛋白质、脂肪、糖类，维生素、矿物质是人类赖以生存的六大营养素，而忽视了膳食纤维对健康的重要性，近年来，其对人体的作用日益被揭示出来，被称为"第七营养素"。

中国营养学会在 2005 年 6 月举行了"膳食纤维的定义、方法和能量值"国际研讨会，参会专家达成共识，将膳食纤维（dietary fiber）定义为：植物性食物或原料中糖苷键 >3、不能被人体小肠消化和吸收、对人体有健康意义的不消化碳水化合物。包括部分非淀粉多糖（纤维素、半纤维素、木质素、植物黏质、果胶等）、抗性淀粉、葡聚糖以及其他部分低聚糖等。

膳食纤维在人类的饮食营养中的作用有以下几个方面。

1. 改善肠道环境 膳食纤维可影响肠内细菌代谢，维持肠道菌群的动态平衡。

2. 增进肠蠕动，预防大肠癌 膳食纤维可促进排便，减少有害代谢产物和外源食入的有害物质与肠壁接触的机会，预防大肠癌。

3. 控制血糖浓度，调节脂质代谢 经结肠细菌酵解后可产生短链脂肪酸，提供结肠黏膜所需能量，并可调节胃肠道神经系统功能，平衡激素水平，刺激消化酶分泌，控制血糖浓度，调节脂质代谢，降低血胆固醇，预防胆结石。

4. 避免进食过量 膳食纤维有助于延迟胃的排空，产生饱腹感，从而避免进食过量。

在谷类、薯类、豆类、蔬菜、水果等植物的根、茎、叶、花、果、种子中都含有丰富的膳食纤维。植物成熟度越高则膳食纤维含量就越多，谷类加工越精细则膳食纤维含量就越少。个体每日膳食纤维摄入量应达到 25～30g。

二、饮食、营养与健康的关系

合理的饮食与营养是人体维持健康的重要物质基础。而饮食不当、营养不足或营养过剩都可致病，如冠状动脉粥样硬化性心脏病、地方性甲状腺肿和癌症等。因此，饮食和营养对维持机体的健康有着十分重要的作用。

知识链接

全面膳食

《素问·五常政大论》所说的"谷肉果菜，食养尽之"和《素问·藏器法时论》所说的"五谷为养，五果为助，五畜为益，五菜为充，气味合而服之，以补精益气"。所谓全面膳食，就是要长期或经常在饮食内容上尽可能做到多样化，讲究荤素食、主副食、正餐和零散小吃，以及食与饮等之间的合理搭配。既不要偏食，也不要过食与废食。但是，对特殊人群或患者，也不主张采用与常人一样的饮食模式，可根据其不同的体质、职业、信仰与病情，做到审因用膳和辨证用膳。

（一）饮食和营养对维持健康的作用

1. 促进生长发育 科学、合理的饮食营养对身体发育起着决定性的作用，是维持生命活动的重要物质基础。人体不同时期对营养的需求是不同的（表9–3）。

表9-3 人体不同时期营养需求

时　期	生理特点	营养需要特点	特色问题
婴儿期	生长迅速，代谢旺盛，但消化、吸收功能不完善	需要高能量、高蛋白、高维生素、高矿物质饮食，以乳类为主	母乳喂养的婴儿需要补充维生素D和其他营养素，如维生素K、铁和氟化物；1岁以内的婴儿不应食用蜂蜜，以防造成致命性中毒
幼儿期（1～3岁）与学龄前期（3～6岁）	生长发育减慢，需要的能量减少，但蛋白质需要增加，一般1.5岁时食欲会下降	幼儿需以谷类为主，奶类、蛋类、鱼类、禽类、肉类、蔬菜、水果为辅的混合饮食，牛奶应坚持喝到2岁；学龄前儿童的饮食需要与幼儿相似，需要充足的钙，营养素的浓度比数量更重要	注意避免吃零食、挑食、偏食或暴饮暴食、饥饱不均等不良饮食习惯
学龄期儿童（6～12岁）	生长发育速度处于较慢、稳定的状态，每千克体重需要的能量减少	饮食应富含蛋白质、矿物质、维生素A和维生素B_2；早餐食量应相当于全日量的1/3，常可食用一些高脂肪、高糖的点心作为早餐	据统计，学龄期儿童有肥胖增加的趋势，需要健康教育的介入
青春期	需要增加能量以满足生长过程中代谢的需要，碳水化合物是能量的主要来源	蛋白质、钙的需要量增加；需要复合维生素B来支持高代谢活动；碘能提高甲状腺的功能，应食用含碘盐以确保碘的摄入	女孩需要铁来补充月经所丢失的量；男孩的肌肉发育也需要足够的铁；节食可能导致青春期女孩出现营养素缺乏
青年期与中年期	生长过程趋于结束，对多数营养素和能量的需要都会减少	铁和钙的摄入很重要；某些生理变化期，如女性的孕期和哺乳期，对一些营养素的需求量会大大增加，如蛋白质、钙、铁、维生素等	如果活动量减少，此期可能产生肥胖问题
老年期	代谢率降低，对能量的需要也下降，但对于维生素和矿物质的需要量保持不变	保证蛋白质、钙、铁的摄入，脂肪、胆固醇的摄入量不宜过多，减少甜食的摄入量，长期喝牛奶对于老年人也很重要	有些老年人由于牙齿脱落或使用义齿而造成进食困难；老年人口渴感觉可能下降，易导致液体摄入不足或脱水，应鼓励多饮水

2. 构成机体组织　构成机体组织的物质基础是各种营养素，蛋白质是构成人体细胞的重要成分，糖脂、磷脂是构成细胞膜的重要成分，糖类参与构成神经组织，维生素参与合成酶和辅酶，钙、磷是构成骨骼的主要成分等。

3. 供给能量　能量消耗贯穿于人体的各种生命活动中，这些能量来源于产能营养素。每克碳水化合物、脂肪、蛋白质在体内氧化后分别产生16.74kJ（4kcal）、37.66kJ（9kcal）、16.74kJ（4kcal）的能量。

4. 调节人体功能　人体功能活动是在神经系统、内分泌系统及各种酶的共同调节下完成的，各种营养素是构成上述调节系统的物质基础。人体所需任何一种营养素的缺乏都会影响人体的正常功能和新陈代谢等生命活动的正常进行。如巨幼细胞贫血是维生素B_{12}的缺乏影响了红细胞的发育和成熟导致的。此外，人体的代谢活动需要一个较为恒定的内环境，包括体液、酸碱度、电解质、渗透压等的平衡，适量的蛋白质、水和矿物质中的各种离子对此起重要的作用。

（二）中国居民平衡膳食宝塔

健康饮食的核心是平衡膳食、合理营养。平衡膳食（balanced diet）是指膳食中所含的营养素种类齐全、数量充足、比例恰当，所供给的营养素与机体的需要保持平衡。中国营养学会正式发布的《中国居民膳食指南（2007）》为人们提供了基本、准确的膳食信息，指导人们合理饮食，保持健康。其中的平衡膳食宝塔（图9-1）直观地告诉人们食物分类的概念和每日各类食物的合理摄入量。

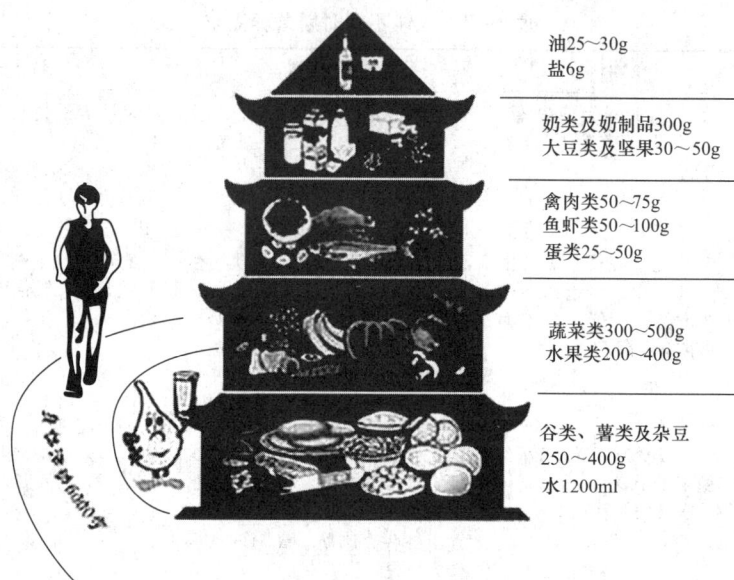

图 9 – 1　中国居民平衡膳食宝塔（2007）

油25~30g
盐6g

奶类及奶制品300g
大豆类及坚果30~50g

禽肉类50~75g
鱼虾类50~100g
蛋类25~50g

蔬菜类300~500g
水果类200~400g

谷类、薯类及杂豆
250~400g
水1200ml

三、饮食、营养与疾病痊愈的关系

人体患病时常有不同程度的代谢变化和营养不良，而患者的营养状况可影响治疗效果和转归。因此，合理的饮食与营养是治疗疾病、促进康复的重要措施。

知识链接

溶栓疗法

《素问·藏气法时论》根据脏腑的生理功能和生理特点，论述了五味对五脏产生的不同影响："肝苦急，急食甘以缓之；心苦缓，急食酸以收之；脾苦湿，急食苦以燥之；肺苦气上逆，急食苦以泄之；肾苦燥，急食辛以润之，开腠理，致津液通气也。肝欲散，急食辛以散之，用辛补之，酸泻之；心欲软，急食咸以软之；用咸补之，甘泻之；脾欲缓，急食甘以缓之，用苦泻之，甘补之；肺欲收，急食酸以收之，用酸补之，辛泻之；肾欲坚，急食苦以坚之，用苦补之，咸泻之。"

（一）补充额外损失和消耗的营养素

机体处在疾病应激状态时，会出现营养素或能量的消耗增加以及某些特定营养素的额外损失，针对性的饮食治疗可有效改善这一状态，及时、合理地调整营养素摄入量可增强机体的抗病能力，促进疾病痊愈和创伤组织修复、愈合。例如，能量消耗增加，蛋白质、水分大量丢失的大面积烧伤患者，给予高能量、高蛋白饮食并保证足够水分的摄入，可有效改善机体的营养状态，促进伤口愈合。

（二）辅助诊断和治疗疾病

临床上，试验饮食通过调整饮食辅助疾病诊断；如为了配合治疗，减轻脏器负荷、控制疾病的发展，可控制患者食物中某些营养素的摄入量。例如，糖尿病患者必须控制糖类的摄入量；心力衰竭患者应限制水与钠的摄入量。通过选择符合饮食治疗原则的食品、适当的烹调方法或提供特殊饮食，如要素饮食、胃肠外营养等，可有效地供给足够的、科学的营养，为疾病康复和手术、化学治疗等创造有利的条件。

第二节 医院饮食

案例引导

案例：患者，女，49岁，诉解黑色粪便3天，饮食差，容易疲劳，乏力，今日门诊求治。体检查红细胞3.0×10^{12}/L，粪便隐血（OB）（＋＋）。医师诊断：出血待查。

提问：根据医嘱患者要做粪便隐血试验，患者问护士，试验前饮食有何要求？检查有何准备？

一、基本饮食

基本饮食（routine diet）是其他饮食的基础，包括普通饮食（regular diet）、软质饮食（sofe diet）、半流质饮食（semi－liquid diet）及流质饮食（liquid diet）4种（表9－4）。基本饮食是医院中一切膳食的基本烹调形式，其他各种膳食均由此4种基本饮食变化而来。

表9－4 基本饮食

类别	适用范围	饮食原则	用法
普通饮食	病情较轻或疾病恢复期、胃肠功能正常、体温正常、无饮食限制者	与正常人饮食基本相同；营养平衡、色、香、味、美齐全，易消化，无刺激性的食物；限制油煎、坚硬、胀气食物及强刺激调味品	每日3餐，总能量为9.20～10.88MJ/d（2200～2600kcal/d），蛋白质70～90g/d，主、副食合理搭配
软质饮食	咀嚼不便、胃肠功能差、老年人、幼儿、低热、术后恢复期患者	以软烂、无刺激性、易消化食物为主；限制煎炸食品、粗纤维多的蔬菜、坚果；可以面条、馒头等为主食，切碎菜、肉煮烂	每日3～4餐，总能量为9.2～10.04MJ/d（2200～2400kcal/d），蛋白质60～80g/d
半流质饮食	发热、咀嚼与吞咽困难、口腔和胃肠道疾病及术后患者	半流体状食物；无刺激，易咀嚼、吞咽、消化的营养齐全、少纤维含量的食物；如面条、蒸鸡蛋、馄饨、米粥、肉末、菜末、豆腐等	每日5餐，总能量7.53MJ/d（1800kcak/d）左右，主食≤300g/d，蛋白质50～70g/d，少食多餐
流质饮食	高热、口腔疾病、急性传染病、吞咽困难、急性胃肠道疾病、肠道术前准备、大手术后患者、危重症或全身衰竭等患者	液体样易吞咽、消化的食物，如豆浆、肉汤、米汤、奶、菜汁、果汁等；注意甜咸相间	因所含能量、营养素不足，故只能短期使用。每日6～7餐，每餐液体量200～250ml，总能量3.35MJ/d（800kcal/d）左右，浓流质可达6.69MJ/d（1600kcal/d），蛋白质40～50g/d

注：MJ=239kcal，1kcal=4.184kJ

二、治疗饮食

治疗饮食（therapeutic diet）是指根据疾病治疗的需要，增加或减少某种营养素而适应病情，从而达到辅助治疗目的的一类饮食（表9－5）。主要包括高能量饮食（high fever diet）、高蛋白饮食（high protein diet）、低蛋白饮食（low protein diet）、低脂肪饮食（low fat diet）、低胆固醇饮食（low cholesterol diet）、低盐饮食（low salt diet）、无盐低钠饮食（low sodium salt diet）、少渣饮食（low residue or residue free diet）、高膳食纤维饮食（high dietary fiber diet）。

表 9 - 5　治疗饮食

类　别	适用范围	饮食要求
高能量饮食	适用于热能消耗较高的患者，如甲状腺功能亢进、肝炎、胆道疾病、结核、大面积烧伤等患者及产妇	高能量饮食在基本饮食的基础上加 2 次餐，可进食奶类、豆浆、蛋类、藕粉、巧克力、甜食等，总热能约 12.55MJ/d（3000kcal/d）
高蛋白饮食	适用于高消耗性疾病如烧伤、结核、恶性肿瘤、贫血、甲状腺功能亢进、肾病综合征、低蛋白血症等患者及孕妇、乳母	高蛋白饮食在基本饮食的基础上增加富含蛋白质的食物，如肉类、鱼类、蛋类、乳类、豆类等，蛋白质供应量为 1.5 ~ 2.0g/（kg·d），但总量不超过 120g/d，总热量 10.46 ~ 12.55MJ/d（2500 ~ 3000kcal/d）
低蛋白饮食	适用于限制蛋白质摄入者，如急性肾炎、尿毒症、肝性脑病等患者	肾功能不全者应摄入动物性蛋白质，忌用豆制品；肝性脑病者应以植物性蛋白为主。低蛋白饮食者应根据病情提供适当优质蛋白，如乳类、禽蛋、鱼类，成人饮食中蛋白质不超过 40g/d
低脂肪饮食	适用于肝、胆、胰疾病，高脂血症，动脉硬化，冠状动脉粥样硬化性心脏病、肥胖及腹泻等患者	低脂肪饮食者应禁食肥肉、蛋黄，少用油；高脂血症及动脉硬化患者不必限制植物油（椰子油除外）；脂肪量 < 50g/d，肝、胆、胰疾病患者 < 40g/d，尤其要限制动物脂肪的摄入
低胆固醇饮食	适用于高胆固醇血症、高血压、动脉粥样硬化、冠状动脉粥样硬化性心脏病等患者	低胆固醇饮食者禁用或少用含胆固醇高的食物，如动物内脏和动物脑、鱼子、蛋黄、肥肉和动物油等；胆固醇摄入量 < 300mg/d
低盐饮食	适用于急性肾炎、慢性肾炎、高血压、充血性心力衰竭、腹水、先兆子痫及各种原因所致的水钠潴留，但水肿较轻患者	低盐饮食者禁食用腌制食品如咸菜、皮蛋、火腿、香肠、咸肉等；食盐量不超过 2g/d，但不包括食物内自然存在的氯化钠
无盐低钠饮食	同低盐饮食适用范围，但水肿较重者	无盐饮食除食物内自然含钠量外，烹调时不用食盐，食物中含钠量 < 0.7g/d。低钠饮食：除无盐外，还须控制摄入食物中自然存在的含钠量（控制在 0.5g/d 以下）。二者均禁用腌制食品，还应禁用含钠食物和药物，如含碱食品油条、挂面、汽水（含碳酸氢钠）和碳酸氢钠药物等
少渣饮食或无渣饮食	适用于肠炎、伤寒、痢疾、腹泻、风湿热、咽喉部和胃肠道术后、食管 - 胃底静脉曲张等患者	少渣饮食或无渣饮食者禁用或少用含膳食纤维多的食物，不用刺激性强的调味品及坚硬带碎、鱼刺的食物，如韭菜、粗粮等，可食用蛋类、嫩豆腐等
高膳食纤维饮食	适用于便秘、肠蠕动减弱、肥胖症、高脂血症、糖尿病等患者	高膳食纤维饮食者宜选择含膳食纤维多的食物，如韭菜、芹菜、卷心菜、粗粮、豆类等

三、试验饮食

试验饮食（test diet）又称诊断饮食，在特定时间内，通过对饮食内容的调整以协助疾病的诊断和提高实验检查结果的正确性（表 9 - 6）。试验饮食包括隐血试验饮食（occult blood test diet）、胆囊造影饮食（cholecystography test diet）、肌酐试验饮食（creatininetest diet）、尿浓缩功能试验（urine test）、忌碘饮食（avoid iodine diet）或甲状腺[131]I 试验饮食、尿浓缩功能试验（urine test）饮食。

表 9 - 6　试验饮食

饮食种类	适用范围	饮食及试验方法
隐血试验饮食	用于大便隐血试验的准备，以协助诊断有无消化道出血	试验期 3 天，试验期间禁止食用易造成隐血试验假阳性的食物，如肉类、动物血、绿色蔬菜、含铁药物；可进食牛奶、豆制品、马铃薯、白菜、米饭、面条、馒头等。第 4 天留取患者粪便做隐血试验

饮食种类	适用范围	饮食及试验方法
胆囊造影饮食	用于 X 线或 B 超检查胆囊及胆管的形态和功能的患者	造影前一日：中餐进高脂肪食物，以刺激胆囊收缩、排空，助于造影剂进入；晚餐进无脂肪、低蛋白、高碳水化合物饮食；晚 8 时口服造影剂后禁食、禁水、禁烟。检查当日：禁早餐；第 1 次 X 线摄片，胆囊显影后，进高脂肪餐（2 个油煎荷包蛋或巧克力含脂肪量 25～50g），30 分钟后第 2 次 X 线摄片，观察胆囊收缩情况
肌酐试验饮食	用于协助检查、测定肾小球的滤过功能	素食 3 天，禁食肉类、禽蛋类、鱼类等，禁止喝茶与咖啡，限制蛋白质摄入，量 <40g/d，全天主食不超过 300g，多进蔬菜、水果、植物油，可添加藕粉和含糖的甜点心等；第 3 天留取 24 小时尿液测尿肌酐清除率，并留取抗凝血 2ml 测血浆肌酐含量
忌碘饮食或甲状腺[131]I 试验饮食	甲状腺[131]I 测定，用于协助检查甲状腺功能，排除外源性摄入碘对检查结果的干扰，明确诊断	试验期为 2 周，试验期间禁服含碘食物如海带、海蜇、紫菜、海鱼、虾、加碘食盐等；禁接触碘酊。2 周后做[131]I 功能测定
尿浓缩功能试验	用于测定肾小管浓缩与稀释尿液功能	试验期为 1 天，控制全天饮食中的水分总量在 500～600ml，禁饮水及含水量高的食物，避免食用过甜、过咸的食物，蛋白质供应量为 1g/（kg·d）。临床实验室仍然测定尿液比重（specific gravity）作为尿液浓缩或稀释的指标，正常值为 1.015～1.025，当限制饮水时可达 1.025 以上

第三节　营养状况的评估

案例引导

　　案例： 患者，男，19 岁，高考补习 2 年仍未考上理想学校，最近倦怠、易疲劳、消瘦严重，体重减轻约 10kg。以营养不良收入住院。体格检查：头发缺乏自然光泽、锁骨上窝凹陷、肩胛骨突出。

　　提问： 评估该患者身体状况应做哪些人体测量？哪些生化指标测量？

　　护士及时正确地检查患者营养状况、评估膳食组成、了解和掌握患者现存的或潜在的营养问题，这对于选择恰当的饮食治疗与护理方案、改善患者的营养状况及促进患者的康复具有重要的指导意义。护士营养评估是健康评估的重要组成部分。

一、影响因素的评估

　　影响饮食与营养的因素有身体因素、心理因家及社会因素等。

（一）身体因素

1. 生理因素

　　（1）年龄　人在生长发育过程中的不同阶段对热能及营养素的需要量有所不同。婴幼儿生长速度快，需要高蛋白、高维生素、高矿物质及高热量饮食；母乳喂养的婴儿还需要补充维生素 E、铁等营养素。幼儿及学龄前期儿童应确保摄入充足的脂肪酸，以满足大脑及神经系统的发育。青少年需摄入足够的蛋白质、维生素和微量元素如钙、铁、碘等。老年人新陈代谢慢，每日所需的热量减少，但对钙的需求增加。不同年龄阶段的患者对食物质地的选择也有差异，如婴幼儿咀嚼及消化功能尚未完善、老年人咀嚼及消化功能减退，应给予软质、易消化食物。另外，不同年龄阶段的患者可有不同的饮食喜好。

（2）活动量　活动强度、工作性质、工作条件不同，热能消耗也不同。活动量大的个体对热能及营养素的需求大于活动量小的个体。

（3）身高和体重　一般体格健壮、高大的个体对营养素的需求量较高。

（4）特殊生理状况　处于妊娠期、哺乳期的女性对营养的需求显著增加，同时会有饮食习惯的改变。妊娠期女性摄入营养素的比例应均衡，同时需要增加蛋白质、铁、碘、叶酸的摄入量，在孕期的后三个月尤其要增加钙的摄入量。哺乳期女性在每日饮食的基础上需再加500kcal热量，对蛋白质等物质的需要量增加到65g/d，同时应注意 B 族维生素、维生素 C 的摄入。

2. 病理因素

（1）疾病影响　许多疾病可影响患者对食物及营养的摄取、消化、吸收及代谢。某种原因引起患者味觉、嗅觉异常，可影响其食欲，导致营养摄入不足；若身体疼痛不适引起焦虑、悲哀等不良情绪，也可影响患者食欲。

（2）食物影响　某些人对特定的食物如牛奶、海产品等过敏，可出现腹泻、哮喘、荨麻疹等过敏反应，影响营养的摄入和吸收。患病后的用药也会影响患者的饮食及营养；有的药物可增进食欲，如盐酸赛庚啶、胰岛素、类固醇类药物等；有的药物可降低食欲，如非肠溶性红霉素、氯贝丁酯等。

（二）心理因素

一般情况下，忧虑、恐惧、悲伤等不良情绪可引起交感神经兴奋，抑制胃肠道蠕动及消化液的分泌，使人食欲降低，引起进食过少、偏食、厌食等。愉快、轻松的心理状态则会促进食欲。有些患者在不正常的心理状态下有进食的欲望，如在孤独、焦虑时就想吃食物。

（三）社会因素

1. 经济状况　经济状况直接影响人们对食物的选择，从而影响其营养状况。经济状况较差者应防止营养不良，而经济状况良好者容易营养过剩。

2. 饮食习惯　每个人饮食习惯受民族、宗教信仰、社会背景、文化习俗、地理位置、生活方式等的影响。不同地域、民族、宗教信仰的人可能有不同的饮食禁忌。如东北喜食酸菜，其中含有较多的亚硝胺类物质，易发生消化系统肿瘤；嗜好饮酒者，长期大量饮酒可使食欲减退，导致营养不良；饮食习惯不佳，如偏食、吃零食等，可造成某些营养素的摄取量过多或过少，导致营养不平衡。

3. 饮食环境　进食时环境、食具的洁净程度和食物的色、香、味等都可影响人们对食物的选择及摄入。

4. 营养知识　正确的营养知识有助于人们摄入平衡的饮食和营养。如果生活中患者存在关于饮食营养知识方面的误区，就可能出现不同程度的营养失调。

二、饮食状况的评估

饮食状况的评估资料可用于患者的个体化分析，利于对其个体营养素需要量的确定和整体营养情况的评估。饮食状况的评估主要包括以下几个方面患者的资料收集、评估。

1. 生理资料　患者的年龄、性别、身高、体重、活动量等资料。

2. 心理资料　患者的情绪变化情况。

3. 社会资料　患者的经济、文化、宗教信仰等资料。

4. 病理资料（或疾病资料）　有无影响进食的胃肠道疾病、口腔疾病等或是否服用药物。

5. 摄食资料　用餐时间长短，用餐时间过短会使咀嚼不充分，从而影响营养素的消化与吸收；摄入食物的种类、量、餐次、补品使用情况等，应注意评估患者摄入食物相互比例是否适宜，是否易被人体消化、吸收。

（六）评估食欲

注意评估患者食欲有无改变，若有改变，注意查找、分析原因。

三、身体状况的评估

（一）体格检查

通过对患者的外貌皮肤、毛发、指甲、骨骼和肌肉等方面的评估，可初步确定患者的营养状况（表9-7）。

表9-7　不同营养状况的身体征象

部　位	营养不良	营养良好
外貌	消瘦、发育不良、缺乏兴趣、倦怠、易疲劳	发育良好、精神状态佳、有活力
皮肤	无光泽、弹性差、肤色苍白或色素沉着	皮肤有光泽、弹性良好
毛发	缺乏自然光泽、干燥、稀疏、焦脆	有光泽、浓密
指甲	粗糙、无光泽、易断裂、甲床苍白	粉色、坚实
口唇	肿胀、口角炎症、唇色异常	柔嫩、无裂口、口唇红润
骨骼和肌肉	肌肉松弛无力、皮下脂肪薄、肋间隙及锁骨上窝凹陷、肩胛骨和髂骨突出	骨骼无畸形、肌肉结实、皮下脂肪丰满、有弹性

（二）人体测量

人体测量的目的是通过个体的生长发育情况了解其营养状况。测量的项目有身高、体重、头围、胸围、上臂围、小腿围及一些特定部位的皮褶厚度。其中最常用的是身高、体重、皮褶厚度和上臂围。

1. 身高、体重　身高和体重是综合反映生长发育及营养状况的最重要的指标。由于身高、体重除受营养因素影响外，还受遗传、种族等多方面因素的影响，因此在评价营养状况时需要测量身高、体重，并用测得的数值与人体正常数值进行比较。先测量出患者的身高、体重，然后按公式计算出标准体重，并计算出实测体重占标准体重的百分数。百分数在±10％之内为正常；±10％～±20％为超重或消瘦；超过+20％为肥胖；低于-20％为明显消瘦。

标准体重的计算公式

我国常用的标准体重的计算公式为Broca公式的改良公式：

男性，标准体重（kg）＝身高（cm）－105

女性，标准体重（kg）＝身高（cm）－105－2.5

实际体重占标准体重的百分数计算公式：

（实测体重－标准体重）÷标准体重×100％＝10％

近年来还采用体重和身高的比例来衡量体重是否正常，称为体重指数（BMI），即体重（kg）／［身高（m）］^{2} 比值。按照WHO的标准，体重指数18.5～24.9为正常，≥25为超重，≥30为肥胖；＜18.5为消瘦。亚洲标准：≥23为超重，≥25为肥胖。中国标准：18.5～23.9为正常，≥24为超重，≥28为肥胖。

2. 皮褶厚度　又称皮下脂肪厚度，反映身体脂肪含量，对判断消瘦或肥胖有重要意义。WHO推荐的常用测量部位有肱三头肌部，即左上臂背侧中点上2cm处；肩胛下部，即左肩胛下角下方2cm处；腹部，即距脐左侧1cm处。测量时选用正确的皮褶计，测定3次取平均值。

测肱三头肌皮褶厚度最常用，其正常参考值为：男性 12.5mm，女性 16.5mm。所测数据可与同年龄的正常值相比较，较正常值少 35% ~40% 为重度消瘦，25% ~34% 为中度消瘦，24% 以下为轻度消瘦。

3. 上臂围 上臂中点位置的周长是上臂围。可反映肌蛋白储存和消耗程度，是快速而简便的评价指标，也可反映热能代谢的情况。我国男性上臂围平均为 27.5，测量值 >标准值 90% 为营养正常，80% ~90% 为轻度营养不良，60% ~80% 为中度营养不良，<60% 为严重营养不良。

四、生化指标及免疫功能的评估

实验室指标检验可以测定人体内各种营养素水平，是评价人体营养状况的较客观指标，以早期发现亚临床营养不足。常用方法有测量血、尿中某些营养素或排泄物中代谢产物的含量，如血、尿、粪常规检验；血清蛋白、血清转铁蛋白、血脂、血清钙的测定；电解质、pH 等的测定；亦可进行营养素耐量试验或负荷试验或根据体内其他生化物质检查间接推测营养素水平等。常用的检查包括生化指标（血清蛋白质水平、氮平衡试验）及免疫功能测定。

（一）血清蛋白质水平

血清蛋白质水平是指对身体脏器内蛋白质存储量的估计。血清蛋白质种类很多，包括血红蛋白、清蛋白、转铁蛋白等。血红蛋白低为缺铁性贫血的表现；清蛋白是临床上评价蛋白质营养状况的常用指标之一，变化较慢，正常值为 35 ~55g /L；测定血清转铁蛋白是反映内脏蛋白情况的一种检查方法，是评价蛋白质营养状况较敏感的一项指标，可用放射免疫法直接测定，也可通过测量总铁结合力推算，转铁蛋白 = 总铁结合力 ×0.8 – 43。

（二）氮平衡试验

常用于观察患者在营养治疗过程中的营养摄入是否足够，了解蛋白质分解代谢的情况。试验方法为：测定患者 24 小时摄入氮量与总氮丧失量的差值，负数表示负氮平衡。

（三）免疫功能测定

免疫功能不全是脏器蛋白质不足的另一指标，主要包括总淋巴细胞计数及迟发性超敏反应测定。

1. 总淋巴细胞计数（total lymphocyte count，TLC） 即周围血液中淋巴细胞总数，是评价细胞免疫功能的简易方法，其正常值为（2.5 ~3.0）×10^9/L，（1.5 ~1.8）×10^9/L 为轻度营养不良，（0.9 ~1.5）×10^9/L 为中度营养不良，<0.9×10^9/L 为重度营养不良。

2. 迟发性超敏反应（delayed hypersensitivity，DHT） 测定时可用抗原如结核菌素、白色念珠菌抗原、腮腺炎病毒、链球菌激酶 – 链球菌脱氧核糖核苷酸、植物血凝素等各 0.1ml 分别做皮内注射，24 ~48 小时后观察反应，营养不良的患者往往反应低下，皮肤风团 <5mm；风团 >5mm 者为阳性。皮肤试验中有两项阳性反应者，表示细胞免疫有反应性。

第四节　患者的一般饮食护理

案例引导

案例：患者，女，60 岁，因视物不清 3 年、加重 1 个月余，以白内障收入院。白内障手术后 6 小时。

提问：进食过程中，护士该如何协助患者进餐？

实施整体护理计划的重要一环就是对患者进行膳食管理,护士应了解患者的饮食习惯,结合疾病的特点对患者的饮食及营养需要做出评估,制订有针对性的营养计划,帮助患者摄入足量、合理的营养素,以促进患者康复。

一、病区的饮食管理

患者入院后,医师根据患者病情开出饮食医嘱,确定患者所需的饮食种类。护士根据医嘱填写入院饮食通知单,送交营养室,并写在病区的饮食单上,同时在患者的床头或床尾注上相应标记,作为分发饮食的依据。

因病情需要更改饮食时,如半流质饮食改为软质饮食,术前需要禁食或病愈出院需要停止饮食等,需由医师开出医嘱,护士按医嘱填写饮食更改通知单或饮食停止通知单,送交订餐人员或营养室,由其做出相应处理。

二、患者的饮食护理

(一)患者进食前的护理

1. 饮食教育 由于饮食习惯不同或缺乏营养知识,患者可能对医院的某些饮食不理解,不接受。护士应根据患者所需的饮食种类对患者进行解释和指导,说明意义,明确可选用和不宜选用的食物及进餐次数等,取得患者的配合。饮食指导时应尽量符合患者的饮食习惯,根据具体情况指导帮助患者摄取合理的饮食,尽量用一些患者容易接受的食物代替限制的食物。使用替代的调味品或佐料,以使患者适应饮食习惯的改变。

2. 进食环境准备 舒适的进食环境可使患者心情愉快、增进食欲。进食的环境应以清洁、整齐、空气新鲜、气氛轻松愉快为原则。

(1)进食前暂停非紧急的治疗、检查、护理工作。

(2)病室内如有病情危重的患者,应以屏风遮挡。

(3)整理床单位,去除不良气味,避免不良视觉效果,如饭前30分钟开窗通风、移去便器等,对于病房内不能入厕的患者,饭前30分钟给予便盆排尿或排便,使用后应及时撤除,开窗通风,防止因病室内残留不良气味而影响食欲。

(4)多人共同进餐可促进患者的食欲。如条件允许,应鼓励患者在病区餐厅集体进餐或鼓励同病室患者共同进餐。

3. 护士的准备

(1)洗手,衣帽整洁。

(2)核对(患者、饮食单、饮食种类)饮食。

(3)掌握好特殊饮食患者的饮食要求,核对、记录并做好交接班。

4. 患者准备 进食前患者感觉舒适会有利于患者进食。因此,在进食前,护士应协助患者做相应的准备工作。

(1)减少或去除各种引起不舒适的因素 疼痛患者给予适当的镇痛措施;高热者给予降温;敷料包扎、固定过紧或过松者给予适当调整;因固定的特定姿势引起疲劳时,应帮助患者更换卧位或在相应部位给予按摩。

(2)改善患者的不良心理状态 对于焦虑、忧郁者给予心理指导;条件许可时,可允许家人陪伴患者进餐。

(3)协助患者洗手、漱口 对病情严重的患者给予口腔护理,以促进食欲。

(4)协助患者采取舒适的进餐姿势 如病情允许,可协助患者下床进食;不便下床者,可安排坐位或半坐位，并于床上摆放小桌进餐；卧床患者可安排侧卧位或仰卧位（头转向一侧），并给予适当支托。

（5）征求患者同意后将治疗巾或餐巾围于患者胸前，以保持衣服和被单的清洁，并使患者做好进食准备。

（二）患者进食时的护理

1. 核对工作 护士根据饮食单上的饮食要求协助配餐员及时将热饭、热菜准确无误地分发给每位患者。

2. 鼓励并协助患者进食 患者进食期间护士应巡视，同时鼓励或协助患者进食，床尾挂上标记，做好交接班。

（1）检查治疗饮食、试验饮食的实施情况，并适时给予督促；随时征求患者对饮食制作的意见，并及时向营养室反映。访客带来的食物，需经护士检查，符合治疗、护理原则的方可食用，必要时协助加热。

（2）进食期间，护士可及时、有针对性地解答患者在饮食方面的问题，逐渐纠正其不良饮食习惯。

（3）鼓励卧床患者自行进食，并将食物、餐具等放在患者伸手可及的位置，必要时护士应给予帮助。

（4）对不能自行进食者，应耐心喂食，不要催促患者，以便于其咀嚼和吞咽。每次进食的温度要适宜，防止烫伤。饭和菜、固体和液体食物应轮流喂食。进流质饮食者，可用吸管吸吮。

（5）对双目失明或眼睛被遮盖的患者，除遵循以上喂食要求外，应告诉患者喂食内容以增加其进食的兴趣。如患者要求自己进食，可按时钟平面图放置食物，并告知方向、食品名称，利于患者按顺序摄取，如（图9-2）6点的位置放饭，12点的位置放汤，3点的位置及9点的位置放菜等。

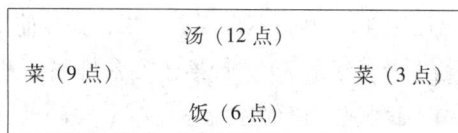

	汤（12点）	
菜（9点）		菜（3点）
	饭（6点）	

图9-2 食物放置平面图

（6）对于需要增加饮水量者，应督促患者在白天饮入一天总饮水量的3/4，以免夜间饮水过多，排尿次数增加而影响睡眠；嘱患者少量、多次饮水，并注意改变液体种类，以保证液体的摄入。对限制饮水量者，患者床边应有限水标记，若患者口干，可用滴水湿润或湿棉球湿润口唇黏膜，若病情允许可采用含用冰块、酸梅等方法刺激唾液分泌而止渴。

3. 特殊问题处理 进食过程中出现的特殊问题，应及时有效处理。

（1）恶心：患者在进食过程中出现恶心，暂停进食，可鼓励其做深呼吸。

（2）呕吐：患者发生呕吐，应及时将患者头偏向一侧，防止呕吐物进入气管内；尽快清除呕吐物并及时更换被污染的被服等；开窗通风，去除室内不良气味；帮助患者漱口或给予口腔护理，以去除口腔异味；对不愿意继续进食者，可保存好剩下的食物待其愿进食时给予；观察呕吐物的性质、颜色、量和气味等并做好记录。

（3）呛咳：嘱患者在进食过程中应细嚼慢咽，不要边进食边说话，以免发生呛咳。若发生呛咳，应帮助患者拍背；若异物卡在喉部，应及时在腹部剑突下、肚脐上用手推挤数次，使异物排出，防止发生窒息。患者出现窒息状态，应立即采取膈下腹部冲击法（即海姆立克手法，Heimlich maneuver）急救。同时，通知医师，协助做好其他急救准备。

海姆立克急救法

食物、异物卡喉常见于进食或口含异物时嬉笑、打闹或啼哭而发生，尤其多见于儿童。由于食物或异物嵌顿于声门或落入气管，造成患者窒息或严重呼吸困难，表现为突然呛咳、不能发音、喘鸣、呼吸急促、皮肤发绀，严重者可迅速出现意识丧失，甚至呼吸心搏停止。一旦发生这种情况，千万不要叩击患者的背部，应在迅速与医院联系或将患者转送医院的同时，立即对其进行现场急救。

原理：利用冲击腹部——膈肌下软组织，被突然地冲击，产生向上的压力，压迫两肺下部，从而驱使肺部残留空气形成一股气流。这股带有冲击性、方向性的长驱直入于气管的气流，就能将堵住气管、喉部的食物硬块等异物驱除，使人获救。

受害者站着或坐着：救护者站在受害者身后，从背后抱住其腹部，双臂围环其腰腹部，一手握拳，拳心向内按压于受害人的肚脐和肋骨之间的部位；另一手成掌捂按在拳头之上，双手急速用力向里向上挤压，反复实施，直至阻塞物吐出为止。

受害者躺倒在地，由于缺氧而不省人事：救护者托住受害者背部使之仰卧，两足左右分开跪于受害者臀部两侧，一手以掌根按压肚脐与肋骨之间的部位，另一手掌覆盖其手掌之上，用力迅速挤压，反复至咽喉异物排出。

自己是受害者，孤立无援：用自己的拳头和另一只手掌猛捅，或用圆角或椅背快速挤压腹部。在这种情况下，任何钝角物件都可以用来挤压腹部，使阻塞物排出。

受害者是1岁以下的婴儿：救护者坐在地上，将婴儿仰卧于大腿上或坚固的表面上，或者让婴儿坐在大腿上，面朝救护者，用双手的食指和中指反映做"挤压器"，迅速轻柔地向里向上挤压。

受害者溺水后被噎：托扶其背使之面部朝一侧卧躺，救护者两足分开跪在受害者臀部两侧，双手成掌置于受害者膈部，在肋骨下面向里向上推按，可以挤出肺里的进水，使受害者心肺易于复苏。

此方法虽有一定的效果，但也可能带来一定的危害，尤其对老年人，因其胸腹部组织的弹性及顺应性差，故易导致损伤的发生，如腹部或胸腔内脏的破裂、撕裂及出血、肋骨骨折等，故发生呼吸道堵塞时，应首先采用其他方法排除异物，在其他方法无效且患者情况紧急时才能使用该法。

（三）患者进食后的护理

1. 进餐结束后，督促和协助患者洗手、漱口或做口腔护理。

2. 及时整理床单位，收回餐具。

3. 评估患者特殊饮食是否达到要求，根据需要做好出入量的记录。

4. 对于未进食患者，应了解原因，以便于改变饮食或采取其他护理措施。对暂需禁食、延食的患者，应做好交接班。

第五节　特殊饮食护理

案例引导

案例： 患者，男，65 岁，因脑血管意外昏迷入院，需鼻饲饮食。

提问： 1. 对该患者插管时应特别注意什么？证实胃管在胃内的方法有哪些？

　　　　2. 叙述灌注鼻饲前后均需注入少量温开水的理由。

对于不能正常摄食的患者，应采取特殊方式进行营养支持，临床上包括肠内营养支持和肠外营养支持。

肠内营养（enteral nutrition，EN）是指通过胃肠道提供人体所需营养素的方法。根据供给方式，可将肠内营养分为口服营养和管饲营养；根据氮的来源，可将肠内营养制剂分为非要素制剂、要素制剂和组件制剂。

肠外营养（parenteral nutrition，PN）是指通过静脉途径提供人体所需营养素的方法。根据静脉置管方式，可分为中心静脉营养和周围静脉营养；根据患者营养素需要的程度，可将肠外营养分为全肠外营养（total parenteral nutrition，TPN）和部分肠外营养（partial parenteral nutrition，PPN）。

一、管饲饮食

管饲饮食（tube feeding）是指通过导管（包括鼻肠管、鼻胃管或造口导管）将营养制剂灌入胃肠道内的营养支持方法。导管插入的途径有鼻－胃、口－胃、鼻－肠、造口。管饲饮食的营养液在营养素组成及营养密度方面不同，其种类包括标准蛋白质配方、水解蛋白质配方、特殊疾病配方等。标准蛋白质配方适用于消化和吸收功能未改变者；水解蛋白质配方适用于消化和吸收功能较弱者。特殊疾病的管饲饮食营养液是在某些营养素的组成或能量密度方面有所改变。几乎所有的管饲饮食营养液配方都不含乳糖。本章介绍临床实施管饲饮食最常用的方法，经鼻胃管的饮食即鼻饲法。

鼻饲法（nasogastric gavage）是将导管经鼻腔插入胃内，从胃管内输注流质食物、营养液、水和药物，以维持患者营养、达到治疗需要的技术。鼻饲术适应证包括：①不能经口进食者，如昏迷、口腔疾病、口腔术后、有吞咽和咀嚼困难的患者；不能张口的患者，如破伤风患者；②早产儿、病情危重的患者；③绝食患者。鼻饲术禁忌证包括：①食管－胃底静脉曲张患者；②食管癌和食管梗阻患者。

【目的】

经胃管输注食物、药物以维持患者营养和治疗。

【评估】

1. 核对医嘱　操作前认真核对医嘱，患者的床号、姓名，饮食种类、量。

2. 患者评估

（1）全身状况　患者意识状态、活动能力、营养状态情况，有无咀嚼、吞咽困难。

（2）局部状况　鼻腔黏膜有无肿胀、炎症、出血，有无鼻中隔偏曲、鼻息肉、活动义齿，有无食管疾病。

（3）心理状态　有无焦虑、悲伤及忧郁反应，对鼻饲的认识与合作程度。

（4）健康知识　患者对自身疾病、营养知识的认知情况；对鼻饲的目的及注意事项是否了解。

【准备】

1. 操作者准备 着装整洁，洗手，戴口罩。熟悉鼻饲知识。

2. 患者准备 患者了解鼻饲的目的、操作过程及需配合的事项。能自理的患者清洗口鼻部。

3. 环境准备 屏风遮挡，请无关人员回避，保持合适的室温。

4. 用物准备

（1）消毒鼻饲包1个，内备橡胶胃管（图9-3）或硅胶胃管1根（图9-4）、治疗碗或弯盘2只、压舌板1支、纱布数块、50ml注射器（或灌注器）1副、镊子1把。

（2）治疗盘1个，内备鼻饲液（38～42℃）200ml、温开水适量、棉签1包、胶布1卷、调节夹或血管钳（夹管用）1把、听诊器1副、液状石蜡适量、无菌手套1副、别针1～2个、餐巾纸适量、水温计1支、手电筒1把、治疗巾或餐巾纸1块、弯盘1个、漱口（备吸管）或口腔护理用物1套、无菌手套1副。

（3）拔管盘1套，包括75%乙醇溶液适量（按需备）、松节油适量（按需备）、棉签1包、纱布数块、治疗巾或餐巾1块、餐巾纸适量、弯盘1个、漱口或口腔护理用物1套、无菌手套1副

图9-3 橡胶胃管   图9-4 硅胶胃管

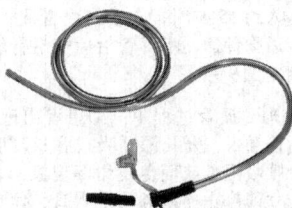

【实施】

1. 操作方法

操作步骤	要点与说明
（1）核对，解释（为清醒患者插管） 备齐用物，携至患者床旁，根据医嘱查对患者的姓名、床号及腕带，向患者解释操作的目的、过程及配合方法	·严格查对 ·减轻患者的焦虑，取得理解并配合护士完成操作
（2）安置患者 询问是否需要用便器及隔帘。根据病情，协助患者取半卧位或坐位，无法坐起者取右侧卧位，头颈部自然伸直。取下眼镜或义齿并妥善放置	·半卧位或坐位可减轻胃管通过鼻咽部时的呕吐反射，使之易于插入；如果患者呕吐，也可防止窒息 ·插管刺激可致流泪，取下眼镜便于擦拭，取下义齿可防止脱落误吞
（3）铺巾置盘 将治疗巾围于患者颌下，并将弯盘置于口角旁，将餐巾纸放在便于取用处	·防止污染被服和患者衣物 ·随时用餐巾纸擦净面部以维持患者自尊
（4）选择、清洁鼻腔 观察鼻腔，选择通畅的一侧，用湿棉球清洁鼻腔	·如有鼻腔疾病，应选择健侧
（5）测量、润滑	
①备胶布2～3条	·用于固定胃管
②打开鼻饲包，戴手套，用空注射器注入胃管少量空气	·防止手污染胃管，如未戴手套用镊子夹持 ·检查胃管是否通畅

操作步骤	要点与说明
③测量胃管插入长度，并做一标记	▲成人：自额前发际至剑突的距离或自鼻尖经耳垂至剑突的距离（图9-5），或参照胃管上刻度，保证胃管前端达到胃内，一般成人插入长度为45~55cm ▲小儿：眉间至剑突与脐中点距离，插入长度为14~18cm
④用液状石蜡润滑胃管的前端	·减轻插管时的摩擦力 ·如为一次性末端带盖胃管，应关闭管盖
（6）插胃管	
①为清醒患者插管：左手托住胃管，右手持胃管前端，沿选定侧鼻孔先稍向上平行，再向后下缓缓插入；插入10~15cm（咽喉部）时，嘱患者做吞咽动作，同时顺势将胃管轻轻插入	·鼻腔内有丰富的海绵状静脉组织，易损伤出血，插管要轻、慢，注意避开鼻中隔前下部的（易出血区） ·向后下缓慢推进，可避免刺激咽后壁而引起恶心 ·吞咽时软腭上举，关闭鼻咽部；会厌肌、提咽肌收缩及舌体后缩使会厌覆盖喉入口；喉上提，声门关闭，胃管越过会厌经梨状窝进入食管 ·吞咽动作可帮助胃管顺利进入食管，并减轻患者对操作的恐惧 ·不能配合做吞咽动作的患者可饮少量温开水以利胃管顺利进入食管
②为昏迷患者插管：插管前先去枕并使患者头后仰，当胃管插入约15cm时，左手将患者枕、头部托起，使下颌靠近胸骨柄，将胃管沿后壁滑行缓慢插入至预定长度（图9-6）	·头后仰便于胃管沿咽后壁下行，以免误入气管 ·下颌靠近胸骨柄可增大咽喉部通道的弧度，便于胃管顺利通过会厌部 ·颈椎骨折患者禁用此法
（7）观察处理 插管过程中：①患者出现剧烈恶心、呕吐，可暂停插入，嘱其深呼吸或张口呼吸；②患者出现咳嗽、呼吸困难或面色发绀等现象，表明胃管误入气管，应立即停止插入并撤出胃管，休息片刻再重新插入；③继续插入到预定长度，如遇阻力可将胃管抽回一小段，再小心插入	·降低迷走神经兴奋性，减轻膈肌收缩 ·插入不畅时可用手电筒及压舌板检查患者的咽部，了解胃管是否盘在口咽部 ·通过食管3个狭窄处易遇阻力；食管入口处距切牙约15cm；平气管分叉处，距切牙约25cm；穿膈肌食管裂孔处，距切牙约40cm ·减轻不适，以防造成损伤
（8）确定 胃管在胃内：①抽：用注射器抽吸到胃内容物；②听：向胃管内注入10ml空气，置听诊器在左上腹胃部听到气过水（图9-7）；③看：将胃管末端置于盛水治疗碗内，无气泡逸出	
（9）固定胃管 用胶布将胃管固定在鼻翼及面颊部，脱去手套	·防止胃管移动或滑出
（10）鼻饲喂食	
①确定胃管在胃内，接注射器于胃管末端，注入少量温开水	·每次鼻饲前应确定胃管在胃内 ·了解有无胃潴留及导管堵塞 ·温开水可湿润、清洁管腔，防止食物黏附于管壁 ·鼻导管吸氧患者，勿将胃管与吸氧管混淆
②遵医嘱缓慢灌入鼻饲液或药物	·灌入速度应缓慢 ·两次鼻饲间隔时间不少于2小时，每次鼻饲量不超过200ml ·注入药物应研碎、溶解 ·鼻饲液避免过冷或过热 ·防止凝块发生，新鲜果汁与奶液应分别灌入
③每次用注射器抽吸鼻饲液时，应折返胃管末端，灌注前应排尽注射器内的空气	·因导管内容物反流或空气进入容器造成腹胀 ·如为一次性末端带盖胃管，每次可关闭管盖
④鼻饲完毕，再次注入少量温开水	·冲净胃管，避免食物存于管腔中干结变质，造成胃肠炎或堵塞管腔
⑤反折胃管末端或关闭胃管末端管盖并用纱布包好，用别针固定于大单、枕旁或患者衣领处	·防止食物反流 ·防止胃管脱出

续表

操作步骤	要点与说明
⑥洗净注射器，放入治疗盘内，盖好备用	·所有用物应每日消毒或更换 1 次
（11）整理记录	
①清洁口、鼻腔，整理用物、床单位，嘱患者维持原卧位 20～30 分钟	·保持口鼻清洁，增加舒适感 ·剧烈变换体位容易呕吐 ·避免搬动患者 ·长期鼻饲者应给予口腔护理，每日 2 次 ·长期鼻饲者应每日用油膏涂拭鼻腔黏膜，以润滑鼻胃管
②洗手并记录鼻饲液种类、量，插管时间，患者反应，胃潴留情况	·阻止微生物的交叉传播
（12）拔管	·用于停止鼻饲或长期鼻饲需要更换胃管时 ·长期鼻饲者应每周更换胃管或根据胃管种类定期晚间拔管，次晨再从另一侧鼻孔插入
①携用物至床旁，核对、解释	
②铺治疗巾，置弯盘于患者颌下，夹紧胃管末端置于弯盘，揭去固定的胶布	·防止拔管时管内液体反流 ·如为带盖胃管，应关闭管盖
③戴手套，近鼻孔处胃管用纱布包裹，嘱患者深呼吸，在患者呼气时拔管，边拔边用纱布擦拭胃管，到咽喉处快速拔出	·至咽喉部时快速拔出胃管，避免液体滴入气管
④用纱布包裹胃管置于弯盘后移除弯盘	·避免弄污衣被
⑤清洁患者的口、鼻、面部，擦去胶布痕迹，协助患者漱口	·维持患者的清洁、舒适 ·胶布痕迹用松节油擦去，再用乙醇溶液将松节油擦去
⑥脱手套，协助患者取舒适卧位，整理床单位，清理用物	
⑦洗手并记录拔管时间和患者反应	

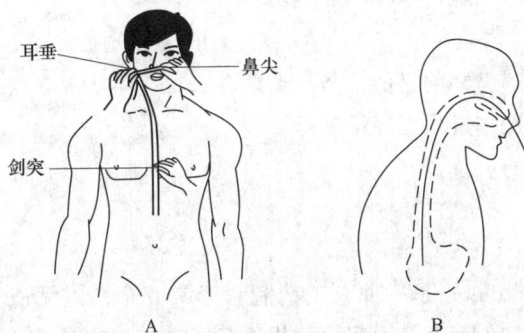

耳垂　　鼻尖

剑突

A　　　　　　　　B

图 9-5　成人胃管插入长度 45～55cm

A. 正面测量；B. 侧面插入位置

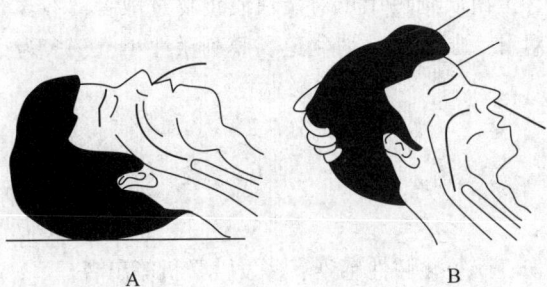

A　　　　　　　　B

图 9-6　昏迷患者插管示意图

A. 插管前头向后仰；B. 抬高头部增大咽喉部通道的弧度

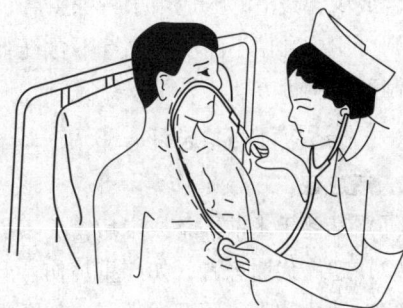

图 9-7　听气过水声示意图

2. 管饲饮食的主要并发症及护理措施

（1）误吸　护理措施：①管饲前护士应检查鼻饲管的位置；②评估胃潴留情况，残留多时延迟或暂停输注；③在管饲时及管饲后 2 小时抬高床头 30°~45°。

（2）腹泻　护理措施：①输注营养液应持续、缓慢或变换胃肠内营养的方式；②袋中的营养液悬挂不超过 4~8 小时；③每日更换输注装置；④控制营养液的浓度、温度和输注速度；⑤检查胰腺的功能是否良好，用低脂肪、不含乳糖的营养液持续喂养。

（3）便秘　护理措施：①应选择丰富纤维素的营养液；②评估患者的活动能力，与医师合作为患者制订活动计划。

（4）管道堵塞　护理措施：①行鼻饲前后应用 20ml 温开水冲洗管道；②在鼻饲前摇匀营养液；③使用药丸应研碎、溶解，勿将药液直接溶于营养液中，防止凝块。

3. 注意事项

（1）插管时动作轻柔，注意勿损伤鼻腔和食管黏膜。

（2）每次灌注前应确定胃管在胃内方可喂食。每次鼻饲液量不超过 200ml，间隔时间不少于 2 小时；避免注入速度过快和注入空气；鼻饲液温度保持在 38~42℃；新鲜果汁与乳汁分别注入，防止产生凝块。

（3）用药前后用约 30ml 温开水冲洗管道，药片或药丸研碎、溶解后注入管道。

（4）长期鼻饲患者，口腔护理每日 2 次。

（5）鼻饲用物每日更换消毒，橡胶管更换每周 1 次，硅胶管更换每月 1 次，聚氨酯管放置时间可达 2 个月。

（6）营养液应现配现用或放置 4℃以下冰箱保存，24 小时内用完。

4. 健康教育

（1）注意保持管道的安全与通畅。妥善放置，使患者的舒适。

（2）通过鼻饲管道的食物，需经医护人员同意方可使用。

【评价】

1. 患者及其家属理解鼻饲的目的，能主动配合。

2. 护士操作熟练，操作过程无污染。

3. 达到预期诊疗目的。

二、要素饮食

要素饮食（elemental diet）是一种人工精制营养素齐全，以无渣小分子物质组成的水溶性营养合成剂。主要用于临床营养治疗，可提高危重患者的能量及氨基酸等营养素的摄入，促进伤口愈合，改善患者营养状况，以达到辅助治疗的目的。其特点：①营养全面，体积小；②不需消化即可直接被小肠吸收；③成分明确，可根据需要增减某些成分，以达到治疗目的；④不含或少含残渣；⑤适用于特殊患者，如不含蛋白质则可用于对蛋白质食物过敏者，不含乳糖则可用于乳糖不耐受者；⑥不含纤维素，对肝、胆、胰及消化道黏膜刺激性小；⑦多为干粉制剂，携带方便，易于保存。

（一）适应证与禁忌证

1. 适应证

（1）某些手术前准备或术后营养不良患者。

（2）超高代谢患者，如严重烧伤、严重创伤、严重化脓性感染、多发性骨折等患者。

（3）消化和吸收不良的患者，如肠炎及其他腹泻患者、消化道瘘患者、慢性胰腺功能不全及短肠综合征等患者。

（4）消耗性疾病引起的慢性营养不良患者，如癌症。

（5）其他，如免疫功能低下患者。

2. 禁忌证

（1）3 个月以内的婴儿。

（2）消化道出血患者。

（3）糖尿病、胃切除术后患者应慎用。

（二）应用方法

应根据患者的病情需要提供适宜浓度、剂量的要素饮食。常用剂量为 6.8～8.4MJ/d，适用于营养不良患者；超高代谢和消化道瘘患者使用最大剂量可达 12.6～16.7MJ/d；慢性疾病和放射治疗、化学治疗期间的恶性肿瘤患者，辅助剂量最小为 2.09MJ/d 左右。按病情需要，使用时将粉状要素膳食按比例添加水（视需要可用蒸馏水、生理盐水、温开水），配成 5%、10%、15%、20% 或 25% 的液体。要素饮食摄入途径有口服、鼻饲、经胃或空肠造口处滴入方式。常见投给方法有 4 种。

1. 口服　适用于病情较轻且能经口进食的患者；口服剂量开始为每次 50ml，渐增至每次 100ml，每日 6～10 次，可添加橘子汁、菜汤等调味以增加口感。

2. 分次注入　适用于经鼻胃管或造口管行胃内喂养者；用注射器将配制好的要素饮食通过鼻胃管注入胃内，每次 250～400ml，每日 4～6 次。

3. 间歇滴注　将配制好的要素饮食放入有盖吊瓶内或输液瓶内，经输注管缓慢滴入鼻胃管或造口管，每次 400～500ml，每日 4～6 次。每次输注持续时间为 30～60 分钟。大多数患者可耐受。

4. 连续滴注　装置与间歇滴注相同，在 12～24 小时持续滴入鼻胃管或造口管，或用输液泵控制滴速。速度由慢到快逐渐递增至 120～150ml/h，浓度亦可由低到高，由 5% 逐渐调至 20%～25%，可用增温器保持温度在 41～42℃。适用于经空肠造口管喂养的危重患者。

（三）注意事项

1. 要素饮食的配制、保存　配置要素饮食应严格无菌操作，所用器具均需消毒、灭菌。配制好的溶液应存放于 4℃ 以下冰箱内，并在 24 小时内用完，防止放置时间过长而变质。

2. 要素饮食的温度　温度过低可引起腹泻。口服温度为 38℃ 左右，鼻饲及经造口口注入的温度宜为 41～42℃。

3. 要素饮食滴注原则　根据患者的具体病情决定每一种要素饮食的具体营养成分、浓度、用量、滴注速度。一般滴注原则是由低浓度、小用量、慢速度开始，逐渐增加，待患者耐受后，再稳定配餐标准、用量和速度。停用要素饮食时，应逐渐减量，防止低血糖反应。

4. 管道维护　每次滴注前后检查导管有无折叠或漏液，并用温开水冲净管腔，以防食物积滞而腐败变质。

5. 观察患者　输注过程中如发现恶心、呕吐、腹胀等症状，应及时调整速度、温度，反应严重者可暂停滴注。

（四）常见并发症

1. 代谢异常　高渗性脱水、高渗性非酮症昏迷、渗透性利尿。

2. 胃肠道反应　恶心、呕吐、腹痛、腹泻。

3. 其他　过敏反应、出血倾向。

护士应根据患者的病情配制合适浓度、剂量的要素饮食；滴注过程应注意巡视，观察有无异常症状，及时调整速度、温度和量，反应严重者可暂停滴注；停用要素饮食时应逐渐减量，防止低血糖的发生；定期检查血糖、电解质、血尿素氮、肝功能等指标，观察并记录尿量、体重，做好营养评估。

三、肠外营养

肠外营养是指对胃肠道功能障碍的患者，通过静脉途径输注各种营养素，以维持机体新陈代谢、促进康复的一种营养治疗方法。肠外营养可按照患者的需要提供足够的能量、碳水化合物、氨基酸、脂肪、电解质、维生素和微量元素，自20世纪60年代以来广泛应用于临床，成为危重患者营养支持、疾病治疗、恢复健康的重要措施。肠外营养不受患者食欲和消化功能的影响，在患者不能进食、没有消化酶参与的情况下，仍能使患者得到所需营养，并可减少体内蛋白质消耗、消化液的分泌、胃肠蠕动，使消化道处于休息状态，从而维持机体的正常功能，达到正氮平衡，促进伤口愈合和机体康复。

肠外营养可分为中心静脉营养和周围静脉营养。中心静脉营养又称为完全静脉营养或全肠外营养，即能量、碳水化合物、氨基酸、脂肪、电解质、维生素和微量元素等所有营养物质均经静脉输入；周围静脉营养是部分营养物质经静脉输入，是对患者胃肠内营养摄入不足的补充。

（一）适应证和禁忌证

1. 适应证

（1）消化系统疾病　不能或不宜经消化道进食的患者，如消化道瘘、肠梗阻、重症急性胰腺炎、食管胃肠道先天畸形、短肠综合征等；消化道需要休息或消化、吸收功能不良患者，如长期腹泻、消化道大出血、严重胃肠水肿、克罗恩病、溃疡性结肠炎等。

（2）非消化系统疾病　超高代谢患者，如大面积烧伤、严重创伤、严重感染等；补充治疗，如营养不良患者的术前准备、妊娠剧吐、神经性厌食、恶性肿瘤等。

2. 禁忌证

（1）严重的呼吸、循环衰竭患者慎用。

（2）严重的水、电解质代谢失常和酸碱平衡失常患者慎用。

（二）应用方法

1. 营养制剂配制　肠外营养制剂是一种混合液，包括能量物质（糖类、脂类）、氨基酸、维生素、矿物质和微量元素等，均系中、小分子营养素。应在洁净环境并按无菌原则配制营养制剂，有层流罩装置则更为理想。配制好的营养制剂最好选用一次性3L袋盛装，减少滴注过程中的换液次数，以减少污染机会。营养制剂应现配现用，若暂不用，需储存于4℃冰箱内，滴注前30～60分钟取出置于常温下复温后再用，24小时内用完。

知识链接

全合一营养液

近年来，在临床上配制和使用肠外营养液多主张采用全合一营养液混合方法（total nutrient admixture，TNA，all-in-one），即将患者全日所需的各种营养物质注入3L袋中混合后再做静脉输注。

全合一营养液的配制步骤如下：首先按医嘱或营养配方单准备好药剂，将电解质、微量元素、水溶性维生素、胰岛素加入葡萄糖液体（或氨基酸）中，将磷酸盐加入另一瓶氨基酸液中，脂溶性维生素加入脂肪乳剂中。然后将已加入添加剂的葡萄糖液、氨基酸液经配套的输液管灌入3L袋内混合，最后将脂肪乳剂灌入3L袋中。应不间断地完成混合、充袋，并不断轻摇3L袋，使混合均匀，充袋完毕时尽量挤出袋中存留的空气。

2. 营养制剂输入方法　可采用经周围静脉或中心静脉插管输入营养制剂的方法。营养治疗时间在2周以内的患者可选用周围静脉，多选上肢末梢静脉，营养制剂的渗透压应低于

600mOsm/L，以减少血栓性静脉炎等静脉损害；营养治疗时间需 2 周以上的患者可选用中心静脉，尤其适用于高浓度和高渗（＞900mOsm/L）营养制剂。目前临床上多采用经锁骨下静脉、颈外静脉将导管送入上腔静脉或采用经外周中心静脉置管（PICC）的方法。

（三）注意事项

1. 导管护理

（1）导管进皮处保持干燥，观察有无红肿，每日更换敷料 1 次，每周做 1 次细菌培养。

（2）静脉导管与输液导管接头应牢固连接，并用无菌敷料包裹，防止导管脱落、污染。

（3）输液导管及输液袋每 12～24 小时更换 1 次。

（4）禁忌经静脉营养管道输血、抽血、监测中心静脉压等。

（5）加强巡视，防止管道扭曲、导管堵塞。

（6）留置导管期间，每次滴注结束应在静脉导管内推注肝素封管，防止导管内残余血液凝固而堵塞管腔；拔管应严格无菌操作，并剪下导管尖端做细菌培养。

2. 定期评估营养状况　使用前及使用过程中定期对患者进行实验室检测，观察血常规、肝功能、电解质、血糖、尿糖、酮体、尿生化等情况；观察患者的肝肾功能、血气分析、氮平衡和血浆白蛋白等营养评价指标；记录 24 小时液体出入量，观察体重变化。根据患者体内代谢的动态变化及时调整营养制剂配方。

3. 加强病情监测　监测生命体征，特别是体温变化，以防发生感染。

（四）常见并发症的预防及护理

1. 置管并发症　即与中心静脉穿刺置管有关的并发症，常见的有气胸、血胸、胸导管损伤、血肿、空气栓塞、臂丛神经损伤、劲动脉或锁骨下动脉损伤、导管扭曲或折断等。护士应熟悉穿刺部位的解剖结构，熟练掌握正确的穿刺技术，在滴注过程中加强巡视，减少并发症的发生。

2. 感染并发症　感染是全肠外营养最为严重的并发症之一。当患者突发寒战、高热而又无明确诱因时，应立即更换输液器和营养液，同时分别抽血和取营养液做细菌培养；若观察 8 小时仍无缓解，则应拔除导管，更换穿刺部位，同时剪下导管头做培养，作为选用抗生素的参考。其预防包括：①在超净工作台配制营养液；②置管过程严格无菌操作；③采用全封闭式输液系统；④定期消毒穿刺点皮肤、更换敷料。

3. 代谢并发症　长期全肠外营养可导致液体超负荷、代谢紊乱，如高血糖症、低血糖症、脂肪代谢异常、水和电解质失衡、代谢性骨病、微量元素缺乏症、肝脏损害等，护士应加强病情动态监测，及时调整治疗方案，临床多见高血糖症、低血糖症。

（1）高血糖症的预防和处理　输入葡萄糖总量过多、速度过快或机体的糖利用率下降可导致高血糖症。表现为血液内高浓度的葡萄糖引起渗透性利尿和细胞内脱水，造成水、电解质紊乱和中枢神经系统功能失常，严重时发展为高渗性非酮性昏迷。

①预防：逐渐增加葡萄糖液的浓度，使机体有一个适应过程，以分泌足够的胰岛素；用脂肪乳剂满足部分能量需求，以减少葡萄糖的用量；输注高渗营养液时，应根据血糖、尿糖监测结果，适当应用外源性胰岛素。

②处理：一旦发生高血糖症，立即换用等渗（或低渗）盐水溶液或 5% 葡萄糖溶液加适量胰岛素，监测血糖、电解质，调整营养液的组成和滴注速度。

（2）低血糖症的预防及处理　外源性胰岛素用量过大或营养液滴注突然中断、速度突然减慢常可导致反跳性低血糖反应。表现为发抖、心悸、多汗及饥饿感等症状，严重时出现运动失调、昏迷或抽搐等。

①预防：忌突然中断或减慢营养液的滴注，如病情需要，应采取其他途径补给葡萄糖或

逐步减量；外源性胰岛素的应用要根据血糖、尿糖的监测予以及时调整，尤其对一些应激状态解除的情况应更加注意。

②处理：立即停用外源性胰岛素；轻者进食糖水或糖果，重者静脉注射 50% 葡萄糖 50 ~ 100ml，严重者除静脉注射 50% 葡萄糖外，需继续给予 5% ~ 10% 葡萄糖静脉滴注。

4. 肠道并发症　常见肠道黏膜萎缩，它可导致肠道内细菌移位而发生内源性感染性并发症。预防肠道并发症的措施是尽早恢复肠道的营养，促使萎缩的黏膜增生，以保持肠道正常功能。

本章小结

本章主要介绍了医院饮食、一般饮食、特殊饮食及鼻饲术，使我们认识到饮食、营养与健康的关系十分密切。护士通过对患者影响因素的评估、饮食状况的评估、身体状况的评估、生化指标及免疫功能的评估，采取最有效的途径，指导患者的饮食，满足饮食营养需要，以促进患者的早日康复。

（胡晓晴）

目标检测

1. 患者，男，70 岁，因黑粪 5 周，大便中带红色血 1 天，收入院。需做隐血试验，医务人员该如何指导试验期间饮食？

2. 患者，男，8 岁，行唇裂修补术后遵医嘱给予插胃管，期间患者烦躁、哭闹，家属怀疑胃管移出，护士该如何确定胃管是否在胃内？

第十章　排　　泄

学习目标

知识要求

1. 掌握　多尿、少尿、无尿、膀胱刺激征、尿潴留、尿失禁、导尿术、留置导尿术、便秘、腹泻、排便失禁、灌肠法的概念；常见的异常排尿、排便的护理要点；留置导尿管患者的护理方法。
2. 熟悉　影响排尿、排便的因素；尿液、粪便的评估内容。
3. 了解　泌尿系统的解剖与生理；大肠的解剖与生理。

技能要求

1. 熟练掌握导尿术、留置导尿管术、各种灌肠法、简易通便法的操作方法。
2. 对排尿异常、排便异常患者进行护理及健康教育。

第一节　排尿护理

案例引导

案例：患者，女，66岁，因"下腹胀痛、5天未排尿"来院就诊。体检可见耻骨上膨隆，扣及囊性包块，叩诊呈实音，有压痛。

提问：1. 患者出现了什么情况？

　　　2. 如何帮助患者解决目前的主要问题？

一、泌尿系统的解剖与生理

（一）泌尿系统的结构与功能

泌尿系统由肾、输尿管、膀胱及尿道组成。其主要功能是排出机体新陈代谢中产生的废物和多余的水，保持机体内环境的平衡和稳定。

1. 肾（kidney）　成对的实质性器官，呈蚕豆状，位于脊柱两侧、第12胸椎和第3腰椎之间，紧贴于腹后壁，右肾略低于左肾。肾的实质由170万~240万个肾单位组成，肾单位由肾小体和肾小管组成，肾小体由肾小球和肾小囊组成。血液通过肾小球的滤过作用生成原尿，再通过肾小管的重吸收和分泌作用产生终尿，经肾盂排向输尿管。

肾的主要生理功能是产生尿液、排泄人体代谢的终末产物（如尿素、肌酐、尿酸等含氮物质）、过剩盐类、有毒物质和药物。同时调节水、电解质及酸碱平衡，从而维持人体内环境的相对稳定。此外，肾还有内分泌的功能，如分泌促红细胞生成素、肾素、前列腺素、激肽类物质。

2. 输尿管（ureter） 为连接肾和膀胱的细长肌性管道，左、右各一，成人输尿管全长25～30cm，有3个狭窄，分别在起始部、跨骨盆入口缘和穿膀胱壁处。输尿管结石常嵌顿在这些狭窄处。

输尿管的生理功能是通过输尿管平滑肌的蠕动刺激和重力作用，不断地将尿液由肾输送至膀胱，此时尿液是无菌的。

3. 膀胱（urinary bladder） 储存尿液、有伸展性的囊状肌性器官，位于小骨盆内、耻骨联合的后方。其形状、大小、位置均随尿液充盈的程度而变化。膀胱空虚时，其顶部不超过耻骨联合上缘。充盈时，膀胱体与顶部上升，腹膜随之上移，膀胱前壁与腹前壁相贴，因而可在耻骨上做膀胱的腹膜外手术或行耻骨上膀胱穿刺。膀胱的肌层由3层纵横交错的平滑肌组成，称为膀胱逼尿肌，排尿时需靠此肌肉收缩来协助完成。一般膀胱内储存的尿液在300～500ml时，才会产生尿意。

膀胱的主要生理功能是储存尿液和排泄尿液。

4. 尿道（urethra） 尿液排出体外的通道，起自膀胱内称为尿道内口，末端直接开口于体表称为尿道外口。尿道内口周围有平滑肌环绕，形成膀胱内括约肌；尿道穿过尿生殖膈处有横纹肌环绕，形成尿道外括约肌，可随意志控制尿道的开闭。临床上将尿道穿过尿生殖膈的部分称为前尿道，未穿过尿生殖膈的部分称为后尿道。男性尿道长18～20cm，有3个狭窄，即尿道内口、膜部和尿道外口；两个弯曲，即耻骨下弯和耻骨前弯。耻骨下弯固定、无变化，而耻骨前弯则随阴茎位置不同而变化，如将阴茎向上提起，耻骨前弯可消失。女性尿道长4～5cm，富于扩张性，尿道外口位于阴蒂下方，呈矢状裂。

尿道的主要生理功能是将尿液从膀胱排出体外。男性尿道还与生殖系统有密切的关系。

（二）排尿的过程

肾脏生成尿液是一个连续不断的过程，而膀胱的排尿则是间歇进行的。只有当尿液在膀胱内储存并达到一定量时（成人400～500ml、儿童50～200ml），才能引起反射性的排尿动作，使尿液排出体外。

排尿活动是受大脑皮质控制的反射活动。当膀胱内压力增加到一定量时，膀胱壁的牵张感受器受压力的刺激而兴奋，冲动沿盆神经传入脊髓的排尿反射初级中枢（S2～S4）；同时，冲动也通过脊髓上传到达脑干和大脑皮质的排尿反射高级中枢，产生排尿欲。如果时机适当排尿反射进行，副交感神经兴奋冲动沿盆神经传出，引起逼尿肌收缩，内括约肌松弛，尿液进入后尿道。此时尿液刺激尿道感受器，使冲动再次沿盆神经传至脊髓排尿中枢，以加强排尿并反射性抑制阴部神经，使膀胱外括约肌松弛，于是尿液被强大的膀胱内压驱出。在排尿时，腹肌、膈肌、尿道海绵体肌的收缩均有助于尿液的排出。如果环境不适宜，外括约肌仍收缩，排尿反射将受到抑制。

二、排尿的评估

（一）影响排尿因素的评估

除病理因素外，影响排尿的因素有以下几种。

1. 摄入液量和种类 液体的摄入量直接影响到尿量和排尿的频率，摄入得多，尿量就多。摄入液体的种类也影响排尿，如咖啡、茶、酒类饮料有利尿作用，能使尿量增多；含盐较高液体则会造成水、钠潴留在体内，使尿量减少。

2. 习惯因素 多数成人会配合作息建立一些排尿的习惯，如起床后往往先去排尿，睡觉前也会如此。此外，排尿姿势、排尿环境的改变也会影响排尿的完成。如手术后卧床排尿或缺乏隐蔽场所，排尿都有可能受阻。

3. 心理因素　心理因素对排尿的影响很大，如当个体处于焦虑或紧张的应激情境中，可能出现尿频、尿急，也可能因抑制排尿出现尿潴留。此外，排尿还受到暗示的影响，任何听觉、视觉或躯体感觉的刺激，均能引起排尿反射的增强或抑制。如有些人听到流水声会产生排尿欲望。

4. 生理因素　如婴儿因大脑发育不完善，排尿时反射作用不受意识控制。女性在妊娠期，因子宫增大压迫膀胱使排尿次数增多。老年男性因前列腺增生而压迫尿道，引起滴尿和排尿困难的现象。

5. 气候因素　夏季炎热，身体出汗量大，血浆晶体渗透压升高，可引起抗利尿激素分泌增多，促进肾的重吸收功能，导致尿液浓缩和尿量减少；冬季寒冷，身体外周血管收缩，循环血量增加，反射性地抑制抗利尿激素的分泌，从而使尿量增加。

6. 治疗因素　有些药物会直接影响排尿，如镇静药会影响中枢神经系统，降低神经反射而干扰排尿活动；利尿药可阻碍肾小管对钠盐的重吸收，从而增加尿液。外科手术中患者可因失血或补液不足而处于脱水状态，使尿量减少。此外，手术前摄入液量的控制、麻醉药抑制反射通路、手术部位疼痛等都会对排尿活动产生影响。某些检查如膀胱镜检查后造成尿道不适和水肿而影响排尿。

(二) 尿液的评估

1. 尿量　一般成人日间排尿 4~6 次，夜间 0~2 次，每次尿量 200~400ml，24 小时尿量 1000~2000ml。尿量与个体的液体摄入量、饮食成分、气候、年龄等多种因素有关。尿量的异常有多尿、少尿和无尿。

（1）多尿（polyuria）　24 小时尿量超过 2500ml。病理情况下见于肾的疾病、内分泌疾病。如慢性肾炎后期，肾浓缩功能障碍引起多尿。糖尿病患者由于血糖浓度超过肾糖阈，大量葡萄糖从肾排出，渗透压升高而引起多尿，24 小时内尿量往往可达 2500~6000ml。

（2）少尿（oliguria）　24 小时尿量少于 400ml 或每小时尿量少于 17ml。多见于心力衰竭、肾刷街、肝衰竭和休克患者。

（3）无尿（anuria）或尿闭（urodialysis）　24 小时尿量少于 100ml。多见于严重休克、急性肾衰竭或药物中毒的患者。

2. 颜色　正常新鲜尿液由于尿胆原和尿色素呈淡黄色。尿色可受某些食物或药物的影响，如进食大量胡萝卜后尿液呈鲜黄色。服用酚酞后尿液颜色变红。在病理情况时，尿色可有以下变化。

（1）血尿　尿中含有红细胞。每升尿中含有血量超过 1ml，即可见淡红色，称肉眼血尿。血尿颜色的深浅与尿液中所含红细胞量多少有关，可呈淡红色、洗肉水样或混有血凝块。见于急性肾小球肾炎、肾结石或泌尿道结石、泌尿系统肿瘤、结核及感染等。

（2）血红蛋白尿　大量红细胞在血管内破坏，形成血红蛋白尿，呈浓茶色或酱油色。见于血型不合的输血、恶性疟疾和阵发性睡眠性血红蛋白尿症。

（3）胆红素尿　尿内含有大量胆红素所致。呈深黄色，振荡尿液后泡沫亦呈黄色。见于阻塞性黄疸和肝细胞性黄疸。

（4）乳糜尿　因尿液中含有淋巴液，呈乳白色，有时混有少量血液。见于丝虫病或其他原因引起的肾周围淋巴管阻塞。

3. 透明度　正常新鲜尿液透明，放置后发生混浊，系黏蛋白、上皮细胞、盐类等凝结而成。但在加热、加酸或加碱后，可重新变为清澈。新鲜尿液发生混浊常见于脓尿和菌尿：尿中含有大量脓细胞、细菌或炎性渗出物时，排出的新鲜尿液即可混浊。脓尿放置后可有白色絮状沉淀。菌尿呈云雾状，静置后不下沉。无论加热或加酸，其混浊不消失。

4. 气味 正常尿液气味来自尿内的挥发性酸。尿液久置后，因尿素分解产生氨，故有氨臭气味。糖尿病酮症酸中毒时，尿液可呈烂苹果样气味。此外，一些食物也可使尿液呈特殊气味，如葱、蒜。

5. 酸碱反应 正常新鲜尿多呈弱酸性至中性反应，pH 4.6～8.0。尿液的酸碱改变可受疾病、药物和食物的影响。尿液酸度增高见于酸中毒、痛风、多食肉类等。碱性尿见于代谢性碱中毒、呕吐、多食蔬菜、服用碳酸氢钠类药物等。

6. 比重 成人正常尿比重为1.015～1.025。尿液的比重与所含溶质的浓度成正比，受饮水量和出汗量的影响。尿比重增加见于糖尿病、脱水、急性肾炎、蛋白尿等。尿比重降低见于尿毒症多尿期、肾功能不全、尿崩症和使用利尿药等。

（三）排尿活动的评估

正常情况下，排尿受意识控制，无痛苦，无障碍，可自主随意进行。

1. 膀胱刺激征 主要表现为尿频、尿急、尿痛。尿频（frequent micturition）指排尿次数增多；尿急（urgent micturition）指一有尿意即要排尿，不能控制；尿痛（pain in urination）指排尿时膀胱区及尿道疼痛。见于急性膀胱炎、急性前列腺炎、膀胱结核或输尿管末端结石、膀胱癌等。

2. 尿潴留（urine retention） 是指尿液大量存留在膀胱内而不能自主排出。发生尿潴留时，膀胱容积可增至3000～4000ml，膀胱高度膨胀，可至脐部。患者主诉下腹胀痛，排尿困难。体检可见耻骨上膨隆，扪及囊样包块，叩诊呈实音，有压痛。引起尿潴留的原因如下。

（1）机械性梗阻 膀胱颈部以下的梗阻，如前列腺肥大或肿瘤，造成排尿困难。

（2）动力性梗阻 排尿神经反射障碍，如膀胱肌肉麻痹、麻醉药的使用，影响排尿反射。

（3）药物因素 引发尿潴留的药物较多，如中枢神经系统用药、抗抑郁药、心血管药物、抗菌药物等。

（4）其他原因 如不习惯卧床排尿；伤口疼痛不敢用力排尿；焦虑、窘迫等心理因素影响。

3. 尿失禁（urinary incontinence） 是指尿液不受意识控制而自行排出。尿失禁可分为以下几种。

（1）真性尿失禁 膀胱失去控制尿液的能力，稍有存尿便会不自主地排出，膀胱处于空虚状态。见于尿道括约肌损伤、参与排尿反射的神经系统功能障碍等。

（2）假性尿失禁（充溢性尿失禁） 膀胱内储存部分尿液，当膀胱充盈达到一定压力时，即可不自主溢出少量尿液。当膀胱内压力减轻时，排尿即行停止，但膀胱仍呈胀满状态而不能排空。见于慢性尿潴留。

（3）压力性尿失禁 因腹压增高导致尿液不自主地流出。多见于经产妇，由于膀胱括约肌张力减低、骨盆底部肌肉及韧带松弛，当咳嗽、喷嚏、提举重物等造成腹内压力增加，尿液流出。

知识链接

压力性尿失禁

国际尿控协会（International Continence Society，ICS）提出的压力性尿失禁（stress urinary incontinence，SUI）定义为：腹压突然增加导致尿液不自主流出，不是由逼尿肌收缩压或膀胱壁对尿液的张力压引起的。其特点是正常状态下无遗尿，而腹压突然增高时尿液自动流出。

在挪威大型 EPINCONT 研究对 1995－1997 年间 27 936 名 20 岁以上乡村居民症状的问卷调查表明，25% 有不自主溢尿症状，SUI 是尿失禁最常见的类型，约占 50%。对欧洲 4 国（法国、德国、西班牙、英国）29 500 名成年家庭女性进行问卷调查表明，SUI 在西班牙、法国、德国、英国的发病率分别为 23%、44%、41% 和 42%。亚洲地区部分学者对中国台湾 1581 名 20 岁以上社区女性进行入户调查，表明尿失禁发病率为 53.1%，SUI 发病率为 18%。日本对 1743 名 65 岁以上社区老人入户调查表明，尿失禁发病率为 10%。研究表明，虽然 SUI 的发病率逐年增长，但只有不到 40% 的尿失禁患者就医。

很多研究都报道了 SUI 发病的高危因素，如年龄、结缔组织薄弱、分娩、肥胖、便秘、严重的盆腔器官脱垂和慢性阻塞性肺疾病等。它虽然不是威胁生命的疾病，但难于启齿的症状严重影响患者的正常社交活动、体育锻炼和性生活，并能引起精神抑郁、孤独、心理障碍，由此可引发一系列的社会和卫生问题。

三、排尿异常的护理措施

（一）尿潴留患者的护理

1. 心理护理　安慰患者，消除其焦虑和紧张情绪。

2. 维持排尿习惯

（1）提供隐蔽的环境　关闭门窗，用屏风遮挡，请无关人员回避，保持环境安静、舒适。适当调整治疗和护理时间，使患者安心排尿。

（2）调整体位和姿势　尽可能使患者以习惯的姿势排尿，如病情限制可扶患者坐起或抬高上身。对需绝对卧床休息或某些手术患者，事先有计划地训练床上排尿。

3. 诱导排尿

（1）利用暗示的方法促进排尿，如听流水声，轻揉大腿内侧。

（2）温水坐浴或温水冲洗会阴部。

4. 针灸或艾灸　针刺中极、曲骨、三阴交穴或艾灸关元、中极穴等，刺激排尿。

5. 按摩　先环形按摩下腹部，使腹肌松弛，然后用手掌自患者膀胱底部向尿道方向推移按压，直至耻骨联合。按压时用力均匀，逐渐加力，一次按压到底。切不可强力按压以防膀胱破裂。

6. 药物治疗　必要时根据医嘱肌内注射卡巴胆碱（卡巴可）等。

7. 对症治疗　治疗原发疾病，避免药物使用不当造成的尿潴留。

8. 导尿术　经上述处理仍不能解除尿潴留时，可采用导尿术。

（二）尿失禁患者的护理

1. 心理护理　尊重、理解患者，给予安慰、开导和鼓励，提供必要的帮助，消除患者羞涩、焦虑、自卑等情绪。

2. 皮肤护理　保持床单位和局部皮肤清洁、干燥，经常进行会阴冲洗，勤换衣裤、床单、衬垫等，防止压疮的发生。

3. 外部引流 男性患者可用阴茎套，连接集尿袋，接取尿液，但此法不宜长时间使用，每天定时取下，清洗会阴部，保持局部干燥、清洁。女性患者用女性专用尿壶。

4. 重建正常的排尿功能

（1）膀胱功能训练 帮助患者拟定排尿时间表，定时使用便器，建立规律的排尿习惯。初始时白天每隔 1~2 小时使用便器 1 次，夜间每隔 4 小时使用便器 1 次。以后间隔时间逐渐延长，以促进排尿功能的恢复。使用便器时，可用手按压膀胱以协助排尿。

（2）摄入适量液体 大部分患者会因惧怕增加排尿次数而减少液体摄入量，应向患者解释多饮水是为了保证机体生理需要，还能够促进排尿反射，并可预防泌尿系统感染。如病情许可，鼓励患者每日摄取 2000~3000ml 液体，尽量白天饮用，以防影响夜间睡眠。

（3）会阴部肌肉锻炼 指导患者进行骨盆底部肌肉的锻炼，以增强控制排尿的能力。具体方法：患者取立位、坐位或卧位，试做排尿动作，先慢慢收紧盆底肌肉（憋尿），再缓缓放松（排尿），每次 10 秒左右，连续 10 遍，每日进行 5~10 次。

（4）盆底肌肉电刺激治疗 用特定电流刺激盆腔组织器官或支配它们的神经纤维，通过对效应器的直接作用或对神经通路活动的影响，改变膀胱或尿道的功能状态，以改善排尿功能。

5. 留置导尿术 对长期尿失禁的患者，可行留置导尿术。

四、与排尿有关的护理技术

（一）导尿术

导尿术（catheterization）是在严格无菌操作下，用导尿管经尿道插入膀胱引流尿液的方法。

【目的】

1. 为尿潴留患者引流出尿液。

2. 协助诊断。如收集无菌尿标本做细菌培养；进行膀胱造影；测膀胱容量、压力及残余尿量。

3. 对膀胱肿瘤患者进行膀胱化学治疗。

【评估】

1. 患者的病情、临床诊断、治疗情况。

2. 患者的生命体征、心理状态、意识状态、生活自理能力、理解合作程度。

3. 患者膀胱充盈度及会阴部情况。

【计划】

1. 操作者准备 衣帽整洁，修剪指甲，洗手，戴口罩。

2. 用物准备

（1）治疗车上层 治疗盘内盛无菌导尿包（内有导尿管 1 根、镊子 2 把、消毒液棉球 10~12 个、纱布 2 块、润滑剂棉球、有盖标本瓶、孔巾、弯盘、无菌手套）、无菌持物钳、小橡胶单及治疗巾（或一次性尿垫）。

（2）治疗车下层 便盆及便盆巾。

3. 环境准备 安静整洁，光线充足，温度适宜，酌情关闭门窗，用屏风遮挡，请无关人员回避。

4. 患者准备 患者了解导尿的目的、操作过程及需配合的事项。能自理的患者清洗外阴，不能自理者护士帮助其清洗外阴。

【实施】

1. 操作方法

操作步骤	要点与说明
（1）核对、解释　核对患者的床号、姓名，向患者解释操作的目的及方法	·确认患者
（2）安置卧位　协助患者取屈膝仰卧位，脱去对侧裤腿，盖于近侧腿上，对侧下肢用盖被遮盖，垫小橡胶单、治疗巾（或一次性尿垫）于患者臀下	·便于操作 ·防止患者着凉 ·保护床单不被污染
（3）消毒、插导尿管　根据男、女患者不同的尿道解剖特点进行	
▲女性患者	
①将初次消毒的用物置于患者两腿之间，一手戴手套，另一只手持血管钳夹消毒液棉球进行初次消毒。消毒阴阜、大阴唇外侧、大阴唇内侧，戴手套的手分大阴唇后消毒小阴唇外侧、内侧、尿道口	·初次消毒原则：由外向内，由上向下 ·每个棉球限用一次，不可来回涂擦 ·血管钳夹取棉球时不可露出钳端
②消毒完毕，脱下污手套，置弯盘及治疗碗于治疗车下层医疗垃圾桶内	
③打开导尿包，戴无菌手套，铺无菌孔巾于会阴部，孔巾中央对尿道口	·嘱患者勿移动肢体，避免跨越、污染无菌区 ·孔巾下接内层包布，形成一连续无菌区
④按操作顺序摆放物品，用润滑剂棉球润滑导尿管前段	·一般成人使用10～12号导尿管，小儿使用8～10号导尿管
⑤以左手拇指、食指分开大阴唇，右手持血管钳夹消毒液棉球行再次消毒，消毒尿道口、小阴唇内侧、尿道口，消毒尿道口时稍停片刻以增强消毒效果，消毒完毕左手仍固定小阴唇	·再次消毒原则：由内向外，由上向下 ·继续固定小阴唇，可避免尿道口污染，又可充分暴露尿道口，便于插管
⑥嘱患者张口呼吸，右手持血管钳夹住尿管头端，对准尿道口轻轻插入尿道4～6cm，见尿再插入1cm（图10-1）	·张口呼吸可使患者腹肌和尿道括约肌松弛，有助于插管 ·插管时动作轻柔，避免损伤尿道黏膜 ·若插入4～6cm后无尿，需鉴别是否误入阴道 ·老年女性患者尿道回缩，插管时应仔细辨认，避免误入阴道
▲男性患者	
①将消毒用物置于患者两腿之间，一手戴手套，进行初次消毒。消毒阴阜、阴茎、阴囊，用纱布包裹阴茎后将包皮向后推，旋转擦拭消毒尿道口、龟头、冠状沟	·自阴茎根部向尿道口消毒 ·龟头和冠状沟易藏污垢，应彻底消毒
②脱下污手套，置弯盘及治疗碗于治疗车下层医疗垃圾桶内	
③打开导尿包，戴无菌手套，铺无菌孔巾于会阴部，孔巾中央对尿道口	
④按操作顺序摆放物品，用润滑剂棉球润滑导尿管前段	
⑤用纱布包裹阴茎将包皮向后推，暴露尿道口，消毒尿道口、龟头、冠状沟	
⑥提起阴茎与腹壁呈60°角（图10-2），嘱患者张口呼吸，用镊子夹取导尿管对准尿道口轻轻插入20～22cm，见尿液流出再插入1～2cm	·阴茎上提时，使耻骨前弯消失，便于插管 ·若插导尿管时，遇有阻力，可稍待片刻，嘱患者张口做深呼吸，再缓慢插入
（4）留取标本　如需做尿培养，用无菌标本瓶接取中段尿5ml，盖好瓶盖，妥善放置	·取中段尿
（5）拔管　轻轻拔出导尿管，撤去孔巾，擦净外阴，脱去手套	
（6）操作后处理　协助患者穿裤，取舒适卧位；整理床单位；清理用物；洗手，记录；尿标本送验	·记录导尿时间、尿量、性质、患者反应等 ·标本及时送检，避免污染

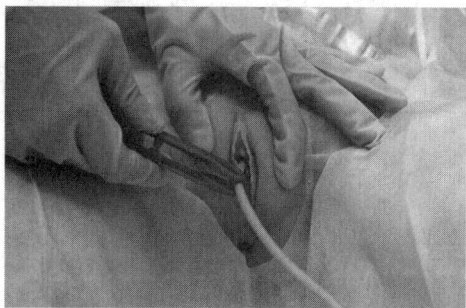

图 10－1　女性患者导尿术　　　　　　　　　　图 10－2　男性患者导尿术

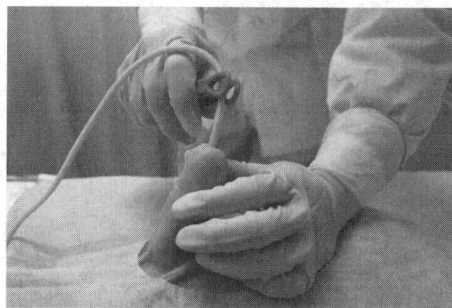

2. 注意事项

（1）严格执行无菌技术及消毒制度，防止医源性感染。

（2）注意保护患者自尊和隐私，耐心解释，操作环境要遮挡。

（3）消毒外阴及尿道口的棉球每个限用一次，禁止来回涂擦。

（4）为女患者导尿时，如导尿管误入阴道，应换管重新插入。

（5）选择光滑和粗细适宜的导尿管，插入、拔出导尿管时，动作要轻、慢、稳，切勿用力过重，以免损伤尿道黏膜。

（6）对膀胱高度膨胀且极度虚弱的患者，第一次放尿不应超过 1000ml。因为大量放尿，使腹内压突然降低，血液大量滞留腹部血管内，导致血压下降而虚脱；又因为膀胱内突然降压，引起黏膜急剧充血而发生血尿。

【评价】

1. 患者及其家属理解导尿的目的，能主动配合。

2. 操作熟练，操作过程无污染。

3. 达到预期诊疗的目的。

（二）留置导尿术

留置导尿术（retention catheterization）是在导尿后将导尿管保留在膀胱内持续引流尿液的方法。

【目的】

1. 抢救危重、休克患者时正确记录每小时尿量，测量尿比重，以密切观察患者的病情变化。

2. 为盆腔手术排空膀胱，使膀胱持续保持空虚，避免术中误伤。

3. 某些泌尿系统疾病手术后留置导尿管，便于引流和冲洗，并减轻手术切口的张力，促进切口的愈合。

4. 为尿失禁或会阴部有伤口的患者引流尿液，保持会阴的清洁、干燥。

5. 为尿失禁患者行膀胱功能训练。

【评估】

1. 患者的病情、临床诊断、治疗情况、留置导尿的目的。

2. 患者的生命体征、心理状态、意识状态、生活自理能力、理解合作程度。

3. 患者膀胱充盈度及会阴部情况。

【计划】

1. 操作者准备　衣帽整洁，修剪指甲，洗手，戴口罩。

2. 用物准备

（1）治疗车上层　治疗盘内盛无菌导尿包（内有气囊导尿管 1 根、注射器针筒、生理盐水溶液、集尿袋、安全别针、镊子 2 把、消毒液棉球 10～12 个、纱布 2 块、润滑剂棉球、孔巾、弯盘、无菌手套）、无菌持物钳、小橡胶单及治疗巾（或一次性尿垫）。

（2）治疗车下层　便盆及便盆巾。

3. 环境准备　安静整洁，光线充足，温度适宜，酌情关闭门窗，用屏风遮挡，请无关人员回避。

4. 患者准备　患者了解导尿的目的、操作过程及需配合的事项。能自理的患者清洗外阴，不能自理者护士帮助其清洗外阴。

【实施】

1. 操作方法

操作步骤	要点与说明
（1）核对、解释　核对患者的床号、姓名，向患者解释操作的目的及方法	·确认患者
（2）安置卧位　协助患者取屈膝仰卧位，脱去对侧裤腿，盖于近侧腿上，对侧下肢用盖被遮盖，垫小橡胶单、治疗单（或一次性尿垫）于患者臀下	·便于操作 ·防止患者着凉 ·保护床单不被污染
（3）消毒、插导尿管　根据男、女患者不同的尿道解剖特点进行，方法同导尿术	
（4）固定导尿管　插入导尿管后，见尿液再插入5～7cm，根据气囊导尿管上注明的气囊容积向气囊内注入等量的生理盐水（图10-3），轻轻拉动导尿管有阻力感，以证实导尿管固定于膀胱内	·避免气囊压迫尿道内口造成黏膜损伤
（5）固定集尿袋　将导尿管末端与集尿袋相连，将集尿袋固定在床沿，开放引流（图10-4）	·引流管应留出足以翻身的长度，用别针固定在床单上，以免翻身时不慎将导尿管拉出
（6）操作后处理　协助患者穿好裤子，取舒适卧位；整理床单位；清理用物；洗手，记录	·记录导尿的时间、尿量、性质、患者反应等
▲拔除留置导尿管	
（1）松开固定　将集尿袋中尿液全部倒空，松开固定尿袋的别针	
（2）抽尽液体　用注射器抽尽导尿管气囊内的液体	
（3）拔管　缓慢将导尿管拔出，置于医疗废物垃圾袋中	
（4）操作后处理　协助患者整理衣物，取舒适卧位；整理床单位；清理用物；洗手，记录	·记录拔除时间、尿道口情况

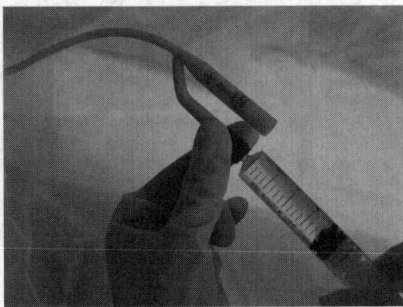

图10-3　气囊导尿管留置方法

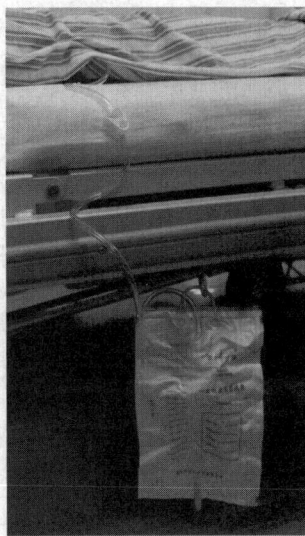

图10-4　集尿袋固定方法

2. 注意事项

（1）气囊导尿管固定时要注意膨胀的气囊不能卡在尿道内口，以免气囊压迫尿道造成黏膜的损伤。

（2）保护患者自尊和隐私，耐心解释，操作环境要遮挡。

（3）严格执行无菌技术操作，防止泌尿系统感染。

（4）引流袋要固定在低于膀胱的高度，防止尿液逆流造成泌尿系统感染。

3. 健康教育

（1）向患者及其家属解释留置导尿的目的和方法，鼓励其主动参与护理。

（2）鼓励患者多饮水和适当活动。

（3）告知患者及其家属避免引流管和导尿管受压、扭曲、堵塞等。

（4）指导患者离床活动时，妥善固定导尿管和集尿袋。

【评价】

1. 患者及其家属理解留置导尿的目的，能主动配合。

2. 操作熟练，操作过程无污染。

3. 患者在置管期间，尿液引流通畅，未发生泌尿系统感染。

【留置导尿管患者的护理】

1. 保持引流通畅，避免导管受压、扭曲、堵塞。

2. 防止逆行感染。每日用消毒液棉球擦拭尿道口及外阴，每日1～2次，每日定时更换集尿袋，更换导尿管时间可根据患者尿液 pH 确定（1～4周）。

3. 鼓励患者多饮水，经常更换卧位。

4. 观察尿液性质，并注意倾听患者主诉，以及早发现感染并及时处理。

5. 训练膀胱功能。可采用间歇性阻断引流，使膀胱定时充盈、排空，促进膀胱功能的恢复。

知识链接

导尿致尿路感染

导尿致尿路感染（catheter–associated urinary tract infection CAUTI）是临床上常见的医院感染。

国外报道医院尿路感染占医院感染的35%～50%，居医院感染的首位。国内报道，CAUTI 平均发生率为53.8%，平均每1000床位日发生CAUTI 26.4例，在特殊科室发生率可在30例以上。医院尿路感染占医院感染的67.01%。在医院尿路感染中 CAUTI 占68.75%。医院感染的危害不仅表现在增加患者发病率和病死率及医务人员工作量，还应评价其经济损失。发达国家研究显示，每例医院感染的额外费用为1000～4500美元（平均1800美元）。

CAUTI 和导尿操作、导尿管的材料和细菌生物膜形成、留置导尿管持续时间、滥用抗生素有关。

（三）膀胱冲洗法

膀胱冲洗法（bladder washout method）是利用三通导尿管，将溶液灌入膀胱内，再利用虹吸原理将灌入的液体引流出来的方法。

【目的】

1. 清洁膀胱，预防感染　通过冲洗清除膀胱内的血凝块、黏液、细菌等异物。

2. 治疗膀胱疾病　如膀胱炎、膀胱肿瘤。

3. 保持尿液引流通畅　如留置导尿管患者。

【评估】

1. 患者的病情、临床诊断、治疗情况。

2. 患者的生命体征、心理状态、意识状态、肢体活动能力、理解合作程度。

【计划】

1. 操作者准备　衣帽整洁，修剪指甲，洗手，戴口罩。

2. 用物准备

（1）冲洗溶液　生理盐水或抗菌溶液。

（2）输液器、输液架、小橡胶单及治疗巾（或一次性尿垫）。

3. 环境准备　安静、整洁，温度适宜，酌情关闭门窗，用屏风遮挡，请无关人员回避。

4. 患者准备　患者了解膀胱冲洗的目的、操作过程及需配合的事项，能主动配合。

【实施】

1. 操作方法

操作步骤	要点与说明
（1）核对　核对患者的床号、姓名，向患者解释操作的目的及方法	·确认患者
（2）导尿术和固定导尿管、集尿袋方法同留置导尿术	
（3）排空膀胱　打开引流管开关，排空膀胱后夹闭引流管	·使药液与膀胱内壁充分接触
（4）连接冲洗装置 ①如使用双腔气囊导尿管，常规消毒导尿管，按静脉输液方法排尽输液管内空气，将静脉穿刺针头刺入导尿管，用无菌纱布及胶布固定，以静脉输液方法滴入药液进行膀胱冲洗 ②如使用三腔气囊导尿管，常规消毒导尿管的注药端后接上冲洗管，滴入药液进行膀胱冲洗	·确保集尿袋的高度始终低于膀胱高度
（5）冲洗膀胱　调节滴速，滴入 200～300ml 后，夹闭冲洗管，放开引流管，如此反复冲洗	·冲洗过程中，观察患者的反应，检查引流液的颜色、量、浑浊度等，当患者出现脉速、面色苍白、出冷汗、剧烈腹痛等，应立即停止冲洗，通知医师，给予处理及时。
（6）整理、记录　协助患者整理衣物、床单位；清理用物；洗手，记录	·记录冲洗液名称、冲洗量及引流量、引流液的性质及患者反应等

2. 注意事项

（1）严格执行无菌技术及消毒制度，防止医源性感染。

（2）膀胱冲洗频率为每日 1～2 次，冲洗速度应该根据患者病情和冲洗液情况随时调整，既要保证患者的生命体征平稳，减少膀胱痉挛的发生，又要达到冲洗清除膀胱积血的目的。

（3）保持引流通畅，集尿袋必须低于膀胱高度，引流液量不应少于冲洗液量。

（4）注入治疗药物时，药物在膀胱内保留 30 分钟后再引流出体外。

【评价】

1. 患者及其家属理解膀胱冲洗的目的，能主动配合。

2. 操作熟练，操作过程无污染。

3. 达到预期治疗的目的。

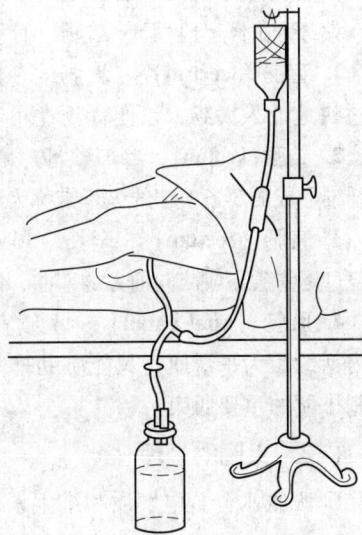

图 10-5　膀胱冲洗法

知识链接

膀胱冲洗

前列腺切除术是良性前列腺增生最主要的治疗措施，手术会造成膀胱创面、前列腺窝创面出血。为了防止手术后出血导致膀胱填塞等并发症，术后常规进行膀胱冲洗。

膀胱冲洗的效果直接受膀胱冲洗速度的影响。快速冲洗能够提高冲洗效果，冲洗相对彻底。但冲洗速度过快，可刺激膀胱交感神经兴奋，使儿茶酚胺类物质释放增多，造成心率加快、血压升高、呼吸加速。此外，还可刺激膀胱逼尿肌，引起膀胱痉挛，甚至加重膀胱出血。另外，膀胱冲洗速度过快，冲洗液持续冲击膀胱黏膜的固定区域，可使膀胱黏膜受损，上皮细胞脱落，增加感染的机会。快速冲洗还可造成低体温和医疗资源的浪费。慢速冲洗虽然没有上述快速冲洗的弊端，但慢速冲洗效果相对较差，速度过慢，达不到冲洗的目的，血液凝固成块易阻塞尿管致引流不畅，甚至引起膀胱内压增高，引发膀胱痉挛。所以，患者膀胱冲洗的速度应该个体化，应权衡利弊。

第二节　排便护理

案例引导

患者，男，70岁，最近1周未排便，患者主诉腹痛、腹胀、食欲缺乏、情绪烦躁，尝试分析老年人便秘的主要原因及提出护理对策。

一、大肠的解剖与生理

（一）大肠的解剖

参与排便运动的主要器官是大肠。大肠是消化管最后的一段，长约1.5m，起自回肠末端，终于肛门，分盲肠、结肠、直肠和肛管4个部分。

1. 盲肠（cecum）　大肠的开始部，其内有回盲瓣，起括约肌的作用，能阻止小肠内容物过快地流入大肠，以便食物在小肠内充分消化、吸收，又可防止大肠内容物逆流到回肠。

2. 结肠（colon）　分升结肠、横结肠、降结肠和乙状结肠，围绕在小肠周围。结肠的肠壁纵肌纤维形成的3条狭窄的纵行带称为结肠带。结肠带之间的肠壁呈许多囊状膨出，称结肠袋。

3. 直肠（rectum）　全长约16cm，从矢状面上看，有两个弯曲，骶曲和会阴曲。会阴曲是直肠绕过尾骨尖形成凸向前方的弯曲，骶曲是直肠在骶骨前面下降形成凸向后方的弯曲。

4. 肛管（anal canal）　上续直肠下止肛门，长约4cm，为肛门内、外括约肌所包绕。肛门内括约肌为平滑肌，只能协助排便而无明显括约肛门的作用。肛门外括约肌为骨骼肌，是控制排便的重要肌束。

（二）大肠的生理

1. 吸收水分、电解质和维生素。

2. 储存食物残渣、形成粪便并排出体外。

3. 利用肠内细菌制造维生素　大肠杆菌能利用肠内某些简单物质合成人体所需的维生素B复合物和维生素K等，它们由肠壁吸收，对人体的营养和对凝血有重要的作用。

4. 分泌大肠液　大肠黏膜能分泌带碱性的黏液（pH 8.3~8.4），其中含二肽酶和微量淀粉酶，但对物质的分解作用不大。大肠液中的黏蛋白能保护肠黏膜和润滑粪便。

（三）大肠的运动

1. 袋状往返运动　袋状往返运动是空腹时最常见的一种运动形式，主要是由环行肌无规律地收缩引起。使结肠袋中内容物向前后两个方向做短距离移动，并不向前推进。袋状往返运动可使食物残渣进一步混匀，同时由于增加了食物残渣与肠黏膜接触的面积和时间，还有利于水和无机盐的吸收。

2. 分节或多袋推进运动　分节或多袋推进运动由一个结肠袋或一段结肠收缩，推移肠内容物至下一结肠段，而不能回到原来的位置。进食后这种运动增加。

3. 蠕动　蠕动由一些稳定的收缩波组成，波前面的肌肉舒张，波后面的肌肉则保持收缩状态，使肠管闭合排空。蠕动对肠道排泄起重要作用，它能将结肠中的粪块稳定地向前推送。

4. 集团蠕动　集团蠕动是一种进行很快且前进很远的蠕动，通常开始于横结肠，强烈的蠕动波可将肠内容物迅速推至乙状结肠和直肠。此蠕动每天发生3~4次，一般为进餐后，最常发生在早餐后60分钟内。它由两种反射刺激引起：胃－结肠反射和十二指肠－结肠反射。当食物进入胃、十二指肠后，通过内在神经丛的传递，反射性地引起结肠的集团蠕动而推动大肠内容物至乙状结肠和直肠，引发排便反射。

（四）排便的过程

直肠腔通常并无粪便。当肠蠕动将粪便推入直肠时，刺激直肠壁内的感受器发出冲动，经盆神经和腹下神经传至脊髓腰骶段的初级排便中枢，同时上传到大脑皮质，引起便意和排便反射，通过盆神经传出冲动，使降结肠、乙状结肠和直肠收缩，肛门内括约肌扩张，同时，阴部神经冲动减少，肛门外括约肌舒张。此外，由于支配腹肌和膈肌的神经兴奋，腹肌、膈肌收缩，腹内压增加，使粪便排出体外。

排便活动受大脑皮质的控制，意识可以加强或抑制排便。如果个体经常有意识地制止便意，就会使直肠渐渐失去对粪便压力刺激的敏感性，加之粪便在大肠内停留过久，水分吸收过多而干结，就会造成排便困难。而过分干硬、巨大的粪块可压迫直肠使得静脉回流受阻而形成痔，或者在强行排便时损伤肛管而引起肛裂，这些病引起的疼痛又进一步抑制排便反射。如此因果循环，即可产生顽固性便秘。因此，养成定时排便的习惯是预防便秘的基础。

二、排便的评估

（一）影响排便因素的评估

除病理因素外，影响排便的因素有以下几种。

1. 饮食因素　饮食是影响排便的主要因素，如果摄食量过少、食物中缺少纤维或摄入液体量不足等，均会引起排便困难。

2. 习惯因素　许多人在生活中都有自己固定的排便时间；使用某种固定的便具；排便时从事某些活动，如阅读等。当这些生活习惯由于环境的改变无法维持时，就可能影响正常排便。

3. 活动因素　活动可维持肌肉的张力，刺激肠道蠕动，有助于维持正常的排便功能。长期卧床、缺乏活动的患者可因肌肉张力减退而导致排便困难。

4. 生理因素　年龄可影响人对排便的控制。2~3岁以下的婴幼儿，神经、肌肉系统发育不全，因而不能控制排便。老年人可因腹壁肌肉张力下降，胃肠蠕动减慢，肛门括约肌松弛而出现排便功能的异常。

5. 心理因素　心理因素是影响排便的重要因素，精神抑郁可能引起肠蠕动减慢而导致便秘；情绪紧张、焦虑可能导致自主神经功能失调，迷走神经兴奋性增强，使肠蠕动增强而引起腹泻。

6. 治疗因素 消化系统本身的疾病如胰腺癌、肠癌、结肠炎等和身体其他系统的疾病，如脊髓损伤、脑卒中等会影响正常排便功能。有些药物能直接影响排便，如缓泻药可刺激肠蠕动，减少肠道水分吸收，促使排便；而有些药的不良反应则可能干扰排便，如长时间服用抗生素，可抑制肠道正常菌群而导致腹泻。某些治疗和检查会影响个体的排便活动，如腹部、肛门部手术后会因肠肌的暂时麻痹或伤口疼痛而造成排便困难；胃、肠 X 线检查常需灌肠或服用钡剂，也可影响排便。

（二）粪便的评估

1. 量与次数 粪便的量与食物种类、数量及消化器官的功能有关，为 100～300g。进食肉类与蛋白质者大便较素食者量少。每个人排便的频率不同。成人正常范围是每天 1～3 次，到每周 1～3 次；婴儿的排便次数较多，每天 3～5 次。如 1 周少于 1 次或每日多于 3 次，应视为排便异常。消化不良或急性肠炎时，因食物未完全消化、吸收，粪便中可见大量脂肪滴、淀粉粒或未完全消化的肌肉纤维，致使量和次数增加。

2. 形状与软硬度 粪便的软硬度分为 4 种：硬便、软便、稀便、水样便。形状可分为成形、不成形等。正常人的粪便为成形软便。

（1）稀糊状或稀汁样便 因肠蠕动亢进或分泌增多所致。见于各种感染性或非感染性腹泻，尤其是急性胃肠炎时。大量黄绿色稀汁样便并含有膜状物时应考虑到假膜性肠炎。艾滋病患者伴发肠道隐孢子虫感染时也可排大量稀水样粪便。

（2）黏液便 正常粪便中的少量黏液，因与粪便均匀混合不易查见。一旦有肉眼可见的黏液说明其量增多，小肠炎症时增多的黏液均匀地混于粪便之中；来自大肠病变者因粪便已逐渐成形而不易与粪便混合；来自直肠的黏液附着于硬性粪便的表面。单纯的黏液便无色透明、稍黏稠，黏液脓性便则呈黄白色、半透明。

（3）胨状便 过敏性结肠炎患者常于腹部绞痛后排出黏胨状、膜状或纽带状粪便。

（4）细条状便 经常排细条状或扁条状粪便，说明有直肠狭窄，多见于直肠癌。

（5）羊粪样便 粪便干结坚硬呈圆球状或羊粪状。如便秘患者，由于粪便在肠内停留过久，水分被过度吸收排出羊粪样便。

3. 颜色 正常粪便因含胆色素而呈黄褐色。久置后由于粪便中胆色素原被氧化可致颜色加深。由于摄入食物或药物种类不同，粪便颜色会发生变化，如食叶绿素丰富的蔬菜，粪便可呈暗绿色；摄入血、肝类食物或服含铁剂的药物，粪便呈酱黑色，服用炭粉、铋剂等药物，粪便呈无光样黑色；服钡剂后呈灰白色。婴儿的粪便呈黄色或金黄色。病理情况时，可有如下变化。

（1）柏油样便 呈暗褐色或黑色，质软、富有光泽，宛如柏油。因上消化道出血，红细胞被胃肠液消化破坏后变为正铁血红素、卟啉及硫化铁，而后者刺激小肠分泌过多黏液所致。上消化道出血 50～75ml，粪便即可呈暗褐色，隐血试验呈强阳性反应，如见柏油便持续 2～3 天，说明出血量至少为 500ml。服用动物血、动物肝、铁剂等之后，也可排黑色便，但无光泽且隐血试验阴性。

（2）脓血便 脓性及脓血便说明下段肠道有病变，常见于痢疾、溃疡性结肠炎、局限性肠炎、结肠或直肠癌。脓或血的多少取决于炎症的类型及其程度。阿米巴痢疾粪便以血为主，呈暗红色稀果酱样；细菌性痢疾以黏液及脓为主。

（3）鲜血便 粪便因痔或肛裂的出血呈鲜红色，痔出血时鲜血一滴滴流出，肛裂时鲜血附着于秘结粪便的表面。

（4）米泔样便 呈白色淘米水样，内含黏液片块，见于霍乱、副霍乱患者。其产生原因主要为霍乱毒素作用于肠道杯状细胞，使大量黏液微粒出现于粪便中，形成米泔样便。

（5）白色陶土样便 由于胆汁分泌减少或缺如，以致粪胆素相应减少所致，见于阻塞性黄疸时。行钡剂造影术后，可因排出硫酸钡而呈黄白色。

（6）乳凝块 粪便中见有黄白色乳凝块，提示脂肪或酪蛋白消化不完全，常见于消化不良。婴儿腹泻多见。

4. 气味　粪便中的气味是由食物残渣与结肠中细菌发酵而产生，并与食物种类及肠道疾病有关。正常粪便因含有蛋白质分解产物——靛基质及粪臭素等而有臭味。肉食者味重，素食者味轻；患慢性肠炎、胰腺疾病，特别是直肠癌溃烂继发感染时有恶臭；消化不良者的粪便有酸臭味；上消化道出血患者的柏油便有腥臭味。

（三）排便活动的评估

正常情况下，排便受意识控制，无痛苦，无障碍，可自主随意进行。

1. 腹泻（diarrhea）　是指任何因素引起肠蠕动增快，使食物通过胃肠道过于迅速，导致排便次数增多，粪便稀薄不成形或呈水样便，或带有黏液、脓血、未消化的食物，可伴有肠痉挛、腹痛、恶心、呕吐、里急后重等症状。

引起腹泻的原因很多，细菌或病毒感染、食物中毒、饮食不当、药物反应等因素都可引起腹泻。短时的腹泻可以帮助机体排出刺激物质和有害物质，是一种保护性反应。但是，持续严重的腹泻，可使机体内的大量水分和胃肠液丧失，导致水、电解质和酸碱平衡紊乱。又因机体无法吸收营养物质，长期腹泻将导致机体的营养不良。

2. 排便失禁（fecal incontinence）　排便失禁是指肛门括约肌不受意识控制而不自主的排便。导致排便失禁有两方面原因：生理方面多见于神经肌肉系统的病变或损伤、严重腹泻；心理方面多见于情绪失调、精神障碍等。

3. 便秘（constipation）　便秘是排便次数减少，一周内少于2～3次，排便困难，粪便干结。常伴有腹胀、腹痛、食欲不佳等症状。排便时左腹部或下腹部有痉挛性疼痛与下坠感，常可在左下腹触及痉挛的乙状结肠。排便困难者可因痔加重或肛裂引起大便带血，也可因紧张、焦虑而出现神经功能不全症状如头晕、头痛、疲乏等。在某些情况下可能给患者带来危险，如心脏病患者用力排便时可能诱发心绞痛和心肌梗死。

便秘从病因上讲分为两种：功能性便秘和器质性便秘。功能性便秘往往是由饮食不当、排便习惯改变、长期滥用泻药、腹肌张力不足等引起。器质性便秘往往是由肠道器质性疾病引起，如直肠肛门病变如痔、肛裂等排便疼痛引起，或结肠肿瘤等原因引起的肠梗阻或粘连等。因而功能性便秘容易采取相应措施得到解决。

📦 知识链接

功能性便秘

功能性便秘（functional constipation，FC）是临床常见的功能性胃肠病之一，表现为持续性排便困难，排便次数减少或排便不尽感。长期便秘可引起结肠憩室、肛周疾病、结肠黑粪病和泻药结肠等，且为心脑血管疾病（心肌梗死、脑血管意外）的常见诱因之一。严重便秘患者还可伴有失眠、烦躁、抑郁、易怒、强迫观念及行为等心理障碍。随着社会老龄化，生活节奏和饮食习惯的改变等因素影响，FC已成为影响现代人工作效率和生存质量的重要因素之一。国际学者根据神经胃肠病学和临床循证医学研究的结果，探讨并制定了功能性便秘的罗马Ⅲ诊断标准，其诊断标准为：①症状必须包括以下2项或2项以上：至少25%的排便感到费力；至少25%的排便为干球状便或硬便；至少25%的排便有不尽感；至少25%的排便有肛门直肠梗阻感或阻塞感；至少25%的排便需要手法帮助（如用手指帮助排便、盆底支持）；排便次数23次/周。②在不使用泻药时很少出现稀便。③没有足够的证据诊断肠易激综合征（IBS）。诊断之前症状出现至少6个月，且近3个月症状符合以上诊断标准。

4. 粪便嵌塞（fecal impaction） 指粪便持久滞留、堆积在直肠内，坚硬、不能排出。多见于慢性便秘的患者。由于粪便持久滞留在直肠内，水分一直被吸收，粪便变得坚硬，而从乙状结肠排下来的粪便又不断加入，使粪块变得又硬又大，以致无法排出。粪便淤塞的典型症状是有少量粪水从肛门渗出，患者常有排便冲动和腹部胀痛、直肠肛门疼痛等症状，却不能排出大便，十分痛苦。

5. 肠胀气（flatulence） 指胃肠道内有过量气体积聚，不能排出，表现为腹部膨隆，叩之呈鼓音、腹胀、痉挛性疼痛、呃逆、肛门排气过多。当肠胀气压迫膈肌和胸腔时，可出现急性呼吸困难。

引起肠胀气的主要原因有吞入气体过多和大肠产气体增多。吞入气体过多的情况如吃东西时狼吞虎咽，边吃东西边说话，喝汽水、可乐、啤酒等碳酸性饮料时，或吃一些产气性食物等。大肠产气增多是由于各种原因引起的肠蠕动减少、便秘、肠道梗阻等，可造成细菌对食物过度发酵，从而产生大量的气体；或因为肠道中某种消化酶有问题，导致某种食物的消化不良，最常见的就是乳糖不耐症。

三、排便异常的护理措施

（一）腹泻患者的护理

1. 遵医嘱给予各种治疗 如去除病因，如为肠道感染可给予抗生素治疗；防治水和电解质紊乱，给予止泻药、口服补盐液或静脉输液。

2. 加强生活护理

（1）注意饮食护理，酌情给予清淡的流质或半流质饮食，鼓励患者饮水，严重腹泻时可暂禁食。

（2）保护肛周皮肤。腹泻患者肛门、会阴、臀部经常受到排泄物的刺激，因此，应加强相关护理。每次便后用软纸轻擦肛门，温水清洗，并在肛门周围涂油膏。

（3）卧床休息，减少肠蠕动，注意腹部保暖。

（4）不能自理的患者应及时给予便盆。

3. 密切观察病情 腹泻严重者，应记录排便的性质、次数等，需要时留取样本送检。病情危重者，注意生命体征的变化。疑为传染性疾病，按肠道隔离患者处理。如伤寒、霍乱等。

4. 心理护理 消除焦虑不安的情绪，使之达到身心充分休息的目的。

（二）大便失禁患者的护理

1. 保护皮肤 床上铺橡胶单和中单或一次性尿布，每次便后用温水洗净肛门周围及臀部皮肤，并注意观察骶尾部皮肤变化。

2. 帮助患者重建正常排便控制能力 主要是帮助患者逐步恢复肛门括约肌的控制能力。了解患者排便时间的规律，定时给予便器，促使患者按时自己排便，如无规律，可每2~3小时让患者使用一次便盆；与医师协调定时应用导泻栓剂或灌肠，以刺激定时排便；教会患者进行肛门括约肌的收缩运动，每次20~30分钟，每日数次。

3. 环境及衣物清洁 保持床褥、衣服清洁，室内空气清新，及时更换污湿的衣裤或床褥，定时开窗通风，除去不良气味。

4. 心理护理 大便失禁的患者心情紧张而窘迫，饱尝丧失自尊的痛苦。护理人员应尊重、理解患者，给予心理安慰与疏导。

（三）便秘患者的护理

1. 帮助患者建立正常的排便习惯 指导患者选择适合自身的时间进行排便。一般以早餐后为宜，每天固定在此时间排便，并坚持下去，不随意使用缓泻药及灌肠等方法。

2. 合理安排饮食　多食粗粮、蔬菜、新鲜水果等，多饮水，每日超过 1500ml 。

3. 鼓励患者适当运动　病情许可时，可指导患者做加强腹肌和骨盆底部肌肉的运动，以增加肠蠕动和肌张力，促进排便。

4. 提供适当的排便环境　如适当遮挡、通风，以消除紧张，保持精神松弛。避开治疗、护理和进餐时间。

5. 选取适当的排便体位　若病情允许，患者可取坐位或抬高床头，以借重力作用，增加腹内压力，促进排便。对需绝对卧床或某些术前患者，应有计划地训练其在床上使用便器。

6. 可采用针刺疗法。

7. 指导患者进行腹部环形按摩　用食指、中指、无名指稍用力按压腹部，自右下腹盲肠部开始，依结肠蠕动方向，经升结肠、横结肠、降结肠、乙状结肠指做环形按摩，或在乙状结肠部由近心端向远心端做环形按摩，每次 5~10 分钟，每日 2 次。

8. 遵医嘱用药　给予口服缓泻药物，如蓖麻油、酚酞、番泻叶等。

9. 使用简易通便术　常用开塞露、甘油栓等。

10. 灌肠　以上方法均无效时，遵医嘱给予灌肠。

（四）粪便嵌塞患者的护理

1. 早期可使用栓剂、口服缓泻药来润肠通便。

2. 必要时，先行油类保留灌肠，2~3 小时后再做清洁灌肠。

3. 人工取便　通常在清洁灌肠无效后按医嘱执行，术者戴上手套，将涂有润滑剂的示指慢慢插入患者直肠内，触到硬物时注意其大小、硬度，然后机械地破碎硬块，一块一块地取出。操作时，注意动作轻柔，避免损伤直肠黏膜。如患者有心悸、头晕等不适，应立即停止操作。可反复进行。勿使用器械，以免损伤肠黏膜或引起肛周水肿。

4. 健康教育　向患者及其家属讲解有关排便的知识，协助患者建立合理的膳食结构，维持正常的排便习惯，防止便秘的发生。

（五）肠胀气患者的护理

1. 去除肠胀气的原因　积极治疗原发病。勿食产气食物和饮料。指导患者养成细嚼慢咽的饮食习惯。

2. 鼓励患者活动　一般情况下，可协助患者下床活动，卧床患者可做床上活动或变换体位，以促进肠蠕动。

3. 腹部热敷或腹部按摩，针刺疗法。

4. 遵医嘱用药　如大黄等敷于脐部，肌内注射新斯的明等。或行肛管排气。

四、与排便有关的护理技术

（一）灌肠法（enema）

灌肠法是将一定量的溶液通过肛管，由肛门经直肠灌入结肠，帮助患者排出粪便、积存的气体或输入药物，达到诊断和治疗的目的。

根据灌肠的目的不同，可分为不保留灌肠和保留灌肠。不保留灌肠按灌入溶液量可分为大量不保留灌肠和小量不保留灌肠。为达到清洁肠道的目的，而反复使用大量不保留灌肠，成为清洁灌肠。

大量不保留灌肠

【目的】

1. 软化和清除粪便，排除肠内积气。

2. 清洁肠道，为手术、检查做准备。

3. 稀释和清除肠道内有害物质,减轻中毒。

4. 为高热、中暑患者降温。

【评估】

1. 患者的年龄、病情、临床诊断、治疗情况、灌肠的目的。

2. 患者的意识状态、生命体征、心理状况。

3. 患者排便情况、肛周皮肤黏膜情况、有无痔和肛裂等疾病。

4. 患者对灌肠的理解配合程度。

【计划】

1. 操作者准备 衣帽整洁,修剪指甲,洗手,戴口罩。

2. 用物准备

(1) 治疗车上层 治疗盘内置灌肠袋、肛管、量杯(内盛灌肠溶液)、弯盘、润滑剂、棉签、卫生纸、小橡胶单及治疗巾、输液架。

(2) 治疗车下层 便盆及便盆巾。

(3) 常用灌肠溶液 生理盐水、0.1%~0.2%肥皂液。成人每次用量为500~1000ml;老年人用量为500~800ml;小儿用量为200~500ml。液体温度为39~41℃,降温时28~32℃,中暑用4℃生理盐水。

3. 环境准备 安静整洁,光线充足,温度适宜,酌情关闭门窗,用屏风遮挡,请无关人员回避。

4. 患者准备 患者了解灌肠的目的、操作过程及需配合的事项,有安全感,灌肠前排尿。

【实施】

1. 操作方法

操作步骤	要点与说明
(1) 核对、解释 核对患者的床号、姓名,向患者解释操作的目的及方法	·确认患者
(2) 安置卧位 协助患者取左侧卧位,双膝屈曲,身体移至床边,协助患者脱裤至膝部	·根据肠道解剖位置,借助重力作用使溶液顺利流入肠腔 ·不能自我控制排便的患者,可取仰卧位,臀下置便盆
(3) 垫巾、置盘 将小橡胶单和治疗巾垫于臀下,弯盘置于肛门处	·保护床单不被污染
(4) 调压 挂灌肠袋于输液架上,液面距肛门40~60cm	·保持一定的灌注压力和速度
(5) 润滑排气 将肛管与灌肠袋连接,润滑肛管前端,排出管内气体后夹闭管道	
(6) 插管 一手持卫生纸分开患者臀部,显露肛门,嘱其深呼吸,另一手持肛管轻轻插入肛门7~10cm(图10-6)	·如插管受阻,可退出少许,旋转后缓缓插入 ·插入直肠7~10cm,小儿插管深度为4~7cm
(7) 灌液 固定肛管,松开调节器,使溶液缓缓流入	
(8) 观察 观察液体流入情况及患者情况	·如患者感觉腹胀或有便意,嘱其张口深呼吸,并降低灌肠袋高度或暂停片刻以减轻腹压 ·如液面下降过慢或停止,多由于是肛管堵塞,可移动或挤捏肛管 ·如患者出现脉速、面色苍白、大汗、腹痛、心慌、气促,应停止灌肠,通知医师给予及时处理
(9) 拔管 待溶液将流尽时,夹闭肛管,用卫生纸包裹肛管拔出,置于弯盘内,擦净肛门	·灌肠液即将流尽时夹闭肛管,避免拔管时空气进入肠道
(10) 保留溶液 嘱患者平卧,尽可能保留5~10分钟后排便	·对于不能起床的患者,将便盆、卫生纸、呼叫器置于易取处
(11) 操作后处理 协助患者穿裤,整理床单位;将便器、卫生纸置于易取处;清理用物;洗手,记录	·记录方式:灌肠后大便1次为1/E

2. 注意事项

（1）急腹症、妊娠、消化道出血、严重心血管疾病等患者禁忌灌肠。

（2）正确掌握灌肠溶液的性质、温度、浓度、流速、压力和量。

（3）伤寒患者行低压灌肠，灌肠液液面不得高于肛门30cm，液体量不得超过500ml。

（4）肝性脑病患者禁用肥皂水灌肠；充血性心力衰竭和水钠潴留的患者禁用生理盐水灌肠。

（5）降温灌肠时，患者排便30分钟后应测量体温并记录。

【评价】

1. 灌肠溶液的性质、量、流速及肛管插入深度均合适。

2. 护患沟通有效，患者无焦虑、恐惧，能主动配合。

3. 达到预期治疗效果。

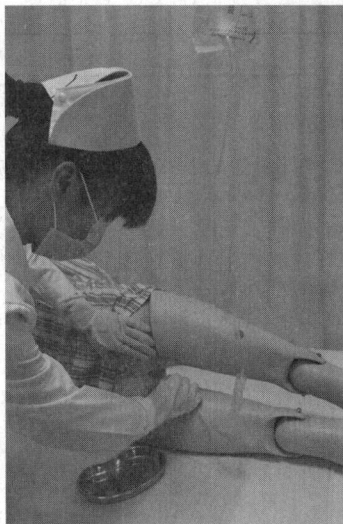

图 10-6　大量不保留灌肠

小量不保留灌肠

【目的】

为年老体弱、小儿、孕妇、危重患者解除便秘，为腹部及盆腔手术后患者解除肠胀气。

【评估】

1. 患者的年龄、病情、临床诊断、治疗情况、灌肠的目的。

2. 患者的意识状态、生命体征、心理状况。

3. 患者排便情况、肛周皮肤黏膜情况、有无痔和肛裂等疾病。

4. 患者对灌肠的理解配合程度。

【计划】

1. 操作者准备　衣帽整洁，修剪指甲，洗手，戴口罩。

2. 用物准备　常用灌肠溶液："1、2、3"溶液（50%硫酸镁30ml、甘油60ml、温开水90ml），甘油和水各60~90ml；各种植物油120~180ml。液体温度为39~41℃。注洗器、止血钳，其余同大量不保留灌肠。

3. 环境准备　安静整洁，光线充足，温度适宜，酌情关闭门窗，用屏风遮挡，请无关人员回避。

4. 患者准备　患者了解灌肠的目的、操作过程及需配合的事项，有安全感，灌肠前排尿。

【实施】

1. 操作方法

操作步骤	要点与说明
（1）核对、解释　核对患者的床号、姓名，向患者解释操作的目的及方法	·确认患者
（2）安置卧位　协助患者取左侧卧位，双膝屈曲，身体移至床边，协助患者脱裤至膝部	·根据肠道解剖位置，借助重力作用使溶液顺利流入肠腔 ·不能自我控制排便的患者，可取仰卧位，臀下置便盆

（续表）

操作步骤	要点与说明
（3）垫巾、置盘 将小橡胶单和治疗巾垫于臀下，弯盘置于肛门处	·保护床单不被污染
（4）润滑排气 用注洗器抽吸灌肠溶液，连接肛管，润滑肛管前端，排出管内气体后夹闭管道	
（5）插管 一手持卫生纸分开患者臀部，显露肛门，嘱其深呼吸，另一手持肛管轻轻插入肛门7～10cm（图10-7）。小儿插管深度4～7cm	·如插管受阻，可退出少许，旋转后缓缓插入。
（6）注液 固定肛管，松开血管钳，缓慢注入灌肠溶液	·注入速度不可过快，以免刺激肠黏膜，引起排便反射 ·密切观察患者的反应
（7）拔管 用血管钳夹闭肛管尾端，用卫生纸包裹肛管拔出并置于弯盘内，擦净肛门	
（8）保留溶液 嘱患者尽可能保留10～20分钟后排便	·对于不能起床的患者，将便盆、卫生纸、呼叫器置于易取处
（9）操作后处理 协助患者穿裤，整理床单位；将便器、卫生纸置于易取处；清理用物；洗手，记录	

2. 注意事项

（1）每次抽吸灌肠液时，应夹闭肛管或反折肛管，以防空气进入肠道，造成腹胀。

（2）注入灌肠液的速度不可过快，压力宜低，如为小容量灌肠筒，筒内液面距肛门的距离应低于30cm（图10-8）。

【评价】

1. 灌肠溶液性质、量、流速、肛管插入深度均合适。

2. 护患沟通有效，患者无焦虑、恐惧，能主动配合。

3. 达到预期治疗效果。

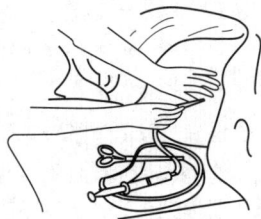

图10-7 小量不保留灌肠（注洗器）

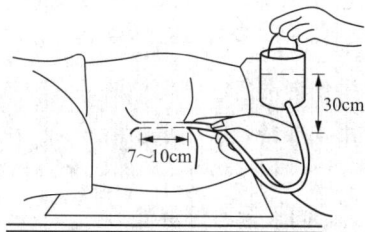

图10-8 小量不保留灌肠（小容量灌肠筒）

清洁灌肠或结肠灌洗

【目的】

彻底清除滞留在结肠内的粪便，为直肠、结肠检查和术前做准备。

【方法】

清洁灌肠即反复多次进行大量不保留灌肠，多用于肠道术前或检查前准备。第一次用肥皂水，以后用生理盐水，直至排出液清洁、无粪便为止。注意灌肠时压力要低（液面距肛门不超过40cm）。灌肠应在检查或手术前1小时完成，禁用清水反复多次灌洗，以防水与电解质紊乱。临床上，为保证清洁肠道效果，一般于手术或检查前1天下午服用蓖麻油预先清洁肠道，当晚进食流质，蓖麻油在晚上9时左右发生作用，患者手术或检查当天早晨再行清洁灌肠。

结肠灌洗一般用于治疗性肠道清洁，如巨结肠等。在灌入前，将Y形管的主干连接在灌肠筒橡胶管上，两支分别连接肛管与引流管上（图10－9）。夹住引流管，如大量不保留灌肠插入肛管，使溶液流入约500ml，然后夹住进液管，开放引流管，使溶液流入污水桶中，再夹住引流管，开放进液管，继续灌洗。灌洗完毕，保留肛管约15分钟，使溶液引流干净。

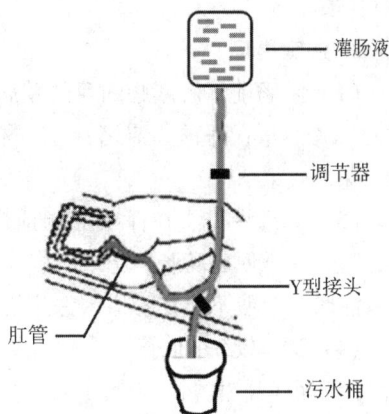

图10－9　结肠灌洗

保留灌肠

【目的】

镇静，催眠；治疗肠道感染。

【评估】

1. 患者的年龄、病情、临床诊断、治疗情况、灌肠的目的。
2. 患者的意识状态、生命体征、心理状况。
3. 患者排便情况、肛周皮肤黏膜情况、有无痔和肛裂等疾病。
4. 患者对灌肠的理解配合程度。

【计划】

1. 操作者准备　衣帽整洁，修剪指甲，洗手，戴口罩。

2. 用物准备　常用灌肠溶液：镇静、催眠用10%水合氯醛；肠道抗感染用2%小檗碱、0.5%～1%新霉素或其他抗生溶液。温度为39～41℃，液量不超过200ml。5～10ml温开水。其余同小量不保留灌肠。

3. 环境准备　安静整洁，温度适宜，酌情关闭门窗，用屏风遮挡，请无关人员回避。

4. 患者准备　患者了解灌肠的目的、操作过程及需配合的事项，有安全感，灌肠前排尿、排便。

【实施】

1. 操作方法

操作步骤	要点与说明
（1）核对、解释　核对患者的床号、姓名，向患者解释操作的目的及方法	·灌肠前嘱患者排便、排尿，以减轻腹压并保持肠道清洁，以利于药物的吸收
（2）安置卧位	·如病变部位为直肠与乙状结肠，宜采取左侧卧位，如慢性细菌性痢疾；如病变部位为回盲部，则采取右侧卧位，如阿米巴痢疾
（3）垫巾、置盘　协助患者将身体移至床边，脱裤至膝部，将橡胶单和治疗巾垫于臀下，抬高臀部10cm，弯盘置于肛门处	·抬高臀部以防止药液溢出
（4）润滑排气　用注洗器抽吸灌肠溶液，连接肛管，润滑肛管前端，排出管内气体，用血管钳夹紧肛管	
（5）插管　一手持卫生纸分开患者臀部，显露肛门，嘱其深呼吸，另一手持肛管轻轻插入肛门10～15cm	
（5）注液　缓慢灌注药液，完毕后用血管钳夹闭肛管，取下注洗器抽吸溶液再次注液，如此反复，直至溶液注完	·注入药液的速度要慢
（6）注温开水　灌注完毕，注入温开水5～10ml，抬高肛管尾端，使管内液体全部流入	
（7）拔管　用卫生纸包裹肛管拔出并置于弯盘内，用卫生纸轻轻按揉肛门	·以利于药液充分吸收
（8）保留溶液　嘱患者尽可能保留药液1小时以上	
（9）操作后处理　协助患者穿好裤子，整理床单位；将便器、卫生纸置于易取处；清理用物；洗手，记录	

2. 注意事项

（1）灌肠前了解灌肠的目的及病变部位，以利于选择合适的灌肠体位，保证灌肠效果。

（2）尽量在睡前于患者床前进行，可减少灌肠后患者活动，从而使灌肠液保留更长时间，保证效果。

（3）如患者需要在保留灌肠前应用大量不保留灌肠法排空肠道内粪便，禁用肥皂水灌肠，防止在排便后灌肠，肥皂不能完全从肠道内排出，而对肠黏膜存在持续刺激作用，使得保留灌肠的溶液不能在肠道内保留规定的时间而达不到治疗效果。

（4）选择较细的肛管，插入要深，灌肠药液温度适宜、压力低、速度慢，保证灌肠效果。

（5）肛门、直肠、结肠术后及大便失禁者禁忌使用保留灌肠。

（二）高渗液清洁肠道

高渗溶液可在肠道内造成高渗环境，使肠道内增加大量水分，从而起到软化粪便、刺激肠蠕动、加速排便、清洁肠道的作用。常用溶液为甘露醇、硫酸镁。

【目的】

为直肠、结肠检查和手术前肠道准备。

【方法】

1. 甘露醇法　患者术前 3 日进半流质饮食，术前 1 日进流质饮食，术前 1 日下午 2～4 时口服甘露醇溶液 1500ml（20% 甘露醇 500ml ＋5% 葡萄糖 1000ml 混匀）。

2. 硫酸镁法　患者术前 3 日进半流质饮食，每晚口服 50% 硫酸镁 10～30ml。术前 1 日进流质饮食，术前 1 日下午 2～4 时，口服 25% 硫酸镁 200ml（50% 硫酸镁 100ml ＋5% 葡萄糖盐水 100ml），然后再口服温开水 1000ml。

口服高渗溶液速度不宜过快，以免引起呕吐。一般服后 15～30 分钟即可反复自行排便，2～3 小时可排便 2～5 次。护士应观察患者的一般情况，注意排便次数及粪便性质，确定是否达到清洁肠道的目的并记录。

（三）简易通便术

简易通便术是一种采用通便剂协助患者排便的简单易行、经济有效的方法。经过护士指导，患者及其家属也可自行完成。常用于老年、小儿、体弱患者。所用的通便剂为高渗溶液和润滑剂制成，如开塞露、甘油栓、肥皂栓。

【目的】

稀释、软化粪便，润滑肠壁、刺激肠蠕动，解除便秘。

【方法】

1. 开塞露通便法　开塞露由 50% 甘油或小量山梨醇制成，装于密闭的塑料胶壳内。成人用量 20ml，小儿用量 10ml。用时将顶端剪去，先挤出药液少许起润滑作用，然后轻轻插入肛门，将药液全部挤入（图 10－10），嘱患者忍耐 5～10 分钟，以刺激肠蠕动，软化粪便，达到通便的目的。

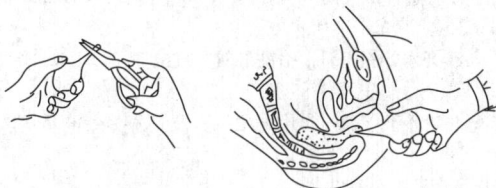

图 10－10　开塞露通便法

2. 甘油栓通便法　甘油栓由甘油明胶制成，为无色透明或半透明栓剂，呈圆锥形，具有润滑作用。使用时将甘油栓取出，操作者戴手套或手垫纱布，捏住栓剂较粗的一端，将尖端插入肛门内 6~7cm（图 10-11），用纱布抵住肛门口轻揉数分钟，利用机械刺激和润滑作用而达到通便目的。

3. 肥皂栓通便法　将普通肥皂削成底部直径 1cm，长 3~4cm 的圆锥形，蘸热水后插入肛门（方法同甘油栓通便法），由于肥皂的化学性和机械性刺激作用引起自动排便。肛门黏膜溃疡、肛裂及肛门有剧痛者，均不宜使用此方法。

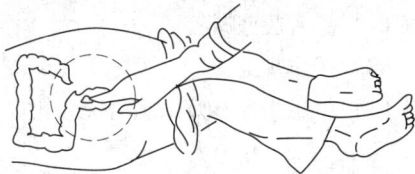

图 10-11　甘油栓通便法

（四）肛管排气

肛管排气是将肛管从肛门插入直肠，排除肠腔积气的方法。

【目的】

排除肠腔积气，以缓解腹胀。

【评估】

1. 患者的病情、临床诊断、治疗情况、灌肠的目的。
2. 患者的意识状态、生命体征、心理状况。
3. 患者腹胀情况、肛周皮肤黏膜情况、有无痔和肛裂等疾病。
4. 患者的理解配合程度。

【计划】

1. 操作者准备　衣帽整洁，修剪指甲，洗手，戴口罩。

2. 用物准备　治疗盘内置肛管、橡胶管、玻璃接头、弯盘、液状石蜡、棉签、别针、胶布、卫生纸、橡胶单及治疗巾，盛水 3/4 满的玻璃瓶（瓶口系带）。

3. 环境准备　关闭门窗，用屏风遮挡，请无关人员回避，保持合适的室温。

4. 患者准备　患者了解肛管排气的目的、操作过程及需配合的事项，有安全感，操作前排便、排尿。

【实施】

1. 操作方法

操作步骤	要点与说明
（1）核对、解释　核对患者的床号、姓名，向患者解释操作的目的及方法	·确认患者
（2）安置卧位　协助患者取左侧卧位或仰卧位，脱裤至膝部	·左侧卧位有助于肠腔内气体排出
（3）连接管道　将玻璃瓶系于床边，橡胶管一端插入水中，另一端与玻璃接头和肛管连接	·防止空气进入肠道，加重腹泻，可观察气体排出情况
（4）润滑、插管　润滑肛管前端，嘱患者张口呼吸，将肛管轻轻插入直肠 15~18cm	·防止肛管脱出
（5）固定　用胶布交叉固定肛管于臀部，橡胶管用别针固定在床单上（图 10-12）	·橡胶管须留出足够长度，供患者翻身
（6）观察　观察排气情况	·若有气体排出，瓶内液面下可见有气泡
（7）保留时间　保留肛管一般不超过 20 分钟	·长时间留置肛管，会减少肛门括约肌的反应，甚至导致肛门括约肌永久性松弛
（8）操作后处理　拔管后协助患者穿好裤子，整理床单位；清理用物；洗手，记录	·观察患者的反应，记录排气效果及腹胀改善情况

2. 注意事项

（1）若排气不畅，协助患者更换体位或按摩腹部。

（2）必要时可隔2～3小时后再重复插管排气。

【评价】

（1）患者腹胀减轻。

（2）操作规范。

（3）护患沟通有效，患者无焦虑、恐惧，能主动配合。

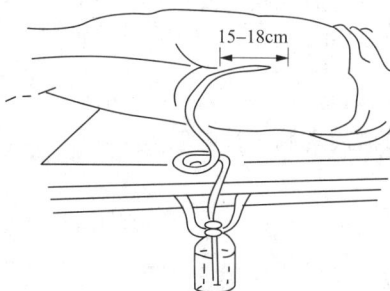

图 10 – 12　肛管排气

本章小结

　　本章主要介绍了异常排尿、排便活动的评估、护理措施和护理技术。通过评估影响排尿、排便的因素，同时加强对尿液、粪便及排泄活动的观察，确定异常的排泄活动（尿失禁、尿潴留、腹泻、排便失禁、便秘、粪便嵌塞、肠胀气）的发生，并针对原因提供恰当的护理措施。对留置导尿管的患者要注意防止逆行感染。灌肠法要根据操作目的及患者的年龄、病情等情况进行。

（王　芳）

目标检测

　　1. 患者，男，30岁，车祸后休克，护士遵医嘱给予患者留置导尿管。请问：

　　（1）为患者留置导尿管的目的是什么？

　　（2）插管过程中应注意什么？

　　（3）如何预防泌尿系统的逆行感染？

　　2. 患者，女，60岁，患食管癌。手术前护士遵医嘱给予大量不保留灌肠以清洁肠道。请问：

　　（1）灌肠筒内液面距离肛门的高度是多少？肛管插入直肠的深度为多少？

　　（2）常用的灌肠溶液有哪些？

　　（3）当液体灌入200ml后，患者有明显腹胀感及便意，如何处理？

　　（4）如患者出现脉速、面色苍白、大汗、腹痛、心慌、气促，如何处理？

第十一章 临终护理

生老病死是人类自然发展的客观规律，出生是生命的第一站，给人带来欣慰和喜悦；死亡是生命的最后一站，给人带来的却是痛苦和悲伤。死亡是生命的必然结果，是不可避免的现实，生与死的感受使得临终护理更加的神圣和艰巨。作为护理人员在护理临终患者时，既要掌握相关的理论知识和技能，还应了解患者的生理和心理反应，帮助临终患者减轻痛苦以提高其生存质量，引导患者树立正确的死亡观，坦然面对死亡，有尊严地走完人生的最后旅程。同时对临终患者的家属给予疏导和安慰，以使其保持良好的身心健康。

第一节 概 述

案例引导

案例：患者，男，52 岁，因咳嗽、咳血性痰、胸痛、体重下降 2 个月，加重 1 周入院，诊断为"支气管肺癌 Ⅳ 期"，患者住院后情绪低落，心情抑郁，当得知自己的病情后，反复对护理人员说："我不可能是癌症，一定是搞错了！"并强烈要求医师再做检查。

提问：1. 该患者的心理反应处于哪一期？

2. 针对患者的表现，护士应采取哪些护理措施？

一、濒死与死亡的定义

濒死（dying）又称临终。指患者已接受治疗性和姑息性的治疗后，虽意识清楚，但病情加速恶化，各种迹象显示生命即将终结，是生命活动的最后阶段。

各国学者对临终的时限有不同的见解。在美国，无治疗意义、估计只能存活 6 个月以内者，被认为是"临终"。我国对"临终"尚没有具体时限规定。一般认为，患者在经过积极治疗后仍无生存希望，直至生命结束之前这段时间称为"临终"阶段。此期的护理即为临终护理。

死亡（death）是指个体生命活动和新陈代谢的永久终止，是人的本质特征的消失。美国

《Black 法律辞典》将死亡定义为："生命的永息，生存的灭失，血液循环停止，同时呼吸及脉搏等身体重要作用的终止。"

二、死亡的标准

长期以来，医学界一直把心肺功能作为生命最本质的特征。传统的死亡标准即心肺功能的停止，简称为"心肺标准"，以呼吸、心跳永久性停止为判断死亡的标准。随着现代医学技术的发展，各种维持生命的技术、仪器、药物等得以应用，心跳、呼吸停止的人也可以维持生命。心脏移植手术的成功意味着"心死"不等于"人死"，人工呼吸机的应用使呼吸停止的人也能再度恢复呼吸。这些均使传统的判断死亡的标准在现代医学实践中遭到了质疑，心跳、呼吸停止已不能再作为判断死亡的权威标准。为此，各国医学专家一直在探讨死亡的新定义和新的判断标准。

1968 年，美国哈佛大学医学院特设委员会发表了题为《不可逆性昏迷定义》的报道，首次提出了新的死亡概念，即脑死亡（brain death），又称全脑死亡，包括大脑、中脑、小脑和脑干的不可逆死亡。指出不可逆的脑死亡是生命活动结束的象征，将"包括脑干在内的全部脑功能不可逆转的丧失"作为新的死亡标准，并在世界第 22 届医学大会上提出脑死亡标准，简称"哈佛标准"。

1. 对刺激无感受性和反应性（unreceptivity and unresponsiticity） 对外界刺激和内在需要完全无知觉和反应，甚至最强烈的疼痛刺激也不能引出反应。

2. 无运动、无呼吸（no movements or breathing） 自发性肌肉运动消失；经医师观察至少 1 小时，关闭呼吸机 3 分钟，仍无自主呼吸。

3. 无反射（no reflexes） 包括瞳孔对光反应、角膜反射和眼运动反射均消失，以及吞咽、喷嚏、发音、软腭反射等由脑干支配的反射也消失。

4. 脑电波平坦（EEG flat） 脑电图示脑电波平直或等电位。

所有上述表现 24 小时内反复复查无改变，并排除低温（<32.2℃）、使用中枢神经系统抑制药（如巴比妥类药）的影响，即可做出判断。

同年，WHO 建立了国际医学科学组织委员会，提出类似"哈佛标准"的脑死亡标准，即"WHO 标准"：①对环境失去一切反应；②完全没有反射和肌张力；③停止自主呼吸；④动脉压陡降；⑤脑电图平直。

从传统的心肺死亡标准过渡到脑死亡标准，标志着人们对生命与死亡的认识更加科学合理，对客观世界的认识又向前迈进了一步，人类将更加科学、更加理性地对待死亡。现代脑死亡标准不但能指导人们正确实施复苏抢救、准确科学地判断死亡，还有利于脏器移植的开展，合理、有效地利用卫生资源，促进人们对生命质量的探寻。目前，联合国的成员国中已有 80 多个国家承认脑死亡的标准，但至今世界尚无统一的标准。世界上许多国家还是采用"哈佛标准"或应用与其相近的标准，我国经过多年的研究与实践，于 2009 年完善和修订了《成人脑死亡判定标准（2009 版）》。

知识链接

"植物人"与"脑死亡"

"植物人"与"脑死亡"是两个常被混淆的概念。"植物人"的脑干功能正常，昏迷原因是大脑损害，患者可有自主呼吸、心跳和脑干反应，能够消化食物，少数患者可能苏醒。"脑死亡"则是包括脑干在内的全部脑功能不可逆转的丧失，无自主呼吸，脑干反应消失，只有在呼吸机等仪器的帮助下才能维持心跳和呼吸，大脑萎缩、液化，无法再生，脑电图呈平线。

三、死亡过程的分期

大量的医学科学和临床资料表明，死亡是人体生理功能逐渐衰减以至完全停止的过程，并非瞬息即逝的现象。由于死亡的他人不可体验性，使得每个人都不能体验自己的死亡。迄今为止，尚未有相应的精密仪器可以客观地测试、描述、记录人类的死亡过程，人们只能以现有的手段，对死亡的若干表象过程加以研究，目前医学上一般将死亡分为三期：濒死期、临床死亡期、生物学死亡期。

（一）濒死期

濒死期（agonal stage）又称临终状态，这个时期人体的主要器官或系统的功能出现严重紊乱，主要特点是脑干以上神经中枢功能深度抑制或丧失，脑干以下功能尚存，表现为意识模糊或丧失，各种反射减弱或逐渐消失。呼吸、循环衰竭，代谢紊乱，表现为心跳微弱，血压下降，呼吸减弱，出现潮式呼吸或间断呼吸，肠蠕动逐渐停止，感觉消失。各种迹象表明生命活动即将终止，是死亡过程的开始阶段。濒死期的持续时间可随患者机体状况和死亡原因而异，年轻患者、慢性病患者较年老体弱者和急性病患者濒死期长。某些猝死、严重颅脑损伤患者则无明显的濒死期而直接进入临床死亡期。

（二）临床死亡期

临床死亡期（clinical death stage）又称个体死亡，此期的主要特点为中枢神经系统的抑制过程由大脑皮质扩展至皮质以下部位，延髓处于深度抑制状态。其特征性表现为心跳和呼吸完全停止，瞳孔散大，各种反射消失，但机体组织细胞仍有微弱而短暂的代谢活动。此期持续时间极短，一般5~6分钟，低温条件下可持续1小时左右，宏观上是人的整体生命活动已停止，微观上组织代谢过程仍在进行，如及时有效地抢救，患者仍有复苏的可能。随后大脑将发生不可逆的变化。

（三）生物学死亡期

生物学死亡期（biological death stage）又称细胞死亡或分子死亡，指全身各组织、细胞的死亡，是死亡过程的最后阶段。此期整个中枢神经系统及各器官新陈代谢完全停止，并出现不可逆变化，已无任何复苏的可能。随着生物学死亡期的进展，相继出现尸冷、尸斑、尸僵及尸体腐败等现象。

1. 尸冷（algor mortis） 是死亡后最先发生的尸体现象。机体死亡后体内产热停止，散热继续，尸体温度逐渐降低称尸冷。死亡后尸体温度的下降有一定规律，一般死后10小时内尸温下降速度约为每小时1℃，10小时后为0.5℃，约24小时后，尸温与环境温度相同。

2. 尸斑（1ivor mortis） 机体死亡后血液循环停止，由于地球引力的作用，血液向身体的最低部位坠积，该处皮肤呈暗红色斑块或条纹称为尸斑。尸斑一般在死亡后2~4小时出现。若死者死亡时为侧卧位，应将其转为仰卧位，以防止面部颜色改变。

3. 尸僵（rigor mortis） 尸体肌肉僵硬，并使关节固定称尸僵。尸僵的形成主要原因为腺苷三磷酸（ATP）的缺乏，机体死亡后肌肉中不能再合成ATP，并且原有的ATP不断分解，致使肌肉收缩，尸体变硬。尸僵多从面部小块肌肉开始，呈下行性发展，即从咬肌、颈肌开始，发展至躯干、上肢和下肢。尸僵一般在死亡后1~3小时开始出现，4~6小时扩展至全身，12~16小时发展至高峰，24小时后尸僵缓解，肌肉逐渐变软。尸僵可因外界温度高低、尸体体质情况、死因不同而出现的时间不同。

4. 尸体腐败（（postmortem decomposition） 死亡后机体组织的蛋白质、脂肪和碳水化合物在腐败细菌的作用下发生分解的过程称为尸体腐败。一般在死后24小时后出现。常见的表现有尸绿、尸臭等。尸绿是尸体腐败时出现的色斑，一般先在右下腹出现，逐渐扩展至全腹直至全身。尸臭是死者肠道内有机物分解产生的气体经口、鼻、肛门逸出而形成的。

第二节 临 终 关 怀

一、临终关怀的概念和意义

（一）临终关怀的概念

临终关怀（hospice care）又称善终服务、宁养服务、安宁照顾、安息护理等。是指社会各阶层（医师、护士、社会工作者、宗教人士、志愿者以及政府和慈善团体等）组成的团体，向临终患者及其家属提供包括生理、心理和社会等方面的全面支持与照护。临终患者的定义目前并无定论，我国医学界一般将其界定为无治愈可能、预计生存期在 6 个月以内的患者。

临终关怀是一门新兴的现代医学学科，它涉及医学、护理学、心理学、伦理学、社会学等诸多领域，其目的是尊重临终患者生命，控制症状，提高生命质量，增强和维护家属的身心健康，使临终患者无痛苦、安宁、舒适地走完人生的最后旅程。

（二）临终关怀的意义

临终关怀是一项符合人类利益的重要事业，是社会的需求和人类文明发展的标志，对人类社会的进步具有重要的意义。

1. 符合人类追求高生命质量的客观要求　随着人类社会文明的进步，人们对生命的生存质量和死亡质量提出了更高的要求。临终关怀通过帮助临终患者解决各种生理需要，实施全面的身心照料，指导临终患者及其家属认识生命价值及社会意义，维护死亡尊严，尽可能让患者在临终时获得安宁、平静和舒适。使患者家属获得情感支持，以减轻其在亲人临终阶段及亲人死亡带来的精神痛苦，保持身心健康。

2. 是社会文明的标志　临终关怀是非物质文化中的信仰、价值观、伦理道德、审美意识、宗教、风俗习惯、社会风气等的集中表现，反映了社会文明的时代水平。体现了人类对生命的尊重以及对自身和对社会环境认识的提高，是社会进步和历史发展的必然。

3. 体现了医护职业道德的崇高　医护职业道德的核心内容就是尊重患者的价值，包括生命价值和人格尊严。临终关怀通过对患者实施科学的心理关怀方法、精湛的临床护理措施，最大限度地帮助临终患者减轻躯体和精神上的痛苦，提高生命质量，平静地走完生命的最后阶段。医护人员作为具体实施者，充分体现了以提高生命价值和生命质量为服务宗旨的高尚医护职业道德。

4. 临终关怀是我国卫生保健体系自我完善的社会系统工程　开展临终关怀是顺应医学模式转变，符合人类生存发展的客观要求，对适应我国老龄化社会、计划生育政策以及满足人们对在临终阶段各方面的要求具有重要的意义。因此，临终关怀作为一种新的医疗服务项目，是对我国现行医疗服务体系的完善和补充。

二、临终关怀的发展

（一）国外临终关怀的发展及现状

临终关怀（hospice）一词，在西方可以追溯到中世纪西欧的修道院和济贫院，当时为重病濒死的朝圣者提供照护的场所，使其得到最后的安宁。现代的临终关怀始于 1967 年，英国的桑德斯博士（D. C. Sunders）在自己多年的护理实践及痛失亲人经历的基础上，提出应为临终患者及其家属提供不同于普通临床的特殊服务，并在伦敦创办了世界上第一所临终关怀机构"圣克里斯多弗临终关怀医院（St. Christopher Hospice）"。被誉为"点燃了世界临终关怀运动的灯塔"，对世界各国开展临终关怀运动和研究死亡医学产生了重大影响。随后，美国、加拿大、法国、日本等60多个国家和地区相继开展了临终关怀服务和研究。

美国临终关怀现状：美国从1973年起临终关怀就受到国家重视，成为联邦政府研究的课题，到1980年10月临终关怀便已纳入国家医疗保险法案，1978年全国统一的非营利性的临终关怀组织成立。到目前为止，美国的临终关怀机构已达到1800多所，分布在全美50个州，每年有14万余人接受临终照护。

加拿大临终关怀现状：1975年在蒙特利尔创办第一个临终关怀院——加拿大皇家维多利亚临终关怀院，现在已发展到116个不同类型的临终关怀机构。

（二）我国临终关怀的发展及现状

中国的临终关怀事业开始于20世纪80年代。1988年7月，在美籍华人黄天中博士的资助下，天津医学院（现天津医科大学）成立了中国第一个临终关怀研究中心。同年10月，在上海诞生了中国第一所临终关怀医院——南汇护理院。1992年，北京市接收濒危患者的松堂医院正式成立。之后，中国心理卫生协会临终关怀专业委员会和临终关怀基金会也相继成立，并于1996年正式创办《临终关怀杂志》。这些都标志着我国已跻身于世界临终关怀研究与实践的行列。此后，沈阳、南京、西安等城市相继开展了临终关怀服务，使我国的临终关怀实践有了长足的发展。目前包括香港和台湾地区在内的30个省、市、自治区相继创办了临终关怀和姑息治疗机构100多家，已有数千人从事临终关怀的工作。

自天津医学院临床关怀研究中心成立以来，我国临终关怀事业发展大体经历了3个阶段，即理论引进和研究起步阶段、宣传普及和专业培训阶段、学术研究和临床实践全面发展阶段。临终关怀事业正朝着理论深入化、教育普及化、实施适宜化和管理规范化方面发展。

三、临终关怀的研究内容

（一）临终患者及其家属的需求

1. 临终患者的需求 包括生理、心理及社会方面的需求。

2. 临终患者家属的需求 包括家属对临终患者治疗和护理的要求、心理需求以及为其提供殡葬服务等。

（二）临终患者的全面照护

包括患者的治疗性护理、生活护理、心理护理，特别是临终患者的疼痛控制。临终关怀的核心是控制疼痛和其他不舒适，如恶心、呕吐、便秘、营养缺乏、焦虑、惊厥、咳嗽、呼吸困难等，这些症状可能引起患者的不适，甚至焦虑和恐惧。

（三）临终患者家属的照护

以提供心理疏导和情感支持为主。

（四）死亡教育

死亡教育是指传授死亡与生命相关知识的教育过程。是实施临终关怀的首要条件，又是贯穿临终关怀全过程的重要工作内容之一。通过运用伦理学、医学、心理学、社会学等理论，与临终患者及其家属探讨生与死的过程，促进人们对死亡及生命意义的正确认识，做到正确对待和接受死亡，消除对死亡的恐惧心理。死亡教育内容包括一切涉及濒死与死亡问题的知识与领域，分为三大类，即死亡的本质、对待濒死和死亡的态度与情绪、对残疾与濒死的调试处理。教育的过程应循序渐进。

（五）临终关怀的模式

临终关怀的模式是指人们在临终关怀实践中发展起来的对临终关怀的总体观点、态度以及提供照护的标准和形式。临终关怀模式是在"生物－心理－社会"现代医学模式的基础上逐渐形成和发展为"多学科－整体性－姑息照护"模式。但是，由于东、西方文化背景的不同，导致患者对死亡的态度有很大差异，这就决定了中国的临终关怀项目应具有中国特色。因此，探讨适合中国国情的临终关怀模式和特点，并从社会学角度寻求因地制宜地开展临终关怀的途径，成为临终关怀研究的重要内容之一。

（六）其他

主要包括临终关怀机构所采用的医疗体系；医护人员应遵循的医疗和护理原则；临终关怀机构的管理、实施的研究与实践；临终关怀工作人员的构成与培训；临终关怀与其他学科的关系；临终关怀与社会发展的关系等。

四、临终关怀的理念和组织形式

（一）临终关怀的理念

1. 以照料为中心　临终关怀是针对各种疾病晚期、治疗不再有效、生命即将终结者进行的照护，是通过对其全面的身心照料，提供临终前适度的姑息性治疗，控制症状，减轻痛苦，消除焦虑、恐惧，获得心理、社会支持，从而得到最后的安宁。因此，临终关怀是以治愈为主的治疗（cure）转为以对症为主的照顾（care）。

2. 尊重临终患者的尊严和权利　实行人道主义精神，使临终患者在人生的最后阶段同样得到热情的照顾和关怀，体现生命的价值、生存的意义和尊严。护理人员应注意维护和保持患者的尊严和权力，在临终护理中应允许患者保留原有的生活方式，尽量满足其合理要求，维护患者个人隐私和权力，鼓励患者参与医护方案的制订等。尊重生命的尊严及尊重濒死患者的权力充分体现了临终关怀的宗旨。

3. 提高临终患者的生命质量　临终关怀不以延长患者的实际生存为目的，而以提高临终阶段的生存质量为宗旨。对濒死患者生命质量的照料是临终关怀的重要环节，减轻痛苦使生命品质得到提升，为临终患者提供一个舒适的、有意义的、有希望的生活，丰富有限的生命时光，在可控的病痛中接受关怀，享受生命的余晖。从以延长患者的生存时间转为提高患者的生命质量。

4. 正确面对死亡　临终关怀将死亡视为生命的一部分，承认生命是有限的，死亡是一个必然的过程。虽然医护人员已经尽力对患者进行了治疗和护理，但患者因疾病不能治愈而死亡仍是不可避免的。临终关怀强调把健康教育和死亡教育结合起来，从正确理解生命的完整与本质入手，完善人生观，善始善终，使临终患者以健全的身心走完人生最后的旅途。

5. 提供全面的整体照护　包括对临终患者的生理、心理、社会等方面给予关怀和照顾，为患者提供24小时护理。注重临终患者家属的心理疏导和情感支持，既为患者提供生前照护又为死者家属提供居丧照料。

（二）组织形式

目前，世界范围内临终关怀的服务形式呈现多样化、本土化的特点。英国的临终关怀服务以住院照料方式为主，注重临终关怀院的发展。美国则以家庭临终关怀服务为主，开展社区服务。目前我国主要有以下几种形式。

1. 临终关怀专门机构　一般都有比较独立的医疗、护理设备及家庭化的危重病房设置，提供适合临终关怀的陪护制度，配备专业化的工作人员为临终患者服务。目前，我国已建立了为数不多的临终关怀医院。如上海的南汇护理院、北京的松堂医院。

2. 综合医院内附设临终关怀病房　部分综合医院利用医院内现有的资源，设立临终关怀病房，为临终患者提供医疗、护理和生活照料。如北京中国医学科学院肿瘤医院的"温馨病房"。临终关怀病房分综合病种的临终关怀病房和专为癌症患者设立的临终关怀病房。

3. 居家式的临终关怀 以社区为基础，以家庭为单位开展临终关怀服务，由临终关怀的学术组织联合医院、社区保健机构共同协作，为不愿意离开家的临终患者提供临终关怀服务。医护人员根据临终患者的病情每日或每周进行访视，并提供临终照顾。在医护人员的指导下，由患者家属做基本的日常照料，在家里照顾患者，使他们能感受到亲人的关心和体贴，从而减轻患者的身心痛苦，最后安宁、舒适地离开人间。

4. 癌症患者俱乐部 这是一个具有临终关怀性质的群众性自发组织，其宗旨是促进癌症患者互相关怀、互相帮忙，愉快地度过生命的最后历程。

第三节 临终患者及家属的护理

临终患者面临很多生理和心理问题，这是患者精神上、躯体上最痛苦的时期。面对亲人的即将离去，患者家属也承受着巨大的压力。因此，从事临终关怀的护理人员应本着人道主义精神，对患者及其家属进行关怀和照顾，陪伴他们度过这一痛苦的时期。

一、临终患者生理反应和护理

（一）临终患者的生理评估

由于每个人死亡的原因不同，临终患者在生理上的反应也不尽相同，其症状与体征是随着病情的发展而逐步变化的。一般来说，临终患者的各器官功能均已衰竭，主要有以下几个方面的生理变化。

1. 肌肉张力丧失 表现为大、小便失禁，吞咽困难，无法维持良好、舒适的功能体位，肢体软弱无力，不能进行自主躯体活动。面部外观改变呈希氏面容，即面肌消瘦，口唇、面颊松弛，下颌下垂，眼眶凹陷，双眼半睁，目光呆滞。

2. 胃肠道功能紊乱 表现为食欲不振、呃逆、恶心、呕吐、口干、腹胀、便秘或腹泻、脱水、体重减轻等。

3. 循环功能减退 表现为皮肤苍白、湿冷、大量出汗，四肢发绀、斑点，脉搏快而弱，不规则甚至测不出，血压逐渐下降或测不出，心音低弱，心律失常。

4. 呼吸功能减弱 表现为呼吸频率由快变慢，呼吸深度由深变浅，呼吸困难、鼻翼扇动，出现潮式呼吸、张口呼吸、间断呼吸等，由于气道内分泌物无力咳出，患者呼吸常伴有痰鸣音及鼾声。

5. 意识的改变 若疾病未侵犯神经系统，患者可始终保持神志清醒。若病变侵及或影响中枢，则可出现嗜睡、意识模糊、昏睡、昏迷等，有的患者表现为谵妄及定向障碍。

6. 感觉、知觉改变 表现为视觉逐渐减退，由视觉模糊只能看清近物，发展到只有光感，最后视力消失。眼睑干燥，分泌物增多。语言逐渐困难、混乱。听觉常是最后消失的感觉功能。

7. 疼痛 是临终患者（尤其是癌症患者）临终前最严重的症状，严重影响患者的睡眠、饮食、活动和情绪。表现为烦躁不安，血压及心率改变，呼吸变快或减慢，瞳孔散大，大声呻吟，五官扭曲、眉头紧锁、眼睛睁大或紧闭及咬牙等疼痛面容。

（二）临终患者的生理护理

1. 促进患者舒适

（1）维持良好、舒适的体位 建立翻身卡，定时翻身，避免局部长期受压，促进血液循环，防止压疮发生。

（2）加强皮肤护理　对于大、小便失禁者，注意会阴、肛门周围的皮肤清洁，保持干燥，必要时留置导尿管；大量出汗时，应及时擦洗干净，勤换衣裤，并保持床单元清洁、平整。

（3）加强口腔护理　每天要仔细检查患者的口腔黏膜是否干燥或疼痛，观察是否有念珠菌感染征象。有溃疡或真菌感染者酌情用药；晨起、餐后、睡前协助患者漱口，保持口腔清洁卫生；口唇干裂者可适量喂水并涂唇膏、液状石蜡，也可用湿棉签湿润口唇或用湿纱布覆盖口唇。

（4）保暖　患者四肢冰冷不适时，应加强保暖，必要时给予热水袋，水温应低于50℃，防止烫伤。

2. 改善呼吸功能

（1）定时通风换气，保持室内空气新鲜。

（2）神志清醒者可采用半坐卧位；昏迷者可采用仰卧位（头偏向一侧）或侧卧位，防止呼吸道分泌物误入气管引起窒息及肺部并发症。

（3）保持呼吸道通畅　给予翻身、拍背或雾化吸入，促进排痰，必要时使用吸引器吸出痰液。

（4）根据呼吸困难程度给予氧气吸入，改善缺氧状态。

3. 减轻疼痛

（1）观察　注意观察患者疼痛的部位、性质、程度、持续时间及发作规律。

（2）协助患者选择减轻疼痛的有效方法　若患者选择药物止痛，可采用 WHO 推荐的三步阶梯疗法控制疼痛。注意观察用药后的反应，选择恰当的剂量和给药方式，以达到控制疼痛的目的。

（3）使用其他非药物控制疗法　如音乐疗法、按摩、放松法，外周神经阻断术、针灸疗法等，也能取得一定的镇痛效果。

（4）稳定情绪、转移注意力　采用同情、安慰、鼓励等方法与患者进行沟通交流，稳定其情绪，并适当引导使其转移注意力，从而减轻疼痛。

4. 增进食欲，加强营养

（1）向患者及其家属解释恶心、呕吐的原因，以减轻其焦虑心理，获得心理支持。

（2）创造良好的进食环境，稳定患者的情绪。

（3）根据患者的饮食习惯调整饮食，尽量创造条件增加患者的食欲。注意食物的色、香、味，尝试新的花样，少量多餐，应给予热量足够、营养均衡、易消化的饮食，并鼓励患者多吃新鲜的水果和蔬菜。

（4）给予流质或半流质饮食，便于患者吞咽，必要时采用鼻饲或全肠外营养，保证患者的营养供给。

（5）加强监测，观察患者的电解质指标及营养状况。

5. 减轻感觉、知觉改变的影响

（1）保持病房环境安静，温度适宜，空气新鲜，通风良好，适当照明。

（2）及时去除眼部分泌物，如患者眼睑不能闭合，可涂抹金霉素眼膏、红霉素眼膏或覆盖凡士林纱布，防止出现角膜溃疡或结膜炎。

（3）由于听力常为最后消失的感觉，应避免在患者周围窃窃私语，讨论病情，以免增加患者的焦虑。可采用触摸等非语言交流方式，配合亲切、温和的语调，清晰的语言与患者交谈。

6. 观察病情变化

（1）密切观察患者的生命体征、瞳孔、意识状态等。

（2）监测心、肺、脑、肝、肾等重要脏器的功能。

（3）观察治疗效果与不良反应。

二、临终患者的心理变化和护理

（一）临终患者的心理变化

当患者接近死亡时，其心理反应是十分复杂的。多年来，研究者在探讨临终患者的心理状况时，最常引用美国医学博士布勒·罗斯（Kubler. Ross）于1969年所著的《On Death and Dying》一书中的内容，罗斯博士通过对400位临终患者的观察，将患者从获知病情到临终整个阶段的心理反应过程总结为5个阶段。

1. 否认期（denial） 当患者直接或间接获知自己将面临死亡时，其第一反应是"不可能、这不是真的，一定是搞错了"，以此极力否认，拒绝接受事实，怀着侥幸的心理，希望出现奇迹。这些反应是患者采取的一种心理防御机制，它可减少不良信息对患者的刺激，从而使其有较多的时间来调整面对死亡。这种心理应激的适应时间长短因人而异，大部分患者能很快停止否认，而有的患者会持续地否认直至死亡。

2. 愤怒期（anger） 当对其病情的否认无法再持续下去时，患者产生"为什么是我？这太不公平了"的心理，表现出愤怒、妒忌、怨恨的情绪。这一阶段患者常常迁怒于接近他的亲属及医护人员，或对医院的制度、治疗及护理等方面表示不满，以发泄苦闷与无奈，弥补内心的不平。

3. 协议期（bargaining） 愤怒的心理消失后，患者开始接受临终的事实。此期患者为了尽量延长生命，希望有好的治疗方法，并做出许多承诺作为交换条件，出现"请让我好起来，我一定……"的心理。同时患者也变得和善，对自己生存还抱有希望，也能积极配合治疗。

4. 忧郁期（depression） 随着病情的日益恶化，患者认识到无法阻止死亡来临，会产生很强烈的失落感"好吧，那就是我"，并出现悲伤、情绪低落、退缩、沉默、抑郁及绝望等一系列心理反应。处于抑郁期的患者主要表现为对周围事物的淡漠，言语减少，反应迟钝，对任何事物均不感兴趣，患者会体验到一种准备后事的悲哀。此阶段他们要求与亲朋好友见面，希望有喜爱的人陪伴照顾。

5. 接受期（acceptnce） 在一切的努力、挣扎之后，患者变得平静，认为自己完成了人生的一切并准备接纳死亡的到来，产生"好吧，既然是我，那就去面对吧"的心理，接受即将面临死亡的事实。此阶段患者表现为比较平静、坦然、安详，喜欢独处，睡眠的时间增加，情感减退，安静地等待死亡的到来。

布勒·罗斯认为临终患者心理发展过程的5个阶段，并不一定完全按顺序发生和发展，是因人而异的，可能重合、提前或推后，也可能停留在某一阶段，各阶段持续时间长短也不尽相同。因此，护士应根据患者的实际情况进行具体的分析与判断，采取恰当的护理措施。

（二）临终患者的心理护理

1. 否认期 护理人员应真诚地对待患者，不要急于揭穿患者的心理防卫。经常陪伴患者，坦诚、温和地回答患者对病情的询问，并注意保持与其他医务人员及患者家属对患者病情说法的一致性。在交谈中加以引导，促使其建立正确的人生观、生死观，以帮助面对现实，正确地看待生命和死亡。

2. 愤怒期 护理人员应有爱心、耐心，认真倾听患者的心理感受，允许其以发怒、抱怨、不合作行为来宣泄内心的忧虑和恐惧。及时制止因情绪过激而导致的破坏性行为，并采取安全防护措施，必要时辅助使用药物来稳定患者的情绪。做好患者家属的工作，给予关爱、理解并提供心理支持。

3. 协议期 护理人员应积极主动关心患者，给予指导和帮助，加强护理。尽量满足患者的要求，使其更好地配合治疗，减轻痛苦，控制症状。鼓励患者说出内心的感受，尊重患者的信仰，积极引导，减轻压力。

4. 忧郁期 护理人员应多给予同情和照顾，协助和鼓励患者保持身体的清洁与舒适。尽量满足患者的合理要求，允许患者用不同的方式宣泄情感，表达忧伤。给予精神支持，尽量让家属及亲朋好友陪伴在其身旁，注意安全，及时观察患者的不良心理反应，预防意外事件的发生。

5. 接受期 护理人员应继续尊重、关心和支持患者。加强基础护理，为患者创造一个安静、明亮、独立的环境，不强迫与患者交谈，减少外界的干扰。让其安详、平静、有尊严地离开人间。

知识链接

WHO 推荐的三步阶梯疗法

1. 轻度疼痛（第一阶梯） 用药以非甾体消炎药（non—steroid anti—inflammatory drugs，NSAIDs）为主。NSAIDS 的作用机制是通过抑制环氧化酶（cyclooxygenase，COX）以减少前列腺素（prostaglandin，PG）的合成。可选用的 NSAIDs 有十余种，WHO 推荐的代表药物为阿司匹林。

2. 中度疼痛（第二阶梯） 用药以弱阿片类药物为主。WHO 推荐的代表药物为可待因。可待因在体内转变为吗啡，作用于阿片受体而发挥镇痛作用，镇痛效能为吗啡的 1/12。

3. 重度疼痛（第三阶梯） 用药以强效阿片类药物为主。WHO 推荐的代表药物为吗啡。吗啡作用于中枢阿片受体，具有较强的镇痛、镇静和镇咳作用。

三、临终患者家属的护理

临终患者家属陪伴亲人从生病到濒死直至死亡的整个过程，心理反应非常复杂，精神、身体的压力很大，是临终关怀中不可忽视的群体。护士在做好临终患者护理的同时，也要做好对家属的关怀照顾工作。

（一）临终患者家属的心理反应

在临终关怀中，患者家属不仅承担着照顾患者的角色，同时也是医护人员服务的对象。临终患者常给他们的家属带来生理、心理、社会等各方面的压力，患者的临终过程也是其家属心理应激的过程，也同样会经历否认、愤怒、忧郁等心理反应阶段，因此，常出现以下心理及行为方面的改变。

1. 个人需求的推迟或放弃 家庭中有临终患者，会改变一个家庭的经济状况，打破原来平静的生活，甚至导致精神支柱的倒塌。家庭成员在考虑家庭的状况后，会调整自己在家庭中的角色与职责，往往会推迟或放弃一些活动，如升学、就业、婚姻等。

2. 家庭中角色与职务的调整和再适应 临终患者社会角色的减退或丧失，使家人要重新调整并承担有关家庭成员的角色。如长姐如母、慈母兼严父、长兄如父等，以保持家庭的稳定。

3. 压力增加，社会交往减少 照料临终患者期间，家属因精神的忧伤、体力、财力的消耗而感到心力交瘁，正常的工作、生活秩序被打乱，减少了与亲人、朋友间的社会交往。再加上传统文化的影响，大部分家属倾向于对患者隐瞒病情，避免其知晓后产生不良后果而加速病情的发展，因此既要压抑自我的悲伤，又要努力地隐瞒病情，更加重家属的身心压力。

（二）临终患者家属的护理

对临终患者家属护理的目的是与其建立信任关系，帮助其调节哀伤情绪，提供有关患者病情及照顾的信息与建议、给予支持与关怀。

1. 满足家属照顾患者的需要 1986 年，费尔斯特（Ferszt）和霍克（Houck）提出临终患者家属的 7 个方面的需要。

（1）了解患者病情、照顾等相关问题。

（2）了解临终关怀医疗小组中，哪些人会照顾患者。

（3）参与患者的日常照顾。

（4）知道患者受到临终关怀医疗小组良好的照顾。

（5）被关怀与支持。

（6）了解患者死亡后相关事宜（处理后事）。

（7）了解有关资源，如经济补助、社会资源、义工团体等。

2. 指导家属照顾好患者 护理人员应帮助家属了解临终患者的生理和心理特征，指导家属掌握一些基础护理知识和技能，指导家属从身心两方面照顾好患者，使其在照料亲人的过程中获得心理慰藉。

3. 关心家属，提供心理支持 护理人员应在同情、理解家属的基础上，使用有效的交流方式，建立良好的关系，取得家属的信任。提供适当的场所和机会让家属宣泄内心的悲伤，鼓励家属说出内心的感受、遇到的困难。尽量满足家属提出的合理要求。对家属的过激言行，给予宽容和谅解。

第四节　死亡后护理

死亡后护理是临终关怀和整体护理的重要内容，包括尸体护理和丧亲者的护理。尸体护理是对临终患者实施整体护理的最后步骤，做好尸体护理不仅是对死者人格的尊重，也是对死者家属心灵的安慰，应在确认患者已经死亡，医师开具死亡诊断书后，以严肃、认真的态度尽快进行，既可防止尸体僵硬，也可避免对其他患者的不良影响。在尸体护理过程中，应尊重患者的遗愿，满足家属的合理要求及民族习惯。

一、尸体护理

【目的】

1. 使尸体整洁，维持良好的尸体外观，易于辨认。

2. 安慰家属，减轻哀痛。

【评估】

1. 患者诊断、治疗、抢救过程、死亡原因及时间。

2. 尸体清洁程度，有无伤口及引流管，有无传染病等。

3. 患者的遗愿、民族及宗教信仰。

4. 家属能否理解、配合操作，有无特殊要求。

5. 病房环境，单人间还是多人间病房。

【计划】

1. 操作者准备 衣帽整洁，洗手，戴口罩，戴手套。

2. 环境准备 安静、肃穆，用屏风遮挡，请其他人员回避。

3. 用物准备

（1）治疗车上层　衣裤、尸单或尸袋、血管钳、不脱脂棉球、剪刀、梳子、松节油、绷带、尸体识别卡 3 张（表 11 - 1）、擦洗用具；有伤口者备换药敷料、胶布，必要时备隔离衣。

（2）治疗车下层　生活垃圾桶、医用垃圾桶。

【实施】

1. 操作方法

操作步骤	要点与说明
（1）核对死者的姓名，填写尸体识别卡	
（2）备齐用物并携至床边，用围帘或屏风遮挡	·尊重死者，减少对同病室其他患者的影响
（3）安慰家属并劝说其暂离病室	·如家属不在，应尽快通知亲属来院
（4）撤去一切治疗用物（如治疗仪器、输液管、氧气管及各种导管）	·便于尸体护理
（5）将床放平，尸体仰卧，双臂放于身体两侧，置枕于头下，移去被盖，用大单遮盖尸体	·防止面部瘀血变色
（6）清洁面部，有义齿为其装上，闭合口眼。如眼睑不能闭合，可用毛巾湿敷或于上眼睑下垫少许棉花，使上眼睑下垂闭合。如口不能闭合，轻揉下颌或用四头带托起下颌	·避免面部变形，口、眼闭合，符合习俗 ·防止体液外溢 ·棉花不宜外露
（7）用血管钳将棉花填塞于口、鼻、耳、肛门、阴道等孔道	
（8）脱去衣裤，擦净全身（依次洗净上肢、胸部、腹部、背部及下肢），用松节油擦净胶布痕迹，有创口者更换敷料，有引流管者应拔出后缝合创口或用蝶形胶布封闭并包扎，更衣、梳发	·保持尸体清洁，无渗液，维持良好的尸体外观
（9）将第1张尸体识别卡系在尸体右手腕部，用尸单包裹尸体，用绷带在胸部、腰部、踝部固定牢固，也可将尸体放入尸袋内，拉好拉链。将第2张尸体识别卡缚在尸体腰前尸单（尸袋）上	·便于尸体运送和识别
（10）将尸体移至平车上，盖上大单，送往太平间，置于停尸屉内，将第3张尸体识别卡放尸屉外面	·冷藏，防止尸体腐败，便于识别
（11）按终末消毒方法处理床单元	·避免院内交叉感染
（12）填写死亡通知单，完成各项记录，停止一切医嘱，注销各种执行单（治疗、药物、饮食卡等），整理病历、归档，办理出院手续	·记录规范、准确
（13）整理死者遗物并交给家属	·如家属不在，应由二人清点后，列出清单交由护士长妥善保管

2. 注意事项

（1）尸体护理应在医师开出死亡通知，并征得家属同意后立即进行，以防尸体僵硬。

（2）进行尸体护理时，护士应严肃认真，尊重死者，维护尸体的隐私权，不可暴露尸体，并安置于自然体位。

（3）尸体识别卡填写清楚，便于辨认。

（4）传染病患者的尸体应用消毒液擦拭，并用消毒液浸泡的棉球填塞各孔道，在尸袋外做传染标识。

表 11 - 1　尸体识别卡

姓名_____ 住院号_____ 年龄_____ 性别_____
病室_____　　床号_____　　籍贯_____
住址_____
诊断_____
死亡时间_____年_____月_____日_____时_____分
护士签名_____
_____医院

二、丧亲者的护理

丧亲者即死者家属，主要是指失去父母、配偶、子女者（直系亲属）。失去亲人，是重大的生活应激事件，是一次非常痛苦的经历，这种痛苦在患者逝去后的很长的时间内仍然存在，直接影响丧亲者的身心健康，因此做好丧亲者的护理工作是十分重要的。

（一）居丧者的心理反应

根据安格乐理论，丧亲者的心理反应可分为6个阶段。

1. 冲击与怀疑期　本阶段的特点是拒绝接受丧亲的事实，让自己有充分的时间进行调整，此期在亲人遭受意外死亡的事件中尤其突出。

2. 逐渐承认期　意识到亲人确已死亡，出现空虚、抑郁、自责和哭泣等痛苦表现，此期的典型特征是哭泣。

3. 恢复常态期　面对需要处理的后事，已能够在悲痛中着手处理。

4. 克服失落感期　此期是设法克服痛苦的空虚感，但仍然不能以新人代替逝去的、可依赖支持的人，常常回忆过去的事情。

5. 理想化期　此期死者家属产生想象，认为失去的人是完美的，为过去对已故者不好的行为感到自责。

6. 恢复期　此阶段机体的大部分功能恢复，但悲哀的感觉不会简单的消失，常常回忆起死者，更多地把怀念藏在心里。

丧亲者的心理反应阶段持续时间不定，丧偶可能需2年或更久，一般约需1年时间。

（二）影响丧亲者调适的因素

1. 对死者的依赖程度　家人对死者经济上、生活上、情感上依赖性越强，面对其死亡后的调适越困难。常见于配偶关系。

2. 病程的长短　急性死亡病例，由于家人对突发事件毫无思想准备，易产生自责、内疚心理；慢性死亡病例，家人已有预期性心理准备，则较能调适。

3. 死者的年龄与家人年龄　死者的年龄越轻，家人越易产生惋惜和不舍，增加内疚和罪恶感。家属的年龄反映人格的成熟，影响到解决处理后事的能力。

4. 其他支持系统　亲朋好友、各种社会活动、宗教信仰、宠物等能提供支持，满足家属的需要，则较易度过哀伤期。

5. 失去亲人后的生活改变　失去亲人后生活改变越大、越难调适，如中年丧夫、老年丧子。

（三）丧亲者的护理

1. 做好尸体护理　认真做好尸体护理，体现对死者的尊重，对生者的抚慰。

2. 心理疏导　鼓励家属宣泄情感，疏导悲痛，认真倾听其诉说，运用眼神、握手等非语言行为，表达对丧亲者情感的理解和心理的支持。做出全面评估，鼓励丧亲者之间互相安慰，帮助丧亲者以积极的方式面对现实，接受现实，使之认识自己继续生存的社会价值，重建生活的信心。

3. 鼓励参加社会活动　转移环境，改变心情，建立新的社会关系和培养新的兴趣爱好。提供生活指导、建议，协助解决实际困难。

4. 对丧亲者进行随访　在患者死后2周、2个月、半年，甚至1年内，临终关怀机构可通过信件、电话、访视对死者家属进行追踪随访，给予必要的鼓励和支持。

本章小结

临终护理是崇高而神圣的事业,是社会文明高度发展的要求,符合人类追求高生命质量的要求。本章主要介绍了濒死与死亡的定义、标准及分期,临终关怀的发展及意义,尸体护理技术,通过对临终患者及其家属生理及心理的评估,向临终患者及其家属提供全面的照顾,使临终患者的生命得到尊重,症状得到控制,生命质量得到提高,患者家属的身心健康得到维护和增强,使患者在临终时能够无痛苦、安宁、舒适地走完人生的最后旅程,为人生画上圆满的句号。

(袁　薇)

目标检测

1. 传统的死亡标准与脑死亡的标准有何区别?
2. 如何做好濒死患者的心理护理?
3. 做好临终护理,将给患者、家属及社会带来何意义?

第三篇

药物治疗护理

第十二章 患者的安全与护士的职业防护

学习目标

知识要求

1. **掌握** 常用保护具和辅助器使用的目的及操作中的注意事项；患者安全需要的评估；护士职业损伤有害因素及职业防护管理。
2. **熟悉** 患者安全、保护具、职业暴露、护理职业暴露、职业防护、护理职业防护及护理职业风险的概念；医院常见不安全因素；常见护理职业损伤产生的原因。
3. **了解** 影响患者安全的因素；护理职业防护的意义。

技能要求

熟练掌握常用保护具和辅助器的使用方法；学会应用所学知识正确选择防护用品，针对各种护理职业损伤实施有效的预防措施；采取正确的方法处理锐器伤和化学治疗药物暴露。

第一节 患者的安全

案例引导

案例：患者，男，67岁，因"眩晕症"收住院，入院第1天，如厕时不慎跌倒在卫生间，肘部表皮擦伤。

提问：1. 患者属于什么损伤？

2. 避免上述情况发生的有效措施有哪些？

患者安全（patient safety）是指在医疗服务过程中采取必要的措施避免或预防患者的不良后果或伤害，包括预防差错（error）、偏识（bias）和意外（accident）。安全是人类生存的基本条件，Maslow的人类基本需要层次论指出，安全需要是仅次于生理需要的基本需要。对于患者而言，因疾病可以使人变得虚弱，发生意外伤害的可能性也会更多，如坠床、跌倒等。护理人员应当提供安全、无危险、无伤害的医疗环境，满足患者的安全需要。

一、影响患者安全的因素

（一）患者因素

1. 患者的健康状况 疾病致患者身体虚弱，营养状态欠佳，抵抗力下降，容易发生意外和受到伤害。如患者由于疾病的原因行动受限而易发生跌倒；因免疫功能低下者易发生感染；严重时疾病可影响人的意识，使之失去自我保护能力而更易受伤；而焦虑或其他情绪障碍时，个体因注意力不集中而无法预警环境中的危险，易发生伤害。

2. 患者对环境的熟悉程度　陌生的环境易使人产生恐惧、焦虑等不良心理反应，使人缺乏安全感。熟悉的环境下能够较好地与人沟通和交流，从中获得信息和帮助，有利于患者获得安全感。

3. 患者的感觉功能　良好的感觉功能可以帮助人们了解周围环境，识别和判断自身行动安全性。任何一种感觉障碍，均会妨碍个体辨别周围环境中存在或潜在的危险因素而使其易受到伤害。如脑外伤患者可因肢体感觉功能障碍，易发生烫伤或压疮；眼部疾病的患者由于视物模糊，易发生撞伤、跌倒等意外伤害。

4. 年龄　年龄可影响个体对周围环境的感知和理解能力，因而也影响个体采取相应的自我保护行为。如老年人由于机体各器官功能逐渐衰退，容易发生走失、跌倒等意外事件，新生儿和婴幼儿对危险因素无识别能力，需依赖他人的保护；儿童正处于生长期，好奇心强，喜欢探索新事物，也容易受到伤害。

5. 患者的认知能力　患者由于对健康知识及自身疾病认知不足，自身安全意识差，没有意识到疾病本身对身体其他功能所造成的影响，由于疾病突发而出现危险。由于疾病迁延不愈或肿瘤晚期或疼痛等因素造成患者出现抑郁甚至自杀倾向，上述情况均影响患者安全。

（二）医务人员因素

通常是指医务人员素质或数量方面的因素。医务人员的素质包括思想政治素质、职业素质和业务素质等。

1. 医务人员的素质　医务人员的素质是指思想素质、职业道德素质、心理素质及身体素质等。医务人员整体素质的高低是影响患者安全的重要因素之一。当医护人员素质未达到职业的要求时，就有可能因诊疗、护理不当或过失，造成患者身心伤害。

2. 医务人员的数量　充足的人员配备有利于及时满足患者的基本要求和病情监测。反之，医务人员数量不足，长期超负荷运转，导致身心疲惫，从而影响医疗、护理质量，最终影响患者安全。例如，医务人员不足，会增加医院感染的潜在危险性。

3. 医务人员的技术水平　医务人员技术水平低、经验不足或协作能力不强等原因，对患者安全构成威胁。如在对患者的病情观察上，年轻护士经验不足，遇到病情变化不能识别危险征兆而对患者的安全带来风险。

（三）诊疗方面的因素

一些特殊的诊疗手段，在发挥协助诊断、治疗疾病及促进康复作用的同时，也可能会给患者带来一些不安全的因素，如各种侵入性的诊断检查与治疗、外科手术等均可能造成皮肤的损伤及潜在的感染等。

（四）医院环境因素

医院的基础设施、设备性能及物品配置是否完善规范，也是影响患者安全的因素。

二、患者安全需要的评估

患者安全需要的护理评估是护士有计划、有目的、系统地收集患者资料的过程，是护士对患者住院期间包括入院前一段时间的身体状况、心理状态及社会适应能力的评估。护士通过对患者的各种情况进行充分评估，全面了解病情，评估患者的自我保护能力及其影响因素，同时还要评估医院中是否有现存的或潜在的影响患者安全的因素，采取有效的干预，确保患者处于安全状态。

（一）患者方面因素

1. 患者安全防范的意识和对安全防范相关知识了解的程度。

2. 精神状态是否良好，是否因年龄、身体状况或意识状态而需要安全协助或保护。

3. 感觉功能是否正常，是否舒适，是否能满足自己的需要。

4. 是否有影响安全的不良嗜好，如吸烟等。

（二）治疗方面因素

1. 患者是否正在使用麻醉药、抗组胺药、抗高血压药、镇静催眠药、抗癫痫痉挛药、轻泻药、利尿药、降血糖药、抗抑郁、抗焦虑、抗精神病药等药物。

2. 患者是否正在使用化学治疗等对机体组织有潜在损伤的药物。

3. 患者是否正在接受氧气治疗或冷、热治疗。

4. 患者是否需要给予行动限制或身体约束。

5. 患者是否正在接受放射性诊断或治疗。

（三）环境方面因素

1. 病房周围环境是否光线明亮，干净、整齐、宽敞便于行走。

2. 病房内是否使用电器设备，患者床旁是否有电器用品等。

（四）跌倒、坠床危险因素评估

护士通过评分的方式，对跌倒、坠床的高危人群，其发生跌倒、坠床的危险性进行评估，目前临床常用 Morse 评分法对住院患者进行跌倒/坠床风险评估。评分 <24 分为轻度危险；25 ~44 分为中度危险；≥45 分为高度危险（表 12－1）。

表 12－1　Morse 跌倒/坠床评分表

1	患者曾跌倒	无 = 0，有 = 25
2	超过 1 个医学诊断	无 = 0，有 = 15
3	行走时需要的辅助物	无/卧床休息/护士辅助 = 0 拐杖/手杖/四角叉 = 15 依扶家具 = 30
4	静脉输入/使用药物治疗	无 = 0，有 = 20
5	步态	正常/卧床休息/轮椅代步 = 0 乏力/体位性低血压/≥65 = 10 失调及不平衡 = 20
6	精神状况	了解自己的能力 = 0 忘记自己的限制/意识、沟通、睡眠障碍 = 15
评估总得分		

三、医院常见的不安全因素及防范

（一）机械性损伤及防范

跌倒和坠床是医院最常见的机械性损伤。其防范措施如下。

1. 年老体弱、活动不便、视觉障碍、长期卧床的初次下床时的患者行动时应给予搀扶或使用辅助器具。常用物品应放于易取处，以防取放物品时失去平衡而跌倒。

2. 意识不清、躁动不安及婴幼儿患者易发生坠床等意外，应根据患者的情况使用床档或其他保护具加以保护。

3. 对于一些特殊患者如精神异常或抑郁等，应注意将剪刀、针头、碎玻璃等器械放置妥当，避免患者接触发生自伤或伤人的意外。

4. 保持病区住院环境宽敞、明亮，移开暂时不需要的器械或物品，室内物品防置稳定，特别是具有潜在危险的用物如开水瓶等；通道和楼梯等进出口处光线明亮，避免堆放杂物；病区地面要采用防滑地板，注意保持整洁、干燥，防止磕碰、撞伤及跌伤。

5. 病区走廊、浴室及卫生间应设置扶手，供患者行走不稳时扶持。浴室和卫生间应设置呼叫系统，以便患者在需要时寻求援助，必要时使用防滑垫。易发生损伤的高危险环境处应设警示标识，以提示患者对环境中不安全因素保持高度警惕。

6. 应用各种导管、器械进行操作时，应遵守操作规程，动作轻柔，防止损伤患者的皮肤黏膜；妥善固定导管，注意保持引流通畅。

7. 需使用轮椅、平车转运的患者应有工作人员陪同，进出电梯时工作人员以后退方式前行；上下坡时工作人员应站在坡度的低位；使用轮椅时身体不要前倾，必要时用躯体固定带；用平车转运患者时须有床栏保护。

（二）温度性损伤及防范

常见的温度性损伤有热水袋、热水瓶所致的烫伤；冰袋、制冷袋等所致的冻伤，各种电器如烤灯、高频电刀等所致的灼伤；易燃易爆品如氧气、乙醚及其他液化气体所致的各种烧伤等。其防范措施如下。

1. 护士在应用冷、热疗法时，应严格按操作规程进行，注意听取患者的主诉及观察局部皮肤的变化，如有不适应及时处理。

2. 对于易燃易爆品应强化管理，单独存放。制订防火措施和应急方案，加强防火教育和应急方案的演练，护士应熟练掌握各类灭火器的使用方法。医院内禁止吸烟。

3. 医院内的电路及各种电器设备应定期进行检查维修。对患者自带的电器设备，如计算机、电剃须刀等，使用前应进行安全检查，并加强对患者及其家属的安全知识教育。禁止使用电热毯等电器。

（三）压力性损伤及防范

压力性损伤常见有因长期受压所致的压疮；因高压氧舱治疗不当所致的气压伤；因石膏和夹板固定过紧形成的局部压疮等。其防护措施见相关章节。

（四）放射性损伤及防范

放射性损伤主要由放射性诊断或治疗引发，常见有放射性皮炎、皮肤溃疡坏死，严重者可致死亡。其防护措施如下。

1. 保持接受放射部位的皮肤清洁、干燥，避免一切物理性刺激（用力搔抓、擦拭、摩擦及紫外线照射等）和化学性刺激（外用刺激性药物、肥皂擦洗等），防止皮肤破损。

2. 保证标记的照射区域准确，减少患者不必要的身体暴露。

3. 正确掌握放射性治疗的剂量和时间。

（五）化学性损伤及防范

化学性损伤通常是由于药物使用不当（如剂量过大、次数过多）、药物配伍不当，甚至用错药物引起。因此，护士应遵循给药原则和药物管理制度；给药时，严格执行各项操作规程，落实"三查七对"，熟悉药物的作用、不良反应、药物之间的配伍禁忌，及时观察患者用药后的反应；向患者及其家属做好用药相关知识的健康教育。

（六）生物性损伤及防范

生物性损伤包括微生物和昆虫对人体的伤害。病原微生物侵入人体后会引起各种疾病，威胁患者的安全。护士应严格遵守无菌技术操作原则，落实手卫生及各项消毒隔离制度，加强和完善各项护理措施。昆虫叮咬不仅严重影响患者的休息，还可致过敏性损伤，甚至传播疾病。因此，病室应保持清洁、干净，设置纱窗、纱门，定期进行灭蚊、灭蟑螂等病虫害措施。

（七）心理性损伤及防范

心理性损伤是因各种原因所致的情绪不稳、精神受到打击而引起的。如患者与周围人群的情感交流、医务人员对患者的言谈和行为、患者对疾病的认识和态度等均可影响患者的情绪变化，甚至会导致患者心理损伤的发生。其防范措施如下。

1. 护士应尊重和理解患者，规范自身的行为举止，避免传递不良信息，造成患者对疾病治疗和康复等方面的误解而引起情绪波动。

2. 用优质的护理服务取得患者的信任，避免因工作责任心差、工作疏忽，导致医疗、护理差错事故的发生，给患者心理及生理上造成伤害。

3. 加强心理护理，与患者建立良好的护患关系，同时帮助患者与周围人群建立和谐的人际关系。

4. 注意对患者进行有关疾病知识的健康教育，引导患者采取积极乐观的态度对待疾病。

知识链接

预防跌倒"十知道"

1. 行动不便、虚弱、无法自我照顾、智力下降的患者，请在家属的陪伴和协助下活动。

2. 下床时请慢慢起来，特别是您在服用某种特殊药物时，如降血压药、安眠药等。

3. 当您需要任何协助时，请按呼叫铃，护士会来到您身边。

4. 卧床时请拿起床栏，特别是患者躁动不安、意识不清时。

5. 床栏支起时请勿翻越，必要时医护人员要实施适当的身体约束。

6. 发现地面有水渍，应及时告知工作人员，避免在有水渍处行走。

7. 请穿上合适尺码的衣裤、鞋，以免绊倒。

8. 请将您的物品收纳于柜内，保持走道宽畅。

9. 请将您的生活用品放在您容易取到的地方。

10. 保持病房灯光明亮，使您行动更方便。

四、保护患者安全的措施

（一）保护具的应用

保护具（protective device）是用来限制患者身体某部位的活动，已达到维护患者安全与治疗效果的各种器具。常用的保护用具有床档、约束带、支被架等。

【目的】

1. 防止患病的儿童因认知及自我保护能力尚未发育完善或其他原因而发生坠床、撞伤、抓伤等意外或不配合治疗等行为，尤其是未满6岁的儿童。

2. 预防高热、谵妄、躁动不安、失明、麻醉后未清醒者及危重患者因意识不清、虚弱而发生坠床或跌倒等损伤。

3. 保护特殊患者如躁狂或抑郁精神病患者伤害他人或自伤。

5. 预防长期卧床、活动受限、感觉障碍、营养不良的患者发生压疮。

6. 避免皮肤瘙痒者搔抓引起皮肤破损。

【评估】

1. 全身情况 患者的年龄、病情、认知能力、意识状态、肢体活动等情况。

2. 局部情况 局部皮肤有无破损及血液循环障碍。

3. 心理状态 患者有无紧张、焦虑等心理反应及合作程度。

4. 健康知识 患者或家属对保护具的使用目的、方法及注意事项的了解程度。

【计划】

1. 操作者准备 操作者衣帽整洁，洗手，戴口罩，熟悉保护具的使用方法及注意事项。

2. 患者准备 患者及其家属了解使用保护具的重要性、安全性、注意事项及配合要点。

3. 环境准备 环境安静、整洁、宽敞，温、湿度适宜。

4. 用物准备 根据患者的情况选择适合的保护用具。

【实施】

1. 操作方法

（1）床档（bedside rail restraint） 主要用于预防患者坠床。

①多功能床档（图12-1）：使用时插入两侧床沿，不用时插于床尾。在胸外心脏按压时可将床档取下垫于患者背部。

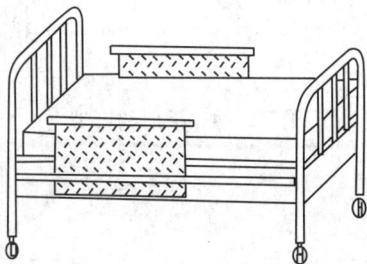

图 12-1 多功能床档

②半自动床档（图12-2）：可以按需升降，平时折叠于床缘两侧。

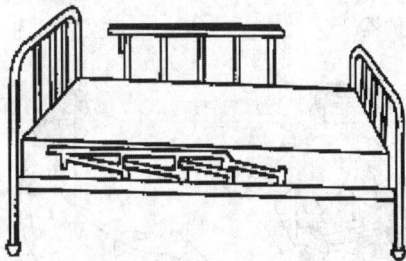

图 12-2 半自动床档

③围栏式床档（图12-3）：使用时将床档固定于两侧床边。床档中间为活动门，操作时将门打开，操作完将门关上。

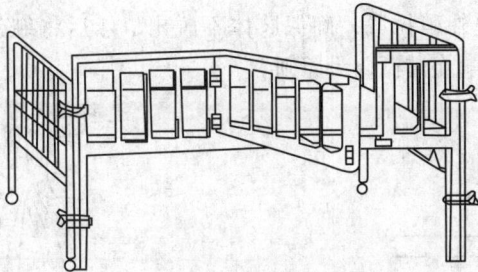

图 12-3 围栏式床档

（2）约束带（restraint）　主要用于限制身体及肢体活动，保护躁动患者或精神异常的患者，防止患者自伤或坠床。根据部位不同，约束带可分为肩部约束带、手肘约束带（图 12 - 4）或肘部保护器（图 12 - 5）、约束手套（图 12 - 6）、约束衣（图 12 - 7）及膝部约束带等。紧急情况下可利用床单、宽绷带制作约束带。

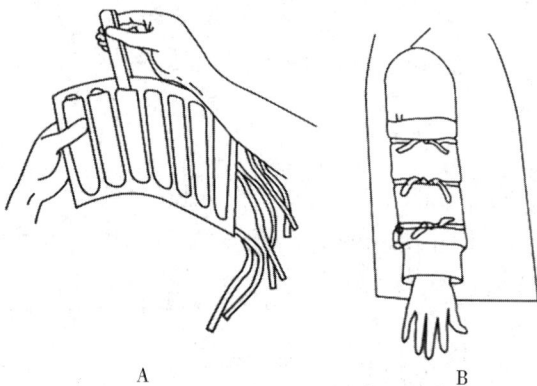

A　　　　　　　　　B

图 12 - 4　手肘约束带

图 12 - 5　肘部保护器

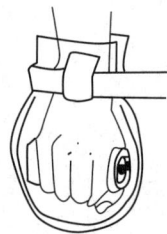

图 12 - 6　约束手套

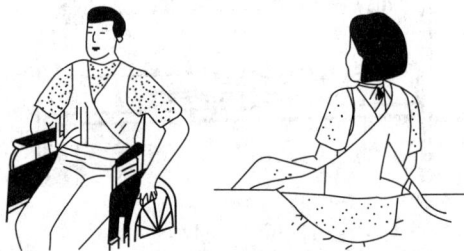

图 12 - 7　约束衣

①宽绷带：常用于固定手腕及踝部。先用棉垫包裹手腕部或踝部，再用宽绷带打成双套结（图 12 - 8），套在棉垫外稍拉紧，确保肢体不脱出，然后将绷带系于床缘（图 12 - 9）。注意松紧要适度，以不影响血液循环为原则。

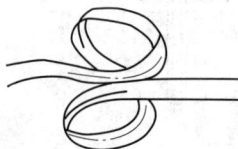

图 12 - 8　双套结

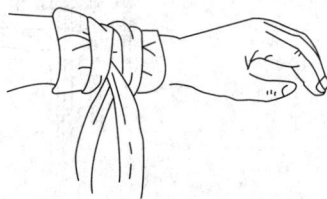

图 12 - 9　宽绷带约束法

②肩部约束带：用于约束肩部，限制患者坐起。肩部约束带用宽布制成，宽8cm，长120cm，一端制成袖筒（图12-10）。使用时，患者两侧肩部套上袖筒，腋窝衬棉垫。两袖筒上的细带在胸前打结固定，将两条较宽的长带系于床头（图12-11）。必要时可将枕头横立于床头，将大单斜折成长条，做肩部约束（图12-12）。

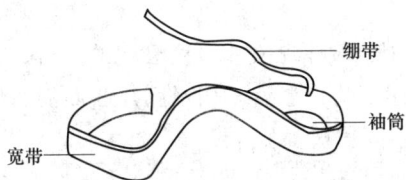

图12-10　肩部约束带

图12-11　肩部约束带固定法

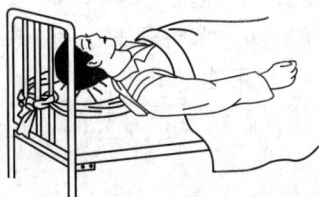

图12-12　肩部大单固定法

③膝部约束带：用于固定膝关节，限制患者下肢活动。专用的膝部约束带用宽布制成（图12-13），宽10cm，长250cm，宽带中部相距15cm分别钉两条双头带。使用时两膝关节、腘窝处衬棉垫，将约束带横放于两膝上，宽带下的双头带系在膝关节外侧方，各固定一侧膝关节，然后将宽带两端系于床缘（图12-14）。亦可用大单进行膝部固定，将大单折成30cm宽的长条状，横放于两膝下，拉着宽带的两端向内侧压盖在膝上，并穿过膝下的横带，拉向外侧使之压住膝关节，将两端系于床缘（图12-15）。

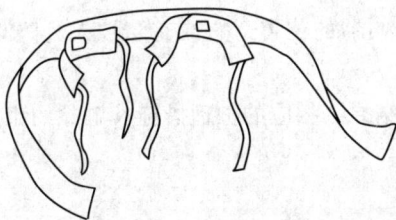

图12-13　膝部约束带

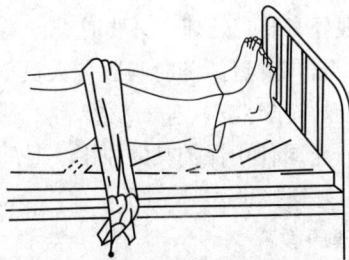

图12-14　膝部约束带固定法

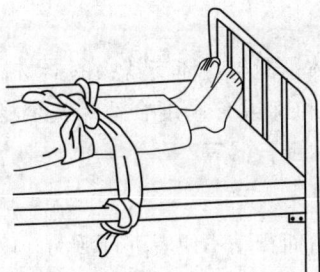

图12-15　膝部大单固定法

④尼龙搭扣约束带（图 12 - 16）：可用于固定手腕、上臂、膝部及踝部。约束带由宽布和尼龙搭扣制成。使用时，将约束带置于约束部位，被约束部位衬棉垫，调节适宜的松紧度，对合约束带上的尼龙搭扣，然后将带子系于床缘。

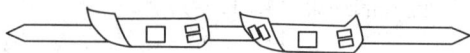

图 12 - 16　尼龙搭扣约束带

（3）支被架（overbed cradle）（图 12 - 17）　主要用于肢体瘫痪或极度衰弱的患者，防止盖被压迫肢体而造成不舒适或足下垂等并发症。也可用于灼伤患者采用暴露疗法而需要保暖时。使用时，将支被架罩于防止受压的部位的上方，盖好盖被。

2. 注意事项

（1）严格掌握保护具的使用原则

①知情同意原则。使用前向患者和（或）家属解释所需保护具的原因、目的、种类及方法，取得患者及其家属的同意与配合。如非必须使用，尽可能不用。

②短期使用原则。使用保护具要确保患者的安全，且只宜短期使用。

③随时评价原则。应随时评价保护具的使用情况，

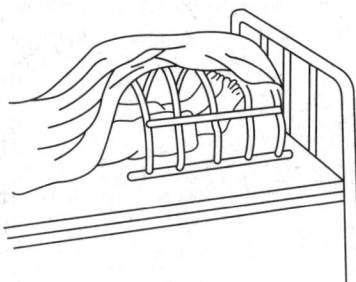

图 12 - 17　支被架

评价依据如下：能满足保护具使用患者身体的基本需要，患者安全、舒适，无血液循环障碍、皮肤破损、坠床、撞伤等并发症或意外发生；患者及其家属了解保护具使用的目的，能够接受并积极配合；各项检查、治疗及护理措施能够顺利进行。

（2）使用保护具时，应保持患者肢体及各关节处于功能位，协助患者翻身活动和更换卧位，保证患者舒适、安全。

（3）使用约束带时，约束带下必须垫衬垫，固定松紧适宜，以能伸入 1 ~ 2 指为宜。定时松解约束带，每 2 小时放松约束带 1 次。注意观察约束部位末梢循环情况，每 15 分钟观察 1 次，发现异常及时处理。必要时进行局部摩擦，以促进血液循环。

（4）确保患者能随时与医务人员取得联系，如呼叫器的位置适宜或有陪护人员监测等，保障患者的安全。

（5）记录使用保护具的原因、时间、每次观察的结果、相应的护理措施及解除约束的时间，并做好交接班。

3. 健康教育

（1）向患者及其家属介绍使用保护具的必要性，消除心理障碍。

（2）介绍保护具应用的操作方法及注意事项。

（二）辅助器的应用

辅助器是为患者提供保持身体平衡与身体支持物的器材，是维护患者安全的护理措施之一。使用辅助器最重要的是长度和（或）高度合适、安全稳妥，能起到保护患者安全的作用。常用的辅助器有拐杖、手杖、助行器等。

【目的】

辅助身体残疾或因疾病、高龄而行动不便者进行活动，以保证患者的安全。

【评估】

1. 全身情况　患者的年龄、病情、意识状态、肢体活动等情况。

2. 局部情况　手臂、肩部和背部有无伤痛，局部皮肤有无红肿、破损等情况。

3. 心理状态 患者有无紧张、焦虑等心理反应及合作程度。

【计划】

1. 操作者准备 操作者衣帽整洁，洗手，熟悉辅助器的使用方法及注意事项。

2. 患者准备 患者及其家属了解使用辅助器的注意事项及配合要点。

3. 环境准备 环境安静整齐、干净、宽敞，温、湿度适宜。

4. 用物准备 根据患者的情况选择适合的辅助器的种类。

【实施】

1. 操作方法

（1）拐杖（crutch）（图 12－18） 主要是提供给短期或长期残疾者离床时使用的一种支持性辅助工具。拐杖底面应较宽并有较深的凹槽，且具有弹性，其长度包括腋垫和杖底橡胶垫。护士应根据患者身高选择合适长度的拐杖。合适长度的简易计算方法为：使用者身高（cm）－40cm，使用时，使用者双肩放松，身体挺直站立，腋窝与拐杖顶垫间相距 2～3cm。拐杖底端应侧离足跟 15～20cm。紧握把手时，手肘应可以弯曲。

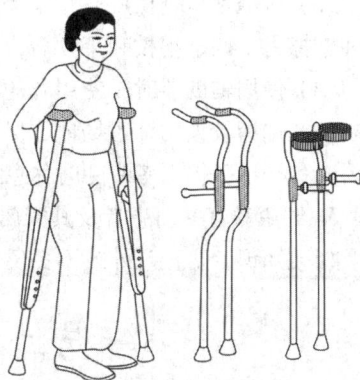

图 12－18 拐杖

患者使用拐杖走路的方法有以下几种。①两点式：走路顺序为同时出右拐和左腿，然后出左拐和右腿。②三点式：两拐杖和患肢同时伸出，再伸出健肢。③四点式：为最安全的步法。先出右拐杖，尔后左足跟上，接着出左拐杖，右足在跟上，始终为三点着地。④跳跃法：常为永久性残疾者使用。先将两侧拐杖向前，再将身体跳跃至两拐杖中间处。

（2）手杖（cane）（图 12－19） 手杖是一种手握式的辅助工具，常用于不能完全负重的残疾者或老年人。常见有单脚或四脚型，四脚形的手杖比单脚型的支持力和支撑面积要大得多，因而也比较稳定，常用于步态极为不稳的患者或地面较不平时。手杖底端的橡胶垫应有吸力、弹性好、宽面及有凹槽，有利于加强手杖的摩擦力和稳定性。手杖有木制或金属制。木制手杖长短是固定的，不能调整；金属制手杖可依身高来调整。手杖长度的选择需符合以下原则：①肘部在负重时能稍微弯曲；②手柄适于抓握，弯曲部与髋部同高，手握手柄时感觉舒适。手杖应由健侧手臂用力握住。

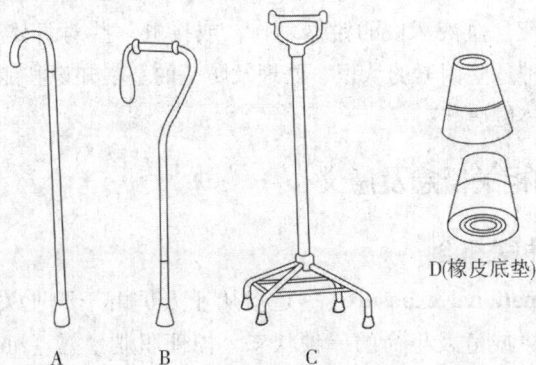

D(橡皮底垫)

A B C

图 12－19 手杖

（3）助行器（walking aid） 适用于上肢健康，下肢功能较差的患者。助行器一般用铝合金材料制成，是一种四边形的金属框架，自身轻，可将患者保护其中，有些还带脚轮。其支撑面积大，稳定性好，

①步行式步行器：适用于下肢功能轻度损害的患者。步行式步行器无轮脚，自身轻，可

调高度，稳定性好。使用时双手提起两侧扶手同时向前将其放于地面，然后双足迈步跟上。

②轮式助行器：适用于上、下肢功能均较差的患者。有轮脚，易于推行移动。使用时不用将助行器提起、放下，行走步态自然，且用力下压可自动刹车。

2. 注意事项

（1）使用者意识清楚，身体状况良好、稳定。手臂、肩部和背部应无伤痛，活动不受限，以免影响手臂的支撑力。

（2）选择适合自身的辅助器。不适合的辅助器与错误的使用姿势可导致腋下受压，造成神经损伤、腋下和手掌挫伤和跌倒，还会引起背部肌肉劳损和酸痛。

（3）应经常检查橡皮底垫是否紧贴拐杖和手杖底端，橡胶皮垫的凹槽能否产生足够的吸力和摩擦力。调整拐杖和手杖后，必须将全部螺钉拧紧。

（4）使用辅助器时，使用者的鞋要合足、防滑，衣服要宽松、合身。

（5）选择较大的练习场地，保持地面干燥，无可移动的障碍物。避免拥挤和注意力分散。必要时备椅子，供患者疲劳时休息。

3. 健康教育　向患者及其家属介绍拐杖、手杖或助行器的选用原则、使用方法、注意事项及相关知识，防止意外或不良反应的发生。

第二节　护士的职业防护

案例引导

案例：李护士，女，22岁，在感染性疾病科工作，在为一名丙型病毒性肝炎患者行静脉留置针输液操作时，不慎被污染的针头刺伤手指，手指有明显血迹渗出。

提问：1. 李护士应采取哪些紧急措施处理伤口？

2. 需做哪些血清学检查？

3. 采取哪些预防措施？

医院是各种病原微生物集中的场所，护士由于其工作环境和职业的特殊性，在为患者提供各项检查、治疗和护理时，会经常暴露于各种现存和潜在的危险因素中，如会接触到一些体液、血液，甚至被体液、血液污染的锐器刺伤，或接触一些对身体有害的药物和射线等。因此，护士应具备对各种危险因素的认识、处理及防范的基本知识和能力，以减少职业伤害，保护自身安全，维护身体健康。

一、职业防护的相关概念及意义

（一）职业防护的相关概念

1. 职业暴露（occupational exposure）　是指从业人员由于职业关系而暴露在危险因素中，从而有可能损害健康或危及生命的一种状态。护理职业暴露（nursing occupational exposure）是指护士从事诊疗、护理活动过程中，接触有毒、有害物质和病原微生物，以及受到心理、社会等因素的影响而损害健康或危及生命的职业暴露。

2. 护理职业风险（nursing occupational risk）　是指在护理服务过程中可能发生的一切不安全事件。

3. 职业防护（occupational protection）　是针对可能造成机体损伤的各种职业性危险因素，采取有效措施，以避免职业性损伤的发生或将损伤降低到最低程度。护理职业防护

（nursing occupational protection）是指在护理工作中针对各种职业性危险因素采取有效措施，以保护护士免受职业性危险因素的损伤或将损伤程度降到最低。

（二）护理职业防护的意义

1. 科学有效地规避护理职业风险　护士通过系统地学习职业防护知识及技能，提高职业安全防护意识和防护能力，自觉履行职业规范要求，可有效控制职业性危险因素，科学、有效地规避护理职业风险。

2. 营造安全的护理职业环境　科学、规范的职业防护可营造安全、和谐的护理职业环境，增加护士职业安全感、成就感及职业选择的认同感。提高护士工作满意度，使之产生愉悦的心情，缓解心理压力，提高护士职业适应能力。

3. 提高护士职业生命质量　护理职业防护不仅可以避免职业性有害因素对护士的伤害，而且还可以控制由环境和行为不当引发的不安全因素。通过职业防护可以维护护士的身体健康，减轻心理压力，增强社会适应能力，从而提高护士的职业生命质量。

二、职业安全的危险因素

（一）生物性危险因素

生物性危险因素是指医务人员在从事规范的诊疗、护理过程中，意外沾染、吸入或食入病原微生物或含有病原微生物的污染物。生物性危险因素是影响护理职业安全最常见的职业性危险因素。护理工作环境中主要的生物性危险因素有细菌、病毒、寄生虫等。

1. 细菌　护理工作环境中常见的致病菌有葡萄球菌、链球菌、肺炎球菌、结核杆菌及大肠杆菌等。细菌广泛存在于患者皮肤及各种分泌物、排泄物中，其衣物、床单、床边的家具及周围环境都会被细菌污染。护士在搀扶患者、测脉搏、血压或口腔体温或接触患者的手、手臂或腹股沟等护理工作时，均可能通过呼吸道、消化道、血液及皮肤等途径受感染。细菌的致病能力取决于其侵袭力、毒力、入侵机体的数量及细菌的变异性。

2. 病毒　护理工作环境中常见的病毒有乙型肝炎病毒（HBV）、丙型肝炎病毒（HCV）、人类免疫缺陷病毒（HIV）、流感病毒、冠状病毒等。护士在从事诊疗、护理活动过程中经常会接触到患者的体液、血液，甚至被体液、血液污染的锐器刺伤，通过飞沫和血液传播而导致职业暴露。含病毒浓度高的血液和体液依次为血液、血液成分、伤口分泌物、精液、阴道分泌物、羊水、胸腔积液、腹水、脑脊液、含有血液的唾液。护士因职业暴露感染的疾病中，最常见、最危险的乙型病毒性肝炎、丙型病毒性肝炎及艾滋病均由病毒引起。

（二）化学性危险因素

化学性危险因素是指医务人员在从事规范的诊断、治疗、护理及检验等工作过程中，通过多种途径接触到的化学物质。在日常护理工作中，护士长期接触多种消毒剂、清洁剂、药物及有害物质等，均可造成身体不同程度的损伤。

1. 化学消毒剂　过氧乙酸、甲醛、含氯消毒剂等，具有强烈的刺激性和腐蚀性，挥发在空气中被人体吸入后会导致支气管水肿，刺激皮肤、黏膜引起皮肤过敏、流泪、视物不清、恶心、呕吐等症状。经常接触可引起结膜灼伤、喉头水肿和痉挛、化学性气管炎或肺炎、接触性皮炎等。长期作用可造成肝和呼吸系统的损害，甚至是中枢神经系统的损害，表现为头痛及记忆力减退等。

2. 化学治疗药物　环磷酰胺、氮芥、多柔比星（阿霉素）、丝裂霉素、氟尿嘧啶、铂类药物及紫杉醇等，对机体的正常组织、细胞均存在不同程度的损害。护士在配制上述药物时，若防护不当，可通过皮肤接触、呼吸道吸入和经口吸入。长期小剂量接触可因蓄积作用而产生远期影响。①骨髓抑制：表现为白细胞计数下降，红细胞和血小板也会受到不同程度的影响；②生殖系统毒性：表现为自然流产率增高、致生殖细胞突变、对胎儿致畸等。

3. 麻醉废气 短时暴露于微量的麻醉废气污染环境中可引起护士头痛、注意力不集中、应变能力下降及烦躁等症状；长期暴露于微量的麻醉废气污染环境中，在体内蓄积后，可以产生慢性氟化物中毒，引起自发性流产、胎儿畸形和生育能力降低等。

4. 其他 体温计、血压计、水温计等是常用的护理操作用品，其中的汞是医院常见而又极易被忽视的有毒因素。漏出的汞如果处理不当，可对人体产生神经毒素和肾毒性作用。

（三）物理性危险因素

1. 锐器伤 锐器伤是最常见的职业性危险因素之一，主要危害是传播血源性疾病，最常见、危险性最大的是乙型病毒性肝炎、丙型病毒性肝炎、艾滋病和梅毒。同时，针刺伤也可对护士造成极大的心理伤害，产生焦虑和恐惧，甚至影响护理职业生涯。

2. 机械性损伤 护士由于工作的原因，身体长期固定于某一姿势或用力不当，可能导致机械性损伤。在日常工作中，护士的体力劳动较多、劳动强度较大，特别是在移动和运送患者时，当用力不当或弯腰姿势不正确时，容易造成腰部肌肉扭伤，引发腰椎间盘突出。长时间站立和走动可引起下肢静脉曲张等。

3. 放射性损伤 在日常护理过程中，护士常接触到紫外线、激光、X线、γ射线等放射性物质，如果防护不当，对皮肤、眼睛等机体组织都会导致不同程度的损害。紫外线灯是利用汞发出的紫外线来实现杀菌、消毒功能，其发射的紫外线能量较大，如果护士没有防护措施，轻者会出现皮肤红肿、疼痛、脱屑，引起结膜、角膜发炎，重者会导致白内障，甚至引发癌变。在为患者进行放射性诊断和治疗过程中，如果护士自我防护不当，电离辐射如 X线、γ射线等会引起放射病。长期少量、多次接受射线会造成机体免疫功能障碍，严重者可导致血液系统功能障碍或致癌。

4. 温度性损伤 常见的温度性损伤有高温、低温引起中暑或冻伤；易燃易爆品如氧气、乙醇等所致的烧伤；使用各种电器如红外线烤灯、频谱仪及高频电刀所至的灼伤等。

5. 噪声干扰 在日常护理过程中，护士要面对来自医疗器械的碰撞声、仪器设备的移动声及生命监护仪、呼吸机等各种抢救设备的噪声，以及长期面对患者的呻吟和电话铃声等噪声。长期在噪声下工作易引起疲劳、烦躁、头痛和听力下降。严重超标的噪声会引起护士心理、生理的应激反应，降低护士工作的准确性及应对意外的能力。

（四）心理-社会因素

1. 精神或体力透支 主要是精神压力、工作紧张、长期倒班、生活缺乏规律致慢性疲劳综合征以及睡眠障碍、代谢紊乱、抑郁等。随着医学模式和健康观念的转变，护理工作不是单纯地执行医嘱，同时还承担着护理、管理、教育、科研及协调等工作。护理工作的性质是细致的脑力劳动与体力劳动相结合，它要求护理人员思想高度集中，由于精力过度紧张、工作不定时、长期用餐时间不规律、生物钟紊乱等因素使脑力和体力消耗较大，降低机体的抵抗力和免疫力，持续的紧张和劳累导致精神和体力严重透支。

2. 暴力及言语攻击 由于人们观念的差异，使某些患者及其家属对护理工作存在偏见，致使护患关系紧张，甚至上升到言语攻击及暴力。护士在处理护患矛盾时，会产生紧张情绪。长期处于紧张、焦虑状态，易使护士产生心理疲惫，引发一系列心理健康问题。

三、护理职业防护的管理

护理工作是以患者生命需求为中心的服务性工作，也是一项高风险、高技术、不可预测因素多的工作。随着患者对就医需求的不断增长以及人类疾病谱的改变，各种新型高科技仪器设备在临床的广泛使用，使临床护士的职业危险因素更加复杂多样。护理职业风险始终贯穿在护理操作、处置、配合、抢救等各个环节和过程中。为了维护护士的职业安全，规范护士的职业安全防护工作，预防护理工作中发生职业暴露，且在发生暴露之后能够得到及时处理，要依据和参照国家有关法规，做好护理职业防护管理。

（一）建立健全职业安全管理体系

建立职业安全三级管理组织，即医院职业安全管理委员会、职业安全管理办公室、科室职业安全管理小组三级管理。制订各级管理组织工作制度，明确职责，为护理人员提供可靠的职业安全保障。

（二）完善规章制度，增强职业防护意识

1. 制订与完善各项规章制度　健全职业防护管理制度、培训教育制度、职业暴露上报制度、处理程序、风险评估标准、消毒隔离制度、转诊制度、各种有害因素监控报告制度及医疗废弃物处理制度等。

2. 规范各项工作流程　制订各项预防职业暴露的工作指南，完善各项预防感染标准操作流程（SOP）及护理标准操作流程（SOP），使护理职业防护工作有章可循、有法可依，减少各种职业暴露的机会。如制订有毒气体的管理和操作流程、化学治疗药物配制操作流程；完善锐器伤、化学治疗药外泄等各项护理紧急风险预案。规范职业暴露后评估、预防和随访流程及管理。

（三）开展全员护理职业防护知识规范化教育及培训，提高整体防护能力

1. 职业安全防护教育　职业安全是护理人员工作中的首要问题，要加强职业安全防护意识教育，完善和构建系统的职业防护知识体系，构建起从学生到临床护士全方位的防护教育，使护士从思想上和行动上重视职业防护。

2. 职业安全技能培训和考核　实施职业安全规范化培训是减少职业暴露的主要措施。各级卫生行政管理部门要充分认识到护理职业暴露的危险性和严重性以及做好护士职业防护的重要性和迫切性。加强从实习护士到新进护士的岗前培训，一直到临床护士防护培训的常态化，做好岗前培训和定期在职培训与考核。通过加强技能培训，形成良好的职业习惯，提高护士风险防范的能力。

（四）推进和坚持标准预防

护理职业风险始终贯穿在护理操作、处置、配合、抢救等各个环节和过程中，严格按照标准预防原则采取防护措施，能有效地避免或减少职业暴露的发生。美国疾病控制中心推荐使用的标准预防（standard precaution）防护策略。

所谓标准预防，即需进行隔离，不论是否具有明显的血迹污染或是否接触非完整的皮肤与黏膜，接触者必须采取隔离预防措施。标准预防的原则：主张医护人员要严格执行消毒隔离制度和操作规程，充分利用各种屏障防护用具和设备，减少各种危险行为，保护环境，最大限度地保护医护人员及患者。

1. 标准预防的3个基本内容　包括隔离对象、防护、隔离措施。

（1）隔离对象　认定所有患者的血液、体液、分泌物、排泄物均具有传染性。

（2）防护　坚持对患者和医务人员共同负责的原则，强调双向防护，既防止疾病从患者传至医务人员，又防止疾病从医务人员传至患者。

（3）隔离措施　根据疾病的主要传播途径，采取相应的隔离措施（包括接触隔离、空气隔离及微粒隔离等）。既要防止血源性疾病的传播，也要防止非血源性疾病的传播。

2. 标准预防技术　①手卫生；②在处理血液、体液、分泌物、排泄物或其他有潜在传染性物质时或预计有上述物质飞溅时要正确使用个人防护用品；③及时、正确地处理使用后被污染的仪器、设备和布类，防止微生物污染其他患者和环境；④小心处理锐器；⑤注意环境控制，对环境进行日常清洁和卫生处理；⑥正确处理医疗废物。

（五）改善工作环境，改进护理防护设备

创造安全健康的工作环境，改进防护设备和用品，完善各检测系统、医疗设备和职业防护措施，为护士提供全方位的安全保障。

1. 防护设备及用品　①常用的防护设备、设施，如生物安全柜、层流手术室（安装麻醉废气管道）及感应式洗手设施；②在隔离病房使用的密闭较好的鸭嘴式口罩、防水围裙、一次性手术衣、无菌手套、手术鞋及手术帽；③安全注射装置和符合国际标准的一次性锐器回收盒等；④一般用品，如手套、面罩、护目镜、防护罩及鞋套等。

2. 建立静脉药物配制中心　根据药物特性，建立符合国际标准的操作环境，并配备经过严格训练的药剂师和护士。严格按照操作程序配制全静脉营养液、化学治疗药物及抗生素等药物，以保证临床用药的安全性和合理性，减少药物对护士的伤害。

3. 医院管理者要充分认知到职业暴露的危害性，要保证护理人员编制，科学进行护理人力资源调配，合理安排工作流程，减轻工作负荷，以保证防护措施的有效执行，减少职业危害的发生。

（六）重视护士的个人保健

1. 建立职工健康档案，定期进行体检，对发生职业暴露的护士应按要求做好职业接触记录和医学观察记录的保存、管理、转移，并遵守知情同意及保密原则。

2. 定期进行健康查体和免疫接种（表 12 - 2）。

表 12 - 2　职业防护中的预防接种方案与种类

方　案	种　类
必须接受的方案	重组乙肝疫苗、流感疫苗（灭活的或亚单位疫苗）、麻疹活疫苗、腮腺炎活疫苗、风疹活疫苗、水痘 - 带状疱疹活疫苗
可选择的方案（特殊情况下）	卡介苗、甲肝疫苗、流行性脑脊髓膜炎多糖疫苗（A，C，W135，Y 四联疫苗）、破伤风与白喉疫苗、伤寒菌苗、牛痘疫苗（天花疫苗）

知识链接

安 全 注 射

世界卫生组织（WHO）对安全注射（safe injection）的定义是：对接受注射者无害，实施注射操作的医护人员不暴露于可避免的危险，注射的废弃物不对他人造成危害。因此，护理人员在使用注射针、套管针和静脉输液系统时，应遵循下列要求：严格遵守无菌操作原则；一人一针一管一用，包括配药、皮试、胰岛素注射、免疫接种等；尽可能使用单剂量注射用药品；单剂量注射用药品不得分数次使用；多剂量包装药品每次使用时注射针、套管针和注射针筒必须无菌；保存时应按照厂家的建议保存，疑有污染时应立即丢弃；不得多位患者共用袋装或瓶装的静脉输液；避免滥用注射。

四、常见护理职业损伤及预防措施

（一）生物性损伤与防护

生物性损伤是指医务人员在从事规范的诊疗、护理过程中，意外沾染、吸入或食入病原微生物或含有病原微生物的污染物，从而导致有被病原微生物感染的可能的情况。常见于医务人员频繁接触患者的血液、体液、分泌物及排泄物或针刺伤（含锐器损伤）所致的血源性传播疾病的感染。

1. 生物性职业损伤的原因

（1）未遵循安全操作原则而发生针刺伤或锐器损伤　导致护士职业暴露的主要原因是针

刺伤或其他锐器伤，护士在进行侵入性操作、传递锐利器具、处理注射的废弃物过程中未执行操作规程，易发生生物性职业损伤。

（2）接触患者的血液、体液或被血液、体液污染的物品时发生职业暴露　护士在进行护理操作、处置、抢救等过程中未按要求使用防护用品或防护不当。如护士在进行接触血液、体液的操作时（特别是手部有破损时）未戴手套；可能受到患者的血液、体液、分泌物喷溅时未使用防护面罩和穿隔离衣，而使患者的血液、体液、分泌物溅入护士的眼睛、鼻腔或口腔和皮肤；为患者实施心肺复苏时，徒手清理口腔内的分泌物及血液，口对口人工呼吸；处理工作台面、地面及墙壁上的血液、体液时未先进行消毒，而是直接擦洗等。

2. 预防措施

（1）遵循手卫生原则　手卫生是预防传播最有效、最方便、最经济的方法，严格的手卫生是做好护理人员职业防护最基本的措施。护理人员每日洗手频率应＞35次。手卫生指征是：①直接接触患者前、后；②摘手套后（戴手套不能代替洗手）；③进行侵袭性操作前，不论是否戴手套；④接触患者的体液或排泄物、黏膜、破损皮肤或伤口敷料之后；⑤护理患者从污染部位移到清洁部位时；⑥接触患者周围的物品（包括医疗设备）之后。特别注明：如果手部皮肤无可见污染，建议使用速干手消毒剂（ABHR）作为手卫生方法。当手上有血迹或分泌物等明显污染时，必须洗手。有耐药菌流行或暴发时，洗手时建议使用抗菌皂液。

（2）选择合适的防护用品　当预料要接触血液或其他体液，以及接触被血液或体液污染的物品时应戴手套，如手上有伤口、皮炎等，应不参加血源传播性疾病患者的直接诊疗和护理工作，如必须操作需戴双层手套防护，手套使用后，接触无污染的物品前及下一个患者之前应立即脱去；当接触经呼吸道传播和飞沫传播疾病的患者时要戴好口罩和帽子；当预料有可能出现血液或体液溅出时，要加戴眼罩、面罩，避免口、鼻、眼黏膜接触污染的血液或体液。在工作区域要穿工作服，进入隔离病房须穿隔离衣，预料有大量的血液、体液溅出时，必须加穿防渗漏的隔离围裙和靴子。

（3）正确使用和处理锐器，预防锐器损伤　医护人员在进行侵袭性诊疗和护理操作中要遵循操作原则，特别注意被潜在感染的针头和锐器刺伤。禁止直接用手传递针头、刀片等锐器。尽可能减少处理针头和锐器的概率，使用后的锐器应直接放入一次性的耐刺、防渗漏的锐器盆内，锐器盆需放在方便处。

（4）医疗废物及排泄物的处理　医疗废物要分类收集，放入双层防水污物内，密封并注明医疗废物类别、产生地及时间，送到指定地点，由具有资质的医疗废物处理中心集中处置。排泄物和分泌物等污物倒入专用密闭容器内，经过消毒后排入污水池或下水道内。

（二）锐器伤

锐器伤是一种由医疗锐器如注射器针头、缝针、手术刀、碎玻璃及安瓿等造成的意外伤害，是导致护士发生血源性传播疾病最主要的职业因素。引起锐器伤的利器种类有玻璃类和金属类。①玻璃类：主要有玻璃药瓶、玻璃安瓿、玻璃输液瓶、玻璃器皿、玻璃试管、玻璃注射器及体温计等。②金属类：主要有注射器针头、输液器针头、静脉输液针头、各种穿刺针、套管针、手术时使用的缝合针、手术刀片及手术剪刀。

1. 锐器伤的原因

（1）管理层的原因

①职业安全防护教育及培训不够：医院未开展职业安全防护教育，对实习护士和新进护士未进行职业防护知识岗前培训，对临床护士未定期进行在职防护培训。

②防护用品不到位　防护用品不足如考虑医疗用品成本而限制手套的使用等，因为被血液污染的针头刺破一层乳胶手套或聚乙烯手套，医务人员接触的血液量比未戴手套时可减少50%以上；未引进具有安全防护功能的一次性医疗用品如带自动毁形装置的注射针等。

③锐器物处理流程繁杂　锐器物使用后整理、分离、清洁、收集流程繁杂是导致护士锐器伤发生率高的原因。

④人力资源配备不足　护理人员配备不足或未合理调配致使护士工作量大，忙乱导致职业暴露的发生。

（2）护士自身的原因

①自我防范意识淡薄：护士对锐器伤的危害性认识不足，缺乏系统化防护知识，是发生锐器伤不可忽视的重要原因。例如，护士在接触患者的血液、体液时没有采取防护措施；锐器伤报告制度的执行力度不够等。

②不规范的操作行为和操作不熟练：护士在抽血、注射、输液、器械传递、器械清洗等过程中常由于操作不规范或操作生疏、不协调被刺伤或割伤。如将针帽重新回套、徒手掰安瓿；随便丢弃一次性注射器针头、留置针针芯；直接用手接触锐器；缝合针、器械传递不规范，手术器械在器械台上摆放不规整等，都与锐器伤的发生有密切关系。

③身心疲劳：护士工作压力过大、睡眠不足使护士出现身心疲乏，在护理操作时精力不集中而导致误伤。

（3）患者的原因

①患者不配合：在工作中遇到一些极度不配合的患者（如酗酒、精神病患者），护士在操作过程中易产生紧张情绪，导致操作失误而发生锐器伤。

②昏迷、意识障碍的患者在操作过程中突然躁动，易使针头或刀片伤及护士。

2. 锐器伤的预防措施　锐器伤防护的关键是规范操作行为，完善防护措施，使用安全工具，做好预防接种，加强安全教育，提高自我防护意识等。

（1）规范操作流程，实施安全注射　在进行侵袭性诊疗和护理操作过程中，光线要充足；制订完善的手术器械（刀、剪、针等）摆放及传递的规定，规范器械护士的基本操作；熟练掌握缝合、穿刺、拔针等锐利器械操作技术，避免发生锐器伤。在使用注射针、代替注射针的套管和静脉输液系统时，应遵循安全注射标准的原则。

（2）正确处理使用后的锐器，纠正易引起锐器伤的危险行为　①禁止用双手分离污染的针头和注射器；②禁止用手直接接触使用后的针头、刀片等锐器；③禁止用手折弯或弄直针头；④禁止双手回套针帽；⑤禁止用手直接传递锐器；⑥禁止直接接触医疗废物。

（3）规范锐器使用时的防护　可能接触患者血液、体液的诊疗和护理操作时必须戴手套；使用安瓿制剂时，应先用砂轮划痕后垫以纱布或棉球再掰安瓿；手术前充分了解高危患者情况，并重点做好其围术期和手术期的安全防护工作。

（4）使用具有安全装置的护理材料　尽量选用安全性能好的护理用品。①采用真空采血系统采集血液标本；②使用一次性无针头输液管路等无针连接系统；③采用具有安全保护性装置的用品，如可自动毁形的安全注射器、回缩或自钝注射器、带保护性针头护套的注射器及安全型静脉留置针等；④使用砂轮和不同孔径安瓿启瓶器开启安瓿。

（5）严格管理医疗废物　严格执行医疗废物分类标准，锐器不应与其他医疗废物混放。

使用后的锐器应尽快废弃至密闭、防刺破和防渗漏的专用容器中；应配备足够的锐器回收器，并尽可能放在靠近工作场所的醒目位置，以方便安全使用，锐器回收器满3/4时要及时更换；封存好的锐器回收器要有清晰的标志，以便于监督执行。

（6）加强护士的健康管理　护士在工作中发生锐器伤后，应立即做好局部的处理，并根据情况决定是否进行再处理。①建立护士健康档案，定期为护士进行体检，并接种相应的疫苗；②建立损伤后登记上报制度；③建立锐器伤处理流程；④建立受伤护士的监控体系，追踪伤者的健康状况；⑤积极关心受伤护士的心理变化，做好心理疏通，及时有效地采取预防补救措施；⑥适当调整护士的工作强度和心理压力：实行弹性排班制，加强治疗高峰期的人力配备，以减轻护士的工作压力，提高工作效率和工作质量，减少锐器伤的发生。

（7）与患者沟通配合　在护理过程中，应体谅和宽容不合作的患者，尽最大可能与其沟通，以取得患者及其家属的信任，从而达到治疗与护理的目的。必要时请其他人协助，尽量减少锐器伤。

3. 锐器伤的应急处理流程

（1）受伤护士要保持镇静，戴手套者按规范迅速脱去手套。

（2）处理伤口　①尽可能使受伤的部位处于低端，利用重力作用排除伤口处的血液，禁止在伤口局部挤压或按压，以免产生虹吸现象，将污染血液吸入血管，增加感染机会；②用流动水反复清洗伤口，采用生理盐水反复冲洗皮肤或暴露的黏膜处；③用75%乙醇或0.5%聚维酮碘（碘伏）消毒伤口，并包扎；④眼睛受到血液喷溅时，用生理盐水冲洗，严禁应用眼药水滴眼。

（3）报告与记录　尽早报告部门负责人、预防保健科及医院感染管理科，并及时填写锐器伤登记报告表。报告记录内容：①暴露人个人资料；②时间、地点、经过；③暴露方式与经过；④部位、伤口类型（深浅、大小、有无出血）；⑤污染物名称（血液、体液、培养液等）；⑥损伤器具类型；⑦患者病种、患者血源感染状况、是否正接受治疗；⑧处理方法、是否实施预防性用药、首次用药时间、药物不良反应及用药的依从性情况（表12-3）。

（4）评估锐器伤　针刺伤后发生血源性感染的危险程度取决于下列因素：①锐器的种类，如空心针、实心针、刀片等；②暴露的方式，如位置、深度、是否进入血管等；③接触物与量多少，如血液、体液等；④暴露血液、体液中病毒的含量和原患者疾病严重程度；⑤暴露者防护情况及暴露后处理方式。根据以上因素进行评估，并做相应处理。

（5）血清学检测与处理原则　锐器伤后的血清学检测结果与处理原则（表12-4）。

表12-3　临床护士锐器伤登记表

一、基本资料　　　锐器伤发生日期：_____年_____月_____日；___记录编号_____

医务人员资料			患者资料		
姓名：	性别：	年龄：	姓名：	性别	年龄
科室：	职称：	工号：	科室：	住院号：	
参加工作时间：　年　月	电话：		联系电话：		
锐器伤后首次检验日期：_____年___月___日			锐器伤来源不明：　是　　否		

检查结果：请按以下格式填写　　阳性：（+）；阴性：（-）；不明：（未知）

项　目	扎伤前	扎伤当时	3个月	6个月	12个月	患者如无结果，请立即检验	
Anti-HIV	（　）	（　）	（　）	（　）	（　）	Anti-HIV	（　）
HBsAg	（　）	（　）				HBsAg	（　）
Anti-HBs	（　）	（　）				Anti-HBC	（　）
Anti-HBC	（　）	（　）				Anti-HCV	（　）
VDRL		（　）				VDRL	（　）
Anti-HCV	（　）	（　）				患者如有结果，请注明：	
GOT、GPT		（　）	（　）	（　）		HBsAg（　）	Anti-HIV（　）
曾接受乙肝疫苗注射：　　是（共　　次）；否						Anti-HCV（　）	VDRL（　）
曾接受乙肝免疫球蛋白注射：是（共　　次）；否							

二、锐器伤事件描述

锐器伤发生的地点：		医务人员锐器伤的部位：
尖锐物品种类	锐器伤时的操作	锐器伤时的动作
（1）一般丢弃注射针	（1）采血	（1）打开针头套
（2）留置针	（2）放置导管等	（2）未对准或戳破
（3）头皮针	（3）手术	（3）加药时
（4）缝针	（4）配制液体	（4）套回针头套
（5）真空采血器	（5）皮内注射、皮下注射或肌内注射	（5）分开针头及针筒，弯曲或折断针头
（6）外科器械	（6）整理或清洗器械	（6）他人之意外扎伤
（7）玻璃物品	（7）其他（请详述）：	（7）分合器械，如装上或取下刀片
（8）其他（请详述）：		（8）整理或清理物品
		（9）尖锐物品穿出收集盒
		（10）尖锐物品隐藏于其他物品中
		（11）使用时破碎物
		（12）其他（请详述）
锐器伤物品曾接触过患者的血液及体液污染：（1）是；　　　（2）否；　　　（3）未知		
锐器伤时是否戴手套：（1）是（戴单层手套）；　　　（2）是（戴双层手套）；　　　（3）否		
受伤次数：（1）首次受伤；　　　（2）曾经受伤（总共次数_____次）		
锐器伤后处理：（1）挤血；　　　（2）冲水；　　　（3）消毒；　　　（4）其他		

表 12-4　锐器伤后的血清学检测结果与处理原则

检测结果	处理原则
患者 HBsAg 阳性，受伤护士 HBsAg 阳性或抗-HBs 阳性或抗 HBc 阳性者	不需注射乙肝疫苗或乙肝免疫球蛋白（HBIG）
受伤护士 HBsAg 阴性或抗-HBs 阴性且未注射疫苗者	24 小时内注射 HBIG 并注射疫苗。于受伤当天、第 3 个月、第 6 个月、第 12 个月随访和监测
患者 抗-HCV 阳性，受伤护士抗-HCV 阴性者	于受伤当天、第 3 周、第 3 个月、第 6 个月随访和监测
患者 HIV 阳性，受伤护士 HIV 抗体阴性者	①经过专家评估后可立即预防性用药，并进行医学观察 1 年；②于受伤当天、第 4 周、第 8 周、第 12 周、第 6 个月时检查 HIV 抗体；③预防性用药的原则：若被 HIV 污染的针头刺伤，应 4 小时内，最迟不超过 24 小时进行预防用药。可选用反转录酶抑制药、蛋白酶抑制药。即使超过 24 小时，也应实施预防性用药

（三）化学治疗药物损伤

化学治疗药物治疗（化疗）是指对病原微生物和寄生虫所引起的感染性疾病以及肿瘤采用的治疗方法。从狭义上讲，化疗多指对恶性肿瘤的化学治疗，是目前治疗肿瘤及某些自身免疫性疾病的主要手段之一。化疗药物由于其作用的非选择性，不仅对患者产生毒副作用，也可通过皮肤直接接触、呼吸道吸入及消化道摄入等途径，给经常接触它的护士带来一定的潜在危害。这些潜在的危害与其接触剂量有关，大量接触化疗药物可对人体造成毒性反应以及某些远期的潜在危险。

1. 化疗药物损伤的原因

（1）经皮肤吸入　医护人员通过皮肤被动吸收化疗药物，其微粒可以直接透过完整皮肤进入脂肪组织吸收入血。①化疗药物的准备过程：针剂安瓿瓶破碎、稀释时的振荡、稀释瓶内压力过大和排气时的药液喷洒、注射器针头松脱，这些均可能导致药物外溢。②化疗药物的使用过程：静脉注射前排气、排气时针头衔接不紧、输液时从输液管衔接处外溢的药液等，均可造成危害。③化疗药物使用后的处理过程、药物空瓶或剩余药物处理不当，导致工作环境和仪器设备的污染。④直接接触患者的排泄物、分泌物或其他污染物。患者的呕吐物、汗液、尿液中含有低浓度的化疗药物，其污染被服后处理不当，也可能使护士接触到，从而危害护士的健康。

（2）经口摄入 ①化疗药物污染皮肤后未彻底洗手即进食；②使用受污染的食物容器；③直接进食受污染的食物及饮料；④在污染环境中进食、饮水、吸烟、化妆及嚼口香糖。

（3）呼吸道吸入 ①在配制粉剂化疗药物时其飞尘经呼吸道吸入；②不慎打破已配好的化疗药物溶液瓶致工作场所空间污染。

2. 化疗药物损伤的预防措施 化疗防护应遵循两个基本原则：①减少与化疗药物的接触；②减少化疗药物污染环境。

（1）专业人员管理 ①制订化疗药物操作和防护规程。化疗药物配制室的护士应经过药学基础、化疗药物操作规程及废弃物处理等专门培训，并通过专业理论和技术操作考核；②进入配制室，按其流程规定洗手、戴厚层口罩、帽子，更鞋、穿防渗漏长袖防护服，操作结束必须将脱下的防护用具放到指定的专用垃圾袋后方可离开；③在药物配制区域不可进食、饮水、吸烟、化妆等；④配药时不能佩戴各种首饰如戒指、耳环、项链、手表等物；⑤实行轮流配药操作，尽量延长每个人接触化疗药物的周期；⑥对接触化疗药物的专业人员建立健康档案，定期进行体格检查，包括对肝功能、肾功能、白细胞及血小板计数等的监测；⑦专业人员在妊娠期及哺乳期应避免直接接触化疗药物，以免出现流产、胎儿畸形。

（2）化疗药物配制的环境要求 ①建立化疗药物配制中心，采用集中式管理。集中管理即在全院集中配制化疗药物，有防护设备、专人配制药物、丢弃物焚烧处理；②根据我国微生物和生物医学实验室生物安全通用准则（WS233－2002），配制符合要求的Ⅱ级或Ⅲ级垂直层流生物安全柜，所有化疗药物的配制在生物安全柜中完成，防止含有药物微粒的气溶胶或气雾对护士产生伤害；③对于不具备该条件的医院，要求药物配制环境应选择人流少的清洁避风处，室内要安装排风设备，以保持良好的通风备药环境，在配制化疗药物时此区域不能作为他用；④药物配制区域应尽量避免频繁的物流及人员的出入，以避免将化疗药物带入周围环境。

（3）化疗药物配制时的防护 化疗药物配制时的防护措施与要求，见表12－5。

表12－5 化疗药物配制时的防护措施与要求

措　施	要　求
操作前准备	配药前启动紫外线灯进行生物安全柜内空气消毒，并在操作前、后用75%乙醇精擦拭柜体；配药时穿长袖低渗透的隔离衣，戴帽子、口罩、护目镜、聚氯乙烯手套，并外套一副乳胶手套；操作台面覆以一次性双层防渗透性防护垫
正确打开安瓿	打开安瓿前应轻弹其颈部，使附着的药粉降至瓶底。掰开安瓿时应垫纱布，避免药粉、药液外溢或玻璃碎片四处飞溅，并防止划破手套
防止药物溢出	溶解药物时，溶媒应沿瓶壁缓慢注入瓶底，待药粉浸透后再晃动，以防药粉溢出
规范地稀释和抽吸药物	①密封瓶药液稀释后应立即抽出瓶内气体，以防瓶内压力过高药液从针眼处溢出；亦可采用双针头抽吸药液的方法，保持排气针头在液面以上，以排除瓶内压力，防止针栓脱出造成污染；②抽取药液后，在药瓶内进行排气和排液，然后用无菌棉球或纱布裹盖针头孔再拔出针头，不要将药液排于空气中；③抽取药液时用一次性注射器和针腔较大的针头，所抽药液以不超过注射器容量3/4为宜，防止针栓脱出药液喷洒；④抽出药液后放入垫有乙烯薄膜的无菌盘内备用
操作后的处理	操作结束后，用水冲洗和擦洗操作台。脱去手套后彻底冲洗双手并进行沐浴，以减轻药物的不良反应

（4）化疗药物给药时的防护　①静脉给药时应戴一次性防护口罩及手套；②静脉滴注药液时采用密闭式静脉输液法，输液袋以软包装为宜，且袋内压力不能太大，确保输液袋及输液器连接处衔接紧密，以防药物外漏；③若需从茂菲滴管加药，应先用无菌纱布围在滴管开口处再行加药，且加药速度不宜过快，以防药液从管口溢出。

（5）化疗药物外溅或溢出的处理　①应做好个人防护后可处理污染物。②立即标明污染范围，避免他人接触。③如果药液溢到桌面或地面，应立即用吸水毛巾或纱布吸附；若为粉剂应用湿的吸收力强的纱布垫或湿手巾覆盖在粉状药物之上，轻轻擦抹将药物去除，并用肥皂水擦洗污染表面后，再用75%乙醇擦拭。④参与处理溢出药物的工作人员，去除全部的防护用具，彻底洗手并沐浴。

（6）集中处理化疗废弃物及污染物　①运送化疗废弃物之前需将其包装完善，放在无渗透性的密闭装置中，标明"细胞毒性废弃物"，按有毒垃圾处理；运送人员需了解化疗药物的危险性及药物外溅的处理方法，一旦遇到药物外泄需立即按程序予以处理。②所有的污物（包括用过的一次性防护衣、一次性防护帽），必须经过焚烧处理。③需重复使用的物品（如隔离衣、隔离裤等）应与其他物品分开放置，并经过高温处理。④处理48小时内接受过化疗患者的分泌物、呕吐物、排泄物、血液时，必须穿隔离衣、戴手套；被化疗药物或患者体液污染过的床单等应单独洗涤；患者使用的物品应先用热水冲洗2次，然后分装标记，集中处理；患者使用过的洗手池、马桶要用清洁剂和热水彻底清洗。⑤混有化学药物的污水，应先在医院内的污水处理系统中灭活或破坏细胞毒性药物，再排入城市污水系统。

3. 化疗药物暴露后的处理流程　在配制、使用化学药物和处理污染物的过程中，如果防护用品不慎被污染或眼睛、皮肤直接接触到化疗药物时，可采取下列处理流程：①迅速脱去手套或隔离衣；②立即用肥皂水或清水清洗污染部位的皮肤；③眼睛被污染时，应迅速用清水或等渗洁眼液冲洗眼睛；④记录接触情况，必要时就医治疗。

（四）机械性损伤

机械性伤是指护士由于职业关系经常需要搬动重物，当身体负重过大或用力不合理时，所导致的肌肉、骨骼或关节的损伤。

1. 机械性损伤的原因

（1）工作强度大　在日常工作中，护士的体力劳动较多、劳动强度较大，如护士急救时使用担架搬运患者，为卧床及活动不便的患者进行皮肤护理、协助功能锻炼等治疗护理时，长时间使用腰部力量工作，可造成腰部的病理性改变。另外，为了适应快节奏的临床工作，护士常处于高度紧张状态，随时准备处理突发事件，护士的身体负荷过重，导致职业性腰背痛、腰椎间盘突出或下肢静脉曲张等机械性损伤的发生。

（2）用力不合理或不当　护士由于工作的原因身体长期固定于某一姿势以及不正确的搬运姿势常使腰部肌肉受伤情况发生，长时间站立和走动可引起下肢静脉曲张等。

（3）长期蓄积性损伤　损伤是护士发生腰椎间盘突出的常见原因，长期蓄积性损伤是其重要的诱发因素。护士在进行护理操作中，弯腰、扭转动作较多，对腰部损伤较大。长期蓄积性损伤可导致腰部负荷进一步加重。另外，急性腰部扭伤也容易引发腰椎间盘突出。

2. 机械性损伤的预防措施

（1）加强锻炼，提高身体素质　锻炼可提高机体免疫力、肌肉的柔韧性，增加骨关节活动度。加强腰背肌及颈部运动，如下班后进行15~20分钟的颈、背部活动，提高肌肉、韧带等组织的韧性及抗疲劳能力，有助于预防颈椎病及腰肌损伤。

（2）使用省力原则，合理用力　护士负重、搬运重物或搬抬患者时，正确运用人体力学原理和技巧以保持正确的工作姿势，也可借助一些护理器械如翻身床等减少负重。在日常工作中，良好的身体姿势不仅可以预防职业性腰背痛的发生，还可延缓腰椎间盘突出的发生。

如站立或坐位时，尽可能保持腰椎伸直，使脊柱支撑力增大，避免因过度屈曲引起腰部韧带受损，减少身体重力对腰椎的损伤。站立时，可让双下肢轮流支撑身体重量，并可适当做踮足动作，促进小腿肌肉收缩，减少静脉血液淤积；半弯腰或弯腰时，应两足分开使重力落在髋关节和两足处，降低腰部负荷。弯腰搬重物时，应先伸直腰部，再屈髋下蹲，后髋及膝关节用力，随后挺腰将重物搬起。

（3）经常变换工作姿势　护士在工作中，应避免长时间保持同一姿势，经常变换体位、姿势或进行适当的轻微活动，以促进下肢血液循环，缓解肌肉、关节及骨骼疲劳，减轻脊柱负荷。另外，护士也要避免剧烈活动，以防腰部肌肉拉伤。工作间歇可尽量抬高下肢或适当活动肢体，以缓解疲劳，促进血液回流。

（4）使用劳动保护用品　在工作中，护士可以佩戴腰围等保护用品以加强腰部的稳定性。腰椎间盘突出急性期疼痛加重时坚持佩戴腰围，卧床休息时解下。腰围只有在活动、工作时使用，其他时间最好不用，以免长时间使用造成腰肌萎缩，产生腰背痛等。长时间站立工作的护士应穿弹力袜或捆绑弹性绷带，以促进下肢血液回流。

（5）养成良好的生活习惯　①提倡卧硬板床休息，并注意床垫的厚度要适宜。②从事家务劳动时，注意避免长时间弯腰活动或尽量减少弯腰次数。减少持重物的时间及重量，预防负重伤的发生。

（6）科学合理饮食　①多食富含钙、铁、锌的食物，如牛奶、菠菜、西红柿及骨头汤等。②增加机体内蛋白质的摄入量，如多食用肉类、蛋类、鱼类及豆制品等。③多食富含B族维生素、维生素E的食物，如杂粮、花生及芝麻等。维生素B是神经活动时需要的营养素，可缓解疼痛，解除肌肉疲劳；维生素E可扩张血管、促进血流，消除肌肉紧张。

（五）噪声干扰

1. 噪声干扰的原因

（1）一些特殊科室的护士，特别是ICU、急诊、手术室的护士长期面对来自医疗器械的碰撞声、仪器设备的移动声及生命监护仪、呼吸机等各种抢救设备的噪声，易引起疲劳、烦躁、头痛和听力下降。

（2）在日常护理过程中，护士要长期面对患者的呻吟和电话铃声等噪声，严重超标的噪声会引起护士心理、生理的应激反应，降低护士工作的准确性及应对意外的能力。

2. 噪声干扰的预防措施

（1）护士应自觉保持室内安静，做到"四轻"（说话轻、走路轻、关门轻、操作轻），减少人员参观及陪护。

（2）加强巡视，降低持续及单调的监护声音，减少报警发生，为患者吸痰及做床上浴前，都应先调消音器。

（3）对科室所有仪器、设备要按时进行保养，做好维修，如定时给治疗车轮轴上润滑油。选用噪音小、功能好的新仪器，尽量消除异常噪声。医院对特殊科室如手术室应安装隔音设备。

本章小结

患者的安全与护士的职业安全，共同构成护理安全。为了保证患者安全，为患者提供一个安全的治疗和休息环境，护士应及时评估影响个体及环境安全的不安全因素，并根据患者的安全需要给予相应的防范措施和护理技术，包括生物性损伤、化学性损伤、物理性损伤等预防措施及保护具、辅助具应用护理技术。同时，在为患者提供各项检查、治疗和护理的过程中，护士应加强对各种职业性有害因素的认识，根据护理工作情况及身体状况，采取标准预防措施，正确使用个人防护用品和劳动保护用品，正确处理各种护理职业暴露，实施安全防护措施，以减少职业伤害，保护自身安全，维护自身健康。

（王　静）

目标检测

1. 预防住院患者跌倒的措施有哪些？
2. 请简述应用保护具的目的及使用原则。
3. 发生针刺伤后采取的紧急措施有哪些？
4. 请描述配制化疗药物时的防护措施。

第十三章 给药护理

学习目标

知识要求

1. 掌握 给药的原则；各种注射法的目的、常用部位和注意事项；常用过敏试验液的配制浓度、注入剂量及结果判断；青霉素过敏性休克的原因、预防及处理。

2. 熟悉 给药的基本知识、次数和间隔时间；雾化吸入的操作方法和注意事项；破伤风抗毒素脱敏注射的原理和方法。

3. 了解 局部给药法。

技能要求

熟练掌握各种药物的抽吸方法，各种注射法及常用的药物过敏试验液的配制方法；学会应用所学知识对患者进行给药护理，能够正确判断过敏试验结果，对发生过敏的患者实施及时、有效的护理措施。

给药（administering medication），是临床护理工作中常用的一种治疗方法。其目的是预防、治疗疾病；减轻症状；协助诊断以及维持正常的生理功能。护士是各种药物治疗的直接执行者，必须要了解患者的用药史和药理学的相关知识，熟练掌握正确的给药方法和技术，正确评估患者用药后的疗效和反应，指导患者合理用药，确保临床用药安全、有效。

第一节 给药的基本知识

一、药物的种类、领取和保管

（一）药物的种类

根据给药途径的不同，药物主要分为以下4种。

1. 内服药 分为固体剂型和液体剂型，固体剂型包括片剂、丸剂、散剂、胶囊等；液体剂型包括溶液、酊剂、合剂等。

2. 注射药 包括水溶液、混悬液、油剂、粉剂和结晶等。

3. 外用药 包括软膏、粉剂、洗剂、搽剂、酊剂、栓剂、滴剂、涂膜剂等。

4. 新型制剂 包括粘贴敷片、胰岛素泵、植入缓释药物等。

（二）药物的领取

药物的领取必须遵循医师的处方进行，具体的领取方法不同的医院有不同的规定，主要分为以下几种。

1. 病区内常用药物 病区内设有药柜，备有一定基数的常用药物，由专人负责，按需进行领取和补充，以确保药物的正常使用。口服药由中心药房专人负责配备、核对，病区护士负责核对、领回后，再次进行核对和分发；注射类的药品、抢救药品、临时医嘱的口服药等，均由病区护士专人负责，根据使用量填写领药单，定期到药房领取，以确保治疗的正常进行。

2. 贵重药物和特殊药物 患者使用的此类药物，必须先由医师开具处方，护士凭处方领取后，方可给患者使用。

3. 剧毒药和麻醉药 病区内均配备一定基数的剧毒药和麻醉药，使用后需凭医师处方和空安瓿瓶领取补充。

（三）药物的保管原则

1. 药柜放置 药柜应放置于通风、干燥、光线明亮处，但避免阳光直射。并由专人负责，保持药柜的整洁。

2. 分类存放 药品应按内服、注射、外用、剧毒等分类保管，并按有效期的先后顺序排列，以防失效造成浪费。贵重药、麻醉药、剧毒药应有明显标记并加锁保管，专设登记本，严格进行交接班。

3. 标签明显 药瓶应标签明确，内服药贴蓝边标签，外用药贴红边标签，剧毒药和麻醉药贴黑边标签。在标签上用清晰的字迹注明药物名称（中、外文对照）、浓度、剂量、规格。

4. 定期检查 药物要定期检查，如发现标签脱落或模糊不清，或药物出现沉淀、混浊、异味、潮解、霉变、过期等现象，应立即停止使用。

5. 妥善保存 根据药物的不同性质采取合理的保存方法，以确保药效和安全。

（1）易挥发、潮解或风化的药物，需装瓶，盖紧密封保存。如乙醇、过氧乙酸、碘酊、糖衣片、干酵母等。

（2）易氧化和遇光变质的药物，应避光保存，装在有色密封瓶中或放在黑纸遮光的纸盒内，并置于阴凉处。如维生素C、氨茶碱、盐酸肾上腺素等。

（3）易被热破坏的某些生物制品、抗生素，需置于干燥阴凉（约20℃）处或冷藏2～10℃保存。如抗毒血清、疫苗、胎盘球蛋白等。

（4）易燃、易爆的药物，须密闭并置于阴凉、低温处，远离明火，单独存放。如乙醚、乙醇、环氧乙烷等。

（5）易过期的药物，应定期检查，按有效期时限的先后存放，有计划地使用，避免药品过期浪费。如各种抗生素、胰岛素等。

（6）各类中药，需置于阴凉干燥处，芳香性药品应密闭保存。

（7）个人专用的贵重药物或特殊药物，应单独存放，并注明床号、姓名。

二、给药的原则

给药的原则（principles of administration）是用药的总则，在执行药物治疗时必须严格遵守。

（一）根据医嘱给药

给药过程中护士必须严格遵照医嘱执行，不得擅自更改。若对医嘱有疑问，应及时与医师沟通，确认后方可给药，避免盲目执行。一般情况下，护士只执行有医师签名的书面医嘱。紧急情况下，护士可执行口头医嘱，但要在指定时间内补写医嘱，并由医师签名。护士应具有一定的药理知识，熟悉临床常用药物的作用机制、不良反应、用法、配伍禁忌、中毒表现及处理方法，才能准确根据医嘱给药。

（二）严格执行查对制度

1. "三查" 操作前、操作中、操作后查（查七对内容）。

2. "七对" 对床号、姓名、药名、浓度、剂量、用法、时间。

3. "一注意" 注意检查药物的质量，对变质或疑有变质及过期药物，不能使用。

（三）安全正确给药

1. 做到五准确，即将准确的药物、按准确的剂量、用准确的方法、在准确的时间、给予准确的患者。

2. 药物备好后应及时使用，避免久置引起药液污染或药效降低。

3. 易发生过敏反应的药物，用药前应了解患者的用药史、过敏史和家族史，并按要求做药物过敏试验，结果呈阴性方可使用，在使用中应加强观察。

4. 同时使用两种或两种以上药物时，要注意配伍禁忌，避免发生药源性疾病。

5. 给药前应向患者解释，以取得合作，征得患者的同意后方可应用。在用药过程中应根据药物的性质给予患者相应的用药指导，使患者掌握药物相关知识，提高患者自我合理用药的能力，以达到更好的治疗效果。

（四）观察用药反应

在用药过程中，护士应密切观察药物疗效和不良反应。监测患者的病情变化，评价药物疗效，及时发现不良反应。对易引起过敏反应或不良反应较大的药物，更应密切观察，并记录用药后的反应，为临床护理及治疗计划提供依据。护士还应做好心理护理和健康教育工作，以避免出现药物依赖、滥用或不遵医嘱等行为。

（五）发现给药错误应及时采取措施

发现给药错误，应立即报告护士长、医师，并积极协助医师做紧急相应的处理，密切观察患者病情变化，以减少或消除由于差错造成的不良后果，做好患者及其家属的解释工作。填写意外事件报告，作为该事件之法律证明，同时要认真查找原因，认识错误。

（六）指导患者合理用药

在药物治疗的全程中，护士要引导患者遵循安全、有效、经济、适当的原则合理用药。

明确患者的病因及诊断，了解其他并存的疾病、过敏史及药物之间联合用药时的相互作用；向患者说明所用药物的作用、用法以及药物可能引起的不良反应；告知患者不可随意加大剂量或过早停药。

三、给药的途径

给药途径依据药物的性质、剂型、用药目的和机体对药物的吸收情况不同而定，故选择最适宜的给药途径与方法，方能获得最佳的效果。常用的给药途径有口服、舌下含服、吸入、外敷、直肠给药及注射（皮内注射、皮下注射、肌内注射、静脉注射）等。除动、静脉注射药液直接进入血液循环外，其他药物均有一个吸收过程。吸收由强到弱的顺序依次为：吸入 - 舌下含服 - 直肠 - 肌内注射 - 皮下注射 - 口服 - 皮肤。

四、给药的次数和时间

给药次数与给药时间取决于药物的半衰期，以能维持药物在血液中的有效浓度而又不至于引起毒性反应为最佳选择，同时考虑药物的特性及人体的生理节奏。临床常用外文缩写表示用药次数和时间间隔，医院给药常用的外文缩写与中文译意见表 13 - 1，医院常用给药时间外文缩写与时间安排见表 13 - 2。

表 13 - 1 医院给药常用的外文缩写与中文译意

外文缩写	中文译意	外文缩写	中文译意
qd	每日 1 次	12n	中午 12 点
bid	每日 2 次	12mn	午夜 12 点
tid	每日 3 次	hs	临睡前
qid	每日 4 次	prn	需要时（长期）
qh	每小时 1 次	sos	必要时（临时 1 次, 12 小时内有效）
q2h	每 2 小时 1 次	po	口服
q4h	每 4 小时 1 次	ID	皮内注射
q6h	每 6 小时 1 次	H	皮下注射
qm	每晨 1 次	IM 或 im	肌内注射
qn	每晚 1 次	IV 或 iv	静脉注射
qod	隔日 1 次	ivgtt	静脉滴注
qw	每周 1 次	OS	左眼
biw	每周 2 次	OD	右眼
am	上午	OU	双眼
pm	下午	AS	左耳
St	即刻	AD	右耳
DC	停止	AU	双耳
ac	饭前	aa	各
pc	饭后	gtt	滴

表 13 - 2 医院常用给药时间外文缩写与时间安排

给药频率缩写	给药时间安排
qm	6：00
qd	8：00
bid	8：00，16：00
tid	8：00，12：00，16：00
qid	8：00，12：00，16：00，20：00
q2h	6：00，8：00，10：00，12：00……
q3h	6：00，9：00，12：00，15：00，18：00……
q4h	8：00，12：00，16：00，20：00……
q6h	8：00，14：00，20：00，2：00……
qn	20：00

五、影响药物作用的因素

药物的治疗效果不仅与药物本身的性质与剂量有关，还与机体内、外多种影响因素有关。在临床护理工作中，护士应根据这些影响因素采取相应的护理措施，防止和减少不良反应的发生，使药物更好地发挥作用。

（一）药物因素

1. 药物剂量 剂量指用药量，药物剂量大小与效应强弱之间密切相关，药物必须达到一定的剂量才能产生效应。在一定范围内，药物剂量增加，其效应相应增加；剂量减少，则药效减弱。当剂量超过一定限度时则会产生中毒反应。临床上规定的药物的治疗量或有效量，是指能对机体产生明显效应而不引起毒性反应的剂量，也是适用于大多数人使用的常用量。

2. 药物剂型 不同剂型的药物由于吸收量与速度不同，药物作用的快慢和强弱也有所差别。一般而言，注射药物比口服药物吸收快，因而作用往往较为显著。在注射制剂中，水溶液比混悬液、油剂吸收快；在口服制剂中，溶液比片剂、胶囊更容易吸收。

3. 给药途径 不同的给药途径可以影响药物的吸收和分布，从而影响药物效应的强弱，在某些情况下还会产生质的不同。如硫酸镁，口服具有导泻与利胆作用；注射给药具有镇静和降压作用；而局部湿热敷则具有消炎、去肿作用。

4. 给药时间 给药的间隔时间应以药物的半衰期作为参考依据，尤其是抗生素类药物更应注意维持药物在血中的有效浓度。给药间隔时间过短易导致蓄积中毒，给药间隔时间过长则血药浓度波动增大。因此，肝、肾功能不良者可适当调整给药间隔时间。

5. 联合用药 指为了达到治疗目的而采取的两种或两种以上药物同时或先后应用。联合用药往往会发生体内或体外药物之间的相互影响，从而产生不同的作用。若联合用药后使原有的效应增强称为协同作用（synergistic effect）；若联合用药后使原有的效应减弱称为拮抗作用（antagonist effect）。临床上联合用药的目的是发挥药物的协同作用，增强治疗效果，避免和减轻药物不良反应。

（二）机体因素

1. 生理因素

（1）年龄与体重 一般来说，药物用量与体重成正比。《中华人民共和国药典》规定，14岁以下为儿童用药剂量，14～60岁为成人剂量，60岁以上为老人剂量。儿童剂量和老人剂量应以成人剂量为参考酌情减量，这与儿童和老人的生理功能与成人存在较大差异有关。

儿童时期各个组织和器官正处于发育、生长时期，且年龄越小，组织和器官的发育越不完全。药物使用不当可引起组织和器官发育障碍，发生严重不良反应，甚至造成后遗症。儿童的肝、肾功能发育不健全，药物代谢和排泄的能力较低，易造成毒性反应，如氨基糖苷类抗生素链霉素、庆大霉素等所致的耳毒性；儿童对水、盐的调节能力差，在使用利尿药后容易出现低血钾和低血钠等电解质紊乱的症状；儿童血脑屏障和脑组织发育不完善，对中枢抑制药和中枢兴奋药非常敏感，使用吗啡、哌替啶极易出现呼吸抑制，而应用尼可刹米、氨茶碱、麻黄碱等又容易出现中枢兴奋而致惊厥。

老年人的组织、器官及其功能随年龄增长而出现生理性衰退，在药效学和药动学方面出现改变，对某些药物的敏感性增高。老年人常伴有老年性疾病，且因肝、肾功能减退致使药物代谢和排泄速度相应减慢，对药物的耐受性也相应降低。

（2）性别 一般而言，性别不同对药物的反应无明显的差异，但女性在用药时应注意"三期"（即月经期、妊娠期和哺乳期）对药物作用的影响。在月经期、妊娠期，子宫对泻药、子宫收缩药及刺激性较强的药物较敏感，容易造成月经过多、痛经、流产、早产。在妊娠期，某些药物可通过胎盘进入胎儿体内，对胎儿生长发育和活动造成影响，严重的可导致畸胎。根据美国食品及药物管理局（food and drug administration，FDA）的标准，按药物的安全性由高到低依次分为A、B、C、D、X 5类。A类药，如维生素B、维生素C；B类药，如氨苄西林、头孢拉定等；C类药，如异烟肼、氢化可的松等；D类药，如四环素、链霉素等；X类为妊娠期禁用药物，如沙利度胺（反应停）、己烯雌酚、氟西泮（氟安定）等药物。在哺乳期，某些药物可经乳汁排泄进入婴儿体内引起中毒，如氯霉素、磺胺类药物等。

（3）营养状况 患者的营养状况也会对药物的作用造成影响。营养不良者，对药物作用较敏感，对毒性反应的耐受性也较差。

2. 病理状态 疾病可影响机体对药物的敏感性，也可改变药物的体内过程，因而影响药物的效应。在病理因素中，肝、肾功能具有极其重要的意义。肝实质细胞受损可导致某些药物代谢酶减少，此时主要在肝代谢的药物，如地西泮、吗啡等要酌情减量，慎用或禁用。肾功能受损时，某些主要经肾排泄的药物，如头孢唑林、呋塞米等，因半衰期延长，易造成蓄积性中毒，故应减量或禁用。

3. 心理因素 药物的疗效并非单靠其化学性质，心理因素在一定程度上也可影响药物的效应。患者的情绪、对药物的信赖程度和医护人员的语言及暗示作用都会对药效造成影响，如"安慰剂"能起到镇静、镇痛的作用。因此，给药中护士应充分调动患者的主观能动性，提高患者对药物疗效的信任，使其达到更好的康复效果。

4. 个体差异 不同个体对同一药物的反应存在差异，在年龄、体重、性别等基本因素相同的情况下，体质特异的患者对某类药物敏感度较高，虽服用极少量，仍能引起中毒，必须避免使用。

（三）饮食因素

饮食与药物发生相互作用会改变药物的体内过程，从而对药物的作用产生影响。

1. 促进药物吸收的饮食会增强疗效 如酸性食物可增加铁剂的溶解度，促进铁吸收；高脂饮食可促进脂溶性的维生素 A、维生素 D、维生素 E 的吸收，因而维生素 A、维生素 D、维生素 E 宜餐后服用，以增强疗效；粗纤维食物可促进肠蠕动，增强驱虫药的疗效。

2. 干扰药物吸收的饮食会降低疗效 在服用铁剂时不宜同食茶水和高脂饮食，因为茶叶中的鞣酸与铁结合形成铁盐妨碍铁的吸收；而脂肪抑制胃酸分泌，也影响铁的吸收。在补钙时不宜同食菠菜，因菠菜中含大量草酸，草酸与钙结合形成草酸钙，影响钙的吸收，使疗效降低。

3. 改变尿液 pH 的饮食会影响疗效 酸性食物在体内代谢产生酸性物质，如鱼类、肉类、蛋类等；碱性食物在体内代谢形成碳酸氢盐，如牛奶、蔬菜、豆制品等，它们都会对尿液的 pH 造成影响，从而影响药物疗效。因此，用药时应注意药、食搭配，如氨苄西林、呋喃妥因在酸性尿液中杀菌力强，用其治疗泌尿系统感染时宜高脂饮食，使尿液偏酸，增强抗菌作用；而应用氨基糖苷类、头孢菌素、磺胺类药时，则宜清淡饮食，以碱化尿液，增强抗菌作用。

第二节　口服给药法

案例引导

案例：患者，男，48 岁。主因发热、胸痛、咳嗽 1 周入院。查体：体温 39.2℃，脉搏 88 次/分，呼吸 24 次/分，血压 124/80mmHg，听诊闻及支气管肺泡呼吸音，诊断为肺炎。医嘱：哌拉西林他唑巴坦 4.5g，ivgtt，tid；强力枇杷露 15ml，po，tid。

提问：1. 该患者服药时应注意哪些问题？
2. 分析影响该患者药物作用的因素有哪些？

一、优缺点

口服给药法（administering oral medication）是指药物口服后经胃肠道黏膜吸收进入血液循环，从而发挥局部或全身的治疗作用，以达到防治和诊断疾病目的的一种给药方法。口服给药是最常用、最方便且较安全的给药法，但口服给药吸收较慢，药物产生疗效的时间较长，故不适用于急救、意识不清、呕吐频繁、禁食等患者。

二、目的

减轻症状，治疗疾病，维持正常生理功能，协助诊断和预防疾病。

三、操作方法

【评估】

评估患者的病情，意识状态，用药史、过敏史及家族史，吞咽能力，有无口腔、消化道疾病，有无恶心、呕吐症状，服药的自理能力，认知及合作程度。

【计划】

1. 操作者准备　衣帽整洁，修剪指甲，洗手。

2. 核对医嘱　双人核对。

3. 患者准备　了解服药的目的，所用药物的性状、作用及不良反应，配合口服要点。

4. 操作者再次洗手，戴口罩。

5. 用物准备

（1）发药车上层　药盘、药杯、量杯、药匙、滴管、包药纸、研钵、纱布、治疗巾、小药卡、服药本、饮水管、小水壶（内盛温开水）。

（2）发药车下层　生活垃圾桶、医用垃圾桶、消毒浸泡桶和锐器桶。

（3）其他　必要时备注射器。

6. 环境准备　备药环境清洁、安静、明亮。

【实施】

操作步骤	要点与说明
（1）备齐用物	
（2）备药	·严格执行"三查七对"制度
①核对药卡与服药本，按床号顺序将小药卡插入药盘内，放好药杯	·药卡字迹清楚
②对照服药本上的床号、姓名、药名、浓度、剂量、时间进行配药	·逐一摆齐患者的药品，不可同时摆两个或多个患者的药品
③检查药物性质及有效期	·保证药物质量，且在有效期内
④根据药物剂型的不同，采取不同的取药方法	·先配固体药，再配液体药（水剂与油剂）
▲固体药（片剂、胶囊等）	·用药匙取药
一手持药瓶、瓶签朝向自己，另一手用药匙取出所需药量，放入药杯，将药瓶放回药柜	·粉剂、含化片用纸包好，放入药杯；单一剂量包装药品，则在发药给患者时再拆开包装 ·需碾碎的药物，可将药物在研钵内碾碎，以药匙盛入药杯内
▲液体药	·用量杯量取
①摇匀药液，打开瓶盖	·避免药液内溶质沉淀而影响给药浓度
②一手持量杯，拇指置于所需刻度，使其与护士视线平齐，另一手持药瓶，瓶签向上，倒药液至所需刻度处（图13-1）	·量杯刻度与药液水平面同高，保证药量准确；瓶签向上，防止倒药液时浸湿标签
③将药液倒入药杯。油剂、按滴计算的药液或药量不足1ml时，在药杯内倒入少许温开水，用滴管吸取药液	·不同的药液应倒入不同的药杯内，配另一种药液时，洗净量杯，以免更换药液时发生化学反应 ·避免药液黏附于杯壁，影响服用剂量；1ml以15滴计算
④用湿纱布擦净瓶口，将药瓶放回原处	

（续 表）

操作步骤	要点与说明
⑤摆药完毕，将物品放回原处，并根据服药本重新核对，盖上无菌治疗巾	
⑥整理、清洁药柜及用物，洗手	
（3）发药	
①请另一人再次核对药物	·发药前必须经双人核对，才能发给患者，确保备药准确无误
②洗手，在规定时间内携带服药本、发药盘、温开水，送药至患者床前	·按规定时间发药，确保药物有效浓度 ·发药前，评估患者，若遇特殊检查或术前禁食者，暂不发药；若患者发生呕吐等情况，应查明原因后，再行处理
③核对床号、姓名、药名、浓度、剂量、时间、用法、床头卡、腕带，并呼唤患者名字，准确无误后发药	·同一患者的药物应一次取离药车；不同患者的药物，不可同时取离药车，以免发生差错 ·若患者因故暂不能服药，应将药物取回，适时再发或交班
④协助患者取适当体位，按需要解释服药的目的及注意事项	
⑤倒温开水或使用饮水管，帮助患者服药，视患者服下后方可离开	·宜40~60℃温开水服药，不用茶、牛奶、果汁替代 ·若患者拒绝服药，应了解原因并及时向主管医师反映 ·增加或停用某药物，应及时告诉患者；当患者提出疑问时，应重新核对 ·危重患者应喂服，鼻饲患者应将药粉用水溶解后，从胃管灌入，再以少量温开水冲胃管，使药液全部注入胃内，同时避免阻塞胃管
（4）整理记录	
①服药后，收回药杯，再次核对，协助患者取舒适卧位休息，整理床单位	·确保给药准确无误
②药杯浸泡消毒后清洁，再消毒备用，一次性药杯放于医用垃圾桶内，统一销毁，清洁药盘和药车	·防止交叉感染
③随时观察患者服药后的反应，若有异常，及时与医师联系，做相应处理	
④洗手	
⑤记录	

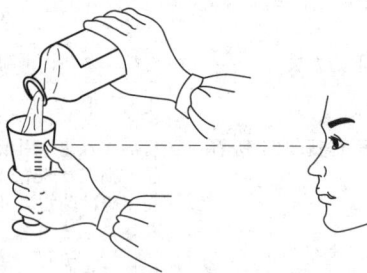

图 13 - 1 量取药液的方法

【评价】

1. 无菌操作，认真查对。

2. 患者了解安全用药的常识及服药后达到预期疗效，能主动配合。

3. 护士安全、正确给药，无差错与不良反应发生。

4. 护患有效沟通，双方的需求均达到满足。

四、注意事项

1. 严格执行查对制度和无菌操作原则，确保给药安全、准确、无误。

2. 对牙齿有腐蚀作用的药物，如酸类和铁剂，应用吸管吸服后漱口以保护牙齿。

3. 胶囊、缓释片、肠溶片吞服时不可嚼碎。

4. 抗生素及磺胺类药物应准时服药，以保证有效的血药浓度。

5. 服用止咳糖浆等对呼吸道黏膜起安抚作用的药物后不宜立即饮水，若同时服用多种药物，应最后服用止咳糖浆。

6. 某些磺胺类药物经肾排出，尿少时易析出结晶堵塞肾小管，服药后要多饮水。

7. 服强心苷类药物时需加强对心率、节律的监测，脉率低于 60 次/分或节律不齐时应暂停服用，并告知医师。

8. 一般情况下，健胃药宜在饭前服，助消化药及对胃黏膜有刺激性的药物宜在饭后服，催眠药在睡前服，驱虫药宜在空腹或半空腹时服用。

9. 密切观察患者服药后的病情变化，若发现异常，及时与医师联系，并做相应处理。

第三节　注射给药法

案例引导

　　案例：患者，男，21 岁，患急性阑尾炎，阑尾切除术后。医嘱：哌替啶 50mg，im，q6h，prn。

　　提问：1. 护士应如何正确执行该医嘱？

　　　　　2. 臀部肌内注射的定位方法有哪几种？

　　　　　3. 肌内注射的注意事项有哪些？

　　注射给药法（administering injection）是将一定量药液或生物制剂用无菌注射器注入体内的方法。注射给药具有药物吸收快，血药浓度升高迅速等优点，适用于因各种原因不宜口服给药的患者。但注射给药会造成组织一定程度的损伤，引起疼痛，可能会产生感染等并发症；因为药物吸收快，某些药物的不良反应出现迅速，使处理难度大大增加。常用的注射术有皮内注射、皮下注射、肌内注射及静脉注射。

一、注射原则

　　注射原则（principles of injection）是注射给药的总则，护士必须严格遵守。

（一）严格遵守无菌操作原则

1. 环境　清洁、干燥、宽敞、明亮，符合无菌操作的基本要求。

2. 操作者　衣帽整洁、洗手、戴口罩，必要时戴手套。

3. 注射器　空筒内壁、活塞、针栓内壁、乳头、针梗和针尖必须保持无菌。

4. 注射部位　按要求进行消毒，并保持无菌。

皮肤常规消毒法：用棉签蘸取 2% 碘酊，以注射点为中心向外螺旋式涂擦，直径在 5cm 以上，待干后，用 75% 乙醇以同法脱碘，待乙醇挥发后即可注射。或用 0.5% 碘伏（或安尔碘）以同法涂擦消毒两遍，无须脱碘。

（二）严格执行消毒隔离制度

　　注射时做到物品专人专用，包括注射器、针头、止血带、小垫枕、治疗巾。所用物品须按消毒隔离制度处理，以免交叉感染。

（三）严格执行查对制度

做好"三查七对"，仔细检查药物质量，如发现药物变质、变色、浑浊、沉淀、过期或安瓿有裂痕等现象，不可使用；如同时注射多种药物，应检查药物有无配伍禁忌。

（四）选择合适的注射器和针头

根据药物剂量、黏稠度和刺激性的强弱选择注射器和针头。一次性注射器应完整，密封良好，在有效期内；针头锐利、无钩、不弯曲，型号合适；注射器和针头衔接紧密。

（五）选择合适的注射部位

注射部位应避开神经、血管处（动、静脉注射除外），不可在炎症、瘢痕、硬结、皮肤受损处进针，对需长期注射的患者，应经常更换注射部位。

（六）现配现用注射药液

在规定注射时间临时抽取，即刻注射，以防药物效价降低或污染。

（七）注射前排尽空气

注射前必须排尽注射器内的空气，尤其是动、静脉注射，以防气体进入血管形成栓塞。排气时防止药液浪费。

（八）注药前检查回血

进针后、注射药液前，抽动注射器活塞，检查有无回血。动、静脉注射必须见有回血后方可注入药物。皮下注射、肌内注射如有回血，须拔出针头重新进针，不可将药液注入血管内。

（九）掌握合适的进针角度和深度

1. 各种注射法分别有不同的进针角度和深度要求（图13-2）。

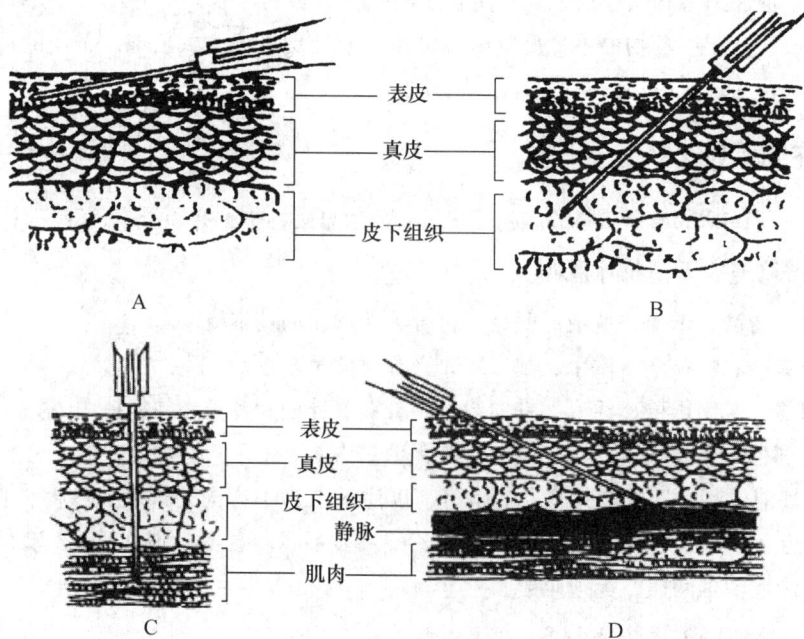

图 13-2　各种注射法的进针角度和深度
A. 皮内注射；B. 皮下注射；C. 肌内注射；D. 静脉注射

2. 进针时不可将针梗全部刺入注射部位，以防不慎断针时增加处理的难度。

（十）应用减轻患者疼痛的注射技术

1. 做好解释工作，解除患者的思想顾虑，分散其注意力，协助患者取适当体位，使肌肉放松，利于进针。

2. 注射时做到"二快一慢加匀速"，即进针、拔针快，推药速度缓慢并均匀。

3. 注射刺激性较强的药物时，应选用细长针头，进针要深。如需同时注射多种药物，一般应先注射刺激性较弱的药物，后注射刺激性强的药物。

二、注射前准备

（一）用物准备

1. 注射盘（亦称基础治疗盘）　置于治疗车上层，常规放置以下物品。

（1）无菌持物镊　放于灭菌后的干燥容器内。

（2）皮肤消毒液　2%碘酊、75%乙醇；或0.5%碘伏（或安尔碘）。

（3）其他　无菌棉签、无菌纱布、砂轮、弯盘、启瓶器等。静脉注射备止血带、治疗巾和小垫枕。

2. 注射器及针头　注射器由空筒和活塞组成（图13-3）。空筒前端为乳头，空筒上有刻度，活塞后部为活塞轴、活塞柄。针头由针尖、针梗和针栓三部分组成。常用注射器规格和针头型号有多种（表13-3）。注射器和针头放于注射盘内。

3. 注射药液　按医嘱准备。

4. 治疗车　上层准备手消毒剂。下层准备污物桶3个；一个放置损伤性废弃物（用过的注射器针头等），一个放置感染性废弃物（用过的注射器等），另一个放置生活垃圾（注射器包装袋等）。

5. 注射本或注射卡　根据医嘱准备注射本或注射卡，作为注射给药的依据。

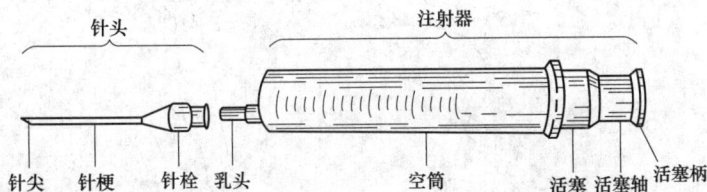

图 13-3　注射器及针头的构造

表 13-3　注射器和针头规格及主要用途

用　途	注射器规格	针头规格
皮内注射	1ml	$4 \sim 4\frac{1}{2}$
皮下注射	2ml	$5 \sim 5\frac{1}{2}$
肌内注射	2ml、5ml、10ml（视药量定）	$5\frac{1}{2} \sim 7$
静脉注射	5ml、10ml、20ml、30ml、50ml（视药量定）	$6 \sim 9$
静脉采血	2ml、5ml（视采血量定）	$9 \sim 12$

（二）抽吸药液

1. 操作方法

操作步骤	要点与说明
（1）洗手，戴口罩，查对药物	·严格执行无菌操作原则和查对制度
（2）吸取药液	
▲自安瓿内吸取药液	
（1）消毒及折断安瓿　将安瓿尖端药液弹至体部，用消毒砂轮在安瓿颈部划一锯痕，用75%乙醇棉签消毒后折断安瓿	·安瓿颈部若有蓝色标记，则不须划痕，用75%乙醇棉签消毒颈部后，折断
（2）抽吸药液　常规检查并取出注射器，安紧针头，针尖向上，抽动活塞，确认注射器通畅，持注射器，针尖斜面向下置入安瓿内的液面下，持活塞柄，抽动活塞，吸取药液（图13－4）	·针头不可触及有菌物品，针尖斜面向下，利于吸药
▲自密封瓶内吸取药液	
①除去铝盖中心部分，常规消毒瓶塞及周围部分，待干	
②常规检查注射器，吸入与所需药液等量的空气，将针头垂直刺入瓶内，注入空气	·以增加瓶内压力，利于吸药
③倒转药瓶，使针头在液面下，吸取药液至所需量，以食指固定针栓，拔出针头	
（3）排尽空气　将针头垂直向上，轻拉活塞，将针头内的药液吸入注射器，并使气泡集于乳头处，轻推活塞，排出气体（图13－5）	·如注射器乳头偏向一边，排气时，使注射器乳头向上倾斜，使气泡集中于乳头根部，排出气体
（4）保持无菌　排气毕，再次核对无误后置于无菌注射盘内备用	
（5）操作后处理	
①分类清理消毒用物	·按消毒隔离原则处理用物
②洗手	

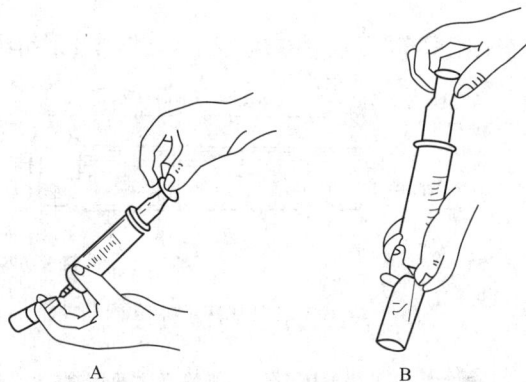

图13－4　自安瓿内吸取药液

A. 自小安瓿内吸取药液；B. 自大安瓿内吸取药液

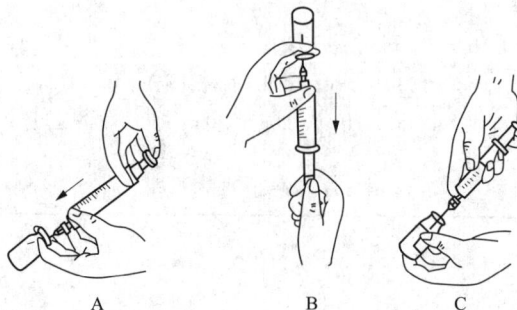

图13－5　自密封瓶内吸取药液

2. 注意事项

（1）严格执行无菌操作原则和查对制度。

（2）吸药时握住活塞柄，不可触及活塞体部；同时要保持针梗和针尖无菌；针栓不可深入到安瓿内，以免污染药液。

（3）排气时不可浪费药液，以免影响药量的准确性。

（4）根据药液的性质吸取药液：混悬剂摇匀后立即吸取；吸取结晶、粉剂药物时，用无菌生理盐水、注射用水或专用溶媒将其充分溶解后吸取；油剂可稍加温（药液遇热易破坏者除外）后，用稍粗针头吸取。

（5）药液最好用现抽吸，避免药液污染和效价降低。

（6）吸尽药液的空安瓿或密封瓶要暂时保留，以便核对。

【评价】

1. 无菌操作，认真查对。

2. 抽吸药液程序合理，操作规范，手法正确，药量准确。

三、常用注射法

（一）皮内注射法

皮内注射法（intradermic injection，ID）是将少量药液或生物制品注射于表皮与真皮之间的方法。

【目的】

1. 进行药物过敏试验，以观察有无过敏反应。

2. 预防接种。

3. 局部麻醉的起始步骤。

【评估】

1. 患者的病情、治疗情况、意识状态、用药史、过敏史和家族史。

2. 心理状态、对用药的认知及合作程度。

3. 肢体活动能力、注射部位的皮肤状况。

【计划】

1. 操作者准备　衣帽整洁，修剪指甲，洗手。

2. 核对医嘱　双人核对。

3. 患者准备

（1）知晓皮内注射的目的，了解操作方法和注意事项，能够进行配合。

（2）采取舒适体位并暴露注射部位。

4. 操作者再次洗手，戴口罩。

5. 用物准备

（1）治疗车上层备注射盘；无菌盘（用于放已配制好药液的注射器和针头）；1ml注射器；$4\frac{1}{2}$号针头；注射卡；药液（按医嘱准备）；如为药物过敏试验，另备0.1%盐酸肾上腺素和2ml注射器；手消毒剂。

（2）治疗车下层备生活垃圾桶、医用垃圾桶和锐器桶。

6. 部位

（1）皮内试验　常选用前臂掌侧下段，因该处皮肤较薄，易于注射，且此处皮色较淡，易于辨认局部反应。

（2）预防接种　常选用上臂三角肌下缘。

（3）局部麻醉　需实施局部麻醉处的局部皮肤。

7. 环境准备　清洁、安静、明亮。

【实施】

1. 操作方法　以药物过敏试验为例。

操作步骤	要点与说明
（1）按医嘱吸取药液，放于无菌盘内	·严格执行查对制度和无菌操作原则
（2）携用物至患者的床旁，核对患者的床号、姓名、腕带	·确认患者
（3）选择注射部位	·根据皮内注射的目的选择部位：药物过敏试验常选用前臂掌侧下段
（4）手消毒	
（5）消毒皮肤　用75%乙醇消毒注射部位皮肤	·忌用含碘消毒剂消毒，以免影响对局部反应的观察
（6）二次核对，排尽空气	·操作中查对
（7）穿刺、注射　一手绷紧局部皮肤，一手持注射器，针头斜面向上，与皮肤呈5°刺入皮内。待针头斜面完全进入皮内后，放平注射器。用绷紧皮肤手的拇指固定针栓，注入皮试药液0.1ml，使局部隆起形成一皮丘（图13-6）	·注入的剂量要准确．进针角度不能过大，否则会刺入皮下 ·若需做对照试验，则用另一注射器及针头，在另一前臂相应部位注入0.1ml生理盐水 ·皮丘呈半球状，皮肤变白并显露毛孔 ·操作过程中要与患者沟通，以了解患者的反应
（8）拔针　注射完毕，迅速拔出针头，勿按压针眼	·嘱患者勿按揉局部，以免影响结果的观察；20分钟内不得离开病室或注射室
（9）再次核对	·操作后查对
（10）操作后处理	
①协助患者取舒适卧位	
②分类清理消毒用物	·按消毒隔离原则处理用物
③洗手	
④记录	·20分钟后需双人观察局部反应并做出判断 ·将皮试试验结果记录在病历上，阳性用红笔标记"＋"，阴性用蓝笔或黑笔标记"－"

2. 注意事项

（1）严格执行查对制度和无菌操作原则。

（2）做药物过敏试验前，护士应详细询问患者的用药史、过敏史及家族史，如患者对需要注射的药物有过敏史，则不可做皮试，应及时与医师联系，更换其他药物。

（3）做药物过敏试验消毒皮肤时忌用含碘的消毒剂，以免影响对局部反应的观察。

图13-6　皮内注射

（4）进针角度以针尖斜面能全部进入皮内为宜，不要过大，以免将药液注入皮下，影响结果的观察和判断。

（5）在为患者做药物过敏试验前，要备好急救药品，以防发生意外。

（6）药物过敏试验结果如为阳性反应，告知患者或其家属，不能再用该种药物，并记录在病历上。

3. 健康教育

（1）为患者做药物过敏试验后，嘱患者勿离开病室或注射室，避免剧烈运动，于20分钟

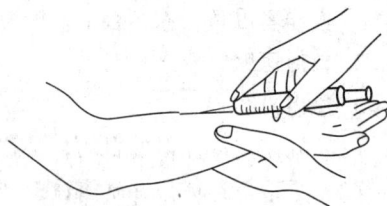

后观察结果。同时告知患者，如有不适应立即通知护士，以便及时处理。

（2）拔针后指导患者勿揉擦局部，以免影响结果的观察。

【评价】

1. 无菌操作，认真查对。

2. 护士操作熟练，动作娴熟。

3. 患者了解操作的目的并能够配合。

4. 护患有效沟通，双方的需求均达到满足。

（二）皮下注射法

皮下注射法（hypodermic injection，H）是将少量药液或生物制剂注入皮下组织的方法。

【目的】

1. 注入小剂量药物，用于不宜口服给药而需在一定时间内发生药效时。

2. 预防接种。

3. 局部麻醉用药。

【评估】

1. 患者的病情、治疗情况、意识状态、用药史、过敏史和家族史。

2. 心理状态、对用药的认知及合作程度。

3. 肢体活动能力、注射部位的皮肤及皮下组织状况。

【计划】

1. 操作者准备　衣帽整洁，修剪指甲，洗手。

2. 核对医嘱　双人核对。

3. 患者准备

（1）知晓皮下注射的目的，了解药物作用、操作方法和注意事项，能够进行配合。

（2）采取舒适体位并暴露注射部位。

4. 操作者再次洗手，戴口罩。

5. 用物准备

（1）治疗车上层备注射盘、无菌盘（用于放已配制好药液的注射器和针头）、1～2ml 注射器、$5\frac{1}{2}$～6号针头、注射卡、药液（按医嘱准备）、手消毒剂。

（2）治疗车下层备生活垃圾桶、医用垃圾桶和锐器桶。

6. 部位　上臂三角肌下缘、腹部、后背、大腿前侧及外侧（图13-7）。

7. 环境准备　清洁、安静、明亮，必要时用屏风遮挡患者。

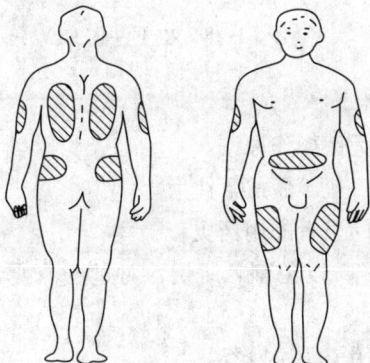

图 13-7　皮下注射常用部位

【实施】

1. 操作方法

操作步骤	要点与说明
（1）按医嘱吸取药液，放于无菌盘内	·严格执行查对制度和无菌操作原则
（2）核对　携用物至患者床旁，核对患者的床号、姓名、腕带	·确认患者
（3）选择注射部位	·根据注射目的选择部位 ·选用三角肌下缘注射时，针头稍偏向外侧，以免药液注入肌层。
（4）手消毒	
（5）常规消毒皮肤、待干	
（6）二次核对，排尽空气	·操作中查对 ·操作中加强与患者的沟通，发现不适及时处理
（7）穿刺　一手绷紧局部皮肤，一手持注射器，以食指固定针栓，针头斜面向上，与皮肤呈30°~40°，快速刺入皮下（图13-8）	·进针不宜过深，以免刺入肌肉组织 ·一般将针梗的1/2~2/3刺入皮下，勿全部刺入，以免不慎断针难以取出
（8）推药　松开绷紧皮肤的手，抽动活塞，如无回血，缓慢匀速推注药液	·确保针头未刺入血管内 ·推药速度宜缓慢、均匀，以减轻疼痛
（9）拔针、按压　注射毕，用无菌干棉签轻压针刺处，快速拔针后按压片刻	·压迫至不出血为止
（10）再次核对	·操作后查对
（10）操作后处理	
①协助患者取舒适卧位，整理床单位	
②分类清理消毒用物	·严格按消毒隔离原则处理用物
③洗手	
④记录	·记录注射时间，药物名称、浓度、剂量，患者的反应

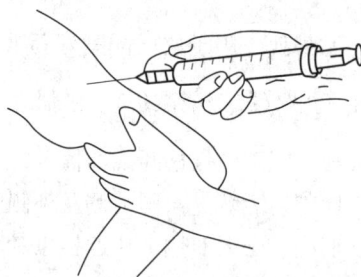

图13-8　皮下注射

2. 注意事项

（1）严格执行查对制度和无菌操作原则。

（2）对皮肤有刺激的药物一般不做皮下注射。

（3）护士在注射前详细询问患者的用药史。

（4）进针角度不宜超过45°，以免刺入肌层；对过于消瘦者，护士可捏起局部组织，适当减小穿刺角度。

（5）药液小于1ml时，需用1ml注射器。

3. 健康教育　对长期注射者，应有计划地更换注射部位，以促进药物的充分吸收。

【评价】

同皮内注射。

（三）肌内注射法

肌内注射法（intramuscular injection，IM）是将一定量药液注入肌肉组织的方法。

【目的】

注入药物，用于不宜或不能口服或静脉注射，且要求比皮下注射更快发生疗效时。

【评估】

1. 患者的病情、治疗情况、意识状态、用药史、过敏史和家族史。

2. 心理状态、对用药的认知及合作程度。

3. 肢体活动能力、注射部位的皮肤及肌肉组织状况。

【计划】

1. 操作者准备　衣帽整洁，修剪指甲，洗手。

2. 核对医嘱　双人核对。

3. 患者准备

（1）知晓肌内注射的目的，了解药物作用及其不良反应、操作方法和注意事项，能够进行配合。

（2）采取舒适体位并暴露注射部位。

4. 操作者再次洗手，戴口罩。

5. 用物准备

（1）治疗车上层备注射盘、无菌盘（用于放已配制好药液的注射器和针头）、2～5ml注射器、6～7号针头、注射卡、药液（按医嘱准备）、手消毒剂

（2）治疗车下层备生活垃圾桶、医用垃圾桶和锐器桶。

6. 部位　注射部位一般选择肌肉丰厚且距大血管及神经较远处。其中最常用的部位为臀大肌，其次为臀中肌、臀小肌、股外侧肌及上臂三角肌。

（1）臀大肌注射定位法　臀大肌起自髂后上棘与尾骨尖之间，肌纤维平行向外下方止于股骨上部。定位方法有两种。

①"十"字法：从臀裂顶点向左侧或向右侧划一水平线，然后从髂嵴最高点作一垂直平分线，将一侧臀部分为4个象限，其外上象限并避开内角（髂后上棘至股骨大转子连线），即为注射区（图13-9A）。

②联线法：从髂前上棘至尾骨联线的外上1/3处为注射部位（图13-9B）。

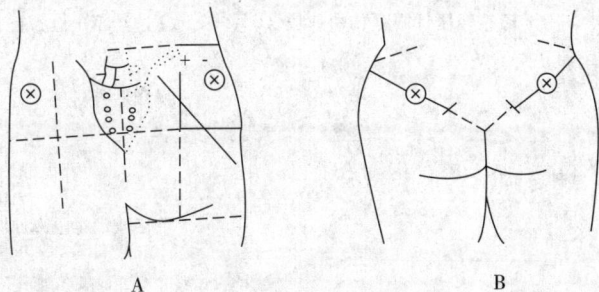

图2-9　臀大肌注射定位法
A. "十"字法；B. 联线法

（2）臀中肌、臀小肌注射定位法

①以食指尖和中指尖分别置于髂前上棘和髂嵴下缘处，在髂嵴、食指、中指之间构成一

个三角形区域，其食指与中指构成的内角为注射区（图 13 - 10）。

②髂前上棘外侧三横指处（以患者的手指宽度为准）。

（3）股外侧肌注射定位法　大腿中段外侧。一般成人可取髋关节下 10cm 至膝关节的范围。此处大血管、神经干很少通过，且注射范围较广，可供多次注射，适用于 2 岁以下的幼儿。

（4）上臂三角肌注射定位法　上臂外侧，肩峰下 2~3 横指处（图 13 - 11）。此处肌肉较薄，只可做小剂量注射。

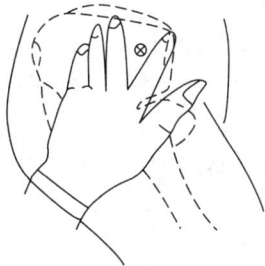

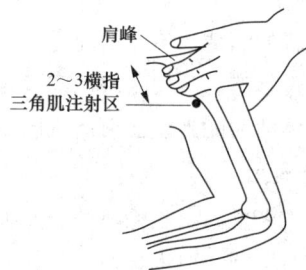

图 13 - 10　臀中、小肌注射定位法　　　　图 13 - 11　三角肌注射定位法

7. 环境准备　清洁、安静、明亮，必要时遮挡患者，保护患者隐私。

【实施】

1. 操作方法

操作步骤	要点与说明
（1）按医嘱吸取药液，放于无菌盘内	·严格执行查对制度和无菌操作原则
（2）核对　携用物至患者床旁，核对患者的床号、姓名、腕带	·确认患者
（3）协助患者取合适体位，选择注射部位	·按注射原则选择注射部位
（4）手消毒	
（5）常规消毒皮肤，待干	
（6）二次核对，排尽空气	·操作中查对
（7）穿刺　一手无名指和小指之间夹一个干棉签，拇指、食指绷紧局部皮肤；一手持注射器，中指固定针栓，将针头迅速垂直刺入（图 13 - 12）	·切勿将针头全部刺入，以防从针梗处折断，难以取出 ·消瘦者及患儿进针深度酌减
（8）推药　松开绷紧皮肤的手，抽动活塞。如无回血，缓慢注入药液	·确保未刺入血管内 ·避免患者疼痛 ·注入药液过程中，注意观察患者的反应
（9）拔针、按压　注射毕，用干棉签轻压针眼处，快速拔针，按压片刻	·压迫至不出血为止
（10）再次核对	·操作后查对
（11）操作后处理	
①协助患者取舒适卧位，整理床单位	
②分类清理消毒用物	·严格按消毒隔离原则处理用物
③洗手	
④记录	·记录注射的时间，药物名称、浓度、剂量，患者反应等

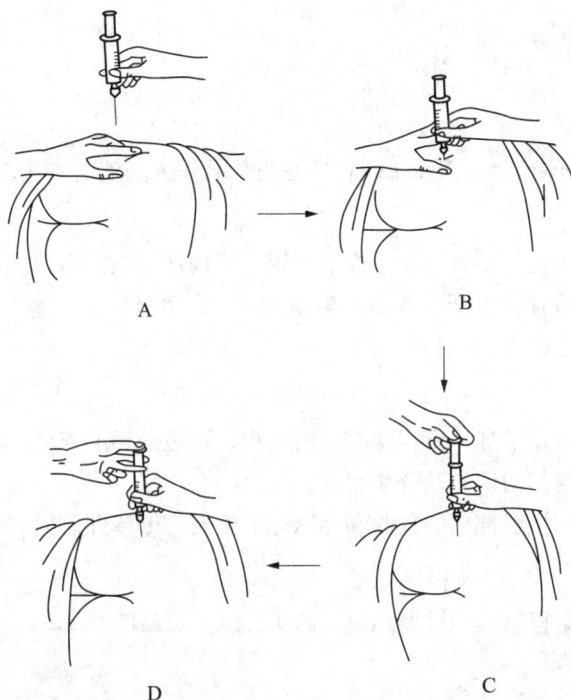

图 13 - 12　肌内注射
A. 绷紧皮肤；B. 垂直进针；C. 抽回血；D. 推注药物

2. 病区内集中进行肌肉注射　在同一时间为多个患者肌内注射，可节约人力和时间。

（1）治疗车上层放置注射盘、注射单或注射卡、铺有无菌巾的治疗盘、注射小牌、手消毒剂。治疗车下层放置锐器桶、医疗垃圾桶和生活垃圾桶。

（2）根据注射单吸取药液，将针梗插入安瓿或密封瓶内（或套上护针帽），放于无菌盘中（或注射器包装袋中），活塞柄对准注射小盘，将余下的安瓿放于注射器后面，以备查对，最后盖上治疗巾。

（3）另一人核对无误后，按床号顺序准确地进行注射。每为一个患者注射后，操作者均应用消毒液洗手后，再为下一位患者注射，以免交叉感染。

（4）全部注射完毕，再次核对无误后，清理消毒用物，洗手，记录。

3. 注意事项

（1）严格执行查对制度和无菌操作原则。

（2）两种药物同时注射时，注意配伍禁忌。

（3）对 2 岁以下的婴幼儿不宜选用臀大肌注射，因其臀大肌尚未发育完善，注射时有损伤坐骨神经的危险，最好选择臀中肌和臀小肌注射。

（4）若针头折断，嘱患者保持原位不动，固定局部组织，以防断针移位，同时尽快用无菌血管钳夹住断端取出；如断端全部埋入肌肉，应速请外科医师处理。

（5）对需长期注射者，应交替更换注射部位，并选用细长针头，以避免或减少硬结的发生。

4. 健康教育

（1）臀部肌内注射时，可嘱患者取侧卧位、俯卧位、仰卧位或坐位。为使臀部肌肉放松，减轻疼痛与不适，侧卧位时上腿伸直，下腿稍弯曲；俯卧位时足尖相对，足跟分开，头偏向一侧。

（2）对因长期多次注射出现局部硬结的患者，进行局部热敷或理疗。

【评价】

同皮内注射。

（四）静脉注射法

静脉注射法（intravenous injection，Ⅳ）是自静脉注入药液的方法。

【目的】

1. 注入药物，用于药物不宜口服、皮下注射、肌内注射或需迅速发挥药效时。

2. 做某些诊断性检查，如肝、肾等摄X线片前，由静脉注入药物。

3. 用于静脉营养治疗。

【评估】

1. 患者的病情、治疗情况、意识状态、用药史、过敏史和家族史。

2. 心理状态、对用药的认知及合作程度。

3. 肢体活动能力、注射部位的皮肤和静脉充盈度及管壁弹性。

【计划】

1. 操作者准备　衣帽整洁，修剪指甲，洗手。

2. 核对医嘱　双人核对。

3. 患者准备

（1）知晓静脉注射的目的，了解药物作用、副作用及不良反应，操作方法和注意事项，能够进行配合。

（2）采取舒适体位并暴露注射部位。

4. 操作者再次洗手，戴口罩。

5. 用物准备

（1）治疗车上层备注射盘、无菌盘（用于放已配制好药液的注射器和针头）、注射器（规格视药量而定）、6~9号针头或头皮针、无菌纱布、止血带、注射用治疗巾、小垫枕、注射卡、药液（按医嘱准备）、手消毒剂，必要时备胶布。

（2）治疗车下层备生活垃圾桶、医用垃圾桶和锐器桶。

6. 部位

（1）四肢浅静脉　上肢常用肘部浅静脉（贵要静脉、肘正中静脉、头静脉）、腕部及手背静脉；下肢常用大隐静脉、小隐静脉及足背静脉（图13-13）。

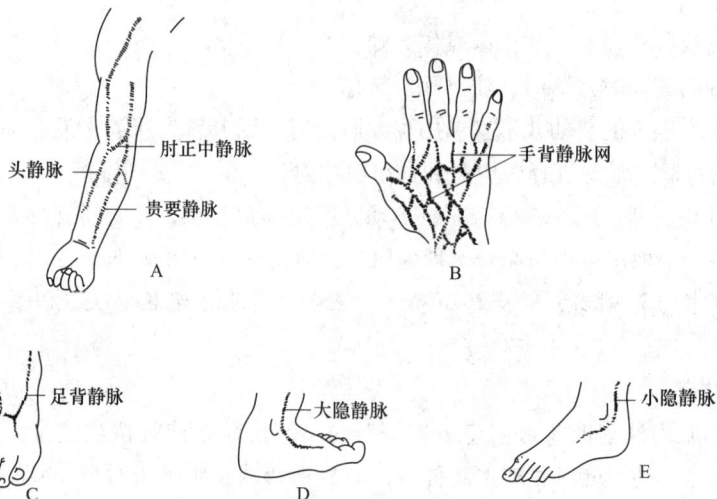

图13-13　四肢浅静脉常用注射部位

（2）头皮静脉　小儿头皮静脉极为丰富，分支甚多，表浅易见，便于固定，不影响患儿肢体活动，故患儿静脉注射多采用头皮静脉（图13-14）。

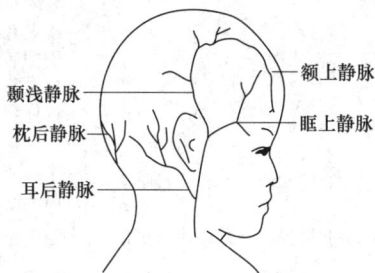

图13-14　小儿头皮静脉分布

（3）股静脉　股静脉位于股三角区，在股神经和股动脉的内侧（见图13-15）。

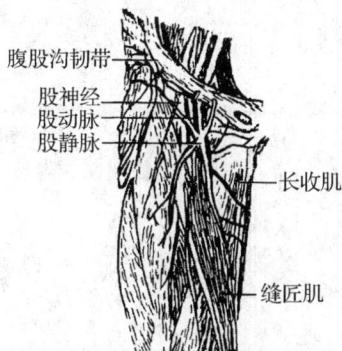

图13-15　股静脉的解剖位置

7. 环境准备　清洁、安静、明亮，必要时遮挡患者，保护隐私。

【实施】

1. 操作方法

操作步骤	要点与说明
▲四肢静脉注射	
（1）按医嘱吸取药液，放于无菌盘内	·严格执行查对制度和无菌操作原则
（2）核对　携用物至患者床旁，核对患者的床号、姓名、腕带	·确认患者
（3）选择合适的静脉	·选择粗直、弹性好、易于固定的静脉，避开关节和静脉瓣 ·用手指探明静脉走向及深浅 ·对需长期注射者，应有计划地由小到大、由远心端到近心端选择静脉
（4）铺治疗巾　在穿刺部位的下方放置小垫枕，铺治疗巾	
（5）系止血带　在穿刺部位上方（近心端）约6cm处扎紧止血带	·止血带末端向上，以防污染无菌区域
（6）手消毒	
（7）常规消毒穿刺部位皮肤，待干	
（8）若为上肢静脉注射，嘱患者握拳	
（9）二次核对	·操作中查对
（10）排尽空气	
（11）穿刺　以一手拇指绷紧静脉下端皮肤，使其固定。一手持注射器，用食指固定针栓，针头斜面向上，与皮肤呈15°～30°角，自静脉上方或侧方刺入皮下，再沿静脉走向刺入静脉，见回血，可再进针0.5～1cm	·穿刺时要稳、准，一旦出现局部血肿，立即拔出针头，按压局部，另选其他静脉重新穿刺
（12）两松一固定　松开止血带，患者松拳，固定针头（如为头皮针，用胶布固定）	

（续　表）

操作步骤	要点与说明
（13）缓慢注入药液（图13-16）	·注射对组织有强烈刺激性的药物时，应另备吸有生理盐水的注射器和头皮针，穿刺成功后，先注入少量生理盐水，证实针头确在静脉内，再换上吸有药液的注射器进行推药，以免药液外溢而致组织坏死 ·根据患者的年龄、病情及药物性质，掌握注药速度，并随时听取患者的主诉，观察局部情况及病情变化
（14）拔针、按压　注射毕，将干棉签放于穿刺点上方，快速拔出针头，按压片刻	·压迫至不出血为止
（15）再次核对	·操作后查对
（16）操作后处理	
①协助患者取舒适卧位，整理床单位	
②分类清理消毒用物	·严格按消毒隔离原则处理用物
③洗手	
④记录	·记录注射的时间，药物名称、浓度、剂量，患者的反应等
▲小儿头皮静脉注射	
（1）同四肢静脉注射（1）～（2）	
（2）选择静脉	·患儿取仰卧位或侧卧位，必要时剃去注射部位的毛发
（3）手消毒	
（4）常规消毒皮肤，待干	
（5）同四肢静脉注射（9）～（10）	·操作中查对
（6）穿刺　由助手固定患儿头部。操作者一手拇指、食指固定静脉两端，一手持头皮针小翼，沿静脉向心方向平行刺入，见回血后推药少许。如无异常，用胶布固定针头	·注射过程中注意约束患儿 ·注药过程中要试抽回血，以确保针头在静脉内。如有局部疼痛或肿胀隆起，回抽无回血，提示针头滑出静脉，应拔针，更换部位，重新穿刺
（7）缓慢推注药液	
（8）同四肢静脉注射（14）～（16）	
▲股静脉注射	
（1）同四肢静脉注射（1）～（2）	
（2）体位　协助患者取仰卧位，下肢伸直、略外展外旋	
（3）消毒　常规消毒局部皮肤并消毒术者左手食指和中指	
（4）同四肢静脉注射（9）～（10）	
（5）确定穿刺部位　用左手食指于腹股沟扪及股动脉搏动最明显部位并予固定	
（6）穿刺　右手持注射器，针头和皮肤呈90°或45°，在股动脉内侧0.5cm处刺入，抽动活塞见有暗红色回血，提示针头已进入股静脉	·如抽出血液为鲜红色，提示针头进入股动脉，应立即拔针，用无菌纱布按压穿刺部位5～10分钟，至无出血为止
（7）固定针头，注入药液	
（8）拔针、按压　注射毕，拔出针头。局部用无菌纱布加压止血3～5分钟，然后用胶布固定	·以免引起出血或形成血肿
（9）同四肢静脉注射（15）～（16）	

（续 表）

操作步骤	要点与说明
▲静脉采血术	
（1）核对医嘱和检验单上的姓名、床号、住院号、检验项目，检查标本容器有无破损、是否符合检验要求，贴上标签	·避免发生差错及标本损坏 ·根据不同的检验目的选择标本容器 ·做生化检验，应在空腹状态下采血
（2）洗手，戴口罩，准备用物	·严格执行查对制度和无菌操作原则
（3）核对患者，解释目的和方法	·取得患者合作
（4）选择合适的静脉	·避免在输液、输血的针头处抽取血标本，最好在输液、输血的对侧肢体采血
（5）穿刺 同静脉注射法（4）~（8）	
（6）按静脉注射术将针头刺入静脉，如见回血，证明针头已刺入静脉，抽动活塞抽血至所需量或直接插入真空采血管至所需量	
（7）抽血毕，松止血带，嘱患者松拳，拔出针头，按压局部	·防止渗血或皮下血肿
（8）立即取下针头，将抽到的血液注入标本容器内	·同时抽取不同种类的血标本时，应先将血液注入血培养瓶，然后注入抗凝管，最后注入干燥管
①血清标本：将血液顺管壁缓慢注入干燥试管	·不可摇动，以免破坏血细胞，造成溶血
②全血标本：将血液沿管壁缓慢注入盛有抗凝剂的试管内，并立即轻轻转动试管，使血液和抗凝剂混匀	·勿将泡沫注入 ·防止血液凝固
③血培养标本：注入密封培养瓶时，先除去铝盖中心部，消毒瓶盖，更换无菌针头后，将血液注入瓶内轻轻摇匀	·血培养标本应注入无菌容器内，不可混入消毒剂、防腐剂、药物等，以免影响检验效果
（9）采血完毕，协助患者取舒适卧位，整理床单位，处理用物	
（10）将标本连同检验单及时送往检验室	·血标本应在使用抗生素前采集，如已使用应在检验单上注明
（11）洗手、记录	·特殊标本注明采集时间

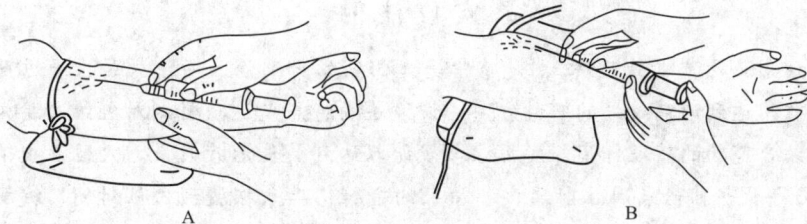

图 13－16 静脉注射法

2. 注意事项

（1）严格执行查对制度和无菌操作原则。

（2）静脉注射对组织有强刺激性的药物时，一定要在确认针头在静脉内后方可推注药液，以免药液外溢导致组织坏死。

（3）注射过程中，若发现局部肿胀、疼痛，抽吸无回血，应立即停止注射，更换静脉部位，重新穿刺。

（4）根据患者的年龄、病情、药物性质，调整注射速度。

（5）有出血倾向者，不宜采用股静脉注射。

3. 静脉注射失败的常见原因

（1）针头刺入静脉过少，表现为局部肿胀、疼痛，抽吸虽有回血，但患者体位稍有变动，针头即会滑出血管，药液注入皮下。

（2）针头斜面未完全刺入静脉，部分在血管外，表现为局部隆起，疼痛，抽吸虽有回血，但推药时药液溢至皮下。

（3）针头刺入较深，斜面一半穿破对侧血管壁，抽吸有回血，推注少量药液，局部可无隆起，但因部分药液溢出至深层组织，患者有痛感。

（4）针头刺入过深，穿破对侧血管壁，抽吸无回血，局部疼痛（图13-17）。

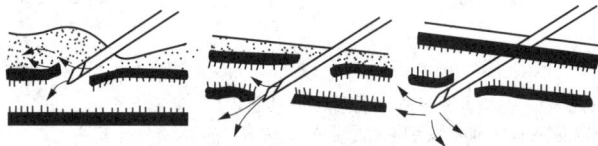

图13-17 静脉注射失败的常见原因

4. 特殊患者的静脉穿刺要点

（1）肥胖患者 皮下脂肪厚，静脉位置深，不明显，但较固定，注射时，摸准静脉血管走向，在静脉上方进针，角度加大至30°~40°。

（2）水肿患者 可用手按压静脉部位，以暂时驱散皮下水分，显露静脉后，立即穿刺。

（3）脱水患者 皮下脂肪薄，静脉位置浅、不固定，血管不充盈，但较明显，可进行局部热敷、按摩，固定静脉，在血管上方或侧方穿刺。

（4）老年患者 皮肤松弛，静脉较脆，易滑动，注射时，可用手指分别固定穿刺段静脉上下两端，在静脉上方沿静脉走向穿刺。

【评价】

同皮内注射。

知识链接

穴位注射

穴位注射又称"水针疗法"，是将中药或西药的针剂注入所选穴位，通过药物和针刺的双重作用达到治病效果的一种方法。该方法的特点是运用针刺对经络、腧穴等予以刺激，再结合药物的药理作用，发挥综合效能以达到最佳治疗效果。穴位注射法始创于20世纪50年代，开始采用注射器代替原来的金针，后来拓展到穴位封闭、缓解呕吐等多个领域，并取得了较好疗效。近年来，穴位注射被广泛应用于治疗呃逆、腹胀、腹泻、便秘、化学治疗引起的呕吐、骨髓抑制、癌痛等。现有研究表明，穴位注射的药效与神经系统的完整性无明显关系，也与血药浓度无明显相关，医学界推测其疗效与经络的参与有关，故穴位注射的作用机制仍有待进一步研究。

第四节　药物过敏试验及过敏反应的处理

案例引导

　　案例：患者，女，24岁，因"咳嗽、咳痰伴有发热1周"来院就诊。诊断"肺炎"，医嘱给青霉素治疗。

　　提问：1. 进行药物过敏试验前应了解患者哪些情况？

　　　　　　2. 发生过敏反应时如何处理？

　　药物过敏反应是异常的免疫反应，其特点为仅发生于少数人，与所用药物的药理作用和用药的剂量无关。临床表现可有发热、皮疹、血管神经性水肿、血清病综合征等，严重者可导致造血系统抑制、肝功能损害甚至休克。临床上使用某些药物时，常可引起不同程度的过敏反应，甚至发生过敏性休克，危及生命，其过敏反应的原因在于抗原、抗体的相互作用。为防止发生过敏反应，在使用某些药物时，除须详细询问用药史、过敏史和家族史外，还须做药物过敏试验。要求护士在整个给药的过程中，需准确配制过敏试验药液，严格掌握操作方法，认真观察反应，正确判断结果，并事先做好急救准备和熟练掌握急救措施。

一、青霉素过敏试验与过敏反应的处理

　　青霉素是广谱抗生素，对革兰阳性球菌、革兰阴性球菌和螺旋体感染均有效，具有杀菌力强、毒性低的特点，临床应用广泛。但青霉素易致过敏反应，人群中有3%～6%的对青霉素过敏，而且任何年龄、任何剂型和剂量、任何给药途径，均可发生过敏反应。因此，在使用各种青霉素前都应先实施过敏试验，试验结果阴性者方可用药。

　　（一）过敏反应的机制

　　过敏反应系抗原与抗体在致敏细胞上相互作用后引起细胞溶解脱颗粒，释放血管活性物质，从而引起一系列的临床症状，严重时可发生过敏性休克。青霉素药物属半抗原物质，进入机体后，其降解产物——青霉噻唑酸和青霉烯酸与组织蛋白结合成全抗原青霉噻唑酸蛋白和青霉烯酸蛋白（属抗原物质），刺激机体产生特异性抗体 IgE、IgG、IgM，由于特异性抗体与组织细胞具有亲和力，故形成的抗体黏附在某些组织的肥大细胞上和血液中的白细胞表面，使机体呈致敏状态，当具有过敏体质的人再次接受同类抗原刺激后，即与特异性抗体（IgE）结合，发生抗原抗体反应，导致细胞破裂，释放组胺、缓激肽、5－羟色胺等血管活性物质。这些物质作用于效应器官，使平滑肌痉挛、微血管扩张、毛细血管通透性增高、腺体分泌增多。由于血管活性物质作用的部位不同及个体差异，故临床表现也是多种多样。

　　（二）过敏反应的临床表现

　　1. 过敏性休克　过敏性休克是危险性最大的反应，一般闪电式发生，5%的患者发生于给药后5分钟内出现症状，10%的患者出现于给药30分钟以后，极少数患者发生在连续用药的过程中出现过敏性休克。其主要表现如下。

　　（1）**呼吸道阻塞症状**　由于缺氧和窒息，患者主观感觉胸闷，喉头堵塞伴濒危感，客观表现气急、发绀、口吐白沫。

　　（2）**循环衰竭症状**　面色苍白，出冷汗，脉细弱、血压下降。

　　（3）**中枢神经系统症状**　由于脑组织缺氧，患者表现为烦躁不安、头晕、面部及四肢麻木、意识丧失，抽搐，大、小便失禁。

（4）皮肤过敏症状　瘙痒、荨麻疹及其他皮疹。

2. 血清病型反应　一般于用药后 7～14 天发生，临床表现和血清病相似，有发热、关节肿痛、皮肤瘙痒、荨麻疹、全身淋巴结肿大、腹痛等。

3. 各器官或组织的过敏反应

（1）皮肤过敏反应　主要有皮疹（荨麻疹），严重者可发生剥脱性皮炎。

（2）呼吸系统过敏反应　可引起哮喘或促使原有的哮喘发作。

（3）消化系统过敏反应　可引起过敏性紫癜，以腹痛和便血为主要症状。

上述症状可单独出现，也可同时存在，常以呼吸道症状或皮肤瘙痒最早出现，故必须注意倾听患者的主诉。

（三）皮内试验方法

1. 皮内试验液的配制　皮内试验液以每毫升含 200～500U 的青霉素 G 生理盐水溶液为标准，皮内试验的剂量为 0.1ml（20～50U）。具体配制如下：

以青霉素 1 瓶（80 万 U）为例，注入 0.9% 氯化钠溶液 4ml，则 1ml 含 20 万 U。

取 0.1ml，加 0.9% 氯化钠溶液至 1ml，则 1ml 含 2 万 U。

取 0.1ml，加 0.9% 氯化钠溶液至 1ml，则 1ml 含 2000U。

取 0.1ml 或 0.25ml，加 0.9% 氯化钠溶液至 1ml，则 1ml 含 200U 或 500U。

每次配制时，均需将溶液混匀。

2. 试验方法　取青霉素皮试液 0.1ml（含 20U 或 50U）做皮内注射，观察 20 分钟后，判断试验结果。

3. 结果判断

阴性　皮丘无改变，周围不红肿，无自觉症状。

阳性　局部皮丘隆起，并出现红晕、硬块，直径 >1cm，或红晕周围有伪足，痒感，严重时可有头晕、心慌、恶心，甚至发生过敏性休克。

（四）注意事项

1. 试验前详细询问患者的用药史、过敏史和家族过敏史。

2. 凡首次用药，停药 3 天后再用者以及更换药物批号，均须按常规做过敏试验。

3. 皮肤试验液需现配现用，皮试液浓度与注射剂量要准确；溶媒（0.9% 氯化钠溶液）、注射器及针头应固定使用。

4. 青霉素过敏试验或注射前均应做好急救的准备工作（备好盐酸肾上腺素和注射器等）。

5. 严密观察患者，首次注射后须观察 30 分钟，以防迟缓反应的发生。注意局部和全身反应，倾听患者的主诉。

6. 试验结果阳性者禁止使用青霉素，同时报告医师，在医嘱单、注射单、体温单、病历、床头卡、门诊病历上醒目地注明青霉素过敏试验阳性反应，并告知患者及其家属。

（五）过敏性休克的急救措施

1. 就地抢救　立即停药，使患者平卧，注意保暖。同时报告医师。

2. 立即皮下注射 0.1% 盐酸肾上腺素 0.5～1ml，患儿酌减，如症状不缓解，可每隔 30 分钟皮下或静脉注射 0.5ml，直至脱离危险。0.1% 盐酸肾上腺素是抢救过敏性休克的首选药物，它具有收缩血管、增加外周阻力、兴奋心肌、增加心排血量及松弛支气管平滑肌的作用。

3. 纠正缺氧，改善呼吸　给予氧气吸入，当呼吸受抑制时，应立即进行口对口人工呼吸或人工呼吸囊辅助呼吸并肌内注射尼可刹米或洛贝林等呼吸兴奋药。喉头水肿影响呼吸时，应立即准备气管插管或配合施行气管切开术。

4. 抗过敏抗休克　根据医嘱立即给予地塞米松 5～10mg 中静脉注射或用氢化可的松

200mg 加 5% 或 10% 葡萄糖液 500ml 中静脉滴注，根据病情给予升压药物，如多巴胺、间羟胺等。患者心搏骤停，立即行胸外心脏按压。

5. 按医嘱应用纠正酸中毒和抗组织胺类药物。

6. 密切观察，详细记录 密切观察患者的体温、脉搏、呼吸、血压、尿量及其他临床变化。对病情动态做好护理记录。患者未脱离危险期，不宜搬动。

二、链霉素过敏试验

链霉素过敏反应临床上较少见，一旦发生过敏反应，其表现与青霉素过敏反应大致相同。轻者表现为发热、皮疹、荨麻疹，严重时可出现过敏性休克。其发生率仅次于青霉素，但病死率较青霉素高，一旦发生过敏性休克，其救治措施与青霉素过敏性休克基本相同。链霉素除过敏反应外还有中毒反应，可按医嘱应用钙剂（以 10% 葡萄糖酸钙或稀释 1 倍的 5% 氯化钙）的溶液静脉注射，因链霉素可与钙离子络合，从而使链霉素的毒性症状减轻或消失。

（一）皮内试验液的配制

皮内试验液以每毫升含 2500U 的链霉素生理盐水溶液为标准，皮内试验的剂量为 0.1ml（250U）。具体配制如下：

链霉素 1 瓶为 1g（100 万 U），用 0.9% 氯化钠溶液 3.5ml 溶解至 4ml，则 1ml 含 0.25g（25 万 U）；

取 0.1ml，加 0.9% 氯化钠溶液至 1ml，则 1ml 含 2.5 万 U。

取 0.1ml，加 0.9% 氯化钠溶液至 1ml，则 1ml 含 2500U。

（二）试验方法

取链霉素试验液 0.1ml（含 250U）做皮内注射，观察 20 分钟后，判断试验结果。

（三）试验结果判断

同青霉素过敏试验。

（四）过敏反应的临床表现

1. 同青霉素过敏反应，但较少见。

2. 伴有全身麻木、肌肉无力、抽搐、眩晕、耳鸣、耳聋等毒性反应。

链毒素过敏反应的机制系药物本身的毒性作用与所含杂质链霉素胍和二链霉胺，具有释放组胺的作用，使小动脉和毛细血管扩张，血压下降，休克；链霉素与 Ca^{2+} 结合，致使血钙降低，患者表现麻木、头晕、抽搐，最初仅口周麻木，严重者四肢、面部、头皮等全身麻木，甚至四肢抽动；阻滞神经、肌肉接头作用，可发生呼吸抑制和四肢软弱；对第 8 对脑神经的影响引起眩晕、耳鸣、耳聋等，多呈进行性或永久性。

（五）过敏反应的急救措施

1. 同青霉素。

2. 抽搐时可按医嘱给予 10% 葡萄糖酸钙 10ml 或稀释 1 倍的 5% 氯化钙静脉缓慢推注，小儿酌情减量。

3. 肌肉无力、呼吸困难者按医嘱给予新斯的明 0.5 ～ 1mg 皮下注射，必要时予 0.25mg 静脉注射。

三、破伤风抗毒素过敏试验

破伤风抗毒素（TAT）是一种免疫马血清，对人体是异种蛋白，具有抗原性，注射后也容易出现过敏反应，因此，在用药前须做过敏试验。曾用过破伤风抗毒素超过 1 周者，如再使用，还须重做过敏试验。

（一）皮内试验液的配制

皮内试验液以每毫升含 150 国际单位（IU）的破伤风抗毒素生理盐水溶液为标准，皮内试验的剂量为 0.1ml（15IU）。具体配制如下：

取每毫升含破伤风抗毒素 1500IU 的药液 0.1ml，加 0.9% 氯化钠溶液稀释到 1ml（即 150IU/ml）。

（二）试验方法

取破伤风抗毒素试验液 0.1ml（含 15IU）做皮内注射，观察 20 分钟后判断试验结果。

（三）试验结果判断

阴性 局部无红肿。

阳性 局部反应为皮丘红肿、硬结 >1.5cm，红晕超过 4cm，有时出现伪足、痒感。全身过敏反应、血清病型反应与青霉素过敏反应相同。若试验结果不能肯定时，应在另一手的前臂内侧用生理盐水做对照试验，如出现同样的结果，说明前者不是阳性反应。对照试验为阴性者，将余液 0.9ml 做肌内注射。若试验证实为阳性反应，但病情需要，须用脱敏注射法。

（四）脱敏注射法

1. 机制 以少量抗原，在一定时间内多次消耗体内的抗体，导致全耗，从而达到脱敏目的。

2. 原则 少量多次，逐渐增加。施行脱敏注射前，可按医嘱应用苯海拉明等抗组胺药物，以减少反应发生。

3. 方法 即给过敏者分多次小剂量注射药液（表 13-4），每隔 20 分钟注射 1 次，每次注射后均须密切观察。在脱敏注射过程中如发现患者有全身反应，如气促、发绀、荨麻疹及过敏性休克时，应立即停止注射，并迅速处理。如反应轻微，待消退后，酌情将剂量减少，注射次数增加，使其顺利注入所需的药液量。

表 13-4 破伤风抗毒素脱敏注射法

次 数	抗毒血清	等渗盐水	注射法
1	0.1ml	0.9ml	皮下注射或肌内注射
2	0.2ml	0.8ml	皮下注射或肌内注射
3	0.3ml	0.7ml	皮下注射或肌内注射
4	余量	加至 1ml	皮下注射或肌内注射

（五）过敏反应的急救措施

同青霉素过敏反应。

四、头孢菌素类药物过敏试验

头孢菌素类药物属于高效、低毒、广谱的抗生素，由于抗原、抗体的相互作用会引起机体的过敏反应；另外，头孢菌素类药物和青霉素之间还呈现不完全性的交叉过敏反应。对青霉素过敏者有 10%~30% 对头孢菌素过敏，而头孢菌素过敏者绝大多数对青霉素过敏，因此，近年来头孢菌素类药物导致过敏反应越来越受到人们的重视，所以用药前应做皮肤过敏试验。皮试结果判断阴性方可使用。以头孢拉定为例，介绍皮肤过敏试验液的配制。半合成广谱抗生素过敏试验法见表 13-5。

（一）皮内试验液的配制

以每毫升含头孢拉定 500μg 生理盐水溶液为标准，皮内试验的剂量为 0.1ml（50μg）。具体配制如下：

以头孢拉定 1 瓶（0.5g）为例，注入 0.9% 氯化钠溶液 2ml，则 1ml 含 250mg。

取 0.2ml，加 0.9% 氯化钠溶液至 1ml，则 1ml 含 50mg。

取 0.1ml，加 0.9% 氯化钠溶液至 1ml，则 1ml 含 5mg。

取 0.1ml，加 0.9% 氯化钠溶液至 1ml，则 1ml 含 500μg。

每次配制时，均需将溶液混匀。

（二）试验方法

取头孢拉定试验液 0.1ml（含 50μg）做皮内注射，观察 20 分钟后，判断试验结果。

（三）试验结果判断

同青霉素过敏试验。

（四）过敏反应的急救措施

同青霉素过敏反应。

表 13-5 半合成广谱抗生素过敏试验法

药物品称	原瓶装量（g）	溶媒稀释液	试验方法	试液浓度	注入剂量
氨苄西林	0.5	0.9% 氯化钠	皮内	0.25mg/ml	0.1ml（25μg）
羧苄西林	0.5	0.9% 氯化钠	皮内	0.25mg/ml	0.1ml（25μg）
苯唑西林	0.5	0.9% 氯化钠	皮内	0.25mg/ml	0.1ml（25μg）
哌拉西林	0.5	0.9% 氯化钠	皮内	0.25mg/ml	0.1ml（25μg）
头孢唑啉	0.5	0.9% 氯化钠	皮内	0.06mg/ml	0.1ml（25μg）

五、普鲁卡因过敏试验

普鲁卡因属于局部麻醉药，用药后可以使患者在完全清醒而局部无痛感的情况下进行手术，低浓度的普鲁卡因由静脉缓慢滴入后对中枢神经有轻度抑制、镇痛、解痉和抗过敏作用。可用于胃溃疡、皮肤病的治疗。极少数患者用药后可发生过敏反应，表现为皮炎、鼻炎、结膜炎、虚脱、发绀和惊厥，个别患者发生肺水肿、哮喘，甚至休克等过敏反应。

（一）皮内试验液的配制

皮内试验液以每毫升含普鲁卡因 0.25%（2.5mg）为标准，皮内试验的剂量为 0.1ml（0.25mg）。具体配制如下：

1. 1% 普鲁卡因取 0.25ml，加 0.9% 氯化钠溶液稀释到 1ml（即浓度 0.25%、含 2.5mg）。

2. 0.5% 普鲁卡因取 0.5ml，加 0.9% 氯化钠溶液稀释到 1ml（即浓度 0.25%、含 2.5mg）。

3. 2% 普鲁卡因取 0.5ml，加 0.9% 氯化钠溶液稀释到 1ml（即浓度 1%、含 10mg）；再取 0.25ml 加 0.9% 氯化钠溶液稀释到 1ml（即浓度 0.25%、含 2.5mg）。

（二）试验方法

取 0.25% 普鲁卡因液 0.1ml 做皮内注射，观察 20 分钟后，判断试验结果。

（三）试验结果判断

同青霉素。

六、碘过敏试验

临床上常用碘化物造影剂做肾、胆囊、膀胱、支气管、心血管、脑血管造影。此类药物可发生过敏反应，在造影前 1~2 天须先做过敏试验，阴性者，方可做碘造影检查。

（一）试验方法

1. 口服法 口服 5%~10% 碘化钾 5ml，每日 3 次，共 3 天，观察结果。

2. 皮内注射法 取碘造影剂 0.1ml 做皮内注射，观察 20 分钟后判断试验结果。

3. 静脉注射法 取碘造影剂 1ml（30% 泛影葡胺 1ml），于静脉内缓慢注射，观察 5~10 分钟后判断试验结果。注：在静脉注射造影剂前，必须先行皮内注射法，然后再行静脉注射法，如为阴性，方可进行碘剂造影。

（二）试验结果判断

1. 口服法 口麻、头晕、心慌、恶心、呕吐、荨麻疹等症状为阳性。

2. 皮内注射法 局部有红、肿、硬块，直径超过 1cm 为阳性。

3. 静脉注射法 过敏反应同青霉素。

少数患者过敏试验阴性，但在注射碘造影剂时发生过敏反应，故在造影时仍需要备好急救药品，处理同青霉素。

七、结核菌素试验

结核菌素试验（OT 试验）是利用结核菌体蛋白来测定机体有无过敏反应，以确定是否受过结核菌感染，对诊断结核感染具有特异性，判断是否需要接种卡介苗或接种卡介苗是否成功。受过结核菌感染者，此试验呈阳性反应，但不表明有活动性结核病灶。未受感染或曾受感染但时间已久、反应消失者，试验呈阴性反应。一般婴幼儿大都未受过结核菌感染，多呈阴性反应。若呈阳性反应，则表示有活动性结核灶，应做进一步检查。在卡介苗预防接种前，应先做结核菌素试验，以确定接种对象。只有未感染过结核，结核菌素试验阴性者，方可接种卡介苗。凡结核菌素试验阳性者，表示已受过结核菌素感染，对结核菌具有免疫力，故不必再接种卡介苗。

（一）试验液的配制

用旧结核菌素原液（每毫升原液含 10 万结核菌素单位），以生理盐水稀释成 1:100、1:1000、1:10 000 3 种不同浓度的溶液分别装于密封消毒瓶内保存在冰箱中备用。在冰箱内放置 6~8 周仍有效。但在常温下保存不超过 1 周。试验液浓度由医师根据病情、年龄决定。稀释方法如下。

1. 取旧结核菌素 0.1ml，加 0.9% 氯化钠溶液稀释至 10ml，为 1:100 稀释液。

2. 取 1:100 稀释液 0.1ml，加 0.9% 氯化钠溶液稀释至 1ml，为 1:1000 稀释液。

3. 取 1:1000 稀释液 0.1ml，加 0.9% 氯化钠溶液稀释至 1ml，为 1:10 000 稀释液。

（二）试验方法

1. 原则 先从低浓度皮试液开始，若第 1 次试验结果为阴性，则可提高浓度再做第 2 次或第 3 次试验。

2. 方法 皮内注射 0.1ml 试验液。开始宜用 1:10 000 或 1:2000 溶液（可疑结核者用 1:10 000 溶液，以免反应过强），注射后分别于 24 小时、48 小时、72 小时观察反应 1 次（以 72 小时的结果为准）。如为阴性，则用高一级浓度再做试验，至 1:100 溶液为止。如均为阴性，方能确定为阴性。

3. 试验结果判断（表 13-6）

（1）阴性反应 局部无反应或只红而无硬结。

（2）阳性反应

①局部稍红肿，硬结直径 <0.5cm 者，为可疑阳性。

②局部红肿，硬结直径在 0.5 ～ 2cm 者，为阳性。

③局部红肿，硬结直径在 2cm 以上，甚至发生水疱或坏死者，为强阳性。

④局部出现强烈反应，有水疱或皮肤坏死时，可涂 1% 甲紫溶液，并用无菌纱布包扎，避免感染。淋巴管发炎时，可给予局部热敷。注射后有发热时，卧床休息，并进一步检查有无活动性结核病灶。

⑤结核菌素试验可出现假阴性反应，如试验液失效或试验操作有误，以及以下情况使机体对结核的过敏性减弱或消失，均可造成假阴性反应：重症结核病，如粟粒性结核、结核性脑膜炎等。结核伴有某种传染时，如麻疹、百日咳、猩红热、肝炎后 1 ～ 2 个月。结核伴有其他长期慢性疾病与重度营养不良，以及结核患儿接种麻疹疫苗或牛痘短期内。

⑥注意辨别假性反应：假阳性反应大都于 36 小时出现，其特点为局部明显发红，但硬结甚软且薄，边缘不整，36 小时后逐渐消失。

表 13 - 6　结核菌素试验结果判定标准

局部反应	判定	记录符号
微红，无硬结形成	阴性	－
红肿，硬结直径在 0.5cm 以下	可疑	±
红肿，硬结直径在 0.5 ～ 1cm 以下	阳性	+
红肿，硬结直径在 1 ～ 2cm 以下	阳性	+ +
红肿，局部有水疱、溃疡、坏死	阳性	+ + +

八、抗狂犬病血清过敏试验

（一）皮内试验液配制及试验方法

取抗狂犬病血清 0.1ml（每支 5ml），以生理盐水稀释至 1ml，然后取 0.1ml 做皮内注射，观察 20 分钟后判断试验结果。

（二）试验结果判断

阴性　皮丘无改变，周围不红肿，可用全量（5ml）做肌内注射。

阳性　皮丘红肿、硬结、直径超过 1cm 及伴有全身不适，甚至出现过敏性休克。若为阳性，应做脱敏注射。

（三）脱敏注射法

1. 取抗狂犬病血清 1ml，加 0.9% 氯化钠溶液稀释至 10ml，分次注射；第 1 次 1ml；第 2 次 2ml；第 3 次 3ml；第 4 次 4ml。每隔 15 ～ 20 分钟皮下注射 1 次，每次注射后均需密切观察，无反应方可继续注射。在脱敏过程中，如果患者有全身反应，如气喘、发绀、呼吸短促及过敏性休克时，应及时处理；如症状轻微，则待症状缓解后，酌情减少剂量，增加注射次数，直到注完。脱敏注射完毕，即可注射抗狂犬血清。

2. 抗狂犬血清用量、用法　按 0.5ml/kg 计算，成人一般注射量为 25 ～ 30ml（病情特别严重者可酌情加倍剂量注射）。在被咬伤后 3 天内分次肌内注射完。受伤部位也应进行局部浸润注射，如咬伤头部，可注射颈、背部肌肉。

（四）注意事项

1. 凡有哮喘、花粉症或 1 周前曾注射马血清（如 TAT），以及直系亲属有过敏病史者，都应特别提防过敏性休克的发生。

2. 若发生休克，立即抢救，抢救法与过敏性休克的抢救相同。

3. 在注射抗狂犬疫苗前必须注射抗狂犬病血清。

第五节　雾化吸入法

案例引导

案例：患儿，女，7岁。发热、咳嗽、咳痰6天，痰液黏稠，不易咳出，食欲差。查体：体温37.5℃，呼吸24次/分，心率72次/分，肺部听诊有少量湿啰音。

提问：1. 目前最需要为患儿解决的问题是什么？

2. 如何帮助患儿解决目前的问题？

雾化吸入法（inhalation）是应用雾化装置将药液分散成细小的雾滴以气雾状喷出，使其悬浮在气体中经鼻或口由呼吸道吸入的方法。吸入药物除了对呼吸道局部产生作用外，还可通过肺组织吸收而产生全身性疗效。雾化吸入用药具有奏效较快、药物用量较小、不良反应较轻的优点，临床应用广泛。常用的雾化吸入法有超声波雾化吸入法、氧气雾化吸入法、压缩雾化吸入法和手压式雾化器雾化吸入法4种。

一、超声波雾化吸入法

超声波雾化吸入法（inhalation）是应用超声波声能将药液变成细微的气雾，再由呼吸道吸入的方法。其雾量大小可以调节，雾滴小而均匀，药液可随深而慢的吸气到达终末支气管和肺泡。

【目的】

1. 湿化气道　常用于呼吸道湿化不足、痰液黏稠、气道不畅者，也可作为气管切开术后常规治疗手段。

2. 控制呼吸道感染　消除炎症，减轻呼吸道黏膜水肿，稀释痰液，帮助祛痰。常用于咽喉炎、支气管扩张、肺炎、肺脓肿、肺结核等患者。

3. 改善通气功能　解除支气管痉挛，保持呼吸道通畅。常用于支气管哮喘等患者。

4. 预防呼吸道感染　常用于胸部手术前、后的患者。

【评估】

1. 患者的病情、治疗情况、用药史、所用药物的药理作用。

2. 患者意识状态，对治疗计划的了解，心理状态及合作程度。

3. 患者呼吸道是否感染、通畅，有无支气管痉挛、呼吸道黏膜水肿、痰液等。

4. 患者面部及口腔黏膜有无感染、溃疡等。

【计划】

1. 操作者准备　衣帽整洁，修剪指甲，洗手，戴帽子。

2. 患者准备　患者了解超声波雾化吸入的目的、方法、注意事项及配合要点；将一次性治疗巾铺于患者颈前；取卧位或坐位接受雾化治疗。

3. 环境准备　环境清洁、安静，光线和温、湿度适宜。

4. 用物准备

（1）超声波雾化吸入器（图13-18）1套。

①构造

超声波发生器：通电后可输出高频电能，其面板上有电源和雾量调节开关、指示灯及定时器。

水槽与晶体换能器：水槽盛冷蒸馏水，其底部有一晶体换能器，接收发生器输出的高频电能，并将其转化为超声波声能。

雾化罐与透声膜：雾化罐盛药液，其底部是一半透明的透声膜，声能可透过此膜与罐内药液作用，产生雾滴喷出。

螺纹管和口含嘴（或面罩）。

②作用原理：超声波发生器通电后输出的高频电能通过水槽底部的晶体换能器转换为超声波声能，声能震动并透过雾化罐底部的透声膜作用于罐内的药液，使药液表面张力破坏而成为细微雾滴，通过导管在患者深吸气时进入呼吸道。

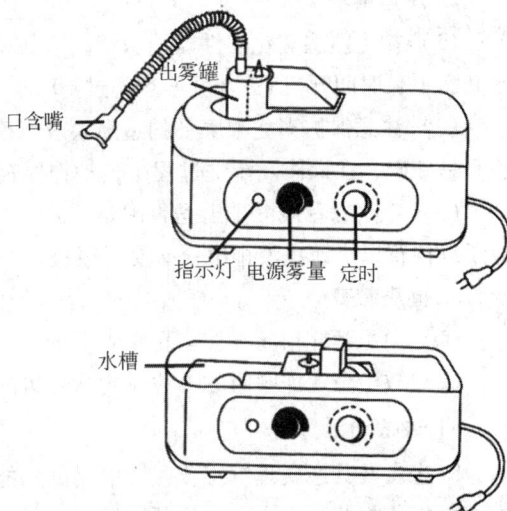

图 13 - 18　超声雾化器

（2）水温计、弯盘、冷蒸馏水、生理盐水。

（3）药液

①控制呼吸道感染，消除炎症：常用庆大霉素、卡那霉素等抗生素。

②解除支气管痉挛：常用氨茶碱、沙丁胺醇等。

③稀释痰液，帮助祛痰：常用 α - 糜蛋白酶等。

④减轻呼吸道黏膜水肿：常用地塞米松等。

【实施】

1. 操作方法

操作步骤	要点说明
（1）检查雾化器 （2）连接雾化器主件与附件 （3）加冷蒸馏水于水槽内	·使用前检查雾化器各部件是否完好，有无松动、脱落等异常情况 ·水量视不同类型的雾化器而定，要求浸没雾化罐底部的透声膜 ·水槽和雾化罐内切忌加温水或热水，水槽内无水时不可开机，以免损坏机器
（4）加药　将药液用生理盐水稀释至 30～50ml 并倒入雾化罐内，检查无漏水后，将雾化罐放入水槽，盖紧水槽盖	·水槽底部的晶体换能器和雾化罐底部的透声膜薄而质脆，易破碎，操作中注意不要损坏
（5）核对　携用物至患者床边，核对患者的床号、姓名	·确认患者
（6）开始雾化 ①协助患者取舒适卧位 ②接通电源，打开电源开关（指示灯亮），预热 3～5 分钟 ③调整定时开关至所需时间 ④打开雾化开关，调节雾量 ⑤将口含嘴放入患者口中（也可用面罩），指导患者做深呼吸	·一般每次定 15 分钟 ·水槽内须保持有足够的冷水，如发现水温超过 50℃或水量不足，应关机，更换或加入冷蒸馏水 ·连续使用雾化器时，中间需间隔 30 分钟
（7）结束雾化 ①治疗毕，取下口含嘴 ②关雾化开关，再关电源开关 （8）操作后处理 ①擦干患者面部，协助其取舒适卧位，整理床单位 ②清理用物，放掉水槽内的水，擦干水槽。将口含嘴、雾化罐、螺纹管浸泡于消毒液内 1 小时，再洗净、晾干备用 ③洗手，记录	·记录雾化开始时间及持续时间，患者的反应及效果等

2. 注意事项

（1）护士熟悉雾化器性能，水槽内应保持足够的水量（虽有缺水保护装置，但不可在缺水状态下长时间开机）；水温不宜超过60℃。

（2）注意保护雾化罐底部的透声膜及水槽底部的晶体换能器，因透声膜及晶体换能器质脆且易破碎，在操作及清洗过程中，动作要轻，防止损坏。

（3）观察患者痰液排出是否困难，若因黏稠的分泌物经湿化后膨胀致痰液不易咳出时，应予以拍背以协助痰液排出，必要时吸痰。

3. 健康教育

（1）向患者介绍超声波雾化吸入器的作用原理，并教会其正确的使用方法。

（2）教给患者深呼吸的方法及用深呼吸配合雾化的方法。

【评价】

1. 患者及其亲属理解雾化吸入的目的，能主动配合。

2. 操作规范、安全，达到预期目的。

3. 雾化参数设置合适、正确。

二、氧气雾化吸入法

氧气雾化吸入法是借助高速氧气气流，使药液形成雾状，随吸气进入呼吸道的方法。

（一）氧气雾化器

1. 结构（图13-19）

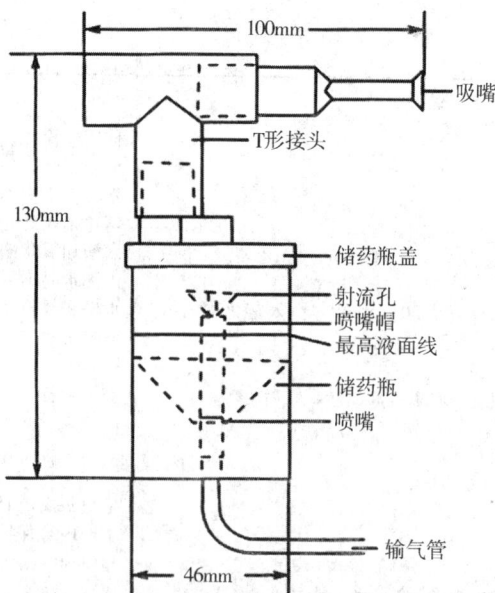

图13-19 射流式氧气雾化器

2. 原理 氧气雾化吸入法的基本原理是借助高速气流通过毛细血管并在管口产生负压，将药液由接邻的小管吸出；所吸出的药液又被毛细管口高速的气流撞击成细小的雾滴，呈气雾喷出。

（二）使用方法

【目的】

同超声雾化吸入。

【评估】

同超声雾化吸入。

【计划】

1. 操作者准备 衣帽整洁，修剪指甲，洗手，戴帽子。

2. 患者准备 同超声雾化吸入。

3. 环境准备 清洁、安静、光线适宜，必要时用屏风遮挡患者。

4. 用物准备 氧气雾化吸入器 1 套，氧气装置 1 套，弯盘，药液。

【实施】

1. 操作方法

操作步骤	要点说明
（1）检查氧气雾化吸入器，遵医嘱将药液稀释至 5ml，注入雾化器的药杯内	·使用前检查雾化吸入器连接是否完好，有无漏气
（2）核对 携用物至患者床边，核对患者的床号、姓名	·确认患者
（3）连接 连接雾化器的接气口与氧气装置的橡皮管口	·氧气湿化瓶内勿放水，以免液体进入雾化吸入器内使药液稀释
（4）调节氧气流量	·氧气流量一般为 6～8L/min
（5）开始雾化 指导患者手持雾化器，将吸嘴放入口中，紧闭口唇，深吸气，用鼻呼气，如此反复，直至药液吸完为止	·深吸气，使药液充分到达细支气管和肺内，屏气 1～2 秒，再轻松呼气，可提高治疗效果 ·操作中，严禁接触烟火和易燃品
（6）结束雾化 取出雾化器，关闭氧气开关	
（7）操作后处理 ①协助患者清洁口腔，取舒适卧位，整理床单位 ②清理用物	·一次性雾化吸入器用后按规定消毒处理备用
③洗手，记录	·记录内容同超声波雾化吸入法

2. 注意事项

（1）正确使用供氧装置 注意用氧安全，室内应避免火源；氧气湿化瓶内勿盛水，以免液体进入雾化器内使药液稀释而影响疗效。

（2）观察及协助患者排痰 注意观察患者痰液排出情况，若痰液仍未咳出，可给予拍背、吸痰等方法协助排痰。

（3）使用雾化器时，应取下湿化瓶。

3. 健康教育 同超声波雾化吸入法。

【评价】

同超声雾化吸入法。

三、手压式雾化器雾化吸入法

手压式雾化吸入法是利用拇指按压雾化器顶部（图 13－20），使药液从喷嘴喷出，形成雾滴作用于口腔及咽部气管、支气管黏膜而被其吸收的治疗方法。

【目的】

主要通过吸入拟肾上腺素类药、氨茶碱或沙丁胺醇等支气管解痉药，改善通气功能，适用于支气管哮喘、喘息性支气管炎的对症治疗。

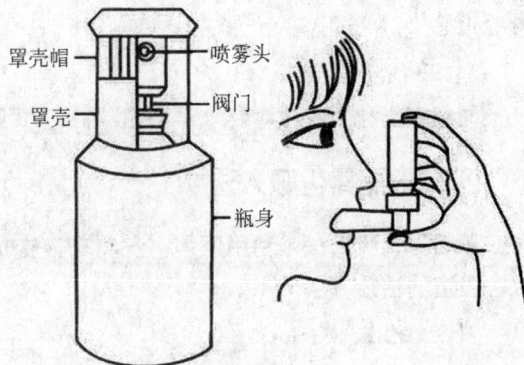

罩壳帽
罩壳
喷雾头
阀门
瓶身

图 13－20 手压式雾化器及吸入法

【评估】

同超声波雾化吸入法。

【计划】

1. **操作者准备** 衣帽整洁，修剪指甲，洗手，戴口罩。

2. **患者准备** 同超声波雾化吸入法。

3. **环境准备** 环境安静、整洁，光线及温、湿度适宜。

4. **用物准备** 按医嘱准备手压式雾化器（内含药液）。

【实施】

1. **操作方法**

操作步骤	要点说明
（1）遵医嘱准备手压式雾化吸入器	·使用前检查手压式雾化器是否完好
（2）核对 携用物到患者床旁，核对患者的床号、姓名	·确认患者
（3）取下雾化器保护盖，充分摇匀药液	
（4）开始雾化	
①协助患者取舒适卧位	
②将雾化器倒置，接口端放入双唇间，平静呼气	·紧闭口唇
③吸气开始时按压气雾瓶顶部，使之喷药，深吸气、屏气、呼气、反复1~2次	·尽可能延长屏气时间（最好能坚持10秒左右），然后呼气 ·观察雾化吸入的效果
（5）结束雾化 取出雾化器	
（6）操作后处理	
①协助患者清洁口腔，取舒适卧位，整理床单位	
②清理用物	·手压式雾化器使用后放在阴凉处（30℃以下）保存。其塑料外壳应定期用温水清洁
③洗手，记录	·记录内容同超声波雾化吸入法

2. **注意事项**

（1）手压式雾化器使用后应放置阴凉处保存，外壳定期清洁。

（2）使用前检查手压式雾化器各部件是否完好，有无松动、脱落等异常情况。

（3）药液随着深吸气的动作经口腔吸入，尽可能延长屏气时间，然后呼气。

（4）每次1~2喷，两次使用间隔时间不少于3~4小时。

3. **健康教育**

（1）指导患者或家属正确使用手压式雾化吸入器给药方法。

（2）教会患者评价疗效，当疗效不满意时，不随意增加或减少用量或缩短用药间隔时间，以免加重不良反应。

（3）帮助患者分析并解释引起呼吸道痉挛的原因和诱因，指导其选择适宜的运动，预防呼吸道感染。

【评价】

同超声雾化吸入法。

四、压缩雾化吸入法

压缩雾化吸入法是利用压缩空气将药液变成细微的气雾（3μm以下），使药物直接被吸入呼吸道的治疗方法。

【目的】

同氧气雾化吸入法。

【评估】

同超声波雾化吸入法。

【计划】

1. 操作者准备 衣帽整洁，修剪指甲，洗手，戴口罩。

2. 患者准备 同超声波雾化吸入法。

3. 环境准备 环境安静、整洁，光线及温、湿度适宜。

4. 用物准备

（1）压缩雾化吸入器装置1套。

①构造

空气压缩机：通电后可将空气压缩。其面板上有电源开关、过滤器及导管接口。

喷雾器：其下端有空气导管接口与压缩机相连，上端可安装进气活瓣（如使用面罩，则不用安装进气活瓣），中间部分为药皿，用以盛放药液。

口含器：带有呼气活瓣。

②作用原理：空气压缩机通电后输出的电能将空气压缩，压缩空气作用于雾化器内的药液，使药液表面张力破坏而形成细微雾滴，通过口含器随患者的呼吸进入呼吸道。

（2）常用药物 同超声波雾化吸入法。

（3）其他物品 弯盘、纱布、治疗巾、电源插座。

【实施】

1. 操作方法

操作步骤	要点说明
（1）检查并连接雾化器	·使用前检查雾化器各部件是否完好，以免意外发生
（2）加水 水槽内加冷蒸馏水至浸没雾化罐底部的透声膜	·水量视不同类型的雾化器而定
（3）加药 将药液用生理盐水稀释至30～50ml倒入雾化罐内，检查无漏水后，将雾化罐放入水槽，盖紧水槽盖	
（4）核对 携用物至患者床旁，查对患者的床号、姓名	·确认患者
（5）铺治疗巾 协助患者取舒适卧位，铺治疗巾于患者的颌下	
（6）开始雾化 ①接通电源，打开电源开关（指示灯亮），调整定时开关至所需时间 ②打开雾化开关，调节雾量 ③将口含嘴放入患者口中或将面罩妥善固定，指导患者做深呼吸	·一般每次定时15～20分钟，雾量大小可随患者的需要和耐受情况适当调节，过大会使患者不适，过小则达不到治疗效果 ·深呼吸可以帮助药液到达呼吸道深部，更好地发挥疗效 ·观察雾化吸入的治疗效果
（7）结束雾化 ①治疗毕，取下口含器或面罩 ②关雾化开关，再关电源开关 （8）操作后处理 ①擦干患者面部，协助其取舒适卧位，整理床单位 ②清理用物，放掉水槽内的水，擦干水槽，将口含器、雾化罐、螺纹管浸泡于消毒液内1小时，再晾干备用 ③洗手，记录	·协助患者翻身叩背，促进痰液排出 ·严格按消毒隔离原则清理用物

2. 注意事项

（1）使用前检查电源电压是否与压缩机吻合。

（2）压缩机放置在平稳处，勿放于地毯或毛织物上。

（2）治疗过程中密切观察患者的病情变化，出现不适可做适当休息或平静呼吸；如有痰液嘱患者咳出，不可咽下。

（4）定期检查压缩机的空气过滤器内芯，喷雾器要定期清洗，发现喷嘴堵塞，应反复清洗或更换。

3. 健康教育

（1）向患者及其家属介绍雾化吸入的相关知识，指导其正确地吸入药物，使药物充分到达呼吸道深部，更好地发挥疗效。

（2）指导患者雾化后正确的咳嗽，以促进痰液的排出，减轻呼吸道感染。

（3）指导患者和家属了解有关预防呼吸道疾病发生的相关知识。

【评价】

同超声雾化吸入法。

第六节　局　部　给　药

根据各专科特殊治疗的需要，除了前面介绍的几种主要给药途经以外，还可采用一些局部用药的方法。

一、滴药法

滴药法是指将药物滴入某些体腔产生疗效的给药方法。主要包括滴眼药法、滴耳药法和滴鼻药法，简要介绍如下。

（一）滴眼药法

【目的】

1. 用滴管或眼药滴瓶将药液滴入眼结膜囊内，达到消炎杀菌、收敛、散瞳、缩瞳、麻醉等治疗作用。

2. 做辅助检查。

【评估】

1. 评估患者的病情、治疗情况、意识状态、用药史、过敏史和家族史。

2. 心理状态、对用药的认知及合作程度，眼部情况。

【计划】

1. 操作者准备　衣帽整洁，修剪指甲，洗手。

2. 核对医嘱　双人核对。

3. 患者准备　患者了解用药的目的，掌握放松和配合的要点。

4. 操作者再次洗手，戴口罩。

5. 用物准备　滴眼药或眼药膏，无菌棉签、棉球，治疗卡。

6. 环境准备　清洁、安静、明亮。

【实施】

1. 操作方法

操作步骤	要点与说明
▲滴眼药术	
（1）按医嘱准备滴眼药	·常规检查药品质量及有效期
（2）携用物至患者床旁，核对患者的床号、姓名、腕带，向患者做解释工作，明确操作的目的、方法，以取得合作	·严格执行查对制度和无菌操作原则 ·确认患者

（续 表）

操作步骤	要点与说明
（3）协助患者取仰卧位或坐位，头稍后仰	·体位合适，可使药液更易滴入，且可减少药液进入泪道
（4）操作者站于患者身旁或身前	
（5）先用干棉签清除眼部分泌物，嘱患者眼睛向上看	·由内眦向外眦擦拭 ·可预防微生物进入泪道
（6）护士左手取一干棉球放于患者下眼睑处，并用食指固定上眼睑，拇指将下眼睑向下牵拉	·向下牵拉下眼睑，以暴露结膜下穹窿部
（7）右手持滴管或滴瓶，以小指固定于患者前额上	·以免滴瓶晃动，刺伤患者的眼睛
（8）在距离眼睑1～2cm处，将1滴药液滴入结膜下穹窿中央	·滴瓶与眼距离不可过远，以免药液滴下时压力过大；亦不可过近，以免滴管触及患者眼睛而被污染
（9）如果涂眼药膏，则将眼药膏挤入下穹窿部，约1cm长度，最后以旋转方式将膏体折断	·若眼药水与眼药膏同时使用，应先滴药水后涂眼药膏；若数种药物同时使用，必须间隔2～3分钟，先滴刺激性弱的药，后滴刺激性强的药
（10）轻提上眼睑，覆盖眼球，并嘱患者闭双眼，转动眼球	·使药液充满整个结膜囊
（11）以干棉球拭去外溢药液，并用棉球压迫泪囊区2～3分钟	·以免药液经泪囊流至鼻腔被吸收引起全身反应；角膜有溃疡、眼部有外伤或手术后，滴药后不可压迫眼球，也不可拉高上眼睑
（12）操作后处理	
①协助患者取舒适卧位，整理床单位	
②分类清理、消毒用物	·严格按消毒隔离原则处理用物
③洗手	
④记录	

2. 注意事项

（1）严格执行无菌操作规程，预防交叉感染。

（2）严格执行查对制度，操作前认真核对，注意检查药物的质量和性质及有效期，确保患者用药安全。

（3）应用散瞳药或有致痛的眼药，应事先向患者做好解释，以免其紧张。

（4）滴药的动作要轻柔，以防伤及眼球。

（5）角膜为眼结构中最敏感的部位，不可将药液直接滴于角膜上。

（6）正常结膜囊容量为0.02ml，故滴入药液1滴即可，以免药液外溢。

（7）一般先滴右眼后滴左眼，以免错滴，若左眼病情轻，则先左后右，以免交叉感染。

（8）易沉淀的混悬液应摇匀后再滴，以免影响药效。

（二）耳道滴药法

【目的】

将药液滴入耳道，以达到清洁、消炎的目的。

【评估】

1. 评估患者的病情、治疗情况、意识状态、用药史、过敏史和家族史。

2. 心理状态，对用药的认知及合作程度，耳部情况。

【计划】

1. 操作者准备　衣帽整洁，修剪指甲，洗手。

2. 核对医嘱　双人核对。

3. 患者准备 患者了解用药的目的，掌握放松和配合的要点。

4. 操作者再次洗手，戴口罩。

5. 用物准备 滴耳药，无菌棉签、棉球，治疗卡。

6. 环境准备 清洁、安静、明亮。

【实施】

1. 操作方法

操作步骤	要点与说明
▲耳道滴药法	
（1）按医嘱准备药物	·常规检查药品质量及有效期
（2）携用物至患者床旁，核对患者的床号、姓名、腕带，向患者做解释工作，明确操作的目的、方法，以取得合作	·严格执行查对制度和无菌操作原则 ·确认患者
（3）协助患者取侧卧位，患耳向上；或坐位，头偏向一侧肩部，使患耳向上	·体位合适，可使药液更易滴入
（4）用棉签清洁耳道	·若软化耵聍则不必清洁
（5）护士一手持干棉球，向上向后轻拉患者的耳郭，使耳道变直	·3 岁以下小儿，则向下向后轻牵拉耳垂
（6）另一手持滴管，手腕固定在患者额头，将药液沿外耳孔顺耳后壁滴入 3～5 滴，并轻提耳郭或在耳屏上加压，排出气体，使药液容易流入	·以防患者移动时，滴管不慎插入耳道而造成损伤；勿将药液直接滴在耳鼓；滴入药量以不溢出耳道为度
（7）将干棉球塞入外耳道。	·滴药后 2～3 分钟便可取出
（8）嘱患者保持原位 3～5 分钟	·使药液保留于耳道内
（9）用干棉球拭去外流的药液	·耳内不必擦拭
（10）操作后处理	
①协助患者取舒适卧位，整理床单位	
②分类清理、消毒用物	·严格按消毒隔离原则处理用物
③洗手	
④记录	

2. 注意事项

（1）严格执行无菌操作规程，预防交叉感染。

（2）严格执行查对制度，操作前认真核对，注意检查药物的质量和性质及有效期，确保患者用药安全。

（3）滴药时，滴管应保持一定高度，避免触及皮肤，防止交叉感染。

（4）滴入的药液温度要适宜，以免刺激内耳引起眩晕。

（5）如昆虫类进入耳道，可选用油剂药液，滴药后 2～3 分钟便可取出。

（6）清除耳内耵聍时，滴入软化剂后可有胀感，嘱患者不必紧张，耵聍取出后胀感即消失，两侧均有耵聍者不宜同时进行。

（三）鼻腔滴药法

【目的】

1. 通过从鼻腔滴入药物，治疗副鼻窦炎。

2. 滴入血管收缩药，减少分泌，减轻鼻塞症状。

【评估】

1. 评估患者的病情、治疗情况、意识状态、用药史、过敏史和家族史。

2. 心理状态，对用药的认知及合作程度，鼻部情况。

【计划】

1. 操作者准备　衣帽整洁，修剪指甲，洗手。

2. 核对医嘱　双人核对。

3. 患者准备　患者了解用药的目的，掌握放松和配合的要点。

4. 操作者再次洗手，戴口罩。

5. 用物准备　滴鼻药，无菌棉球，治疗卡。

6. 环境准备　清洁、安静、明亮。

【实施】

1. 操作方法

操作步骤	要点与说明
▲鼻腔滴药法	
（1）按医嘱准备药物	·常规检查药品质量及有效期
（2）携用物至患者床旁，核对患者的床号、姓名、腕带，向患者做解释工作，明确操作的目的、方法，以取得合作	·严格执行查对制度和无菌操作原则 ·确认患者
（3）嘱患者先排出鼻腔分泌物并清洁鼻腔	
（4）协助患者取合适卧位 仰头位：在患者肩下垫枕，使患者头垂直后仰或头悬垂于床缘，前鼻孔向上 侧头位：嘱患者向患侧卧，肩下垫枕，使头偏向患侧并下垂	·适用于单侧鼻窦炎或伴有高血压者 ·侧卧位应将药液滴入下方鼻孔
（5）护士手持一干棉球，并轻推鼻尖，暴露鼻腔。另一手持滴瓶距离鼻孔2cm处滴入药液，每侧滴入2～3滴	·滴管不可触及鼻孔，以免污染
（6）轻捏鼻翼或嘱患者将头部向两侧轻轻晃动	·使药液分布均匀并到达鼻窦口，充分发挥作用
（7）嘱患者保持原位3～5分钟，然后捏鼻坐起	
（8）操作后处理	
①协助患者取舒适卧位，整理床单位	
②分类清理、消毒用物	·严格按消毒隔离原则处理用物
③洗手	
④记录	

2. 注意事项

（1）严格执行无菌操作规程，预防交叉感染。

（2）严格执行查对制度，操作前认真核对，注意检查药物的质量和性质及有效期，确保患者用药安全。

（3）滴药时，滴管应保持一定高度，避免触及皮肤，防止交叉感染。

（4）操作时，应注意观察患者用药后是否出现黏膜充血加剧。连续使用血管收缩药的时间不可过长。

二、舌下用药

【目的】

药物通过舌下口腔黏膜丰富的毛细血管吸收，可避免胃肠刺激、吸收不全和首过消除等不良影响，达到快速起效的目的。

【评估】

1. 评估患者的病情、意识状态。

2. 心理状态，对用药的认知及合作程度。

【计划】

1. 操作者准备　衣帽整洁，修剪指甲，洗手。

2. 核对医嘱　双人核对。

3. 患者准备　患者了解用药的目的，掌握配合的要点。

4. 操作者再次洗手，戴口罩。

5. 用物准备　硝酸甘油剂，治疗卡。

6. 环境准备　清洁、安静、明亮。

【实施】

1. 操作方法

操作步骤	要点与说明
▲舌下用药法（以硝酸甘油剂 0.5mg/片为例）	
（1）按医嘱准备药物	·常规检查药品质量及有效期
（2）携用物至患者床旁，核对患者的床号、姓名、腕带，向患者做解释工作，明确操作的目的、方法，以取得合作	·严格执行查对制度和无菌操作原则 ·确认患者
（3）协助患者取半卧位	·半卧位时，可使回心血量减少，改善心肌供氧，缓解心绞痛
（4）嘱患者张口抬舌，将药片置于患者舌下，待其溶解；口腔干燥的患者可先协助其饮适量水后再置入药片	·有利于药物溶解吸收，迅速起效
（5）观察疗效，若无效，隔 5 分钟再重复使用 1 次，每次 1 片，可连续应用 3 次	·应用 3 片仍无效，应考虑急性心肌梗死
（6）操作后处理	
①协助患者取舒适卧位，整理床单位	
②分类清理、消毒用物	·严格按消毒隔离原则处理用物
③洗手	
④记录	

2. 注意事项

（1）严格执行无菌操作规程。

（2）严格执行查对制度，操作前认真核对，注意检查药物的质量和性质及有效期，确保患者用药安全。

（3）避免将药片放于舌上，因舌表面有舌苔和角化层，药物难以吸收。

（4）不要咀嚼吞下药片。

三、插入法

常用药物为栓剂，主要包括直肠栓剂（rectal suppository）和阴道栓剂（vaginal suppository）。栓剂是药物与适宜基质制成的专用于腔道给药的固体制剂。其熔点为 37°C 左右，插入体腔后缓慢融化而产生药效。

（一）直肠栓剂插入法

【目的】

1. 将甘油栓插入直肠，软化粪便，以利排出。

2. 栓剂中有效成分被直肠黏膜吸收，从而达到全身治疗的作用，如解热镇痛栓剂。

【评估】

患者的病情、用药目的、自理能力，以及对用药计划的了解、认识和合作程度。

【计划】

1. 操作者准备　衣帽整洁，修剪指甲，洗手。

2. 核对医嘱　双人核对。

3. 患者准备　患者了解用药的目的，掌握放松和配合的方法。

4. 操作者再次洗手，戴口罩。

5. 用物准备　直肠栓剂，指套或手套，卫生纸，治疗卡。

6. 环境准备　清洁、安静、明亮，遮挡患者。

【实施】

1. 操作方法

操作步骤	要点与说明
（1）按医嘱准备药物	·常规检查药品质量及有效期
（2）核对　携用物至患者的床旁，核对患者的床号、姓名、腕带	·认真执行"三查七对"制度 ·确认患者
（3）摆体位　协助患者取侧卧位，膝部弯曲，暴露肛门	
（4）戴上指套或手套	·避免污染手指
（5）嘱患者张口深呼吸，尽量放松	·使肛门括约肌松弛
（6）插入栓剂　将栓剂插入肛门，并用食指将栓剂沿直肠壁朝脐部方向送入6~7cm（图13-21）。	·必须插至肛门内括约肌以上，并确定栓剂靠在直肠黏膜上；若插入粪块中，则难以发挥作用
（7）保持侧卧位　置入栓剂后，保持侧卧位15分钟，若栓剂滑脱出肛门外，应予重新插入	·防止栓剂滑脱或融化后渗出肛门外 ·确保用药效果
（8）操作后处理 ①协助患者穿好裤子，取舒适体位，整理床单位和用物	·不能下床者，将便器、卫生纸、呼叫器放于患者易取处
②清理用物	
③洗手	
④记录	·注意观察药物疗效

2. 注意事项

（1）严格执行"三查七对"制度。

（2）注意保护患者的隐私部位。

（3）注意为患者保暖，以防着凉。

（4）指导患者放松及配合的方法，采取提高用药效果的措施。

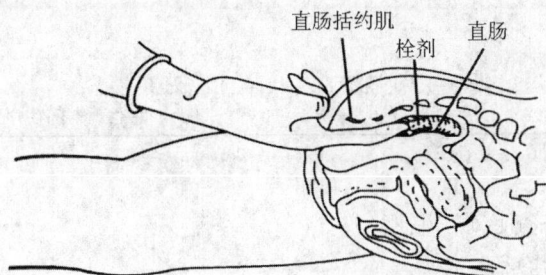

图13-21　直肠栓剂插入法

（二）阴道栓剂插入法

【目的】

自阴道插入栓剂，以起到局部治疗的作用，如插入消炎、抗菌药物治疗阴道炎。

【评估】

1. 患者的病情。
2. 对用药计划的了解。
3. 对隐私部位用药的接受程度和配合治疗情况。
4. 用药的自理能力。

【计划】

1. 操作者准备　衣帽整洁，修剪指甲，洗手。
2. 核对医嘱　双人核对。
3. 患者准备　患者了解用药的目的，掌握放松和配合的方法。
4. 操作者再次洗手，戴口罩。
5. 用物准备　阴道栓剂，栓剂置入器或手套、指套，卫生棉垫，治疗卡，橡胶单及治疗巾或一次性无菌垫。
6. 环境准备　清洁、安静、明亮，遮挡患者。

【实施】

1. 操作方法

操作步骤	要点与说明
（1）按医嘱准备药物	·常规检查药品质量及有效期
（2）核对　携用物至患者床旁，核对患者的床号、姓名、腕带	·认真执行"三查七对"制度 ·确认患者
（3）摆体位　协助患者取仰卧屈膝位，双腿分开，暴露会阴部	
（4）铺单、巾　铺橡胶单及治疗巾（或一次性无菌垫）于会阴下	
（5）戴套取栓　一手戴上指套或手套取出栓剂	·避免污染手指
（6）嘱患者张口深呼吸，尽量放松	
（7）置栓　利用置入器或戴上手套将栓剂沿阴道下后方轻轻送入5cm，达阴道穹窿（图13－22）	·必须确定阴道口后才能置药，避免误入尿道 ·成年女性阴道长约10cm，故必须置入5cm以上深度，以防滑出
（8）保持平卧位　嘱患者至少平卧15分钟，以利药物扩散至整个阴道组织，利于药物吸收	·确保用药效果
（9）操作后处理 ①取出治疗巾及橡胶单，为避免药物或药物渗出物弄污内裤，可使用卫生棉垫	·如患者愿意自行操作，可教其方法，以便自行操作
②协助患者取舒适卧位，整理床单位	
③清理并消毒用物	
④洗手	
⑤记录	·注意观察药物疗效

2. 注意事项

（1）严格执行"三查七对"制度。

（2）注意保护患者隐私。

（3）注意为患者保暖，以防着凉。

（4）准确判断阴道口，必须置入足够深度（5cm以上）。

（5）指导患者放松及配合的方法，采取提高用药效果的措施。

（6）嘱患者在治疗期间避免性生活。

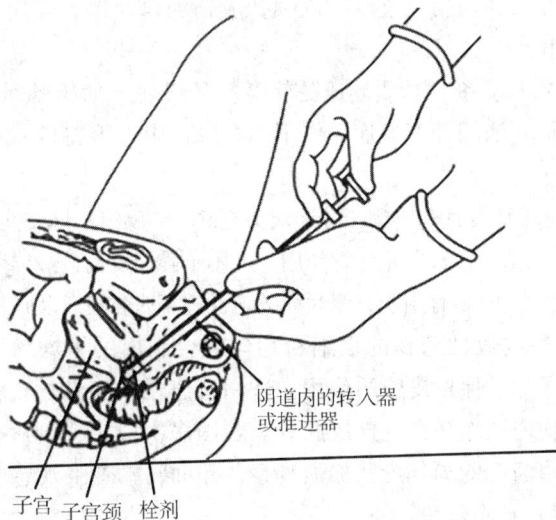

图 13 - 22　阴道栓剂插入法

四、皮肤给药

皮肤给药是将药物直接涂于皮肤，以起到局部治疗作用。常用的药物有溶液、油膏、粉剂、糊剂等多种剂型。

【评估】

1. 患者的病情、自理能力。

2. 局部皮肤情况。

3. 对局部用药计划的了解、认识和合作程度。

【计划】

1. 操作者准备　衣帽整洁，修剪指甲，洗手。

2. 核对医嘱　双人核对。

3. 患者准备　了解用药目的和注意事项，清洁局部皮肤。

4. 操作者再次洗手，戴口罩。

5. 用物准备　皮肤用药、棉签、弯盘，治疗卡，需要时备清洁皮肤用物。

6. 环境准备　清洁、安静、明亮；遮挡患者。

【实施】

1. 操作步骤

（1）涂搽药物前先用温水与中性肥皂清洁皮肤，有皮炎的患者则仅可使用清水清洁。

（2）根据药物剂型选用相应的护理方法。

（3）溶液剂　一般为非挥发性药物的水溶液，如3%硼酸溶液、依沙吖啶溶液，有清洁、收敛、消炎等作用。主要用于急性皮炎伴有大量渗液或脓液者。方法：用塑料布或橡胶单垫于患处之下，用钳子夹持浸有药液的棉球反复洗抹患处，至清洁后用干棉球抹干。也可用湿敷法给药。

（4）糊剂　为含有多量粉末的半固体制剂，如氧化锌糊、甲紫糊等，有保护受损皮肤、吸收渗液和消炎等作用。适用于亚急性皮肤，有少量渗液或轻度糜烂者。用法：用棉签将药糊直接涂于患处，药糊不宜涂得太厚，亦可将糊剂涂在纱布上，然后贴在受损皮肤处，外加包扎。

（5）软膏 为药物与适宜基质制成有适当稠度的膏状制剂，如硼酸软膏、硫酸软膏等。具有保护、润滑和软化痂皮等作用。一般用于慢性增厚性皮损。方法：用搽药棒或棉签将软膏涂于患处，不必过厚，如为角化过度的皮损，应稍加以摩擦，除用于溃疡或大片糜烂受损皮肤外，一般不需包扎。

（6）乳膏剂 药物与乳剂型基质制成的软膏。分霜剂（如樟脑霜）和脂剂（如尿素脂）两种，具有止痒、保护、消除轻度炎症的作用。方法：用棉签将乳膏剂涂于患处，渗出较多的急性皮炎禁用。

（7）酊剂和醑剂 不挥发性药物的乙醇溶液为酊剂，如碘酊；挥发性药物的乙醇溶液为醑剂，如樟脑醑。两者均具有杀菌、消毒、止痒等作用。适用于慢性皮炎苔藓样变。方法：用棉签蘸药涂于患处，因药物有刺激性，故不宜用于有糜烂面的急性皮炎、黏膜以及眼、口的周围。

（8）粉剂 为一种或数种药物的极细粉均匀混合制成的干燥粉。粉末样制剂，如滑石粉、痱子粉等。能起干燥、保护皮肤的作用。适用于急性或亚急性皮炎无糜烂、渗液的受损皮肤。方法：将药粉均匀地涂撒在受损皮肤处。若因多次应用粉剂后有粉块形成，可用生理盐水湿润后除去。对用药后的局部皮肤加强观察，并询问患者主观感受（如痒感是否减轻或消除），对用药效果进行动态评价。

2. 注意事项

（1）观察用药后局部反应情况，对小儿和老年患者尤其要加强观察。

（2）了解患者对局部用药处的主观感受，并有针对性地做好解释工作。

（3）动态评价用药效果，并实施提高用药效果的措施。

本章小结

本章主要介绍了给药护理的基本知识，主要包括给药的原则和影响药效的因素；常用的给药方法（口服给药法、注射给药法、雾化吸入法、局部给药法等）；常用的几种药物的过敏试验液配制方法及结果判断。护士在给药工作中一定要遵守无菌操作原则，遵循"三查"、"七对"、"一注意"、"五准确"等原则要求，保证药效的良好发挥和用药的绝对安全。熟练掌握常用注射的操作方法，严格执行操作规程，以保证患者安全，减轻患者痛苦。能够凭借所学知识正确判断过敏试验的结果，一旦发生过敏能够及时发现并协助医师共同采取处理措施。尤其是青霉素过敏反应的原因、预防及处理措施应重点掌握。

（彭丹梅 陈丽卿）

目标检测

1. 简述给药原则。
2. 口服给药注意事项有哪些？
3. 臀大肌注射定位法。
4. 青霉素过敏性休克的抢救原则。
5. 破伤风抗毒素脱敏注射法。
6. 结核菌素试验结果判断。
7. 超声波雾化吸入法的目的。
8. 超声雾化吸入器的结构。

第十四章　静脉输液与输血

静脉输液与输血是临床上用于纠正人体水、电解质及酸碱平衡失调，恢复内环境稳定并维持机体正常生理功能的重要治疗措施。通过静脉输液与输血，可以迅速、有效地补充机体丧失的体液和电解质，增加血容量，改善微循环，维持血压。此外，通过静脉输注药物，还可以达到治疗疾病的目的。

第一节　静脉输液

案例引导

案例：患者，男，39岁，因"左手背静脉输液后2天出现红肿、淤黑"来院就诊。体检可见沿静脉走向出现条索状红线，局部组织发红、肿胀、灼热、疼痛，全身伴以畏寒、发热。

提问：1. 患者出现了什么情况？

2. 如何帮助患者解决目前的主要问题？

将大量无菌溶液或药物直接滴入静脉的方法，称为静脉输液法（transfusion）。

一、静脉输液的原理及目的

（一）静脉输液的原理

静脉输液是利用液体静压与大气压的物理原理，使液体输入人体静脉内。输液瓶和大气相通，下接输液管，瓶内液体受大气压力的作用，使液体流入输液管形成水柱，当水柱压力大于静脉压力时，瓶内的液体即顺畅地流入静脉。必须具备的三个条件是：

1. 液体瓶有足够的高度，从而形成水柱压。

2. 液体上方必须与大气相通（除液体软包装袋），使液面受大气压的作用。

3. 输液管通畅，不得扭曲、受压，针头不得堵塞，并确保在静脉腔内。

（二）静脉输液的目的

1. 补充血容量，改善微循环，维持血压。可用于大出血、休克、严重烧伤等患者。

2. 补充水分及电解质，预防和纠正水、电解质及酸碱平衡紊乱。常用于各种原因引起的脱水、酸碱平衡失调患者，如腹泻、剧烈呕吐、大手术后的患者。

3. 供给营养物质，促进组织修复，增加体重，维持正氮平衡。常用于慢性消耗性疾病、胃肠道吸收障碍及不能经口进食（如昏迷、口腔疾病）的患者。

4. 输入药物，治疗疾病。如输入抗生素控制感染；输入解毒药物达到解毒作用；输入脱水药降低颅内压等。

5. 抗肿瘤治疗。如各种肿瘤的化学治疗。

6. 疼痛治疗。用于术后及恶性肿瘤晚期疼痛治疗，一般通过使用止痛泵定量定时输入达到治疗目的。

二、静脉输液常用溶液及作用

（一）晶体溶液

晶体溶液（crystalloid solution）的分子量小，在血管内存留时间短，对维持细胞内、外水分的相对平衡具有重要作用，可有效纠正体液及电解质平衡失调。常用的晶体溶液包括以下几种。

1. 葡萄糖溶液　用于补充水分及热量，减少蛋白质消耗，防止酮体产生，促进钠（钾）离子进入细胞内。葡萄糖进入人体后，迅速分解，一般不产生高渗作用，也不引起利尿作用。临床常用的溶液有 5% 葡萄糖溶液和 10% 葡萄糖溶液。

2. 等渗电解质溶液　用于补充水分和电解质，维持体液和渗透压平衡。体液丢失时往往伴有电解质的紊乱，血浆容量与血液中钠离子水平密切相关，缺钠时，血容量往往也下降。常用的等渗电解质溶液包括 0.9% 氯化钠溶液、复方氯化钠溶液（林格等渗溶液）和 5% 葡萄糖氯化钠溶液。

3. 碱性溶液　用于纠正酸中毒，调节酸碱平衡失调。

（1）碳酸氢钠溶液　其优点是补碱迅速，且不易加重乳酸血症。但碳酸氢钠在中和酸以后生成的碳酸必须以二氧化碳的形式经肺呼出，因此对呼吸功能不全的患者使用受到限制。临床常用的碳酸氢钠溶液的浓度有 4% 和 1.4% 两种。

（2）乳酸钠溶液　乳酸钠进入人体后，可解离为钠离子和乳酸根离子，钠离子在血中与碳酸氢根离子结合形成碳酸氢钠。乳酸根离子可与氢离子生成乳酸。临床上常用的乳酸钠溶液的浓度有 11.2% 和 1.84% 两种。

4. 高渗溶液　用于利尿、脱水，可以在短时间内提高血浆渗透压，回收组织水分进入血管，消除水肿。同时可以降低颅内压，改善中枢神经系统的功能。临床上常用的高渗溶液有 20% 甘露醇、25% 山梨醇和 25%～50% 葡萄糖溶液。

（二）胶体溶液

胶体溶液（colloidal solution）分子量大，其溶液在血管内存留时间长，能有效维持血浆胶体渗透压，增加血容量，改善微循环，提高血压。临床上常用的胶体溶液包括以下几种。

1. 右旋糖酐溶液　为水溶性多糖类高分子聚合物。常用溶液有右旋糖酐 - 70 和右旋糖酐 - 40 两种。右旋糖酐 - 70（平均相对分子量为 7.5 万左右）有提高血浆胶体渗透压和扩充血容量的作用；右旋糖酐 - 40（平均相对分子量为 4 万左右）的主要作用是降低血液黏稠度，减少红细胞聚集，改善血液循环和组织灌注量，防止血栓形成。

2. 代血浆　作用与右旋糖酐 - 40 相似，其扩容效果良好，输入后可使循环血量和心排血量显著增加，在体内停留时间较右旋糖酐长，且过敏反应少，急性大出血时可与全血共用。

常用的代血浆有羟乙基淀粉（706 代血浆）、氧化聚明胶、聚乙烯吡咯酮等。

3. 血液制品

（1）浓缩白蛋白　可有效维持胶体渗透压，扩大和增加循环血容量，补充蛋白质和抗体，减轻组织水肿。

（2）水解蛋白　可补充蛋白质，纠正低蛋白血症，促进组织修复。

（三）静脉高营养液

高营养液能提供热量，补充蛋白质，维持正氮平衡，并补充各种维生素和矿物质。主要成分包括氨基酸、脂肪乳、维生素、微量元素、高浓度葡萄糖或右旋糖酐以及水分。凡是营养摄入不足或不能经由消化道供给营养的患者均可使用静脉插管输注高营养溶液的方法来维持营养的供给。制剂根据患者的不同需要新鲜配制，在配制时必须严格掌握无菌技术操作，同时在溶液内不得添加与营养素无关的内容物。常用的高营养液包括复方氨基酸、脂肪乳等。

三、静脉输液原则

1. 输入溶液的种类和量应根据患者体内水、电解质及酸碱平衡紊乱的程度来定，"先晶后胶"、"先盐后糖"、"宁酸勿碱"。补充血容量通常先采用晶体溶液（平衡溶液）。但晶体溶液扩容作用短暂（1 小时左右），而胶体溶液分子量大，不易透过血管壁，扩容作用持久，所以在查明患者情况后应尽快补充胶体溶液。糖溶液经体内代谢后成为低渗液，扩容作用相对减少。"先快后慢"早期输液速度应快，以初步纠正体液失衡，病情稳定后逐步减慢。一般在开始 4~8 小时输入液体总量的 1/3~1/2，余量在 24~48 小时内补足。但根据药物的性质、患者的病情、年龄以及心、肺功能调整输液速度。"宁少勿多"一般先补充丢失量，然后 1~2 天继续补液直到水、电解质和酸碱失衡完全纠正。

2. 输液后尿量增加到 40ml/h 时，需要适当补钾。补钾应遵循"四不宜"：不宜过浓（浓度不超过 0.3%），不宜过快（不超过 20mmol/h），不宜过多（成人每日不超过 5g，小儿 0.1~0.3g/kg），不宜过早（见尿补钾）。

3. 输液过程中应严格掌握输液速度，随时观察患者的反应，并根据患者的病情变化及时做出相应调整。

四、常用静脉输液部位

输液时应根据患者的年龄、神志、体位、病情状况、病程长短、溶液种类、输液时间、静脉情况或即将进行的手术部位等情况来选择穿刺的部位。常用的输液部位如下。

1. 周围浅静脉　是指分布于皮下的肢体末端的静脉。上肢常用的浅静脉有肘正中静脉、头静脉、贵要静脉、手背静脉网。手背静脉网是成年患者输液时的首选部位；肘正中静脉、贵要静脉和头静脉可用来采集血标本、静脉推注药液或作为经外周中心静脉插管（PICC）的穿刺部位。

下肢常用的浅静脉有大隐静脉、小隐静脉和足背静脉网，但下肢的浅静脉不作为静脉输液时的首选部位，因为下肢静脉有静脉瓣，容易形成血栓。小儿常用足背静脉，但成人不主张用足背静脉．因其易引起血栓性静脉炎。

2. 头皮静脉　由于头皮静脉分布较多，互相沟通，交错成网，且表浅易见，不宜滑动，便于固定，因此，常用于小儿的静脉输液。较大的头皮静脉有颞浅静脉、额静脉、枕静脉和耳后静脉。

3. 锁骨下静脉和颈外静脉　常用于进行中心静脉插管。需要长期持续输液或需要静脉高营养的患者多选择此部位。将导管从锁骨下静脉或颈外静脉插入，远端留置在右心室上方的上腔静脉内。

五、常用静脉输液法

（一）周围静脉输液法

【目的】

同静脉输液的目的。

【评估】

1. 患者的年龄、病情、意识状态及营养状况等。
2. 患者对输液的认识、心理状态及配合程度。
3. 患者穿刺部位的皮肤、血管状况及肢体活动度。

【计划】

1. 操作者准备 衣帽整洁，修剪指甲，洗手，戴口罩。

2. 患者准备 了解输液的目的、方法、注意事项及配合要点。排空大、小便，取舒适卧位。

3. 环境准备 清洁、安静、宽敞、明亮、安全。

4. 用物准备

（1）治疗车上层 治疗盘内盛安尔碘、输液器1套、液体及药物（按医嘱准备）、止血带、棉签、弯盘、输液贴、输液卡、备用头皮针及手消毒液。小夹板及绷带（必要时）。静脉留置针输液法另备静脉留置针1套、封管液（无菌生理盐水或10～100U/ml的肝素稀释液）、手套。

（2）治疗车下层 医疗垃圾盒、生活垃圾盒、锐器收集盒。

【实施】

1. 操作方法

操作步骤	要点说明
▲密闭式静脉输液法（软包装液体）	·将无菌输液器直接插入软包装液体内进行输液的方法
（1）第1次核对 ①洗手、戴口罩，备齐用物	·操作前查对 ·严格执行无菌操作和查对制度，杜绝差错事故发生
②核对药液瓶签，检查药液质量	·核对药液名称、浓度、剂量、有效期。对光检查药液内有无异物或混浊、颜色有无异常，包装有无破损或渗漏
（2）打印输液卡	·在计算机医嘱上打印输液卡
（3）加药 ①拉开软包装液体开口处拉环 ②按医嘱加入药物	·根据病情需要有计划地安排输液顺序，注意配伍禁忌
（4）插输液器 打开输液器，将输液器针头插入软包装液体袋口内	·检查输液器包装有无破损、是否过期
（5）再次核对 携用物至患者床边，核对床号、姓名并解释	·插入时注意保持无菌 ·穿刺前确保将正确的药物给予正确的患者
（6）排气 再次核对药物无误后，将液体挂于输液架上，折叠滴管根部，挤压茂菲滴管使液体流入滴管内，待液面达1/2～2/3时松开折叠处，同时上提滴管下端输液管，根据输液管内液面情况慢慢放低输液管，直至排尽管内和针头内的空气。关闭调节器	·液体所挂高度适宜，保证液体压力超过静脉压力 ·穿刺前排出输液管及针头内的空气，防止发生空气栓塞 ·如茂菲滴管下端输液管内有小气泡不易排出时，可轻弹输液管使气泡上升至茂菲滴管内
（7）选择穿刺部位 患者取舒适卧位，选择静脉，在穿刺点上方10～15cm处扎止血带	·根据病情及药物性质，选择合适的静脉 ·扎止血带时尾端向上
（8）消毒皮肤 常规消毒穿刺部位皮肤，消毒范围8cm×10cm，待干，备胶布	·保证穿刺点及周围皮肤规定范围内无菌
（9）第2次核对	·操作中查对
（10）静脉穿刺 嘱患者握拳，取下护针帽，再次排气，按静脉注射法穿刺，见回血后，将针头再平行送入静脉少许	·排液于弯盘内。穿刺前确保茂菲滴管下端输液管内无气泡
（11）固定 固定针柄，再松止血带及嘱患者松拳，松调节器，待液体滴入通畅、患者无不适后，用胶布固定。必要时用夹板、绷带固定肢体	·第1条胶布固定针柄，第2条带敷料胶布固定穿刺点，第3条胶布固定盘曲的头皮针软管
（12）调节滴速 根据病情、年龄及药液性质调节滴速	·一般成人40～60滴/分，儿童20～40滴/分 ·操作后查对

（续　表）

操作步骤	要点说明
（13）第 3 次核对 （14）操作后处理 ①取止血带，协助患者取舒适卧位 ②在输液卡上记录输液的时间、滴速、患者全身及局部情况 ③交代输液中的注意事项，将呼叫器置于易取处	·保护输液部位，不可随意调节滴速，如有异常及时呼叫
（15）更换液体 ①先核对患者及药物 ②拉开软包装液体开口处拉环，从第 1 袋液体内拔出输液管插入第 2 袋液体内 ③检查茂菲滴管液面高度是否合适，输液管内有无气泡，待点滴通畅后方可离去	·持续输液应及时更换液体，更换时注意无菌操作 ·对 24 小时持续输液者，每日更换输液器
（16）输液巡视　密切观察有无输液反应，耐心听取患者主诉，观察输液部位状况，及时处理输液故障，保证输液通畅	
（17）输液完毕后处理 ①确认输液完毕后，关闭调节器，轻揭胶布，用无菌棉签轻压穿刺上方，快速拔针，按压片刻至无出血为止 ②整理床单位，清理用物 ③洗手，记录	·输液完毕，及时拔针 ·拔针时按压不可用力过大，以免引起疼痛；按压部位：稍靠皮肤穿刺点以压迫静脉进针点，防止皮下出血
▲静脉留置输液法	·可保护静脉，减少因反复穿刺而造成的痛苦和血管损伤，保持静脉通道畅通，利于抢救和治疗。适用于需长期输液、静脉穿刺较困难的患者
（1）同密闭式输液法（1）～（6） （2）连接留置针与输液器　打开 Y 形静脉留置针，将输液器针头插入肝素帽或直接连接无针接头	·检查静脉留置针的包装有无破损，是否过期，针头斜面有无倒钩，导管边缘是否粗糙 ·连接时注意无菌操作
（3）排气　打开调节器，排尽静脉留置针内的空气 （4）选择穿刺部位　协助患者取舒适卧位，在穿刺点上方 10 ～15cm 处扎止血带 （5）消毒皮肤　常规消毒穿刺部位皮肤，消毒范围为 8cm×10cm，待干，备无菌透明敷贴及胶布，并在胶布上写穿刺日期和时间 （6）第 2 次核对	·选择弹性好、走向直、清晰的血管，便于置管。对能下地活动的患者，避免在下肢留置 ·保证穿刺点及周围皮肤的无菌状态，防止感染 ·标记日期和时间，为更换留置针提供依据 ·操作中查对
（7）静脉穿刺 ①取下针套，旋转、松动外套管（图 14-1），再次排气 ②进针：嘱患者握拳，绷紧皮肤，固定静脉，右手持留置针，使针头与皮肤呈 40°进针，见回血后，降低穿刺针角度，顺静脉方向再将穿刺针推进 0.2 ～ 0.5cm ③送外套管：左手固定 Y 接口，右手后撤针芯约 0.5cm，持针座将针芯与外套管一起送入静脉 ④撤针芯：左手固定针座，右手将针芯抽出，放于锐器收集盒中	·以防套管与针芯粘连 ·固定静脉便于穿刺 ·避免针芯刺破血管 ·确保外套管在静脉内 ·避免将外套管带出 ·防止针芯刺破皮肤
（8）松止血带，嘱患者松拳，松调节器 （9）固定　用无菌透明敷贴对留置针做密闭式固定，用注明留置日期和时间的胶布固定三叉接口，再用胶布固定插入肝素帽或无针接头内的输液器针头及输液管（图 14-2） （10）调节滴速	·固定牢固，避免过松与过紧 ·用无菌透明敷贴固定是避免穿刺点及周围被污染，且便于观察穿刺点情况 ·根据患者的年龄、病情及药物性质调节滴数
（11）再次核对 （12）操作后处理 ①协助患者取舒适卧位，取止血带 ②整理床单位，将呼叫器置于易取处 ③整理用物，洗手，记录	·操作后查 ·输液过程中加强巡视，注意保护有留置针的肢体，尽量避免肢体下垂，以防血液回流阻塞针头
（13）封管　输液完毕，进行封管：拔出输液器针头，常规消毒静脉帽的胶塞，用注射器向静脉帽内注入封管液，边推注边退针，直至针头完全退出为止	·封管可保证静脉输液管道的通畅，并可将残留的刺激性药物冲入静脉血流，避免刺激局部血管 ·常用的封管液有：①无菌生理盐水，每次 5 ～10 ml，每隔 6 ～ 8 小时重复冲管 1 次；②稀释肝素溶液，每毫升生理盐水含肝素 10 ～100U，每次用量 2 ～5ml
（14）再次输液　常规消毒静脉帽胶塞，先推注 5 ～10ml 无菌生理盐水冲管，再将静脉输液针头插入静脉帽内完成输液	·每次输液前后均应检查局部静脉有无红、肿、热、痛及硬化，询问患者有无不适，如有异常情况及时拔除导管，对局部进行处理

（续　表）

操作步骤	要点说明
（15）输液完毕 ①关闭调节器，揭开胶布及无菌敷贴 ②用无菌棉签或无菌小纱布轻压穿刺点上方，迅速拔出留置针，局部按压至无出血为止 ③取舒适卧位，整理床单位，清理用物 ④洗手、记录 开放式静脉输液法（临床少用）	·输液完毕及时拔针 ·按压部位应稍靠皮肤穿刺点以压迫静脉进针点，防止皮下出血

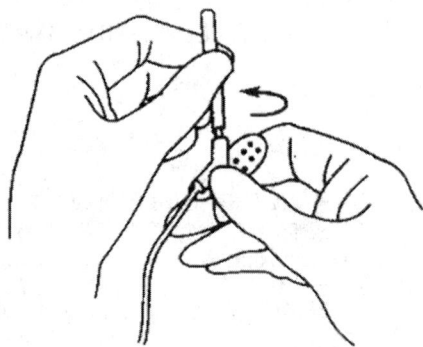

图 14 - 1　取下针套，旋转松动外套管

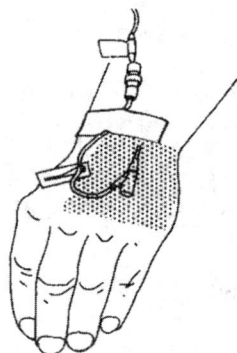

图 14 - 2　静脉留置针固定法

2. 注意事项

（1）严格执行查对制度和无菌操作原则，预防感染及差错事故的发生。

（2）根据用药原则、药物性质、患者病情，遵医嘱有计划地、合理地安排药物输入顺序，以尽快达到治疗效果。

（3）注意药物配伍禁忌，对于刺激性或特殊药物，应确保针头在血管内方可输入，以免造成组织损害，增加患者痛苦。

（4）严格掌握输液速度，对年老体弱，婴幼儿，心、肺、肾功能不良者及输注刺激性较强的药物时速度宜慢；对严重脱水、血容量不足、心肺功能良好者输液速度适当加快。

（5）选择的穿刺静脉应粗直、弹性好、相对固定，避开关节和静脉瓣。如需长期输液者，注意保护和合理使用静脉，一般从远端小静脉开始，交替使用。

（6）输液过程中加强巡视，耐心听取患者的主诉，严密观察患者全身及局部反应，及时处理输液故障或输液反应，并做好记录。

（7）输液前要注意排尽输液管及针头内的空气，输液过程中要及时更换输液瓶，输液完毕要及时拔针，严防造成空气栓塞。

（8）留置针一般可保留 3 ~ 5 天，不超过 7 天。注意保护有留置针的肢体，在不进行输液时，也应避免肢体呈下垂姿势及提举重物。

【评价】

1. 正确执行无菌操作和查对制度，无差错发生。

2. 操作程序清晰、规范，静脉穿刺一次成功，无局部、全身不适和不良反应。

3. 患者通过输液获得需要的药液和液体。

4. 患者能理解输液的目的，了解有关用药知识，愿意接受并积极配合。

（二）颈外静脉穿刺置管输液法

颈外静脉为颈部最大浅静脉，由下颌后静脉的后支和耳后静脉汇合形成，沿胸锁乳突肌表面斜行向下，至该肌后缘处汇入锁骨下静脉。其行径表浅且位置恒定，易于穿刺。适用于需长期静脉输液、周围静脉不宜穿刺者，周围循环衰竭需测量中心静脉压者，以及长期静脉内滴注高浓度、刺激性强的药物或行静脉内高营养治疗的患者。

【评估】

1. 患者的病情、意识状态、活动能力、普鲁卡因过敏史。
2. 患者心理状态，对疾病的认识，合作程度。
3. 穿刺部位皮肤、血管情况。

【计划】

1. **操作者准备** 衣帽整洁，修剪指甲，洗手，戴口罩。
2. **患者准备** 了解颈外静脉插管的目的、方法、注意事项及配合要点。
3. **环境准备** 清洁、安静、宽敞、明亮、安全。
4. **用物准备**

（1）注射盘 1 套，另加 1% 普鲁卡因注射液、0.9% 氯化钠溶液、无菌手套、无菌敷贴 10cm×12cm。

（2）中心静脉穿刺包。

（3）按医嘱准备液体及药物。

（4）输液卡、输液架。

【实施】

1. 操作方法

操作步骤	要点说明
（1）同密闭式静脉输液法（1）～（6）	·同密闭式静脉输液
（2）体位 协助患者去枕平卧，头偏向对侧，肩下垫一薄枕	·使患者头低肩高，颈部伸展、平直，充分暴露穿刺部位
（3）选择穿刺点 术者立于床头，选择穿刺点	·取下颌角和锁骨上缘中点连线之上 1/3 处，颈外静脉外缘为穿刺点（图 14-3）
（4）消毒皮肤	
（5）铺巾 打开无菌穿刺包，戴无菌手套，铺孔巾	·形成一个无菌区，便于操作
（6）第 2 次核对	·操作中查对
（7）局部麻醉 由助手协助，术者用 5ml 注射器抽吸 1% 普鲁卡因在穿刺部位行局部麻醉；用 10ml 注射器吸取生理盐水，以平针连接硅胶管，排尽空气备用	
（8）穿刺 ①穿刺前可先用刀片尖端在穿刺点上刺破皮肤做引导 ②术者左手绷紧穿刺点上方皮肤，右手持穿刺针与表皮呈 45° 进针，进入皮肤后呈 25° 沿静脉方向穿刺	·以减少进针时皮肤阻力 ·穿刺时助手用手指按压颈静脉三角处，阻断血流使静脉充盈
（9）插管 见回血后，立即用拇指按住针栓，另一手持备好的硅胶管快速由针孔送入 10cm 左右。插管时由助手一边抽回血一边缓慢注入生理盐水	·管道在锁骨下静脉与颈外静脉汇合角处难以通过时，可试着改变插管方向再通过 ·插管动作要轻柔，以防盲目插入使硅胶管在血管内打折或硅胶管过硬破血管发生意外
（10）连接输液器 确定硅胶管在血管内后，退出穿刺针，再次抽回血检查是否在血管内，确定无误后，移去洞巾，接上输液器输入液体	·如果输液不畅，应观察硅胶管有无弯曲，是否滑出血管外
（11）固定 用无菌敷贴覆盖穿刺点并固定硅胶管，在距离穿刺点约 1cm 处，将硅胶管缝合固定在皮肤上，覆盖无菌纱布并用胶布固定	·固定要牢固，防止硅胶管脱出 ·缝合 2 针，两个结间距为 1cm
（12）同密闭式输液法（12）～（15）	
（13）暂停输液的处理 ①可用 10～100U/ml 的肝素稀释液或一次性冲管液注射器连接头皮针注入静脉帽进行封管；再用无菌纱布覆盖固定	·防止血液凝集在输液管内 ·如硅胶管内有血液凝集，应用注射器抽出血凝块后再注入药液，或边抽边拔管，切忌将血凝块推入血管
②每天更换穿刺点敷料，用聚维酮碘擦拭消毒静脉帽，常规消毒局部皮肤	·观察局部有无红肿，防止感染 ·因乙醇可使硅胶管老化，故勿用乙醇擦拭
（14）再次输液 取下静脉帽，消毒针栓孔，接上输液装置即可	·输液前先检查导管是否在静脉内
（15）输液完毕的处理 ①停止输液时，硅胶管末端接上注射器，边抽吸边拔出硅胶管，局部加压数分钟，用聚维酮碘消毒穿刺局部，无菌纱布覆盖 ②同密闭式输液法（17）之②～③	·边抽边拔管可防止残留的小血块和空气进入血管，形成血栓 ·拔管动作应轻柔，避免折断硅胶管

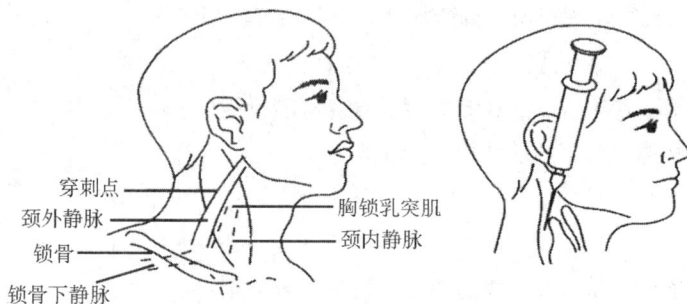

图 14-3　颈外静脉穿刺点示意图

2. 注意事项

（1）严格执行无菌操作及查对制度，预防感染及差错事故的发生。

（2）仔细选择穿刺点。穿刺点的位置不可过高或过低，过高因近下颌角而妨碍操作，过低则易损伤锁骨下胸膜及肺尖而导致气胸。

（3）加强巡视，如滴入不畅应检查硅胶管是否弯曲或滑出血管外；若硅胶管内有凝血，应用注射器将凝血块抽出，切忌将凝血块推入血管造成栓塞。

（4）按要求更换穿刺点敷料，若敷料潮湿应立即更换，并注意观察局部皮肤，一旦出现红、肿、热、痛等炎症表现，应做相应的处理。

【评价】

1. 患者理解颈外静脉插管的目的，接受治疗并积极配合。

2. 插管顺利，无并发症发生。

（三）锁骨下静脉穿刺置管输液法

锁骨下静脉自第一肋外缘处续腋静脉，位于锁骨后下方，向内至胸锁关节后方与颈内静脉汇合成无名静脉，左右无名静脉汇合成上腔静脉入右心房。此静脉较粗大，成人的管腔直径可达2cm，位置虽不很表浅，但常处于充盈状态，周围还有结缔组织固定，使血管不易塌陷，也较易穿刺，硅胶管插入后可以保留较长时间。此外，锁骨下静脉距离右心房较近，血量多，当输入大量高浓度或刺激性较强的药物时，注入的药物可以迅速被稀释，对血管壁的刺激性较小。

锁骨下静脉穿刺置管输液法适用于下列患者：①长期不能进食或丢失大量液体，需补充大量高热量、高营养液体及电解质的患者；②各种原因所致的大出血，需迅速输入大量液体，以纠正血容量不足或提升血压的患者；③需较长时间接受化学治疗的患者（输入刺激性较强的抗癌药物）；④需测定中心静脉压或需要紧急放置心内起搏导管的患者。

【目的】

1. 同"静脉输液的目的"。

2. 测量中心静脉压。

3. 紧急放置心内起搏导管。

【操作前准备】

1. 评估患者并解释

（1）评估患者　①年龄、病情、意识状态及营养状况等；②心理状态及配合程度；③穿刺部位的皮肤、血管状况及肢体活动度；④普鲁卡因过敏史；⑤叩诊两侧背部肺下界，并听诊两侧呼吸音（以便在术后不适时作为对照）。

（2）向患者解释锁骨下静脉穿刺置管输液法的目的、方法、注意事项及配合要点。

2. 患者准备

（1）了解锁骨下静脉穿刺置管输液法的目的、方法、注意事项及配合要点。

（2）做普鲁卡因过敏试验。

（3）输液前排尿或排便。

3. 操作者准备 衣帽整洁，修剪指甲，洗手，戴口罩。

4. 用物准备

（1）同密闭式静脉输液。

（2）无菌穿刺包。

（3）另备：1%普鲁卡因注射液、10～100U/ml肝素稀释液、1%亚甲蓝、无菌手套、无菌敷贴。

5. 环境准备 整洁、安静、舒适、安全。

【实施】

1. 操作方法

操作步骤	要点说明
（1）同密闭式静脉输液法（1）～（6）	·同密闭式静脉输液
（2）体位 协助患者平卧，最好床脚抬高15°～25°，保证静脉充盈及静脉内压大于大气压，预防空气栓塞。在两肩胛之间直放一个小枕，取头低肩高、双肩外展位，借此使锁骨下静脉与肺尖分开；头稍转向对侧，以暴露胸锁乳突肌。	·使患者头低肩高，充分暴露穿刺部位
（3）选择穿刺点 术者立于床头，用1%亚甲蓝标记进针点及胸锁关节	·穿刺点位于胸锁乳突肌的外侧缘与锁骨所形成的夹角的平分线上，距顶点0.5～1cm处（图14-4）
（4）消毒皮肤	
（5）开包 铺巾打开无菌穿刺包，戴无菌手套，铺孔巾	·形成一个无菌区
（6）备水枪及硅胶管 准备好射管水枪及硅胶管，并抽吸10～100U/ml肝素稀释液，连接穿刺针头（图14-5）	·准备穿刺射管时用
（7）第2次核对	·操作中查对
（8）局部麻醉 术者用5ml注射器抽吸1%普鲁卡因2ml在预定穿刺部位行局部麻醉	
（9）穿刺 将针头指向胸锁关节，与皮肤成30°～40°，向内向上进针，针尖指向胸骨上窝，边进针边抽回血，直至穿刺成功	·通过胸锁筋膜有落空感时，继续进针 ·准确掌握进针方向，避免过度向外偏移而刺破胸膜造成气胸
（10）射管 ①术者持射管水枪，按试穿方向刺入锁骨下静脉，同时抽回血，如抽出暗红色血液，表明进入锁骨下静脉	·射管时推注水枪应迅速，使水枪内压力猛增，方可将管射出
②嘱患者屏气，术者一手按住水枪的圆孔及硅胶管末端，另一手快速推动活塞，硅胶管即随液体进入锁骨下静脉。	·射管时应压住水枪圆孔及硅胶管末端，以免将硅胶管全部射入体内 ·一般射入长度：左侧16～19cm，右侧12～15cm
③压住穿刺针顶端，将针退出。待针头退出皮肤后，将硅胶管轻轻从水枪中抽出	·退针时，切勿来回转动针头，以防针头斜面割断硅胶管。穿刺针未退出血管时，不可放开按压圆孔处的手指，防止硅胶管被吸入
（11）连接输液器输液 将已备好的输液器导管连接平针头，插入肝素帽或无针接头内，进行静脉输液	·滴注中，注意巡视观察，若发现硅胶管内有回血，须及时用10～100U/ml肝素稀释液冲注，以免血块阻塞硅胶管
（12）固定 常规消毒后用无菌敷贴覆盖穿刺点并固定硅胶管；在距离穿刺点约1cm处，将硅胶管缝合固定在皮肤上，覆盖无菌纱布并用胶布固定	·固定要牢固，防止硅胶管脱出 ·缝合2针，两个结间距为1cm
（13）同密闭式输液法（12）～（15）	·同密闭式静脉输液 ·如输注不畅，可用急速负压抽吸，不能用力推注液体，以防将管内的凝血块冲入血管形成血栓 ·输液不畅可能与下列情况有关：硅胶管弯曲受压或滑出血管外；头部体位不当；固定硅胶管的线结扎过紧
（14）暂停输液的处理 ①可用10～100U/ml肝素稀释液注入硅胶管进行封管；用无菌静脉帽塞住针栓孔；再用无菌纱布覆盖固定	·防止血液凝集在输液管内
②按规定更换穿刺点敷料，用聚维酮碘擦拭消毒肝素帽或无针接头，常规消毒局部皮肤，消毒面积不小于15cm×15cm	·注意观察局部有无红肿，防止感染 ·因乙醇可使硅胶管老化，故勿用乙醇擦拭，可用乙醇去除胶布痕迹

续表

操作步骤	要点说明
（15）再次输液　消毒肝素帽或无针接头，接上输液装置即可 （16）输液完毕的处理 ①停止输液时，硅胶管末端接上注射器，边抽吸边拔出硅胶管，局部加压数分钟，用聚维酮碘消毒穿刺局部，无菌纱布覆盖 ②同密闭式输液法（17）之②～③	·输液前先检查导管是否在静脉内 ·边抽吸边拔管可防止残留的小血块和空气进入血管，形成血栓 ·拔管动作应轻柔，避免折断硅胶管

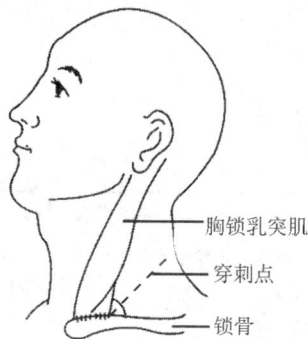

14－4　锁骨下静脉穿刺点示意图

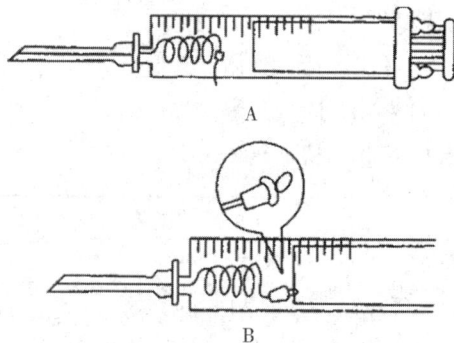

图 14－5　射管水枪

A. 有孔水枪；B. 无孔水枪

2. 注意事项

（1）严格执行无菌操作及查对制度，预防感染及差错事故的发生。

（2）准确选择穿刺点，在铺洞巾前将确定好的穿刺点及穿刺方向进行标记，避免因进针方向过度向外偏移而刺破胸膜发生气胸。

（3）射管时，一定要用手压住水枪圆孔处及硅胶管末端，以免硅胶管全部射入体内。另外，射管时推注水枪活塞应迅速，使水枪内压力猛增而射出硅管，如果缓慢推注，即使水枪内的液体注完，仍不能射出硅胶管。

（4）退针时应先将针尖退出静脉，以防止硅胶管被吸入。

（5）输液过程中加强巡视，如发现硅胶管内有回血，应及时用 10～100U/ml 肝素稀释液冲注，以免血块阻塞硅胶管。

（6）正确的冲管频率　在每次静脉输液、给药之后立即冲洗导管；每次输入血、血制品、TPN、脂肪乳、蛋白等高黏滞性药物后；采血后；治疗间歇期，每 3～7 天冲洗 1 次导管；在连续输液情况下，应每 12 小时冲洗 1 次。常用冲管液为：0.9% 氯化钠溶液 10ml。

（7）冲管方法　采用推－停－推交替的方法推注，在导管内形成小漩涡，有利于把附着在导管和血管壁的残留物冲洗干净，加强冲管效果（又称脉冲式冲管）。

（8）冲管注意事项　严禁使用 10ml 以下的注射器，小于 10ml 的注射器可产生较大的压力，如遇导管阻塞可至导管破裂。推荐使用 10ml 注射器，重力输注生理盐水或其他任何方式都不能有效冲管；如果经由导管抽血、输血、输注其他黏滞性液体，必须先用上述方式冲洗导管后再接其他输液；为避免血液反流于导管末端，应在正压封管的瞬间关闭导管锁。

（9）防止硅胶管内发生凝血　每天暂停输液时，用 10～100U/ml 肝素稀释液注入硅胶管进行封管。若发现硅胶管内有凝血，应用注射器将凝血块抽出，切忌将凝血块推入血管造成栓塞。

（10）穿刺点上的敷料的更换　敷料应严格按照规定的周期更换，当置管部位敷料松动或潮湿、污染或必须查看置管部位时应更换；穿刺后第 1 个 24 小时更换 1 次；纱布敷料必须每 2 天更换 1 次；透明半通透性敷料每 4～7 天更换 1 次；纱布敷料与透明的半透膜敷料（TSM）一起使用，则应被视同于纱布敷料，每 48 小时更换 1 次；敷料必须标明以下内容：日期、时间及更换敷料护士名字。

（11）撕脱敷料方法　应顺着穿刺方向，由内到外撕脱敷料；撕除旧敷料时，避免局部皮肤受损的方法有：①180°或0°移除需更换的透明敷料；②用生理盐水棉棒边轻擦拭边去除敷料；③撕敷贴时，注意应顺着穿刺方向，切勿沿导管反向撕除，以免导管移位。

（四）经外周中心静脉置管输液法

经外周中心静脉置管输液法（peripherally inserled central Catheter，P1CC）是从周围静脉导入且导管末端位于中心静脉的深静脉置管技术。此法具有适应证广、创伤小、操作简单、保留时间长、并发症少的优点。常用于中、长期静脉输液及治疗的患者，深静脉留置导管一般可保留于血管7天至1年。

【目的】

1. 适用于不同年龄及各种患者，是重要的急救途径。

2. 为中心静脉压（CVP）监测及全肠外营养（TPN）使用的重要通道。

3. 广泛应用于静脉化学治疗、长期输入高渗性液体和刺激性药物的患者，可保护血管不受损伤。

【评估】

1. 患者一般情况，包括患者的年龄、性别、体重、生命体征、意识程度、营养状况、血液循环状况及自理能力、目前的医疗诊断等。

2. 患者的用药史和目前用药情况。

3. 患者的心理－社会因素。

4. 穿刺部位皮肤有无瘢痕、感染等；肢体活动度；血管状况，包括静脉弹性、粗细、长短、静脉瓣等。

5. 常选择的静脉有贵要静脉、肘正中静脉、头静脉等。

（1）贵要静脉　该静脉直、粗，静脉瓣较少，当手臂与躯干垂直时，为最直接的途径，经腋静脉、锁骨下无名静脉，到达上腔静脉。贵要静脉为PICC置管的首选静脉。

（2）肘正中静脉　此静脉粗、直，但个体差异较大，静脉瓣较多。理想情况下，肘正中静脉加入贵要静脉，形成最直接的途径，经腋静脉、锁骨下无名静脉，到达上腔静脉。肘正中静脉为PICC置管的次选静脉。

（3）头静脉　此静脉前粗后细，且高低起伏。在锁骨下方汇入腋静脉，进入腋静脉处有较大角度，可能有分支与颈静脉或锁骨下静脉相连，使患者的手臂与躯干垂直将有助于导管插入。头静脉为PICC置管的第三选择。

【计划】

1. 操作者准备　洗手、戴口罩，熟悉操作程序及要点，了解患者用药史并向患者解释PICC的操作目的及注意事项。

2. 用物准备

（1）经外周插管的中心静脉导管1套、输液器1套、皮尺、20ml注射器、0.9%氯化钠溶液。

（2）注射盘1套，另备加药用注射器及针头、无菌敷贴或无菌纱布、止血带、胶布、小垫枕、开瓶器、无菌手套、一次性手术衣2件、密闭无针正压接头1个或肝素帽或无针接头1个。

（3）按医嘱准备液体及药物。

（4）输液卡、输液架。

3. 患者准备　患者理解输液的目的，能积极配合，并做好输液的准备。

4. 环境准备 专用操作间，环境整洁、安静，光线明亮，符合无菌操作要求。

【实施】

1. 操作方法

操作步骤	要点说明
（1）同密闭式静脉输液法（1）～（6）	·防止差错事故发生 ·操作间在操作前用消毒机进行空气消毒30分钟
（2）穿刺部位 协助患者进入操作间，取平卧位，手臂外展呈90°。打开穿刺包，取出皮尺，用皮尺测量置管所需的长度，测量臂围，方法为肘关节上四横指处	·充分暴露注射部位 ·从穿刺点沿静脉走向至右胸锁关节处再向下测至第3肋间
（3）消毒皮肤 操作者穿好手术衣，打开无菌包，戴无菌手套，铺治疗巾于患者手臂下，用聚维酮碘以穿刺点为中心环形消毒皮肤，范围为10 cm×10cm，待干	·消毒范围要大，预防感染
（4）铺巾 更换手套，铺无菌孔巾及治疗巾，扩大无菌区	
（5）第2次核对	·操作中查对
（6）插管 ①抽吸0.9%氯化钠溶液，预冲导管以润滑亲水性导丝。撤出导丝至比预计长度短0.5～1cm处	
②按预计导管长度剪去多余部分导管	·注意剪切导管时不可切到导丝，否则导丝将损坏导管，伤害患者
③剥开导管护套10cm左右以方便使用	·操作中勿用双手直接接触导管，防止手套上的滑石粉等异物进入血管
④请助手扎止血带，使静脉充盈 ⑤将保护套从穿刺针上去掉，活动套管，以15°～30°进针，见回血后降低穿刺角度推入导入针3～6cm，确保导引套管的尖端进入静脉内	·如果穿刺未成功，不可将穿刺针再引入导引套管，否则将导致套管断裂
⑥从导引套管取出穿刺针，左手示指固定导引套管，避免移位，中指压在套管尖端所处的血管上，减少血液流出，松开止血带	
⑦用平镊夹住导管尖端，将导管逐渐送入静脉	·用力要均匀、缓慢，注意不要将导管夹得过紧，以免损坏聚硅酮导管。当导管进入肩部时，嘱患者头转向穿刺侧，下颌靠肩以防导管误入颈静脉
⑧置入导管10～15cm之后退出套管，指压套管端静脉以固定导管，继续缓慢送管至顶计长度（上腔静脉）。拔出导丝，连接注射器，抽回血，注入0.9%氯化钠溶液，确定导管是否通畅	·注意禁止暴力抽去导丝，动作要轻柔、缓慢 ·使用10ml以上的注射器，如果使用小于10ml的注射器，可能造成高压，使导管破裂
（7）连接固定 连接输液装置，观察点滴通畅后，再次消毒导管入口及周围皮肤，固定导管，覆盖无菌敷料	·禁止在导管上贴胶布，否则将影响导管强度和完整
（8）第3次核对	·操作后查对
（9）操作后处理 ①整理用物 ②观察患者无不适反应后送回房间休息 ③洗手、记录	·记录导管名称、型号、编号、置入长度，穿刺过程是否顺利及穿刺日期等
（10）封管 输液完毕进行正压封管。用3～5ml封管液，接输液头皮针，边缓慢推注边退出，每次用毕务必封管。不输液的患者每天封管一次	·使针头在退出过程中导管内始终保持正压状态 ·输入黏稠性大的药物应选用0.9%氯化钠溶液10ml缓慢推注后再封管
（11）拔管 拔管时沿静脉走向，轻柔拔出，并对照穿刺记录以确定有无残留，导管尖端常规送细菌培养	·防止导管残留静脉内引起栓塞等

2. 注意事项

（1）送管过程中，如遇送管不畅，表明静脉有阻塞或导管位置有误，勿强行置入，可向后撤导丝导管少许，然后再继续送管。

（2）穿刺后第1个24小时更换敷料，以后每周按常规更换敷料2～3次，揭去敷料时应顺管的方向往上撕，以免将导管拔出。

（3）注意观察密封情况，有无导管堵塞和导管破裂等异常情况。

（4）保护穿刺侧肢体 穿刺侧肢体要避免剧烈运动及用力过度；睡眠时，注意不要压迫穿刺的血管。不输液时，也尽量避免肢体下垂姿势以免由于重力作用造成回血堵塞导管。

（5）注意观察有无并发症的发生，PICC常见的并发症有静脉炎、导管感染、过敏反应等。

【评价】

1. 患者理解PICC的目的及药物作用的相关知识，了解PICC的优点，接受治疗并积极配合。

2. 插管顺利，无并发症发生。

知识链接

经外周置入中心静脉导管（peripherallyinserted central catheter，PICC）是一种由外周静脉穿刺插管，将导管尖端定位于上腔静脉的技术，目的是确保药物直接进入上腔静脉，避免患者长期静脉输液或输注高渗药物、强刺激性的药物等带来的血管损害，减轻患者痛苦。由于PICC具有安全性、可靠性、提供长期的输液的途径优点，因此特别适宜肿瘤患者的化学治疗和营养支持治疗，减少了化学治疗药物外渗引起的组织坏死和高浓度营养液对血管的损伤，提高了肿瘤患者的生活质量和对治疗的信心。PICC导管具有细长的特点，容易发生堵管。但PICC操作简便，穿刺危险性小，留置时间长，并发症少，护士经过培训既可独立操作等优点，越来越广泛地被应用于临床。

六、输液速度与时间的计算

在输液过程中，每毫升溶液的滴数（滴/毫升）称该输液器的滴系数。目前临床上常用输液器的滴系数有10、15、20、50几种型号，以生产厂家输液器袋上标明的滴系数为准。静脉滴注的速度与时间可按下列公式计算。

已知输入液体总量与计划所用输液时间，计算每分钟滴数。

$$每分钟滴速 = \frac{液体总量（ml）×滴系数}{输液时间（min）}$$

例如：某患者需输液体1500ml，计划5小时输完。已知所用输液器的点滴系数为15，求每分钟滴数。

$$每分钟滴数 = \frac{1500×15}{5×60} = 75（滴/分）$$

已知每分钟滴数与输液总量，计算输液所需用的时间。

$$输液时间（小时） = \frac{液体总量（ml）×滴系数}{每分钟滴数×60（分钟）}$$

例如：患者需输入2000ml液体，每分钟滴数为50滴，所用输液器的点滴系数为15，请问需用多长时间输完？

$$输液时间（小时） = \frac{2000×15}{50×60} = 10（小时）$$

七、常见输液故障及处理方法

（一）溶液不滴

1. 针头滑出血管外　液体注入皮下组织，表现为局部肿胀并伴有疼痛。

处理：应拔出针头，另选血管重新穿刺。

2. 针头斜面紧贴血管壁 液体滴入不畅或不滴。

处理：应调整针头位置或适当变换肢体位置，至滴注畅通为止。

3. 针头阻塞 轻轻挤压滴管下端靠近针头处的输液管，若感觉有阻力，松手又无回血时则表示针头已堵塞。

处理：应拔出针头，更换针头后重新穿刺。切忌强行挤压导管或用溶液冲注针头，以免凝血块进入静脉内造成栓塞。

4. 静脉痉挛 由于患者穿刺肢体在冷环境中暴露时间过长或输入液体温度过低所致。

处理：应在穿刺局部行热敷，解除静脉痉挛，促进血液循环。

5. 压力过低 因输液瓶位置过低、患者肢体抬举过高或患者周围循环不良所致。处理：应适当抬高输液瓶位置或降低患者肢体位置。

（二）滴管内液面自行下降

处理：应检查滴管上端输液管与滴管的衔接是否松动，两者有无裂隙或漏气，必要时予以更换输液器。

（三）滴管液面过高

1. 滴管侧壁有调节孔时，可夹紧滴管上端的输液管，再打开调节孔，待滴管内溶液下降至所需液面，见到滴注时，再关闭调节孔，松开滴管上端的输液管。

2. 滴管侧壁无调节孔时，可将输液瓶从输液架上取下，倾斜瓶身，使瓶内针头露出液面，待溶液缓缓流下至滴管内露出液面时，再将输液瓶挂回继续滴注。

（四）滴管液面过低

不管滴管侧面是否有调节孔，均可折叠滴管下端输液管，用手挤压滴管，迫使液体流入滴管，直至液面升高至所需高度时，停止挤压，松开下端输液管。

八、常见的输液反应及护理

（一）发热反应

发热反应是输液最常见的反应。

1. 原因 因输入致热物质引起。多由于输液瓶清洁、灭菌不彻底，输入的溶液或药物制品不纯、消毒保存不良，输液器消毒不严格或被污染，输液过程中未能严格执行无菌操作等所致。

2. 临床表现 多发生于输液后数分钟至1小时。患者表现为发冷、寒战和发热。轻者体温在38℃左右，停止输液数小时内体温恢复正常；重者初起寒战，继之体温可达40℃以上，伴恶心、呕吐、头痛、脉速等症状。

3. 护理措施

（1）预防 严格检查药液质量、输液用具的包装及灭菌有效期等，输液中严格执行无菌操作。

（2）处理 ①发热反应轻者，减慢滴注速度或停止输液，及时与医师联系；②发热反应重者，立即停止输液，保留余液和输液器，必要时送检验室做细菌培养；③对症处理，寒战时适当增加盖被或用热水袋保暖，高热时给予物理降温；④严密观察生命体征并做好记录，必要时遵医嘱给予抗过敏药或激素治疗。

（二）急性肺水肿

1. 原因

（1）因输液速度过快，短期内输入过量液体，使循环血容量急剧增加，心脏负荷过重所致。

（2）患者原有心肺功能不良。

2. 临床表现　在输液过程中患者突然出现呼吸困难、气促、胸闷、咳嗽、咳粉红色泡沫样痰，严重时痰液从口、鼻涌出。听诊两肺部可闻及湿啰音，心率快且节律不齐。

3. 护理措施

（1）预防　严格控制输液速度与输液量，对年老体弱、婴幼儿、心肺功能不良的患者需要特别慎重并密切观察。

（2）处理

①如发现上述肺水肿症状时，立即停止输液，并通知医师，让患者取端坐位，两腿下垂，以减少下肢静脉回流，减轻心脏负担。

②给予高流量氧气吸入，一般氧流量为6～8L/min；并在湿化瓶内盛20%～30%乙醇溶液，以减低肺泡内泡沫表面的张力，使泡沫破裂消散，从而改善肺部气体交换，减轻缺氧状态。

③按医嘱给予镇静药剂、扩血管药物、平喘药和强心药。

④必要时进行四肢轮扎，用橡胶止血带或血压计袖带在四肢适当加压，以阻断静脉血流，但动脉血仍可通过。每5～10分钟轮流放松一个肢体上的止血带，可有效地减少静脉回心血量。待症状缓解后，止血带应逐渐解除。

⑤做好心理护理，安慰患者，以解除其紧张情绪。

（三）静脉炎

1. 原因　由于长期输入浓度较高、刺激性较强的药物或静脉内置管时间太长，而引起的化学性或机械性的局部炎症；也可因在输液过程中无菌操作不严格而引起的局部静脉感染。

2. 临床表现　沿静脉走向出现条索状红线，局部组织发红、肿胀、灼热、疼痛，全身伴以畏寒、发热等。

3. 护理措施

（1）预防　严格执行无菌技术操作，对血管有刺激性的药物应充分稀释后应用，减慢输液速度，并防止药液溢出血管外；同时，有计划地更换输液部位，以保护静脉。

（2）处理

①停止在此处静脉输液并将患肢抬高、制动；局部用50%硫酸镁溶液行湿热敷，每日2次，每次20分钟。

②使用超短波理疗，每日1次，每次15～20分钟。

③中药如意金黄散局部外敷，可清热、除湿、疏通气血、止痛、消肿，使用后患者感到清凉、舒适、止痛的作用。

④如合并全身感染症状，按照医嘱给予抗生素治疗。

（四）空气栓塞

1. 原因

（1）输液前，输液管内空气未排尽或输液管连接不紧密漏气。连续输液过程中更换溶液瓶不及时或输液完毕未及时拔针。

（2）加压输液、输血时无人守护，液体输完未及时更换药液或拔针，导致空气进入静脉发生空气栓塞。

（3）拔出较粗的、近胸腔的深静脉导管后，穿刺点密封不严密。

空气进入静脉内形成空气栓子。气栓随血流经右心房到达右心室，如空气量少，则随着心脏的收缩从右心室压入肺动脉并分散到肺小动脉内，最后经毛细血管吸收，因而损害较小。如空气量大，则空气在右心室内阻塞肺动脉口（图14-6），使血液不能进入肺内，气体交换发生障碍，引起机体严重缺氧而立即死亡。

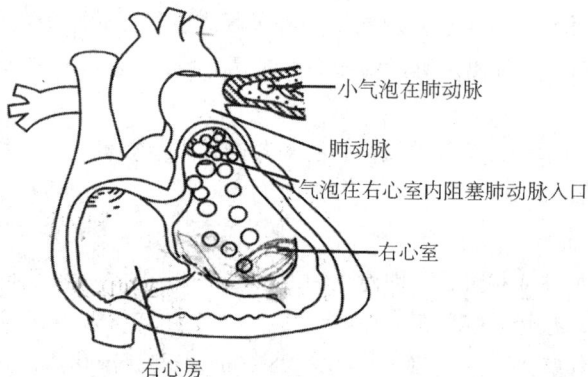

图14-6 空气在右心室内阻塞肺动脉入口

2. 临床表现 输液过程中，患者感到胸部异常不适或有胸骨后疼痛，随即出现呼吸困难和严重发绀，有濒死感。听诊心前区可闻及响亮、持续的"水泡声"，心电图呈心肌缺血和急性肺源性心脏病的改变。

3. 护理措施

（1）预防

①输液前排尽输液管内的空气，输液过程中密切观察，加强巡视，连续输液时应及时更换输液瓶或添加药液，输液完毕及时拔针。

②加压输液或输血时应专人守护，及时更换输液瓶。

③拔除较粗、近胸腔的静脉导管时，必须严密封闭穿刺点。

（2）处理

①让患者取左侧头低足高卧位。左侧卧位可使肺动脉的位置处于低位，利于气泡飘移至右心室尖部，从而避开肺动脉入口（图14-7）。随着心脏的舒缩，空气被血液混合成泡沫，分次小量进入肺动脉内而逐渐被吸收。

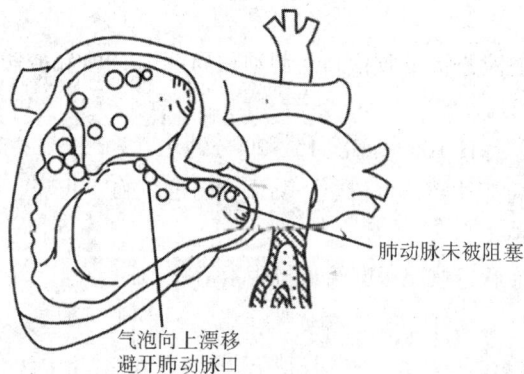

图14-7 患者置于左侧头低足高卧位，气泡避开肺动脉入口

②给予高流量氧气吸入，提高患者的血氧浓度，纠正严重缺氧状态。

③密切观察病情变化，如有异常，及时对症处理。

④有条件者可使用中心静脉导管抽出空气。

九、输液微粒污染

输液微粒污染是指在输液过程中输入液体中含有的非代谢性颗粒杂质，其直径一般为 1 ~ 15μm，大的直径可达 50 ~ 300μm，随液体进入人体而对人体造成严重危害过程。

（一）来源

1. 药物制作过程中混入异物与微粒，如水、空气、工艺过程中的污染。

2. 盛装药液的容器不洁净。

3. 输液器与注射器不洁净。

4. 在准备工作中的污染。如切割安瓿、开瓶塞，加药时反复穿刺溶液瓶橡胶塞及输液环境不洁等。

（二）输液微粒污染的危害

输液微粒污染对机体的危害主要取决于微粒的大小、形状、化学性质以及微粒堵塞血管的部位、血流阻断的程度及人体对微粒的反应等。肺、脑、肝及肾等是最容易被微粒损害的部位。

输液微粒污染对机体的危害如下。

1. 直接阻塞血管，引起局部供血不足，使组织缺血、缺氧，甚至坏死。

2. 红细胞凝集在微粒上，形成血栓，引起血管栓塞和静脉炎。

3. 微粒进入肺毛细血管，可引起巨噬细胞增殖，包围微粒形成肺内肉芽肿，影响肺功能。

4. 引起血小板减少症和过敏反应。

5. 微粒刺激组织而产生炎症或形成肿块。

（三）防止输液微粒污染的措施

1. 生产药厂 改善车间环境卫生条件、安装空气净化装置，防止空气中悬浮尘粒与细菌污染；工作人员要穿工作服，工作鞋，戴口罩，必要时戴手套；选用优质溶剂与注射用水；采用先进技术，提高检验技术，确保药液质量。

2. 输液操作

（1）采用密闭式一次性医用塑料输液（血）器。

（2）注意输液操作中的空气净化。净化操作室空气，可在超净工作台进行输液前准备；在通气针头或通气管放置滤膜，阻止空气中微粒进入液体中；对监护病房、手术室、产房、婴儿室应定期进行空气消毒或安装空气净化装置，有条件的医院在一般病室也应安装空气净化装置，减少病原微生物和尘埃的数量，使输液环境洁净。

（3）严格无菌技术操作。

（4）认真检查输入液体质量，透明度、溶液瓶有无裂痕、瓶盖有无松动，瓶签字迹是否清晰及有效期等。

（5）输入药液最好现用现配，避免污染。

十、输液泵的应用

输液泵是电子输液控制装置，能将药液精确、微量均匀、持续地输入体内，达到控制输液速度的目的。多用于危重患者、心血管疾病患者及患儿的抢救。常用的型号有活塞型注射泵和定容型输液泵。

活塞型注射泵体积小，充电系统好，携带方便，便于急救中使用。

定容型输液泵只测定实际输入的液体量，不受溶液的浓度、黏度、导管内径的影响，输注剂量较准确，但使用时需用与其配套的输液器。

知识链接

各种不同材质的静脉输液装置及其应用

1. 聚氯乙烯（PVC）输液装置 其特性是含有增塑剂和热稳定剂，当与一些药物中的乙醇和表面活性剂成分接触时，这些物质会迁移出来进入药物溶液中，造成药物浑浊、失效，可能引发患者发生较严重的药物不良反应。此外，PVC材质对某些药物会产生较严重吸附，导致药效下降。

2. 超低密度聚乙烯（TPE）输液装置 其特性是不会吸附药物，不添加增塑剂，无稳定剂，焚烧产物为二氧化碳和水，不产生二噁英，生物相容性好，不会析出有毒物质或对药物产生吸附，输液安全性好。

3. 避光输液器 其特点是在制造材料过程中添加了棕色或深色的无毒颜料，使光线不透或有限通过，应用于某些容易发生光化学反应药物（如硝普钠）的输注。

4. 非精密过滤型输液器 其特点是过滤器为普通纤维素滤膜，滤膜孔一般为$20\mu m$，在滤过超过一定量的药液时或遇酸性药物、碱性药物后，过滤器的纤维脱，落产生大量不溶性微粒而造成微粒污染。建议输注强酸、强碱类和抗肿瘤药物时不选择非精密过滤型输液器。

5. 精密过滤输液器 其过滤器的滤膜是核孔结构，具有双层过滤介质，不容易产生异物脱落。按滤膜核孔的大小分，有$5\mu m$、$3\mu m$、$1\mu m$、$0.2\mu m$等规格。输注时根据药物的性质和流量的要求选择孔径合适的过滤器。

第二节　静脉输血

静脉输血（blood transfusion）是将血液或血制品通过静脉输入人体的方法。

输血是急救和治疗疾病的重要措施之一，但也是一项高风险的治疗技术。掌握各种血液制品的使用原则及使用注意事项，可为临床安全、有效、节约用血提供保障。

案例引导

案例：患者，女，43岁，因输血5分钟后出现头部胀痛、面部潮红，恶心、呕吐、心前区压迫感而入院。

提问：1. 患者出现了什么情况？

　　　　2. 如何紧急处理目前的主要问题？

一、静脉输血的目的及原则

（一）输血的目的

1. 补充血容量 增加有效循环血量，改善心肌功能和全身血液灌流，提高血压，促进循环。用于失血、失液引起的血容量减少或休克患者。

2. 补充红细胞 用于血液系统疾病引起的严重贫血及某些慢性消耗性疾病的患者，以增加血红蛋白含量,提高血液携带氧的能力,改善组织、器官的缺氧状况。

3. 补充血浆蛋白 用于低蛋白血症患者以及大出血、大手术的患者,以增加蛋白质,改善营养,维持胶体渗透压,减少组织渗出和水肿,保持有效循环血量。

4. 供给血小板和各种凝血因子 改善凝血功能,有助于止血。用于凝血功能障碍及大出血患者。

5. 输入抗体、补体等成分 增强机体免疫力,提高机体抗感染能力,用于严重感染患者。

6. 排除有害物质 用于一氧化碳、苯酚等化学物质中毒,血红蛋白失去运氧能力或不能释放氧气供组织利用时,以改善组织、器官的缺氧状况。溶血性输血反应及重症新生儿溶血病时,可采用换血法。为排除血浆中的自身抗体,也可采用换血浆法。

(二)静脉输血的原则

1. 输血前必须做好血型鉴定及交叉配血试验。

2. 无论是输全血还是输成分血,均应选用同型血液输注。但在紧急情况下,如无同型血,可选用 O 型血输给患者。AB 型血的患者除可接受 O 型血外,还可以接受其他异型血型的血(A 型血和 B 型血),但要求直接交叉配血试验阴性(不凝集),而间接交叉试验可以阳性(凝集)。由于输入的量少,输入的血清中的抗体可被受血者体内大量的血浆稀释,而不足以引起受血者红细胞的凝集,故不出现反应。因此,在这种特殊情况下,必须一次输入少量血,一般最多不超过 400ml,且要放慢输入速度。

3. 患者如果需要再次输血,则必须重新做交叉配血试验,以排除机体已产生抗体的情况。

二、血液制品的种类

(一)全血

全血指采集的血液未经任何加工而全部保存备用的血液,全血可分为新鲜血和库存血两类。

1. 新鲜血 在 4℃ 常用抗凝保养液中保存 1 周内的血液,它基本上保留了血液的各种原有成分,对血液病患者尤其适用。

2. 库存血 库存血在 4℃ 环境下可以保存 2～3 周。库存血虽含有血液的所有成分,但其有效成分随保存时间的延长而发生变化。其中,白细胞、血小板和凝血酶原等成分破坏较多。含保存液的血液 pH 为 7.0～7.25,随着保存时间延长,葡萄糖分解,乳酸增高,pH 逐渐下降。此外,由于红细胞、白细胞逐渐破坏,细胞内钾离子外溢,使血浆钾离子浓度升高,酸性增强。因此,大量输注库存血可导致酸中毒和高钾血症的发生。库存血适用于各种原因引起的大出血。

(二)成分血

1. 血浆 是全血经分离后所得到的液体部分。主要成分是血浆蛋白,不含血细胞,无凝集原。无须做血型鉴定和交叉配血试验,可用于补充血容量、蛋白质和凝血因子。血浆可分为以下 4 种。

(1)新鲜血浆 含所有凝血因子,适用于凝血因子缺乏的患者。

(2)保存血浆 适用于血容量及血浆蛋白较低的患者。

(3)冰冻血浆 在 −30℃ 的环境下保存,有效期为 1 年,使用前需将其放在 37℃ 的温水中融化,并于 6 小时内输入。

(4)干燥血浆 是将冰冻血浆放在真空装置下加以干燥制成的,有效期为 5 年,使用时可加适量的等渗盐水或 0.1% 枸橼酸钠溶液溶解。

2. 红细胞 可增加血液的携氧能力，用于贫血、失血多的手术或疾病，也可用于心功能衰竭的患者补充红细胞，以避免心脏负荷过重。一般以 100ml 为一个单位，每个单位红细胞可以增加血细胞容积约 4%。红细胞包括以下 3 种。

（1）浓缩红细胞 是新鲜血经离心或沉淀去除血浆后的剩余部分。适用于携氧功能缺陷和血容量正常的贫血患者。

（2）洗涤红细胞 红细胞经生理盐水洗涤数次后，再加适量生理盐水，含抗体物质少，适用于器官移植术后患者及免疫性溶血性贫血患者。

（3）红细胞悬液 提取血浆后的红细胞加入等量红细胞保养液制成。适用于战地急救及中、小手术者。

3. 白细胞浓缩悬液 新鲜全血离心后取其白膜层的白细胞，于 4℃ 环境下保存，48 小时内有效。新鲜全血离心后如添加羟乙基淀粉注射液，可增加粒细胞的获得率。用于粒细胞缺乏伴严重感染的患者。

4. 血小板浓缩悬液 全血离心所得，22℃ 环境下保存，24 小时内有效。用于血小板减少或功能障碍性出血的患者。

5. 各种凝血制剂 可有针对性地补充某些凝血因子的缺乏，如凝血酶原复合物等，适用于各种原因引起的凝血因子缺乏的出血性疾病。

（三）其他血液制品

1. 清蛋白制剂 从血浆中提纯而得，能提高机体血浆蛋白及胶体渗透压。临床上常用 5% 的清蛋白制剂，用于治疗由各种原因引起的低蛋白血症患者，如外伤、肝硬化、肾病及烧伤等。

2. 纤维蛋白原 适用于纤维蛋白原缺乏血症和弥散性血管内凝血（DIC）患者。

3. 抗血友病球蛋白浓缩剂 适用于血友病患者。

三、静脉输血的适应证与禁忌证

（一）静脉输血的适应证

1. 各种原因引起的大出血 为静脉输血的主要适应证。一次出血量 <500ml 时，机体可自我代偿，不必输血。失血量在 500~800ml 时，需要立即输血，一般首选晶体溶液、胶体溶液或少量血浆增量剂输注。失血量 >1000ml 时，应及时补充全血或血液成分。

2. 贫血或低蛋白血症 输注浓缩红细胞、血浆、清蛋白制剂。

3. 严重感染 输入新鲜血以补充抗体和补体。

4. 凝血功能障碍 输注相关血液成分。

（二）静脉输血的禁忌证

静脉输血的禁忌证包括：急性肺水肿、充血性心力衰竭、肺栓塞、恶性高血压、真性红细胞增多症、肾功能极度衰竭及对输血有变态反应者。

四、血型和交叉配血试验

（一）血型

血型是指红细胞膜上特异性抗原的类型。一般根据红细胞所含的凝集原不同，将人类的血液分为若干类型。临床上主要应用的有 ABO 血型系统及 Rh 血型系统。

1. ABO 血型系统 人类血液红细胞含有 A、B 两种凝集原，依据所含凝集原的不同，将血液分为 O 型、AB 型、A 型、B 型。血清中含有与凝集原相对抗的物质，称为凝集素，分别有抗 A 凝集素与抗 B 凝集素（表 14－1）。

表 14－1　ABO 血型系统的凝集原和凝集素

血型	凝集原	凝集素	血型	凝集原	凝集素
A	A	抗 B	AB	A、B	无
B	B	抗 A	O	无	抗 A、抗 B

2. Rh 血型系统　人类红细胞除含有 A、B 抗原外，还有 C、c、D、d、E、e 6 种抗原。其中 D 抗原的抗原性最强，故凡红细胞膜上含有 D 抗原者称为 Rh 阳性，而红细胞膜上缺乏 D 抗原者称为 Rh 阴性。汉族人中，99% 为 Rh 阳性，1% 为 Rh 阴性。人的血清中不存在抗 Rh 的天然抗体，Rh 阴性的人输入 Rh 阳性血液，或 Rh 阳性胎儿的红细胞从胎盘进入了 Rh 阴性的母体，就会使 Rh 阴性者产生抗 Rh 抗体，当再次输入 Rh 阳性血液时，就会出现不同程度的溶血反应。

（二）血型鉴定和交叉配血试验

1. 血型鉴定　ABO 血型鉴定是采用已知的抗 A、抗 B 血清来检测红细胞的抗原并确定血型，Rh 血型是用抗 D 血清检测，若红细胞被抗 D 血清凝集，则为 Rh 阳性。

2. 交叉配血试验　为确保输血安全，除做血型鉴定外，即使在 ABO 血型系统相同的人之间进行输血，输血前还必须做交叉配血试验，即用供血者的红细胞与受血者的血清进行配合试验（直接交叉配血试验），再用受血者的红细胞与供血者的血清做配合试验（间接交叉配血试验），如果直接交叉配血试验和间接交叉配血试验都没有凝集反应，即为配血相合，方可进行输血（表 14－2）。交叉配血试验既可检验血型，又能发现红细胞或血清中是否存在其他的凝集原或凝集素，以免引起红细胞凝集反应。

表 14－2　交叉配血试验

	直接交叉配血试验	间接交叉配血试验
供血者	红细胞	血清
受血者	血清	红细胞

五、静脉输血法

密闭式静脉输血法包括间接静脉输血和直接静脉输血两种。

【评估】

1. 患者的病情、治疗情况（作为合理输血的依据）。

2. 患者的血型、输血史及过敏史（作为输血时查对及用药的参考）。

3. 患者的心理状态及对输血相关知识的了解程度（为心理护理及健康教育提供依据）。

4. 穿刺部位皮肤、血管状况：根据病情、输血量、年龄选择静脉，并避开破损、发红、硬结、皮疹等部位的血管（一般采用四肢浅静脉；急症输血时多采用肘部静脉；周围循环衰竭时，可采用颈内静脉或锁骨下静脉）。

5. 向患者解释输血的目的、方法、注意事项及配合要点。

【计划】

1. 患者准备

（1）了解输血的目的、方法、注意事项和配合要点。

（2）采血标本以验血型和做交叉配血试验。

（3）签署知情同意书。

（4）排空大、小便，取舒适卧位。

2. 护士准备 衣帽整洁，修剪指甲，洗手，戴口罩。

3. 用物准备 间接静脉输血法：同密闭式输液法，仅将一次性输液器换为一次性输血器（滴管内有滤网，可去除大的细胞碎屑和纤维蛋白等微粒，而血细胞、血浆等均能通过滤网）、生理盐水、血液制品（根据医嘱准备）、一次性手套。

4. 环境准备 整洁、安静、舒适、安全，光线充足。

5. 输血前准备

（1）备血 根据医嘱认真填写输血申请单，并抽取患者静脉血标本2ml，将血标本和输血申请单一起送血库做血型鉴定和交叉配血试验。采血时禁止同时采集两个患者的血标本，以免发生混淆。

（2）取血 根据输血医嘱，护士凭提血单到血库取血，并和血库人员共同认真做好"三查八对"。三查：查血液的有效期、血液的质量以及血液的包装是否完好无损。八对：对姓名、床号、住院号、血袋（瓶）号（储血号）、血型、交叉配血试验的结果、血液的种类、血量。核对完毕，确认血液没有过期，血袋完整无破漏或裂缝，血液分为明显的两层（上层为浅黄色的血浆，下层为暗红色的红细胞，两者边界清楚，无红细胞溶解），血液无变色、浑浊、无血凝块、气泡或其他异常物质，护士在交叉配血试验单上签字后方可提血。

（3）取血后注意事项 血液自血库取出后，勿剧烈震荡，以免红细胞破坏而引起溶血，库存血不能加温，以免血浆蛋白凝固变性而引起不良反应。如为库存血，需在室温下放置15～20分钟后再输入。

（4）核对 输血前，需与另一个护士再次进行核对，确定无误并检查血液无凝块后方可输血。

（5）知情同意 输血前，应先取得患者的理解并征求患者的同意，签署知情同意书。

【实施】

1. 操作方法

操作步骤	要点说明
▲间接输血法	·将抽出的血液按静脉输液的方法输给患者
（1）核对	
①洗手、戴口罩，向患者解释静脉输血的目的及注意事项	·操作前查对
②与另一护士再次核对	·严格无菌操作和查对制度，确保患者安全
（2）建立静脉通道 按静脉输液法建立静脉通道，输入少量生理盐水	·按取血时的"三查八对"内容逐项检查、核对 ·输血前先输入少量生理盐水，冲洗输血器
（3）连接血袋 打开储血袋封口，常规消毒，将输血器针头插入塑料管内，缓慢将血袋倒挂到输液架上	·血液内不得加入其他药品，并避免和其他溶液相混，以防血液变质
（4）调节输血速度 输血开始时速度宜慢，观察10～15分钟，如无不良反应，再按病情和年龄调节滴速	·轻轻旋转血袋，将血液摇匀，避免剧烈震荡，致红细胞破裂
（5）第3次核对	
（6）操作毕处理	·开始滴数不要超过20滴/分，
①协助患者取舒适体位，交代注意事项	·成人一般40～60滴/分，儿童酌减
②将呼叫器置于易取处	
③整理、洗手、记录	
（7）连续输血 如需输入2袋以上血液时，应在前一袋血液即将滴尽时，消毒生理盐水瓶塞后，将针头从血袋中拔出，插入生理盐水瓶中，输入少量生理盐水，再按与第一袋血相同的方法，连接血袋继续输血	·操作后查对 ·输血过程中加强巡视，严密观察
（8）输血完毕	·告知患者如有不适及时使用呼叫器
①继续滴入生理盐水，直到输血器内的血液全部输入静脉再拔针	·记录的内容包括：输血时间、种类，血量、血型、血袋号，有无输血反应
②同密闭式输液法步骤（16）	·输入生理盐水，是为了避免两袋血之间发生反应 ·输完血袋要保留，以便出现输血反应时查找原因
▲直接输血法（临床少用）	

2. 注意事项

（1）在取血和输血过程中，严格执行查对制度和无菌操作规程。输血前，要由两名护士对需查对的项目再次进行查对。

（2）血液制品及输血器内不可随意加入其他药物，如钙剂、酸性及碱性药品、高渗或低渗液体，以防发生血液凝集或溶解。

（3）输血前后及两袋血之间必须输入少量的0.9%氯化钠溶液冲管，以免发生不良反应。

（4）输血过程应加强巡视，认真听取患者主诉，观察有无输血反应，如有出现，应立即停止输血，并按输血反应进行处理。

（5）严格掌握输血速度，对年老体弱、严重贫血、心力衰竭患者应谨慎，滴数宜慢。

（6）输完的血袋送输血科保留24小时，以备患者出现输血反应时检查、分析原因。

【评价】

1. 患者理解输血的目的，有安全感，愿意接受。

2. 严格执行无菌操作和查对制度，未发生感染及差错事故。

3. 输血部位未发生肿胀、渗出，无输血反应。

4. 输血过程中无血制品浪费现象。

六、自体输血和成分输血

（一）自体输血

自体输血（autotransfusion）是指术前采集患者体内血液或手术中收集自体失血，经过洗涤、加工，在术后或需要时再回输给患者本人的方法，即回输自体血。自体输血是最安全的输血方法。

1. 优点

（1）无须做血型鉴定和交叉配血试验，不会产生免疫反应，避免了抗原抗体反应所致的溶血反应、发热反应和过敏反应。

（2）节省血源。

（3）避免了因输血而引起的疾病传播。

2. 适应证与禁忌证

（1）适应证　①胸腔或腹腔内出血，如脾破裂、异位妊娠破裂出血者；②估计出血量在1000ml以上的大手术，如肝叶切除术；③手术后引流血液回输，一般仅能回输术后6小时内的引流血液；④体外循环或深低温下进行心内直视手术；⑤患者血型特殊，难以找到供血者时。

（2）禁忌证　①胸、腹腔开放性损伤达4小时以上者；②凝血因子缺乏者；③合并心脏病、阻塞性肺疾病或原有贫血的患者；④血液在术中受胃肠道内容物污染；⑤血液可能受癌细胞污染者；⑥有脓毒血症和菌血症者。

3. 形式　自体输血有下列3种形式。

（1）术前预存自体血　对符合条件的择期手术的患者，在术前抽取患者的血液，并放于血库在低温下保存，待手术时再输还给患者。一般于手术前3～5周开始，每周或隔周采血1次，直至手术前3天为止，以利机体应对因采血引起的失血，使血浆蛋白恢复正常水平。

（2）术前稀释血液回输　于手术日手术开始前采集患者血液，并同时自静脉输入等量的晶体溶液或胶体溶液，使患者的血容量保持不变，并降低血中的血细胞比容，使血液处于稀释状态，减少了术中红细胞的损失。所采集的血液在术中或术后输给患者。

（3）术中失血回输　在手术中收集患者血液，采用自体输血装置，抗凝和过滤后再将血液回输给患者。多用于脾破裂、输卵管破裂，血液流入腹腔6小时内无污染或无凝血者。自体失血回输的总量应限制在3500ml以内，大量回输自体血时，应适当补充新鲜血浆和血小板。

（二）成分输血

成分输血（component transfusion）是指输入血液的某种成分。它是根据患者的需要，使用血液分离技术，将新鲜血液快速分离成各种成分，然后根据患者需要，输入一种或多种成分。这种疗法又称"血液成分疗法"，起到一血多用、减少输血反应的作用。

1. 成分输血的特点

（1）成分血中单一成分少而浓度高，除红细胞制品以每袋100ml为1单位外，其余制品，如白细胞、血小板、凝血因子等每袋规格均以25ml为1单位。

（2）成分输血每次输入量为200～300ml，即需要8～12单位（袋）的成分血，也就是一次给患者输入8～12位供血者的血液。

2. 成分输血的注意事项

（1）某些成分血，如白细胞、血小板等（红细胞除外），存活期短，为确保成分输血的效果，以新鲜血为宜，且必须在24h内输入体内（从采血开始计时）。

（2）除血浆和清蛋白制剂外，其他各种成分血在输入前均需进行交叉配血试验。

（3）成分输血时，由于一次输入多个供血者的成分血，因此在输血前应根据医嘱给予患者抗过敏药物，以减少过敏反应的发生。

（4）由于一袋成分血液只有25ml，几分钟即可输完，故成分输血时，护士应全程守护在患者身边，进行严密的监护，不能擅自离开患者，以免发生危险。

（5）如患者在输成分血的同时，还需输全血，则应先输成分血，后输全血，以保证成分血能发挥最好的效果。

知识链接

成 分 输 血

成分输血（transfusion of blood components），是将血液的各种成分加以分离、提纯，通过静脉输入体内的治疗方法。目前，国际上输成分血的比例已达到90%以上，输全血不到10%，发达国家比例已超过95%。

近年来，患者的临床救治中成分输血起到的作用日益明显。成分输血指依据患者的治疗需求，输注患者缺乏的血液成分，通常输血成分为血小板、红细胞及血浆制品等。成分输血由于制剂的容量比较小，且纯度及浓度比较高，临床疗效提升明显，能够减低不良反应的发生，还能够节省血源，降低患者的经济压力。

七、常见输血反应及护理

输血具有一定的危险性，可能会引起输血反应及并发症，严重者危及患者生命，必须尽力防治。

（一）发热反应

发热反应是输血中常见的反应。

1. 原因　与输入致热原有关。

（1）血液、保养液、储血器和输血器等被致热原污染。

（2）输血时无菌操作不严，造成污染。

（3）多次输血后，受血者血液中产生白细胞抗体和血小板抗体，再次输血时，对白细胞和血小板发生免疫反应，引起发热。

2. 临床表现　可发生在输血过程中或输血后 1～2 小时，先有发冷或寒战，继之高热，体温可达 38～41℃，伴有皮肤潮红、头痛、恶心、呕吐等全身症状。发热持续时间不等，轻者持续 1～2 小时即可缓解，体温逐渐降至正常。有些患者伴有头痛、恶心、呕吐、皮肤潮红等全身症状，严重者还可出现呼吸困难、血压下降、抽搐，甚至昏迷。

3. 护理措施

（1）预防　严格管理血液制品和输血用具，去除致热原；严格执行无菌操作原则，防止污染。

（2）处理　①有效去除致热原，严格执行无菌操作，防止污染。②反应轻者减慢输血速度，症状可自行缓解。反应重者立即停止输血，对症处理。发冷者注意保暖，高热时给予物理降温，并密切观察生命体征的变化。③根据医嘱给予抗过敏药物、解热镇痛药或肾上腺皮质激素等。④保留余血与输血装置送检，查明原因。

（二）过敏反应

1. 原因

（1）过敏体质的患者，对某些物质易引起过敏，输入血液中的异体蛋白质同患者机体的蛋白质结合，形成完全抗原而致敏。

（2）输入的血液中含有致敏物质，发生抗原抗体结合的免疫反应。

（3）多次输血者，体内产生过敏性抗体，当再次输血时，抗原抗体相互作用引起过敏反应。

2. 临床表现　过敏反应大多发生在输血后期或即将结束时，其程度轻重不一，通常症状出现越早，反应越严重。

（1）轻度反应　输血后出现皮肤瘙痒，局部或全身出现荨麻疹。

（2）中度反应　出现血管神经性水肿，多为颜面部，表现为眼睑、口唇水肿，也可发生喉头水肿，表现为呼吸困难，两肺可闻及哮鸣音。

（3）重症反应　可出现过敏性休克。

3. 护理

（1）预防　①勿选用有过敏史的献血员；②献血员在采血前 4 小时内不宜吃高蛋白和高脂肪食物，宜用清淡饮食或糖水；③对有过敏史的患者，输血前按医嘱给予抗过敏药物。

（2）处理　按反应轻重给予处理。①轻者减慢输血速度，给予抗过敏药物，如苯海拉明、异丙嗪；②重者应立即停止输血，通知医师，根据医嘱皮下注射 0.1% 肾上腺素 0.5～1ml 或静脉注射地塞米松等抗过敏药物；③呼吸困难者给予氧气吸入，喉头水肿者协助气管插管或气管切开；④循环衰竭者给予抗休克治疗；⑤监测生命体征变化；⑥保留余血与输血装置送检以查明原因。

（三）溶血反应

溶血反应指输入血中的红细胞或受血者的红细胞发生异常破坏，从而引起一系列临床症状的发生，是输血最严重的反应。

1. 原因

（1）输血前红细胞已被破坏溶解　如血液储存过久、输血时加温、震荡过剧、血液内加入了高渗或低渗溶液，或影响 pH 变化的药物；血液污染，细菌以枸橼酸钠为营养，消耗枸橼酸钠而使血液凝固，红细胞溶解。

（2）输入异型血　即供血者和受血者血型不符而造成血管内溶血，该反应发生迅速，输入 10～15ml 即可出现症状，后果严重。

（3）Rh 因子所致溶血　Rh 阴性者首次输入 Rh 阳性血液时不发生溶血反应，但输血 2～

3 周后体内即有抗 Rh 阳性的抗体产生，如再次接受 Rh 阳性血液，即可发生溶血反应。Rh 因子不合引起的溶血反应发生较慢，可在输血后几小时至几天后才发生，并且较少见。

2. 临床表现 轻者和发热反应相似，重者在输入 10～15ml 血液时即可出现症状，死亡率高，通常可分为 3 个阶段。

第一阶段：受血者血浆中的凝集素和输入血中红细胞的凝集原发生凝集反应，使红细胞凝集成团，阻塞部分小血管，造成组织缺血、缺氧。患者出现头部胀痛、面部潮红、恶心呕吐、心前区压迫感、四肢麻木、腰背部剧烈疼痛等反应。

第二阶段：凝集的红细胞发生溶解，大量血红蛋白释放入血浆，出现黄疸和血红蛋白尿（酱油色），同时伴有寒战、高热、呼吸困难、发绀和血压下降等症状。

第三阶段：大量血红蛋白从血浆进入肾小管，遇酸性物质变成结晶体，阻塞肾小管。另外，由于抗原、抗体的相互作用，又可引起肾小管内皮缺血、缺氧而坏死脱落，进一步加重肾小管阻塞，导致急性肾衰竭。患者表现为少尿或无尿、尿内有管型和蛋白、高钾血症和酸中毒等急性肾衰竭症状，严重者可迅速死亡。

3. 护理

（1）预防 ①认真做好血型鉴定和交叉配血试验；②输血前认真查对；③严格执行血液保存制度。

（2）处理 ①立即停止输血，并通知医师。②给予氧气吸入，建立静脉通道，遵医嘱给予升压药或其他药物治疗。③将余血、患者血标本和尿标本送化验室进行检验。④双侧腰部封闭，并用热水袋热敷双侧肾区，解除肾小管痉挛，保护肾。⑤碱化尿液：静脉注射碳酸氢钠，增加血红蛋白在尿液中的溶解度，减少沉淀，避免阻塞肾小管。⑥严密观察生命体征和尿量，插入导尿管，检测每小时尿量，并做好记录。若发生肾衰竭，行腹膜透析或血液透析治疗。⑦若出现休克症状，应进行抗休克治疗。⑧心理护理：安慰患者，消除其紧张、恐惧心理。

（四）与大量输血有关血反应

大量输血是指 24 小时内紧急输血量超过或相当于患者血液的总量。常见反应有循环负荷过重、出血倾向、枸橼酸钠中毒反应等。

1. 循环负荷过重（急性肺水肿） 原因、症状、护理同静脉输液反应。

2. 出血倾向

（1）原因 库存血中的血小板、凝血因子破坏较多，长期反复输血或短时间内输入大量库存血即有出血的危险。

（2）临床表现 皮肤、黏膜瘀点、瘀斑，牙龈出血，穿刺部位、切口、伤口渗血，严重者出现血尿。

（3）护理 ①密切观察患者有无出血现象，尤其注意皮肤、黏膜或手术伤口处有无渗血。②遵医嘱间隔输入新鲜或凝血因子，每输入库存血 3～5 个单位，补充 1 单位新鲜血液或依据凝血因子缺乏情况补充相关成分。

3. 枸橼酸钠中毒反应

（1）原因 正常情况下，缓慢输血不会引起枸橼酸的中毒，因其在肝内很快代谢为碳酸氢钠。大量输血使枸橼酸钠大量进入体内，若患者肝功能不良，枸橼酸钠不能完全氧化和排出，而与血中游离钙结合使血钙降低。

（2）临床表现 患者出现手足抽搐，出血倾向，血压下降，心率缓慢，心电图出现 Q－T 间期延长，心率缓慢甚至心搏骤停。

（3）护理 根据医嘱每输入库存血 1000ml，静脉注射 10% 葡萄糖酸钙或氯化钙 10ml，防止低血钙发生。

（五）其他

如空气栓塞、细菌污染反应、体温过低及通过输血传播的疾病（如病毒性肝炎、疟疾、艾滋病）等。因此，预防输血反应的关键是加强对采血、储血和输血操作等各个环节的管理，层层把关，才能确保患者输血安全。

本章小结

本章主要介绍了静脉输液、静脉输血护理技术。通过学习静脉输液常用溶液、常用输液部位、常用静脉输液方法，输液泵的应用；血液制品的种类、静脉输血的方法、掌握静脉输血的适应证与禁忌证，针对原因正确处理常见输液反应和常见输血反应及护理。输液法要根据患者的年龄、病情、使用药物类型、血管质量等情况进行选择。

（李　秋）

目标检测

1. 试述输液过程中，出现液体不滴的原因，如何判断及处理方法。

2. 简述颈外静脉穿刺置管输液法应注意的问题。

3. 试述发生空气栓塞时，让患者呈左侧头低足高位的原因。

4. 患者，男，54岁，在输入 10～15ml 血液时头部胀痛、面部潮红、恶心呕吐、心前区压迫感，四肢麻木、腰背部剧烈疼痛，继而出现黄疸和血红蛋白尿等症状。请问此患者出现了什么问题？如何处理？原因是什么？如何预防？

第四篇

病情观察

第十五章 标本采集

学习目标

知识要求

1. 掌握 血、尿、粪便、痰、咽拭子等标本的采集方法及注意事项。
2. 熟悉 标本采集的原则及意义。
3. 了解 临床常用的防腐剂。

技能要求

熟练掌握动脉血、静脉血标本的采集方法。

标本检验的结果作为最基本的临床诊断方法之一,对观察病情、确定诊断、制订防治措施、判断预后起着重要作用,同时也为评估患者的健康状态及确定护理诊断提供客观资料。准确的检验结果对疾病的诊断、治疗和预后的判断具有一定的价值。而准确的检验结果与正确地采集标本关系密切。因此,护士必须了解各种检验的临床意义,掌握正确采集标本的方法,以保证检验质量。

第一节 概 述

标本(specimen)是指采集患者少许的血液、排泄物、分泌物、体液以及组织细胞等样品,经物理、化学和生物学的试验室技术和方法对其进行检验,以获得病原体病理变化及脏器功能状态等资料,从而判断患者有无异常情况。

一、标本采集的意义

1. 协助明确疾病诊断。
2. 推测病程进展。
3. 制订治疗措施。
4. 观察病情。
5. 提供科研参考研究数据。

二、标本采集的原则

(一)遵照医嘱

采集各种标本均应按医嘱执行。医师填写检验申请单,字迹要清楚,目的要明确,并签全名。若对检验申请单有疑问,护士应及时核准后才执行。

(二)充分准备

采集标本前应明确检验目的、检验项目、采集方法、采集量、采集时间及注意事项。应根据检验目的选择适当容器,容器外必须贴上标签,注明患者的姓名、科室、床号、住院号、检查目的和送检日期、时间。

护士应做好自身准备，如修剪指甲、洗手，戴帽子、口罩等。

护士应向患者耐心解释，以取得合作。

（三）严格查对

查对是保证标本收集无误的重要环节之一。采集前应认真查对医嘱，核对申请项目及患者的姓名、床号、住院号等。采集完毕及送检前应重复查对。

（四）正确采集

为保证标本的质量，必须掌握正确的采集方法、准确的采集量和合适的采集时间。凡细菌培养标本，采集时严格执行无菌操作技术，标本须放入无菌容器内，并应在使用抗生素前采集。若已使用，应按抗生素的半衰期计算，在血药浓度最低时采集标本，并应在检验单上注明。

（五）及时送检

标本采集后应及时送检，不应放置过久，以免标本变质影响检验结果。特殊标本还应注明采集时间。注意安全送检。目前临床上多使用专用标本运送箱。

第二节　各种标本的采集方法

一、血液标本的采集

血液不断流动于循环系统中，与机体所有组织发生联系，参与机体的每一项功能活动，对保证机体的新陈代谢、功能调节和维持机体内、外环境的平衡有着重要作用。血液发生病理变化时常影响全身的组织器官，而组织器官的病变又可引起血液成分发生变化。故血液检查是判断体内各种组织、器官功能及异常变化的重要指标之一，是临床最常用的检验项目，它不仅可反映血液系统本身的病变，也可判断患者病情进展程度，为疾病治疗提供参考。

血标本（blood specimen）主要分为静脉血标本和动脉血标本。目前不少生化项目检验已采用微量测定法，故也可采用毛细血管采血，此种采血法由检验人员执行。

（一）静脉血标本采集法

【目的】

1. 血清标本用作红细胞沉降率（血沉）、血常规检查及血液中某些物质含量的测定，如尿素氮、肌酐、尿酸、血氨等。

2. 血清标本，测定血清酶、脂类、电解质和肝功能等。

3. 血培养标本，查找血液中的致病菌。

【评估】

1. 患者的病情、诊断、治疗情况等。

2. 患者的心理状态、理解合作能力及配合程度。

3. 患者穿刺部位的皮肤、血管状况。

4. 患者所需做的检查项目，确定采血量及是否使用抗凝剂。

【计划】

1. 操作者准备　衣帽整洁，修剪指甲，洗手，戴口罩，必要时戴手套。

2. 用物准备

（1）治疗车上层　注射盘内置消毒液、棉签、止血带、注射器、标本容器（按需要备抗凝管、干燥试管或血培养瓶）、试管架、检验单、酒精灯和火柴（采集血培养标本用）。

（2）治疗车下层　医疗垃圾盒、生活垃圾盒、锐器盒。

3. 环境准备　清洁、宽敞、明亮，符合静脉穿刺的要求。

4. 患者准备　了解采血的目的、方法、注意事项及配合要点。

【实施】

1. 操作方法

操作步骤	要点与说明
（1）核对　查对医嘱，选择适当容器并在容器外贴上检验单附联	·防止发生差错 ·根据不同的检验目的选择标本容器并计算所需血量
（2）核对、解释　携用物至患者床旁，核对患者的床号、姓名，向患者解释采血的目的及注意事项	·确认患者 ·取得合作 ·需空腹采血时应事先通知患者
（3）穿刺采血　选择合适的静脉，按静脉注射法行血管穿刺采血 ▲使用注射器采血 ①见回血后抽取血液至所需量	·一般血培养取血5ml，亚急性细菌性心内膜炎患者，因血中细菌数量较少，为提高细菌培养阳性率，应取血10～15ml
②松止血带，嘱患者松拳，拔出针头，按压穿刺点 ③将血液注入标本容器 血培养标本：注入密封培养瓶时，先除去铝盖中心部，常规消毒瓶盖，更换无菌针头后，将血液注入瓶内，轻轻摇匀。注入三角烧瓶时，先松开瓶口纱布，取出瓶塞，迅速在酒精灯火焰上消毒瓶口，然后取下针头，将血液注入瓶内，轻轻摇匀，再将瓶口、瓶塞消毒后塞好，扎紧封瓶纸	·防止血液标本污染
全血标本：取下针头，将血液顺管壁缓慢注入盛有抗凝剂的试管内，轻轻摇动，使血液与抗凝剂充分混匀 血清标本：取下针头，将血液顺管壁缓慢注入干燥试管内	·勿将泡沫注入 ·防止血液凝固 ·避免震荡，以免红细胞破裂溶血
▲使用真空采血管－采血针（图15-1，图15-2）采血 ①见回血后将采血针试管端的穿刺针从真空管胶塞中心垂直穿刺 ②立即松开止血带	·血液自动流入真空管 ·止血带捆绑时间过长，会使血液中的成分向周围组织扩散，影响检验结果 ·检查血钾时嘱患者不要反复攥拳，因为反复攥拳会使血钾升高
③采集所需血量后拔出针头，按压局部	·如需多管血样，采血针固定不动，待一管采集完毕，将穿刺针拔出刺入另一真空管
④轻缓上下颠倒真空管数次（图15-3） （4）操作后处理　再次核对，将血液标本放置稳妥，协助患者取舒适卧位，整理床单位；清理用物；洗手、记录；及时送检标本	·颠倒次数根据采集项目而定（表15-1） ·以免影响检验结果 ·特殊标本注明采集时间

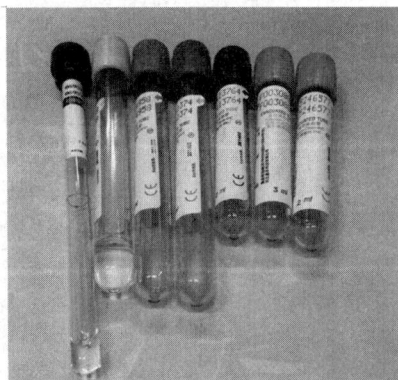

图15-1　真空采血管

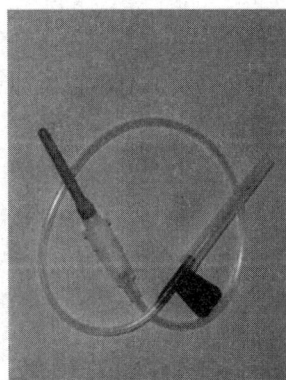

图15-2　采血针

2. 注意事项

（1）严格执行查对制度和无菌操作原则。

（2）严禁在输液、输血的针头处抽取血标本，最好在对侧肢体采集。

（3）血培养标本应在使用抗生素前采集，如已使用应在检验单上注明，不可混入消毒剂、防腐剂及药物。

（4）同时抽取几个项目血标本时，应先计算采血总量，采血后先注入血培养瓶，其次注入抗凝管，最后注入干燥试管。使用真空采血管采血行多管采样时，采集次序为枸橼酸钠管→凝血管→其他真空采血管。

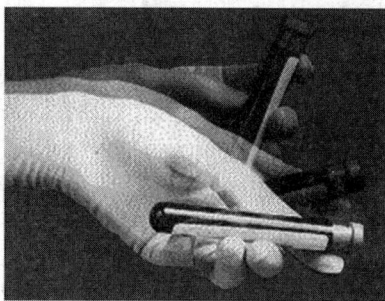

图 15 – 3　真空管混匀血液方法

（5）取血后，应将注射器的活塞略向后抽，以免血液凝固而使注射器粘连并阻塞针头。

（6）使用真空管采血时，不可提前将真空管与采血针连接，以免真空管内负压消失。

表 15 – 1　常用血标本的标本类型、临床用途、采集量、混匀次数

试管帽颜色	添加剂	检查项目	采血量	混匀次数
黄色	分离胶＋速凝剂	血清生化、电解质、甲状腺功能、肿瘤标志物	3.5～5ml	5
蓝色	3.2%或3.8%枸橼酸纳	凝血和纤溶系统检测	1.8ml	3～4
红色	促凝剂 无促凝剂（玻璃）	血清生化（肝功能、肾功能、心肌酶等）、电解质（血清钾、钠、钙等）、血清免疫学	3～5ml	5 0
紫色	EDTA – K_2 EDTA – K_3	血常规	1～2ml	8
绿色	肝素锂	急诊生化、血清生化	3～5ml	8～10
灰色	分离胶＋速凝剂	血糖	3ml	8
黑色	3.2%枸橼酸钠 3.8%枸橼酸钠	红细胞沉降率	1.28ml 1.6ml	8

知识链接

标　本　溶　血

　　标本溶血是指在采集、运送、分离或保存血液标本过程中，由于各种原因引起的红细胞在体外的破裂，红细胞的破裂会造成大量细胞内物质进入血浆以及血清被稀释。常见的体外溶血原因有以下几种。①穿刺前：静脉穿刺处的消毒液未干、采血针头过细、注射器与针头连接不紧密，导致采血时空气进入而产生气泡等。②穿刺中：止血带捆扎紧或时间长；用力拍；抽血困难；使用真空采血管时，由于负压过大，血液撞击试管壁造成红细胞破裂等。③穿刺后：用力将血液从注射器推至试管时产生气泡；混匀血标本时用力震荡试管；采血量不足（低渗抗凝剂时）；容器不合格；标本冻结；使用真空采血管采血后试管中仍存在负压等。

（二）动脉血标本采集法

【目的】

1. 动脉血气分析。

2. 做细菌培养。

【评估】

1. 患者的病情、诊断、治疗情况等。
2. 患者的心理状态、理解合作能力及配合程度。
3. 患者穿刺部位的皮肤、血管状况。
4. 患者所需做的检查项目，确定采血量。

【计划】

1. 操作者准备 衣帽整洁，修剪指甲，洗手，戴口罩，必要时戴手套。

2. 用物准备

（1）治疗车上层 注射盘内置消毒液、棉签、干燥注射器、检验单、肝素抗凝剂、橡胶塞。

（2）治疗车下层 医疗垃圾盒、生活垃圾盒、锐器盒。

3. 环境准备 清洁、宽敞、明亮，必要时用屏风遮挡患者。

4. 患者准备 了解采血的目的、方法、注意事项及配合要点。

【实施】

1. 操作方法

操作步骤	要点与说明
（1）核对 查对医嘱，选择适当容器并在容器外贴上检验单附联	·防止差错发生
（2）核对、解释 携用物至患者床旁，核对患者的床号、姓名，向患者解释采血的目的及注意事项	·确认患者 ·取得合作
（3）选择动脉 协助患者取适当体位，暴露穿刺部位	·部位多选用桡动脉、肱动脉、股动脉 ·桡动脉穿刺点为前臂掌侧腕关节上 2cm、动脉搏动明显处 ·肱动脉穿刺点在肱二头肌内侧沟肱动脉搏动最明显处，患者上肢略外展，肘关节下可垫一小枕 ·股动脉穿刺点在腹股沟动脉搏动最明显处，患者取仰卧位，下肢伸直略外展外旋，以充分暴露穿刺部位
（4）消毒皮肤 常规消毒皮肤，范围大于 5cm	
（5）用注射器抽吸肝素溶液 1ml，将活塞来回抽动，再推掉全部肝素溶液，或使用专用血气分析针筒	·使内壁沾匀肝素溶液 ·使注射器内无空气
（6）穿刺采血 常规消毒操作者的左手食指和中指或戴无菌手套，在动脉搏动最明显处固定动脉于两指间，另一手持注射器，在两指间垂直或与动脉走向成 40°刺入，见有鲜红色血液涌进注射器，即以右手固定穿刺针的方向和深度，左手抽取血液至所需量	·血气分析采血量一般为 1~2ml
（7）拔针按压 采血毕，迅速拔出针头，局部加压止血 5~10 分钟	·直至无出血为止 ·以隔绝空气，注射器内不可留有空气，以免影响检验结果
（8）封闭针头 针头拔出后立即刺入橡胶塞（图 15-4），并轻轻搓动注射器使血液与肝素混匀	·在 15 分钟内送检，以免由于细胞仍在旺盛的代谢，消耗氧产生 CO_2，使检验结果出现误差
（9）操作后处理 再次核对，协助患者取舒适卧位，整理床单位；清理用物；洗手、记录；及时送检标本	

2. 注意事项

（1）严格执行查对制度和无菌操作原则。

（2）新生儿宜选择桡动脉穿刺，因股动脉穿刺垂直进针时易伤及髋关节。

（3）注射器使用前应检查有无漏气，针头必须连接紧密。标本采集后立即封闭针尖斜面；拔针后加压止血，以免出血或形成血肿。

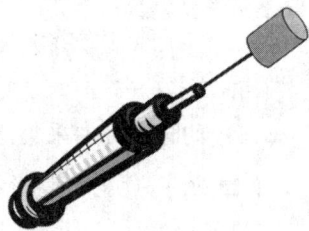

（4）吸氧患者应记录吸氧流量。

图 15-4 采集动脉血封闭针头

二、尿标本的采集

尿液是体内血液经肾小球滤过，肾小管和集合管重吸收、排泄、分泌产生的终末代谢产物，尿液的组成和性状不仅与泌尿系统疾病直接相关，而且还受机体各系统功能状态的影响，反映了机体的代谢状况。临床上常采集尿标本做物理、化学、细菌学等检查，以了解病情，协助诊断或观察疗效。

尿标本（urine aliquot）分为常规标本、培养标本、12小时或24小时尿标本。

【目的】

1. 尿常规标本　用于检查尿液的颜色、透明度，测量比重，检查有无细胞和管型，做尿蛋白和尿糖定性检测等。

2. 尿培养标本　用于细菌培养或细菌敏感试验。

3. 12小时或24小时尿标本　用于各种尿生化检查或尿浓缩查结核杆菌等检查。

【评估】

1. 患者的病情、诊断、治疗情况等。

2. 患者的心理状态、理解合作能力及配合程度。

3. 患者所需做的检查项目。

【计划】

1. 操作者准备　衣帽整洁，洗手。

2. 用物准备　标本容器（尿常规标本备一次性清洁尿杯；尿培养标本备导尿用物、无菌有盖标本容器，酌情准备酒精灯及试管夹；12小时或24小时尿标本备容量为3000～5000ml的集尿瓶和防腐剂），检验单，清洁手套，便器或尿壶。

3. 环境准备　清洁、安静、隐蔽。

4. 患者准备　了解标本采集的目的、方法、注意事项及配合要点。

【实施】

1. 操作方法

操作步骤	要点与说明
（1）核对　查对医嘱，并根据检验目的选择适当的容器，并在容器上贴上检验单附联	·防止发生错误
（2）核对、解释　携用物至患者床旁，核对患者的床号、姓名，向患者解释操作的目的和方法	·确认患者 ·取得合作
（3）采集尿液标本 ▲常规尿标本 ①能自理的患者，给予标本容器，嘱患者留取晨起第一次尿液30～50ml于容器内 ②行动不便的患者，协助在床上使用便器或尿壶，再收集尿液于标本容器中 ③留置导尿的患者，打开集尿袋下方引流孔收集尿液	·晨尿浓度较高，未受饮食影响，所得检验结果较准确 ·测定尿比重需留100ml ·注意用屏风遮挡、保护患者隐私 ·卫生纸勿丢入便器内 ·婴儿或尿失禁患者可用尿套或尿袋协助收集
▲尿培养标本 （留取中段尿） ①协助患者取适宜的卧位，放好便器 ②按导尿术清洁、消毒外阴 ③嘱患者排尿，弃去前段尿，用试管夹夹住无菌试管，接取中段尿5～10ml ④试管盖在酒精灯火焰上消毒后盖上试管 ⑤协助患者穿好裤子，整理床单位，清理用物	·注意保护患者 ·防止外阴部细菌污染标本，消毒从上至下，一次1个棉球 ·应在患者膀胱充盈时留取，前段尿起到冲洗尿道的作用

（续　表）

操作步骤	要点与说明
导尿术留取法。按照导尿术插入导尿管将尿液引出，留取尿标本 ▲12 小时或 24 小时尿标本 ①留取 12 小时尿标本，嘱患者于晚 7 时排空膀胱后开始留取尿液，至次晨 7 时留取最后一次尿液；留取 24 小时尿标本，嘱患者于 7 时排空膀胱后，开始留取尿液，至次晨 7 时留取最后一次尿液 ②嘱患者将尿液先排在便器或尿壶内，然后再倒入集尿瓶内 ③留取最后一次尿液后，将 12 小时或 24 小时的全部尿液盛于集尿瓶内，测总量 （4）操作后处理　清理用物；标本及时送检	·必须在医嘱规定的时间内留取，不可多于或少于 12 小时或 24 小时，以得到正确的检验结果 ·方便收集尿液 ·记录尿液总量、颜色、气味等 ·保证检验结果的准确性

2. 注意事项

（1）女患者月经期不宜留取尿标本，以免影响检验结果的准确性。

（2）会阴部分泌物过多时，应先清洁或冲洗后再收集。

（3）做早孕诊断试验应留晨尿。

（4）留取尿培养标本时，应注意执行无菌操作，防止标本污染，影响检验结果。

（5）留取 12 小时或 24 小时尿标本，集尿瓶应放在阴凉处，根据检验要求在瓶内加防腐剂（表 15 – 2）。

表 15 – 2　常用防腐剂的作用及方法

名　称	作　用	用　法	举　例
甲醛	固定尿中有机成分，抑制细菌生长	每 30ml 尿液加 40% 甲醛 1 滴	爱迪计数
浓盐酸	保持尿液在酸性环境中，防止尿中激素被氧化	24 小时尿液中加 5 ~ 10ml	17 – 酮类固醇 17 – 羟类固醇
甲苯	保持尿液的化学成分不变	每 100ml 尿液加 0.5% ~ 1% 甲苯 2ml（甲苯应在第一次尿液倒入后再加，使之形成薄膜覆盖于尿液表面，防止细菌污染）	尿蛋白定量，尿糖定量

三、粪便标本的采集

正常粪便由已消化和未消化的食物残渣、消化道分泌物、大量细菌和水分组成。临床上常通过检查粪便判断消化道有无炎症、出血和寄生虫感染，并根据粪便的性状和组成了解消化功能。

粪便标本（stool specimen）分为常规标本、培养标本、隐血标本和寄生虫或虫卵标本。

【目的】

1. 常规标本　用于检查粪便的性状、颜色、细胞等。

2. 培养标本　用于检查粪便中的致病菌。

3. 隐血标本　用于检查粪便内肉眼不能察见的微量血液。

4. 寄生虫或虫卵标本　用于检查粪便中的寄生虫、幼虫以及虫卵计数。

【评估】

1. 患者的病情、诊断、治疗情况等。

2. 患者的心理状态、理解合作能力及配合程度。

3. 患者所需做的检查项目。

【计划】

1. 操作者准备　衣帽整洁，洗手。

2. 用物准备 标本容器（常规标本、隐血标本备清洁检便盒、检便匙或棉签，培养标本备无菌培养瓶、无菌检便匙或无菌棉签，寄生虫标本根据需要备检便盒、检便匙或棉签、透明胶带、载玻片），检验单，清洁手套，便器。

3. 环境准备 清洁、安静、隐蔽。

4. 患者准备 了解标本采集的目的、方法、注意事项及配合要点。

【实施】

1. 操作方法

操作步骤	要点与说明
（1）核对 查对医嘱，并根据检验目的选择适当的容器，并在容器上贴上检验单附联	· 防止发生错误
（2）核对、解释 携用物至患者床旁，核对患者的床号、姓名，向患者解释操作的目的和方法	· 确认患者 · 取得合作
（3）采集粪便标本 请患者排空膀胱后再采集	· 避免排便时尿液排出，大、小便混合，影响检验结果
▲常规标本 ①嘱患者排便于清洁便器内 ②用检便匙取中央部分或黏液脓血便部分约5g，置于检便盒内送检	
▲培养标本 ①嘱患者排便于消毒便器内 ②用无菌检便匙取中央部分粪便或黏液脓血部分2～5g置于无菌培养瓶内，塞紧瓶塞送检 ③如患者无便意时，用长无菌棉签蘸生理盐水插入肛门留取标本，置于无菌培养管中送检	· 保证检验结果准确
▲隐血标本 按常规标本留取	
▲寄生虫及虫卵标本 ①检查寄生虫：嘱患者排便于便器内，用检便匙取不同部位带血或黏液粪便5～10g送检 ②检查蛲虫：嘱患者睡前或清晨未起床前，将透明胶带贴在肛门周围处，取下并将已粘有虫卵的透明胶带对合或贴在载玻片上立即送检，或在患者感觉肛门周围发痒时，用无菌棉签蘸生理盐水，自肛门周围皱襞处拭取，然后插入试管内送检 ③检查阿米巴原虫：将便器加热至接近的体温，排便后标本连同便器在30分钟内送检	· 蛲虫常在午夜或清晨爬到肛门处产卵，有时需要连续采集数天 · 保持阿米巴原虫的活动状态，因阿米巴原虫在低温环境下失去活力而难以查到 · 及时送检，防止阿米巴原虫死亡 · 记录粪便的形状、颜色、气味等
④检查孵化血吸虫毛蚴：留取粪便50g，必要时留取24小时粪便 （4）操作后处理 清理用物；标本及时送检	

2. 注意事项

（1）采集隐血标本时，嘱患者检查前3天禁食肉类、动物肝、动物血和含铁丰富的药物、食物、绿叶蔬菜，3天后收集标本，以免造成假阳性。

（2）采集寄生虫标本时，如服驱虫药后，应留取全份粪便，检查蛔虫、钩虫、蛲虫的数目。如驱绦虫，应嘱患者勿拉已排出肛门外的虫体，以免拉断虫头不能排出。如第一次大便未见虫头，应告诉患者再留第2次大便送验，只有头节排出才表示驱虫成功。

（3）检查阿米巴原虫，在采集标本前几天，不应给患者服用钡剂、油质或含金属的泻药，以免金属制剂影响阿米巴虫卵或胞囊的显露。

（4）患者腹泻时的水样便应盛于容器中送检。

四、痰标本的采集

痰液是气管、支气管和肺泡的分泌物，正常情况下分泌很少，不会引起咳嗽等不适。当呼吸道黏膜受到刺激分泌增多时，即形成痰液。痰液主要由黏液和炎性渗出物组成。检查痰液内细胞、细菌、寄生虫等，观察其性质、颜色、气味、量的主要目的是协助诊断呼吸系统的某些疾病，如支气管哮喘、支气管扩张、肺部感染、肺结核、肺癌、肺吸虫病等。

痰标本（sputum specimen）分为常规痰标本、痰培养标本、24 小时痰标本

【目的】

1. 常规痰标本 检查痰的一般形状，涂片查细胞、细菌、虫卵，协助诊断某些呼吸系统疾病。

2. 痰培养标本 检查痰液中的致病菌，确定病菌类型。

3. 24 小时痰标本 检查 24 小时痰液的量和性状，协助诊断。

【评估】

1. 患者的病情、诊断、治疗情况等。

2. 患者的心理状态、理解合作能力及配合程度。

3. 患者所需做的检查项目。

【计划】

1. 操作者准备 衣帽整洁，洗手，必要时戴口罩、手套。

2. 用物准备 标本容器（常规标本备清洁蜡纸盒，培养标本备无菌容器及漱口液，24 小时痰标本备清洁广口瓶，无力咳嗽者或不合作者另备一套吸痰用物），检验单。

3. 环境准备 清洁、明亮。

4. 患者准备 了解标本采集的目的、方法、注意事项及配合要点。

【实施】

1. 操作方法

操作步骤	要点与说明
（1）核对　查对医嘱，并根据检验目的选择适当的容器，并在容器上贴上检验单附联	·防止发生差错
（2）核对、解释　携用物至患者床旁，核对患者的床号、姓名，向患者解释操作的目的和方法	·确认患者 ·取得合作
（3）收集痰标本	
▲常规标本 能自行留取者：嘱患者晨起漱口，深呼吸数次后用力咳出深处的痰液并置于清洁蜡纸盒中 无力咳嗽或不合作者：协助患者取合适体位，叩击患者背部，将集痰器（图 15-5）分别连接吸引器和吸痰管（图 15-5），按吸痰法吸入痰液于集痰器中	·用清水漱口，去除口腔中杂质 ·如痰液不易咳出，配合雾化吸入等方法 ·集痰器开口高的一端连接吸引器，低的一端连接吸痰管
▲痰培养标本 能自行留取者：嘱患者晨起漱口，深呼吸数次后用力咳出深处的痰液并置于无菌容器中 无力咳嗽或不合作者：同常规标本收集	·先用漱口溶液漱口，去除口腔内细菌，再用清水漱口，去除漱口液 ·避免污染标本
▲24 小时痰标本 在广口瓶中加少量清水，嘱患者晨起漱口后（7 时）第一口痰起至次晨漱口后（7 时）第一口痰止，将所有痰液置于广口瓶内	·防止痰液黏附于容器壁上 ·嘱患者勿将唾液、鼻涕混入标本中
（4）操作后处理　清理用物；标本及时送检	·记录痰液的颜色、性质、量

2. 注意事项

（1）如查癌细胞，应用 10% 甲醛溶液或 95% 乙醇溶液固定痰液后立即送检。

（2）嘱患者勿将唾液、漱口水、鼻涕等混入痰液中。

（3）收集痰液的时间宜选择在清晨，因此时痰量较多，痰内细菌也较多，以提高阳性率。

五、咽拭子标本的采集

咽拭子标本（gullet – swab specimen）是从咽部和扁桃体取的分泌物做细菌培养或病毒分离，以协助诊断。

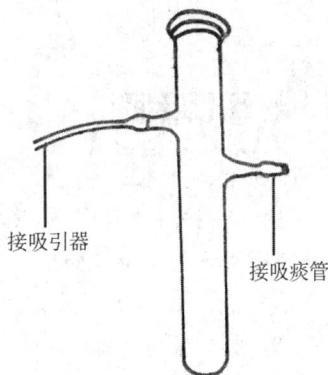

图 15 – 5　集痰器

接吸引器　接吸痰管

【评估】

1. 患者的病情、诊断、治疗情况等。

2. 患者的心理状态、理解合作能力及配合程度。

3. 患者的进食时间。

4. 患者取咽拭子标本的目的。

【计划】

1. 操作者准备　衣帽整洁，洗手、戴口罩。

2. 用物准备　治疗盘内备咽拭子培养管、酒精灯、火柴、压舌板、手电筒，检验单。

3. 环境准备　清洁、明亮。

4. 患者准备　了解标本采集的目的、方法、注意事项及配合要点。

【实施】

1. 操作方法

操作步骤	要点与说明
（1）核对　查对医嘱，贴检验单附联于标本容器上	·防止发生差错
（2）核对、解释　携用物至患者床旁，核对患者的床号、姓名，向患者解释操作的目的和方法	·确认患者 ·取得合作
（3）采集咽拭子标本	
①点燃酒精灯，嘱患者张口，发"啊"音，暴露咽喉部	·必要时用压舌板轻压舌部
②用培养管内长棉签擦拭两侧腭弓、咽及扁桃体上的分泌物	·动作敏捷而轻柔
③试管口在酒精灯火焰上消毒，然后将棉签插入试管中，塞紧	·防止标本污染
（4）操作后处理　清理用物；标本及时送检	

2. 注意事项

（1）做真菌培养时，须在口腔溃疡面采集分泌物。

（2）避免交叉感染。

（3）注意棉签不要触及其他部位，防止污染标本，影响检验结果。

（4）避免在进食后 2 小时内留取标本，以防呕吐。

本章小结

本章主要介绍了血、尿、粪、痰等各种标本的采集方法和注意事项。通过评估采集目的，明确需要的标本容器和采集方法，对需患者配合的事项解释清楚或配合到位，最终采集能真实反应患者病理生理情况的标本，以助病情判断。

（王　芳）

目标检测

1. 患者，男，22岁，因"亚急性心内膜炎"待确诊入院。

（1）为明确诊断，应为患者留取何种血液标本？

（2）采血量应为多少？

2. 患者，女，40岁，以"慢性肾盂肾炎"收治入院，医嘱给予尿爱迪计数检查。请问：

（1）如何采集此类标本？

（2）尿液中应加入何种防腐剂？剂量如何？作用如何？

第十六章　病情观察及危重患者的管理

学习目标

知识要求

1. 掌握　意识障碍、心肺复苏术、吸痰法、洗胃法的概念；病情观察的内容；危重患者的护理措施；呼吸、心搏骤停的临床表现；基础生命支持技术、洗胃法、吸痰法、简易人工呼吸器的注意事项。

2. 熟悉　病情观察的方法；抢救室的设备管理要点；洗胃法的目的、吸痰法的目的、CPR 的目的；常用的洗胃溶液。

3. 了解　病情观察的概念及意义；护士应具备的条件。

技能要求

熟练掌握基础生命支持技术，吸痰法、洗胃法的操作方法及简易人工呼吸器的使用方法。

具备应用所学知识对呼吸心搏骤停患者、呼吸道分泌物阻塞患者、口服药物或食物中毒患者、呼吸停止或呼吸衰竭患者进行抢救的技能。

第一节　病情观察

案例引导

案例：患者，女，30 岁，因 3 小时前发生交通事故来院就诊。体检可见面部淤血，颅骨凹陷，大声喊话无反应，压迫眶上缘有痛苦表情，呼吸、心率、血压正常。

提问：患者属于哪种意识状态？在以后的治疗、护理过程中应注意观察患者的哪些情况？

一、病情观察的概念及意义

（一）病情观察的概念

病情观察（clinical observation）即医务人员在诊疗和护理工作中运用视觉、听觉、嗅觉、触觉等感觉器官及辅助工具进行有目的、有计划地获得患者信息的过程。有效的病情观察，可为诊断、治疗、护理提供依据，对疾病的预后和转归意义重大。

（二）病情观察的意义

1. 为疾病的诊断、治疗和护理提供科学依据。

2. 可以及时了解治疗、护理效果和用药后的反应，以便医务人员第一时间采取最正确的治疗、护理方案，使患者得到最有效的治疗和护理。

3. 及时、准确的病情观察有助于对疾病的发展趋势和转归的判断，在诊疗和护理过程中做到心中有数。

4. 可以及时发现危重症患者，以便采取有效措施，防止病情恶化，挽救患者生命。

二、护理人员应具备的条件

1. 扎实的专业知识以及敏锐的观察能力　护士应自觉加强专业理论和实践学习能力，使自己具有丰富的专业知识，能够在对患者的病情观察中具有去伪存真、详细分析、反复验证的能力，以便排除干扰，获取正确结果。

2. 高度的责任心、同情心和爱心　护理人员应经常巡视病房，并与患者多沟通、多交流，养成在实施护理措施的同时观察病情的习惯。

3. 严谨的工作作风　要做到"五勤"，即勤巡视、勤观察、勤询问、勤思考、勤记录。通过有目的、有计划、认真、仔细地观察，及时、准确地掌握和预见病情变化，为危重患者的抢救赢得时间。

4. 与医师保持及时联系　发现病情变化时，迅速通知医师并进行积极的处理。

三、病情观察的方法

在对患者进行病情观察时，为了达到全面、准确收集患者资料的目的，护士可以运用各种感觉器官，通过视诊、嗅诊、触诊、叩诊和听诊等方法，还可以利用相应的辅助仪器，监测患者病情变化的指标。

1. 视诊（inspection）　即医务人员通过视觉来观察患者病情的检查方法。视诊可以观察到患者的全身及局部的各方面状态，如年龄、性别、意识状态，皮肤黏膜情况，营养状况，面部表情，肢体活动，呼吸、循环状况，分泌物、排泄物的性状、量以及与疾病相关的症状、体征等一系列情况，从患者入院直至出院，通过连续或间断的观察，随时发现患者的反应及病情变化，以便及时调整观察的重点。

2. 嗅诊（smelling）　是指利用嗅觉来分辨来自患者身体上的各种气味，以了解其健康状况与临床意义的一种检查方法。患者的气味可以来自皮肤、黏膜、呼吸道、消化道的排泄物以及分泌物、呕吐物等。

3. 触诊（palpation）　是通过手的触摸和感觉来检查和感知患者身体特定部位有无异常及病理变化的一种检查方法。例如，用触觉来测量患者的脉搏，了解机体的体表温度、湿度、弹性、光滑度、柔软度及脏器的大小、外形轮廓、软硬度、移动度和波动感等情况。触诊时患者的受检部位要放松，有的检查还要患者采取相应的体位姿势，如腹部触诊一般需要患者采取仰卧屈膝位。

4. 叩诊（percussion）　是指通过手指叩击或手掌拍击身体某部位，使之震动而产生声响，根据所感受到的震动和所听到的声响特点来确定局部有无病变和病变的性质等。主要用于检测脏器的大小、形状、位置及密度，如检测膀胱的充盈度，确定肺下界、心界大小，有无腹水及腹水的量等。

5. 听诊（auscultation）　是利用耳直接或借助听诊器或其他仪器听取患者身体被检部位所发出的声音有无异常，并分析判断声音所代表的不同含义。听诊主要用于观察患者的说话语调、咳嗽音、肠鸣音、心音、呼吸音等，根据音调的高低、持续的时间、剧烈的程度以及声音的改变来分析患者疾病的状态。

6. 查询与交流（query and communication）　对患者病情的观察除了以上常用的 5 种方法外，还可以通过阅读病历、检验报告、会诊报告及其他相关资料，以及与医师、家属、亲友的交流，床边和书面交接班等获取有关病情的信息方法。

四、病情观察的内容

(一) 一般情况的观察

1. 发育与体型

(1) 发育 (development)　通常用年龄、身高、体重、智力状况、体格成长状态及第二性征之间的关系来进行综合判断。正常发育与遗传、营养代谢、体育锻炼及生活条件等因素密切相关。成人发育正常状态的判断指标常包括头部的长度（为身高的 1/8 ~ 1/7）、胸围（约为身高的 1/2）、双上肢展开的长度（约等于身高）、坐高（约等于下肢的长度）。

(2) 体型 (figure)　是身体各部发育的外观表现，包括骨骼、肌肉的成长与脂肪分布的状态等。临床上把成人的体型分为 3 种。①均称型（正力型）：即身体各部分匀称适中；②瘦长型（无力型）：身体瘦长，颈长肩窄，胸廓扁平，腹上角 < 90°；③矮胖型（超力型）：身短粗壮，颈粗肩宽，胸廓宽厚，腹上角 > 90°。

2. 饮食与营养状态

(1) 饮食 (diet)　在疾病的治疗、护理和康复中占有重要地位，对疾病的转归和愈后发挥一定作用。因此，护理人员在工作中应注意观察患者的饮食习惯，食欲、食量、进食后反应、有无特殊嗜好或偏食等情况，指导患者健康进食，保证营养充足摄入，促进身体健康。

(2) 营养状态 (nutritional status)　临床上通常根据皮肤、毛发的光泽度、弹性，指甲的润泽程度，肌肉、骨骼的发育状况及皮下脂肪的丰满程度等综合情况来判断患者的营养状态。一般分为良好、中等、不良 3 个等级。① 良好：皮肤毛发光亮、弹性好，黏膜红润，指甲润泽，皮下脂肪丰满、有弹性，肌肉结实，骨骼发育正常、骨密度高，肋间隙及锁骨上窝深浅适中，肩胛部和股部肌肉丰满。②不良：皮肤黏膜干燥、弹性减低，指甲粗糙，毛发稀疏、无光泽，甚至脱发，皮下脂肪菲薄，肌肉松弛无力，骨骼发育畸形，锁骨上窝凹陷，肩胛骨和髋骨棱角突出。③中等：介于良好和不良之间。营养状态与食物的摄入种类、消化、吸收和代谢等因素有关，是判断机体健康状况、疾病程度的重要指标之一。

3. 面容与表情 (face and expression)　一般情况下，健康的人表情自然、愉悦，神态安适。不良的情绪及疾病的影响可引起面容与表情的变化。患病后，患者通常表现为疲惫、哀愁、忧虑或烦躁等痛苦面容。某些疾病可出现特征性的面容与表情。如破伤风患者早期的苦笑面容。临床上因病情的轻重缓急不同可出现典型的面容。①急性病容：患者表现为面颊潮红、鼻翼扇动、呼吸急促、烦躁不安、表情痛苦、口唇疱疹等，一般见于急性感染性疾病；②慢性病容：患者表现为疲惫无神、目光暗淡、面色苍白无华或灰暗、面容憔悴、消瘦无力等，多见于慢性消耗性疾病，如恶性肿瘤、严重结核病等患者；③二尖瓣面容：表现为口唇发绀、双颊紫红，一般见于风湿性心脏病患者；④病危面容：患者表现为双目失神、反映迟钝、表情淡漠、面容枯槁、面色苍白或发绀，常见于休克、大出血患者；⑤甲状腺功能亢进症（甲亢）面容：患者表现为兴奋、烦躁、眼裂增大、眼球突出等；⑥贫血面容：患者表现为神疲乏力、面色苍白、唇舌及结膜色淡，见于各种类型的贫血患者。除了以上几种典型面容外，临床上还有满月面容、脱水面容及面具面容等。

4. 体位 (position)　体位是指人体在日常生活中所处的状态。临床患者常见体位有自主体位、被动体位、被迫体位。患者的体位与疾病密切相连，有些体位对诊断某些疾病具有一定意义。多数患者可采取主动卧位；昏迷或极度衰竭的患者，由于不能自行调整或变换肢体的位置，呈被动卧位；椎间盘突出患者急性发作期、急性阑尾炎、心肺功能不全患者、胆石症、肠绞痛患者腹痛发作时，常辗转反侧，坐卧不宁，患者常采用强迫体位。

5. 姿势与步态　姿势 (posture) 即指一个人的举止状态。步态 (gait) 是指一个人走动时所表现的姿态。姿势依靠骨骼、肌肉的紧张度来保持，健康成人躯干端正，肢体动作灵活自如。某些疾病可出现特殊的姿势，如腰部病患时身体的活动度受限，患者保持特定的姿势，腹痛时患者常捧腹而行。步态与人的年龄、是否受过专业训练等因素有关。正常人行走自如，步态平稳。某些疾病可表现出特征性的步态，如进行性肌营养不良患者、双侧先天性髋关节脱位患者，走路时身体左右摇摆，称为蹒跚步态；小脑疝患者、巴比妥药物中毒患者因重心不稳，所以走路时步态紊乱如醉酒状，称为醉酒步态。除了上述两种异常步态外，临床还有共济失调步态、慌张步态、剪刀步态、间歇性跛行和保护性跛行等。此外，步态的突然改变也是病情变化的重要征兆之一，如高血压患者走路突然出现跛行，则有可能发生脑血管意外、偏瘫等异常情况。

6. 皮肤与黏膜（skin and mucous membrane） 皮肤、黏膜的异常变化常可反映某些全身疾病的情况。主要观察皮肤和黏膜的弹性、颜色、温度、湿度及有无皮疹、水肿、出血、溃疡、皮下硬节、囊肿等情况。如贫血患者，皮肤、口唇、结膜、指甲苍白；胆道梗阻患者巩膜、皮肤黄染；肺源性心脏病、心力衰竭等缺氧患者，其口唇、面颊、指端等部位发绀；休克患者皮肤湿冷；出血性疾病患者皮肤、黏膜可出现瘀点、瘀斑、紫癜等情况；严重脱水、甲状腺功能减退者，皮肤弹性差；肾源性水肿患者，多于晨起眼睑、颜面水肿；心源性水肿患者，可表现为下肢和全身水肿。

7. 睡眠（sleep） 睡眠是最主要、最自然的休息方式，对人体健康和疾病康复具有重要作用。影响睡眠的因素很多，包括心理因素、生理因素、病理因素、环境因素等，应注意观察患者有无失眠、睡眠不足、睡眠过度等异常情况。

8. 呕吐物（vomit）、排泄物（excrement）、引流物（drain） 对呕吐物、排泄物、引流物的观察可以为某些疾病提供依据，主要观察其颜色、气味、性状、量以及时间和方式。如幽门梗阻患者的呕吐多发生在夜间或凌晨，妊娠呕吐多发生在晨起；麻痹性肠梗阻患者的呕吐多为溢出性，颅高压患者的呕吐为喷射性呕吐。上消化道出血患者的排泄物为黑粪，下消化道出血患者粪便中常带有红色血液。

（二）生命体征的观察

生命体征（vital signs）的观察内容包括体温、脉搏、呼吸、血压，在患者病情观察中占据重要的地位，贯穿于患者护理的全过程。当机体患病时，生命体征的变化最为敏感（详见第七章）。

（三）意识状态的观察

意识（consciousness）是大脑中枢神经功能活动的综合表现，是对内、外环境的知觉状态。凡是能引起大脑高级神经中枢功能的损害，都可出现意识障碍。意识障碍（disturbance of consciousness）是指个体对外界环境刺激缺乏正常反应的一种精神状态。表现为对自身及外界环境的知觉、记忆、思维、定向力、情感等不同程度的异常改变。根据意识障碍的程度不同可分为嗜睡、意识模糊、昏睡、昏迷。此外，也可出现谵妄（delirium），表现为意识模糊、躁动不安、言语杂乱，甚至出现错觉或幻觉。谵妄是一种以兴奋性增高为主的高级神经中枢的急性失调。有些谵妄患者可发展成昏迷。

1. 嗜睡（somnolence） 是最轻度的意识障碍。患者处于持续睡眠状态，但能被轻度的刺激或言语唤醒，醒后能正确、简单而缓慢地回答问题和做出各种反应，但反应迟钝，刺激去除后又很快入睡。

2. 意识模糊（confusion） 其程度较嗜睡为深的一种意识障碍，表现为表情淡漠、思维和语言不连贯，对时间、地点、人物的定向力部分或完全发生障碍，可出现错觉、幻觉、躁动不安、谵语或精神错乱等表现。

3. 昏睡（stupor） 患者处于熟睡状态，轻刺激不易被唤醒。可被压迫眶上神经、摇动身体等强刺激唤醒，醒后答话含糊或答非所问，停止刺激后又很快进入熟睡状态。

4. 昏迷（coma） 是最严重的意识障碍，也是病情危重的表现。按昏迷程度可分为浅昏迷和深昏迷。①浅昏迷：意识大部分丧失，无自主活动，对外界环境及声、光刺激无反应，对疼痛刺激（如压迫眶上缘）可有痛苦表情及肢体退缩等躲避反应。角膜反射、瞳孔对光反应、眼球运动、咳嗽反射、吞咽反射等可存在。生命体征一般无明显改变，可有大、小便失禁或潴留。②深昏迷：意识完全丧失，对各种刺激均无反应。肢体呈弛缓状态，全身肌肉松弛，深、浅反射均消失，可出现深反射亢进及病理反射。呼吸紊乱，血压可下降，大、小便失禁或潴留，机体仅能维持最基本的循环与呼吸功能。

临床上对患者的意识障碍及其严重程度的观察与测定，还可以使用格拉斯哥昏迷评分量表（GCS），见表16-1。量表中总分范围为3~15分，分数越高，意识状态越好。总分低于8分者为昏迷，低于3分者为深昏迷。同时，对意识障碍患者的观察还应对机体伴随症状与生命体征、大小便、睡眠、血液化验分析值的变化等进行观察。

表16-1 格拉斯哥昏迷量表

项　目	状　　态	分数
睁眼反应	自发性的睁眼反应	4
	声音刺激有睁眼反应	3
	疼痛刺激有睁眼反应	2
	任何刺激均无睁眼反应	1
语言反应	对人物、时间、地点等定向问题清楚	5
	对话混淆不清，不能准确回答有关人物、时间、地点等定向问题	4
	言语不流利，但字意可辨	3
	言语模糊不清，字意难辨	2
	任何刺激均无语言反应	1
运动反应	可按指令动作	6
	能确定疼痛部位	5
	对疼痛刺激有肢体退缩反应	4
	疼痛刺激时肢体过屈（去皮质强直）	3
	疼痛刺激时肢体过伸（去大脑强直）	2
	疼痛刺激时无反应	1

（四）瞳孔的观察

瞳孔的变化对颅内疾病、药物中毒、昏迷等病情变化具有重要的参考指征。观察瞳孔要注意以下两个方面。

1. 大小、形状和对称性 正常瞳孔位置居中，呈圆形，两侧正大、等圆，边缘整齐。在自然光线下，直径为2~5mm。瞳孔直径<2mm，称为瞳孔缩小，一侧瞳孔缩小常提示存在早期同侧小脑幕裂孔疝的可能；两侧瞳孔同时缩小，多见于吗啡、有机磷农药等药物中毒。瞳孔直径大于5mm为瞳孔散大，单侧瞳孔扩大、固定，常见于同侧颅内病变所致的小脑幕裂孔疝的发生；双侧瞳孔散大，常见于颅脑损伤、颅内压增高、颠茄类药物中毒及濒死状态。瞳孔形状的改变常可因某些眼科疾病引起，如瞳孔呈不规则形，常见于虹膜粘连；瞳孔散大并呈椭圆形，常见于青光眼等。

2. 对光反应 正常人瞳孔对光反应灵敏，并随外界的光亮程度进行调节，于昏暗处瞳孔扩大，明亮处瞳孔收缩。如果瞳孔大小不随光线强弱刺激而变化时，称瞳孔对光反应消失，常见于深昏迷或病危患者。

（五）自理能力的观察

自理能力指患者对自我进行照顾的能力。观察者通过观察患者进食、穿衣、如厕、上下床等自理程度，可了解患者的疾病程度。

（六）心理状态的观察

观察患者的心理状态应从患者对健康的理解、对疾病的认识和对住院的反应等方面来观察其语言和非语言行为、认知能力、情绪状态、感知情况、思维能力等有无异常，如有无焦虑、忧郁、恐惧、绝望等情绪反应，有无记忆力减退、思维混乱、反应迟钝等异常情况。

（七）药物治疗的观察

患者患病期间药物治疗是最常用的治疗方法。护士应注意观察药物的疗效、副作用及毒性反应。

（八）特殊检查和治疗后的观察

临床工作中，我们会对未明确诊断的患者，进行一些特殊的专科检查，如腹腔镜检查、腰腔穿刺、胸腔穿刺、冠状动脉造影、胆囊造影、骨髓穿刺等。这些检查都具有一定的创伤性，护士应密切观察患者的生命体征，倾听患者的主诉，了解检查的注意事项，防止并发症的发生。有些患者由于治疗的需要，可能应用引流术，护士应注意观察引流管是否通畅，有无扭曲、受压、引流不畅的现象；观察引流液的颜色、量、性质等；引流袋（瓶）的位置等。

第二节　危重症患者的管理

案例引导

案例： 患者，男，80岁，因急性脑梗死发作来院就诊。体检：大声喊叫无反应，压迫眶上神经有躲避反应，右侧肢体肌肉松弛，肢体呈弛张状态，小便失禁。

提问： 该患者在病情监测和临床基础护理中应着重注意哪些情况？

危重患者（critical patients）是指那些病情严重，随时会有生命危险的患者。对危重患者的抢救是医疗、护理工作中一项重要而紧急的任务，因此，护士必须熟练各种抢救设备及急救药品的管理和使用，必须从思想上、物质上、组织上和技术上做好全面、充分的准备工作，并需常备不懈，确保抢救工作顺利进行。

一、抢救工作的组织管理与抢救设备管理

（一）抢救工作的组织管理

1. 根据突发情况的程度建立责任明确的抢救小组　抢救小组一般可分为全院性和科室（病区）性两种。全院性抢救由院长担任组长，全院各科室均参与抢救工作，常用于大型突发性灾难的情况；科室内的抢救一般由科主任或护士长担任组长。参与抢救的各级医务人员，在抢救过程中必须服从工作安排，态度要认真、严肃，动作迅速、准确，既要分工明确，又要密切配合。护理人员是抢救小组的重要组成部分，突发情况发生时护士可在医师未到之前，根据病情需要，给予适当、及时的处理，如止血、配血、吸氧、建立静脉通道、测量生命体征、吸痰、人工呼吸、胸外心脏按压等。

2. 制订抢救方案　临床工作中，通常护士与患者的接触最早，接触时间也最多，对患者的了解比较全面，应参与抢救方案的制订，使危重患者能及时、迅速得到抢救。

3. 严格查对、规范记录 做好核对工作，各种急救药物须严格查对无误后方可使用。执行口头医嘱时，须向医师复述一遍，双方确认无误后方可执行，抢救完毕提醒医师及时补写医嘱和处方。抢救中各种药物的空瓶、输血空瓶（袋）等应集中放置，以便查对。一切抢救工作均应及时、准确，做好记录，要求字迹清晰、内容翔实，注明执行时间和执行者。

4. 制订抢救护理计划 护士应及时、准确地找出患者存在的主要护理问题，制订护理计划，明确护理诊断，确定护理措施，解决患者现存或潜在的健康问题。

5. 抢救设备和抢救药品的管理 抢救室内应备有充足的抢救药品和功能完好的抢救设备，抢救药品和物品使用后要及时清理、及时补充、归还原位，护士还应熟悉抢救器械的性能和使用方法，并能排除一般故障保证急救物品完好率；严格执行"五定"制度，即定数量、定点安置、定专人管理、定期消毒灭菌、定期检查维修；严格交接班制度，并做好记录，保证抢救时使用。

6. 做好抢救后病情的观察 安排护士参加医师组织的查房、会诊、病例讨论等，熟悉危重患者的病情，熟悉重点监测项目及抢救过程，做到心中有数，与医师配合恰当。

（二）抢救设备及物品

1. 抢救室 急诊科和病区均应设抢救室。抢救室宜邻近护士办公室。要求宽敞、整洁、安静、光线充足。设备齐全，管理制度严格。

2. 抢救床 每个抢救室以 1～2 张抢救床为宜，床间距≥2m，以床帘隔开，抢救床最好为多功能床，另备木板一块，以备作胸外心脏按压时使用。

3. 常用急救设备及仪器 中心供氧装置或氧气及加压给氧设备、简易呼吸器、心电监护仪、电动洗胃机、呼吸机、电除颤仪、电动吸引器或中心负压吸引装置。

4. 抢救车内的物品及药品

（1）各种常用急救药品（表16-2）。

（2）无菌物品 导尿包、静脉切开包、气管切开包、气管插管包、缝合包、开胸包、各种穿刺包、各种型号注射器及针头、输液器及输液针头、输血器及输血针头、氧气导管、吸痰管、胃管、开口器、压舌板、舌钳、牙垫、无菌治疗巾、无菌敷料、皮肤消毒用物、各种型号的医用橡胶手套、各种型号及用途的橡胶或硅胶导管等。

（3）非无菌用品 止血带、输液贴、宽胶布、治疗盘、血压计、听诊器、手电筒、多头电源插座、玻璃接头、夹板等。

表16-2 常用急救药品

类　别	药　物
呼吸兴奋药	尼可刹米（可拉明）、洛贝林（山梗菜碱）、贝美格（美解眠）等
升压药	去甲肾上腺素、异丙肾上腺素、间羟胺、多巴胺等
降压药	硝普钠、利舍平（利血平）、硫酸镁注射液等
强心药	毛花苷C（西地兰）、毒毛旋花苷K等
脱水利尿药	20%甘露醇、呋塞米（速尿）、手艺拉塞米（特苏尼）等
抗心律失常药	利多卡因、普罗帕酮（心律平）、普鲁卡因胺、盐酸胺碘酮等
止血药	卡巴克洛（安络血）、氨甲苯酸、垂体后叶素、巴曲酶（立止血）、维生素K等
解毒药	解磷定、氯磷定、亚甲蓝（美蓝）、硫代硫酸钠等
抗过敏药	阿司咪唑（息斯敏）、苯海拉明、氯苯那敏（扑尔敏）等
抗惊厥药	地西泮（安定）、苯巴比妥钠、硫酸镁、苯妥英钠等
碱性药	5%碳酸氢钠、11.2%乳酸钠
其他	甲泼尼龙、地塞米松、氨茶碱、各种浓度的葡萄糖溶液、氯化钾、氯化钙、代血浆、氢化可的松等

4. 其他 抢救室内应配有自动传呼机、电话、对讲机等通讯设备，安装空气消毒设备。

二、危重患者的管理

危重患者身体极度衰弱，抵抗力低，病情重而复杂，变化快，极易引起各种并发症和可能随时发生生命危险。护士应加强各方面的护理，减轻患者痛苦，同时要全面、缜密地观察病情，判断疾病转归。需要时应设专人护理，制订护理计划，护理记录单上要详细记录观察结果、治疗经过、护理措施，以供医护人员进一步诊疗、护理时作参考。

（一）病情观察与病情监测

医务人员要严密观察患者的意识、瞳孔、生命体征及其他情况的变化，重点监测心、肺、脑、肝、肾等脏器的功能，并随时做好记录。遇有异常情况立即通知医师并迅速投入抢救。

1. 心血管系统功能监测　包括血管（无创动脉血压和有创动脉血压）、血液（中心静脉压、肺动脉压、肺动脉楔压）、心脏（心率、心律、心排血量及心脏指数）组织氧的供应与消耗等。

2. 中枢神经系统监测

（1）神经系统体征动态检查　①意识状态（见本章第一节中意识状态的观察）；②眼部体征（见本章第一节中意识状态的观察）；③神经反射：生理性反射的减弱或消失及病理性反射的出现，均提示有神经系统功能的改变；④体位与肌张力：去大脑强直时四肢可呈现伸展体位，有时可呈角弓反张姿势，肌张力的变化在一定程度上有时可反应病情的转归；⑤运动功能：主要观察患者的自主活动能力，是否有瘫痪的发生。

（2）颅内压监测　包括脑室内测压、硬脑膜下测压、硬膜外测压。

（3）脑电图的监测　包括脑缺血缺氧的监测、昏迷患者的监测、脑血流监测、脑氧供需平衡监测等。

3. 呼吸系统功能监测　包括呼吸运动监测（呼吸频率、呼吸节律、呼吸幅度、吸呼比）、呼吸容量的监测（肺泡通气量、潮气量、分钟通气量）、动脉血气分析监测、呼气末二氧化碳监测、脉搏血氧饱和度监测、呼吸力学监测（气道阻力监测、呼吸压力监测）等，护士应了解其各项指标的正常值及其意义。

4. 肾功能监测　肾是调节体液的重要器官，肾功能的状况对于疾病的治疗和转归均有影响。它的监测包括尿液的监测（尿量、尿渗透压、尿常规检查、尿比重）、血生化监测（血肌酐、内生肌酐清除率、血尿素氮）。

5. 肝功能的监测　肝是人体的重要代谢器官，肝功能监测是重症监护的基本内容之一。包括精神状态与意识状态监测、凝血功能监测、血清酶学监测、黄疸监测、血清蛋白监测及血氨监测等。

6. 水、电解质和酸碱平衡的监测。

7. 体温监测　正常人体温较恒定，当代谢旺盛、感染、创伤、手术后体温多有升高，而极重度或临终患者体温反而下降。

（二）保持呼吸道通畅

清醒患者应鼓励其定时做深呼吸或轻拍背部，以助分泌物咳出；昏迷患者常因咳嗽、吞咽反射减弱或消失，呼吸道分泌物及唾液等积聚喉头，从而引起呼吸困难甚至窒息，故应使患者头偏向一侧，及时吸出呼吸道分泌物，保持呼吸道通畅。通过呼吸咳嗽训练、肺部物理治疗、吸痰等，预防分泌物淤积、坠积性肺炎及肺不张等。

（三）加强临床基础护理

1. 眼部护理 对眼睑不能自行闭合者应注意眼睛护理，可涂眼药膏或覆盖油性纱布，以防角膜干燥而致溃疡、结膜炎。

2. 口腔护理　保持口腔卫生，增进食欲。对不能经口进食者，更应做好口腔护理，防止发生口腔炎症、口腔溃疡、腮腺炎、中耳炎、口臭等。

3. 皮肤护理　危重患者由于长期卧床、大小便失禁、大量出汗、营养不良及应激等因素，有发生压疮的危险。故应加强皮肤护理，做到"六勤一注意"，即勤观察、勤翻身、勤擦洗、勤按摩、勤更换、勤整理，注意交接班。

（四）肢体被动锻炼

卧床患者应尽早协助患者进行被动肢体运动，每天2~3次，轮流将患者的肢体进行伸屈、内收、外展、内旋、外旋等活动，并同时按摩，以促进血液循环，增加肌肉张力，帮助恢复功能，预防肌腱韧带退化、肌肉萎缩、关节僵直、静脉血栓形成和足下垂的发生。

（五）补充营养和水分

危重患者机体分解代谢增强，消耗大，对营养物质的需要量增加，而患者多食欲不佳，消化功能减退，为保证患者有足够营养和水分，维持体液平衡，应设法增进患者的饮食，并协助自理缺陷的患者的进食，对不能进食者，可采用鼻饲或全肠外营养。对大量引流或额外体液丧失等水分丢失较多的患者，应注意补充足够的水分。

（六）维持排泄功能

协助患者大小便，便秘者可给予缓泻药或灌肠，必要时护士可戴手套帮助取出粪便；如发生尿潴留，可采取诱导排尿的方法，以减轻患者痛苦，必要时在无菌操作下行导尿术。留置尿管者执行尿管护理常规。

（七）保持各类导管通畅

危重患者身上有时会有多根引流管，应注意妥善固定、安全放置，防止扭曲、受压、堵塞、脱落，保持其通畅，发挥其应有的作用。同时注意严格执行无菌操作技术，防止逆行感染。

（八）确保患者安全

对意识丧失者，要防止发生窒息的危险；牙关紧闭、抽搐的患者，可用牙垫、开口器，防止舌咬伤；对谵妄、躁动和意识障碍的患者，要注意安全，合理使用保护具；同时室内光线宜暗，工作人员动作要轻，避免因外界刺激而引起抽搐。

（九）危重患者的心理护理

由于各种因素的影响，危重患者通常会表现出各种各样的心里问题，如突发意外事件或急性病患者常表现为焦虑、恐惧、悲伤、过分敏感等；慢性病患者突然病情加重者，常表现为多疑、消极、绝望等。患者的家人也会因自己所爱的人的生命受到威胁而经历一系列心理应激反应。因此，在抢救危重患者的同时，护理人员还应做好心理护理。

1. 操作前向患者做简单、清晰的解释。语言贴切、易于理解；举止沉着、稳重；操作应娴熟认真、一丝不苟，给患者充分的信赖感和安全感。

2. 尽可能采取"治疗性触摸"以引起患者的注意，传递关心、支持或接收的信息给患者；表现出对患者的关心、同情、尊敬，态度要和蔼、诚恳、富有同情心。

3. 对人工气道或呼吸机治疗患者应向其解释使用呼吸机的意义，并向患者保证机械通气支持是暂时的。对出现语言沟通障碍者，应与患者建立其他的沟通方式，使患者能够准确表达他的感受，并让患者了解自己的病情和治疗情况，达到有效沟通。

4. 鼓励患者参与自我护理活动和治疗方法的选择。

5. 在允许探视的情况下，鼓励家属及亲友探视患者，向患者传递爱、关心与支持。病室光线宜柔和，夜间减低灯光亮度，使患者有昼夜差别感，防止睡眠障碍。病室内应安静，工作人员应做到"四轻"，即说话轻、走路轻、操作轻、关门轻。在操作、检查、治疗时使用床帘，注意保护患者隐私。

第三节 常用急救技术

案例引导

案例：患者，男，30岁，因工作中不慎由高处坠下摔伤来院就诊。体检：轻拍并大声呼喊无反应，颈动脉搏动消失，面部淤血，颅骨凹陷。

提问：1. 患者可否行基础生命支持技术？

2. 在行基础生命支持技术时，不能用哪种开放气道方法？

一、心肺复苏技术

心肺复苏（cardiopulmonary resuscitation，CPR）是对由于外伤、疾病、中毒、意外低温、淹溺和电击等各种原因，导致呼吸、心搏骤停，必须紧急采取重建和促进心脏、呼吸有效功能恢复的一系列措施。

基础生命支持技术（basic life support，BLS）又称现场急救，是指在事发的现场，对患者实施及时、有效的初步救护，是指专业或非专业人员进行徒手抢救。

（一）实施基础生命支持技术的标准

1. 呼吸骤停 造成呼吸骤停的原因很多，包括溺水、窒息、卒中、气道异物阻塞、吸入烟雾、药物过量、电击伤以及各种原因引起的昏迷。原发性呼吸停止后，心脏仍可在数分钟内得到已氧合的血液供应，大脑及其他脏器也同样可得到数分钟的血供，此时，尚未出现循环停止的征象，所以及时进行人工通气、保证气道通畅非常重要。心搏骤停早期，可出现无效的"叹息样"呼吸，要与有效呼吸相区别。

2. 心搏骤停 除上述能引起呼吸骤停并进而引起心搏骤停的原因外，还包括急性心肌梗死、严重的心律失常（如心室颤动）、重型颅脑损伤、心脏或大血管破裂引起的大失血、药物或毒物中毒、严重的电解质紊乱（如高血钾或低血钾）等。

（二）呼吸心搏骤停的临床表现

1. 突然面色死灰、意识丧失 轻摇或轻拍并大声呼叫，无反应，说明患者意识丧失。

2. 大动脉搏动消失 因颈动脉表浅，且颈部易暴露，一般作为诊脉的首选部位。颈动脉位于气管与胸锁乳突肌之间，可用食指、中指指端先触及气管正中，男性可先触及喉结，然后滑向颈外侧气管与肌群之间的沟内，触摸有无搏动。其次选股动脉。股动脉位于股三角区，可于腹股沟韧带稍下方触摸有无搏动。由于动脉搏动可能缓慢、不规律，或微弱不易触及，因此，触摸脉搏一般在5~10秒。确认摸不到颈动脉或股动脉搏动，即可确定心搏停止。应注意对尚有心跳的患者进行胸外心脏按压，会导致严重的并发症。

3. 呼吸停止 应在保持气道开放的情况下进行判断。用面颊部靠近患者的口鼻部感觉有无气体逸出或听有无呼气声，面部转向患者观察胸腹部有无起伏。

4. 瞳孔散大 须注意循环完全停止后超过1分钟才会出现瞳孔散大，且有些患者可始终无瞳孔散大现象，同时药物对瞳孔的改变也有一定影响。

5. 皮肤苍白或发绀 一般以口唇和指甲等末梢处最明显。

6. 心尖冲动及心音消失　听诊无心音。心电图表现为心室颤动或心室停顿，偶尔呈缓慢而无效的心室自主节律（心电 - 机械分离）。

7. 其他　伤口不出血。心搏骤停时虽可出现上述多种临床表现，但其中以意识突然丧失和大动脉搏动消失这两项最为重要，故仅凭这两项就可做出心搏骤停的判断，并立即开始实施 BLS 技术。由于 BLS 技术的实施要求必须分秒必争，因此，临床工作中不能等心搏骤停的各种表现均出现后再行诊断。一定注意不要因听心音、测血压、做心电图而延误宝贵的抢救时间。

（三）基础生命支持技术

【目的】

1. 通过实施基础生命支持技术，建立患者的循环、呼吸功能。
2. 保证重要脏器的血液供应，尽快促进心跳、呼吸功能的恢复。

【评估】

1. 评估患者的病情、意识状态、呼吸、脉搏。
2. 呼吸道是否通畅、有无活动义齿等情况。

【计划】

1. 操作者准备　一经判断患者呼吸心搏骤停，应立即实施 BLS，无须准备。

2. 患者准备　可能已昏迷，没有特殊准备，护士可以对患者的体位进行调整，以便于满足进行抢救的需要。

3. 用物准备　治疗盘内放血压计、听诊器，必要时备一木板、足踏凳。

4. 环境准备　光线充足、安静，患者床单位周围宽敞，便于施救。

【实施】

1. 操作方法

操作步骤	要点与说明
（1）双手轻拍患者面颊或肩部，并大声呼唤：喂！醒醒！	·无反应，可判断其无意识
（2）触摸颈动脉，5~10 秒未扪及搏动	·确认颈动脉搏动消失 立即启动心肺复苏程序
（3）立即呼救	·求助他人帮助拨打急救电话，或协助救护
（4）将患者仰卧于硬板床或地上，如卧于软床上，其肩背下需垫心脏按压板；去枕、头后仰；解开衣领口领带及腰带	·注意避免随意移动患者
（5）胸外心脏按压术 ①抢救者站在或跪于患者一侧	
②抢救者一手的掌根部放在患者胸骨中线与两乳头连线的相交处，另一手以拇指根部为轴心叠于下手掌背之上，手指翘起不接触胸壁（图 16 - 1）	·部位应准确，避免偏离胸骨引起肋骨骨折
③双肘关节伸直，依靠身体的重量、肘及臂力，有节律地垂直施加压力，使胸骨下陷 5~6cm（成人），儿童和婴儿至少为胸部前后径的 1/3，然后放松，使胸骨自然复位（图 16 - 2）	·按压力量适度，姿势正确，两肘关节固定不动，双肩位于双手臂的正上方
④按压频率为 100~120 次/分，按压与放松时间比为 1:1，放松时手掌根部不离开胸壁	·按压有效指征：①能扪及大动脉（股动脉、颈动脉）搏动，血压维持在 60mmHg 以上；②口唇、面色、甲床等颜色由发绀转为红润；③心室颤动波由细小变为粗大，甚至恢复窦性心律；④瞳孔随之缩小，有时可有对光反应；⑤呼吸逐渐恢复；⑥昏迷变浅，出现反射或挣扎
（6）打开气道　清除口腔、气道内分泌物或异物，有义齿者应取下	·有利于呼吸道畅通

操作步骤	要点与说明
①仰头提颏法：抢救者一手的小鱼际置于患者前额，用力向后压使其头部后仰，另一手示指、中指置于患者的下颌骨下方，将颏部向前上抬起（图16-3）	·注意手指不要压向颏下软组织深处，以免阻塞气道
②仰头抬颈法：抢救者一手抬起患者颈部，将另一手小鱼际部位置于患者前额，使头后仰，颈部上抬（图16-4）	·头、颈部损伤患者禁用
③托颌法：抢救者双肘置患者头部两侧，双手食指、中指、无名指放在患者下颌角后方，向上抬起下颌（图16-5）	·患者头保持正中位，不能使头后仰，不可左右扭动；适用于怀疑有颈部损伤患者
（7）人工呼吸	
▲口对口人工呼吸法	·首选方法
在患者口鼻部盖一单层纱布	·为防止交叉感染
抢救者用保持患者头后仰的拇指和示指捏住患者的鼻孔	·防止吹气时气体从鼻逸出
正常吸气，抢救者的双唇包住患者唇部外缘形成一个封闭腔，向患者口内缓慢吹气，使胸廓隆起（图16-6A）	·每次吹气应持续1秒以上
吹气毕，松开捏鼻孔的手，抢救者头稍抬起，侧转换气，观察患者胸部复原情况（图16-6B）	·有效指标：患者胸部起伏，且呼气时听到或感到有气体逸出，按压与通气比率为30:2
▲口对鼻人工呼吸法（用仰头提颏法）	·用于口腔严重损伤或牙关紧闭患者
①抢救者用举颏的手将患者口唇闭紧	·防止吹气时气体由口唇逸出
②正常吸气，双唇包住患者的鼻部吹气，吹气的方法同口对口人工呼吸法	
▲口对口鼻人工呼吸法	·适用于婴幼儿
抢救者的双唇包住患者的口鼻部吹气	·防止吹气时气体由口唇逸出；防止气体进入胃部，引起胃膨胀
吹气时间要短，均匀缓缓吹气	

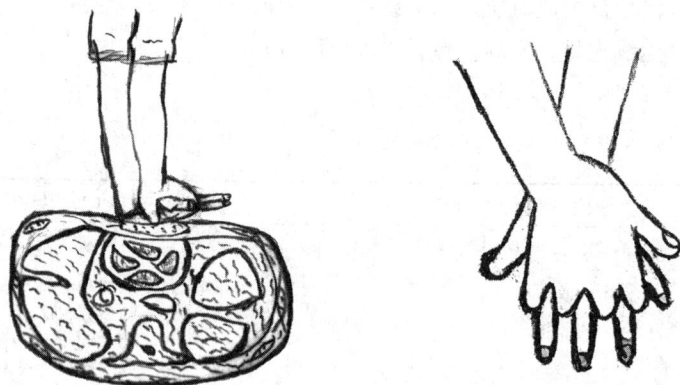

图16-1 胸外心脏按压的手法

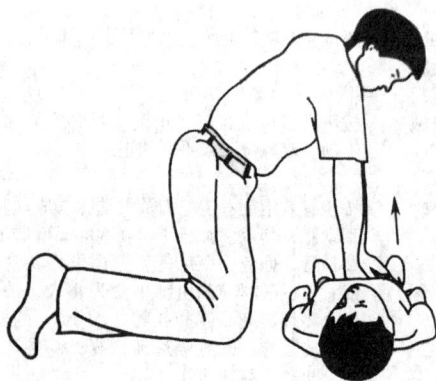

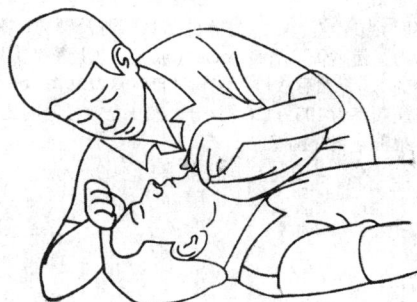

图16-2 胸外心脏按压的姿势 　　图16-3 仰头提颏法开放气道

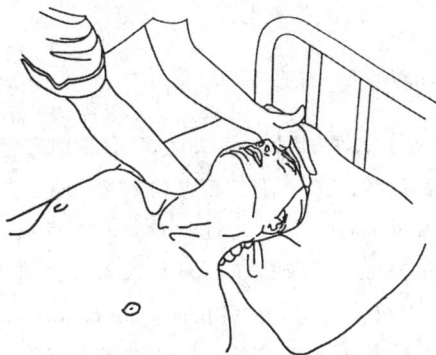

图 16-4　仰头抬颈法开放气道

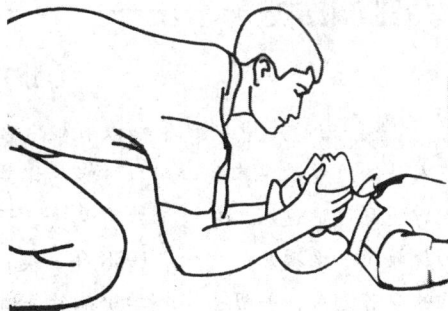

图 16-5　托颌法开放气道

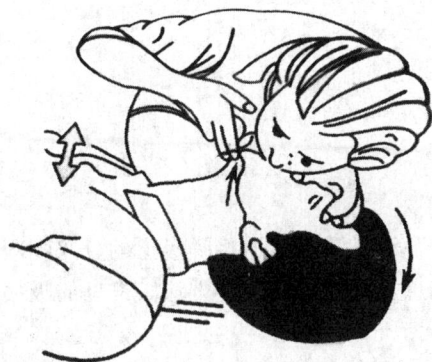

A

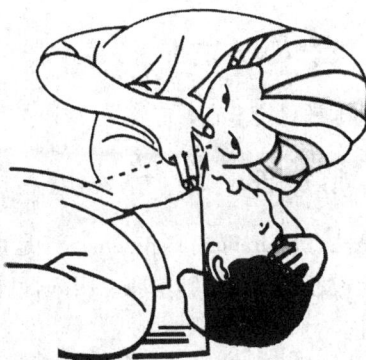

B

图 16-6　人工呼吸方法
A. 吹气；B. 观察呼吸

2. 注意事项

（1）发现无呼吸的心搏骤停患者，应立即实施胸外心脏按压，无须先行开放气道、给2次人工通气等动作。

（2）按压部位要准确，用力适度，以防胸骨、肋骨压折。按压力过轻达不到效果，过重则易造成肋骨骨折、血气胸，甚至肝、脾破裂等。按压深度成人5~6cm，儿童和婴儿至少为胸部前后径的1/3，并保证每次按压后胸廓回弹。按压姿势要正确，两臂伸直，肘关节固定不动，双肩位于双手的正上方。头部应适当放低并略偏向一侧。

（3）保证气道通畅　呼吸复苏失败常见的原因是呼吸道阻塞和口对口接触不严密。由于呼吸道阻塞，空气进入胃内，造成胃扩张，可使膈肌升高，阻碍充分地通气。严重者会导致胃内容物反流，造成误吸的危险。人工呼吸频率为8~10次/分，避免过度通气，但胸廓应有明显隆起。

（4）胸外心脏按压和人工呼吸同时进行时，所有年龄段的单人施救：按压与呼吸比为30∶2；双人施救：成人和儿童均为30∶2，新生儿为3∶1。按压间断不超过10秒，检查脉搏控制在5~10秒。

【评价】

1. 抢救及时，动作迅速、准确。

2. 按压有效指征出现，患者抢救成功。

心肺复苏的发展史

《圣经旧约》中记载先知以利亚3次伏在孩子身上深呼吸，救回这名男孩的生命，有人认为这是最早有关口对口呼吸的记载；我国古代名医张仲景在其《伤寒杂病论》中也曾提到过通过人工呼吸治疗自缢者；1744年，Willama Tossach 通过口对口人工呼吸成功挽救了一名矿工的生命；1958年，美国 Perter Safardeng 等确认了口对口人工呼吸有可靠的复苏效果，并提出了科学规范的气道开通法；1960年，美国 Willama Kouwenhoven 发表了有关胸外心脏按压的论文，该论文被称为是心肺复苏的里程碑，此后胸外心脏按压代替开胸心脏按压方法被推广使用。

二、氧气吸入法

详见本教材第七章。

三、吸痰法

吸痰法（aspiration of sputum）　是指经口、鼻腔、人工气道将呼吸道的分泌物吸出，以保持呼吸道通畅，预防肺不张、吸入性肺炎、窒息等并发症的一种方法。常见的吸痰装置有以下两种。

（一）中心吸引器（中心负压装置）

医院设有中心负压装置，将吸引器管道连接到各病室床单位，使用时连接吸痰导管，打开开关，即可吸痰，十分便利。

（二）电动吸引器

电动吸引器由马达、偏心轮、气体过滤器、负压表、安全瓶、储液瓶、足踏开关等组成（图16-7）。安全瓶和储液瓶可储液1000ml，瓶塞上有两个玻璃管，并通过橡胶管相互连接。接通电源后马达带动偏心轮，从吸气孔吸出瓶内空气，并由排气孔排出，不断循环转动，使瓶内产生负压，将痰液吸出。

紧急状态下，可用注射器吸痰和口对口吸痰。注射器吸痰是用50~100ml注射器连接导管进行抽吸；口对口吸痰时，操作者托

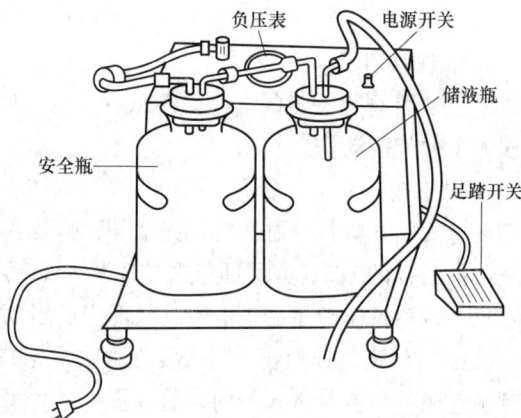

图16-7　电动吸引器

起患者下颌，使其头后仰并捏住患者鼻孔，口对口吸出呼吸道分泌物，解除呼吸道梗阻症状。

【目的】

1. 清除呼吸道分泌物，保持呼吸道通畅。
2. 促进呼吸功能恢复，改善肺通气。
3. 预防并发症。

【评估】

1. 患者的病情、临床诊断、治疗情况。

2. 患者的生命体征、心理状态、意识状态、生活自理能力、理解合作程度。

3. 患者有无将呼吸道分泌物排出的能力。

【计划】

1. 操作者准备　衣帽整洁，修剪指甲，洗手，戴口罩。

2. 患者准备　患者了解吸痰的目的、操作过程及需配合的事项，体位舒适，情绪稳定。

3. 环境准备　室温适宜、光线充足、环境安静。

4. 用物准备

（1）治疗盘内备　有盖罐 2 只（试吸罐和冲洗罐，内盛无菌生理盐水）、一次性无菌吸痰管数根、无菌纱布、无菌血管钳或镊子、无菌手套、弯盘。必要时备压舌板、张口器、舌钳、电插板等。

（2）治疗盘外备　电动吸引器或中心吸引器。

【实施】

1. 操作方法

操作步骤	要点与说明
（1）携用物至患者床旁，核对患者的床号、姓名	·确认患者
（2）接通电源，打开开关，检查吸引器性能，调节负压	·成人 -400 ~ -300mmHg（-53.3 ~ -40.0kPa）；儿童 < -300mmHg（-40.0kPa）
（3）检查患者的口、鼻腔，取下活动义齿	·口腔疾病患者，可由鼻腔吸引；昏迷患者可用压舌板或张口器助其张口
（4）患者头部转向一侧，面向操作者	
（5）连接吸痰管，试吸少量生理盐水	·检查吸痰管是否通畅，润滑导管前端
（6）一手反折吸痰管末端，另一手用无菌血管钳（镊）或戴手套持吸痰管前端，插入患者口咽部（10 ~ 15cm），然后放松导管末端，先吸口咽部分泌物，再吸气管内分泌物	·插管时不可有负压，以免损伤呼吸道黏膜 ·若气管切开吸痰，注意无菌操作，先吸气管切开处，再吸口（鼻）部 ·采取左右旋转并向上提管的手法，以利于呼吸道内的分泌物的充分吸尽 ·每次吸痰时间 <15 秒
（7）及痰管退出时，在冲洗罐中用生理盐水抽吸	·以免分泌物堵塞吸痰导管 ·一根吸痰导管只使用 1 次
（8）观察气道是否通畅；患者的反应	·动态评估患者
（9）听诊呼吸音	·判断呼吸道是否通畅，痰液是否吸净
（10）擦净患者面部的分泌物，安置患者，整理床单位	·使患者舒适
（11）整理用物	·吸痰管按一次性用物处理，吸痰的玻璃接管插入盛有消毒液的试管中浸泡
（12）洗手后记录	·记录分泌物的量、颜色、性状及患者呼吸情况

2. 注意事项

（1）严格执行无菌技术操作，每次吸痰前应更换吸痰管。

（2）吸痰前，检查电动吸引器性能是否良好，连接是否正确。

（3）吸痰动作要轻稳，防止呼吸道黏膜损伤。

（4）每次吸痰时间 <15 秒，以免造成缺氧。

（5）痰液黏稠时，可配合叩击、雾化吸入、蒸气吸入等操作，提高吸痰效果。

（6）电动吸引器连续使用时间不宜过久。

（7）储液瓶液体达 2/3 满时，应及时倾倒，避免液体过多吸入马达内损坏仪器。储液瓶内应放少量消毒液，以免吸出液黏附于瓶底，便于清洗。

【评价】

1. 与患者交流科学、易懂，表述准确。

2. 动作轻、稳，方法正确，患者呼吸顺畅。

3. 严格无菌操作，避免交叉感染。

四、洗胃法

洗胃术（gastric lavage）是将洗胃管插入患者胃内，利用重力、虹吸或负压吸引的原理，将一定量的溶液灌入胃腔反复冲洗，以减轻或避免吸收中毒的方法。

【目的】

1. 解毒 清除胃内毒物或刺激物，减少毒物吸收，还可利用拮抗液进行中和解毒，用于急性食物或药物中毒。服毒后 6 小时内效果最佳。

2. 减轻胃黏膜水肿 幽门梗阻患者，通过洗胃可减轻潴留物对胃黏膜的刺激，减轻胃黏膜水肿、炎症。

3. 某些手术或检查前的准备 胃部手术或检查前洗胃，可利于检查，便于手术，防止或减少术后感染。

【评估】

1. 患者的病情、临床诊断、治疗情况。

2. 患者的生命体征、心理状态、意识状态、生活自理能力。

3. 口鼻黏膜有无损伤，有无活动义齿。

4. 患者对洗胃的耐受能力、合作程度、知识水平、既往经验等。

【计划】

1. 操作者准备 衣帽整洁，修剪指甲，洗手，戴口罩。

2. 患者准备 患者体位舒适，了解洗胃的目的、方法、注意事项及配合要点。

3. 环境准备 安静、整洁、光线明亮，请无关人员回避，保持合适的室温。

4. 用物准备

（1）口服催吐法

①治疗车上层 量杯、水温计、塑料围裙或橡胶单（防水布）、压舌板、弯盘。患者的洗漱用物。

②治疗车下层 水桶（水盆）2 个，分别盛洗胃液、污水。

③根据毒物性质准备洗胃溶液（表 16－3） 一般用量为 10 000～20 000ml，将洗胃溶液温度调节到 25～38℃为宜。

（2）漏斗胃管洗胃法

①无菌洗胃包（内有弯盘、漏斗洗胃器、止血钳、纱布）。

②液状石蜡、橡胶单、试管、量杯、水温计、听诊器、压舌板、手电筒、棉签、50ml 注射器、胶布、水桶 2 只（分别盛洗胃液、污水）。

③洗胃液同口服催吐法。

④必要时备张口器、牙垫、舌钳。

（3）电动吸引器及全自动洗胃机洗胃法

①无菌洗胃包（内有弯盘、止血钳、纱布、胃管或一次性胃管）。

②洗胃设备 电动吸引器洗胃法备电动吸引器（包括安全瓶及 5000ml 容量的储液瓶）、Y 形三通管、调节夹或止血钳、输液架、输液器、输液导管。全自动洗胃机洗胃法另备全自动洗胃机。

③其余同漏斗洗胃法。

表 16 - 3　常用洗胃溶液

毒物种类	常用溶液	禁忌药物
酸性物	镁乳、蛋清水①、牛奶	强酸药物
碱性物	5%醋酸、白蜡、蛋清水、牛奶	强碱药物
氰化物	3%过氧化氢溶液②引吐后，1:15 000～1:20 000高锰酸钾溶液	
敌敌畏	2%～4%碳酸氢钠溶液、1%盐水、1:15 000～1:20 000高锰酸钾溶液	
1605、1059、4049（乐果）	2%～4%碳酸氢钠溶液	高锰酸钾③
敌百虫	1%盐水或清水，1:15 000～1:20 000高锰酸钾溶液	碱性药物④
DDT（灭害灵）、666	温开水或生理盐水洗胃，50%硫酸镁导泻	油性泻药
酚类	50%硫酸镁导泻，温开水或植物油洗胃至无酚味为止，洗胃后多次服用牛奶、蛋清保护胃黏膜	液状石蜡
河豚、生物碱、毒蕈	1%～3%鞣酸	
苯酚（石炭酸）	1:15 000～1:20 000高锰酸钾溶液	
异烟肼（雷米封）	1:15 000～1:20 000高锰酸钾溶液洗胃，硫酸钠导泻	
巴比妥类（安眠药）	1:15 000～1:20 000高锰酸钾溶液洗胃，硫酸钠导泻	硫酸镁⑤
灭鼠药		
1. 磷化锌	1:15 000～1:20 000高锰酸钾溶液、0.5%硫酸铜溶液洗胃、0.5%～1%硫酸铜溶液每次10ml，每5～10分钟口服1次，配合用压舌板等刺激舌根引吐	鸡蛋、牛奶、脂肪及其他油类食物⑥
2. 抗凝血类（敌鼠钠等）	催吐、温水洗胃、硫酸钠导泻	碳酸氢钠溶液
3. 有机氟类（氟乙酰胺等）	0.2%～0.5%氯化钙或淡石灰水洗胃，硫酸钠导泻，饮用豆浆、蛋白水、牛奶等	
发芽马铃薯	1%活性炭悬浮液	

注：①蛋清水、牛奶等可保护胃黏膜，减轻胃部疼痛；②氧化剂可将化学性毒物氧化，改变其性能，从而减轻或去除其毒性；③1605、1059、4049（乐果）等禁用高锰酸钾溶液洗胃，因能氧化形成毒性更强的物质；④敌百虫遇碱性药物可分解出毒性更强的敌敌畏，其分解过程随碱性的增强和温度的升高而加速；⑤硫酸镁对心血管系统和神经系统有抑制作用，可加重巴比妥类中毒；⑥磷化锌易溶于油性物质，故禁用脂肪类食物

【实施】

1. 操作方法

1. 操作步骤	要点与说明
（1）携用物至患者床旁，核对患者的床号、姓名，并解释	·确认患者
▲口服催吐法	·用于服毒量少的清醒合作者
①患者取坐位	
②颌下围好围裙，有义齿者取下，污物桶置于患者坐位前	
③指导患者自饮灌洗液（每次300～500ml）后自呕，不易吐出者用压舌板刺激舌根催吐	
④反复自饮→催吐，直至吐出澄清、无味的灌洗液	·表示毒物已基本洗干净
▲漏斗胃管洗胃法（图16－8）	
①用鼻饲法经口腔插入漏斗胃管55～60cm，确认胃管在胃内后固定	·用于无电力供应或无自动洗胃机时
②将漏斗置于胃部水平以下的位置，挤压橡胶球，抽尽胃内容物	
③举漏斗高过头30～50cm，将灌洗液缓慢倒入漏斗300～500ml，当漏斗内尚余少量溶液时，迅速将漏斗降至低于胃的位置，倒置于盛水桶内，利用虹吸作用引出胃内灌洗液	·每次灌入量应保持和洗出量基本相等，否则易造成胃潴留
④反复灌洗至洗出液澄清、无味	
▲电动吸引器洗胃（图16－9）	·利用负压吸引作用，吸出胃内容物
①接通电源，检查吸引器性能	

1. 操作步骤	要点与说明
②将输液管与Y形管主管相连，洗胃管末端及吸引器储液瓶的引流管分别与Y形管两分支相连，夹紧输液管，检查各连接处有无漏气。将灌洗液倒入输液瓶内，悬挂于输液架上	
③插洗胃管，方法同漏斗胃管洗胃法	
④开动吸引器，吸出胃内容物，负压宜保持在 -100mmHg（-13.3kPa）左右	· 避免压力过高引起胃黏膜损伤
⑤关闭吸引器，夹紧储液瓶上的引流管，开放输液管，灌注洗胃液至胃内300~500ml	
⑥夹紧输液管，开放储液瓶上的引流管，开动吸引器，吸出灌入的液体	
⑦反复灌洗，直至洗出液澄清、无味为止	
▲全自动洗胃机洗胃（图16-10）	· 通过自控电路的控制，使电磁阀自动转换动作，分别完成向胃内冲洗药液和吸出胃内容物的洗胃过程，能自动、迅速、彻底清除胃内毒物
①通电，检查仪器性能完好，连接各种管道	
②插洗胃管，同漏斗胃管洗胃法	
③将3根导管分别和洗胃机的药管、胃管和污水管口相连接，药管的另一端放入洗胃液桶内，污水管的另一端放入空水桶内，胃管的另一端与已插好的患者胃管相连，调节药量流速	· 药管管口必须始终浸没在洗胃液的液面下
④按"手吸"键，吸出胃内容物；再按"自动"键，仪器开始对胃进行自动冲洗，直至洗出液澄清、无味为止	· 冲洗时"冲"灯亮，吸引时"吸"灯亮
⑤洗胃完毕，将洗胃机"三管"（药管、胃管、污水管）同时放入清水中，按"清洗"键，清洗各管腔后，将各管同时取出，待仪器内水完全排尽后，按"停机"键关机	· 以免各管道被污物堵塞或腐蚀
（2）洗毕，反折胃管，拔出	· 防止管内液体流入气管
（3）协助患者漱口、洗脸，取舒适卧位，整理床单位	· 促进患者舒适
（4）整理用物	
（5）记录灌洗液名称、量，洗出液的颜色、气味、性质、量，患者的反应	

图16-8　漏斗胃管洗胃法

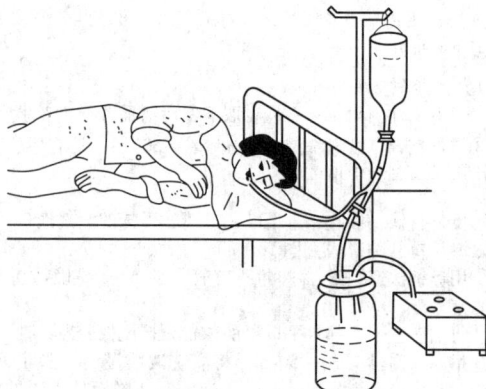

图16-9　电动吸引器洗胃法

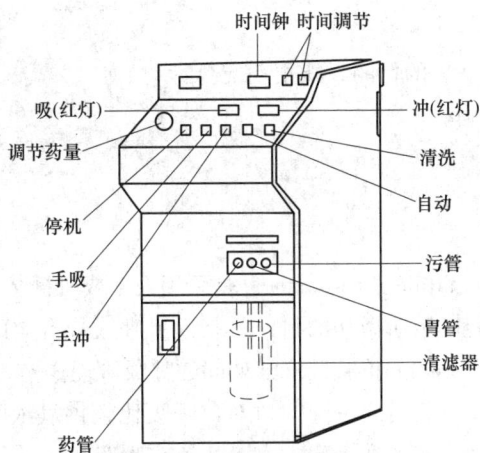

图 16 – 10　自动洗胃机

2. 注意事项

（1）首先注意了解患者中毒情况，如患者中毒的时间、途径、毒物种类、性质、量等，来院前是否呕吐。

（2）准确掌握洗胃禁忌证和适应证　①适应证：非腐蚀性毒物中毒，如有机磷、催眠药、重金属类、生物碱及食物中毒等；②禁忌证：强腐蚀性毒物（如强酸、强碱）中毒、肝硬化伴食管、胃底静脉曲张、胸主动脉瘤、近期内有上消化道出血及胃穿孔、胃癌等。患者吞服强酸、强碱等腐蚀性药物，禁忌洗胃，以免造成穿孔。可按医嘱给予药物或迅速给予物理性对抗剂，如牛奶、豆浆、蛋清、米汤等以保护胃黏膜。上消化道溃疡、食管静脉曲张、胃癌等患者一般不洗胃，昏迷患者洗胃应谨慎。

（3）急性中毒患者，应紧急采用口服催吐法，必要时进行洗胃，以减少毒物的吸收。插管时，动作要轻、快，切勿损伤食管黏膜或误入气管。

（4）选择合适的洗胃液　当中毒物质不明时，洗胃溶液可选用温开水或生理盐水。待毒物性质明确后，再采用对抗剂洗胃。

（5）洗胃液温度为 25~38℃，过高则血管扩张，促进毒物吸收；过低则导致胃肌痉挛。

（6）一次灌入量以 300~500ml 为宜，过多则胃容积增大，胃内压明显大于十二指肠压，促进胃内容物排空入肠道，加速毒物吸收，同时亦可引起液体反流，导致呛咳、窒息；过少则灌洗液无法和胃内容物充分混合，不利于彻底洗胃，且延长洗胃时间。

（7）洗胃过程中应随时观察洗出液的性质、颜色、气味、量及患者的面色、生命体征、意识、瞳孔变化，如患者有腹痛、休克、洗出液呈血性等情况，应立即停止洗胃，采取相应的急救措施。

（8）洗胃并发症包括急性胃扩张、胃穿孔，大量低渗性洗胃液致水中毒、水及电解质紊乱、酸碱平衡失调，迷走神经兴奋致反射性心搏骤停等，及时观察并做好相应的急救措施，并做好记录。

（9）注意患者的心理状态、合作程度及对康复的信心。向患者讲述操作过程中可能会出现不适，如恶心等，希望得到患者的合作；告知患者及其家属有误吸的可能与风险，以取得理解；向其介绍洗胃后的注意事项，对自服毒物者，帮助其改变认知，要为患者保守秘密与隐私，减轻其心理负担。

（10）洗胃后注意患者胃内毒物清除状况，中毒症状有无得到缓解或控制。

（11）为幽门梗阻患者洗胃时，可在饭后 4~6 小时或空腹进行。需记录胃内潴留量，便于了解梗阻程度，供临床输液参考；胃内潴留量 = 洗出量 − 灌入量 。

【评价】

1. 患者及其家属理解洗胃的目的，能主动配合。

2. 操作熟练，方法正确。

3. 达到预期诊疗目的。

五、人工呼吸器

人工呼吸器（the use of artificial respirator）是采用人工或机械装置产生通气，达到增加通气量，改善换气功能，减轻呼吸肌做功的目的，是人工呼吸最有效的方法之一。常用于各种原因所致的呼吸停止或呼吸衰竭的抢救及麻醉期间的呼吸管理。

简易呼吸器是急救必备的设备之一，与口对口呼吸比较供氧浓度高，且操作简单，携带方便，特别适宜于现场急救。一般在未建立人工气道或呼吸机突然发生故障时使用，使患者得到快速的抢救机会。简易呼吸器（图16-11）由球囊、三通呼吸活瓣、衔接管和面罩组成。其侧方有氧气入口，有氧气条件下可自此处输氧。

【目的】

1. 维持和增加机体通气量。

2. 纠正低氧血症。

【评估】

1. 患者的病情、生命体征、临床诊断、治疗情况。

2. 患者的心理状态、意识状态、生活自理能力、理解合作程度。

3. 患者的呼吸情况。

【计划】

1. 操作者准备　衣帽整洁，修剪指甲，洗手，戴口罩。

2. 患者准备　患者或家属了解人工呼吸器使用的目的、方法、注意事项及配合要点。

3. 环境准备　安静、宽敞、整洁。

4. 用物准备　选择合适的面罩，以便得到最佳使用效果，备氧气装置。

【实施】

1. 操作方法

操作方法	要点与说明
（1）携用物携至患者床旁，核对患者的床号、姓名	·确认患者
（2）患者取仰卧位，去枕、头后仰	
（3）取下活动义齿，清除呼吸道分泌物或呕吐物	
（4）解开患者领扣、领带及腰带	
▲单人操作法	
①操作者位于患者头部的后方，将患者头部向后仰，并托牢下颌使其朝上	·保持气道通畅
②将面罩扣在患者口鼻处，用一手拇指和食指呈"C"形按压面罩，中指和无名指放在下颌下缘，小指放在下颌角后面，呈"E"形	·避免漏气 ·有节律，一次挤压可有500ml左右的空气进入肺
③用另一手均匀地挤压球囊，送气时间为1秒以上，将气体送入肺中，待球囊重新膨胀后再开始下一次挤压	
④保持适宜的吸气/呼气时间	
⑤频率保持在16~20次/分	
▲双人操作法	
①由一人固定或按压面罩，分别用双手的拇指和食示指放在面罩的主体，中指和无名指放在下颌下缘，小指放在下颌角后面，将患者下颌向后拉	·伸展患者头部，畅通气道，保持面罩的适度密封

操作方法	要点与说明
②另一人挤压球囊 ③频率保持在 16～20 次/分 （5）分离面罩，撤离呼吸器 （6）记录 （7）安置患者，整理用物	·有节律，一次挤压可有 500ml 左右的空气进入肺 ·呼吸顺畅，缺氧完全纠正，生命体征平稳

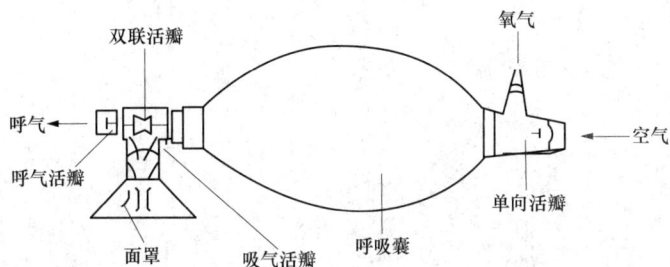

图 16 – 11　简易呼吸器

2. 注意事项

（1）选择适宜的通气量　挤压球囊时应注意潮气量适中，通气量以见到胸廓起伏即可（400～600ml）。

（2）选择适当的呼吸频率　美国心脏协会建议，如果存在脉搏，每 5～6 秒给予 1 次呼吸（10～12 次/分）。如果没有脉搏，使用 30:2 的比例进行按压 - 通气。如果有高级呼吸道，每分钟给予 8～10 次呼吸。如果患者尚有微弱呼吸，应注意挤压球囊的频次和患者呼吸的协调，尽量在患者吸气时挤压球囊，防止在患者呼气时挤压球囊。

（3）监测病情变化　使用简易呼吸器过程中，应密切观察患者通气效果、胸腹起伏、皮肤颜色、听诊呼吸音、生命体征和血氧饱和度等参数。

（4）若气管插管或气管切开患者使用简易呼吸器，应先将痰液吸净后再应用。

【评价】

1. 患者能适应所选用的简易呼吸器，通气良好，气体交换有效。

2. 患者呼吸通畅，无并发症发生。

本章小结

本章主要介绍了病情观察的内容、危重患者的护理措施及常用的几种抢救技术（基础生命支持技术、吸痰法、洗胃法、简易呼吸器的使用）。通过从不同方面对患者及时、准确的观察为诊断、治疗、护理提供可靠依据；在对危重患者全方位的监测和护理过程中，护士要熟练、准确掌握基础生命支持技术、吸痰、洗胃、简易呼吸器的使用等基本抢救技术，并与医师配合以保证抢救工作顺利、有效地进行。

（任忠敏）

目标检测

1. 简述病情观察的内容。
2. 简述心肺复苏成功的有效指征。

第五篇

文件书写

第十七章　医疗与护理文件

学习目标

知识要求

1. 掌握　医疗和护理文件记录的原则；体温单的绘制方法；医嘱的种类；医嘱单的处理。
2. 熟悉　医疗和护理文件的管理；手术清点记录单的书写；护理观察记录单及护理病历的书写。
3. 了解　医疗和护理文件记录的意义。

技能要求

熟练掌握体温单绘画、医嘱单的处理、护理记录单的书写。

医疗和护理文件是医院和患者的重要档案资料，也是教学、科研、管理以及法律上的重要资料，医疗文件记录了患者疾病的发生、检查、诊断、治疗、康复或死亡的全过程。护理记录是护理人员对患者的病情观察和实施护理措施后的原始文字记载，是临床护理工作的重要组成部分。因此，医疗和护理文件的书写必须规范并妥善保管，以保证其原始性、正确性和完整性。虽然目前全国各医院医疗和护理文件记录的方式不尽相同，但遵循的原则应该一致。

第一节　医疗和护理文件的记录和管理

案例引导

案例：患者胡××以胸闷、心悸10天伴晕厥2小时由救护车送入某医院，初步诊断：冠状动脉粥样硬化性心脏病、心绞痛。在排便时突然意识丧失，脉搏摸不到，持续心外按压1小时终因呼吸、循环衰竭，抢救无效，临床死亡。

提问：医疗机构可不可以为申请人复印门（急）诊病历和住院病历？包括哪些内容？

医疗和护理文件记录是医院重要的档案资料，又称病历，我国国家卫生和计划生育委员会（原称卫生部）定名为"病案"。病案是患者就医的全部医疗、护理记录，由门（急）诊病历和住院病历两部分组成。门（急）诊病历包括门（急）诊病历首页［门（急）诊手册封面］、病历记录、化验单（检验报告）、医学影像检查资料等。住院病历包括：①医疗记录。医疗记录是医师采集病史和检查、诊治的记录，有住院病案首页、入院记录、病程记录、手术同意书、麻醉同意书、输血治疗知情同意书、特殊检查（特殊治疗）同意书、病危（重）通知书、医嘱单、辅助检查报告单、体温单、医学影像检查资料、病理资料等。②护理记录。护理记录是护理人员记录患者的病情变化、治疗情况和所采取的护理措施，有体温单、医嘱单、手术清点记录单、护理记录单等。③各种证明文件，有住院通知单、病危通知单等。

一、医疗和护理文件记录的意义

（一）有利于信息交流

医疗和护理文件是关于患者病情变化、诊断治疗和护理全过程的记录。通过阅读记录资料，便于医护人员全面、及时、动态地了解患者的病情，保证诊疗、护理工作的连续性和完整性，加强医护间的合作与协调。

（二）提供评价依据

完整的医疗、护理记录资料可以较全面地反映医院的医疗水平及护理质量，因而，记录的资料既可以衡量医院医疗、护理的管理水平，也可以衡量医院医护人员的服务质量和业务水平。

（三）提供教学与科研资料

标准、完整的医疗、护理记录体现了理论在实践中的具体应用。是临床教学的最好教材，可以供学生进行个案分析与讨论。完整的医疗、护理记录是科研的重要资料，对回顾性研究更有参考价值。同时，它为流行病学研究、传染病管理、疾病调查等提供了统计学方面的资料，也是卫生机构制定施政方针的重要依据。

（四）提供法律依据

医疗和护理记录属合法文件，为法律认可的证据，其内容反映了患者住院期间接受治疗、护理的具体情况，在法律上可作为医疗纠纷、人身伤害、保险索赔、犯罪刑事案件及遗嘱查验的证明。凡涉及以上诉讼案件，调查处理时都要将病案作为依据加以判断，以明确医院及医护人员有无法律责任。因此，护理人员在患者住院期间的病情、治疗、护理措施等书写记录按照有关医疗、护理文件记录的原则进行，以保护护理人员自身和患者的合法权益。

二、医疗和护理文件记录的原则

及时、准确、清晰、简要、完整是书写各项医疗与护理记录的基本原则。

（一）及时

医疗和护理记录必须及时，不得拖延或提早，更不能漏记，以保证记录的时效性，维持最新资料。因抢救危重患者，未能及时书写记录时，当班护理人员应在抢救后 6 小时内据实补记，并加以说明。

（二）准确

记录的内容和时间必须真实、准确，以作为法律证明文件。对患者的主诉和行为应进行详细、客观的描述。有书写错误时用所书写的钢笔在错误处划双横线，不得采用刮、粘、涂等方法消去错误，应保证原记录清晰可辨，并在上面签全名。

（三）清晰

按要求分别使用红色、蓝色、蓝黑色或黑色水笔书写。字迹端正，保持表格整洁，不得涂改、剪贴和滥用简化字。

（四）简要

记录内容应尽量简洁、流畅、重点突出。使用医学术语和公认的缩写，避免笼统、含糊不清或过多修辞。

（五）完整

医疗和护理文件不得丢失，不得随意拆散、外借、损坏。眉栏、页码须首先填写。各项记录，尤其护理表格应按要求逐项填写，避免遗漏。记录应连续，不留空白。每项记录后签全名，以示负责。如患者出现病情恶化、拒绝接受治疗与护理、自杀倾向、意外、请假外出、并发症先兆等特殊情况,应详细记录、及时汇报和交接班等。

三、医疗和护理文件的管理

医疗和护理文件是医院重要的档案资料。因此,医院必须建立严格的病案管理制度,无论是在患者住院期间还是出院后均应妥善管理,并要求各级医护人员严格遵守。

(一)管理要求

1. 各种医疗和护理文件按规定放置,记录和使用后必须放回原处。

2. 必须保持医疗和护理文件的清洁、整齐、完整,防止污染、破损、拆散、丢失。

3. 根据《医疗事故处理条例》规定,患者及其家属有权复印入院记录、体温单、医嘱单、化验单(检验报告)、医学影像检查资料、特殊检查(治疗)同意书、手术同意书、手术及麻醉记录单、病理资料、护理记录。

4. 医疗和护理文件应妥善保存。体温单、医嘱单、护理记录单、手术清点记录单等作为病历的一部分随病历放置,患者出院后送病案室长期保存。

(二)病历排列顺序

1. 住院期间病历排列顺序

(1)体温单(按时间先后倒排)。

(2)医嘱单(按时间先后倒排)。

(3)入院记录。

(4)病程记录。

(5)术前讨论记录。

(6)手术同意书。

(7)麻醉同意书。

(8)麻醉术前访视记录。

(9)手术安全核查记录。

(10)手术清点记录。

(11)麻醉记录。

(12)手术记录。

(13)麻醉术后访视记录。

(14)术后病程记录。

(15)护理记录。

(16)输血治疗知情同意书。

(17)特殊检查(特殊治疗)同意书。

(18)会诊记录。

(19)病危(重)通知书。

(20)病理资料。

(21)辅助检查报告单。

(22)医学影像检查资料。

(23)住院病案首页

(24)门诊(急诊)病历

2. 出院病案排列顺序

(1)住院病案首页。

(2)入院记录。

(3)病程记录。

（4）术前讨论记录。

（5）手术同意书。

（6）麻醉同意书。

（7）麻醉术前访视记录。

（8）手术安全核查记录。

（9）手术清点记录。

（10）麻醉记录。

（11）手术记录。

（12）麻醉术后访视记录。

（13）术后病程记录。

（14）出院记录。

（15）死亡记录。

（16）死亡病例讨论记录。

（17）输血治疗知情同意书。

（18）特殊检查（特殊治疗）同意书。

（19）会诊记录。

（20）病危（重）通知书。

（21）病理资料。

（22）辅助检查报告单。

（23）医学影像检查资料。

（24）体温单。

（25）医嘱单。

（26）护理记录。

知识链接

　　2002 年 4 月 4 日中华人民共和国颁发了第 351 号国务院令《医疗事故处理条例》，并在 2002 年 9 月 1 日实施。条例第八条中规定：医疗机构应当按照国务院卫生行政部门规定的要求，书写并妥善保管病历资料。因抢救急危患者，未能及时书写病历的，有关医务人员应当在抢救结束后 6 小时内据实补记，并加以注明。第九条规定：严禁涂改、伪造、隐匿、销毁或者抢夺病历资料。第十条规定：患者有权复印或者复制其门诊病历、住院志、体温单、医嘱单、化验单（检验报告）、医学影像检查资料、特殊检查同意书、手术同意书、手术及麻醉记录单、病理资料、护理记录以及国务院卫生行政部门规定的其他病历资料。

　　中华人民共和国最高人民法院 2001 年 12 月 21 日出台并于 2002 年 4 月 1 日正式实施的《关于民事诉讼证据的若干规定》的司法解释第四条第八款规定：因医疗行为引起的侵权诉讼，由医疗机构就医疗行为与损害结果之间不存在因果关系及不存在医疗过错承担举证责任。第二条第二款规定：没有证据或者证据不足以证明当事人的事实主张的，由负有举证责任的当事人承担不利后果。这两项规定，法学理论上称为举证责任倒置和举证不能。通俗地讲，是指患者将医院推上被告席，首先要由医院证明自己的清白，如果医院拿不出证据，法院将判医院败诉。

第二节　医疗和护理文件的书写

一、体温单

体温单（图 17－1）主要用于记录患者的生命体征及其他有关情况，内容包括患者姓名、年龄、性别、科别、床号、入院日期、住院病历号（或病案号）、日期、住院天数、手术后天数、脉搏、体温、呼吸、血压、出入量、大便次数、体重、身高、页码等。

按照体温单项目分为眉栏、一般项目栏、生命体征绘制栏、特殊项目栏四部分。

（一）眉栏

1. 眉栏填写要求　一般项目栏、特殊项目栏均使用蓝色、蓝黑色或黑色水笔书写；数字除特殊说明外，均使用阿拉伯数字表述，不书写计量单位。

2. 眉栏填写项目　包括：姓名、年龄、性别、科别、床号、入院日期、住院病历号，均使用正楷字体书写。

（二）一般项目栏

一般项目栏包括日期、住院天数、手术后天数等。

1. 日期　住院日期首页第 1 日及跨年度第 1 日需填写年－月－日（如 2015－07－26）。每页体温单的第 1 日及跨月的第 1 日需填写月－日（如 08－1），其余只填写日期。

2. 住院天数　自入院当日开始计数，直至出院。

3. 手术后天数　自手术次日开始计数，连续书写 14 天，若在 14 天内进行第 2 次手术，则将第 1 次手术天数作为分母，第 2 次手术天数作为分子填写。

（三）生命体征绘制栏

生命体征绘制栏包括体温、脉搏描记及呼吸记录区。

1. 体温

（1）40～42℃的记录　应当用红色笔在 40～42℃纵向填写患者入院、转入、手术、分娩、出院、死亡等。除手术不写具体时间外，其余均按 24 小时制，精确到分钟。转入时间由转入科室填写，死亡时间应当以"死亡于 X 时 X 分"的方式表述。

（2）体温符号　口温以蓝"●"表示，腋温以蓝"×"表示，肛温以蓝"○"表示。

（3）每小格为 0.2℃，按实际测量度数，用蓝色笔绘制于体温单 35～42℃，相邻温度用蓝线相连。

（4）体温不升时，可将"不升"二字写在 35℃线以下。

（5）物理降温 30 分钟后测量的体温以红圈"○"表示，画在物理降温前温度的同一纵格内，以红虚线与降温前温度相连。

（6）患者擅自外出或拒绝测量体温、脉搏、呼吸者，体温单上不绘制，相邻两次体温和脉搏不连线，在相应的时间栏内填写"外出"、"拒测"。

（7）体温若与上次温度差异较大或与病情不相符时，应重复测试，无误者在原体温符号上方用蓝色笔写上一小英文字母"v"（verified，核实）。

（8）需每 2 小时测量体温者，记录在表格式护理记录单上。

2. 脉搏

（1）脉搏符号　以红点"●"表示，每小格为 4 次/分，相邻的脉搏以红直线相连。心率用红"○"表示，两次心率之间也用红直线相连。

（2）脉搏与体温重叠时，先划体温符号，再用红色笔在体温符号外画"○"。

（3）脉搏短绌时，心率以红"○"表示，相邻心率用红线相连，在脉搏与心率两曲线间用红笔画直线填满。

3. 呼吸

（1）用红色笔以阿拉伯数字表述每分钟呼吸次数。

（2）如每日记录呼吸 2 次以上，应当在相应的栏目内上下交错记录，第 1 次呼吸应当记录在上方。

（3）使用呼吸机患者的呼吸以"R"表示，在体温单呼吸栏相应时间内用黑笔画"R"。

（四）特殊项目栏

特殊项目栏包括血压、入量、出量、大便、体重、身高等需观察和记录的内容。

1. 血压

（1）记录频次　新入院患者当日应当测量并记录血压，根据患者病情及医嘱测量并记录，如为下肢血压应当标注。

（2）记录方式　收缩压/舒张压（130/80）。

（3）单位　毫米汞柱（mmHg）。

2. 入量

（1）记录频次　应当将前一日 24 小时总入量记录在相应日期栏内，每隔 24 小时填写 1 次。

（2）单位　毫升（ml）。

3. 出量

（1）记录频次　应当将前一日 24 小时总出量记录在相应日期栏内，每隔 24 小时填写 1 次。

（2）单位　毫升（ml）。

4. 大便

（1）记录频次　应当将前 1 日 24 小时大便次数记录在相应日期栏内，每隔24 小时填写 1 次。

（2）特殊情况　患者无大便，以"0"表示；灌肠后大便以"E"表示，分子记录大便次数。例如，1/E 表示灌肠后大便 1 次；0/E 表示灌肠后无排便；1^1/E 表示自行排便 1 次，灌肠后又排便 1 次；"※"表示大便失禁，"☆"表示人工肛门。

（3）单位　次/日。

5. 体重

（1）记录频次　新入院患者当日应当测量体重并记录，根据患者病情及医嘱测量并记录。

（2）特殊情况　如因病情重或特殊原因不能测量者，在体重栏内可填上"卧床"。

（3）单位　千克（kg）。

6. 身高

（1）记录频次　新入院患者当日应当测量身高并记录。

（2）单位　厘米（cm）。

7. 空格栏

（1）可作为需观察增加内容和项目，如记录管路情况、皮试结果等。

（2）使用医院管理信息系统（HIS 系统）等医院，可在系统中建立可供选择项，在相应空格栏中予以体现。

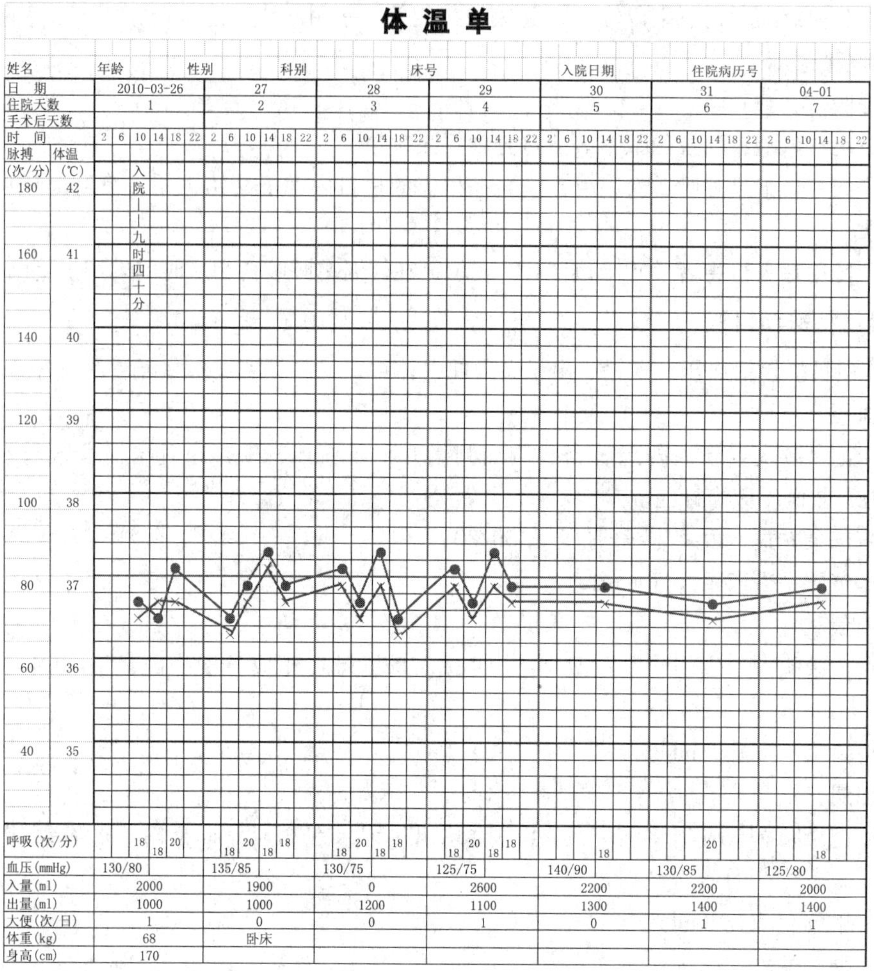

体 温 单

姓名		年龄		性别		科别		床号		入院日期		住院病历号	
日 期	2010-03-26		27		28		29		30		31		04-01
住院天数	1	2	3	4	5	6	7
手术后天数							

| 时 间 | 2 6 10 14 18 22 | 2 6 10 14 18 22 | 2 6 10 14 18 22 | 2 6 10 14 18 22 | 2 6 10 14 18 22 | 2 6 10 14 18 22 | 2 6 10 14 18 22 |

脉搏(次/分)　体温(℃)

180 — 42　入院九时四十分

160 — 41

140 — 40

120 — 39

100 — 38

80 — 37

60 — 36

40 — 35

呼吸(次/分)	18 18 20	18 20 18	18 20 18	18 20 18	18	20	18
血压(mmHg)	130/80	135/85	130/75	125/75	140/90	130/85	125/80
入量(ml)	2000	1900	0	2600	2200	2200	2000
出量(ml)	1000	1000	1200	1100	1300	1400	1400
大便(次/日)	1	0	0	1	0	1	1
体重(kg)	68	卧床					
身高(cm)	170						

图 17-1 体温单

二、医嘱单

(一)医嘱的种类

1. 长期医嘱 医嘱有效时间在 24 小时以上,当医师注明停止时间后医嘱失效。

长期医嘱单(表 17-1)内容包括患者姓名、科别、床号、住院病历号(或病案号)、开始日期和时间、长期医嘱内容、停止日期和时间、医师签名、护理人员签名、页码。其中,由医师填写开始日期和时间、长期医嘱内容、停止日期和时间。护理人员每天执行长期医嘱的给药单、输液单、治疗单等,由执行护理人员签名,不归入病历。

表 17-1 长期医嘱单

姓名_____ 科别_____ 床号_____ 住院病历号 _____

开 始					停 止				
日期	时间	医 嘱	医师签名	护士签名	日期	时间	医师签名	护士签名

2. 临时医嘱　有效时间在 24 小时以内，一般只执行 1 次。部分医嘱是限定执行时间的医嘱，如会诊、手术、实验室及特殊检查等；部分医嘱是立即执行的"st"医嘱，需在 15 分钟内执行。

临时医嘱单（表 17-2）内容包括患者姓名、科别、床号、住院病历号（或病案号）、日期和时间、临时医嘱内容、医师签名、执行护理人员签名、执行时间、页码。其中，由医师填写医嘱时间、临时医嘱内容；由执行临时医嘱的护理人员填写执行时间并签名。

表 17-2　临时医嘱单

姓名＿＿＿＿＿　科别＿＿＿＿＿　床号＿＿＿＿＿　住院病历号＿＿＿＿＿＿＿

日 期	时 间	医 嘱	医师签名	执行护士签名	执行时间

3. 备用医嘱

（1）长期备用医嘱（prn）　指有效时间在 24 小时以上，必要时执行，由医师注明停止日期后方失效。

（2）临时备用医嘱（sos）　仅在 12 小时内有效，必要时执行，只用 1 次，过期无效。

4. 特殊医嘱　写在临时医嘱单上。

（1）一天内需连续执行数次的医嘱。

（2）每天 1 次，需连续执行数天的医嘱，如痰培养 qd×3d。

（二）重整医嘱

当长期医嘱栏写满或长期医嘱调整项目较多时要重整医嘱。重整医嘱时，在原医嘱最后一行下面用红墨水钢笔画一横线；在添加的长期医嘱单上第一行正中用蓝墨水钢笔写"重整医嘱"，将原来有效的长期医嘱按日期、时间排列顺序抄在医嘱单上；抄录完毕，需两人核对无误后再填写重整者姓名。

（三）医嘱的处理

1. 原则

（1）先急后缓　处理医嘱较多时，应首先判断执行医嘱的轻重缓急，以便合理、及时地安排执行顺序。

（2）先临时后长期　需即刻执行的临时医嘱，应立即安排执行。

2. 注意事项

（1）医嘱必须经医师签名后才有效。一般情况下不执行口头医嘱，在抢救或手术过程中医师提出口头医嘱时，执行护理人员应先复诵一遍，双方确认无误后方可执行，并应及时补写医嘱。

（2）对有疑问的医嘱，必须核对清楚后方能执行。

（3）对已写在医嘱单上而又不需执行的医嘱，不得贴盖、涂改，应由医师在该项医嘱栏内用红墨水钢笔写"取消"，并签上全名，执行护理人员也应用红墨水钢笔在相应栏内签上全名。

（4）医嘱需班班小查对，每天总查对一次。

（5）凡需下一班执行的临时医嘱要做好交接班，并在病区护理人员交接班记录本上注明。

三、手术清点记录单

手术清点记录（表17-3）是指手术器械护士和巡回护士在手术开始前和手术结束前一同对术中使用器械、敷料等进行清点、核对、记录，应当在手术开始前和结束前完成。手术清点记录内容包括科别、患者姓名、性别、年龄、住院病历号（或病案号）、手术日期、手术名称、输血情况、术中所用各种器械和辅料数量，手术器械护士和巡回护士均应在手术清点记录单上签名。

表17-3 手术清点记录单

科别＿＿＿＿ 姓名＿＿＿＿ 性别＿＿＿＿ 年龄＿＿＿＿ 住院病历号＿＿＿＿

手术日期＿＿＿ 年＿＿＿ 月＿＿＿ 日＿＿＿ 手术名称＿＿＿＿

输血：血型＿＿＿＿ 血液成分名称＿＿＿＿ 血量＿＿＿＿ ml

器械名称	术前清点	术中加数	关体腔前	关体腔后	器械名称	术前清点	术中加数	关体腔前	关体腔后
卵圆钳					咬骨钳				
巾钳					骨刀、凿				
持针钳					拉钩				
组织钳					刮匙				
大弯血管钳					脊柱牵开器				
弯血管钳					腹腔牵开器				
直血管钳					胸腔牵开器				
蚊式钳					有齿镊				
直角钳					无齿镊				
扁桃腺钳					刀柄				
柯克钳					手术剪				
胃钳					吸引头				
肠钳					电烧（头）				
取石钳									
胆石刮									
胆道探子					大纱垫				
肾蒂钳					小纱垫				
输尿管钳					纱布				
沙式钳					纱条				
持瓣钳					棉片				
阻断钳					棉签				
肺叶钳					阻断带				
心房钳					花生米				
心耳钳					缝针				
哈巴狗					注射器				
气管钳					针头				
剥离子					棉球				
髓核钳									
手术器械护士签名					巡回护士签名				

器械名称	术前清点	术中加数	关体腔前	关体腔后	器械名称	术前清点	术中加数	关体腔前	关体腔后
体内植入物条形码粘贴处：									

填表说明：1. 表格内的清点数必须用数字说明，不得用"√"表示。2. 空格处可以填写其他手术物品。3. 表格内的清点数目必须清晰，不得采用刮、粘、涂等方法涂改

四、护理记录

护理记录是指护理人员根据医嘱和病情对患者住院期间护理全过程的客观记录。护理记录应当根据相应专科的护理特点书写。可以以表格式的形式记录，内容包括科别、患者姓名、年龄、性别、床号、住院病历号（或病案号）、入院日期、诊断、记录日期和时间，专科特点需要观察、监测的项目以及采取的治疗和护理措施、护理人员签名、页码等。表格式护理记录单（表17-4）的设计应当根据相应专科的护理特点进行设计并书写，以简化、实用为原则。

（一）记录内容

包括患者的生命体征、神志、瞳孔、出入量、病情动态、护理措施、用药情况、药物治疗效果及反应等。

（二）记录方法

1. 意识 根据患者实际意识状态选择填写：清醒、嗜睡、意识模糊、昏睡、浅昏迷、深昏迷、谵妄状态。

2. 体温 单位为"℃"，直接在"体温"栏内填入测得数值，不需要填写数据单位。

3. 脉搏 单位为"次/分"，直接在"脉搏"栏内填入测得数值，不需要填写数据单位。

4. 呼吸 单位为"次/分"，直接在"呼吸"栏内填入测得数值，不需要填写数据单位。

5. 血压 单位为"毫米汞柱"（mmHg），直接在"血压"栏内填入测得数值，不需要填写数据单位。

6. 血氧饱和度 根据实际填写数值。

7. 吸氧 单位为"升/分"（L/min），可根据实际情况在相应栏内填入数值，不需要填写数据单位，并记录吸氧方式，如鼻导管、面罩等。

8. 出入量

（1）入量 单位为"毫升"（ml），入量项目包括：使用静脉输注的各种药物、口服的各种食物和饮料，以及经鼻胃管、肠管输注的营养液等。

（2）出量 单位为"毫升"（ml），出量项目包括：尿、便、呕吐物、引流物等，需要时，写明颜色、性状。

9. 皮肤情况 根据患者皮肤出现的异常情况选择填写，如压疮、出血点、破损、水肿等。

10. 管路护理 根据患者置管情况填写，如静脉置管、导尿管、引流管等。

11. 病情观察及措施 简要记录护理人员观察患者病情的情况，以及根据医嘱或患者病情变化采取的措施。

（三）护理记录要求

1. 用蓝墨水钢笔填写眉栏各项，包括患者姓名、科别、病室、床号、住院号、诊断、记

录日期及页码。

2. 用蓝墨水钢笔及时准确地记录患者的生命体征和病情变化、治疗、护理措施等，并签全名。

3. 护理记录要求真实、客观、准确、及时、完整、规范；遵循责任、安全和简化的原则，既能保证患者安全又能履行护理人员职责。

4. 记 24 小时出入量患者应将 24 小时总出入量填写在体温单上。

5. 记录时间应当具体到分钟。

表 17 - 4　表格式护理记录单

科别＿＿　姓名＿＿　年龄＿＿　性别＿＿　床号＿＿　住院病历号＿＿　入院日期＿＿　诊断＿＿＿＿＿

日期 时间	意识	体温 (℃)	脉搏 (次/分)	呼吸 (次/分)	血压 (mmHg)	血氧饱和度 (%)	吸氧 (L/min)	入量 名称(ml)	出量 名称	(ml)	颜色性状	皮肤情况	管路护理	病情观察及措施	护士签名

五、病房护理交接班报告

病房护理交接班报告是值班护理人员对本病区患者动态的记录，以及对重点交接班内容、提请下一班护理人员特别关注的事项的说明。

（一）护理交接班报告书写内容

护理交接班报告书写内容包括病区动态（患者总数、出入院、转科、转院、分娩、手术、死亡人数等）；患者重点护理内容以及新入院患者、危重患者、抢救患者、大手术前后或有特殊检查处理、有行为异常、自杀倾向的患者及需提请下一班人员特别注意的问题。

（二）书写说明及要求

1. 交接班报告不同于护理记录，护理记录是每个具体患者的病情动态和治疗护理的记录。交接班报告是一个病区整体的护理情况的反映。

2. 由日班、晚班、夜班当班护理人员在交班前书写。三班分别规定为：日班（8：00～16：00），晚班（16：00～24：00），夜班（0：00～8：00）。

3. 书写内容及要求

（1）重点人群　每班均要总结、登记患者总数，请假或外出患者数，特级护理或一级护理患者数，出入院、转科、病危、病重、分娩、初生、手术、死亡等人数。

（2）重要事务　未完成输液患者、翻身防压疮护理、动静脉置管护理、鼻饲护理、吸氧护理、停留置引流管护理等项目，需书写出患者的具体床号。

（3）本班次中有新入院患者、危重患者，抢救患者，大手术前后或有特殊检查处理，有行为异常、自杀倾向患者，要求书写出床号、姓名、诊断、类别标志以及需要提请下一班人员特别注意的问题。

（4）每班书写完毕，均应在表格下相应位置签名。

本章小结

本章主要介绍了医疗护理文书的书写及管理要求。通过护理文书，记录了护士及相关人员在临床护理活动过程中对患者病情、医疗护理过程和护士行为的记录；客观反映患者住院期间病情发展、动态变化和医疗、护理过程，为医护人员确立医疗护理诊断、判断病情变化、制订医疗护理方案提供重要依据。同时也成为医疗、护理团队内部各班次、各成员之间传达、传递患者信息的重要媒介。随着《医疗事故处理条例》的出台，医疗护理文书也成为具有法律效应的有力证据。

（陈丽卿）

目标检测

1. 护士为什么要书写护理记录？
2. 护理记录的重点内容是什么？
3. 为什么要对护理文书进行规范？

附　录

中华人民共和国卫生行业标准

附录 A　强制性卫生行业标准 医院消毒供应中心

管理规范

1. 范围　本标准规定了医院消毒供应中心（CSSD）管理要求、基本原则、人员要求、建筑要求、设备、设施、耗材要求和相关部门管理职责与要求。

本标准适用于医院 CSSD 和为医院提供消毒灭菌服务的社会化消毒灭菌机构。暂未实行消毒供应工作集中管理的医院，其手术部（室）的消毒供应工作应执行本标准。

已采取污水集中处理的其他医疗机构可参照使用。

2. 规范性引用文件　下列文件中的条款通过本标准的引用而成为本标准的条款。凡是标注日期的引用文件，期限随后所有的修改（不包括勘误内容）或修订版均不适用于本标准，然而，鼓励根据本标准达成协议的各方研究是否可使用这些文件的最新版本。凡不注明日期的引用文件，其最新版本适用于本标准。

3. 术语和定义　下列术语和定义适用于本标准。

3.1 消毒供应中心（central sterile supply department，CSSD）

医院内承担各科室所有重复使用诊疗器械、器具和物品清洗、消毒、灭菌以及无菌物品供应的部门。

3.2 去污区（decontamination area）

CSSD 内对重复使用的诊疗器械、器具和物品，进行回收、分类、清洗、消毒（包括运送器具的清洗、消毒等）的区域，为污染区域。

3.3 检查、包装及灭菌区（inspection and packing sterilization area）

CSSD 内对去污后的诊疗器械、器具和物品，进行检查、装配、包装及灭菌（包括敷料制作等）的区域，为清洁区域。

3.4 无菌物品存放区（sterilized articles store area）

CSSD 内存放、保管、发放无菌物品的区域，为清洁区域。

3.5 去污（decontamination）

去除被处理物品上的有机物、无机物和微生物的过程。

3.6 外来医疗器械（loaner instrumentation）

由医疗器械生产厂家、公司租借或免费提供给医院可重复使用的医疗器械。

4. 管理要求

4.1 医院

4.1.1 应采取集中管理的方式，对所有需要消毒或灭菌后重复使用的诊疗器械、器具和物品由 CSSD 回收，集中清洗、消毒、灭菌和供应。

4.1.2 内镜、口腔诊疗器械的清洗、消毒，可以依据卫生部有关的规定进行处理，也可集中由 CSSD 统一清洗、消毒。外来医疗器械应按照 WS 310.2 的规定由 CSSD 统一清洗、消毒、灭菌。

4.1.3 应理顺 CSSD 的管理体制，使其在院长或相关职能部门的直接领导下开展工作。

4.1.4 应将 CSSD 纳入本机构的建设规划，使之与本机构的规模、任务和发展规划相适应；将消毒供应工作管理纳入医疗质量管理，保障医疗安全。

4.1.5 鼓励符合要求并有条件医院的 CSSD 为附近医疗机构提供消毒供应服务。

4.2 消毒供应中心

4.2.1 应建立健全岗位职责、操作规程、消毒隔离、质量管理、监测、设备管理、器械管理（包括外来医疗器械）及职业安全防护等管理制度和突发事件的应急预案。

4.2.2 应建立质量管理追溯制度，完善质量控制过程的相关记录，保证供应的物品安全。

4.2.3 应建立与相关科室的联系制度

4.2.3.1 主动了解各科室专业特点、常见的医院感染及原因，掌握专用器械、用品的结构、材质特点和处理要点。

4.2.3.2 对科室关于灭菌物品的意见有调查、有反馈，落实持续改进，并有记录。

5. 基本原则

5.1 CSSD 的清洗、消毒及监测工作应符合 WS 310.2 和 WS 310.3 的规定。

5.2 诊疗器械、器具和物品的再处理应符合使用后及时清洗、消毒、灭菌的程序，并符合以下要求：

　　a）进入人体无菌组织、器官、腔隙，或接触人体破损的皮肤、黏膜、组织的诊疗器械、器具和物品应进行灭菌。

　　b）接触皮肤、黏膜的诊疗器械、器具和物品应进行消毒。

　　c）被朊毒体、气性坏疽及突发原因不明的传染病病原体污染的诊疗器械、器具和物品，应执行 WS 310.2 中规定的处理流程。

6. 人员要求

6.1 医院应根据 CSSD 的工作量及各岗位需求，科学、合理配置具有执业资格的护士、消毒员和其他工作人员。

6.2 CSSD 的工作人员应当接受与其岗位职责相应的岗位培训，正确掌握以下知识与技能：

　　a）各类诊疗器械、器具和物品的清洗、消毒、灭菌的知识与技能。

　　b）相关清洗、消毒、灭菌设备的操作规程。

　　c）职业安全防护原则和方法。

　　d）医院感染预防与控制的相关知识。

6.3 应建立 CSSD 工作人员的继续教育制度，根据专业进展，开展培训，更新知识。

7. 建筑要求

7.1 基本原则

医院 CSSD 的新建、扩建和改建，应遵循医院感染预防与控制的原则，遵守国家法律法规对医院建筑和职业防护的相关要求，进行充分论证。

7.2 基本要求

7.2.1 CSSD 宜接近手术室、产房和临床科室，或与手术室有物品直接传递专用通道，不宜建在地下室或半地下室。

7.2.2 周围环境应清洁、无污染源，区域相对独立；内部通风、采光良好。

7.2.3 建筑面积应符合医院建设方面的有关规定，并兼顾未来发展规划的需要。

7.2.4 建筑布局应分为辅助区域和工作区域。

7.2.4.1 辅助区域包括工作人员更衣室、值班室、办公室、休息室、卫生间等。工作区域包括去污区、检查、包装及灭菌区（含独立的敷料制备或包装间）和无菌物品存放区。

7.2.4.2 工作区域划分应遵循的基本原则如下：

a）物品由污到洁，不交叉、不逆流。

b）空气流向由洁到污；去污区保持相对负压，检查、包装及灭菌区保持相对正压。

7.2.4.3 工作区域温度、相对湿度、机械通风的换气次数宜符合附表1要求；照明宜符合附表2的要求。

附表1　工作区域温度、相对湿度及机械通风换气次数要求

工作区域	温度（℃）	相对湿度（%）	换气次数（次/小时）
去污区	16~21	30~60	10
检查、包装及灭菌区	20~23	30~60	10
无菌物品存放区	低于24	低于70	4~10

附表2　工作区域照明要求

工作面/功能	最低照度（lux）	平均照度（lux）	最高照度（lux）
普通检查	500	750	1000
精细检查	1000	1500	2000
清洗池	500	750	1000
普通工作区域	200	300	500
无菌物品存放区域	200	300	500

7.2.4.4 工作区域设计与材料要求，应符合以下要求：

a）去污区、检查、包装及灭菌区和无菌物品存放区之间应设实际屏障。

b）去污区与检查、包装及灭菌区之间应设洁、污物品传递通道；并分别设人员出入缓冲间（带）。

c）缓冲间（带）应设洗手设施，采用非手触式水龙头开关。无菌物品存放区内不应设洗手池。

d）检查、包装及灭菌区的专用洁具间应采用封闭式设计。

e）工作区域的天花板、墙壁应无裂隙，不落尘，便于清洗和消毒；地面与墙面踢脚及所有阴角均应为弧形设计；电源插座应采用防水安全型；地面应防滑、易清洗、耐腐蚀；地漏应采用防返溢式；污水应集中至医院污水处理系统。

8. 设备、设施

8.1 清洗消毒设备及设施：医院应根据CSSD的规模、任务及工作量，合理配置清洗消毒设备及配套设施。设施应符合国家相关标准或规定。

8.1.1 应配有污物回收器具、分类台、手工清洗池、压力水枪、压力气枪、超声清洗装置、干燥设备及相应清洗用品等。

8.1.2 宜配备机械清洗消毒设备。

8.2 检查、包装设备：应配有带光源放大镜的器械检查台、包装台、器械柜、包装材料切割机、医用热封机及清洁物品装载设备等。

8.3 灭菌设备及设施：应配有压力蒸汽灭菌器、无菌物品装置、卸载设备等。根据需要配备灭菌蒸汽发生器、干热灭菌和低温灭菌装置。各类灭菌设备应符合国家相关标准，并设有配套的辅助设备。

8.4 储存、发放设施：应配备无菌物品存放设施及运送器具等。

8.5 防护用品

8.5.1 根据工作岗位的不同需要，应配备相应的个人防护用品，包括圆帽、口罩、隔离衣或防水围裙、手套、专用鞋、护目镜、面罩等。

8.5.2 去污区应配置洗眼装置。

9. 耗材要求

9.1 清洁剂：应符合国家相关标准和规定。根据器械的材质、污染物种类，选择适宜的清洁剂。

9.1.1 碱性清洁剂：pH≥7.5，应对各种有机物有较好的去除作用，对金属腐蚀性小，不会加快返锈的现象。

9.1.2 中性清洁剂：pH6.5~7.5，对金属无腐蚀。

9.1.3 酸性清洁剂：pH≤6.5，对无机固体粒子有较好的溶解去除作用，对金属物品的腐蚀性小。

9.1.4 酶清洁剂：含酶的清洁剂，有较强的去污能力，能快速分解蛋白质等多种有机污染物。

9.2 消毒剂：应选择取得卫生部颁发卫生许可批件的安全、低毒、高效的消毒剂。

9.3 洗涤用水：应有冷热自来水、软水、纯化水或蒸馏水供应。自来水水质应符合GB5749的规定；纯化水应符合电导率≤15Us/cm（25℃）。

9.4 灭菌蒸汽用水应为软水或纯化水。

9.5 润滑剂：应为水溶性，与人体组织有较好的相容性。不破坏金属材料的透气性、机械性及其他性能。

9.6 包装材料：包括硬质容器、一次性医用皱纹纸、纸塑袋、纸袋、纺织品、无纺布等，应符合GB/T19633的要求。纺织品还应符合以下要求：为非漂白织物；包布除四边外不应有缝线，不应缝补；初次使用前应高温洗涤，脱脂去浆、去色；应有使用次数的记录。

9.7 消毒灭菌监测材料：应有卫生部消毒产品卫生许可批件，在有效期内使用。自制测试标准包应符合《消毒技术规范》有关要求。

10. 相关部门管理职责与要求

10.1 护理管理部门、医院感染管理部门、人事管理部门、设备及后勤管理等部门，应在各自职权范围内，对CSSD的管理履行以下职责：

a）根据工作量合理调配CSSD的工作人员。

b）落实岗位培训制度；将消毒供应专业知识和相关医院感染预防与控制知识纳入CSSD人员的继续教育计划，并为其学习、交流创造条件。

c）对CSSD清洗、消毒、灭菌工作和质量监测进行指导和监督，定期进行检查与评价。

d）发生可疑医疗器械所致的医源性感染时，组织、协调CSSD和相关部门进行调查分析，提出改进措施。

e）对CSSD新建、改建与扩建的设计方案进行卫生学审议；对清洗、消毒与灭菌设备的配置与质量指标提出意见。

f）负责设备购置的审核（合格证、技术参数）；建立对厂家设备安装、检修的质量审核、验收制度；专人负责CSSD设备的维护和定期检修，并建立设备档案。

g）保证CSSD的水、电、压缩空气及蒸汽的供给和质量，定期进行设施、管道的维护和检修。

h）定期对CSSD所使用的各类数字登记表如压力表、温度表等进行校验，并记录备查。

10.2 物资供应、教育及科研等其他部门，应在CSSD主管院长或职能部门的协调下履行相关职责，保障CSSD的工作需要。

附录 B 卫生部医院消毒供应中心管理

清洗消毒及灭菌技术操作规范

1. 范围 本标准规定了各级各类医院消毒供应中心（central sterile supply department，CSSD）的诊疗器械、器具和物品处理的基本原则、操作流程和被朊毒体、气性坏疽及突发原因不明的传染病病原体污染器械、器具和物品的处理流程。

本标准适用于医院的 CSSD 和为医院提供消毒灭菌服务的社会化消毒灭菌机构。暂未实行消毒供应工作集中管理的医院，其手术部（室）的消毒供应工作应执行本标准。已采取污水集中处理的其他医疗机构可参照使用。

2. 规范性引用文件 下列文件的条款通过本标准的引用而成为本标准的条款。凡是标注日期的引用文件，其随后所有的修改（不包括勘误内容）或修订版均不适用于本标准，然而，鼓励根据本标准达成协议的各方研究是否可适用这些文件的最新版本。凡是不注明日期的引用文件，其最新版本适用于本标准。

3. 术语和定义 下列术语和定义适用于本标准。

3.1 清洗（cleaning）

去除医疗器械、器具和物品上污物的全过程，流程包括冲洗、洗涤、漂洗和终末漂洗。

3.1.1 冲洗（flushing）

使用流动水去除器械、器具和物品表面污物的过程。

3.1.2 洗涤（washing）

使用含有化学清洗剂的清洗用水，去除器械、器具和物品污染物的过程。

3.1.3 漂洗（rinsing）

用流动水冲洗洗涤后器械、器具和物品上残留物的过程。

3.1.4 终末漂洗（end rinsing）

用软水、纯化水或蒸馏水对漂洗后的器械、器具和物品进行最终处理的过程。

3.2 超声波清洗器（ultrasonic cleaner）

利用超声波在水中振荡产生"空化效应"进行清洗的设备。

3.3 清洗消毒器（washer-disinfector）

具有清洗与消毒功能的机器。

3.4 闭合（closure）

用于关闭包装而没有形成密封的方法。例如反复折叠，以形成一弯曲路径。

3.5 密封（sealing）

包装层间连接的结果。注：密封可以采用诸如黏合剂或热熔法。

3.6 闭合完好性（closure integrity）

闭合条件能确保该闭合至少与包装上的其他部分具有相同的阻碍微生物进入的程度。

3.7 包装完好性（package integrity）

包装未受到物理损坏的状态。

3.8 植入物（implantable medical device）

放置于外科操作造成的或者生理存在的体腔中，留存时间为 30 天或者以上的可植入型物品。

3.9 湿热消毒（moist heat disinfection）

利用湿热使菌体蛋白质变性或凝固酶失去活性，代谢发生障碍，致使细胞死亡。包括煮沸消毒法、巴斯德消毒法和低温蒸汽消毒法。

4. 诊疗器械、器具和物品处理的基本原则

4.1 通常情况下应遵循先清洗后消毒的处理程序。被朊毒体、气性坏疽及突发原因不明的传染病病原体污染的诊疗器械、器具的物品应按照本标准第 6 章要求进行处理。

4.2 应根据 WS 310.1 的规定，选择清洗、消毒或灭菌处理方法。

4.3 清洗、消毒、灭菌效果的监测应符合 WS 310.3 的规定。

4.4 耐湿、耐热的器械、器具和物品，应首选物理消毒或灭菌方法。

4.5 应遵循标准预防的原则进行清洗、消毒、灭菌，CSSD 不同区域人员防护着装要求应符合附录 A 的规定。

4.6 设备、药械及耗材应符合国务院卫生执行部门的有关规定，其操作与使用应遵循生产厂家的使用说明或指导手册。

5. 诊疗器械、器具和物品处理的操作流程

5.1 回收

5.1.1 使用者应将重复使用的诊疗器械、器具和物品与一次性使用物品分开放置；重复使用的诊疗器械、器具和物品直接置于封闭的容器中，由 CSSD 集中回收处理，被朊毒体、气性坏疽及突发原因不明的传染病病原体污染的诊疗器械、器具和物品，使用者应双层封闭包装并标明感染性疾病名称，由 CSSD 单独回收处理。

5.1.2 不应在诊疗场所对污染的诊疗器械、器具和物品进行清点，采用封闭方式回收，避免反复装卸。

5.1.3 回收工具每次使用后应清洗、消毒，干燥备用。

5.2 分类

5.2.1 应在 CSSD 的去污区进行诊疗器械、器具和物品的清点、核查。

5.2.2 应根据器械物品材质、精密程度等进行分类处理。

5.3 清洗

5.3.1 清洗方法包括机械清洗、手工清洗。

5.3.2 机器清洗适用于大部分常规器械的清洗。手工清洗适用于精密、复杂器械的清洗和有机物污染较重器械的初步处理。

5.3.3 清洗步骤包括冲洗、洗涤、漂洗、终末漂洗。清洗操作及注意事项应符合附录 B 的要求。

5.3.4 精密器械的清洗，应遵循生产厂家提供的使用说明或指导手册。

5.4 消毒

5.4.1 清洗后的器械、器具和物品应进行消毒处理。方法首选机械热力消毒，也可采用 75% 乙醇、酸性氧化电位水或取得国务院卫生行政部门卫生许可批件的消毒药械进行消毒。

5.4.2 湿热消毒方法的温度、时间应参照附表 3 的要求。消毒后直接使用的诊疗器械、器具和物品，湿热消毒温度应 $\geq 90\,^{\circ}\mathrm{C}$，时间 ≥ 5 分钟，或 A_0 值 ≥ 3000；消毒后继续灭菌处理的，其湿热消毒温度应 $\geq 90\,^{\circ}\mathrm{C}$，时间 ≥ 1 分钟，或 A_0 值 ≥ 600。

附表3　湿热消毒的温度与时间

温度	消毒时间	温度	消毒时间
90℃	≥1分钟	75℃	≥30分钟
80℃	≥10分钟	70℃	≥100分钟

5.4.3 酸性氧化电位水的应用附录C。

5.5 干燥

5.5.1 宜首选干燥设备进行干燥处理。根据器械的材质选择适宜的干燥温度，金属类干燥温度70~90℃；塑胶类干燥温度65~75℃。

5.5.2 无干燥设备的及不耐热器械、器具和物品使用消毒的低纤维絮擦布进行干燥处理。

5.5.3 穿刺针、手术吸引头等管腔类器械、应使用压力气枪或95%乙醇进行干燥处理。

5.5.4 不应使用自然干燥方法进行干燥。

5.6 器械检查与保养

5.6.1 应采用目测或使用带光源放大镜对干燥后的每件器械、器具和物品进行检查。器械表面及其关节、齿牙处应光洁，无血渍、污渍、水垢等残留物质和锈斑；功能完好，无损毁。

5.6.2 清洗质量不合格的，应重新处理；有锈迹，应除锈；器械功能损毁或锈蚀严重，应及时维修或报废。

5.6.3 带电源器械应进行绝缘性能等安全性检查。

5.6.4 应使用润滑剂进行器械保养。不应使用液状石蜡等非水溶性的产品作为润滑剂。

5.7 包装

5.7.1 包括装配、包装、封包、注明标识等步骤。器械与敷料应分室包装。

5.7.2 包装前应依据器械装配的技术规程或图示，核对器械的种类、规格和数量，拆卸的器械应进行组装。

5.7.3 手术器械应摆放在篮筐或有孔的盘中进行配套包装。

5.7.4 盘、盆、碗等器皿，宜单独包装。

5.7.5 剪刀和血管钳等轴节类器械不应完全锁扣。有盖器皿应开盖，摞放的器皿间应用吸湿布、纱布或医用吸水纸隔开；管腔类物品应盘绕放置，保持管腔通畅；精细器械、锐器等应采取保护措施。

5.7.6 灭菌包重量要求：器械包重量不宜超过7kg，敷料包重量不宜超过5kg。

5.7.7 灭菌包体积要求：下排气压力蒸汽灭菌器不宜超过30cm×30cm×25cm；脉动预真空压力蒸汽灭菌器不宜超过30cm×30cm×50cm。

5.7.8 包装方法及材料

5.7.8.1 灭菌包装材料应符合GB/T 19633的要求。开放式的储槽不应用于灭菌物品的包装。纺织品包装材料应一用一清洗，无污渍，灯光检查无破损。

5.7.8.2 硬质容器的使用与操作，应遵循生产厂家的使用说明或指导手册。其清洗、消毒应符合本标准5.3、5.4的流程。

5.7.8.3 灭菌物品包装分为闭合式包装和密封式包装。手术器械采用闭合式包装方法，应由2层包装材料分2次包装。

5.7.8.4 密封式包装如使用纸袋、纸塑袋等材料，可使用一层，适用于单独包装的器械。

5.7.9 封包要求

5.7.9.1 包外应设有灭菌化学指示物。高度危险性物品灭菌包内还应放置包内化学指示物；如果透过包装材料可直接观察包内灭菌化学指示物的颜色变化，则不放置包外灭菌化学指示物。

5.7.9.2 闭合式包装应使用专用胶带，胶带长度应与灭菌包体积、重量相适宜，松紧适度。封包应严密。保持闭合完好性。

5.7.9.3 纸塑袋、纸袋等密封包装其密封宽度应≥6mm，包内器械距包装袋封口处≥2.5cm。

5.7.9.4 医用热封机在每日使用前应检查参数的准确性和闭合完好性。

5.7.9.5 硬质容器应设置安全闭锁装置，无菌屏障完整性破坏时应可识别。

5.7.9.6 灭菌物品包装的标识应注明物品名称、包装者等内容。灭菌前注明灭菌器编号、灭菌批次、灭菌日期和失效日期。标识应具有追溯性。

5.8 灭菌

5.8.1 压力蒸汽灭菌

5.8.1.1 适用于耐湿、耐热的器械、器具和物品的灭菌。

5.8.1.2 包括下排气式压力蒸汽灭菌和预真空式压力蒸汽灭菌，根据待灭菌物品选择适宜的压力蒸汽灭菌器和灭菌程序。灭菌器操作方法遵循生产厂家的使用说明或指导手册。压力蒸汽灭菌器蒸汽用水标准参见附录 D。

5.8.1.3 压力蒸汽灭菌器灭菌参数见附表4。硬质容器和超重的组合式手术器械，应由供应商提供灭菌参数。

附表4　压力蒸汽灭菌参数

设备类别	物品类别	温度	所需最短时间	压力
下排气式	敷料	121℃	30 分钟	102.9kPa
	器械	121℃	20 分钟	102.9kPa
预真空式	器械、敷料	132～134℃	4 分钟	205.8kPa

5.8.1.4 压力蒸汽灭菌器操作程序包括灭菌前准备、灭菌物品装载、灭菌操作、无菌物品卸载和灭菌效果的监测等步骤。

5.8.1.4.1 灭菌前按以下要求进行准备：

a）每天设备运行前应进行安全检查，包括灭菌器压力表处在"零"的位置；记录打印装置处于备用状态；灭菌器柜门密封圈平整无损坏，柜门安全锁扣灵活、安全有效；灭菌柜内冷凝水排出口通畅，柜内壁清洁；电源、水源、蒸汽、压缩空气等运行条件符合设备要求。

b）进行灭菌器的预热。

c）预真空灭菌器应在每日开始灭菌进行前空载进行 B－D 试验。

5.8.1.4.2 灭菌物品按以下要求进行装载：

a）应使用专用灭菌架或篮筐装载灭菌物品。灭菌包之间应留间隙，利于灭菌介质的穿透。

b）宜将同类材质的器械、器具和物品，置于同一批次进行灭菌。

c）材质不相同时，纺织物品应放置于上层、竖放，金属器械类放置于下层。

d）手术器械包、硬式容器应平放；盆、盘、碗类物品应斜放，包内容器开口朝向一致；玻璃瓶等底部无孔的器皿类物品应倒立或侧放；纸袋、纸塑包装应侧放；利于蒸汽进入和冷空气排出。

e）下排气压力蒸汽灭菌器中，大包宜摆放于上层，小包宜摆放于下层。

f）下排气压力蒸汽灭菌器的装载量不应超过柜室容积80%。预真空压力蒸汽灭菌器和脉动真空压力蒸汽灭菌器的装载量不应超过柜室容积的90%；同时不应小于柜室容积的10%和5%。

5.8.1.4.3 按以下要求进行灭菌操作：

a）应观测并记录灭菌时的温度、压力和时间等灭菌参数及设备运行状况。

b）灭菌过程的监测应符合 WS 310.3 中相关规定。

5.8.1.4.4 灭菌物品按以下要求进行卸载：

a）从灭菌器卸载取出的物品，待温度降至室温时方可移动，冷却时间应 > 30 分钟。

b）每批次应确认灭菌过程合格，包外、包内化学指示物合格；检查有无湿包现象，防止无菌物品损坏和污染。无菌包掉落地上或误放到不洁处应视为被污染。

5.8.2 快速压力蒸汽灭菌

5.8.2.1 适用于对裸露物品的灭菌，灭菌时间见附表5。

附表5　快速压力蒸汽灭菌（132℃）所需最短时间

物品种类	灭菌时间	
	下排气	预真空
不带孔物品	3 分钟	3 分钟
带孔物品	10 分钟	4 分钟
不带孔 + 带孔物品	10 分钟	4 分钟

5.8.2.2 注意事项

5.8.2.2.1 宜使用卡式盒或专用灭菌容器盛放裸露物品。

5.8.2.2.2 快速压力蒸汽灭菌方法可不包括干燥程序；运输时避免污染；4 小时内使用，不能储存。

5.8.3 干热灭菌

5.8.3.1 适用于耐热、不耐湿、蒸汽或气体不能穿透物品的灭菌，如玻璃、油脂、粉剂等物品的灭菌。灭菌参数见附表6。

附表6　干热灭菌参数

灭菌温度	所需最短灭菌时间	灭菌温度	所需最短灭菌时间
160℃	2 小时	180℃	30 分钟
170℃	1 小时		

5.8.3.2 注意事项

5.8.3.2.1 灭菌物品包体积不应超过 10cm × 10cm × 20cm，油剂、粉剂的厚度不应超过 0.6cm，凡士林纱布条厚度不应超过 1.3cm，装载高度不应超过灭菌器内腔高度的 2/3，物品间应留有充分的空间。

5.8.3.2.2 灭菌时不应与灭菌器内腔底部及四壁接触，灭菌后温度降到 40℃ 以下再开灭菌器。

5.8.3.2.3 有机物品灭菌时，温度应 ≤170℃。

5.8.3.2.4 灭菌温度达到要求时，应打开进风柜体的排风装置。

5.8.4 环氧乙烷灭菌

5.8.4.1 适用于不耐高温、湿热如电子仪器、光学仪器等诊疗器械的灭菌。100% 纯环氧乙烷的小型灭菌器，灭菌参数见附表7。其他类型环氧乙烷灭菌器灭菌参数应符合《消毒技术规范》的规定。

附表7　小型环氧乙烷灭菌器灭菌参数

环氧乙烷作用浓度	灭菌温度	相对湿度	灭菌时间
450～1200mg/L	37～63℃	40%～80%	1～6小时

5.8.4.2 注意事项

5.8.4.2.1 金属和玻璃材质的器械，灭菌后可立即使用。

5.8.4.2.2 残留环氧乙烷排放应遵循生产厂家的使用说明或指导手册，设置专用的排气系统，并保证足够的时间进行灭菌后的通风换气。

5.8.4.2.3 环氧乙烷灭菌器及气瓶或气罐应远离火源和静电。气罐不应存放在冰箱中。

5.8.5 过氧化氢等离子体低温灭菌

5.8.5.1 适用于不耐高温、湿热如电子仪器、光学仪器等诊疗器械的灭菌。灭菌参见附表8。

附表8　过氧化氢等离子体低温灭菌参数

过氧化氢作用浓度	灭菌腔壁温度	灭菌周期
>6mg/L	45～65℃	28～75分钟

5.8.5.2 注意事项

5.8.5.2.1 灭菌前物品应充分干燥。

5.8.5.2.2 灭菌物品应使用专用包装材料和容器。

5.8.5.2.3 灭菌物品及包装材料不应含植物性纤维材质，如纸、海绵、棉布、木质类、油类、粉剂类等。

5.8.6 低温甲醛蒸汽灭菌

5.8.6.1 适用于不耐高温医疗器械的灭菌。灭菌参数见附表9。

附表9　低温甲醛蒸汽灭菌参数

气体甲醛作用浓度	灭菌温度	相对湿度	灭菌时间
3～11mg/L	50～80℃	80%～90%	30～60分钟

5.8.6.2 注意事项

5.8.6.2.1 应使用甲醛灭菌器进行灭菌，不应采用自然挥发的灭菌方法。

5.8.6.2.2 甲醛残留气体排放应遵循生产厂家的使用说明或指导手册，设置专用的排气系统。

5.9 储存

5.9.1 灭菌后物品应分类，分架存放在无菌物品存放区。一次性使用无菌物品应去除外包装后，进入无菌物品存放区。

5.9.2 物品存放架或柜应距地面高度20～25cm，离墙5～10cm，距天花板50cm。

5.9.3 物品放置应固定位置，设置标识。接触无菌物品前应洗手或手消毒。

5.9.4 消毒后直接使用的物品应干燥、包装后专架存放。

5.9.5 无菌物品储存有效期

5.9.5.1 环境的温度、湿度达到WS 310.1的规定时，使用纺织品材料包装的无菌物品有效期宜为14天；未达到环境标准时，有效期宜为7天。

5.9.5.2 医用一次性纸袋包装的无菌物品，有效期宜为1个月；使用一次性医用皱纹纸、医用无纺布包装的无菌物品，有效期为6个月；使用一次性纸塑袋包装的无菌物品，有效期宜为6个月。硬质容器包装的无菌物品，有效期宜为6个月。

5.10 无菌物品发放

5.10.1 无菌物品发放时，应遵循先进先出的原则。

5.10.2 发放时应确认无菌物品的有效性。植入物及植入性手术器械应在生物监测合格后，方可发放。

5.10.3 记录方法应具有可追溯性，应有记录一次性使用无菌物品出库日期、名称、规格、数量、生产厂家、生产批号、灭菌日期、失效日期等。

5.10.4 运送无菌物品的器具使用后，应清洁处理，干燥存放。

6. 被朊毒体、气性坏疽及突发原因不明的传染病病原体污染的诊疗器械、器具和物品的处理流程

6.1 朊毒体污染的处理流程

6.1.1 疑似或确诊朊毒体感染的患者宜选用一次性诊疗器械、器具和物品，使用后应进行双层密闭封装焚烧处理。

6.1.2 可重复使用的污染器械、器具和物品，应先浸泡于1mol/L氢氧化钠溶液内作用60分钟。再按照本标准5.3～5.8进行处理，压力蒸汽灭菌应选用134～138℃、18分钟，或132℃、30分钟，或121℃、60分钟。

6.1.3 注意事项

6.1.3.1 使用的清洁剂、消毒剂应每次更换。

6.1.3.2 每次处理工作结束后，应立即消毒清洗器具，更换个人防护用品，进行洗手和手消毒。

6.2 气性坏疽污染的处理流程应符合《消毒技术规范》的规定和要求。应先采用含氯或含溴消毒剂1000～2000mg/L浸泡30～45分钟后，有明显污染时应采用含氯消毒剂5000～10000mg/L浸泡至少60分钟后，再按照本标准5.3～5.8进行处理。

6.3 突发原因不明的传染病病原体污染的处理应符合国家当时发布的规定要求。

附A CSSD 不同区域人员防护着装要求（规范性附录）

附表10 CSSD 不同区域人员防护着装要求

区域	操作	防护着装					
		圆帽	口罩	隔离衣/防水围裙	专用鞋	手套	护目镜/面罩
病房	污染物品回收	√	△			√	
去污区	污染器械分类核对、机械清洗、装载	√	√	√	√	√	△
	手工清洗器械和用具	√	√	√	√	√	√
检查包装及灭菌区	器械检查、包装	√	△		√	△	
	灭菌物品装载	√			√		
	无菌物品卸载	√			√	△#	
无菌物品存放区	无菌物品发放	√			√		

注：√：应使用 △：可使用 △#：具有防烫功能的手套

附B 器械、器具和物品的清洗操作方法（规范性附录）

B.1 手工清洗

B.1.1 操作程序

B.1.1.1 冲洗：将器械、器具和物品置于流动水下冲洗，初步去除污染物。

B.1.1.2 洗涤：冲洗后，应用酶清洁剂或其他清洁剂浸泡后刷洗、擦洗。

B.1.1.3 漂洗：洗涤后，再用流水冲洗或刷洗。

B.1.1.4 终末漂洗：应用软水、纯化水或蒸馏水进行冲洗。

B.1.2 注意事项

B.1.2.1 手工清洗时水温宜为 15～30℃。

B.1.2.2 去除干枯的污渍应先用酶清洁剂浸泡，再刷洗或擦洗。

B.1.2.3 刷洗操作应在水面下进行，防止产生气溶胶。

B.1.2.4 管腔器械应用压力水枪冲洗，可拆卸部分应拆开后清洗。

B.1.2.5 不应使用钢丝球类用具和去污粉等用品，应选用相匹配的刷洗用具、用品，避免器械磨损。

B.1.2.6 清洗用具、清洗池等应每天清洁与消毒。

B.2 超声波清洗器（台式）

适用于精密、复杂器械的洗涤。

B.2.1 操作程序

B.2.1.1 冲洗：用于流动水下冲洗器械，初步去除污染物。

B.2.1.2 洗涤：清洗器内注入洗涤用水，并添加清洗剂。水温应≤45℃。应将器械放入篮筐中，浸没在水面下，腔内注满水。超声清洗时间宜 3～5 分钟，可根据器械污染情况适当延长清洗时间，不宜超过 10 分钟。

B.2.1.3 终末漂洗：应用软水或纯化水。

B.2.1.4 超声清洗操作，应遵循生产厂家的使用说明或指导手册。

B.2.2 注意事项

B.2.2.1 清洗时应盖好超声清洗剂盖子，防止产生气溶胶。

B.2.2.2 应根据器械的不同材质选择相匹配的超声频率。

B.3 清洗消毒器

B.3.1 操作程序应遵循生产厂家的使用说明或指导手册。

B.3.2 注意事项

B.3.2.1 设备运行中，应确认清洗消毒程序的有效性。观察程序的打印记录，并留存。符合 WS 310.3 的有关规定。

B.3.2.2 被清洗的器械、器具和物品应充分接触水流；器械轴节应充分打开；可拆卸的零部件应拆开；管腔类器械应使用专用清洗架。

B.3.2.3 精细器械和锐利器械应固定放置。

B.3.2.4 冲洗、洗涤、漂洗时应使用软水，终末漂洗、消毒时应使用纯软化水。预洗阶段水温应≤45℃。

B.3.2.5 金属器械在终末漂洗程序中应使用润滑剂。塑胶类和软质金属材料器械，不应使用酸性清洁剂和润滑剂。

B.3.2.6 定时检查清洁剂泵管是否通畅，确保清洁剂用量准确。

B.3.2.7 设备舱内、旋臂应每天清洁、除垢。

附 C　酸性氧化电位水应用指标与方法（规范性附录）

C.1 适用范围

可用于手工清洗后不锈钢和其他非金属材质器械、器具和物品灭菌前的消毒。

C.2 主要有效成分指标要求

C.2.1 含有效氯含量为 60mg/L±10mg/L。

C.2.2 pH 2.0～3.0。

C.2.3 氧化还原电位（ORP）≥1100mV。

C.2.4 残留氯离子 < 1000mg/L。

C.3 使用方法

手工清洗后的待消毒物品，使用酸性氧化电位水流动冲洗或浸泡消毒 2 分钟，净水冲洗 30 秒，再按本标准 5.5～5.8 进行处理。

C.4 注意事项

C.4.1 应先彻底清除器械、器具和物品上的有机物，再进行消毒处理。

C.4.2 酸性氧化电位水对光敏感，有效氯浓度随时间延长而下降，宜现制备现用。

C.4.3 储存应选用避光、密闭、硬质聚氯乙烯材质制成的容器。室温下储存不超过 3 天。

C.4.4 每次使用前，应在使用现场酸性氧化电位水出口处，分别检测 pH 和有效氯浓度。检测数值应符合指标要求。

C.4.5 对铜、铝等非不锈钢的金属器械、器具和物品有一定的腐蚀作用，应慎用。

C.4.6 不得将酸性氧化电位水和其他药剂混合使用。

C.4.7 皮肤过敏人员操作时应戴手套。

C.4.8 酸性氧化电位水长时间排放可造成排水管路的腐蚀，故应每次排放后再排放少量碱性还原电位水或自来水。

C.5 酸性氧化电位水有效指标的检测

C.5.1 有效氯含量试纸检测法 应使用精密有效氯检测试纸，其有效氯范围应与酸性氧化电位水的有效氯含量接近，具体使用方法见试纸使用说明书。

C.5.2 pH 试纸检测方法 应使用精密 pH 检测试纸，其 pH 范围与酸性氧化电位水的 pH 接近，具体使用方法见 pH 试纸使用说明书。

C.5.3 氧化还原电位（ORP）的监测方法

C.5.3.1 取样 开启酸性氧化电位水生成器，待出水稳定后，用 100ml 小烧杯接取酸性氧化电位水，立即进行检测。

C.5.3.2 检测 氧化还原电位检测可采用铂电极，在酸度计"mV"档上直接检测度数。具体使用方法见使用说明书。

C.5.4 氯离子检测方法

C.5.4.1 取样 按使用说明书的要求开启酸性氧化电位水生成器，待出水稳定后，用 250ml 磨口瓶取酸性氧化电位水至瓶满后，立即盖好瓶盖，送实验室进行检测。

C.5.4.2 检测 采用硝酸银容量法或离子色谱法，详细方法见 GB/T 5750.5。

附 D 压力蒸汽灭菌器蒸汽用水标准（资料性附录）

压力蒸汽灭菌器蒸汽用水标准应符合附表 11 和附表 12 的要求。

附表 11 专用蒸汽发生器进水污染物的最高含量要求

污染物种类	最高限值	污染物种类	最高限值
气化残余物	10mg/L	氯离子（Cl^-）	2mg/L
二氧化硅（SiO_2）	1mg/L	五氧化二磷（P_2O_5）	0.5mg/L
铁	0.2mg/L	电导率（25℃）	5μS/cm
钙	0.005mg/L	pH	5～7.5
铅	0.05mg/L	外观	无色、洁净、无沉淀
除铁、钙、铅以外的重金属	0.1mg/L	硬度（碱土金属离子）	0.02mmol/L

注：应在灭菌器进口处采样

附表 12　蒸汽气源冷凝污染物的最高含量要求

污染物种类	最高限值	污染物种类	最高限值
二氧化硅（SiO_2）	0.1mg/L	五氧化二磷（P_2O_5）	0.1mg/L
铁	0.1mg/L	电导率（25℃时）	3μS/cm
钙	0.005mg/L	pH	5～7
铅	0.05mg/L	外观	无色、洁净、无沉淀
除铁、钙、铅以外的重金属	0.1mg/L	硬度（碱土金属离子）	0.02mmol/L
氯离子（Cl^-）	0.1mg/L		

注：应在灭菌器进口处采样

附录 C　医院消毒供应中心

清洗消毒及灭菌效果监测标准

1. 范围　本标准规定了医院消毒供应中心（central sterile supply department，CSSD）消毒与灭菌效果监测的要求与方法和质量控制过程的记录与可追溯要求。

本标准适用于医院 CSSD 和为医院提供消毒灭菌服务的社会化消毒灭菌机构。暂未实行消毒供应工作集中管理的医院，其手术部（室）的消毒供应工作应执行本标准。

已采取污水集中处理的其他医疗机构可参照使用。

2. 规范性引用文件　下列文件中的条款通过本标准的引用而成为本标准的条款。凡是标注日期的引用文件，其随后所有的修改（不包括勘误内容）或修订版均不适用于本标准，然而，鼓励根据本标准达成协议的各方研究是否可使用这些文件的最新版本。凡是不注明日期的引用文件，其最新版本适用于本标准。

3. 术语和定义　WS 310.1 和 WS 310.2 的术语和定义以及下列术语和定义适用于本标准。

3.1 可追溯（traceability）

对影响灭菌过程和结果的关键要素进行记录，保存备查，实现可追踪。

3.2 灭菌过程验证装置（process challenge device，PCD）

对灭菌过程有预定抗力的模拟装置，用于评价灭菌过程的有效性。其内部放置化学指示物时称化学 PCD，放置生物指示物时称生物 PCD。

3.3 A_0 值（A_0 value）

评价湿热消毒效果的指标，指当以 Z 值表示的微生物杀灭效果为 10K 时，温度相当于 80℃的时间（秒）。

3.4 小型压力蒸汽灭菌器（table - top sterilizer）

体积小于 60L 的压力蒸汽灭菌器。

3.5 快速压力蒸汽灭菌（flash sterilization）

专门用于处理立即使用物品的压力蒸汽灭菌过程。

3.6 管腔器械（hollow device）

含有管腔内直径≥2mm，且其腔体中的任何一点距其与外界相通的开口处的距离≤其内直径的 1500 倍的器械。

3.7 清洗效果测试指示物（test soil）

用于测试清洗消毒机清洗效果的指示物。

4. 监测要求及方法

4.1 通用要求

4.1.1 应专人负责质量监测工作。

4.1.2 应定期对清洁剂、消毒剂、洗涤用水、润滑剂、包装材料等进行质量检查，检查结果应符合 WS 310.1 的要求。

4.1.3 应定期进行监测材料的质量检查，包括抽查卫生部消毒产品卫生许可批件及有效期等，检查结果应符合要求。自制测试标准包应符合《消毒技术规范》的有关要求。

4.1.4 设备的维护与保养应遵循生产厂家的使用说明或指导手册对清洗消毒器、灭菌器进行日常清洁和检查。

4.1.5 按照以下要求进行设备的检测与验证：

a）清洗消毒器应遵循生产厂家的使用说明或指导手册进行校验。

b）压力蒸气灭菌器应每年对压力和安全阀进行检测校验。

c）干热灭菌器应每年用多点温度检测仪对灭菌器各层内、中、外各点的温度进行物理监测。

d）低温灭菌器应遵循生产厂家的使用说明或指导手册进行验证。

4.2 清洗质量的监测

4.2.1 器械、器具和物品清洗质量的监测

4.2.1.1 日常监测　在检查包装时进行，应目测和（或）借助带光源放大镜检查。清洗后的器械表面及其关节、齿牙应光洁，无血渍、污渍、水垢等残留物质和锈斑。

4.2.1.2 定期抽查　每月应至少随机抽查3~5个待灭菌包内全部物品的清洗质量，检查的内容同日常监测，并记录监测结果。

4.2.2 清洗消毒器及其质量的监测

4.2.2.1 日常监测　应每批次监测清洗消毒器的物理参数及运转情况，并记录。

4.2.2.2 定期监测

4.2.2.2.1 对清洗消毒器的清洗效果可每年采用清洗效果测试指示物进行监测。当清洗物品或清洗程序发生改变时，也可采用清洗效果测试指示物进行清洗效果的监测。

4.2.2.2.2 监测方法应遵循生产厂家的使用说明或指导手册；监测结果不符合要求，应遵循生产厂家的使用说明或指导手册进行检测，清洗消毒质量检测合格后，清洗消毒器方可使用。

4.3 消毒质量的监测

4.3.1 湿热消毒

4.3.1.1 应监测、记录每次消毒的温度与时间或 A_0 值。监测结果应符合 WS 310.2 的要求。

4.3.1.2 应每年检测清洗消毒器的主要性能参数。检测结果应符合生产厂家的使用说明或指导手册的要求。

4.3.2 化学消毒　应根据消毒剂的种类特点，定期监测消毒剂的浓度、消毒时间和消毒时的温度，并记录，结果应符合该消毒剂的规定。

4.3.3 消毒效果监测　消毒后直接使用物品应每季度进行监测，监测方法及监测结果符合 GB 15982 的要求。每次检测3~5件有代表性的物品。

4.4 灭菌质量的监测

4.4.1 通用要求

4.4.1.1 对灭菌质量采用物理监测法、化学监测法和生物监测法进行，监测结果应符合本标准的要求。

4.4.1.2 物理监测不合格的灭菌物品不得发放，并应分析原因进行改进，直至监测结果符合要求。

4.4.1.3 包外化学监测不合格的灭菌物品不得发放，包内化学监测不合格的灭菌物品不得使用。并应分析原因进行改进，直至监测结果符合要求。

4.4.1.4 生物监测不合格时，应尽快召回上次生物监测合格以来所有尚未使用的灭菌物品，重新处理；并应分析不合格的原因，改进后，生物监测连续三次合格后方可使用。

4.4.1.5 灭菌植入型器械应每批次进行生物监测。生物监测合格后，方可发放。

4.4.1.6 按照灭菌装载物品的种类，可选择具有代表性的PCD进行灭菌效果的监测。

4.4.2 压力蒸汽灭菌的监测

4.4.2.1 物理监测法：每次灭菌应连续监测并记录灭菌时的温度、压力和时间等灭菌参数。温度波动范围在+3℃内，时间满足最低灭菌时间的要求，同时应记录所有临界点的时间、温度与压力值，结果应符合灭菌的要求。

4.4.2.2 化学监测法

4.4.2.2.1 应进行包外、包内化学指示物监测。具体要求为灭菌包包外应有化学指示物，高度危险性物品包内应放置包内化学指示物，置于最难灭菌的部位。如果透过包装材料可直接观察包内化学指示物的颜色变化，则不必放置包外化学指示物。通过观察化学指示物颜色的变化，判定是否达到灭菌合格要求。

4.4.2.2.2 采用快速压力蒸汽灭菌程序灭菌时，应直接将一片包内化学指示物置于待灭菌物品旁边进行化学监测。

4.4.2.3 生物监测法

4.4.2.3.1 应每周监测一次，监测方法见附录A。

4.4.2.3.2 紧急情况灭菌植入型器械时，可在生物PCD中加入5类化学指示物。5类化学指示物合格可作为提前放行的标志，生物监测的结果应及时通报使用部门。

4.4.2.3.3 采用新的包装材料和方法进行灭菌时应进行生物监测。

4.4.2.3.4 小型压力蒸汽灭菌器因一般无标准生物监测包，应选择灭菌器常用的、有代表性的灭菌制作生物测试包或生物PCD，置于灭菌器最难灭菌的部位，且灭菌器应处于满载状态。生物测试包或生物PCD应侧放，体积大时可平放。

4.4.2.3.5 采用快速压力蒸汽灭菌程序灭菌时，应直接将一支生物指示物，置于空载的灭菌器内，经一个灭菌周期后取出，规定条件下培养，观察结果。

4.4.2.3.6 生物监测不合格时，应遵循4.4.1.4的规定。

4.4.2.4 B－D试验 预真空（包括脉动真空）压力蒸气灭菌器应每日开始灭菌运行前进行B－D测试，B－D测试合格后，灭菌器方可使用。B－D测试失败，应及时查找原因进行改进，监测合格后，灭菌器方可使用。

4.4.2.5 灭菌器新安装、移位和大修后的监测　应进行物理监测、化学监测和生物监测。物理监测、化学监测通过后，生物监测应空载连续监测三次，合格后灭菌器方可使用，监测方法应符合GB 18278的有关要求。对于小型压力蒸汽灭菌器，生物监测应满载连续监测三次，合格后灭菌器方可使用。预真空（包括脉动真空）压力蒸汽灭菌器应进行B－D测试并重复三次，连续监测合格后，灭菌器方可使用。

4.4.3 干热灭菌的监测

4.4.3.1 物理监测法：每灭菌批次应进行物理监测。监测方法为将多点温度检测仪的多个探头分别放于灭菌器各层内、中、外各点，关好柜门，引出导线，由记录仪中观察温度上升与持续时间。温度在设定时间内均达到预置温度，则物理监测合格。

4.4.3.2 化学监测法：每一灭菌包外应使用包外化学指示物，每一灭菌包内应使用包内化学指示物，并置于最难灭菌的部位。对于未打包的物品，应使用一个或者多个包内化学指示物，放在待灭菌物品附近进行监测。经过一个灭菌周期后取出，据其颜色的改变判断是否达到灭菌要求。

4.4.3.3 生物监测法应每周监测一次，监测方法见附录 B。

4.4.3.4 新安装、移位和大修后，应进行物理监测法、化学监测法和生物监测法监测（重复 3 次），监测合格后，灭菌器方可使用。

4.4.4 低温灭菌的监测

低温灭菌方法包括环氧乙烷灭菌法、过氧化氢等离子灭菌法和低温甲醛蒸汽灭菌法等。

4.4.4.1 通用要求　新安装、移位、大修、灭菌失败、包装材料或被灭菌物品改变，应对灭菌效果进行重新评价，包括采用物理监测法、化学监测法和生物监测法进行监测（重复 3 次），监测合格后，灭菌器方可使用。

4.4.4.2 环氧乙烷灭菌的监测

4.4.4.2.1 物理监测法：每次灭菌应连续监测并记录灭菌时的温度、压力和时间等灭菌参数。灭菌参数符合灭菌器的使用说明或操作手册的要求。

4.4.4.2.2 化学监测法：每个灭菌物品包外应使用包外化学指示物，作为灭菌过程的标志，每包内最难灭菌位置放置包内化学指示物，通过观察其颜色变化，判定其是否达到灭菌合格要求。

4.4.4.2.3 生物监测法：每灭菌批次应进行生物监测，监测方法见附录 C。

4.4.4.3 过氧化氢等离子灭菌的监测

4.4.4.3.1 物理监测法：每次灭菌应连续监测并记录每个灭菌周期的临界参数如舱内压、温度、过氧化氢的浓度、电源输入和灭菌时间等灭菌参数。灭菌参数符合灭菌器的使用说明或操作手册的要求。

4.4.4.3.2 化学监测法：每个灭菌物品包外应使用包外化学指示物，作为灭菌过程的标志；每包内最难灭菌位置放置包内化学指示物，通过观察其颜色变化，判定其是否达到灭菌合格要求。

4.4.4.3.3 生物监测法：应每天至少进行一次灭菌循环的生物监测，监测方法应符合国家的有关规定。

4.4.4.4 低温甲醛蒸汽灭菌的监测

4.4.4.4.1 物理监测法：每灭菌批次应进行物理监测。详细记录灭菌过程的参数，包括灭菌温度、湿度、压力与时间。灭菌参数符合灭菌器的使用说明或操作手册的要求。

4.4.4.4.2 化学监测法：每个灭菌物品包外应使用包外化学指示物，作为灭菌过程的标志；每包内最难灭菌位置放置包内化学指示物，通过观察其颜色变化，判定其是否达到灭菌合格要求。

4.4.4.4.3 生物监测法：应每周监测一次，监测方法应符合国家的有关规定。

4.4.4.5 其他低温灭菌方法的监测要求及方法应符合国家有关标准的规定。

5. 质量控制过程的记录与可追溯要求

5.1 应建立清洗、消毒、灭菌操作的过程记录，内容包括：

a）应留存清洗消毒器和灭菌器运行参数打印资料或记录。

b）应记录灭菌器每次运行情况，包括灭菌日期、灭菌器编号、批次号、装载的主要物品、灭菌程序号、主要运行参数、操作员签名或代号及灭菌质量的监测结果等，并存档。

5.2 应对清洗、消毒、灭菌质量的日常监测和定期监测进行记录。

5.3 记录应具有可追溯性，清洗、消毒监测资料和记录的保存期应≥6个月，灭菌质量监测资料和记录的保留期应≥3年。

5.4 灭菌标识的要求

5.4.1 灭菌包外应有标识，内容包括物品名称、检查打包者姓名或编号、灭菌器编号、批次号、灭菌日期和失效日期。

5.4.2 使用者应检查并确认包内化学指示物是否合格，器械干燥、洁净等，合格后方可使用。同时将包外标识留存或记录于手术护理记录单上。

5.5 应建立持续质量改进制度及措施，发现问题及时处理，并应建立灭菌物品召回制度。

5.5.1 生物监测不合格时，应通知使用部门停止使用，并召回上次监测合格以来尚未使用的所有灭菌物品。同时应书面报告相关管理部门，说明召回的原因。

5.5.2 相关管理部门应通知使用部门对已使用该期间无菌物品的患者进行密切观察。

5.5.3 检查灭菌过程的各个环节，查找灭菌失败的可能原因，并采取相应的改进措施后，重新进行生物监测，合格后该灭菌器方可正常使用。

5.5.4 应对该事件的处理情况进行总结，并向相关管理部门汇报。

附A 压力蒸汽灭菌的生物监测方法（规范性附录）

A.1 按照《消毒技术规范》的规定，将嗜热脂肪杆菌芽胞菌片制成标准生物测试包或生物PCD，或使用一次性标准生物测试包，对灭菌器的灭菌质量进行生物监测。标准生物监测包置于灭菌器排气口的上方或生产厂家建议的灭菌器内最难灭菌的部位，并设阳性对照和阴性对照。如果一天内进行多次生物监测，且生物指示剂为同一批号，则只设一次阳性对照即可。

A.2 具体监测方法为：将生物指示物置于标准试验包的中心部位，标准试验包由16条41cm×66cm的全棉手术巾制成。制作方法：将每条手术巾的长边先折成3层，短边折成2层，然后叠放，制成23cm×23cm×15cm大小的测试包。经一个灭菌周期后，在无菌条件下取出标准试验包的指示菌片，投入溴甲酚紫葡萄糖蛋白胨水培养基中，经56℃±1℃培养7天（自含式生物指示物按产品说明书执行），观察培养结果。

A.3 结果判定：阳性对照组培养阳性，阴性对照组培养阴性，试验组培养阴性，判定为灭菌合格。阳性对照组培养阳性，阴性对照组培养阴性，试验组培养阳性，则灭菌不合格；同时应进一步鉴定试验组阳性的细菌是否为指示菌或是污染所致。

附B 干热灭菌的生物监测方法（规范性附录）

B.1 按照《消毒技术规范》的规定，采用枯草杆菌黑色变种芽孢菌片，制成标准生物测试包，置于灭菌器最难灭菌的部位，对灭菌器的灭菌质量进行生物监测，并设阳性对照和阴性对照。

B.2 具体监测方法为：将枯草杆菌芽孢菌片分别装入无菌试管内（1片/管）。灭菌器与每层门把手对角线内、外角处放置2个含菌片的试管，试管帽置于试管旁，关好柜门，经一个灭菌周期后，待温度降至80℃时，加盖试管帽后取出试管。在无菌条件下，加入普通营养肉汤培养基（5ml/管），36℃±1℃培养48小时，观察初步结果，无菌生长管继续培养至第7日。

B.3 结果判定：阳性对照组培养阳性，阴性对照组培养阴性，若每个指示菌片接种的肉汤管均澄清，判为灭菌合格；若阳性对照组培养阳性，阴性对照组培养阴性，而指示菌片之一接种的肉汤管混浊，判为不合格；对难以判定的肉汤管，取0.1ml接种于营养琼脂平板，用灭菌L棒或接种环涂匀，置36℃±1℃培养48小时，观察菌落形态，并做涂片染色镜检，判断是否有指示菌生长，若有指示菌生长，判为灭菌不合格；若无指示菌生长，判为灭菌合格。

附 C 环氧乙烷灭菌的生物监测方法（规范性附录）

C.1 用枯草杆菌黑色变种芽胞置于常规生物测试包内，对灭菌器的灭菌质量进行监测。常规生物测试包放在灭菌器最难灭菌的部位（整个装载灭菌包的中心部位）。灭菌周期完成后应立即将生物指示物从被灭菌物品中取出，36℃±1℃培养7天（自含式生物指示物应遵循产品说明），观察培养基颜色变化。同时设阳性对照和阴性对照。

C.2 常规生物测试包的制备：取一个20ml无菌注射器，去掉针头，拔出针栓，将生物指示剂放入针筒内，带孔的塑料帽应朝向针头处，再将注射器的针栓插回针筒（注意不要碰及生物指示物），之后用一条全棉小毛巾两层包裹，置于纸塑包装袋中，封装。

C.3 结果判定：阳性对照组培养阳性，阴性对照组培养阴性，试验组培养阴性，判定为灭菌合格。阳性对照组培养阳性，阴性对照组培养阴性，试验组培养阳性，则灭菌不合格；同时应进一步鉴定试验组阳性的细菌是否为指示菌或是污染所致。

附录 D 推荐性卫生行业标准

医院隔离技术规范 WS/T311－2009

1. 范围 本标准规定了医院隔离的管理要求、建筑布局与隔离要求、医务人员防护用品的使用和不同传播途径疾病的隔离与预防。

本标准适用于各级各类医院。

其他医疗机构参照执行。

2. 规范性引用文件 下列文件中的条款通过本标准的引用而成为本标准的条款。凡是标注日期的引用文件，其随后所有的修改（不包括勘误内容）或修订版均不适用于本标准，然而，鼓励根据本标准达成协议的各方研究是否可使用这些文件的最新版本。凡是不注明日期的引用文件，其最新版本适用于本标准。

GB 19082 医用一次性防护服技术要求

WS/T 313 医务人员手卫生规范

消毒技术规范卫生部

3. 术语和定义 下列术语和定义适用于本标准。

3.1 感染源（source of infection）

病原体自然生存、繁殖并排出的宿主或场所。

3.2 传播途径（modes of lransmission）

病原体从感染源传播到易感者的途径。

3.3 易感人群（susceptible hosts）

对某种疾病或传染病缺乏免疫力的人群。

3.4 标准预防（staodard precaotion）

针对医院所有患者和医务人员采取的一组预防感染措施。包括手卫生，根据预期可能的暴露选用手套、隔离衣、口罩、护目镜或防护面屏，以及安全注射。也包括穿戴合适的防护用品处理患者环境中污染的物品与医疗器械。

标准预防基于患者的血液、体液、分泌物（不包括汗液）、非完整皮肤和黏膜均可能含有感染性因子的原则。

3.5 空气传播（airborne transmission）

带有病原微生物的微粒子（≤5μm）通过空气流动导致的疾病传播。

3.6 飞沫传播（droplet transmission）

带有病原微生物的飞沫核（>5μm），在空气中短距离（1m 内）移动到易感人群的口、鼻黏膜或眼结膜等导致的传播。

3.7 接触传播（contact transmission）

病原体通过手、媒介物直接或间接接触导致的传播。

3.8 感染链（infection chain）

感染在医院内传播的三个环节，即感染源、传播途径和易感人群。

3.9 个人防护用品（personal protective equipment，PPE）

用于保护医务人员避免接触感染性因子的各种屏障用品。包括口罩、手套、护目镜、防护面罩、防水围裙、隔离衣、防护服等。

3.9.1 纱布口罩（mask）

保护呼吸道免受有害粉尘、气溶胶、微生物及灰尘伤害的防护用品。

3.9.2 外科口罩（surgical mask）

能阻止血液、体液和飞溅物传播的，医护人员在有创操作过程中佩戴的口罩。

3.9.3 医用防护口罩（respirator）

能阻止经空气传播的直径≤5μm 感染因子或近距离（1m）接触经飞沫传播的疾病而发生感染的口罩。医用防护口罩的使用包括密合性测试、培训、型号的选择、医学处理和维护。

3.9.4 护目镜

防止患者的血液、体液等具有感染性物质溅入人体眼部的用品。

3.9.5 防护面罩（防护面屏）

防止患者的血液、体液等具有感染性物质溅到人体面部的用品。

3.9.6 手套

防止病原体通过医务人员的手传播疾病和污染环境的用品。

3.9.7 隔离衣

用于保护医务人员避免受到血液、体液和其他感染性物质污染，或用于保护患者避免感染的防护用品。根据与患者接触的方式包括接触感染性物质的情况和隔离衣阻隔血液和体液的可能性选择是否穿隔离衣和选择其型号。

3.9.8 防护服

临床医务人员在接触甲类或按甲类传染病管理的传染病患者时所穿的一次性防护用品。应具有良好的防水、抗静电、过滤效率和无皮肤刺激性，穿脱方便，结合部严密，袖口、脚踝口应为弹性收口。

3.10 隔离

采用各种方法、技术，防止病原体从患者及携带者传播给他人的措施。

3.11 清洁区

进行呼吸道传染病诊治的病区中不易受到患者血液、体液和病原微生物等物质污染及传染病患者不应进入的区域。包括医务人员的值班室、卫生间、男女更衣室、浴室以及储物间、配餐间等。

3.12 潜在污染区

进行呼吸道传染病诊治的病区中位于清洁区与污染区之间，有可能被患者血液、体液和病原微生物等物质污染的区域。包括医务人员的办公室、治疗室、护士站、患者用后的物品、医疗器械等的处理室、内走廊等。

3.13 污染区

进行呼吸道传染病诊治的病区中传染病患者和疑似传染病患者接受诊疗的区域，包括被其血液、体液、分泌物、排泄物污染物品暂存和处理的场所。包括病室、处置室、污物间以及患者入院、出院处理室等。

3.14 两通道

进行呼吸道传染病诊治的病区中的医务人员通道和患者通道。医务人员通道、出入口设在清洁区一端，患者通道、出入口设在污染区一端。

3.15 缓冲间

进行呼吸道传染病诊治的病区中清洁区与潜在污染区之间、潜在污染区与污染区之间设立的两侧均有门的小室，为医务人员的准备间。

3.16 负压病区（房）

通过特殊通风装置，使病区（病房）的空气按照由清洁区向污染区流动，使病区（病房）内的压力低于室外压力。负压病区（房）排出的空气需经处理，确保对环境无害。

3.17 床单位消毒

对患者住院期间、出院、转院、死亡后所用的床及床周围物体表面进行的清洁与消毒。

3.18 终末消毒（tenninal disinfection）

传染源离开疫源地后，对疫源地进行的一次彻底的消毒，如传染病患者出院、转院或死亡后，对病室进行的最后一次消毒。

4. 隔离的管理要求

4.1 在新建、改建与扩建时，建筑布局应符合医院卫生学要求，并应具备隔离预防的功能，区域划分应明确、标识清楚。

4.2 应根据国家的有关法规，结合本医院的实际情况，制订隔离预防制度并实施。

4.3 隔离的实施应遵循"标准预防"和"基于疾病传播途径的预防"原则。

4.4 应加强传染病患者的管理，包括隔离患者，严格执行探视制度。

4.5 应采取有效措施，管理感染源、切断传播途径和保护易感人群。

4.6 应加强医务人员隔离与防护知识的培训，为其提供合适、必要的防护用品，正确掌握常见传染病的传播途径、隔离方式和防护技术，熟练掌握操作规程。

4.7 医务人员的手卫生应符合 WS/T 313。

4.8 隔离区域的消毒应符合国家有关规定。

5. 建筑布局与隔离要求

5.1 建筑分区与隔离要求

5.1.1 医院建筑区域划分　根据患者获得感染危险性的程度，应将医院分为4个区域。

5.1.1.1 低危险区域　包括行政管理区、教学区、图书馆、生活服务区等。

5.1.1.2 中等危险区域　包括普通门诊、普通病房等。

5.1.1.3 高危险区域　包括感染疾病科（门诊、病房）等。

5.1.1.4 极高危险区域　包括手术室、重症监护病房、器官移植病房等。

5.1.2 隔离要求

5.1.2.1 应明确服务流程，保证洁、污分开，防止因人员流程、物品流程交叉导致污染。

5.1.2.2 根据建筑分区的要求，同一等级分区的科室宜相对集中，高危险区的科室宜相对独立，宜与普通病区和生活区分开。

5.1.2.3 通风系统应区域化，防止区域间空气交叉污染。

5.1.2.4 应按照 WS/T 313 的要求，配备合适的手卫生设施。

5.2 呼吸道传染病病区的建筑布局与隔离要求

5.2.1 用于经呼吸道传播疾病的患者的隔离。

5.2.2 建筑布局　应设在医院相对独立的区域，分为清洁区、潜在污染区和污染区，设立两通道和三区之间的缓冲间。缓冲间两侧的门不应同时开启，以减少区域之间空气流通。经空气传播疾病的隔离病区，应设置负压病室，病室的气压宜为 − 30Pa，缓冲间的气压宜为 − 15Pa。

5.2.3 隔离要求

5.2.3.1 应严格服务流程和三区的管理。各区之间界线清楚，标识明显。

5.2.3.2 病室内应有良好的通风设施。

5.2.3.3 各区应安装适量的非手触式开关的流动水洗手池。

5.2.3.4 不同种类传染病患者应分室安置。

5.2.3.5 疑似患者应单独安置。

5.2.3.6 受条件限制的医院，同种疾病患者可安置于一室，两病床之间距离不少于 1.1m。

5.3 负压病室的建筑布局与隔离要求

5.3.1 适用于经空气传播疾病患者的隔离。

5.3.2 建筑布局　应设病室及缓冲间，通过缓冲间与病区走廊相连。病室采用负压通风，上送风、下排风；病室内送风口应远离排风口，排风口应置于病床床头附近，排风口下缘靠近地面但应高于地面 10cm。门窗应保持关闭。

5.3.2.1 病室送风和排风管道上宜设置压力开关型的定风量阀，使病室的送风量、排风量不受风管压力波动的影响。

5.3.2.2 负压病室内应设置独立卫生间，有流动水洗手和卫浴设施。配备室内对讲设备。

5.3.3 隔离要求

5.3.3.1 送风应经过初、中效过滤，排风应经过高效过滤处理，每小时换气 6 次以上。

5.3.3.2 应设置压差传感器，用来检测负压值或用来自动调节不设定风量阀的通风系统的送、排风量。病室的气压宜为 − 30Pa，缓冲间的气压宜为 − 15Pa。

5.3.3.3 应保障通风系统正常运转，做好设备日常保养。

5.3.3.4 一间负压病室宜安排一个患者，无条件时可安排同种呼吸道感染疾病患者，并限制患者到本病室外活动。

5.3.3.5 患者出院所带物品应消毒处理。

5.4 感染性疾病病区的建筑布局与隔离要求

5.4.1 适用于主要经接触传播疾病患者的隔离。

5.4.2 建筑布局　应设在医院相对独立的区域，远离儿科病房、重症监护病房和生活区。设单独入口、单独出口和入院处理室、出院处理室。

5.4.3 中、小型医院可在建筑物的一端设立感染性疾病病区。

5.4.4 隔离要求

5.4.4.1 应分区明确，标识清楚。

5.4.4.2 不同种类的感染性疾病患者应分室安置；每间病室不应超过 4 人，病床间距应不少于 1.1m。

5.4.4.3 病房应通风良好，自然通风或安装通风设施，以保证病房内空气清新。

5.4.4.4 应配备适量非手触式开关的流动水洗手设施。

5.5 普通病区的建筑布局与隔离要求

5.5.1 建筑布局　在病区的末端，应设一间或多间隔离病室。

5.5.2 隔离要求

5.5.2.1 感染性疾病患者与非感染性疾病患者宜分室安置。

5.5.2.2 受条件限制的医院，同种感染性疾病、同种病原体感染患者可安置于一室，病床间距宜 >0.8m 。

5.5.2.3 病情较重的患者宜单人间安置。

5.5.2.4 病室床位数单排不应超过 3 床；双排不应超过 6 床。

5.6 门诊的建筑布局与隔离要求

5.6.1 建筑布局

5.6.1.1 普通门诊应单独设立出入口，设置问讯、预检分诊、挂号、候诊、诊断、检查、治疗、交费、取药等区域，流程清楚，路径便捷。

5.6.1.2 儿科门诊应自成一区，出入方便，并设预检分诊、隔离诊查室等。

5.6.1.3 感染疾病科门诊应符合国家有关规定。

5.6.2 隔离要求

5.6.2.1 普通门诊、儿科门诊、感染疾病科门诊宜分开挂号、候诊。

5.6.2.2 诊室应通风良好，应配备适量的流动水洗手设施和（或）配备速干手消毒剂。

5.6.2.3 建立预检分诊制度，发现传染病患者或疑似传染病患者，应到专用隔离诊室或引导至感染疾病科门诊诊治，可能污染的区域应及时消毒。

5.7 急诊科（室）的建筑布局与隔离要求

5.7.1 建筑布局

5.7.1.1 应设单独出入口、预检分诊、诊查室、隔离诊查室、抢救室、治疗室、观察室等。

5.7.1.2 有条件的医院宜设挂号、收费、取药、化验、X 线检查、手术室等。

5.7.1.3 急诊观察室床间距应不小于 1.2m 。

5.7.2 隔离要求

5.7.2.1 应严格预检分诊制度，及时发现传染病患者及疑似患者，及时采取隔离措施。

5.7.2.2 各诊室内应配备非手触式开关的流动水洗手设施和（或）配备速干手消毒剂。

5.7.2.3 急诊观察室应按病房要求进行管理。

6. 医务人员防护用品的使用

6.1 防护用品应符合国家相关标准，在有效期内使用。

6.2 口罩的使用

6.2.1 应根据不同的操作要求选用不同种类的口罩。

6.2.2 一般诊疗活动，可佩戴纱布口罩或外科口罩；手术室工作或护理免疫功能低下患者、进行体腔穿刺等操作时应戴外科口罩，接触经空气传播或近距离接触经飞沫传播的呼吸道传染病患者时，应戴医用防护口罩。

6.2.3 纱布口罩应保持清洁，每天更换、清洁与消毒，遇污染时及时更换。

6.2.4 应正确佩戴口罩，具体方法及注意事项见附录 A 。

6.3 护自镜、防护面罩的使用

6.3.1 下列情况应使用护目镜或防护面罩：

a）在进行诊疗、护理操作，可能发生患者血液、体液、分泌物等喷溅时。

b）近距离接触经飞沫传播的传染病患者时。

c）为呼吸道传染病患者进行气管切开、气管插管等近距离操作，可能发生患者血液、体液、分泌物喷溅时，应使用全面型防护面罩。

6.3.2 佩戴前应检查有无破损，佩戴装置有无松懈。每次使用后应清洁与消毒。

6.3.3 护目镜、防护面罩的戴摘方法见附录 B。

6.4 手套的使用

6.4.1 应根据不同操作的需要，选择合适种类和规格的手套。

6.4.1.1 接触患者的血液、体液、分泌物、排泄物、呕吐物及污染物品时，应戴清洁手套。

6.4.1.2 进行手术等无菌操作、接触患者破损皮肤、黏膜时，应戴无菌手套。

6.4.2 应正确戴脱无菌手套，具体方法及注意事项见附录 C。

6.4.3 一次性手套应一次性使用。

6.5 隔离衣与防护服的使用

6.5.1 应根据诊疗工作的需要，选用隔离衣或防护服。防护服应符合 GB 19082 的规定。隔离衣应后开口，能遮盖住全部衣服和外露的皮肤。

6.5.2 下列情况应穿隔离衣：

a）接触经接触传播的感染性疾病患者如传染病患者、多重耐药菌感染患者等时。

b）对患者实行保护性隔离时，如大面积烧伤患者、骨髓移植患者等患者的诊疗、护理时。

c）可能受到患者血液、体液、分泌物、排泄物喷溅时。

6.5.3 下列情况应穿防护服：

a）临床医务人员在接触甲类或按甲类传染病管理的传染病患者时。

b）接触经空气传播或飞沫传播的传染病患者，可能受到患者血液、体液、分泌物、排泄物喷溅时。

6.5.4 应正确穿脱隔离衣和防护服，具体方法及注意事项见附录 D。

6.6 鞋套的使用

6.6.1 鞋套应具有良好的防水性能，并一次性应用。

6.6.2 从潜在污染区进入污染区时和从缓冲间进入负压病室时应穿鞋套。

6.6.3 应在规定区域内穿鞋套，离开该区域时应及时脱掉。发现破损应及时更换。

6.7 防水围裙的使用

6.7.1 分为重复使用的围裙和一次性使用的围裙。

6.7.2 可能受到患者的血液、体液、分泌物及其他污染物质喷溅、进行复用医疗器械的清洗时，应穿防水围裙。

6.7.3 重复使用的围裙，每班使用后应及时清洗与消毒。遇有破损或渗透时，应及时更换。

6.7.4 一次性使用围裙应一次性使用，受到明显污染时应及时更换。

6.8 帽子的使用

6.8.1 分为布制帽子和一次性帽子。

6.8.2 进入污染区和洁净环境前、进行无菌操作等时应戴帽子。

6.8.3 被患者血液、体液污染时，应立即更换。

6.8.4 布制帽子应保持清洁，每次或每天更换与清洁。

6.8.5 一次性帽子应一次性使用。

7. 不同传播途径疾病的隔离与预防

7.1 隔离原则

7.1.1 在标准预防的基础上，医院应根据疾病的传播途径（接触传播、飞沫传播、空气传播和其他途径传播），结合本院的实际情况，制订相应的隔离与预防措施。

7.1.2 一种疾病可能有多种传播途径时，应在标准预防的基础上，采取相应传播途径的隔离与预防。

7.1.3 隔离病室应有隔离标志，并限制人员的出入。黄色为空气传播的隔离，粉色为飞沫传播的隔离，蓝色为接触传播的隔离。

7.1.4 传染病患者或可疑传染病患者应安置在单人隔离房间。

7.1.5 受条件限制的医院，同种病原体感染的患者可安置于一室。

7.1.6 建筑布局符合第 5 章中相应的规定。

7.2　接触传播的隔离与预防　接触经接触传播疾病如肠道感染、多重耐药菌感染、皮肤感染等的患者，在标准预防的基础上，还应采用接触传播的隔离与预防。

7.2.1 患者的隔离

7.2.1.1 应限制患者的活动范围。

7.2.1.2 应减少转运，如需要转运时，应采取有效措施，减少对其他患者、医务人员和环境表面的污染。

7.2.2 医务人员的防护

7.2.2.1 接触隔离患者的血液、体液、分泌物、排泄物等物质时，应戴手套；离开隔离病室前、接触污染物品后应摘除手套，洗手和（或）手消毒。手上有伤口时应戴双层手套。

7.2.2.2 进入隔离病室，从事可能污染工作服的操作时，应穿隔离衣；离开病室前，脱下隔离衣，按要求悬挂，每天更换清洗与消毒；或使用一次性隔离衣，用后按医疗废物管理要求进行处置。接触甲类传染病应按要求穿脱防护服，离开病室前，脱去防护服，防护服按医疗废物管理要求进行处置。

7.3 空气传播的隔离与预防　接触经空气传播的疾病，如肺结核、水痘等，在标准预防的基础上，还应采用空气传播的隔离与预防。

7.3.1 患者的隔离

7.3.1.1 无条件收治时，应尽快转送至有条件收治呼吸道传染病的医疗机构进行收治，并注意转运过程中医务人员的防护。

7.3.1.2 当患者病情容许时，应戴外科口罩，定期更换，并限制其活动范围。

7.3.1.3 应严格空气消毒。

7.3.2 医务人员的防护

7.3.2.1 应严格按照区域流程，在不同的区域，穿戴不同的防护用品，离开时按要求摘脱，并正确处理使用后物品。具体流程与操作见 7.9.2.3。

7.3.2.2 进入确诊或可疑传染病患者房间时，应戴帽子、医用防护口罩；进行可能产生喷溅的诊疗操作时，应戴防护目镜或防护面罩，穿防护服，当接触患者及其血液、体液、分泌物、排泄物等物质时应戴手套。

7.3.2.3 防护用品使用的具体要求应遵循第 6 章的规定。

7.4 飞沫传播的隔离与预防　接触经飞沫传播的疾病，如百日咳、白喉、流行性感冒、病毒性腮腺炎、流行性脑脊髓膜炎等，在标准预防的基础上，还应采用飞沫传播的隔离预防。

7.4.1 患者的隔离

7.4.1.1 遵循 7.1 的要求对患者进行隔离与预防。

7.4.1.2 应减少转运，当需要转运时，医务人员应注意防护。

7.4.1.3 患者病情容许时，应戴外科口罩，并定期更换。应限制患者的活动范围。

7.4.1.4 患者之间、患者与探视者之间相隔距离在 1m 以上，探视者应戴外科口罩。

7.4.1.5 加强通风或进行空气的消毒。

7.4.2 医务人员的防护

7.4.2.1 应严格按照区域流程，在不同的区域，穿戴不同的防护用品，离开时按要求摘脱，并正确处理使用后物品。

7.4.2.2 与患者近距离（1m以内）接触，应戴帽子、医用防护口罩；进行可能产生喷溅的诊疗操作时，应戴护目镜或防护面罩，穿防护服；当接触患者及其血液、体液、分泌物、排泄物等物质时应戴手套。防护用品使用的具体要求应遵循6的规定。

7.5 其他传播途径疾病的隔离与预防　应根据疾病的特性，采取相应的隔离与防护措施。

7.6 常见传染病潜伏期、隔离期和观察期，参见附E。

7.7 常见多重耐药菌感染患者的隔离　应按照7.2采取有效的隔离措施，常见多重耐药感染患者的隔离要求，参见附录C。

7.8 急性传染性非典型肺炎、人感染高致病性禽流感的隔离。

7.8.1 患者的隔离

7.8.1.1 将患者安置于有效通风的隔离病房或隔离区域内，必要时置于负压病房隔离。

7.8.1.2 严格限制探视者；如需探视，探视者应正确穿戴个人防护用品，并遵守手卫生规定。

7.8.1.3 限制患者活动范围，离开隔离病房或隔离区域时，应戴外科口罩。

7.8.1.4 应减少转运，当需要转运时，医务人员应注意防护。

7.8.2 医务人员防护

7.8.2.1 医务人员应经过专门的培训，掌握正确的防护技术，方可进入隔离病区工作。

7.8.2.2 应严格按防护规定着装。不同区域应穿不同服装，且服装颜色应有区别或有明显标志。

7.8.2.3 医务人员防护用品穿脱程序。

7.8.2.3.1 穿戴防护用品应遵循的程序

a）清洁区进入潜在污染区：洗手＋戴帽子→戴医用防护口罩→穿工作衣裤→换工作鞋后→进入潜在污染区。手部皮肤破损的戴乳胶手套。

b）潜在污染区进入污染区：穿隔离衣或防护服→戴护目镜/防护面罩→戴手套→穿鞋套→进入污染区。

c）为患者进行吸痰、气管切开、气管插管等操作，可能被患者的分泌物及体内物质喷溅的诊疗、护理工作前，应戴防护面罩或全面型呼吸防护器。

7.8.2.3.2 脱防护用品应遵循的程序

a）医务人员离开污染区进入潜在污染区前：摘手套、消毒双手→摘护目镜/防护面屏→脱隔离衣或防护服→脱鞋套→洗手和（或）手消毒→进入潜在污染区，洗手或手消毒。

用后物品分别放置于专用污物容器内。

b）从潜在污染区进入清洁区前：洗手和（或）手消毒→脱工作服→摘医用防护口罩→摘帽子→洗手和（或）手消毒后，进入清洁区。

c）离开清洁区：沐浴、更衣→离开清洁区。

7.8.2.4 穿脱防护用品的注意事项

7.8.2.4.1 医用防护口罩的效能　持续应用6~8小时，遇污染或潮湿，应及时更换。

7.8.2.4.2 离开隔离区前应对佩戴的眼镜进行消毒。

7.8.2.4.3 医务人员接触多个同类传染病患者时，防护服可连续应用。

7.8.2.4.4 接触疑似患者，防护服应每个患者之间进行更换。

7.8.2.4.5 防护服被患者血液、体液、污物污染时，应及时更换。

7.8.2.4.6 戴医用防护口罩或全面型呼吸防护器应进行面部密合性试验。

7.8.3 隔离区工作的医务人员应每日监测体温两次，体温超过 37.5 ℃ 及时就诊。

7.8.4 医务人员应严格执行区域划分的流程，按程序做好个人防护，方可进入病区，下班前应沐浴、更衣后，方可离开隔离区。

7.8.5 空气与物体表面的消毒应遵循《消毒技术规范》。

附 A　口罩的佩戴方法（规范性附录）

A.1 外科口罩的佩戴方法

A.1.1 将口罩罩住鼻、口及下颌，口罩下方带系于颈后，上方带系于头顶中部，如图 A-1。

A.1.2 将双手指尖放在鼻夹上，从中间位置开始，用手指向内按压，并逐步向两侧移动，根据鼻梁形状塑造鼻夹。

A.1.3 调整系带的松紧度。

A.2 医用防护口罩的佩戴方法

A.2.1 一手托住防护口罩，有鼻夹的一面背向外，如图 A-2。

A.2.2 将防护口罩罩住鼻、口及下颌，鼻夹部位向上紧贴面部，如图 A-3。

A.2.3 用另一只手将下方系带拉过头顶，放在颈后双耳下，如图 A-4。

A.2.4 再将上方系带拉至头顶中部，如图 A-5。

A.2.5 将双手指尖放在金属鼻夹上，从中间位置开始，用手指向内按鼻夹，并分别向两侧移动和按压，根据鼻梁的形状塑造鼻夹，如图 A-6。

图 A-1 　　　　　　　　　　　图 A-2

图 A-3

图 A-4

图 A-5

图 A-6

A.3 注意事项

A.3.1 不应一只手捏鼻夹。

A.3.2 医用外科口罩只能一次性使用。

A.3.3 口罩潮湿后，受到患者血液、体液污染后，应及时更换。

A.3.4 每次佩戴医用防护口罩进入工作区域之前，应进行密合性检查。检查方法将双手完全盖住防护口罩，快速地呼气，若鼻夹附近有漏气应按 A.2.5 调整鼻夹，若漏气位于四周，应调整到不漏气为止。

A.4 摘口罩方法

A.4.1 不要接触口罩前面（污染面）。

A.4.2 先解开下面的系带，再解开上面的系带，如图 A-7。

A.4.3 用手仅捏住口罩的系带丢至医疗废物容器内，如图 A-8。

图 A-7

图 A-8

附B 护目镜或防护面罩的戴摘方法（规范性附录）

B.1 戴护目镜或防护面罩的方法

戴上护目镜或防护面罩，调节舒适度，如图B-1。

B.2 摘护目镜或面罩的方法

捏住靠近头部或耳朵的一边摘掉，放入回收或医疗废物容器内，如图B-2。

图B-1

图B-2

附C 无菌手套戴脱办法（规范性附录）

无菌手套戴脱办法和教材内容类似，略。

附D 隔离衣与防护服穿脱方法（规范性附录）

D.1 隔离衣穿脱方法（和教材内容类似，略）

D.2 防护服穿脱方法

D.2.1 穿防护服 联体或分体防护服，应遵循先穿下衣，再穿上衣，然后戴好帽子，最后拉上拉锁的顺序。

D.2.2 脱防护服

D.2.2.1 脱分体防护服时应先将拉链拉开（图D-1）。向上提拉帽子，使帽子脱离头部（图D-2）。脱袖子、上衣，将污染面向里放入医疗废物袋（图D-3）。脱下衣，由上向下边脱边卷，污染面向里，脱下后置于医疗废物袋（图D-4、图D-5）。

图D-1　　　图D-2　　　图D-3　　　图D-4　　　图D-5

D.2.2.2 脱联体防护服时，先将拉链拉到底（图D-6）。向上提拉帽子，使帽子脱离头部，脱袖子（图D-7、图D-8）；由上向下边脱边卷（图D-9），污染面向里直至全部脱下后放入医疗废物袋内（图D-10）。

图D-6　　　图D-7　　　图D-8　　　图D-9　　　图D-10

D.3 注意事项

D.3.1 隔离衣和防护服只限在规定区域内穿脱。

D.3.2 穿前应检查隔离衣和防护服有无破损；穿时勿使衣袖触及面部及衣领。发现有渗漏或破损应及时更换；脱时应注意避免污染。

D.3.3 隔离衣使用一次后即更换的穿脱方法

D.3.3.1 穿法同 D.1.1。

D.3.3.2 脱法按 D.1.2.1 和 D.1.2.2 的操作后，消毒双手，解开颈后带子，双手持带将隔离衣从胸前向下拉。右手捏住左衣领内侧清洁面脱去左袖。左手握住右侧衣领内侧下拉脱下右袖，将隔离衣污染面向里，衣领及衣边卷至中央，放入污衣袋清洗消毒后备用。

D.3.4 隔离衣每天更换、清洗与消毒，遇污染随时更换。

附 E 常见传染病传染源、传播途径及隔离预防（资料性附录）

附表 13 常见传染病传染源、传播途径及隔离预防

疾病名称		传染源	传播途径				隔离预防						
			空气	飞沫	接触	生物媒介	口罩	帽子	手套	防护镜	隔离衣	防护服	鞋套
病毒性肝炎	甲型、戊型	潜伏期末期和急性期患者			+		±	±	+		+		
	乙型、丙型、丁型	急性和慢性患者及病毒携带者			#			±	±	+			
麻疹		麻疹患者	+	+ +	+		+	+	+		+		
流行性腮腺炎		早期患者和隐性感染者		+			+	+	+		+		
脊髓灰质炎		患者和病毒携带者		+	+ +	苍蝇、蟑螂	+	+	+		+		
流行性出血热		啮齿类动物、猫、猪、狗、家兔	+ +		+		+	+	+	±	±		
狂犬病		患病或隐性感染的犬、猫、家畜和野兽			+		+	+	+		+		
伤寒、副伤寒		患者和带菌者			+		±	±	+		+		
细菌性痢疾		患者和带菌者			+				±		+		
霍乱		患者和带菌者			+		+	+	+		+		+
猩红热		患者和带菌者		+ +			+	+	+		+		
白喉		患者、恢复期或健康带菌者		+ +	+		+	+	+		+		
百日咳		患者		+			+	+	±				
流行性脑脊髓膜炎		流脑患者和脑膜炎双球菌携带者		+ +	+		+	+	+	±	+		
鼠疫	肺鼠疫	感染了鼠疫杆菌的啮齿类动物和患者		+ +	+	鼠蚤	+	+	+	±	+		
	腺鼠疫	感染了鼠疫杆菌的啮齿类动物和患者			+	鼠蚤	±	+	+	±	+		
炭疽		患病的食草类动物和患者		+	+		+	+	+	±	+		

续表

疾病名称	传染源	传播途径				隔离预防						
		空气	飞沫	接触	生物媒介	口罩	帽子	手套	防护镜	隔离衣	防护服	鞋套
流行性感冒	患者和隐性感染者		+	+		+	+	+				
肺结核	开放性肺结核患者	+	+ +			+	+	+	±	+		
SARS	患者		+ +	+		+	+	+	±		+	+
HIV	患者和病毒携带者			●				+		+		
手足口病	患者和隐性感染者		+	+		+	+	+	±	+		
梅毒	梅毒螺旋体感染者			●				+		+		
淋病	淋球菌感染者			■				+		+		
人感染高致病性禽流感	病禽、健康带毒的禽		+	+		+	+	+	±		+	+

注1：在传播途径一列中，"＋"：其中传播途径之一；"＋＋"：主要传播途径。

注2：在隔离预防一列中，"＋"：应采取的防护措施；"±"：工作需要可采取的防护措施；"#"：为接触患者的血液、体液而传播；"●"：为性接触或接触患者的血液、体液而传播；"■"：为性接触或接触患者分泌物污染的物品而传播

医院感染监测规范 WS/T312—2009

1. 范围 本标准规定了医院感染监测的管理与要求、监测方法及医院感染监测质量保证。本标准适用于医院和妇幼保健院。有住院床位的其他医疗机构参照执行。

2. 规范性引用文件 下列文件中的条款通过本标准的引用而成为本标准的条款。凡是标注日期的引用文件，期限随后所有的修改（不包括勘误内容）或修订版均不适用于本标准，然而，鼓励根据本标准达成协议的各方研究是否可使用这些文件的最新版本。凡不注明日期的引用文件，其最新版本适用于本标准。

3. 术语和定义

3.1 医院感染监测（nosocomial infection surveillance）

长期、系统、连续地收集、分析医院感染在一定人群中的发生、分布及其影响因素，并将监测结果报送和反馈给有关部门和科室，为医院感染的预防、控制和管理提供科学依据。

3.2 患者日医院感染发病率（nosocomial infection incidence per patient - day）

是一种累计暴露时间内的发病密度，指单位住院时间内住院患者新发医院感染的频率，单位住院时间通常用1000个患者住院日表示。

3.3 全院综合性监测（hospital - wide surveillance）

连续不断地对所有临床科室的全部住院患者和医务人员进行医院感染及其有关危险因素的监测。

3.4 目标性监测（target surveillance）

针对高危人群、高发感染部位等开展的医院感染及其危险因素的监测，如重症监护病房医院感染监测、新生儿病房医院感染监测、手术部位感染监测、抗菌药物临床应用与细菌耐药性监测等。

3.5 抗菌药物（antimicrobial agents）

具杀菌或抑菌活性、主要供全身应用（含口服、肌内注射、静脉注射、静脉滴注等，部分也可以用于局部）的各种抗生素和磺胺类、咪唑类、硝咪唑类、喹诺酮类、呋喃类等化学药物。通常不包括抗寄生虫药物、抗病毒药物、抗结核药物和局部使用抗菌药物等。

3.6 抗菌药物使用率（usage rate of antibiotic）

出院患者中使用抗菌药物的比率。

3.7 抗菌药物使用剂量（dose of antibiotic use）

住院患者抗菌药物的每日使用量。

3.8 规定日剂量频数（DDD 频数）（number of Defined Daily Dose）

为某一抗菌药物的总消耗量除以该药的规定日剂量。

4. 监测的管理与要求

4.1 医院应建立有效的医院感染监测与通报制度，及时诊断医院感染病例，分析发生医院感染的危险因素，采取针对性的预防与控制措施。并应将医院感染监测控制质量纳入医疗质量管理考核体系。

4.2 医院应培养医院感染控制专职人员和临床医务人员识别医院感染暴发的意识与能力。发生暴发时应分析感染源、感染途径，采取有效的控制措施。

4.3 医院应建立医院感染报告制度，发生下列情况的医院感染暴发，医疗机构应报告所在地的县（区）级地方人民政府卫生行政部门。报告包括初次报告和订正报告，订正报告应在暴发终止后 1 周内完成。报告表见附录 A。

4.3.1 医疗机构经调查证实发生以下情形时，应于 12 小时内向所在地的县级地方人民政府卫生行政部门报告，并同时向所在地疾病预防控制机构报告。

a）5 例以上的医院感染暴发。

b）由于医院感染暴发直接导致患者死亡。

c）由于医院感染暴发导致 3 人以上人身损害后果。

4.3.2 医疗机构发生以下情形时，应按照《国家突发公共卫生事件相关信息报告管理工作规范（试行）》的要求在 2 小时内进行报告：

a）10 例以上的医院感染暴发事件。

b）发生特殊病原体或者新发病原体的医院感染。

c）可能造成重大公共影响或者严重后果的医院感染。

4.3.3 医疗机构发生的医院感染和医院感染暴发属于法定传染病的，还应当按照《中华人民共和国传染病防治法》和《国家突发公共卫生事件应急预案》的规定进行报告。

4.4 医院应制订切实可行的医院感染监测计划，如年计划、季度计划等。监测计划内容主要包括人员、方法、对象、时间等。

4.5 医院应按以下要求开展医院感染监测：

a）新建或未开展过医院感染监测的医院，应先开展全院综合性监测。监测时间应不少于 2 年。

b）已经开展 2 年以上全院综合性监测的医院应开展目标性监测。目标性监测持续时间应连续 6 个月以上。

c）医院感染患病率调查应每年至少开展一次。

4.6 人员与设施

4.6.1 人员要求 医院应按每 200～250 张实际使用病床，配备 1 名医院感染专职人员；专职人员接受监测与感染控制知识、技能的培训并熟练掌握。

4.6.2 设施要求 医院应在医院信息系统建设中，完善医院感染监测系统与基础设施；医院感染监测设施运转正常。

5. 监测

5.1 医院感染监测方法 根据监测范围，分为全院综合性监测和目标性监测。

5.1.1 全院综合性监测，具体监测方法按照附录 B 进行。

5.1.2 目标性监测

5.1.2.1 手术部位感染的监测，具体监测方法按照附录 C 进行。

5.1.2.2 成人及儿童重症监护病房（ICU）医院感染监测，具体监测方法按照附录 D 进行。

5.1.2.3 新生儿病房医院感染监测，具体监测方法按照附录 E 进行。

5.1.2.4 细菌耐药性监测，具体监测方法按照附录 F 进行。

5.2 医院感染调查方法

5.2.1 患病率调查，了解住院患者医院感染患病率。具体调查方法按照附录 G 进行。

5.2.2 临床抗菌药物使用调查，帮助了解患者抗菌药物使用率。具体调查方法按照附录 H 进行。

5.3 监测信息的收集

5.3.1 宜主动收集资料。

5.3.2 患者感染信息的收集包括查房、病例讨论、查阅医疗与护理记录、实验室与影像学报告和其他部门的信息。

5.3.3 病原学信息的收集包括临床微生物学、病毒学、病理学和血清学检查结果。

5.3.4 收集和登记患者基本资料、医院感染信息、相关危险因素、病原体及病原菌的药物敏感试验结果和抗菌药物的使用情况。

附 A 医院感染暴发报告表（规范性附录）

□初次 □订正

A.1 开始时间：＿＿＿＿年＿＿月＿＿日 * 至　　年　　月　　日

A.2 发生地点：＿＿＿＿＿＿医院（妇幼保健院）＿＿＿＿＿病房（病区）

A.3 感染初步诊断：＿＿＿＿＿；* 医院感染诊断：＿＿＿＿＿

A.4 可能病原体：＿＿＿＿＿；* 医院感染病原体：＿＿＿＿＿

A.5 累计患者数：＿＿＿＿＿例，* 感染患者数：＿＿＿＿例

A.6 患者感染预后情况：痊愈＿＿＿例，正在治疗＿＿＿例，病危＿＿＿例，死亡＿＿＿例

A.7 可能传播途径：呼吸道（ ）、消化道（ ）、接触传播（ ）、血液体液（ ）、医疗器械（侵入性操作）（ ）、不明（ ）；* 传播途径：＿＿＿＿＿

A.8 可能感染源：患者、医务人员、医疗器械、医院环境、食物、药物、探视者、陪护者、感染源不明。* 感染源：＿＿＿＿＿＿＿＿

A.9 感染患者主要相同临床症状：＿＿＿＿＿＿＿＿

A.10 医院环境卫生学主要监测结果：＿＿＿＿＿＿＿＿

A.11 感染患者主要影像学检查结果（X 光、CT、MRI、B 超）：＿＿＿＿＿

A.12 感染患者主要病原学检查结果（涂片革兰染色、培养、病毒检测结果、血清学检查结果、同源性检查结果等）：＿＿＿＿＿

A.13 暴发的详细描述（主要包括暴发开始时间、地点、罹患情况、主要临床表现与实验室检查结果、调查处置经过与效果、暴发原因初步分析、* 需要总结的经验等）：

报告单位：　　　填表人：　　　报告日期：　　　联系人电话（手机）：

详细通讯地址与邮政编码：

填表注意事项：分初次报告和订正报告，请标明并逐项填写，带＊号的内容供订正报告时填写。暴发事件的详细描述本表不够时可另附纸填写。

附 B　全院综合性监测（规范性附录）

B.1 监测对象　住院患者（监测手术部位感染发病率时可包括出院后一定时期内的患者）和医务人员。

B.2 监测内容（最小数据量要求）

B.2.1 基本情况：监测月份、住院号、科室、床号、姓名、年龄、入院日期、出院日期、住院天数、住院费用、疾病诊断、疾病转归（治愈、好转、未愈、死亡、其他）、切口类型（清洁切口、清洁－污染切口、污染切口）。

B.2.2 医院感染情况：感染日期、感染诊断、感染与原发疾病的关系（无影响、加重病情、直接死亡、间接死亡）、医院感染危险因素（中心静脉插管、泌尿道插管、使用呼吸机、气管插管、气管切开、使用肾上腺糖皮质激素、放射治疗、抗肿瘤化学治疗、免疫抑制药）及相关性、医院感染培养标本名称、送检日期、病原体名称、药物敏感试验结果。

B.2.3 监测月份患者出院情况：按科室记录出院人数，按疾病分类记录出院人数，按高危疾病记录出院人数，按科室和手术切口类型记录出院人数；或者同期住院患者住院日总数。

B.3 监测方法　宜采用主动监测，感染控制专职人员主动、持续地对调查对象的医院感染发生情况进行跟踪观察与记录。

B.3.1 各医院应建立医院感染报告制度，临床科室医务人员应及时报告医院感染病例。

B.3.2 各医院应制订符合本院实际的、切实可行的医院感染监测计划并付诸实施。

B.3.3 专职人员应以查阅病历和临床调查患者相结合的方式调查医院感染病例。

B.3.4 医院感染资料的来源，包括以患者为基础和以实验室检查结果为基础的信息。

B.4 资料分析

B.4.1 医院感染发病率

医院感染（例次）发病率＝同期新发医院感染病例（例次）数/观察期间危险人群人数×100%　　　　　　　　　　　　　　　　　　　　　　　　　　（式 B－1）

观察期间危险人群人数以同期出院人数替代。

B.4.2 日医院感染发病率

日医院感染（例次）发病率＝观察期间内医院感染新发病例（例次）数/同期住院患者住院日总数×1000‰　　　　　　　　　　　　　　　　　　　　（式 B－2）

B.5 总结和反馈　结合历史同期和上月医院感染发病率资料，对资料进行总结分析，提出监测中发现问题，报告医院感染管理委员会并向临床科室反馈监测结果和分析建议。

附 C　手术部位感染监测（规范性附录）

C.1 监测对象　被选定监测手术的所有择期和急诊手术患者。

C.2 监测内容

C.2.1 基本资料　监测月份、住院号、科室、床号、姓名、年龄、调查日期、疾病诊断、切口类型（清洁切口、清洁－污染切口、污染切口）。

C.2.2 手术资料　手术日期、手术名称、手术腔镜使用情况、危险因素评分标准（附表14），包括手术持续时间、手术切口清洁度分类、美国麻醉协会（ASA）评分（附表15）、围术期抗菌药物使用情况、手术医师。

C.2.3 手术部位感染资料　感染日期与诊断、病原体。

C.3 监测方法

C.3.1 宜采用主动的监测方法；也可专职人员监测与临床医务人员报告相结合；宜住院

监测与出院监测相结合。

C.3.2 每例监测对象应填写手术部位感染监测登记表。

附表14　危险因素评分标准

危险因素	评分标准	分值
手术时间（小时）	≤75 百分位数	0
	>75 百分位数	1
切口清洁度	清洁、清洁—污染	0
	污染	1
ASA 评分	Ⅰ、Ⅱ	0
	Ⅲ、Ⅳ、Ⅴ	1

附表15　ASA 评分表

分级	分值	标　准
Ⅰ级	1	健康。除局部病变外，无全身性疾病。如全身情况良好的腹股沟疝
Ⅱ级	2	有轻度或中度的全身病。如轻度糖尿病和贫血，新生儿和80岁以上老年人
Ⅲ级	3	有严重的全身性疾病，日常活动受限，但未丧失工作能力。如重症糖尿病
Ⅳ级	4	有生命危险的严重全身性疾病，已丧失工作能力
Ⅴ级	5	病情危急，属紧急抢救手术。如主动脉瘤破裂等

C.4 资料分析

C.4.1 手术部位感染发病率

手术部位感染发病率＝指定时间内某种手术患者的手术部位感染数/指定时间内某种手术患者数×100%　　　　　　　　　　　　　　　　　　　（式附表14）

C.4.2 不同危险指数手术部位感染发病率

某危险指数手术感染发病率＝指定手术该危险指数患者的手术部位感染数/指定手术某危险指数患者的手术数×100%　　　　　　　　　　　　　　　　（式附表15）

C.4.3 外科医师感染发病专率

C.4.3.1 外科医师感染发病专率

某外科医师感染发病专率＝该医师在该时期的手术部位感染病例数/某医师在某时期进行的手术病例数×100%　　　　　　　　　　　　　　　　　　　（式C-3）

C.4.3.2 不同危险指数等级的外科医师感染发病专率

某医师不同危险指数感染发病专率＝该医师不同危险指数等级患者的手术部位感染例数/某医师不同危险指数等级患者手术例数×100%　　　　　　　　　　（式C-4）

C.4.3.3 平均危险指数

平均危险指数＝∑（危险指数等级×手术例数）/手术例数总和　　　（式C-5）

C.4.3.4 医师调正感染发病专率

医师调正感染发病专率＝某医师的感染专率/某医师的平均危险指数等级×100%　　（式C-6）

C.5 总结和反馈　结合历史同期资料进行总结分析，提出监测中发现问题，报告医院感染管理委员会，并向临床科室反馈监测结果和建议。

附 D　成人及儿童生病监护病房（ICU）医院感染监测（规范性附录）

D.1 ICU 感染

指患者在 ICU 发生的感染，即患者住进 ICU 时，该感染不存在也不处于潜伏期；患者转出 ICU 到其他病房后，48 小时内发生的感染仍属 ICU 感染。

D.2 监测对象　ICU 患者。

D.3 监测内容

D.3.1 基本资料　监测月份、住院号、科室、床号、姓名、性别、年龄、疾病诊断、疾病转归（治愈、好转、未愈、死亡、其他）。

D.3.2 医院感染情况　感染日期、感染诊断、感染与侵入性操作相关性（中心静脉插管、泌尿道插管、使用呼吸机）、医院感染培养标本名称、送检日期、检出病原体名称、药物敏感结果。

D.3.3 ICU 患者日志　每日记录新住进患者数、住在患者数、中心静脉插管人数、泌尿道插管人数及使用呼吸机人数，记录临床病情分类等级及分值（附表16）。

附表16　临床病情分类标准及分值

分类级别	分值	分类标准
A 级	1 分	需要常规观察，不需加强护理和治疗（包括手术后只需观察的患者）。这类患者常在 48 小时内从 ICU 转出
B 级	2 分	病情稳定，但需要预防性观察，不需要加强护理和治疗的患者。例如，某些患者因需要排除心肌炎、心肌梗死以及因需要服药而在 ICU 过夜观察
C 级	3 分	病情稳定，但需要加强护理和（或）监护的患者，如昏迷患者或出现慢性肾衰竭的患者
D 级	4 分	病情不稳定，需要加强护理和治疗，需要经常评价和调整治疗方案的患者。如心律失常、糖尿病酮症酸中毒（但尚未出现昏迷、休克、DIC）
E 级	5 分	病情不稳定，且处于昏迷或休克状态，需要心肺复苏或需要加强护理治疗，并需要经常评价护理和治疗效果的患者

D.4 监测方法

D.4.1 宜采用主动监测，也可专职人员监测与临床医务人员报告相结合。

D.4.2 填写医院感染病例登记表。

D.4.3 每天填写 ICU 患者日志，见附表17。

D.4.4 ICU 患者各危险等级登记表，见附表18。

附表17　ICU 患者日志

ICU 科别：内科、外科、妇科、儿科、综合、其他

监测月份：___年___月

日期	新住进患者数[a]	住在患者数[b]	留置导尿管患者数[c]	中心静脉插管患者数[d]	使用呼吸机患者数[e]
1					
2					
3		……	……	……	……
……					
31					
合计					

a：指当日新住进 ICU 的患者

b：包括新住进和已住进 ICU 的患者

c、d、e：均指当日使用的患者数

f：为 ICU 患者日志各项的累计

D.4.5 临床病情等级评定　对当时住在 ICU 的患者按"临床病情分类标准及分值"（附表 16）进行病情评定，每周 1 次（时间相对固定），按当时患者的病情进行评定。每次评定后记录各等级（A、B、C、D 及 E 级）的患者数（附表 18）。

附表 18　ICU 患者各危险等级登记表

临床病情等级	分值	第 1 周	第 2 周	第 3 周	第 4 周
A	1				
B	2				
C	3				
D	4				
E	5				

D.5 资料分析

D.5.1 病例感染发病率和患者日感发病率

病例（例次）感染发病率 = 感染患者（例次）数/处在危险中的患者数 × 100%

（式 D-1）

患者（例次）日感染发病率 = 感染患者（例次）数/患者总住院日数 × 1000‰

（式 D-2）

D.5.2 器械使用率及其相关感染发病率

D.5.2.1 器械使用率

尿道插管使用率 = 尿道插管患者日数/患者总住院日数 × 100%　　（式 D-3）

中心静脉插管使用率 = 中心静脉插管日数/患者总住院日数 × 100%　　（式 D-4）

呼吸机使用率 = 使用呼吸机日数/患者总住院日数 × 100%　　（式 D-5）

病例（例次）感染发病率 = 感染患者（例次）数/患者总住院日数 × 100%

（式 D-6）

D.5.2.2 器械相关感染发病率

泌尿道插管相关泌尿道感染发病率 = 尿道插管患者中泌尿道感染人数/患者尿道插管总日数 × 1000‰

（式 D-7）

血管导管相关血流感染发病率 = 中心静脉插管患者中血流感染人数/患者中心静脉插管总日数 × 1000‰

（式 D-8）

呼吸机相关肺炎感染发病率 = 使用呼吸机患者人中肺炎人数/患者使用呼吸机总日数 × 1000‰

（式 D-9）

D.5.3 调整感染发病率

D.5.3.1 平均病情严重程度（分）

平均病情严重程度（分） = 每周根据临床病情分类标准评定的患者总分值/每周参加评定的 ICU 患者总数

（式 D-10）

D.5.3.2 调整感染发病率

调整感染发病率 = 患者（例次）感染率/平均病情严重程度　　（式 D-11）

D.6 总结和反馈　结合历史同期资料进行总结分析，提出监测中发现问题，报告医院感染管理委员会，并向临床科室反馈监测结果和分析建议。

附 E　新生儿病房医院感染监测（规范性附录）

E.1 新生儿病房（包括新生儿重症监护室）医院感染：发生在新生儿病房或新生儿重症监护室的感染。

E.2 监测对象　新生儿病房或新生儿重症监护室进行观察、诊断和治疗的新生儿。

E.3 监测内容

E.3.1 基本资料　住院号、姓名、性别、天数、出生体重（BW，分≤1000g，1001～1500g，1501～2500g，>2500g 4组。以下体重均指出生体重）。

E.3.2 医院感染情况　感染日期、感染诊断、感染与侵入性操作相关性（脐或中心静脉插管、使用呼吸机）、医院感染培养标本名称、送检日期、检出病原体名称、药物敏感结果。

E.3.3 新生儿日志　按新生儿体重每日记录新住进新生儿数、住在新生儿数、脐或中心静脉插管及使用呼吸机新生儿数。

E.4 监测方法

E.4.1 宜采用主动监测，也可专职人员监测与临床医务人员报告相结合。

E.4.2 新生儿发生感染时填写医院感染病例登记表。

E.4.3 填写新生儿病房日志（附表19）和月报表（附表20）。

附表19　新生儿病房日志

监测月份：　　年　　月

日期	BW≤1000g				BW 1001～1500g				BW 1501～2500g				BW >2500g			
	新入院新生儿数a	已住进新生儿数b	脐或中心静脉插管数c	使用呼吸机数d	新入院新生儿数a	已住进新生儿数b	脐或中心静脉插管数c	使用呼吸机数d	新入院新生儿数a	已住进新生儿数b	脐或中心静脉插管数c	使用呼吸机数d	新入院新生儿数a	已住进新生儿数b	脐或中心静脉插管数c	使用呼吸机数d
1																
……																
31																
合计																

a：指当日新住进新生儿病房或新生儿重症监护室的新生儿数

b：指当日住进新生儿病房或新生儿重症监护室的新生儿数，包括新住进和已住进新生儿病房或新生儿重症监护室的新生儿

c：指当日应用该器械的新生儿数。若患者既置脐导管又置中心静脉导管，只记数1次

d：指当日应用该器械的新生儿数

附表20　新生儿病房或新生儿重症监护室月报表

监测时间：　　年　　月

体重组别（g）	新住进新生儿数	已经住在新生儿数	脐或中心静脉导管使用日数	使用呼吸机日数
≤1000				
1001～1500				
1501～2500				
>2500				

E.5 资料分析

E.5.1 日感染发病率

不同体重组新生儿日感染发病率＝不同出生体重组感染新生儿数/不同出生体重组总住院日数×1000‰ 　　　　　　　　　　　　　　　　　　　　　　　　　　　　　　　（式 E-1）

E.5.2 器械使用率及其相关感染发病率

不同体重组新生儿血管导管使用率＝不同体重组新生儿脐或中心静脉导管使用日数/不同

体重组新生儿总住院日数×100%　　　　　　　　　　　　　　　　　　　　（式E-2）

不同体重组新生儿呼吸机使用率=不同体重组新生儿使用呼吸机日数/不同体重组新生儿总住院日数×100%　　　　　　　　　　　　　　　　　　　（式E-3）

不同体重组新生儿总器械使用率=不同体重组新生儿器械（血管导管+呼吸机）应用日数/不同体重组新生儿住院日数×100%　　　　　　　　　　　　　　（式E-4）

E.5.2.2 器械相关感染发病率

不同体重组新生儿血管导管相关血流感染发病率=不同体重组脐或中心静脉插管血流感染新生儿数/不同体重组新生儿脐或中心静脉插管日数×1000‰　　（式E-5）

不同体重呼吸机相关肺炎发病率=不同体重组使用呼吸机新生儿肺炎人数/不同体重组新生儿使用呼吸机日数×1000‰　　　　　　　　　　　　　（式E-6）

E.6 总结和反馈　结合历史同期资料进行总结分析，提出监测中发现问题，报告医院感染管理委员会，并向临床科室反馈监测结果和建议。

附F　细菌耐药性监测（规范性附录）

F.1 细菌耐药性监测：监测临床分离细菌耐药性发生情况，包括临床上一些重要的耐药细菌的分离率，如耐甲氧西林金黄色葡萄球菌（MRSA）、耐万古霉素肠球菌（VRE）、泛耐药的鲍曼不动杆菌（PDR-AB）和泛耐药的铜绿假单胞菌（PDR-PA）、产超广谱β-内酰胺酶（ESBLs）的革兰阴性细菌等。

F.2 监测调查对象：临床标本分离的病原菌。

F.3 监测内容：细菌、抗菌药物、药物敏感结果。

F.4 监测方法：统计、分析微生物室分离的细菌和药物敏感结果。

F.5 资料分析

F.5.1 不同病原体的构成比。

F.5.2 主要革兰阳性细菌的构成比及对抗菌药物的耐药率。

F.5.3 主要革兰阴性细菌的构成比及对抗菌药物的耐药率。

F.5.4 MRSA占金黄色葡萄球菌的构成比及分离绝对数，对抗菌药物的耐药率。

F.5.5 泛耐药鲍曼不动杆菌（PDR-AB）和泛耐药铜绿假单胞菌（PDR-PA）的构成比及绝对分离数。

F.5.6 VRE占肠球菌属细菌的构成比及分离绝对数，对抗菌药物的耐药率。

F.6 总结和反馈　结合以往资料总结并公布监测结果，向临床医师和医院药事管理机构反馈。

附G　医院感染率病率调查（规范性附录）

G.1 调查对象　指定时间段内所有住院患者。

G.2 调查内容

G.2.1 基本资料　监测月份、住院号、科室、床号、姓名、性别、年龄、调查日期、疾病诊断、切口类型（清洁切口、清洁-污染切口、污染切口）。

G.2.2 医院感染情况　感染日期、感染诊断、医院感染危险因素（动静脉插管、泌尿道插管、使用呼吸机、气管插管、气管切开、使用肾上腺糖皮质激素、放射治疗、抗肿瘤化学治疗、免疫抑制药）及相关性、医院感染培养标本名称、送检日期、检出病原体名称。

G.2.3 按科室记录应调查人数与实际调查人数。

G.3 调查方法

G.3.1 应制订符合本院实际的医院感染患病率调查计划，培训调查人员。

G.3.2 应以查阅运行病历和床旁调查患者相结合的方式调查。

G.3.3 填写医院感染患病率调查表。

G.3.4 每病区（室）填写床旁调查表。

G.4 资料分析

G.4.1 医院感染患病率

医院感染患病率＝同期存在的新、旧医院感染例（次）人数/观察期间实际调查的住院患者人数×100%　　　　　　　　　　　　　　　　　　（式 G－1）

G.4.2 实查率

实查率＝实际调查住院患者人数/应调查住院患者数×100%　　（式 G－2）

G.5 总结和反馈　结合历史同期资料进行总结分析，提出调查中发现问题，报告医院感染管理委员会，并向临床科室反馈调查结果和建议。

附 H　临床抗菌药物使用调查（规范性附录）

H.1 目的：调查抗菌药物使用情况，促进抗菌药物的临床合理应用，预防耐药菌的产生。

H.2 调查对象：住院（出院）病历和门诊处方。

H.3 调查内容

H.3.1 基本资料　调查日期、住院号、科室、床号、患者姓名、性别、年龄、疾病诊断、切口类型（清洁切口、清洁－污染切口、污染切口）。

H.3.2 使用抗菌药物资料　感染诊断（全身感染、局部感染、无感染），用药方式（全身、局部），用药目的（治疗用药、预防用药、预防加治疗用药），联合用药（单用、二联、三联、四联及以上），细菌培养结果，使用抗菌药物名称，使用日剂量，用药天数，给药途径（口服、肌内注射、静脉注射或静脉滴注、其他）。

H.4 调查方法

H.4.1 可采用普查和抽样调查方法，调查某日或某时间段住院（出院）抗菌药物使用情况。

H.4.2 宜采用专职人员与临床医师和临床药师共同调查出院病历、运行病历或门诊处方。

H.5 资料分析

H.5.1 出院患者抗菌药物使用率

出院患者抗菌药物使用率＝使用抗菌药物患者数/调查患者数×100%　（式 H－1）

H.5.2 住院患者抗菌药物使用率

住院患者抗菌药物使用率＝使用抗菌药物患者数/调查患者数×100%　（式 H－2）

H.5.3 每千住院日某抗菌药物的 DDD 频数

每千住院日某抗菌药物的 DDD 频数＝抗菌药物的 DDD 频数/累计住院日数×1000‰　　　　　　　　　　　　　　　　　　　　　　　　　　　（式 H－3）

H.5.4 治疗使用抗菌药物构成比

治疗使用抗菌药物构成比＝治疗使用抗菌药物患者数/总的使用抗菌药物患者数×100%　　　　　　　　　　　　　　　　　　　　　　　　　　　　（式 H－4）

H.5.5 预防使用抗菌药物构成比

预防使用抗菌药物构成比＝预防性使用抗菌药物患者数/总的使用抗菌药物患者数×100%　　　　　　　　　　　　　　　　　　　　　　　　　　　（式 H－5）

H.5.6 门诊处方抗菌药物使用率

门诊处方抗菌药物使用率＝使用抗菌药物处方数/调查处方数×100%　（式 H－6）

H.6 总结和反馈　抗菌药物调查资料应及时进行总结和反馈，对抗菌药物临床应用中存在的问题，提出解决办法，实施后再进行评价。

医务人员手卫生规范 WS/T 313 – 2009

医务人员手卫生规范

1. 范围　本标准规定了医务人员手卫生的管理与基本要求、手卫生设施、洗手与卫生手消毒、外科手消毒、手卫生效果的监测等。

本标准适用于各级各类医疗机构。

2. 规范性引用文件　下列文件中的条款通过本标准的引用而成为本标准的条款。凡是标注日期的引用文件，其随后所有的修改（不包括勘误内容）或修订版均不适用于本标准，然而，鼓励根据本标准达成协议的各方研究是否可使用这些文件的最新版本。凡是不注明日期的引用文件，其最新版本适用于本标准。

3. 术语和定义　下列术语和定义适用于本标准。

3.1 手卫生（hand hygiene）

为医务人员洗手、卫生手消毒和外科手消毒的总称。

3.2 洗手（handwashing）

医务人员用肥皂（皂液）和流动水洗手，去除手部皮肤污垢、碎屑和部分致病菌的过程。

3.3 卫生手消毒（antiseptic handrubbing）

医务人员用速干手消毒剂揉搓双手，以减少手部暂居菌的过程。

3.4 外科手消毒（surgical hand antisepsis）

外科手术前医务人员用肥皂（皂液）和流动水洗手，再用手消毒剂清除或者杀灭手部暂居菌和减少常居菌的过程。使用的手消毒剂可具有持续抗菌活性。

3.5 常居菌（resident skin flora）

能从大部分人体皮肤上分离出来的微生物，是皮肤上持久的固有寄居菌，不易被机械的摩擦清除。如凝固酶阴性葡萄球菌、棒状杆菌类、丙酸菌属、不动杆菌属等。一般情况下不致病。

3.6 暂居菌（transient skin flora）

寄居在皮肤表层，常规洗手容易被清除的微生物。直接接触患者或被污染的物体表面时可获得，可随时通过手传播，与医院感染密切相关。

3.7 手消毒剂（hand antiseptic agent）

用于手部皮肤消毒，以减少手部皮肤细菌的消毒剂，如乙醇、异丙醇、氯己定、碘伏等。

3.7.1 速干手消毒剂（alcobol – based hand rub）

含有醇类和护肤成分的手消毒剂。包括水剂、凝胶和泡沫型。

3.7.2 免冲洗手消毒剂（waterless antiseptic agent）

主要用于外科手消毒，消毒后不需用水冲洗的手消毒剂。包括水剂、凝胶和泡沫型。

3.8 手卫生设施（hand hygiene facilities）

用于洗手与手消毒的设施，包括洗手池、水龙头、流动水、清洁剂、干手用品、手消毒剂等。

4. 手卫生的管理与基本要求

4.1 医疗机构应制订并落实手卫生管理制度，配备有效、便捷的手卫生设施。

4.2 医疗机构应定期开展手卫生的全员培训，医务人员应掌握手卫生知识和正确的手卫生方法，保障洗手与手消毒的效果。

4.3 医疗机构应加强对医务人员手卫生工作的指导与监督，提高医务人员手卫生的依从性。

4.4 手消毒效果应达到如下相应要求：

a) 卫生手消毒，监测的细菌菌落总数应≤10cfu/cm^2。

b) 外科手消毒，监测的细菌菌落总数应≤5cfu/cm^2。

5. 手卫生设施

5.1 洗手与卫生手消毒设施

5.1.1 设置流动水洗手设施。

5.1.2 手术室、产房、导管室、层流洁净病房、骨髓移植病房、器官移植病房、重症监护病房、新生儿室、母婴室、血液透析病房、烧伤病房、感染疾病科、口腔科、消毒供应中心等重点部门应配备非手触式水龙头。有条件的医疗机构在诊疗区域均宜配备非手触式水龙头。

5.1.3 应配备清洁剂。肥皂应保持清洁与干燥。盛放皂液的容器宜为一次性使用，重复使用的容器应每周清洁与消毒。皂液有浑浊或变色时及时更换，并清洁、消毒容器。

5.1.4 应配备干手物品或设施，避免二次污染。

5.1.5 应配备合格的速干手消毒剂。

5.1.6 手卫生设施的设置应方便医务人员使用。

5.1.7 卫生手消毒剂应符合下列要求：

a) 应符合国家有关规定。

b) 宜使用一次性包装。

c) 医务人员对选用的手消毒剂应有良好的接受性，手消毒剂无异味、无刺激性等。

5.2 外科手消毒设施

5.2.1 应配置洗手池。洗手池设置在手术间附近，水池大小、高矮适宜，能防止洗手水溅出，池面应光滑、无死角、易于清洁。洗手池应每日清洁与消毒。

5.2.2 洗手池及水龙头的数量应根据手术间的数量设置，水龙头数量应不少于手术间的数量，水龙头开关应为非手触式。

5.2.3 应配备清洁剂，并符合5.1.3的要求。

5.2.4 应配备清洁指甲用品；可配备手卫生的揉搓用品。如配备手刷，刷毛应柔软，并定期检查，及时剔除不合格手刷。

5.2.5 手消毒剂应取得卫生部卫生许可批件，有效期内使用。

5.2.6 手消毒剂的出液器应采用非手触式。消毒剂宜采用一次性包装，重复使用的消毒剂容器应每周清洁与消毒。

5.2.7 应配备干手物品。干手巾应每人一用，用后清洁、灭菌；盛装消毒巾的容器应每次清洗、灭菌。

5.2.8 应配备计时装置、洗手流程及说明图。

6. 洗手与卫生手消毒

6.1 洗手与卫生手消毒应遵循以下原则：

a) 当手部有血液或其他体液等肉眼可见的污染时，应用肥皂（皂液）和流动水洗手。

b) 手部没有肉眼可见污染时，宜使用速干手消毒剂消毒双手代替洗手。

6.2 在下列情况下，医务人员应根据6.1的原则选择洗手或使用速干手消毒剂：

a) 直接接触每个患者前后，从同一患者身体的污染部位移动到清洁部位时。

b) 接触患者黏膜、破损皮肤或伤口前后，接触患者的血液、体液、分泌物、排泄物、伤口敷料等之后。

c）穿、脱隔离衣前后，摘手套后。

d）进行无菌操作及接触清洁、无菌物品之前。

e）接触患者周围环境及物品后。

f）处理药物或配餐前。

6.3 医务人员在下列情况时应先洗手，然后进行卫生手消毒：

a）接触患者的血液、体液和分泌物以及被传染性致病微生物污染的物品后。

b）直接为传染病患者进行检查、治疗、护理或处理传染病患者污物之后。

6.4 医务人员洗手方法，见附录 A。

6.5 医务人员卫生手消毒应遵循以下方法：

a）取适量的速干手消毒剂于掌心。

b）严格按照附录 A 医务人员洗手方法 A.3 揉搓的步骤进行揉搓。

c）揉搓时保证手消毒剂完全覆盖手部皮肤，直至手部干燥。

7. 外科手消毒

7.1 外科手消毒应遵循以下原则：

a）先洗手，后消毒。

b）不同患者手术之间、手套破损或手被污染时，应重新进行外科手消毒。

7.2 洗手方法与要求

7.2.1 洗手之前应先摘除手部饰物，并修剪指甲，长度应不超过指尖。

7.2.2 取适量的清洁剂清洗双手、前臂和上臂下 1/3，并认真揉搓。清洁双手时，应注意清洁指甲下的污垢和手部皮肤的皱褶处。

7.2.3 流动水冲洗双手、前臂和上臂下 1/3。

7.2.4 使用干手物品擦干双手、前臂和上臂下 1/3。

7.3 外科手消毒方法

7.3.1 冲洗手消毒方法　取适量的手消毒剂涂抹至双手的每个部位、前臂和上臂下 1/3，并认真揉搓 2~6 分钟，用流动水冲净双手、前臂和上臂下 1/3，无菌巾彻底擦干。流动水应达到 GB 5749 的规定。特殊情况水质达不到要求时，手术医师在戴手套前，应用醇类手消毒剂再消毒双手后戴手套。手消毒剂的取液量、揉搓时间及使用方法遵循产品的使用说明。

7.3.2 免冲洗手消毒方法　取适量的免冲洗手消毒剂涂抹至双手的每个部位、前臂和上臂下 1/3，并认真揉搓直至消毒剂干燥。手消毒剂的取液量、揉搓时间及使用方法遵循产品的使用说明。

7.4 注意事项

7.4.1 不应戴假指甲，保持指甲周围组织的清洁。

7.4.2 在整个手消毒过程中应保持双手位于胸前并高于肘部，使水由手部流向肘部。

7.4.3 洗手与消毒可使用海绵、其他揉搓用品或双手相互揉搓。

7.4.4 术后摘除外科手套后，应用肥皂（皂液）清洁双手。

7.4.5 用后的清洁指甲用具、揉搓用品如海绵、手刷等，应放到指定的容器中；揉搓用品应每人使用后消毒或一次性使用；清洁指甲用品应每日清洁与消毒。

8. 手卫生效果的监测

8.1 监测要求

医疗机构应每季度对手术室、产房、导管室、层流洁净病房、骨髓移植病房、器官移植病房、重症监护病房、新生儿室、母婴室、血液透析病房、烧伤病房、感染疾病科、口腔科等部门工作的医务人员手进行消毒效果的监测；当怀疑医院感染暴发与医务人员手卫生有关时，应及时进行监测，并进行相应致病性微生物的检测。

8.2 监测方法

按照附录 B 进行。

8.3 手卫生合格的判断标准

细菌菌落总数符合 4.4 的要求。

附 A　医务人员洗手方法（规范性附录）

医务人员洗手方法和教材内容类似，略。

附 B　手卫生效果的监测方法（规范性附录）

B.1 采样时间　在接触患者、进行诊疗活动前采样。

B.2 采样方法　被检者五指并拢，用浸有含相应中和剂的无菌洗脱液浸湿的棉拭子在双手指曲面从指端到指端往返涂擦 2 次，一只手涂擦面积约 $30cm^2$，涂擦过程中同时转动棉拭子；将棉拭子接触操作者的部分剪去，投入 10ml 含相应中和剂的无菌洗脱液试管内，及时送检。

B.3 检测方法　将采样管在混匀器上振荡 20 秒或用力振打 80 次，用无菌吸管吸取 1.0ml 待检样品接种于灭菌平皿，每一样本接种 2 个平皿，平皿内加入已溶化的 $45\sim48℃$ 的营养琼脂 $15\sim18ml$，边倾注边摇匀，待琼脂凝固，置 $36\pm1℃$ 温箱培养 48 小时，计数菌落数。

细菌菌落总数计算方法：

$$细菌菌落总数（cfu/cm^2）= 平板上菌落数 \times 稀释倍数 / 采样面积（cm^2）\qquad（式 B-1）$$

参考文献

[1] 李小寒，尚少梅．基础护理学．第5版．北京：人民卫生出版社，2012.

[2] 叶玲，董翠红，刘美萍．基础护理学．第2版．北京：中国医药科技出版社，2012.

[3] 王洪侠、张小曼．基础护理学，南京：南京大学出版社，2014.

[4] 赵小玉，景钦华，付云霞．基础护理学．南京：江苏科学技术出版社，2013.

[5] 钱晓露．护理学基础．上海：复旦大学出版社，2011.

[6] 姜安丽．新编护理学基础．北京：人民卫生出版社，2006.

[7] 田玉凤，沈曙红．临床护理风险防范．北京：人民军医出版社，2013.

[8] 田玉凤．实用临床护理指南．第2版．北京：人民军医出版社，2011.

[9] 彭刚艺，刘雪琴．临床护理技术规范．第2版．广东：广东科技出版社，2013.

[10] 颜文贞．护理学基础．北京：中国协和医科大学出版社．2011.

[11] 程红缨．基础护理技术操作教程．北京：人民军医出版社，2010.

[12] 王建荣．输液治疗护理实践指南与实施细则．北京：人民军医出版社，2009.

[13] 杨晓霞，赵光红．临床管道护理学．北京：人民军医出版社，2008.

[14] 徐淑秀．护理学基础．第2版．南京：东南大学出版社，2009.

[15] 周春美，邢爱红．基础护理技术．北京：科学出版社，2010.

[16] 张波，桂莉．危急重症护理学．北京：人民卫生出版社，2013.

[17] 姜乾金．护理心理学．杭州：浙江大学出版社，2012.

[18] 张延龄，吴肇汉．外科学．第3版．北京：人民卫生出版社，2012.

[19] 钱义明，熊旭东．实用急救医学．上海：上海科学技术出版社，2013.

[20] 蒋炳武．医学概论．北京：清华大学出版社，2013.

[21] 史俊萍，秦勤爱．老年护理案例版．北京：科学出版社，2013.

[22] 刘惠军．医学人文素质与医患沟通技能．北京：北京大学医学出版社，2013.

[23] 斯钦巴图，郎卫红．医学伦理学．西安：第四军医大学出版社，2012.

[24] 施永兴，王光荣．缓和医学理论与生命关怀实践．上海：上海科学普及出版社，2009.

[25] 国家卫计委、中医药管理局关于印发《医疗机构病历管理规定（2013年版）》的通知.

[26] 国务院第351号令《医疗事故处理条例》.